TEORIA DA VALORAÇÃO CRIMINO-FENOMENOLÓGICA

A mudança de paradigma da *opinio delicti*

Wilson Luiz
Palermo Ferreira

TEORIA DA VALORAÇÃO CRIMINO--FENOMENOLÓGICA

A mudança de paradigma da *opinio delicti*

2ª edição
revista e atualizada

2024

EDITORA *Jus*PODIVM
www.editorajuspodivm.com.br

EDITORA *Jus*PODIVM
www.editorajuspodivm.com.br

Rua Canuto Saraiva, 131 – Mooca – CEP: 03113-010 – São Paulo – São Paulo
Tel: (11) 3582.5757
• Contato: https://www.editorajuspodivm.com.br/central-de-relacionamento

Copyright: Edições *Jus*PODIVM

Diagramação: Equipe *Jus*PODIVM

Capa: Ana Caquetti

• A Editora *JusPODIVM* passou a publicar esta obra a partir da 3.ª edição.

F383t Ferreira, Wilson Luiz Palermo
Teoria da Valoração Crimino-fenomenológica / Wilson Luiz Palermo Ferreira – 2.ed., rev. e atual. – São Paulo: Editora JusPodivm, 2024.
496 p.

Inclui Bibliografia
ISBN: 978-85-442-4670-2

1. Criminologia. 2. Medicina Legal. I. Ferreira, Wilson Luiz Palermo. II. Título.

CDD 341.59

BIBLIOTECÁRIA RESPONSÁVEL

Ana Carolina Ribeiro Mois – CRB7 – RJ 007348/0

In qvocvnqve vitæ genere philosophari licet.

Otho Vænivs

A todos aqueles que desejam o ideal de uma justiça penal.
Sempre.

AGRADECIMENTOS

Mais uma vez, me deparo com a oportunidade de agradecer. Um gesto tão simples, mas tão cheio de significado. Pelo menos para mim, esta tarefa acaba sendo antagônica: se, por um lado, externar gratidão me parece algo praticamente obrigatório diante de uma benesse recebida, e extremamente simples de se fazer, por outro lado não conseguiria deixar de me penalizar por eventualmente cometer uma injustiça ao não citar uma pessoa que trouxe um conhecimento valoroso, uma palavra de conforto diante de momentos difíceis pelos quais todos nós passamos, e pelos quais, como ser humano, também me vi submerso por diversos instantes durante a confecção desta obra.

A atividade criativa do indivíduo depende de concentração, pesquisa, foco e disciplina. E em cada um desses atos ou atributos tive diversas pessoas me apoiando. E minha fé não me permite iniciar sem agradecer a Deus, causa primeva de todas as coisas.

Ao meu orientador, Doutor Davi de Paiva Costa Tangerino, e ao meu coorientador, Doutor Jorge Luis Fortes Pinheiro da Câmara, por terem me dado todo suporte acadêmico durante o curso de doutorado, para que este trabalho pudesse atingir, de fato, sua finalidade.

À minha família, pelo apoio incondicional em todas as horas, como sempre tem sido.

APRESENTAÇÃO

A Teoria da Valoração Crimino-Fenomenológica é um instrumento de ressignificação e relegitimação do Direito Penal. Por meio de um necessário estudo interdisciplinar, são tratadas questões ligadas ao Direito Administrativo, Constitucional e Processual Penal, bem como à Criminologia e, principalmente, à Filosofia, resgatando a necessidade de restabelecer a análise do crime em sua concepção essencial de modo transcendental.

Dessa forma, sentimentos ou ideias particulares preconceituosas decorrentes do mundo natural são afastadas, reconhecendo a investigação criminal como o instrumento que materializa o somatório de características e circunstâncias fáticas que precisam ser enquadradas legalmente, de modo a possibilitar o adequado início da intervenção do ramo penal, como ciência subsidiária que intenciona ser.

Assim, a Fenomenologia tem importante papel no contexto da definição dos fundamentos básicos mediante os quais será fornecido suporte doutrinário para o desenvolvimento da teoria principal. Nesta ocasião, há o preenchimento de uma importante lacuna na teoria do delito, que, até então, se concentrava nos aspectos objetivos gerais de configuração da infração penal, por exemplo, conforme os modelos finalistas ou funcionalistas, mas que desconsiderava o fator humano que vivencia o início de todo procedimento penal. Isso contribuía, cada vez mais, para a depreciação de todo o sistema jurídico-penal.

Por sua vez, esta nova teoria é responsável por redefinir o posicionamento subjetivo, espacial e temporal da valoração das circunstâncias e a natureza da infração penal praticada, promovendo uma releitura da *opinio delicti* como verdadeiro instituto de direito material, que representa a essência do crime sob a percepção transcendental por parte de quem a investigue e a encontre no momento mais aproximado em relação à sua ocorrência. Isso permite dar ênfase à evidência no processo de constituição do crime, privilegiando seu tipo real em oposição ao tipo ideal, determinando um novo parâmetro de manejo dos institutos a ele relacionados, assim como ao modo de sua aplicação.

Quando se define a essência de uma infração penal, os institutos processuais podem ser aplicados de modo a permitir o exercício imediato dos direitos e garantias fundamentais previstos pela Constituição, reaproximando o Direito Penal de um ideal de justiça.

Niterói – RJ, outubro de 2021.

O autor.

PREFÁCIO

Há raros momentos da vida acadêmica em que somos brindados com a possibilidade de ler algo realmente original. Mesmo em obras consagradas de professores ilustres, nos deparamos com largo conteúdo de repetições de conceitos apostos a título de premissas que, muitas vezes, reduzem a ideia apresentada a simples adendo que poderia estar em um opúsculo menos expressivo.

Certamente não é esse o caso da obra em comento. Seu autor assimilou conhecimentos valiosos sobre a fenomenologia e os tornou seus com inédita incursão da técnica husserliana em seara pela qual a mesma jamais havia transitado. E o fez com luz própria, assumindo o ônus do ineditismo do qual tantos fogem e corajosamente propondo uma aplicação que faz jus à condição de delegado de polícia e professor comprometido com uma justiça criminal que busque a verdade dos fatos.

Firmando as premissas da valoração dos fatos através da aplicação do método fenomenológico, se propôs a assegurar aos cidadãos uma garantia contra os abusos cometidos por sujeitos da relação processual que revestem suas opiniões com os trajes da verdade, sem preocupação com aquilo que realmente tenha ocorrido. E o faz com leveza ímpar, tornando um tema que se presenta, muitas vezes, árduo para quem o estuda, fácil de ser compreendido por quem o leia.

Certamente, trata-se de uma obra que tem lugar reservado na biblioteca dos que buscam ultrapassar os conceitos e técnicas que ocultam estruturas de poder e alcançar as coisas mesmas, como preconizou Husserl ao lançar sua proposta fenomenológica.

Rio de Janeiro – RJ, fevereiro de 2022.

Jorge Luis Fortes Pinheiro da Câmara.

SUMÁRIO

Capítulo 2

LISTA DE ABREVIATURAS E SIGLAS

AAAPAI – Auto de Apreensão de Adolescente pela Prática de Ato Infracional

AED – Análise Econômica do Direito

APF – Auto de Prisão em Flagrante

CADH – Convenção Americana de Direitos Humanos

CEDH – Convenção Europeia dos Direitos do Homem

CIDH – Comissão Interamericana de Direitos Humanos

CNJ – Conselho Nacional de Justiça

CNMP – Conselho Nacional do Ministério Público

CODJERJ – Código de Organização Judiciária do Estado do Rio de Janeiro

CP – Código Penal

CPC – Código de Processo Civil

CPCI – Código de Processo Criminal do Império (1832)

CPP – Código de Processo Penal

CPPF – Código de Processo Penal Francês

CPPI – Código de Processo Penal Italiano

CPPM – Código de Processo Penal Militar

CRFB – Constituição da República Federativa do Brasil (1988)

ECA – Estatuto da Criança e do Adolescente

EOAB – Estatuto da Ordem dos Advogados do Brasil

LICP – Lei de Introdução ao Código Penal

PAVIC – Procedimento Administrativo de Valoração de Investigações Criminais

PIDCP	–	Pacto Internacional dos Direitos Civis e Políticos
PCERJ	–	Polícia Civil do Estado do Rio de Janeiro
POP	–	Procedimento Operacional Padrão
SEPOL	–	Secretaria de Estado de Polícia Civil
STF	–	Supremo Tribunal Federal
STJ	–	Superior Tribunal de Justiça
TEDH	–	Tribunal Europeu de Direitos Humanos
TJERJ	–	Tribunal de Justiça do Estado do Rio de Janeiro
UERJ	–	Universidade do Estado do Rio de Janeiro

INTRODUÇÃO

1. TEMA-PROBLEMA

A verificação em concreto acerca dos mais diversos fatos que ocorrem ao nosso redor exige uma detalhada apreensão da realidade. O mesmo ocorre com a atividade exercida pelo Delegado de Polícia, a quem, pela própria atribuição constitucionalmente prevista no artigo 144, § 4º, da Constituição da República Federativa do Brasil de 1988[1], incumbe, ressalvada a competência da União, as funções de polícia judiciária e a apuração de infrações penais, exceto as militares.

Ao conjugarmos os anseios constitucionais com a norma prevista no artigo 2º da Lei nº 12.830/2013[2] (na qual as funções de polícia judiciária e a apuração de infrações penais exercidas pelo Delegado de Polícia são de natureza jurídica, essenciais e exclusivas do Estado), percebemos que, para conferir pragmatismo, é necessário realizar construções mentais a partir de raciocínios que englobam diversos ramos do direito, diante da inerente interdisciplinaridade.

Assim, para que se dê início à investigação penal, por meio do adequado procedimento processual (amparado nas previsões constitucionais, principalmente no que tange à proteção a direitos e garantias individuais),

---

1 BRASIL. Constituição da República Federativa do Brasil de 1988. *Diário Oficial [da] União*, 05 out. 1988. Disponível em: <http://www.planalto.gov.br/ccivil_03/constituicao/constituicaocompilado.htm>. Acesso em: 08 jul. 2021. Nos termos do art. 144, § 4º, da CRFB/88: *"§ 4º Às polícias civis, dirigidas por delegados de polícia de carreira, incumbem, ressalvada a competência da União, as funções de polícia judiciária e a apuração de infrações penais, exceto as militares"*.

2 BRASIL. Lei nº 12.830, de 20 de junho de 2013. Dispõe sobre a investigação criminal conduzida pelo delegado de polícia. *Diário Oficial [da] República Federativa do Brasil*, Brasília, DF, 21 jun. 2013. Disponível em: <http://www.planalto.gov.br/ccivil_03/_ato2011-2014/2013/lei/l12830.htm>. Acesso em: 08 abr. 2020.

é mandatório que o Delegado de Polícia analise com clareza os elementos que compõem o conceito de crime, como previsto pela doutrina penalista.

Os questionamentos que são levantados a partir daí, levam em consideração o resgate de noções principiológicas e a proteção de bens jurídicos, para que possamos determinar o que realmente legitima o Delegado de Polícia a se enveredar pelos caminhos da parte geral do Direito Penal, diante da situação fática que lhe é apresentada, para que estabeleça, de antemão, uma senda segura, justa e sobretudo equânime, para aqueles indivíduos que se encontram na iminência de sofrer restrição em sua liberdade de locomoção. Com isso, busca-se, desde o início, o respeito à dogmática penal e a tutela dos seus direitos e garantias individuais.

Neste sentido é apresentada a teoria da valoração crimino-fenomenológica, uma teoria com bases filosóficas, que busca nas raízes da fenomenologia pura de Edmund Husserl as noções primordiais que irão definir o início de uma refundação da maneira pela qual se analisa o crime, com o objetivo de trazer pragmatismo os atributos que compõem os substratos do conceito analítico deste, estando apta a permitir que novas propostas sejam colocadas em discussão legislativa de modo a maximizar o alcance das linhas escritas neste trabalho.

2. OBJETIVOS

O objetivo geral desta obra é demonstrar a análise da teoria da valoração crimino-fenomenológica e seus respectivos atributos, bem como suas contribuições no âmbito da teoria geral do delito, comprovando-se, ao final, que os critérios pragmáticos advindos da aplicação desta teoria contribuem como um todo para o sistema jurídico-penal, seja com base na proteção imediata aos direitos e garantias fundamentais, seja para uma teoria da justiça do Direito Penal, levando-se em conta o caso concreto, mormente sob o prisma da juridicidade. A ideia é que se reconheça a ineficiência do atual modelo, promovendo a relegitimação e a racionalização deste campo científico.

No que tange aos objetivos específicos, se impõem:

a) externar a importância da análise dos elementos que compõem a noção de crime, resgatando aspectos principiológicos e de essência do Direito Penal como instrumento para viabilizar o exercício de direitos e garantias fundamentais;

b) destacar a importância da análise do crime sob os aspectos da leitura penal feita pela dogmática, aliada aos ensinamentos dos ramos constitucional, histórico, administrativo, processual penal e filosófico;

c) determinar que a adequada aplicação dos substratos do crime diante do caso concreto contribui para todo desenvolvimento acerca da justa resposta estatal;

d) definir parâmetros de atuação, sobretudo da atividade policial, com a utilização da teoria da valoração crimino-fenomenológica na contemplação teórica do crime e sua aplicação pragmática, contribuindo para o avanço da ciência penal;

e) demonstrar que a teoria da valoração crimino-fenomenológica ressalta atributos de essência que compõem a percepção dos elementos inerentes ao conceito de "crime";

f) dar concretude ao manejo de tais elementos sob o aspecto de indicação do profissional cientificamente adequado para tanto;

g) demonstrar que a teoria da valoração crimino-fenomenológica impõe a ressignificação do entendimento sobre a *opinio delicti* como instituto de direito material;

h) indicar que o crime é um fenômeno, cuja essência representa a verdadeira dimensão da *opinio delicti*;

g) determinar que o encontro da essência do fenômeno do crime se dá na fase de investigação, adequado momento de análise da *opinio delicti*;

h) indicar que o reposicionamento da *opinio delicti* permite uma releitura dos instrumentos processuais diretamente relacionados, inclusive do procedimento utilizado na sua apuração.

3. HIPÓTESE

A análise da teoria da valoração crimino-fenomenológica, leva em consideração não só os atributos históricos que permeiam a sistemática das teorias sobre o crime, como também os valores filosóficos que embasam a questão dos próprios fundamentos para o seu devido enquadramento penal. Esses conhecimentos, oriundos das bases de um dos ramos da Filosofia (que é a Fenomenologia), fazem com que a essa teoria promova uma leitura dos institutos penais assim que os fatos são noticiados à autoridade policial, permitindo celeridade, juridicidade e justeza na aplicação do Direito Penal e, sobretudo, o exercício imediato e o incremento do resguardo aos direitos e garantias fundamentais.

Variáveis independentes: i) quadro jurídico-penal no Brasil, a partir das visões teórico-doutrinárias de política criminal acerca da função do Direito Penal e de suas instituições; ii) situação fática para análise pelo Delegado de Polícia acerca dos institutos da parte geral do Direito Penal que envolvem os substratos do crime.

Variável dependente: possibilidades de manejo dos institutos constantes nos substratos do crime através da teoria da valoração crimino-fenomenológica, que viabilizam imediata aplicação do Direito Penal tal como ele deve inicialmente se apresentar, resguardando-se a tutela de bens jurídicos e, também, permitindo o exercício de direitos e garantias fundamentais, ressignificando os propósitos de todo o sistema jurídico-penal.

4. JUSTIFICATIVA

A justificativa para a presente pesquisa reside no fato de que há necessidade de se estabelecer uma teoria que assegure a adequada justificativa para a aplicação do Direito Penal quando devidamente necessário e de forma imediata, levando-se em consideração aspectos fenomenológicos e que envolvem a própria essência dos institutos penais e seus princípios. Para isso, são trazidas e demonstradas as possibilidades que o Delegado de Polícia dispõe no momento em que faz a adequação da situação fática aos critérios normativos trazidos pelo legislador e pela doutrina penalista.

Tendo em vista essas assertivas, busca-se trazer o aprimoramento da aplicação do Direito Penal neste primeiro encontro da realidade fática com os atributos dogmáticos, permitindo que a autoridade policial exerça seu mister constitucional, de modo a fazer com que os interessados no deslinde do evento tenham condições de manejar adequadas defesas e acusações dali advindas, bem como uma justa decisão ao final, pois encontrar a essência do fenômeno do crime significa realizar o correto enquadramento do fato à norma. Por força disto, é preciso reconsiderar que o momento oportuno é o que mais se aproxima da ocorrência fática e que o posicionamento da personagem do processo penal que investiga os fatos, na busca pela caracterização de todas as suas circunstâncias, define a opinião apropriada sobre o que aquilo significa para a norma penal.

Então, a autoridade policial deve trabalhar os institutos de Direito Penal diretamente ligados àquilo que está legalmente previsto para a constituição do crime, de modo que, ao se entender sua finalidade, possam ser estabelecidos mecanismos que traduzam e reflitam o esforço dogmático. Nesse sentido, buscar-se-á trazer à pesquisa o necessário pragmatismo, inclusive com a narrativa de alguns casos concretos, para refletir sua importância no cotidiano da atividade policial e, consequentemente, em toda aplicação prevista no sistema jurídico-penal.

Por envolver fatos que ameaçam o direito de locomoção dos indivíduos, o Delegado de Polícia deve ter em mãos instrumentos que lhe possibilitem esclarecer se uma determinada pessoa terá sua liberdade restringida ou não. A partir do momento em que há possibilidades de se firmar este quadro já no momento em que a primeira autoridade pública tem contato e poder de decisão sobre os envolvidos, pode-se concluir que o estudo e a identificação destas terão relevância.

Partindo-se do estudo histórico acerca da expressão "Delegado de Polícia", permeado com as fontes hermenêuticas dos direitos e garantias fundamentais, e levando-se em consideração a identificação das balizas pelas quais a autoridade policial pode transitar nos diversos substratos do crime, é imperiosa a conjugação desta verificação com a teoria apresentada neste trabalho.

Assim, será possível entender e fazer com que seja aplicada uma doutrina através da qual não sejam alijados os valores principiológicos que devem nortear o sistema penal, como também defender a tutela do bem jurídico seja qual for o enfoque dogmático, lapidada pelos critérios de essencialidade e de juridicidade próprios da natureza dos institutos, embebidos por atributos presentes na consciência do intérprete, mas sem dar azo ao subjetivismo, para que seja arrematada e compreendida, ao final, como uma doutrina justa e sobretudo equânime. É por este motivo que a presente pesquisa analisa principalmente a parte geral do Direito Penal, mais especificamente os temas e os institutos que servem para constituir o conceito de "crime", bem como os temas ali inseridos.

A relevância do tema em termos de conteúdo se destaca, na medida em que não há teoria que estabeleça os parâmetros para a aplicação da dogmática penal pelo Delegado de Polícia, de forma que se remonte à teoria do direito a ser entendida como teoria da justiça. Ao procedermos deste modo, acabamos por ressignificar e racionalizar o sistema jurídico-penal, principalmente sob os aspectos da juridicidade e da equidade, a primeira entendida como o ideal supremo de justiça, e a equidade concebida como corretora dos rigores da lei, numa lapidação da justiça como algo melhor e mais desejável pragmaticamente que esta. Neste ponto reside um dos fundamentos eidéticos de tal sistema e, por via de consequência, do próprio direito.

Identificando-se o Delegado de Polícia como o agente do Estado que primeiro fará apreciação da situação fática e de subsunção à lei, será demonstrado que a aplicação da teoria da valoração crimino-fenomenológica indica que a atuação profissional daquele ressignifica o conceito acerca da *opinio delicti*, pois o crime enquanto instituto penal deve ser analisado sob a ótica absoluta do conhecimento filosófico. Naturalmente, promove-se o reposicionamento deste instituto para o momento mais aproximado da sua ocorrência, o que acaba coincidindo com o momento da investigação criminal.

Obviamente, sem pretender alijar desta análise promotores, juízes e defesa, percebe-se a clara necessidade desta realocação subjetiva de repercussão espaço-temporal (de modo definitivo, via de regra), diante da análise e da compreensão dela decorrentes, para que sejam evitados arbítrios que vão muito além de meras aplicações errôneas, equivocadas ou intempestivas por parte de quem não tenha constatado e caracterizado tal fenômeno.

Partindo-se do pressuposto de que, eideticamente, o Direito Penal é um dos ramos do Direito que se especializa pelo fato de eleger determinados valores que, em caso de lesão decorrente de livre-arbítrio do agente que a pratica, termina, com isso, recebendo os matizes da sanção penal (que teria natureza eventualmente retributiva ou mesmo punitiva, mas que na maior parte das vezes figura estigmatizante), o encontro com a teoria da valoração crimino-fenomenológica reflete a nova perspectiva a ser trabalhada no âmbito da atuação da polícia judiciária, corrigindo eventuais distorções que ainda persistem, invariavelmente.

Em geral, as referências feitas pelos manuais penalistas acabam por não externar tal âmbito de atuação sob o aspecto subjetivo (ou seja, de quem é o verdadeiro legitimado para proceder com a subsunção do fato à norma penal), em face do estudo direcionado aos elementos que compõem uma noção de "crime" (sob o aspecto objetivo, simplesmente), seja qual for a concepção sobre a teoria do delito que ampare tal conceito (uma perspectiva finalista ou funcionalista, por exemplo).

Não basta a afirmação genérica através da qual cabe à autoridade policial o primeiro estudo jurídico sobre a situação, que até então lhe é trazida na forma de ocorrências policiais (situações fáticas, utilizando-se dos instrumentos de Direito Penal, para que se instaure o procedimento adequado), sem que ao menos se saiba os limites para esta atuação. Isso favorece o subjetivismo, que deve ser combatido.

A solução, então, é partir do delineamento acerca do manejo dos institutos penais, principalmente aqueles que podem definir o não encarceramento inicial de uma pessoa, seja através da não lavratura do auto de prisão em flagrante, ou mesmo possibilitando a antecipação da justiça do caso (por exemplo, no que tange à correta tipificação legal), já que em muitas infrações penais a detida análise do caso pode fazer com que se vislumbre a desnecessidade do cárcere (o que pode ocorrer, por exemplo, através da demonstração da prática de um fato típico, porém, amparado numa latente causa de exclusão da antijuridicidade), mormente diante de situações nítidas em que haja o correto emprego da lei.

Com base na dogmática proposta pela teoria da valoração crimino-fenomenológica, os efeitos práticos tenderão a permitir que um início adequado tenha por consequência um desfecho condigno. Isto fará com que essa teoria seja dotada de sentidos pragmáticos através de uma visão filosófica de essencialidade.

Esta ideia está intimamente ligada à noção que remonta às próprias bases da justiça, quais sejam, a empatia e a reciprocidade. A primeira faz com que nos insiramos na humanidade, de modo a nos enxergarmos como uma unidade dotada de sentidos perante os demais indivíduos, delineando a intersubjetividade e exercendo verdadeiro papel integrador entre estes. Porém não basta esta mera constatação sem que haja o arremate da reciprocidade estabelecendo os critérios necessários para as bases da justiça, quando assevera a aplicação do princípio da igualdade, tratando iguais igualmente e desiguais desigualmente, na medida de sua desigualdade.

Para que estas constatações sejam possíveis, será preciso uma imersão histórica sobre a atividade do Delegado de Polícia no cenário do ordenamento jurídico brasileiro, de modo a se demonstrar a necessidade de atualização do conceito inerente a esta atividade de acordo com os atuais preceitos constitucionais e legais estabelecidos. A magnitude das atribuições conferidas a esta função orienta a convicção segundo a qual é inviável o alijamento da agência estatal policial do contexto do sistema jurídico-penal, haja vista que as funções investigativas são as que auxiliarão o Direito Penal na descoberta pelas essências fenomenológicas que, por sua vez, permitirão o justo e adequado tratamento a cada caso concreto.

Neste contexto, será imprescindível dissertar sobre o princípio do delegado natural, bem como as repercussões ofertadas pelo princípio da efetividade e da sua relação com a duração razoável do processo (estendida também ao procedimento administrativo de investigação criminal), permeando modernos ideais inerentes à Análise Econômica do Direito (AED).

Com as contribuições dadas pela Criminologia, perceberemos a importância da contextualização desta disciplina com a atividade exercida pelo Delegado de Polícia, o que nos permitirá afirmar que um dos grandes fatores pelos quais vislumbramos o atual movimento de deslegitimação do Direito Penal reside, justamente, no desequilíbrio da sua força pela inadequação do aproveitamento do potencial destinado para cada personagem ali atuante. Então, nos asseguraremos da importância de revisão do propósito de relegitimação e racionalização do sistema como um todo. E tal caminho pode perfeitamente ser iluminado com os ideais propostos pela teoria da valoração crimino-fenomenológica.

O recurso à Filosofia como ciência nos auxiliará neste processo, principalmente através do campo próprio da Fenomenologia. Durante o excurso em parte própria, a interdisciplinaridade que os rebuscados ensinamentos nos proporcionarão, indicarão os motivos pelos quais a escolha deste ramo científico foi adequada, pois, como ciência que busca fornecer explicações para o conhecimento de modo absoluto, originário, reflete inegavelmente em todos os demais ramos do conhecimento, mormente no Direito Penal.

Tais conhecimentos, amparados numa ideia de que o indivíduo é quem dirige sua intencionalidade para que dela extraia um correlato valorativo (numa atividade dita como "noético-noemática"), representam uma das bases nas quais iremos nos apoiar para o desenvolvimento da teoria da valoração crimino-fenomenológica.

Assim, na parte própria a ela destinada, ressaltaremos a importância do aproveitamento da metodologia afeta à fenomenologia pura, permitindo que avancemos especificamente na conjugação entre esses conhecimentos e a adaptação ao universo jurídico-penal, culminando no desenvolvimento de uma dogmática que, ao descobrir a essência de cada fenômeno e ao admitir que o crime é uma espécie fenomenológica, encontra seus fundamentos eidéticos, permitindo o apropriado encontro fático-normativo.

Antes de tudo, é fundamental destacar que o contexto fenomenológico impõe o afastamento do predicamento egocêntrico, ou seja, de tudo aquilo que seja alheio ao fenômeno criminal e que impeça a exata definição da sua essência. Assim, o recurso à reflexão transcendental denota o grau necessário de pureza na busca pelo conhecimento metodológico e de uma forma absoluta. Por tal motivo é que podemos afirmar que a Fenomenologia é uma ciência que busca o retorno às coisas mesmas, como elas verdadeiramente são, não como achamos ou supomos que elas sejam. A opinião pessoal do fenomenólogo não interessa ao método.

A título de exemplificação, no curso do trabalho serão trazidas algumas situações nas quais pode ser verificada a aplicação da teoria da valoração crimino-fenomenológica. Será demonstrado que o reposicionamento da *opinio delicti* tem a capacidade de fazer com que o Delegado de Polícia legitime a constituição do tipo real de crime, através da utilização dos fundamentos metodológicos insculpidos por Edmund Husserl quando da elaboração da fenomenologia pura.

Quanto ao recorte do objeto, portanto, justifica-se a pesquisa pelo fato de que, através do estabelecimento da teoria da valoração crimino-fenomenológica, sejam propostos vetores aptos a nortearem a lógica da aplicação dos substratos do crime pelo Delegado de Polícia, que atua como primeiro garantidor dos direitos fundamentais dos indivíduos, principalmente diante da vasta gama prevista no artigo 5º da Constituição da República Federativa do Brasil de 1988[3].

Vale dizer, tem como fundamento estabelecer parâmetros mais seguros para que se possa dar o início correto ao procedimento com a tipificação adequada após o manejo eficiente dos institutos inerentes ao crime, o que pode acarretar a não lavratura inicial da prisão em flagrante.

Todavia, ao agir deste modo, o Delegado de Polícia propõe a justa submissão das informações ao Ministério Público e à própria Justiça, que de forma alguma são alijados do trabalho policial, seja porque o primeiro órgão é o destinatário das investigações (como *dominus litis* ou *custos legis*), seja porque a autoridade policial, exercendo a delegação do poder de polícia judiciária, depende do aval da Justiça para muitos dos seus atos.

É importante frisar que, redefinir a percepção da *opinio delicti* (como verdadeiro instituto de direito material) não significa reconfigurar o preceito constitucional que garante, por exemplo, a titularidade para promover a ação penal pública, na forma da lei.

Através da demonstração da presente relevância científica (originalidade) e social (pertinência) da pesquisa, cabe destacar o grau de aderência à linha de pesquisa na qual se insere, bem como o interesse do pesquisador. Neste sentido, esta pesquisa será desenvolvida no âmbito do Programa de

3 Vide nota 01.

Pós-Graduação em Direito, na área de concentração "Cidadania, Estado e Globalização", cuja linha de pesquisa é a do "Direito Penal", justamente por envolver, primariamente e de modo fundamental, a análise de temas referentes à parte geral do Direito Penal.

Portanto, em virtude da parca doutrina penalista acerca do tema, que muitas vezes apenas tangenciam alguns dos institutos que abordaremos e, especificamente, diante da inexistência dogmática que veicule preocupação sobre a capacidade subjetiva para o manejo dos institutos relacionados ao conceito de "crime" e sua constituição, revela-se fundamental a criação da teoria da valoração crimino-fenomenológica no contexto da atividade do sistema penal, no que tange ao manejo dos institutos referentes ao conceito analítico de crime.

As constatações apresentadas pela adoção da teoria da valoração crimino-fenomenológica nos permitirão refletir, como repercussão, sobre uma necessária releitura de alguns dispositivos processuais penais, o que terá sede em momento próprio e exclusivo, de modo a responder aos seguintes questionamentos: quem, como, quando, de que maneira e por qual motivo determinada personagem será legitimada para efetivar a subsunção do fato à norma.

Esta nova teoria também será a responsável por nos dar base para difundirmos uma repaginação do atual "principal" instrumento de investigação criminal (qual seja, o inquérito policial), que vem se mostrando inadequado em diversas situações, pois limita a adoção de diversos mecanismos que já estão em consonância com os preceitos constitucionais. Esta teoria ainda nos será útil para a proposição de algumas inovações legislativas, de maneira a encontrarmos um ponto ótimo na sua aplicação pragmática.

Por tal razão, será feita pesquisa adequada para agregar cabedal de conhecimento e para que a aplicação da lei seja melhor aproveitada, principalmente entregando conhecimento que contribua para uma teoria da justiça no âmbito penal e ressignificação da sua porta de entrada, resgatando-se, outrossim, a necessária visão interdisciplinar que nos auxiliará neste processo, embebida por valores constitucionais e filosóficos necessários para a compreensão e aplicação efetiva da teoria proposta.

5. REFERENCIAL TEÓRICO

Este é um trabalho relacionado à parte geral do Direito Penal. Com isso, as fontes primárias que dão embasamento teórico e que demonstram a lacuna a ser preenchida por esta tese, são os manuais referentes àquela parte. Serão observados pontos específicos da doutrina, que nos trarão o estado da arte em relação à teoria do delito, bem como serão propostas soluções práticas que envolvem o manejo do Direito Penal na primeira fase da persecução penal.

É importante destacar que a nova teoria parte do pressuposto da aceitação dos elementos objetivos já exaustivamente abordados em matéria penal. Entretanto, contribui sobremaneira diante do vácuo dogmático que não indica, precisamente e de modo fundamentado, quem, quando e quem é a pessoa apropriada a lidar com tais institutos de forma objetiva e imediatamente. Justamente por se tratar de tema afeto ao primeiro operador do direito aplicando os institutos de Direito Penal, serão destacadas as possibilidades e a problemática envolvendo o assunto proposto.

Por este motivo, o crime será analisado sob o ponto de vista de quem possui legitimidade inicial e imediata para operar com seus elementos, o que nos conduzirá, naturalmente, ao reposicionamento da *opinio delicti*. Em virtude disto, deverá ser oferecida uma visão geral do instituto frente ao tema, bem como deverão ser tecidas as considerações pertinentes para destacar as possibilidades ao alcance do Delegado de Polícia, para que este maneje o instituto. De igual sorte, serão oferecidas soluções práticas destinadas trazer concretude ao estudo. Como já foi ressaltado, buscar-se-á desenvolver a interdisciplinaridade, já que somente através dela poderemos ter condições de compreender o sistema de um modo global, uma vez que o exclusivo foco nos institutos penais não suporta o peso desta explicação.

É na Filosofia que encontraremos o conhecimento absoluto, que ao mesmo tempo relegitima e racionaliza a aplicação dos elementos que compõem toda noção sobre o crime, principalmente em face das noções acerca da constituição deste, sob o aspecto fenomenológico, bem como diante do posicionamento da personagem a quem o texto constitucional confere legitimidade no contexto da investigação criminal para que se diga o que aquele fato ocorrido no mundo da vida significa para o direito positivado. É a partir dela, também, que teremos condições de inferir as repercussões processuais penais que a adoção da teoria da valoração crimino-fenomenológica impõe.

6. METODOLOGIA

A pesquisa foi baseada, num primeiro momento, de forma documental, através dos recursos presentes nos livros clássicos do campo jurídico, abrangendo disciplinas como: História do Direito; Direito Administrativo; Direito Constitucional e Criminologia. De modo simultâneo, foi necessário o resgate de um ponto de contato com a pesquisa anterior, por nós realizada durante o mestrado, cuja compreensão nos auxiliará a traçar um panorama que demonstrará, mais uma vez, os reais motivos da adoção imediata da teoria da valoração crimino-fenomenológica.

Dominando a segunda parte do trabalho, o conhecimento filosófico (especificamente o que aborda a Fenomenologia pura) é profunda e substancialmente destacado, para que se dê o suporte de sustentação ao desenvolvimento de toda a teoria principal.

Por sua vez, partindo-se da delimitação do estado da arte sobre a teoria do delito, os livros de autores nacionais e também internacionais de Direito Penal (principalmente na sua parte geral), demonstram a importância da teoria da valoração crimino-fenomenológica no contexto da análise dos elementos que compõem a noção e o conceito de "crime", para que se esclareça a necessidade ou não da aplicação do Direito Penal já no momento da investigação criminal e, consequentemente, da relevância da prisão a ser imposta já em sede policial (por meio do auto de prisão em flagrante).

Justamente por estes motivos, se fez importante o estabelecimento do viés filosófico que adorna o tema, como forma de demonstrar a essência e a razão a ser perseguida pelo Delegado de Polícia quando da atuação profissional. Não obstante, o desenvolvimento da nova teoria naturalmente repercute no campo processual penal, que materializa os institutos aqui apresentados. Tal compreensão é indispensável para a concretização pragmática do trabalho, haja vista a relação basilar de instrumentalidade desenvolvida por este campo jurídico.

Devido à natureza que a teoria proposta atinge, haverá o recurso tanto à jurisprudência, quanto à legislação (nacional - atualmente vigente ou não - e internacional), assim como documentos de organizações internacionais de Direitos Humanos, buscando estabelecer a pertinência temática do objeto deste trabalho, inclusive com a exposição de casos concretos. Ao final, são trazidos um apêndice e dois anexos documentais, que respectivamente agregam propostas legislativas, refletem e corroboram algumas das explanações e reflexões concebidas durante o panorama aproximativo a ser exposto de modo primário, logo a seguir.

Parte I

PANORAMA APROXIMATIVO

Capítulo

1

SOBRE A ORIGEM E A IMPORTÂNCIA DO DELEGADO DE POLÍCIA NO CONTEXTO JURÍDICO BRASILEIRO: NECESSÁRIA CONTEXTUALIZAÇÃO HISTÓRICA

1.1. CONSIDERAÇÕES INICIAIS

De toda gama de conhecimento inerente ao campo jurídico, mais especificamente o setor que engloba a narrativa penal, não se concebe a convivência em sociedade sem que o aparato estatal forneça ao cidadão, compreendido em sua individualidade como integrante da coletividade, o respaldo necessário ao pleno desenvolvimento das suas faculdades. Afinal, como já acentuava Francesco Carnelutti, o segredo do direito está no fato de que o homem não pode viver no caos. Homem e sociedade são dois lados da mesma moeda[4], razão pela qual há necessidade de que sobrevenha a ordem para que não prevaleça sua antítese.

A partir desta constatação, surge a necessidade de se investigar uma série de questionamentos que antecedem à própria previsão de um direito posto, objetivo, compreendido em sua eidética. Propriamente, dá-se ao

4 CARNELUTTI, Francesco. *Como nasce o direito*. Tradução de Roger Vinícius da Silva Costa. São Paulo: Editora Pillares, 2015. p. 35. Título original: Come nasce il diritto.

direito o atributo empírico de ser considerado como o conjunto de leis que regulam a conduta dos homens. Aplicando o direito estão os juristas, operadores, qualificados, que trabalham com todo o aparato normativo[5].

Mas se de um lado estão as leis para serem aplicadas no cotidiano, quem as criam? As leis são oriundas do Poder Legislativo como expressão da tripartição dos Poderes da República, manifestação do sufrágio universal e como resultado do exercício das competências constitucionalmente previstas em cada esfera da Federação. No entanto, malgrado a existência de juristas capacitados, que atuam sobretudo nos bastidores do Congresso Nacional, não cabe àqueles sua aprovação para ulterior aplicação no mundo da vida (*lebenswelt*). Em verdade, o fato é que as leis são feitas quase que na sua totalidade por pessoas que não aprenderam a fazê-las[6].

Pois bem. Superada a celeuma no que tange à confecção das leis, de nada adiantaria um conglomerado de normas, proibições ou direitos subjetivos sem que houvesse a mínima possibilidade de aplicação. Realmente se constata que, caso bastasse apenas a existência das leis, não haveria a necessidade de existência destes aplicadores.

Carnelutti, com sabedoria, ensina que não procede a afirmação segundo a qual a obra de aplicação das leis seja exclusiva dos juízes. De fato, se o legislador cria as leis, não cabe aos juízes o único papel de aplicador. Ele será o responsável final pela decisão, mas isso não impede, portanto, concluir-se de forma sumária, que todos os juristas são verdadeiros aplicadores e construtores do direito, diante da narrativa que assume como verdade a imperiosidade de se confrontar uma lei com a situação fática[7], para que se tenha noção dos limites que ela impõe.

O direito serve para ordenar a sociedade. E a uma sociedade juridicamente ordenada dá-se o nome de Estado. Nesse sentido, a compreensão acerca do direito e do Estado está ligada de maneira íntima, haja vista que não há Estado sem direito, nem direito sem Estado[8]. E assim, de fato, a expressão da contribuição deste enquanto gestor máximo do campo jurídico inerente à coexistência entre os cidadãos reflete um cuidado especial na gradação da noção de essencialidade. Saber de antemão o que é necessário e o que é supérfluo ajuda no combate ao crescente expansionismo/inchaço

5 CARNELUTTI, Francesco, op. cit., nota 04, p. 21.

6 Ibidem, p. 22.

7 Ibidem, p. 23.

8 Ibidem, p. 87.

legislativo materializado através da promulgação de uma inúmera quantidade de leis extravagantes nos mais diversos ramos do direito.

Paradoxalmente, o campo penal embasa uma importância primeva, mas ao mesmo tempo subsidiária. Explico. Se por um lado reflete uma necessidade prévia de que as normativas penais estejam descritas, positivadas de forma exata e prévia à prática de determinado ato que se adeque aos rigores da lei, em atenção aos princípios da anterioridade da lei penal, legalidade e taxatividade (apenas para ilustrarmos), por outro lado a subsidiariedade conferida ao sistema penal como um todo assevera local seguro àquilo que deve ser considerado como sistema "fim", não sistema "meio" ou pelo menos facilitador/garantidor dos atos triviais referentes ao indivíduo.

Num contexto em que percebemos o homem enquanto sujeito de obrigações e deveres perante a sociedade, faz-se imperiosa a identificação do que propriamente representa o crime, antes mesmo da subsunção do fato à norma jurídica. Sobre o tema, já tivemos oportunidade de dissertar breves linhas. Chegamos à conclusão de que, ontologicamente, podemos atribuir ao crime uma verdadeira infringência à obrigatoriedade de coexistência, vale dizer, uma ação ou omissão que agride os preceitos valorativos que tornam possíveis a vida em sociedade[9].

A partir do momento em que este indivíduo, participante do contrato social, elege o Estado como gestor máximo das resoluções de conflito, acaba por abandonar um ideal de vingança privada[10] em benefício de um aproveitamento de união de esforços. Jean-Jacques Rousseau aduz que se chega a um ponto em que os homens encontram obstáculos que impedem a sua conservação num chamado estado de natureza, leia-se, um estado primitivo que não pode mais subsistir, já que se fosse mantido e os homens não mudassem suas condutas, a humanidade iria perecer[11].

Assim, já que não podem mais gerar novas forças, diante da inviabilidade da civilização, não lhes resta outra coisa senão unir e dirigir aquelas forças já previamente existentes, não havendo outra maneira de se manterem a não ser agregar o somatório de forças que possam prevalecer sobre

9 FERREIRA, Wilson Luiz Palermo. *Percepção dos aspectos analíticos do delito na atuação concreta do delegado de polícia*. 2. ed. Salvador: Juspodivm, 2021. p. 59.

10 TANGERINO, Davi de Paiva Costa. *Culpabilidade*. 2. ed. São Paulo: Saraiva, 2014. p. 34.

11 ROUSSEAU, Jean-Jacques. *Du contrat social;* ou principes du droit politique. Amsterdam: Chez Marc-Michel Rey, 1762. p. 17. No original: *"Je suppose les hommes parvenus à ce point où les obstacles qui nuisent à leur conservation dans l'état de nature, l'emportent par leur résistance, sur les forces que chaque individu peut employer pour se maintenir dans cet état. Alors cet l'Etat primitif ne peut plus subsister, & le genre-humain périroit s'il ne changeoit de maniere d'être".*

a resistência, colocando-as em jogo na busca por um só objetivo e para lhes fazer agir em conjunto[12].

De fato, tal somatório não pode nascer senão através do concurso de várias pessoas, unidas num mesmo propósito. Por isso devia ser encontrada uma forma de associação que defendesse e protegesse a pessoa e os bens de cada associado de toda força comum, pela qual cada um se uniria ao todo, não obedecendo senão a ele próprio e continuando a ser livre como antes. Para Rousseau, esse é o problema fundamental para o qual o contrato social traz a solução[13].

Neste sentido, as cláusulas do contrato social seriam determinadas pela natureza do ato, de tal forma que a menor modificação lhes tornaria vãs e sem qualquer efeito; de tal sorte que, mesmo que não tenham sido jamais formalmente anunciadas, elas são, para todos, as mesmas e aplicadas de forma igual, sendo tacitamente admitidas e reconhecidas até o momento em que, o pacto social sendo violado, determinaria o retorno de cada um, então, aos seus primeiros direitos, fazendo com que as pessoas retomassem sua liberdade natural, ocasião na qual as pessoas perderiam a liberdade convencional pela qual renunciaram[14].

Além disso, Rousseau asseverava, à época, que a alienação de cada associado se faria de modo total e sem reservas, numa união que seria de igual forma perfeita como ela pudesse ser e nenhum associado teria mais nada a reclamar, pois caso restasse qualquer direito aos particulares, como não haveria nenhum superior comum que pudesse pronunciar entre eles e o público, então cada um, sendo de certo modo seu próprio juiz, pretenderia o ser para tudo, de modo que o estado de natureza subsistiria e a associação acabaria se tornando necessariamente tirânica ou vã[15].

---

12 ROUSSEAU, Jean-Jacques, op. cit., nota 11, p. 16-17. Na redação original: *"Or, comme les hommes ne peuvent engendrer de nouvelles forces, mais seulement unir & diriger celles qui existent, ils n'ont plus d'autre moyen pour se conserver, que de former par aggrégation une somme de forces qui puisse l'emporter sur la résistance, de les mettre en jeu par un seul mobile, & de les faire agir de concert".*

13 Ibidem, p. 17. Conforme o texto, no original, podemos verificar o cerne da questão que gira ao redor do contrato social: *"«Trouver une forme d'association qui défende & protège de toute la force commune la personne & les biens de chaque associé, & par laquelle chacun s'unissant à tous, n'obéisse pourtant qu'à lui-même & reste aussi libre qu'auparavant?» Tel est le problème fundamental dont le contrat social donne la solution".*

14 Ibidem, p. 18. *"Les clauses de ce contrat sont tellement déterminées par la nature de l'acte, que la moindre modification les rendroit vaines & de nul effet; en sorte que, bien qu'elles n'aient peut-être jamais été formellement énoncées, elles sont par-tout les mêmes, par-tout tacitement admises & reconnues, jusqu'à ce que, le pacte social étant violé, chacun rentre alors dans ses premiers droits & reprenne sa liberté naturelle, en perdant la liberté conventionnelle pour laquelle il y renonça".*

15 Ibidem, p. 18. *"De plus, l'aliénation se faisant sans réserve, l'union est aussi parfaite qu'elle peut l'être, & nul associé n'a plus rien à réclamer: car s'il restoit quelques droits aux particuliers, comme il n'y auroit aucun*

Mas, a partir do momento em que cada um se doava ao todo, com este gesto o associado ganhava exatamente o equivalente de tudo o que em tese era perdido, bem como, mais força para se conservar o que já se tem. Portanto, Rousseau definiu o pacto social como o ato através do qual "cada um dos associados coloca em comum a sua pessoa e todas suas potencialidades sob a suprema direção da vontade geral; e receberíamos em troca cada membro como parte indivisível do todo"[16].

As percepções de Rousseau à época são perfeitamente compreensíveis. Todavia, necessitariam ser adaptadas à realidade da sociedade atual, na qual há uma série de agências estatais novas, ou pelo menos de certa forma contemporâneas, que acabaram por aperfeiçoar as ideias iniciais de um dos principais filósofos do Iluminismo. Percebe-se que as ideias contidas no "Contrato Social" são mesmo anteriores à própria Revolução Francesa de 1789, mas serviram de inspiração a esta, marcando o fim do absolutismo, culminando com a proclamação da Primeira República Francesa em 1792 e o crescimento e difusão das demais repúblicas e democracias liberais ao redor do mundo.

Mas, de fato, é notória a importância destes ideais iluministas para que funcione como um embrião do aparato de justiça moderno. A própria readequação no sentido do emprego de um ente superior às partes, e destas equidistante, revela profundos valores que obrigam os operadores do direito a estudar melhorias e inovações a cada instante. Pensar no delito, seja em relação ao momento da sua prática, ou mesmo a quem incumbirá investigar, a quem será atribuída a função de acusar, de defender e de julgar, demonstra de antemão a validade de distinção das funções dentro do complexo sistema jurídico de uma sociedade.

Ainda com relação ao contrato social, numa passagem do estado de natureza (leia-se, um estado primitivo), para um estado civil, Jean-Jacques Rousseau afirmava que havia no homem uma mudança notável ao substituir a condução da justiça sobretudo em função dos seus instintos, passando a dar às suas ações a moralidade que lhes faltava anteriormente[17]. Não se

supérieur commun qui pût prononcer [204] entr'eux & le public, chacun, étant en quelque point son propre juge, prétendroit bientôt l'être en tous, l'état de nature subsisteroit, & l'association deviendroit nécessairement tyrannique ou vaine".

16 ROUSSEAU, Jean-Jacques, op. cit., nota 11, p. 19. *"Chacun de nous met en commun sa personne & toute sa puissance sous la suprême direction de la volonté générale; & nous recevons en corps chaque membre comme partie indivisible du tout".*

17 Ibidem, p. 24. No texto original, publicado em 1762: *"Ce passage de l'état de nature à l'état civil produit dans l'homme un changement três remarquable, en substituant dans sa conduite la justice à l'instinct, &*

prioriza mais escutar os impulsos físicos primitivos, mas sim, dar atenção a princípios distintos e de se escutar primeiramente a razão, antes dos instintos. Mediante esta postura, suas faculdades se exercem e se desenvolvem e o indivíduo passa a ter sentimentos mais nobres e se faz entender através das suas ideias.

Em que pesem as supostas privações, principalmente a do seu estado de natureza plena, através do contrato social o homem passa a ter mais garantias mediante a conquista de novos direitos, ou pelo menos ter a quem recorrer diante da violação destes. Ganha em termos de liberdade civil e sobre questões patrimoniais, mas ao mesmo tempo são as questões econômicas aquelas a quem Carnelutti atribui o fato de que os homens não conseguem viver em paz, pois a economia se revela como "reino do eu", ou seja, dos diversos egoísmos, tanto dos próprios homens, quanto dos povos em geral. Daí, propriamente, "reino da desordem". Para que os homens pudessem viver em paz, o egoísmo deveria ser substituído pelo altruísmo[18].

Até mesmo na contemporaneidade do direito europeu primitivo, que albergava a ideia da vingança (*Rache*), Tangerino assevera que o delito era compreendido como uma ação que causava um dano a uma determinada vítima. Em sendo menos uma imposição de dor ou mesmo de agonia, servia como espécie de ato que humilhava o adversário. O também primitivo poder judiciário era mero expectador do conflito entre as partes, mas zelava pelo desenrolar do procedimento travado em sua presença[19]. Limitava-se, portanto, a ser apenas um fiscal do combate[20].

Com essa característica preambular do delito, ou seja, um fato voluntário, prejudicial à ordem social (traduzido na violação à obrigatoriedade de coexistência) e, desta forma, reprimido com pena e restituição (principalmente nas questões patrimoniais, uma das primeiras grandes conquistas através do contrato social), restava, então, saber como o crime devia ser estudado sobretudo em face da transformação do conceito que

---

donnant à ses actions la moralité qui leur manquoit auparavant. C'est alors seulement que la voix du devoir succédant à l'impulsion physique & le droit à l'appétit, l'homme qui jusques-là n'avoit regardé que luimême, se voit forcé d'agir sur d'autres principes, & de consulter sa raison avant d'écouter ses penchans. Quoiqu'il se prive dans cet l'Etat de plusieurs avantages qu'il tient de la nature, il em regagne de si grands, ses facultés s'exercent & se développent, ses idées s'étendent, ses sentimens s'ennoblissent, son ame toute entiere s'élève à tel point que, si les abus de cette nouvelle condition ne le dégradoient souvent au-dessous de celle dont il est sorti, il devroit bénir sans cesse l'instant heureux qui l'en arracha pour jamais, & qui, d'un animal stupide & borné, fit un être intelligent & un homme".

18 CARNELUTTI, Francesco, op. cit., nota 04, p. 39.

19 TANGERINO, Davi de Paiva Costa, op. cit., nota 10, p. 34.

20 Ibidem, p. 36.

acompanhava a mudança nos valores da sociedade. Por tal motivo Carnelutti afirmava que o enriquecimento da esfera penal corresponde à linha do desenvolvimento do direito[21].

Assim como em todos os ramos jurídicos, o Direito Penal precisou definir contornos precisos sobre sua atuação diante da ocorrência de um delito. Se inicialmente o delito era conhecido como um fato imoral que, pela gravidade do dano, devia ser castigado mediante a aplicação de uma pena, nota-se que a aferição do centro gravitacional do delito está diretamente ligada à moral[22]. De toda forma, era a constatação de um padrão dissonante dentro da sociedade.

E é justamente essa discrepância em relação aos padrões que o próprio Estado valorou como merecedores de tutela que será observada, em última análise, pelo Direito Penal. Avocada a subsidiariedade, mesmo assim existirão fatos que não estão sujeitos aos ditames do Direito Penal ou Processual Penal. Mas, na prática, não é o senso comum que irá fornecer elementos para que se diga, com segurança, que um determinado acontecimento fático não mereça enquadramento ou subsunção à lei penal. Se o direito em geral se constitui como um complexo normativo estritamente vinculado à organização Estatal, prevendo comandos hipotéticos gerais aos quais se dá o nome de "leis"[23], a dogmática penal centrou seus esforços em conhecer e definir as balizas iniciais em face da aplicação dos seus institutos.

Essa relação entre o Poder Legislativo e o campo doutrinário acaba sendo cíclica, na medida em que ou as leis nascem e há necessidade de que a dogmática preveja as teorias acerca da sua aplicação ou, ao revés, parte-se da construção das teorias que se delineiam os contornos de uma previsão normativa, aproveitando-se um campo fértil para que sejam semeadas as melhores possibilidades. Esta última certamente nos parece ser a melhor opção, pois a experiência tem nos mostrado que, não raras vezes, a tentativa de se doutrinar em face de uma lei já promulgada se traduz num trabalho hercúleo, que em muitas vezes acaba culminando no invariável reconhecimento da inconstitucionalidade da norma.

Some-se a isso o fato de que os efeitos deletérios de um inchaço normativo, ao contrário de auxiliarem, demonstram uma prática incompatível com a segurança jurídica e com o aperfeiçoamento das leis, revelando ver-

21 CARNELUTTI, Francesco, op. cit., nota 04, p. 49.

22 Ibidem, p. 51.

23 Ibidem, p. 73.

dadeira crise do direito. Quanto mais normativas, principalmente aquelas tendentes a sanar supostas lacunas diante de uma "pauta emergencial", menor é o cuidado na elaboração.

O fato de crescer em número não implica diretamente num âmbito de proteção maior, ou na conquista de mais direitos: ao contrário, acabam por não revelarem sua função primordial para a qual foram concebidas. Por isso é que Carnelutti já mencionava que se o ordenamento jurídico devia ser conhecido pela simplicidade, considerando-se esta como seu maior mérito, acaba sendo visto como um complicado labirinto no qual, não raras vezes, nem mesmo aqueles que deveriam ser os guias conseguem se orientar[24].

Se é válido dizer que uma lei não funciona sem que as partes a ela sejam integradas mediante um juiz, também é válido afirmar que não há sistema jurídico que se sustente sem que todas as personagens dele participantes compreendam seu papel perante ele e assumam suas posições de protagonistas na busca pelo pleno exercício das suas funções originalmente atribuídas. No atendimento deste mister, sabe-se que a Constituição da República Federativa do Brasil[25], bem como o Código Penal[26] e o Código de Processo Penal[27] são os principais instrumentos legislativos que se mostram como verdadeiros pontos-base para a compreensão do sistema penal brasileiro. Parece óbvia tal constatação, mas mesmo com o caráter de obviedade revestido nesta afirmação, o ordenamento jurídico pátrio ainda não consegue fazer o simples: justiça.

Sobre justiça, não há dúvidas na concepção segundo a qual ela não é a mesma coisa que o direito. Entre os dois há uma relação nos permitindo afirmar que o direito é o meio e a justiça é o fim. Então, se as agências estatais das quais as personagens jurídicas (pelo menos no âmbito jurídico-penal), cumprem fielmente com aquela missão, isso irá moldar a forma como será apresentado o produto final delas esperado: bom ou ruim conforme a utilidade prestada à justiça[28]. Mas é possível ir além dessa concep-

24 CARNELUTTI, Francesco, op. cit., nota 04, p. 77.

25 Cf. nota 01.

26 BRASIL. Decreto-Lei n.º 2.848, de 07 de dezembro de 1940. Código Penal. *Diário Oficial [da] República Federativa do Brasil*, Rio de Janeiro, DF, 31 dez. 1940. Disponível em: <http://www.planalto.gov.br/ccivil_03/decreto-lei/del2848compilado.htm>. Acesso em: 09 abr. 2020.

27 BRASIL. Decreto-Lei nº 3.689, de 03 de outubro de 1941. Código de Processo Penal. *Diário Oficial [da] República Federativa do Brasil*, Rio de Janeiro, DF, 13 out. 1941. Disponível em: <http://www.planalto.gov.br/ccivil_03/constituicao/constituicaocompilado.htm>. Acesso em: 20 abr. 2020.

28 CARNELUTTI, Francesco, op. cit., nota 04, p. 104-105.

ção, sobretudo em função da análise do cotidiano e do caráter pragmático conferido ao direito.

Em significativa parcela das situações, podemos observar falta de vocação para o exercício das suas atividades, com expressiva perda de efetividade na prestação da justiça, mormente em virtude do desvio no rumo da função desempenhada. Obviamente, guardados todos os cuidados para não se praticar verdadeira injustiça, mas é preciso salientar que, somado a este fato, não raras vezes é possível perceber que juízes abarcam o papel de defensores públicos; estes, por sua vez acabam se desvirtuando e atuando como promotores de justiça, que a seu turno acabam se afastando do ideal primário de promoção desta, como a própria nomenclatura do cargo nos revela.

Num país com dimensões continentais, sobressalta aos olhos uma incompatibilidade entre o que se prega e o que se faz. Isso ocorre em todas as carreiras jurídicas. Em várias situações, portanto, falta vocação. Noutras, zelo. Ou ainda, em diversas outras, falta simplesmente sair da zona de conforto e pensar: pensar a melhor forma de atuar naquele caso concreto; na melhor maneira de solucionar um conflito; no jeito mais efetivo e prático diante da gama de ferramentas colocadas à disposição das mais diversas personagens jurídicas.

É inegável que não estamos querendo nos referir à uniformização estreita de decisões, até porque cada situação requer um cuidado específico em face da particularidade que lhe reveste. Busca-se, todavia, pelo menos uma atuação padronizada, diante do oferecimento de balizas objetivas dentro das quais haverá, ao final, mais segurança jurídica e menos insegurança jurídica, duas faces da mesma moeda.

O cerne do questionamento imposto neste trabalho revela, de antemão, uma solução lógica e simples: todo procedimento penal que começa da maneira correta, adequada, sem flexibilização (muitas vezes, violação) de garantias constitucionais (principalmente àquelas referentes aos direitos fundamentais), tem muito maior probabilidade de conferir tratamento justo, adequado e efetivo, do que se compararmos com aquele que começa de modo incorreto, inadequado ou com flexibilização das garantias que comentamos acima.

Juridicamente, tivemos a oportunidade de ressaltar em linhas gerais que cabe ao Delegado de Polícia o primeiro manejo da análise referente à temática do delito. Seja pelo fato de que é, constitucionalmente[29], quem tem a atribuição para tratar de matérias neste sentido, seja porque a ele é conferido, processualmente, o mais valioso instrumento de investigação criminal em utilização atualmente: o inquérito policial.

Embora seja inegável que ainda existe necessidade de revisão das características deste instrumento, dando-lhe nova concepção e nova roupagem, obviamente que tratar o inquérito como primordial não exclui (assim como a Lei[30] também não excluiu), o fato de que as infrações penais possam ser apuradas por procedimentos mais simples. O principal exemplo é o do termo circunstanciado de ocorrência, previsto no art. 69 da Lei nº 9.099/95[31], destinado à apuração das infrações de menor potencial ofensivo.

Desempenhando sua atividade, a todo momento tal profissional (diga-se, o primeiro no campo penal necessariamente com formação jurídica, por impositivo legal[32]) é chamado a filtrar o que efetivamente precisa ser considerado passível de adequação à lei penal e processual penal. Sua atividade primordial é a condução das funções de polícia judiciária e a apuração de infrações penais, que, também por força da lei[33], reservam um caráter essencial, na medida em que a elas é dado os atributos de serem de natureza jurídica, essenciais e exclusivas de Estado.

Neste sentido, pudemos observar que diante da comunicação de fatos que eventualmente clamem o tratamento do ramo penal, é a Polícia Judiciária,

---

29 Cf. nota 01. O art. 144 da CRFB/88 reserva campo destinado à segurança pública, já que inaugura capítulo com o mesmo nome. De acordo com o inciso IV deste artigo, a polícia civil está inserida dentre os órgãos que exercem a segurança pública no país. Nos exatos termos do parágrafo quarto daquele artigo, às polícias civis, dirigidas por delegados de polícia de carreira, incumbem, ressalvada a competência da União, as funções de polícia judiciária e a apuração de infrações penais, exceto as militares.

30 Cf. nota 02. A lembrança é vívida através da observância do art. 2º, § 4º, da Lei nº 12.830/13: *"§ 4º O inquérito policial ou outro procedimento previsto em lei em curso somente poderá ser avocado ou redistribuído por superior hierárquico, mediante despacho fundamentado, por motivo de interesse público ou nas hipóteses de inobservância dos procedimentos previstos em regulamento da corporação que prejudique a eficácia da investigação".*

31 A seguir, a íntegra do *caput* do art. 69 da Lei nº 9.099/95: *"Art. 69. A autoridade policial que tomar conhecimento da ocorrência lavrará termo circunstanciado e o encaminhará imediatamente ao Juizado, com o autor do fato e a vítima, providenciando-se as requisições dos exames periciais necessários".* BRASIL. Lei n.º 9.099, de 26 de setembro de 1995. Dispõe sobre os Juizados Especiais Cíveis e Criminais e dá outras providências. *Diário Oficial [da] República Federativa do Brasil*, Brasília, DF, 27 set. 1995. Disponível em: <http://www.planalto.gov.br/ccivil_03/leis/l9099.htm>. Acesso em: 09 abr. 2020.

32 Cf. nota 02. Neste sentido, citamos o art. 3º da Lei nº 12.830/13: *"Art. 3º O cargo de delegado de polícia é privativo de bacharel em Direito, devendo-lhe ser dispensado o mesmo tratamento protocolar que recebem os magistrados, os membros da Defensoria Pública e do Ministério Público e os advogados".*

33 Cf. nota 02. Conforme observamos no art. 2º, também da Lei nº 12.830/13: *"Art. 2º As funções de polícia judiciária e a apuração de infrações penais exercidas pelo delegado de polícia são de natureza jurídica, essenciais e exclusivas de Estado".*

na figura do Delegado de Polícia, quem primeiro irá fazer uma filtragem ampla (seja no aspecto constitucional, penal, processual penal, ou no contexto da legislação extravagante) sobre a decisão jurídica mais apropriada ao momento[34]. Adicione-se a esta constatação a premissa segundo a qual os juristas, já há muito tempo, vêm salientando que uma lei, em que pese seja justa para a maioria dos casos agrupados numa categoria, pode acabar se traduzindo num resultado injusto em diversas outras[35].

Com isso, a concepção sobre justiça demanda um aprofundamento sistêmico, vale dizer, o ideal de justiça, além de dever ser perseguido por todos os operadores do direito[36], numa amplitude que suplanta a própria atuação judicial (a quem obviamente cabe a palavra final sobre o ato de dizer o direito), mas é preciso que se compreenda que o papel de cada indivíduo integrante do sistema jurídico-penal pode contribuir para que ela seja notoriamente aplicada, como forma de se conceber que a insuficiência da sua análise ou a postergação para o momento da sentença pode acabar sendo inoportuna e com efeitos contrários ao pretendido. Ainda que seja justa para o momento final, pode não se revelar para os demais.

Durante o desenrolar das atividades desempenhadas no processo penal pode ser necessária a intervenção de mais de um integrante das agências estatais no sentido de modular os rigores da lei. Para isso, tal intérprete deve se utilizar da equidade. O *equo*, desde os tempos de Aristóteles, se revela melhor do que uma forma de justo habitualmente vislumbrada, porém, o *equo* é algo melhor e mais desejável do que o justo. A equidade, portanto, funciona como um corretor dos rigores da lei[37].

Quanto mais personagens jurídicas aptas a promover a equidade, mais rápido se constatará que a lei é insuficiente para a resolução das questões jurídicas, sobretudo no campo jurídico-penal. Assim, somente a atuação personificada, de fato, vivida, por parte do profissional irá permitir que se conclua que a justiça não se deixa aprisionar numa lei, sobretudo em face da percepção de que a rigidez da lei não se adapta às formas imprevisíveis do caso concreto, como realmente deveria[38].

34 FERREIRA, Wilson Luiz Palermo, op. cit., nota 09, p. 21.

35 CARNELUTTI, Francesco, op. cit., nota 04, p. 108.

36 FERREIRA, Wilson Luiz Palermo, op. cit., nota 09, p. 88.

37 ARISTÓTELES, apud BITTAR, Eduardo Carlos Bianca; ALMEIDA, Guilherme Assis de. *Curso de Filosofia do Direito*. São Paulo: Atlas, 2001. p. 110.

38 CARNELUTTI, Francesco, op. cit., nota 04, p. 109.

Tal concepção é analisada a partir da notificação, do conhecimento por parte da autoridade policial acerca de uma situação fática. Nesse primeiro momento, a partir do atendimento inicial já é possível definir se há interesse policial. Por tal interesse devemos entender tudo aquilo que estiver sob o manto constitucional e legal albergado pelos dispositivos anteriormente mencionados, principalmente no que diz respeito às atribuições de polícia judiciária.

Deste modo, a noção das funções do Delegado de Polícia, ao trabalhar diretamente com a análise fática, já nos traz a amplitude sobre tudo o que será discutido neste trabalho, vale dizer, principalmente, a atividade jurídica mediante a qual deverá desempenhar ao lidar com adequação típica, subsunção, enquadramento processual, valoração dos mandamentos constitucionais, preservação de direitos e garantias fundamentais (já que aspectos de proteção de tais direitos devem estar ligados diretamente à ideia norteadora da atuação de qualquer agente público, como forma de se manter a força normativa da Constituição[39]), dentre outros não menos importantes.

Se pudéssemos utilizar uma metáfora com conhecimento prático sobre o assunto, seguramente definiríamos uma delegacia de polícia como uma "clínica geral jurídica". Não nos referimos, especificamente, ao campo penal, pois boa parte das situações fáticas que chegam ao conhecimento do Delegado de Polícia são, efetivamente, ligadas ao campo dito como "não-penal". A título comparativo, vejamos um exemplo de como é feita esta filtragem de tudo aquilo que chega ao conhecimento de um Delegado de Polícia no exercício das suas funções. No Rio de Janeiro, a Secretaria de Estado de Polícia Civil (SEPOL) tem uma ferramenta denominada "Gerencial *Web*", disponível em âmbito interno[40], em que é possível traçar um panorama que comprova as alegações que acabamos de afirmar.

Tal ferramenta permite, ainda, tornar a pesquisa mais especifica no que diz respeito à "classe", que por sua vez é dividida em "Código Penal", "Código Penal (menor potencial ofensivo)", "Crimes do Código Militar", "Crimes do Código de Trânsito com procedimento previsto pela Lei nº 9.099/95", "Legislação Penal Complementar", "Legislação Penal Comple-

39 HESSE, Konrad. *A Força Normativa da Constituição.* Tradução de Gilmar Ferreira Mendes. Porto Alegre: Sergio Antonio Fabris Editor, 1991. p. 19. Título original: Die Normative Kraft der Verfassung.

40 RIO DE JANEIRO (Estado). Secretaria De Estado de Polícia Civil. *Gerencial Web*. Consulta Mapa de Ocorrências por Delitos. Disponível em: <https://statdp.pcivil.rj.gov.br/>. Acesso em: 09 abr. 2020.

mentar (menor potencial ofensivo)" e "Títulos Administrativos" entre as espécies de classes, com seus respectivos grupos.

Feita uma rápida pesquisa que levou em consideração os títulos dos registros de ocorrência confeccionados no âmbito do 1º Departamento de Polícia de Área (capital), comparamos aquelas classes chamadas de "Títulos Administrativos" e "Código Penal", justamente por demonstrar os polos opostos da busca, ou seja, na primeira, ocorrências que não estejam diretamente relacionadas a crimes, enquanto na segunda, aquelas diretamente referentes aos crimes previstos no Código Penal.

Na primeira classe descrita no parágrafo anterior, cujos grupos (a título exemplificativo) tratam de "extravio de documentos", "fato atípico", dentre outros, o total de registros de ocorrência representou um quantitativo de 40.683 (quarenta mil seiscentos e oitenta e três) itens, entre janeiro de 2019 e janeiro de 2020[41].

Já o total de registros de ocorrência confeccionados com grupos de crimes pertencentes à classe "Código Penal", cujos grupos se referem a qualquer crime previsto naquele diploma legal[42], representou um total de 127.007 (cento e vinte e sete mil e sete) itens no mesmo período[43].

Ou seja, usando como parâmetro de análise somente essas duas classes, o total de ocorrências que não guardam relação com o campo penal representa cerca de 32,03% em face das que verdadeiramente tratam do Código Penal.

Queremos dizer, com esses dados, que o Delegado de Polícia tem em suas funções laborativas a incumbência de determinar o que definitivamente irá ingressar para apuração de infrações penais, ou restará em âmbito civil, *lato sensu*. Ressalte-se que ao asseverarmos a possibilidade de que sejam registradas ocorrências com a alcunha de "Título Administrativo", não significa dizer, necessariamente, que estaremos diante das funções administrativas inerentes ao cargo (que dizem única e exclusivamente ao âmbito interno, como funções gerenciais de manutenção de viaturas, gestão de pessoal, alocação de insumos etc.), mesmo que com isso se deva perquirir um processo administrativo disciplinar em algumas situações (essas sim, registradas sob o título administrativo cuja classe guarda o mesmo nome).

41 Vide Anexo I.

42 Cf. nota 26.

43 Vide Anexo II.

A partir desta compreensão, busca-se compreender o fenômeno da análise da atividade policial no contexto jurídico-social. O Delegado de Polícia não tem como função específica única e exclusivamente a seara penal. Seu conhecimento deve abarcar outros ramos do saber, sejam eles de cariz civil, administrativo, constitucional, de legislação extravagante, médico-legal, ambiental, empresarial, tributário, previdenciário, filosófico etc. Sobretudo, deve ter uma visão humanitária e social do contexto em que suas funções e atividades estão inseridas, de modo a possibilitar, sempre, o exato início de qualquer ação, pois é tal vivência dos fatos, da maneira como eles ocorrem, que irá garantir a forma pela qual tudo dali se desencadeará.

Não se nega que, como ressaltaremos adiante, sua função precípua, constitucional, seja a de apuração de infrações penais sob o âmbito das suas atribuições. Isso nos leva a crer numa análise, *prima facie*, sobre atividade de subsunção penal. Porém, com mais razão este campo do saber deverá ser lido, filtrado, com base nos mandamentos constitucionais, de modo a garantir que a preservação dos direitos fundamentais seja realmente o mote da atuação, principalmente da polícia judiciária.

Esse foi apenas um dos motivos que nos levaram a fazer uma pergunta que, até a publicação da nossa dissertação de mestrado[44], permanecia sem qualquer tipo de comentário a respeito: levando-se em consideração o conceito analítico de delito, qual é a gradação da análise efetuada pelo Delegado de Polícia, por ocasião da sua atuação concreta? Será que ele somente analisa aspectos da tipicidade, ou pode ir além, verificando também a antijuridicidade e a culpabilidade? Foi a partir das respostas ali obtidas, que toda esta tese teve início. Então, agora precisaremos resgatar um pouco do enfoque histórico, tal como lá foi feito, para que possamos prosseguir nas nossas investigações.

1.2. SOBRE AS CONTRIBUIÇÕES DA HISTÓRIA DO DIREITO NAS CONCEPÇÕES CONTEMPORÂNEAS: A POSIÇÃO DO CONCEITO PERANTE A SOCIEDADE EM QUE VIVEMOS

1.2.1. A história dos conceitos como metodologia empregada

De nada adiantaria começar a delinear qualquer tipo de resposta sem que fossem buscadas as bases históricas e orientadoras da própria função

44 Cf. nota 09.

do Delegado de Polícia, bem como sobre a noção sobre o que é "crime". Afinal, toda concepção conceitual está ligada diretamente ao momento em que se insere. E a partir da concepção histórica, conseguimos olhar para o passado e perceber a gradação e o posicionamento de cada instituto com base na legislação e na sociedade à qual pertenceram e se ainda pertencem.

Para isso, foi fundamental a análise do ramo da História do Direito, mesmo que, até hoje, não tenhamos o hábito de olhar para este campo do saber para que possamos compreender de onde viemos e para onde nosso ordenamento jurídico irá nos levar. Permanecem válidas e atuais as concepções de Ricardo Marcelo Fonseca, ao asseverar que, em termos jurídicos, ainda não vemos o passado como algo que tenha tanto a ensinar ao presente[45].

A visão monocular, ou seja, aquela que não nos permite ter clareza em razão da profundidade nem da dimensão dos institutos, como em qualquer outra situação, nos impede de tecer um comentário verdadeiro sobre a origem deles. Isso traz outra consequência lógica: ao não saber como surgiu, nem qual a sua finalidade, a aplicação prática resta prejudicada.

Desta forma, diante da enorme gama de sínteses explicativas[46] utilizadas para explorar o conhecimento diante do pluralismo metodológico que imperava principalmente a partir da segunda metade do século XX, escolhemos adotar a história dos conceitos enquanto ramo metodológico da História do Direito, como fonte preferida para abordar a busca epistemológica do balizamento dos institutos com os quais trabalhamos durante a dissertação de mestrado[47]. Apenas para ressaltarmos, a utilização de uma metodologia impõe ao intérprete a seleção e adoção das fontes adequadas para que possamos fazer uma organização das fontes de conhecimento que se impõem na construção dogmática a partir delas.

A eleição da metodologia baseada na história dos conceitos requer um balizamento próprio que consiste, sobretudo, na identificação do contexto histórico e social no qual se insere o paradigma. Além disso, nada mais correto do que adequar cada ponto de vista retratado conforme sua vivência, já que o próprio ser humano é o responsável pela descrição do que percebe. Isso nos leva a crer que, se cada indivíduo pode relatar seu modo de ver, cada relato pode mostrar um ponto de vista diferente, prin-

45 FONSECA, Ricardo Marcelo. *Introdução teórica à história do direito*. Curitiba: Juruá, 2009. p. 23.

46 HESPANHA, António Manuel. *A história do direito na história social*. Lisboa: Livros Horizonte, 1978. p. 15.

47 Cf. nota 09.

cipalmente se levarmos em consideração o subjetivismo arraigado que permeia esta concepção. O que a metodologia busca, como já foi salientado, é a sistematização, uma busca pela imparcialidade, pela objetividade, o que certamente levará à coleta de dados mais fidedignos[48].

A história dos conceitos como metodologia adotada revela o detalhamento dos vocábulos e dos textos, numa busca pela história da terminologia filosófica, bem como da gramática[49], por exemplo. A conclusão a que chegamos é a de que, ao identificarmos os conceitos, mesmo que verifiquemos uma grafia semelhante no que diz respeito ao vocábulo considerado em si mesmo, uma mesma palavra pode ter diversos significados ao longo do tempo caso os momentos de vivência (temporal, social e político) do observador sejam diversos.

Os exemplos mais recentes que podemos mencionar se referem aos efeitos que a pandemia de SARS-CoV-2, descoberta ainda no final do ano de 2019. Até então, quais eram os significados para a expressão "quarentena", por exemplo, antes e depois da configuração da pandemia? O mesmo se diga em relação à expressão "distanciamento social", até mesmo a compreensão sobre "higiene" etc. Portanto, uma mesma sociedade pode ter mudança de paradigma em função de expressões mesmo que sua grafia possa permanecer idêntica.

Com base nisso, os conceitos, portanto, podem trazer multiplicidade de significados. Tudo em função da vivência que denotamos linhas acima. Nesse sentido, a história dos conceitos representa uma interpretação na história, porém, dotada de uma visão particular, mediante a visualização dos conceitos em uso no passado, assim como compreende uma visão histórica sobre eles, numa tentativa de unir a noção conceitual e a história propriamente dita[50].

Pois bem. Ao afirmarmos que a história dos conceitos, como metodologia própria, compreende a estratificação dos significados de um mesmo conceito, porém, em épocas diferentes[51], queremos dizer que novas concepções sobre determinada temática podem ser aceitas como adequadas ao tempo em que foram compreendidas.

---

48 FERREIRA, Wilson Luiz Palermo, op. cit., nota 09, p. 29 et seq.

49 KOSELLECK, Reinhart. *Futuro passado:* contribuição à semântica dos tempos históricos. Tradução do original alemão por Wilma Patrícia Maas e Carlos Almeida Pereira. Rio de Janeiro: Contraponto: Editora PUC-Rio, 2006. p. 97. Título original: Vergangene Zukunft: zur Semantik geschichtlicher Zeiten.

50 Ibidem, p. 110.

51 Ibidem, p. 115.

1.2.2. A importância da compreensão das origens do cargo de Delegado de Polícia: a sua relação com a temática do crime

Assim como no tópico anterior, a adoção da metodologia da história dos conceitos não poderia ter colaboração diferente com a conceituação dada à noção sobre o que significou ser e, principalmente, o que atualmente significa ser "Delegado de Polícia". Para isso, foi preciso buscar a fundo a história por trás deste conceito[52]. Como recorte no objeto, foi possível destacar o posicionamento temporal e geográfico, em âmbito nacional, registrando-se o ano de 1808, na cidade do Rio de Janeiro, como início da formação da Polícia Judiciária no Brasil[53]. Naquela sociedade, diante da vivência sócio-política, do contexto de mudanças na estrutura da Colônia, Dom João VI refletiu a necessidade de organização de um aparato policial apto a agir a contento da realeza.

Na medida em que o Rio de Janeiro era dividido em dois grandes distritos, o Alvará de 27 de junho de 1808[54] também criava dois cargos de "juiz do crime". Obviamente, cada um ficava responsável por uma parte da cidade. Esses juízes, por sua vez, cujos poderes estavam adstritos às funções policiais e judiciais, eram vinculados diretamente ao Intendente Geral de Polícia da Corte e do Estado do Brasil, que representava a autoridade do monarca absoluto, de sorte as funções deste englobavam tanto poderes legislativos, quanto executivos (de polícia) e também, judiciais.

A figura do Intendente Geral, tal qual ocorria em Lisboa, refletia e funcionava como uma espécie de Ministro da Segurança Pública e suas funções eram tão amplas, que controlava todos os órgãos de polícia do Brasil e até mesmo os "ouvidores gerais, os alcaides maiores e menores, os inquiridores, os corregedores, os meirinhos e capitãoes de estrada e assaltos". Então, as funções policiais não tinham uma organização efetiva, e ficavam a cargo dos vice-reis e dos ouvidores gerais[55]. Essa Intendência

52 Cf. nota 09.

53 HOLLOWAY, Thomas H. *Polícia no Rio de Janeiro:* repressão e resistência numa cidade do século XIX. Tradução de Francisco de Castro Azevedo. Rio de Janeiro: Editora Fundação Getúlio Vargas, 1997. p. 41. Título original: Policing Rio de Janeiro: repression and resistance in a 19th-century city.

54 BRASIL. Alvará de 27 de junho de 1808. Colecção das Leis do Brazil de 1808. Rio de Janeiro: Imprensa Nacional, 1891. p. 65 – 66. Disponível em: <http://bd.camara.gov.br/bd/bitstream/handle/bdcamara/18319/colleccao_leis_1808_parte1.pdf?sequence=4>. Acesso em: 10 abr. 2020.

55 Estas informações podem ser observadas através da leitura do artigo denominado "Polícia da Corte", publicado no Arquivo Nacional Brasileiro. SOARES, Ana Carolina Eiras Coelho; DUARTE, Elaine Cristina Ferreira. *Polícia da Corte*. Disponível em: <http://www.historiacolonial.arquivonacional.gov.br/index.php?option=com_content&view=article&id=5218&Itemid=268>. Acesso em: 10 abr. 2020.

Geral, criada pelo Alvará de 10 de maio de 1808[56] é, propriamente, o embrião da Polícia Judiciária no Brasil, mais especificamente da Polícia Civil do Estado do Rio de Janeiro.

A conclusão a que se chega é a de que, na prática, aqueles dois juízes criados pelo Alvará de 27 de junho de 1808 eram, na verdade, os primeiros Delegados do Intendente Geral, já que na própria compreensão do termo, funcionavam como *longa manus* das funções deste, notadamente no que diz respeito às funções policiais (administrativas e investigativas) e judiciais. Naquela concepção, portanto, o conceito dado ao "juiz do crime", pelo supracitado Alvará, era o mesmo dado ao "delegado de polícia". Daí a importância de se entender a história do conceito, em qual momento for.

As historiadoras Ana Carolina Eiras Coelho Soares e Elaine Cristina Ferreira Duarte[57] chamam igualmente a atenção para a forma como a polícia manifestava sua influência naquela época, ao afirmarem que a polícia no Brasil, enquanto instituição, era peça fundamental para o controle e a ordenação da sociedade por todo o século XIX. Como havia forte influência no modelo inicial de Intendência Geral, que no Brasil era semelhante ao modelo português, estavam previstas atividades que não se inserem no contexto da polícia tal qual a conhecemos atualmente, já que naquela época estavam incluídas tarefas como limpeza, asseio, vestiário, abastecimento da cidade etc. A própria etimologia da palavra "intendência" reflete a ideia de direção de bens, de gestão, de administração. No Exército Brasileiro, por exemplo, o serviço de Intendência guarda profunda relação com a cadeia de suprimentos.

Neste sentido, pela análise de balancetes e registros documentais, podemos verificar importantes exemplos de atividades compreendidas na Intendência Geral de Polícia da época oitocentista além do abastecimento da cidade, tais como despesas com conserto de pontes, reparo em estradas, plantação de roseiras, limpeza da cidade, o que não afastava a execução paralela da verdadeira atividade policial, de investigação e apuração de infrações penais[58].

Com a superveniência de legislações, a mudança de concepção sobre o cargo se torna ainda mais evidente, já que a alteração nos fundamentos

---

56 BRASIL. Alvará de 10 de maio de 1808. Colecção das Leis do Brazil de 1808. Rio de Janeiro: Imprensa Nacional, 1891. p. 26-27. Disponível em: <http://bd.camara.gov.br/bd/bitstream/handle/bdcamara/18319/colleccao_leis_1808_parte1.pdf?sequence=4>. Acesso em: 10 abr. 2020.

57 Cf. nota 55.

58 Cf. nota 55.

manifesta profundamente a maneira com a qual se exerce as funções policiais. Neste sentido, um dos marcos históricos para a atuação do Delegado de Polícia se dá com a reformulação do Código de Processo Criminal do Império de 1832[59], promovida pela Lei nº 261, de 03 de dezembro de 1841[60]. Esta lei foi a responsável por reestruturar a polícia, afirmando que os Chefes de Polícia seriam escolhidos dentre os Desembargadores e Juízes de Direito e os Delegados e Subdelegados seriam escolhidos dentre quaisquer juízes e cidadãos, sendo-lhes resguardada a inamovibilidade, mas com a obrigação de aceitar o cargo. Obviamente que, ao promover a reestruturação, também foram definidas quais as atribuições que lhes eram pertinentes.

O estudo histórico revela, sempre, uma íntima relação entre as funções policiais com a de controle da segurança pública por parte do Estado. Todas as legislações históricas até aqui mencionadas, bem como aquelas descritas em nossa dissertação de mestrado[61] denotam a aproximação da polícia judiciária com a sociedade, sempre levando em consideração questões de política criminal, bem como uma abordagem criminológica de controle social e prevenção do crime.

Aliás, o "crime", em si mesmo, revela uma faceta que comporta diversas interpretações. Na mesma oportunidade descrita no parágrafo anterior, tivemos a oportunidade de aprofundar sobre o conceito de crime[62]. Para o trabalho atual, partimos do pressuposto segundo o qual há diferenciação entre "crime" e "contravenção" [63], ambas indistintamente denominadas como "infração penal" [64], além de ser importante o destaque ao conceito "analítico", que comporta a subdivisão em três principais substratos: a tipicidade, a antijuridicidade e a culpabilidade[65]. É com esta última concepção que iremos trabalhar na maior parte desta obra, já que tais elementos

59 BRASIL. Lei Imperial de 29 de novembro de 1832. Promulga o Codigo do Processo Criminal de primeira instancia com disposição provisoria ácerca da administração da Justiça Civil. Registrada na Secretaria de Estado dos Negocios da Justiça em 5 dez. 1832. Disponível em: <http://www.planalto.gov.br/ccivil_03/Leis/LIM/LIM-29-11-1832.htm>. Acesso em: 11 abr. 2020.

60 BRASIL. Lei Imperial 261, de 03 de dezembro de 1841. Reformando o Código de Processo Criminal. Publicada na Secretaria de Estado dos Negocios da Justiça em 11 dez. 1841. Disponível em: <http://www.planalto.gov.br/ccivil_03/leis/LIM/LIM261.htm>. Acesso em: 11 abr. 2020.

61 Cf. nota 09.

62 FERREIRA, Wilson Luiz Palermo, op. cit., nota 09, p. 58.

63 BRASIL. Decreto-Lei nº 3.914, de 9 de dezembro de 1941. Lei de introdução do Código Penal (Decreto-Lei n. 2.848, de 7-12-940) e da Lei das Contravenções Penais (Decreto-Lei n. 3.688, de 3 outubro de 1941). *Diário Oficial [da] República Federativa do Brasil*, 09 dez. 1941. Disponível em: <http://www.planalto.gov.br/ccivil_03/decreto-lei/del3914.htm>. Acesso em: 13 abr. 2020.

64 GRECO, Rogério. *Curso de direito penal parte geral.* 11 ed. Niterói: Impetus, 2009. p. 138.

65 FERREIRA, Wilson Luiz Palermo, op. cit., nota 09, p. 60.

estão ligados numa ordem sistemática, cuja compreensão está interligada, conforme os ensinamentos de Hans-Heinrich Jescheck[66]. Neste sentido, o crime revela uma complexa análise penal, cujos contornos processuais penais se mostram de evidente importância no conjunto da investigação criminal preliminar e, portanto, do inquérito policial.

Através dela, iremos detalhar os limites objetivos para a construção da teoria da valoração crimino-fenomenológica que propomos, revisitando institutos abrangidos na moderna análise da investigação criminal e que refletem uma necessidade cada vez maior de indispensabilidade do atuar do Delegado de Polícia.

Percebemos, portanto, mais uma comprovação da importância de compreendermos o sentido da existência de determinada função em virtude da análise das suas atribuições, sem que deixemos de lado as nuances relativas ao período respectivo em que se inserem, de modo a trazer os argumentos pelos quais iremos empregar o aparato policial estatal na contribuição da Justiça como elemento central do sistema jurídico-penal brasileiro.

1.3. O ATUAL PAPEL DA POLÍCIA JUDICIÁRIA: A ATUALIZAÇÃO DOS CONCEITOS

1.3.1. A origem da vinculação entre "polícia" e "judiciário" e os contornos da concepção atual

Desta mesma época oitocentista remonta a noção inicial da terminologia "polícia judiciária". A vinculação entre "polícia" e "judiciário" era muito estreita, já que os primeiros juízes do crime eram os verdadeiros delegados do Intendente Geral de Polícia, como destacamos linhas acima.

Se por um lado no passado tínhamos a possibilidade de que esta figura delegada julgasse ilícitos, além de coordenar investigações penais, a desvinculação destas funções só se torna realidade com o advento da Lei nº 2.033, de 20 de setembro de 1871[67], cuja regulamentação se deu pelo

66 JESCHECK, Hans-Heinrich. *Lehrbuch des Strafrecht. Allgemeiner Teil.* Berlim: Dunker & Humblot. 1988. p. 178.

67 BRASIL. Lei nº 2.033 de 20 de setembro de 1871. Altera differentes disposições da Legislação Judiciaria. Publicada na Secretaria de Estado dos Negocios da Justiça, em 21 de Novembro de 1871. Disponível em: <http://www.planalto.gov.br/ccivil_03/leis/LIM/LIM2033.htm>. Acesso em: 11 abr. 2020.

Decreto nº 4.824, de 22 de novembro de 1871[68]. Neste momento, houve a consagração do inquérito policial como mecanismo principal na investigação criminal[69], além da incompatibilização dos cargos de Juiz Municipal e de Juiz Substituto com o de qualquer autoridade policial, nos termos do art. 7º do supracitado Decreto[70].

Esta, sem sombra de dúvidas, vem sendo a exegese da interpretação que prevalece no ordenamento jurídico brasileiro e era a interpretação que demos por ocasião do trabalho de dissertação[71]. Todavia, isso não foi capaz de fazer com que a denominação do conceito de "polícia judiciária" deixasse de permanecer a mesma. Vemos, conforme a configuração atual, que a polícia judiciária continua sendo aquela cujas atribuições principais estão legal e constitucionalmente previstas[72], ressalvadas as particularidades em termos de organização concedidas a cada Estado da Federação. Pelo menos nesses aspectos, mantém-se a forma de estudar esse conceito.

Mas, afinal, o que podemos falar sobre a polícia judiciária? Nestor Távora e Rosmar Rodrigues Alencar[73] indicam que a ela cabem as funções de atuação repressiva, cujo momento temporal ocorre após a prática de determinada infração penal. Sua finalidade é a de coletar informações que denotem a ideia central de toda persecução criminal: a apuração de autoria e materialidade, aptas a servirem de esteio à justa causa para a propositura da ação penal.

Ao compararmos o conceito tradicional com aquele da época oitocentista, já precisaremos nos embasar conforme a vinculação (no início) entre as funções policiais e as judiciárias, ou sua desvinculação (como ocorreu após a reformulação em 1871[74]).

68 BRASIL. Decreto nº 4.824 de 22 de novembro de 1871. Regula a execução da Lei nº 2033 de 24 de Setembro do corrente anno, que alterou differentes disposições da Legislação Judiciaria. Palacio do Rio de janeiro, em 22 de Novembro de 1871. Disponível em: <http://www.planalto.gov.br/ccivil_03/decreto/Historicos/DIM/DIM4824.htm>. Acesso em: 11 abr. 2020.

69 FERREIRA, Wilson Luiz Palermo, op. cit., nota 09, p. 55.

70 De acordo com o artigo 7º do Decreto nº 4.824 de 22 de novembro de 1871: *"Art. 7º Os cargos de Juiz Municipal e de Juiz Substituto são incompativeis com o de qualquer autoridade policial".* Disponível em: <http://www.planalto.gov.br/ccivil_03/decreto/Historicos/DIM/DIM4824.htm>. Acesso em: 11 abr. 2020.

71 FERREIRA, Wilson Luiz Palermo, op. cit., nota 09, p. 55 et seq.

72 Cf. notas 01 e 02.

73 TÁVORA, Nestor; ALENCAR, Rosmar Rodrigues. *Novo Curso de Processo Penal*. 15. ed. Salvador: Juspodivm, 2020. p. 126.

74 Cf. nota 67.

Certa parte da doutrina, todavia, por exemplo aquela mencionada por Denilson Feitoza[75], percebe que há uma diferença entre os conceitos de "polícia judiciária" e "polícia investigativa". Assim, enquanto a primeira está mais afeta à realização de diligências que se referem à concretização da persecução criminal judicializada de qualquer forma (ainda que sob a égide de inquérito policial, cujas medidas cautelares eventualmente requeridas tenham sido deferidas e estejam na dependência do cumprimento da ordem judicial, ou ainda em face de medidas tais, determinadas no curso do processo penal propriamente dito, que guardem relação semelhante com aquela que acabamos de descrever), a polícia investigativa, por sua vez, está adstrita aos atos de investigação por sua essência, na busca pelos elementos que indiquem a autoria e a materialidade ao final[76].

De igual modo está a linha de pensamento de Renato Brasileiro de Lima[77], mas trazendo argumentos que interpenetram o direito processual e o constitucional. Para o autor, de fato a atividade de polícia judiciária possui um caráter repressivo, ocorrendo após a prática da infração penal, prevista de forma genérica no art. 4º do Código de Processo Penal[78]. Mas a leitura dos dispositivos constitucionais permite conferir uma visão dúplice sobre a natureza das atividades desempenhadas pelas ditas polícias judiciárias. Basta pensarmos na verificação do artigo 144, § 1º, I, II[79] e posteriormente, do inciso IV, do mesmo artigo da CRFB/88[80].

---

75 FEITOZA, Denilson. *Direito Processual Penal*: teoria, crítica e práxis. 7. ed. Niterói: Impetus, 2011. p. 202.

76 Fortalecendo esta narrativa, o art. 2º da Lei nº 12.830/13 (cf. nota 02) assevera que: *"As funções de polícia judiciária e a apuração de infrações penais exercidas pelo delegado de polícia são de natureza jurídica, essenciais e exclusivas de Estado".* Assim, a conjunção aditiva "e" disposta entre "as funções de polícia judiciária e a apuração", denotariam diferenciação perceptível entre uma polícia dita "judiciária" e outra tida como "investigativa".

77 LIMA, Renato Brasileiro de. *Manual de Processo Penal*. 6. ed. Salvador: Juspodivm, 2018. p. 110.

78 Cf. nota 27.

79 Cf. nota 01. O conteúdo dos artigos mencionados pode ser visto a seguir: *"Art. 144. A segurança pública, dever do Estado, direito e responsabilidade de todos, é exercida para a preservação da ordem pública e da incolumidade das pessoas e do patrimônio, através dos seguintes órgãos: I – polícia federal; II – polícia rodoviária federal; III – polícia ferroviária federal; IV – polícias civis; V – polícias militares e corpos de bombeiros militares. VI – polícias penais federal, estaduais e distrital. (Redação dada pela Emenda Constitucional nº 104, de 2019) § 1º A polícia federal, instituída por lei como órgão permanente, organizado e mantido pela União e estruturado em carreira, destina-se a:"(Redação dada pela Emenda Constitucional nº 19, de 1998) I – apurar infrações penais contra a ordem política e social ou em detrimento de bens, serviços e interesses da União ou de suas entidades autárquicas e empresas públicas, assim como outras infrações cuja prática tenha repercussão interestadual ou internacional e exija repressão uniforme, segundo se dispuser em lei; II – prevenir e reprimir o tráfico ilícito de entorpecentes e drogas afins, o contrabando e o descaminho, sem prejuízo da ação fazendária e de outros órgãos públicos nas respectivas áreas de competência; III – exercer as funções de polícia marítima, aeroportuária e de fronteiras; (Redação dada pela Emenda Constitucional nº 19, de 1998) IV – exercer, com exclusividade, as funções de polícia judiciária da União"*

80 Cf. nota 29.

Enquanto os dois primeiros incisos mencionados na linha anterior dispõem, claramente, sobre atividades investigativas de atribuição da Polícia Federal, o último inciso (o de número IV), por sua vez, denota nítida separação entre aquelas funções e a função de polícia judiciária da União. A mesma percepção deve ser adotada por ocasião do estudo das atribuições das polícias civis em âmbito estadual, já que o art. 144, § 4º, da CRFB/88[81], caminha em idêntico sentido, dividindo o que se deve entender por polícia investigativa e por polícia judiciária.

Portanto, trazendo clareza às distinções apresentadas, devemos compreender que tanto a polícia federal, quanto a polícia civil, possuem atribuições distintas, mas ao mesmo tempo complementares. Entender a polícia investigativa significa assumir que estamos diante de atos inerentes à investigação, à apuração das infrações penais e sua autoria, de forma a suprir o titular da ação penal com elementos seguros que o levem a prosseguir com um fato que efetivamente mereça a alcunha de processo penal.

De outro lado, as funções de polícia judiciária giram em torno da execução/cumprimento de ordens judiciárias, tais como as diligências relacionadas aos mandados de prisão, ordens de busca e apreensão de adolescentes infratores, enfim, aquelas inerentes ao fiel andamento do processo, mas não menos importantes quando pensamos em investigação. Em termos de hermenêutica, devemos dar prevalência às normas constitucionais, por se tratar de norma hierarquicamente superior[82]. Mais adiante será possível tecer maiores considerações no que diz respeito à questão das atribuições.

No entanto, desta concepção resta clara a vinculação e a interdependência entre os diversos setores da investigação criminal. Ora, se pudéssemos categorizar todos os atos de investigação criminal numa compreensão macro, não restaria dúvida ao afirmar que, para que defesa, acusação e magistratura desempenhem seu papel constitucional, a reunião de elementos de informação que indiquem a ocorrência ou não de um fato de relevância penal está efetivamente adstrita à análise em concreto de todas as circunstâncias que gravitam ao seu redor.

O que queremos dizer é que todas as principais personagens do sistema jurídico-penal brasileiro que atuam na resolução das questões controvertidas têm missões constitucionais relacionadas à persecução criminal que

81 Cf. nota 01.

82 LIMA, Renato Brasileiro de, op. cit., nota 77, p. 111.

dependem, na maior parte das vezes, da atuação do Delegado de Polícia em face da verificação em concreto sobre as nuances do crime.

Corroborando esta afirmação, basta pensarmos na atuação do Advogado, indispensável à administração da justiça, sendo inviolável por seus atos e manifestações no exercício da profissão, nos limites da lei[83], o que abrange, inclusive, a possibilidade de examinar autos de prisão em flagrante bem como de investigações de qualquer natureza, ainda que sem procuração, além de ser peça fundamental nas ações penais privadas; ou ainda, na missão constitucional da Defensoria Pública[84]; a atuação dos Juízes de Direito em âmbito estadual, cuja organização foi delegada constitucionalmente[85] para cada Estado da Federação[86]; por fim, a missão constitucional do Ministério Público, especificamente em matéria criminal, a ele cabendo como função institucional promover, privativamente, a ação penal pública, na forma da lei[87].

Somente através da percepção da atuação de cada parte envolvida no todo será possível extrair uma conotação mais apropriada sobre a terminologia sobre a verdadeira prestação levada à efeito por ocasião da investigação criminal. Isso significa, na prática, conhecer os sujeitos envolvidos, saber

---

83 O artigo 133 da CRFB/88 nos remete, invariavelmente, à análise do Estatuto da Advocacia (EOAB), albergado sob o manto da Lei nº 8.906/94. A conjugação feita pela CRFB/88 nos faz lembrar da recente alteração promovida pela Lei nº 13.245/16 no art. 7º, XIX, do EOAB, ao prever que é direito do Advogado: *"XIV – examinar, em qualquer instituição responsável por conduzir investigação, mesmo sem procuração, autos de flagrante e de investigações de qualquer natureza, findos ou em andamento, ainda que conclusos à autoridade, podendo copiar peças e tomar apontamentos, em meio físico ou digital"*. BRASIL. Lei nº 8.906, de 04 de julho de 1994. Dispõe sobre o Estatuto da Advocacia e a Ordem dos Advogados do Brasil (OAB). *Diário Oficial [da] República Federativa do Brasil*, 05 jul. 1994. Disponível em: <http://www.planalto.gov.br/ccivil_03/leis/l8906.htm>. Acesso em: 13 abr. 2020.

84 Cf. nota 01. Sobre o tema, vide art. 134 da CRFB/88: *"A Defensoria Pública é instituição permanente, essencial à função jurisdicional do Estado, incumbindo-lhe, como expressão e instrumento do regime democrático, fundamentalmente, a orientação jurídica, a promoção dos direitos humanos e a defesa, em todos os graus, judicial e extrajudicial, dos direitos individuais e coletivos, de forma integral e gratuita, aos necessitados, na forma do inciso LXXIV do art. 5º desta Constituição Federal"*.

85 Cf. nota 01. Vide art. 125 da CRFB/88: *"Os Estados organizarão sua Justiça, observados os princípios estabelecidos nesta Constituição"*. Ainda sobre o tema, o art. 125, § 1º, também da Carta Magna dispõe que: *"A competência dos tribunais será definida na Constituição do Estado, sendo a lei de organização judiciária de iniciativa do Tribunal de Justiça"*.

86 Como exemplo, vide: RIO DE JANEIRO (Estado). Lei nº 6.956, de 13 de janeiro de 2015. Dispõe sobre a organização e divisão judiciárias do Estado do Rio de Janeiro e dá outras providências. Disponível em: <http://alerjln1.alerj.rj.gov.br/CONTLEI.NSF/f25571cac4a61011032564fe0052c89c/7954a68a437095b983257dcf00599dda?OpenDocument>. Acesso em: 26 jun. 2021.

87 Cf. nota 01. Vide redação do art. 129, I, da CRFB/88, que deve ser lida em conjunto com a Lei nº 8.625/93, bem como as leis que organizam os Ministérios Públicos a nível estadual. BRASIL. Lei nº 8.625, de 12 de fevereiro de 1993. Institui a Lei Orgânica Nacional do Ministério Público, dispõe sobre normas gerais para a organização do Ministério Público dos Estados e dá outras providências. *Diário Oficial [da] República Federativa do Brasil*, 15 fev. 1993. Disponível em: <http://www.planalto.gov.br/ccivil_03/leis/l8625.htm>. Acesso em: 26 jun. 2021.

os valores a serem resguardados para quem viola a lei e por quem é vítima de um crime, entender a sistemática processual e os aspectos inerentes ao direito material positivado e, principalmente, o que cabe a cada um como atribuição.

1.3.2. Ainda buscamos uma atualização do conceito de "Delegado de Polícia" no contexto da sociedade contemporânea

Persistimos na busca pela definição atualizada sobre o conceito de "Delegado de Polícia" e das suas funções inerentes, perante o olhar atento à filtragem constitucional. Em certa ocasião, refletimos sobre a intrínseca coordenação entre a função da autoridade policial e sua relação com os direitos e garantias fundamentais[88]. Atualmente, a atuação que mais se coaduna com as previsões constitucionais leva em consideração uma rígida observância de parâmetros delimitados objetivamente, o que está de acordo com a ideia desta obra.

Desde a CRFB/88[89], o contexto de rompimento com o sistema constitucional vigente outrora revelou significativa mudança na forma de pensar e de agir dos brasileiros. Com nítido apelo topográfico, os direitos e garantias fundamentais se tornaram um dos principais vetores transformativos inerentes à sociedade brasileira do século XXI, reformulando diversos pensamentos que se revelavam completamente inadequados.

Tais revisões se deram nos mais diversos campos da sociedade e até hoje vêm produzindo seus efeitos, mediante a readequação das legislações, o impulsionamento da criação de novas doutrinas, a facilitação do acesso aos direitos mais importantes com a modernização dos sistemas sócio-jurídicos de garantias etc.

A construção de um modelo dogmático pautado sobretudo no reconhecimento da importância do indivíduo como origem e fim (já que todo o poder emana do povo), e um dos fundamentos da República Federativa do Brasil consiste na dignidade da pessoa humana, pautada como objetivos fundamentais[90] (dentre outros, a construção de uma sociedade livre, justa e solidária), então, nada mais correto do que esta leitura conceitual sobre

88 FERREIRA, Wilson Luiz Palermo, op. cit., nota 09, p. 104.

89 Cf. nota 01.

90 Cf. nota 01. Os objetivos fundamentais da República Federativa do Brasil estão descritos no art. 3º da CRFB/88: *"Art. 3º Constituem objetivos fundamentais da República Federativa do Brasil: I – construir uma sociedade livre, justa e solidária; II – garantir o desenvolvimento nacional; III – erradicar a pobreza e a mar-*

os "direitos e garantias fundamentais" refletir o posicionamento mais adequado diante da vivência da sociedade da segunda década do século XXI.

Na verdade, isso significa exatamente promover a força normativa da constituição. Com propriedade, Konrad Hesse assevera que tal força não representa, somente, a adaptação inteligente a uma determinada realidade. Indo além, o próprio texto constitucional se transforma em força ativa, assentando-se na natureza singular do presente. Orienta-se a conduta segundo a qual esta transformação em força ativa se dará na medida em que se fizerem presentes na consciência geral não só a vontade de poder, como também a vontade de Constituição[91].

Em outras palavras, diante do grande aparato estatal já estruturado no ordenamento jurídico brasileiro, se todo o poder emana do povo (que o exerce mediante a utilização de representantes eleitos ou diretamente), a força cogente do texto constitucional deve ser o motor de partida para a atuação de qualquer agente público, principalmente aqueles que trabalham diretamente com a possibilidade de restrição ao direito de locomoção.

Então, qual o verdadeiro sentido que devemos dar à atuação policial, em sua noção conceitual? Aquela, segundo a qual, a partir da releitura (primeiramente) dos dispositivos constitucionais, revela uma dotação de sentido para tutela mútua de direitos, seja em face de quem viola bens jurídicos, seja em face daqueles que os têm violados. Somente uma visão bilateral sobre as personagens envolvidas permitirá que a investigação preliminar esteja alinhada à moderna concepção que a esta deva ser dada.

Por esta razão, discordamos veementemente de Aury Lopes Junior e Ricardo Jacobsen Gloeckner, quando descredibilizam a autoridade policial ao afirmarem que o Delegado de Polícia atua de forma a tratar o investigado como objeto de tutela da segurança pública e que aquele se esquece de que o inquérito policial é o meio para se fornecer subsídios para superar a presunção de inocência e autorizar o juiz ao recebimento da denúncia. Prosseguem, afirmando que "à autoridade policial não incumbe reforçar o sentimento de 'segurança' coletiva, seja tratando de obter provas a todo o custo – e, aqui, a utilização da tortura bem como do instituto da delação premiada corroboram o alegado – seja espetacularizando a prisão"[92].

---

ginalização e reduzir as desigualdades sociais e regionais; IV – promover o bem de todos, sem preconceitos de origem, raça, sexo, cor, idade e quaisquer outras formas de discriminação".

91 HESSE, Konrad, op. cit., nota 39, p. 19.

92 JUNIOR, Aury Lopes; GLOECKNER, Ricardo Jacobsen. *Investigação Preliminar no Processo Penal*. 6. ed. São Paulo: Saraiva, 2014. p. 130.

Não é através de visão estreita e estereotipada que conseguiremos caminhar na construção de um atuar penal e processual penal coadunado com a atual realidade do ordenamento jurídico brasileiro. Aliás, é exatamente este tipo de opinião, como a expressada pelos referidos autores, que contribui ainda mais para o processo de deslegitimação do sistema jurídico-penal que atualmente vivemos.

Sabe-se que o sistema policial tem passado por profundas transformações. Obviamente, não se quer aqui negar a ocorrência de condutas violadoras e atentatórias à dignidade do indivíduo e ao respeito aos seus direitos mais básicos, seja em face do atuar policial, judicial ou ministerial, por exemplo. Não compactuamos com qualquer narrativa tendente a admitir como regra uma situação cujas condutas dos agentes públicos ou privados esteja completamente desvirtuada da noção de justiça.

Neste sentir, não é este o conceito atual de "investigação preliminar policial". Não é este o conceito de "inquérito policial". A falta de conhecimento sobre a realidade policial tende a produzir uma penca de comentários inoportunos e desprovidos de credibilidade. De fato, quanto maior é o investimento na atividade policial, maior é o compromisso com a qualidade na entrega da prestação final. Essa é a regra em qualquer profissão. Mas o contrário não é uma assertiva que prospera, já que com poucos recursos, ainda assim se pode entregar uma prestação policial de qualidade, visto que o fundamental é a capacitação do recurso humano disponível. Isto funciona em qualquer setor, seja ele público ou privado.

Tanto o é, que os processos seletivos para os cargos públicos têm se mostrado cada vez mais exigentes. Essa elevação no grau de exigências faz com que, naturalmente, o nível intelectual dos aprovados se mostre ainda mais elevado, diante da necessidade cada vez maior de especialização, preparação e, principalmente, vocação.

Denotando a grande importância da preparação individual para ingresso na carreira de Delegado, à semelhança do que já ocorre com membros da Magistratura e do Ministério Público, vem sendo prevista uma necessidade suplementar à mera formação acadêmica. No caso da Polícia Federal[93], há

93 A confirmação desta afirmativa pode ser obtida pela leitura do art. 2º B: *"O ingresso no cargo de Delegado de Polícia Federal, realizado mediante concurso público de provas e títulos, com a participação da Ordem dos Advogados do Brasil, é privativo de bacharel em Direito e exige 3 (três) anos de atividade jurídica ou policial, comprovados no ato de posse. (Redação dada pela Lei nº 13.047 de 2014)".* BRASIL. Lei nº 9.266, de 15 de março de 1996. Reorganiza as classes da Carreira Policial Federal, fixa a remuneração dos cargos que as integram e dá outras providências. *Diário Oficial [da] República Federativa do Brasil*, Brasília, DF, 18 mar. 1996. Disponível em: <http://www.planalto.gov.br/ccivil_03/LEIS/L9266.htm>. Acesso em: 13 abr. 2020.

a necessidade de que sejam comprovados no ato de posse, além do bacharelado em Direito, 03 (três) anos de atividade jurídica ou policial.

A redação original da Lei nº 9.266/96 não previa tal requisito, fato este que foi inserido, apenas, no ano de 2014. A mesma Lei que alterou o art. 2º B, daquela, também trouxe previsão expressa sobre a natureza das atividades conduzidas pelo Delegado de Polícia Federal: jurídica e policial. Isso nos leva a crer num fortalecimento da doutrina segundo a qual a polícia judiciária é uma categoria maior, das quais são espécies a polícia judiciária em sentido estrito e a polícia investigativa, de cariz policial, como já tivemos oportunidade de ressaltar em momento oportuno.

De toda sorte, o conceito de "Delegado de Polícia" ainda carece de ressignificação para que se considere também a faceta subjetiva sob o ponto de vista humanístico como componente fundamental na concepção do crime. E este é exatamente um dos pontos tratados e discutidos sob a ótica da teoria da valoração crimino-fenomenológica.

Capítulo

2

O PRINCÍPIO DO DELEGADO NATURAL

2.1. PREMISSAS FUNDAMENTAIS

Diferentemente do que acontece na definição de outros princípios inerentes à parte introdutória do Direito Processual Penal, curiosamente ainda não se dá tanta importância à consagração do chamado "princípio do delegado natural", ou "princípio da autoridade natural". De forma ainda não tão arraigada, mas não menos importante, vemos esta relevante concepção ser relegada a segundo plano diante da necessidade de estudo das bases processuais, mas que interferem de modo direto na contextualização dos elementos que circundam a noção do conceito de crime e suas repercussões na esfera de liberdade do indivíduo.

No contexto dogmático, sempre compreendemos como pilares do sistema jurídico-processual pátrio as já tradicionais dimensões impostas aos princípios do "juiz natural", do "promotor natural" e do "defensor natural". Para Carlos Eduardo de Araújo Rangel, frutos da nova concepção advinda da transição do período de regime militar para o atual período democrático, os pilares que estruturam o sistema de liberdades conferidas aos indivíduos impõem a contenção do poder punitivo estatal[94]. Neste sentido, as instituições democráticas que integram o sistema de justiça

94 RANGEL, Carlos Eduardo de Araújo. *Poder Punitivo, Polícia Judiciária e Democracia:* reflexões contemporâneas sobre a atividade de investigação criminal. Rio de Janeiro: Freitas Bastos, 2020. p. 121.

criminal pátrio devem tutelar, no exercício do seu mister constitucional, a concepção potencializadora do regime de garantias, para que não sejam convertidas em instrumentos que venham a legitimar um modelo repressor e autoritário como aqueles percebidos no Estado Absoluto[95].

Com efeito, Mauro Cesar da Silva Júnior[96] subsidia uma necessária reflexão neste sentido, sobretudo pela impossibilidade de que se conceba a atividade exercida pelo Delegado de Polícia de modo distante daquelas atividades cuja natureza é essencialmente jurídica. Assim, a entrada em vigor da Lei nº 12.830/13[97], principalmente diante da redação do art. 2º, reflete o momento pelo qual se sepulta a inócua posição em sentido contrário. Obviamente, então, deve ser afastado qualquer argumento tendente a negar natureza jurídica à função exercida pelo Delegado de Polícia, mesmo que suas funções estejam topograficamente jungidas ao Título V da CRFB/88[98] (que preconiza a Defesa do Estado e das Instituições Democráticas).

A adequada visão sobre o sistema de persecução penal brasileiro permite destacar uma necessária dialeticidade, amparada pela atuação de personagens processuais cujo contexto de atividades se insere numa gama de poderes, atribuições e responsabilidades de cariz constitucional, sendo algumas delas inerentes às de autoridade e ao funcionamento do sistema de justiça, básico e essencial, típico de Estado, como pressupõe a democracia.

Assim, de acordo com Ruchester Marreiros Barbosa, Judiciário, Ministério Público, Defensoria Pública, Advocacia e Polícia Judiciária passam a ser concebidos como agências ditas "naturais", que se fundam numa atuação contextualizada com o novo modelo político democrático, cujas funções são primordiais na garantia do livre exercício das liberdades individuais, mormente no que diz respeito à determinação da própria imposição de limites a esses órgãos ao serem distribuídas as atribuições ou competências inerentes à sua atuação[99].

---

95 RANGEL, Carlos Eduardo de Araújo, op. cit., nota 94, p. 123.

96 JÚNIOR, Mauro Cesar da Silva. *Breve estudo acerca da investigação criminal conduzida pelo Delegado de Polícia (Lei 12.830/13)*. Disponível em: <https://maurocesarjr.jusbrasil.com.br/artigos/202219813/breve-estudo-acerca-da-investigacao-criminal-conduzida-pelo-delegado-de-policia-lei-12830-13>. Acesso em: 15 mai. 2020.

97 Cf. nota 02.

98 Cf. nota 01.

99 BARBOSA, Ruchester Marreiros. Princípio do delegado natural. In: CASTRO, Henrique Hoffmann Monteiro de. et al. (orgs.). *Investigação Criminal Pela Polícia Judiciária*. 2. ed. Rio de Janeiro: Lumen Iuris, 2017. Cap. 4, p. 22-29.

Neste sentido, além de o Delegado de Polícia possuir importante papel (e cuja personagem se insere no contexto da Justiça Criminal), suas funções, conforme a compreensão de André Nicolitt, também estão ligadas a um protagonismo na investigação, exercendo função essencial à Justiça, como garantia implícita na Constituição[100].

Isto porque, como já tivemos oportunidade de ressaltar[101], o teor da atuação do Delegado de Polícia se insere numa ótica que extrapola o mero registro de ocorrências, seja através de qualquer manifestação jurídica sobre os elementos do conceito analítico de crime, ou mesmo pela necessária intervenção outorgada pela legislação processual penal em razão da forma como serão conduzidos o inquérito policial e a investigação como um todo. Diga-se, ainda, da necessária argumentação jurídica proferida por ocasião do ato de uma representação por prisão cautelar, ou por medidas cautelares diversas desta, apenas para citarmos alguns exemplos.

Falar sobre o princípio do delegado natural impõe a necessária constatação da dialeticidade entre as funções exercidas por cada instituição no âmbito da justiça penal e seu papel diante de um sistema cuja democraticidade reflete a proteção às garantias em oposição à manutenção de um sistema autoritário, utilitarista.

Por este motivo, o necessário respeito à função constitucionalmente atribuída a cada personagem reflete a percepção segundo a qual não basta uma atuação meramente compreensível no campo da teoria, mas uma vinculação de que as atividades ali estabelecidas e exercidas por cada instituição denotam um retorno à sua vinculação eidética, no sentido de que as funções essenciais ao desenvolvimento do sistema de justiça penal como um todo (que se traduzem na defesa da ordem democrática), impõe um tratamento que alberga um reconhecimento de um Estado-juiz, um Estado-acusador, um Estado-defensor e um Estado-investigador, como instituições naturais [102].

Se um sistema jurídico-penal pretende ser democrático, mesmo diante de toda sorte de exercício de poder naturalmente previsto na CRFB/88 (o que pode gerar abusos e desvios) se mostra indeclinável o cultivo de uma limitação deste poder. E justamente esta limitação harmônica deve se

100 NICOLITT, André Luiz. *Manual de Processo Penal*. 5. ed. São Paulo: Editora Revista dos Tribunais, 2014. p. 172.

101 PORTOCARRERO, Claudia Barros; FERREIRA, Wilson Luiz Palermo. *Leis Penais Extravagantes*. 6. ed. Salvador: Juspodivm, 2021. p. 764.

102 RANGEL, Carlos Eduardo de Araújo, op. cit., nota 94, p. 126.

proceder com fundamentos na formalidade e na institucionalidade, para que se resguarde a impossibilidade formal de interferência política externa como uma espécie de garantia ao investigado/acusado/réu[103], mediante a qual a agência estatal irá atuar com fulcro na independência e autonomia.

Assim, uma das grandes críticas que podem ser tecidas à negação do princípio do delegado natural reside na minimização da influência do procedimento investigatório (seja ele qual for), como porta de entrada do sistema de justiça criminal. Nesta senda, ao se menosprezar uma atividade constitucionalmente atribuída à Polícia Judiciária mantendo o discurso de supremacia de uma instituição sobre outra, ou de uma função mais importante do que a outra, como um ramerrão, os defensores da inexistência deste postulado paradoxalmente fecham as portas de um sistema garantista e negam respeito à força normativa da Constituição, acreditando que conseguirão solucionar eventuais barbilhos, o que foge a uma atuação harmônica entre as agências estatais.

Em momento oportuno teceremos maiores comentários a respeito da autonomia da Polícia Judiciária enquanto elemento do sistema de justiça penal, mas, pelo menos por ora, basta a vinculação à autonomia como um dos elementos fundantes para a concepção acerca do postulado do delegado natural. Peremptoriamente, é inegável a atuação como primeira filtragem fenomenológica, através da qual haverá o enquadramento dos fatos do mundo da vida (*lebenswelt*) ao mundo jurídico (*rechtswelt*). Mas é indissociável a análise deste mister juntamente com a certeza de que haverá imparcialidade e ausência de qualquer interferência ilegítima, externa ou interna, principalmente de cunho político.

2.2. FUNDAMENTAÇÃO LEGAL E REPERCUSSÕES PRÁTICAS

Carlos Eduardo Rangel indica como base matricial para a consagração do princípio do delegado natural a cláusula geral do devido processo legal, albergada no art. 5º, LIV, da CRFB/88[104]. Obviamente, pela literalidade do dispositivo não seria possível obter essa compreensão de antemão. Na verdade, a leitura a ser feita é aquela que compreende no devido processo legal um conjunto de garantias, tais como o acesso à justiça, o princípio do

103 Cf. nota 99.

104 Cf. nota 01. Diante do teor da referida norma, *"ninguém será privado da liberdade ou de seus bens sem o devido processo legal"*.

juiz natural, duração razoável do processo entre outras. Mas ao se conferir uma leitura axiológica da questão principiológica natural, o Delegado de Polícia enquanto titular da investigação criminal passa a dispor de garantias mínimas ao exercício das suas funções. Enquanto age com independência funcional, o investigado passa a também estar garantido a um prévio procedimento justo e imparcial, que não sofre as indesejadas manifestações exercidas pelas pressões externas[105].

Luiz Marcelo da Fontoura Xavier defende a aplicação do princípio do delegado natural como forma de garantir a independência funcional do Delegado de Polícia enquanto verdadeira personagem que materializa o Estado-Investigação. A partir disto, naturalmente decorrem algumas repercussões práticas, tais como a inamovibilidade, por exemplo. No entendimento do autor, isto não significa uma total impossibilidade de movimentação do Delegado, mas funciona como uma barreira que impõe limites à sua remoção com fundamento no real interesse público. Assim, quando o crime ocorrer, não será possível a escolha de determinada autoridade policial especificamente para sua investigação, pois antes disto, já haverá alguém responsável[106]. O atributo da inamovibilidade nos será de fundamental valia, quando abordarmos as reflexões sobre a percepção fenomenológica na análise do crime mais adiante.

Além dos argumentos já esposados acima, Nestor Távora e Rosmar Rodrigues Alencar[107] arrematam a noção sobre o postulado do delegado natural e indicam dispositivos da Lei nº 12.830/13 que dão embasamento legal para este princípio. Para isto, mencionam o art. 2º, § 4º, deste diploma normativo[108], ao prever que a avocação ou redistribuição de um inquérito policial ou outro procedimento previsto em lei em curso, por um superior hierárquico, somente poderão ocorrer mediante despacho fundamentado quando houver motivo de interesse público ou nas hipóteses de inobservância dos procedimentos previstos em regulamento da corporação, que consequentemente prejudique a eficácia da investigação.

105 RANGEL, Carlos Eduardo de Araújo, op. cit., nota 94, p. 128.

106 XAVIER, Luiz Marcelo da Fontoura. *Constitucionalização da investigação policial*. Rio de Janeiro: Freitas Bastos, 2020. p. 255.

107 TÁVORA, Nestor; ALENCAR, Rosmar Rodrigues, op. cit., nota 73, p. 162.

108 Cf. nota 02. No que concerne ao art. 2º, § 4º, da mencionada Lei: *"O inquérito policial ou outro procedimento previsto em lei em curso somente poderá ser avocado ou redistribuído por superior hierárquico, mediante despacho fundamentado, por motivo de interesse público ou nas hipóteses de inobservância dos procedimentos previstos em regulamento da corporação que prejudique a eficácia da investigação".*

Ao mesmo tempo em que se prevê hipótese objetivamente justificável, a lei dá margem a certo subjetivismo quando traz como possibilidade de avocação ou redistribuição o famigerado "motivo de interesse público". A válvula de escape para o argumento de autoridade ainda resta evidentemente presente.

Prosseguindo, os autores ressaltam que, ao mesmo tempo em que observamos o estabelecimento de parâmetros, a necessidade de fundamentação assegura a imposição de limites à discricionariedade, geralmente excessiva, que outrora podíamos perceber, seja quando observávamos edição de ato avocatório, ou ainda, na designação de Delegado de Polícia diverso do que aquele inicialmente presidente da investigação criminal, sem que houvesse justificativa para tanto. Mesmo sabendo-se da evidente (e, para nós, injustificada) resistência doutrinária e jurisprudencial na inaplicabilidade do princípio do delegado natural, Nestor Távora e Rosmar Alencar entendem que já se trata de princípio positivado no sistema[109].

Para Carlos Eduardo Rangel, a eventual negação deste postulado constituiria a recusa por parte dos defensores deste pensamento, da existência de uma investigação criminal cujo viés é o democrático. Ao renunciarmos a isto, invariavelmente também estaríamos negando vigência à ordem constitucional[110].

É justamente neste sentido que se fundamenta o posicionamento de Ruchester Barbosa: devemos compreender que o princípio do Juiz Natural deve possuir correspondência perante as demais agências do sistema de justiça criminal, na medida em que há evidente relação de cooperação, não de subordinação entre elas, para as garantias de independência e imparcialidade[111], prestigiando-se a democraticidade e a dialeticidade em prol daquele sistema.

Alimentando esta fundamentação a respeito de critérios de autonomia, independência e imparcialidade, a Comissão Interamericana de Direitos Humanos (CIDH) traz uma cartilha com diversas garantias para a independência dos operadores da justiça, em direção ao fortalecimento do acesso à justiça e ao Estado de Direito nas Américas[112]. Dentre outras recomendações/constatações neste documento, podemos conferir que a

109 TÁVORA, Nestor; ALENCAR, Rosmar Rodrigues, op. cit., nota 73, p. 162.

110 RANGEL, Carlos Eduardo de Araújo, op. cit., nota 94, p. 128.

111 Cf. nota 99.

112 COMISSÃO INTERAMERICANA DE DIREITOS HUMANOS. *Garantías para la independencia de las y los Operadores de justicia. Hacia el fortalecimiento del acceso a la justicia y el Estado de Derecho en las Amé-*

CIDH insta aos Estados a fortalecerem a capacidade das agências operadoras de justiça, dotando-as de recursos financeiros, técnicos e humanos, para combater a impunidade que existe em muitos casos, através de investigações criminais efetivas que tenham um seguimento judicial apropriado e uma defesa que não incorram em demoras ou dilações como a falta de recursos necessários[113].

Em outra parte, mais precisamente nas recomendações da CIDH sobre a independência no exercício da função[114], a Comissão indica a necessidade de que seja garantida a existência de canais de cooperação efetiva entre fiscais (se referindo às funções exercidas pelo Ministério Público neste sentido), juízes, defensores públicos e a polícia, assim como outras instituições que possam ter em seu poder informação relevante para os casos, de modo que possam desempenhar suas funções de forma livre e eficiente, garantindo-se o acesso à justiça.

Um pouco mais adiante, é possível observar relevante consideração tendo como pressuposto a necessidade de realização de investigações exaustivas e independentes sobre os ataques sofridos pelas agências operadoras de justiça, de tal maneira que os autores materiais e intelectuais sejam efetivamente sancionados. A Comissão considera conveniente que os Estados estabeleçam unidades especializadas com capacitação e os recursos necessários, assim como com protocolos específicos de investigação, a fim de que atuem de maneira coordenada e respondam com a devida diligência que o caso requeira[115].

ricas. Aprovado em: 5 dez. 2013. Disponível em: <https://www.oas.org/es/cidh/defensores/docs/pdf/operadores-de-justicia-2013.pdf>. Acesso em: 18 mai. 2020.

113 COMISSÃO INTERAMERICANA DE DIREITOS HUMANOS, op. cit., nota 112, p. 60. É o que revela a livre tradução feita com base na análise do parágrafo 138 do referido documento, cujo teor original é o seguinte: *"138. La Comisión Interamericana por tanto insta a los Estados a fortalecer la capacidad de las y los operadores de justicia dotándoles de recursos financieros técnicos y humanos para combatir el patrón de impunidad que existen en muchos casos, a través de investigaciones criminales efectivas que tengan un seguimiento judicial apropiado y una defensa pública que no incurra en demoras o dilaciones como consecuencia de la falta de recursos necesarios (...)".*

114 Ibidem, p. 110. Veja o item *"VII Recomendaciones, C. Sobre la independência en el ejercicio, n. 16"*: *"Garantizar la existencia de canales de cooperación efectiva entre fiscales, jueces, defensores públicos y la policía, así como otras instituciones que puedan tener en su poder información relevante para los casos, de tal manera que se institucionalice la colaboración, intercambio y acceso de información técnica con el fin de que puedan desempeñar libre y eficientemente sus labores, garantizando el acceso a la justicia de los casos en los que participan".*

115 Ibidem, p. 110-111. É o que consta no ítem *"VII Recomendaciones, C. Sobre la independência en el ejercicio, n. 19"*: *"Realizar investigaciones exhaustivas e independientes sobre los ataques sufridos por las operadoras y operadores de justicia de tal manera que se sancionen efectivamente a sus autores materiales e intelectuales. La CIDH considera conveniente que los Estados establezcan unidades especializadas con los recursos necesarios y capacitación, así como protocolos específicos de investigación, a fin de que actúen de manera coordinada y respondan con la debida diligencia que se requiere".*

Todos estes excertos, a nosso sentir, parecem conferir credibilidade quanto à plausibilidade da análise que confere certa independência funcional, balizada objetivamente pelos critérios legais previamente positivados, que permitem atribuir ao Delegado de Polícia liberdade/autonomia decisória, seja na forma como conduz a investigação criminal e principalmente por ocasião da manifestação e fundamentação jurídica da sua perspectiva[116].

Em derradeira análise sobre o tema, a imposição de limites à remoção do Delegado de Polícia, como expresso pelo art. 2º, § 5º, da Lei nº 12.830/13[117], pode ser indicada como corolário do aventado postulado[118]. Numa evidente consequencialidade para a manutenção da naturalidade da atribuição conferida constitucionalmente, busca-se evitar indesejadas interferências na condução da investigação mediante a troca inoportuna ou desprovida de fundamentação adequada. Em outras palavras, este dispositivo legal funciona como verdadeira cláusula de barreira à remoção deliberada de Delegados de Polícia por parte dos seus superiores hierárquicos, qualquer que seja a causa subjacente, numa regra de inamovibilidade relativa.

Com esta normativa, impõe-se indispensável motivação no ato administrativo de remoção, cuja valoração será feita conforme o caso concreto, dificultando-se que o Delegado seja removido para delegacia diversa daquela na qual trabalha (seja na mesma circunscrição ou em outra diferente). Como pudemos ressaltar em momento próprio, é importante que se dê a

---

116 A respeito deste dispositivo legal mencionado, já houve decisão em sede de Mandado de Segurança, em que se questionava procedimento administrativo disciplinar em que se questionava o fato de determinada autoridade policial não ter acatado certa ordem emanada por superior hierárquico, no sentido de que a impetrante lavrasse auto de apreensão em desfavor de adolescente-infrator, posicionamento este contrário ao efetivamente levado ao final. Neste sentido, confira-se trecho da fundamentação nos autos do agravo de instrumento: *"O motivo fático da instauração residiria em suposta negativa da impetrante de acatar ordem emanada da delegada diretora da Divisão de Atendimento ao Adolescente (DATA)". Em caráter liminar, o magistrado a quo determinou a suspensão do procedimento de apuração administrativa interna instaurado contra a agravada, declinando os seguintes fundamentos: O que precisa ser averiguado nesse momento é regularidade da conduta da impetrante em não acatar a ordem de superior hierárquico, no que se refere a forma de condução de um procedimento sob sua presidência. [...] Portanto, nos causa estranheza a instauração de procedimento de apuração administrativa interna contra a impetrante em razão de não ter "acatado" ordens superiores, quando na verdade a mesma estava exercendo o seu direito de ser independente em suas decisões quando na condução de procedimento sob sua responsabilidade".* PARÁ (Estado). Tribunal de Justiça. Agravo de Instrumento nº 0015574-43.2016.8.14.0000. Agravante: Estado Do Para. Representante (S): OAB 3569 – Celso Pires Castelo Branco (Procurador) Agravado: Priscila Morgado Sanches Representante (S): OAB 5586 – Paulo Augusto De Azevedo Meira (Advogado). Belém, 24 de fevereiro de 2017. Diário da Justiça do Poder Judiciário do Estado do Pará, edição nº 6155/2017, de 13 de março de 2017. p. 124. Disponível em: <http://dje.tjpa.jus.br/DJEletronico/rest/DJEletronicoService/publicacao/visualizarDiarioPassadoPDF/6155-2017>. Acesso em: 26 jun. 2021.

117 Cf. nota 02. Confira-se a redação do dispositivo mencionado: *"A remoção do delegado de polícia dar-se-á somente por ato fundamentado".*

118 Nesse sentido, TÁVORA, Nestor; ALENCAR, Rosmar Rodrigues, op. cit., nota 73, p. 162.

devida publicidade ao ato, demonstrando-se à parte interessada os motivos pelos quais fora removida, permitindo-se eventual controle de legalidade do referido ato, quando estiver submetido a análise própria.

Assim, em que pese não ser impossível o ato de remoção, caso venha a ser levado a efeito não poderá atender a interesses escusos, cujo caráter pode ser o mais variado possível, seja no que diz respeito a questões sociais, econômicas, ideológicas e principalmente políticas. Ao se coibir interferências externas, dificulta-se a preponderância de um critério incompatível com as noções de imparcialidade e continuidade das investigações[119].

Por ocasião destas breves linhas a respeito da doutrina que circunda o princípio do delegado natural, não há mais como se afastar da noção de uma investigação criminal que tolere qualquer sorte de pressionamento antidemocrático. Não por outra razão, com o escólio de Carlos Eduardo Rangel, devem ser tecidas três considerações principais sobre a Lei nº 12.830/13: o status de normas materialmente constitucionais, eis que dispõem sobre decisões políticas fundamentais inerentes ao contexto democrático-republicano; o referido diploma legal agrega valores como imparcialidade, inamovibilidade e independência técnico-fundamental às investigações criminais e, por fim, refletem a verdadeira dimensão a ser atribuída ao devido processo legal[120].

Todas as compreensões que abordamos sobre o princípio do delegado natural nos servirão de suporte, em breve, quando destacarmos as importantes contribuições ofertadas pela teoria da valoração crimino-fenomenológica. Tal princípio é um dos seus mais importantes pontos de sustentação, o que será demonstrado ao longo deste trabalho.

119 PORTOCARRERO, Claudia Barros; FERREIRA, Wilson Luiz Palermo, op. cit., nota 101, p. 776.

120 RANGEL, Carlos Eduardo de Araújo, op. cit., nota 94, p. 131.

Capítulo

3

O PRINCÍPIO DA EFETIVIDADE, SUA RELAÇÃO COM A DURAÇÃO RAZOÁVEL DO PROCESSO E AS LIÇÕES APLICADAS À INVESTIGAÇÃO CRIMINAL

3.1. LINHAS INTRODUTÓRIAS

O princípio da efetividade possui significativa relevância no estudo do postulado da duração razoável. Em linhas gerais, pode-se perceber que sua não aplicação, ainda em sede policial por ocasião da confecção do inquérito policial ou outro procedimento investigatório similar, tende a acarretar prejuízos no que diz respeito à violação de direitos fundamentais e no retardo da entrega da prestação indicada para o momento processual cabível, seja a decisão de indiciamento e consequente relatório de inquérito, seja no que tange à prolação da sentença pelo magistrado.

A partir da análise da aplicação do princípio da efetividade por parte das mais diversas personagens que atuam diante do processo penal, especialmente na atuação do Delegado de Polícia (inclusive no que diz respeito à Análise Econômica do Direito – AED), pode-se perceber significativo ganho não somente no que tange à qualidade e presteza da investigação criminal, como também em termos de duração procedimental. Sobre o tema, variados tratados sobre direito internacional mencionam a necessidade de previsão de duração razoável para a conclusão dos processos.

Diante de toda gama de prejuízos que podem advir da inadequada condução de um procedimento, seja ele de natureza policial ou judicial, a doutrina vem buscando elementos para compor uma teoria que busca minimizar esta situação. Assim, como forma de trazer respostas, é preciso que se atente, primeiramente, para os fundamentos que determinam a condução de uma atividade investigativa ou processual penal geral, pois somente deste modo será possível entender o recorte desejado ao trabalho, objeto do presente estudo.

Buscando compreender os argumentos que pautam as dificuldades na condução do processo penal, nada mais eficaz do que entender as circunstâncias que o determinam e, principalmente, o local específico em que é possível atuar para que se limitem os danos decorrentes de uma "(de) mora" na entrega da prestação estatal. Como ponto de partida para a pesquisa desta fase do trabalho, buscar-se-á delimitar a noção acerca do princípio da efetividade como elemento norteador para o aprimoramento da condução dos trabalhos de investigação e de jurisdição, salientando suas bases constitucionais e significados, não obstante também seja necessário utilizar argumentos da doutrina administrativista e sua relação com a Análise Econômica do Direito.

Posteriormente, será demonstrado como o princípio da efetividade dita os contornos para a duração razoável, seja do procedimento policial, seja do processo em si, já que com o ganho na eficiência da condução destes, a abreviação do tempo necessário para sua conclusão será igualmente uma consequência lógica e necessária.

Com o aproveitamento das ideias acerca da duração razoável aplicadas ao inquérito policial, há significativo ganho temporal aliado à prevenção da ocorrência de danos eventualmente decorrentes da sua má delimitação. Nesse sentido, entendendo-se a natureza do direito à razoável duração mediante a busca das suas origens, encontraremos em tratados de direito internacional a primeira menção sobre o tema, repetida posteriormente em diversos outros documentos do qual o Brasil é signatário, até o ponto de observarmos sua aparição na CRFB/88, mais precisamente no artigo 5º, LXXVIII[121].

121 Cf. nota 01. Nos termos da redação do referido dispositivo constitucional: *"a todos, no âmbito judicial e administrativo, são assegurados a razoável duração do processo e os meios que garantam a celeridade de sua tramitação"*.

Mediante a análise destes tratados, será possível perceber que a própria jurisprudência indica alguns critérios que devem ser utilizados para a verificação da duração razoável do processo. Estes critérios, por sua vez, serão importantes por ocasião do impacto da duração do inquérito policial. Se por um lado o inquérito pode ser conduzido sem a necessidade de representação por prisão cautelar, na medida em que esta se faz necessária (como última hipótese, já que há outras alternativas à disposição do Delegado de Polícia), assim que esta for levada a efeito também deve ser pautada por critérios que a justifiquem, e essencialmente isto significa analisar o prazo razoável para sua duração. Por fim, serão tecidos comentários sobre a busca por soluções aos problemas enfrentados no que diz respeito à "(de) mora" processual.

3.2. NOÇÕES GERAIS SOBRE O PRINCÍPIO DA EFETIVIDADE

A aptidão que o processo tem para atender às funções tidas como políticas, jurídicas e sociais, alcançando o máximo dos objetivos propostos e entregando ao jurisdicionado a prestação justa, célere e lhe proporcionando a capacidade de se adequar conforme o mundo da vida, pode nos ajudar a compreender um pouco sobre a ideia de efetividade.

Referimo-nos, também, à efetividade em termos de prestação da tutela jurisdicional, momento no qual, necessariamente, remetemos o leitor ao artigo 5º, XXXV, da CRFB/88[122], pois neste inciso (que trata do princípio do acesso à justiça) está embutida a ideia de efetividade. Na medida em que se entende que a efetividade processual, logicamente, decorre de um direito fundamental à inafastabilidade da jurisdição (não obstante esteja garantido o acesso ao Estado-Juiz), a prestação que ali se busca mediante o acesso à Justiça deve ser fornecida de forma tempestiva e efetiva, concedendo resultados práticos do reconhecimento de tal direito num plano exterior ao processo[123].

Não é outro o entendimento de Humberto Dalla Bernardina de Pinho[124], quando comenta o postulado da inafastabilidade do controle jurisdicional também se referindo ao artigo mencionado no parágrafo anterior, uma vez

122 Cf. nota 01. A seguir, a redação mencionada: *"a lei não excluirá da apreciação do Poder Judiciário lesão ou ameaça a direito".*

123 BUENO, Cássio Scarpinella. *Curso Sistematizado de Direito Processual Civil*. São Paulo: Saraiva, 2007. p. 146.

124 PINHO, Humberto Dalla Bernardina de. *Direito Processual Civil Contemporâneo*. Teoria Geral do Processo. 8. ed. São Paulo: Saraiva Jur, 2018. p. 101.

que o que se busca é tanto o impedimento de que o legislador restrinja o acesso à Justiça, como também a imposição de um dever ao Juiz no sentido de que este preste a jurisdição de modo a garantir a tutela efetiva a quem detiver posição jurídica de vantagem, sendo vedado o *non liquet*, ou seja, o Juiz não pode se eximir de julgar, devendo se valer de analogia, costumes ou princípios gerais de direito na falta da lei para que haja uma solução jurídica adequada ao caso concreto.

Toda essa ideia acerca do princípio do acesso à justiça, insculpido no mencionado dispositivo constitucional, reflete que não apenas a intenção de busca por uma demanda no aspecto processual deve ser tempestiva, inobstada, célere e efetiva, como também devemos estender tal noção para qualquer conflito no qual o Estado figure como uma das partes interessadas. Essa relação com a duração razoável do processo tangenciaremos mais adiante. Importa saber, por enquanto, que quanto mais o processo judicial (ou o procedimento administrativo em comento neste trabalho, que é o inquérito policial) seja eficaz e célere, vale dizer, sem dilações desnecessárias e que forneça a solução justa e adequada para o caso concreto, estaremos diante da concepção que há em torno da efetividade processual[125].

Ao admitirmos que o texto constitucional e sua força normativa máxima têm o poder de assegurar os direitos fundamentais e a validação dos princípios também em sede pré-processual, estamos transportando os valores principiológicos para um dos momentos mais relevantes no processo penal, qual seja, aquele em que os fatos ocorridos no mundo da vida estão prestes a ser enquadrados numa tipificação legal com a consequente necessidade de valoração de todos os elementos que a circundam, numa busca pelo ideal de justiça.

Uma vez que na maior parte das situações é o próprio Estado que inicia um processo desta natureza (mas levando-se em consideração que em todas as situações ele deve zelar pela prevalência do sistema de proteção insculpido no texto constitucional), é de se esperar que a efetividade igualmente esteja presente. Nas palavras de Delosmar Mendonça Júnior, a efetividade dos direitos fundamentais garantidos pela Constituição é igualmente assegurada pelo processo, na medida em que se protegem direitos

125 PINHO, Humberto Dalla Bernardina de, op. cit., nota 124, p. 102.

notoriamente disciplinados pela Carta Magna e atribuídos aos cidadãos[126]. Os contornos para esta análise serão delineados nas linhas a seguir.

3.2.1. O aspecto administrativo sobre a noção do princípio da eficiência: breve excurso

De tudo que estamos vendo até aqui, continuamos a perceber a necessidade de uma visão interdisciplinar como forma de enriquecer os fundamentos doutrinários. Então, para que entendamos a noção de efetividade, duas outras palavras têm igual importância e devem se fazer presentes no estudo: eficiência e eficácia. O simples pensamento destes vocábulos nos conduz diretamente a uma contribuição específica do âmbito administrativo (no primeiro caso) e do direito constitucional (no segundo). Sobre este último, falaremos em momento oportuno.

O princípio da eficiência foi inserido no texto do artigo 37 da CRFB/88[127] pela Emenda Constitucional nº 19/1998. É um dos principais tópicos das bases administrativistas, mediante o qual se norteia a Administração Pública. Através da inserção deste dispositivo no corpo do texto constitucional, buscou-se a substituição da Administração burocrática pela Administração gerencial[128]. Porém, isso não significou que o postulado da eficiência não fosse previsto por leis ordinárias. Basta nos remetermos à Lei nº 8.987/95, em que, no artigo 6º, § 1º, preconiza que serviço adequado é aquele que satisfaz as condições de regularidade, continuidade, eficiência, segurança, atualidade, generalidade, cortesia na sua prestação e modicidade das tarifas[129].

Segundo Rafael Carvalho Rezende Oliveira[130], quando se fala em eficiência está implícita a necessidade de efetivação célere das finalidades públicas. Como exemplo, pode ser citada a ideia de duração razoável do processo (judicial ou administrativo, sendo que este último conceito é o que

126 JUNIOR, Delosmar Mendonça. *Princípios da Ampla Defesa e da Efetividade no Processo Civil.* São Paulo: Malheiros, 2000. p. 45.

127 Cf. nota 01. O *caput* do referido artigo pode ser visto a seguir: *"A administração pública direta e indireta de qualquer dos Poderes da União, dos Estados, do Distrito Federal e dos Municípios obedecerá aos princípios de legalidade, impessoalidade, moralidade, publicidade e eficiência e, também, ao seguinte".*

128 OLIVEIRA, Rafael Carvalho Rezende. *Curso de Direito Administrativo.* 6.ed. Rio de Janeiro: Forense, 2018. p. 41.

129 BRASIL. Lei nº 8.987, de 13 de fevereiro de 1995. Dispõe sobre o regime de concessão e permissão da prestação de serviços públicos previsto no art. 175 da Constituição Federal, e dá outras providências. *Diário Oficial [da] República Federativa do Brasil*, Brasília, DF, 14 fev. 1995. Disponível em: <http://www.planalto.gov.br/CCivil_03/Leis/L8987compilada.htm>. Acesso em: 11 out. 2018.

130 OLIVEIRA, Rafael Carvalho Rezende, op. cit., nota 128, p. 42.

utilizaremos quando abordarmos a duração razoável do inquérito policial, arrematado pela noção de efetividade).

De um modo geral, para a maior parte dos autores administrativistas, o princípio da eficiência apresenta dois aspectos: seja em face ao modo de atuação do agente público, em que devemos esperar o melhor desempenho possível de suas atribuições, com consequente repercussão nos resultados; seja em relação ao modo pelo qual verificamos a estrutura e organização da Administração Pública. De igual sorte, com a finalidade de melhoria nos resultados[131].

Traduzindo esta noção para o pragmatismo desejado no âmbito penal e processual penal, quanto mais estruturada é a polícia judiciária, mais condições de entregar uma prestação justa, equânime e juridicamente adequada do ponto de vista de qualquer dos envolvidos, inclusive da sociedade. Não há como se conceber uma investigação eficiente se o agente público policial não dispõe dos meios (materiais e humanos), além de insumos para isto.

Quando conhecemos as causas que levaram à inserção do princípio da eficiência no ordenamento jurídico pátrio, percebemos que foram razões intimamente ligadas à produtividade (dos resultados) e da racionalidade (das decisões administrativas). Ambas se ligam, por sua vez, à ideia de economia, seja de tempo, dinheiro ou recursos humanos.

Podem ser citados como exemplos da concretização do princípio da eficiência a disposição contida no artigo 41, § 4º, da CRFB/88[132], em que temos a avaliação periódica de desempenho dos servidores, mesmo depois de terem adquirido a estabilidade, como também a previsão do artigo 169 da CRFB/88[133], no qual há indicação para limites com gasto de pessoal e corte de tais gastos, caso sejam ultrapassados.

De um modo geral, ainda que neste momento estejamos jungidos ao estudo administrativista em torno do princípio da eficiência, conseguimos perceber que, em se tratando de uma "Administração de Resultados"[134], como aduz Rafael Oliveira, justamente pelo aspecto conglobado e pela

---

131 Nesse sentido, vide: DI PIETRO, Maria Sylvia Zanella. *Direito Administrativo*. 21. ed. São Paulo: Atlas, 2008.

132 Cf. nota 01. Vejamos a transcrição do citado parágrafo: *"Como condição para a aquisição da estabilidade, é obrigatória a avaliação especial de desempenho por comissão instituída para essa finalidade".*

133 Cf. nota 01. O *caput* do dispositivo ao qual nos referimos prevê o seguinte: *"A despesa com pessoal ativo e inativo e pensionistas da União, dos Estados, do Distrito Federal e dos Municípios não pode exceder os limites estabelecidos em lei complementar".*

134 Sobre o tema, vide: SORRENTINO, Giancarlo. *Diritti e partecipazione nell'amministrazione di resultato.* Napoli: Editoriale Scientifica, 2003.

noção de unidade do direito não podemos nos afastar das consequências de natureza extrajurídica ou mesmo jurídica que são provocadas pelas opções de escolha das autoridades públicas responsáveis[135].

De toda sorte, todas as decisões devem se balizar pela opção implícita de tutela dos direitos e garantias fundamentais, momento no qual a preocupação se funda na efetividade de proteção destes (legalidade finalística)[136].

Importante destaque deve ser dado à relação entre o princípio da eficiência e o aspecto econômico quando se fala na Análise Econômica do Direito[137] que, em linhas gerais, preconiza a possibilidade de se utilizar elementos da economia e da microeconomia para que sejam resolvidos problemas legais, mas por outro viés, o próprio Direito teria influência sobre a Economia. Assim, com base no princípio da eficiência, as normas jurídicas obedecerão este postulado quando forem previstas e aplicadas com a observância das consequências econômicas que delas emanam.

Segundo Rafael Oliveira, dois critérios garantem a eficiência na circulação de riquezas, quais sejam, a eficiência de Pareto (ou "ótimo de Pareto") e a eficiência de Kaldor-Hicks. De acordo com o primeiro critério, poderemos considerar uma medida como eficiente quando ela melhorar a situação de uma pessoa sem piorar a de outra. Já pelo segundo critério, as normas precisam ser criadas para produzirem o máximo de bem-estar para o maior número de pessoas[138].

Quanto mais nos aproximamos dos exemplos constitucionais, mais fazemos a ligação do estudo com outros princípios que da eficiência derivam, como o princípio da celeridade e da duração razoável dos procedimentos administrativos e judiciais, previsto no artigo 5º, LXXVIII, da CRFB/88[139]. Através dele, podemos observar que quanto melhor e mais eficiente é o serviço prestado pelo Estado neste sentido, mais direitos são resguardados e menos outros são restringidos, principalmente quando estivermos diante do processo penal e falarmos sobre o direito à liberdade.

135 OLIVEIRA, Rafael Carvalho Rezende, op. cit., nota 128, p. 42.

136 Ibidem, p. 42.

137 Também conhecida como AED, trata-se de uma clássica menção ao movimento "Law & Economics", que se desenvolve nos Estados Unidos desde a década de 1960, tendo em Richard Posner como um dos mais significativos estudiosos no assunto. Acerca do tema, vide: POSNER, Richard A. *Economic analysis of Law*. 7. ed. New York: Aspen Publishers, 2007.

138 OLIVEIRA, Rafael Carvalho Rezende, op. cit., nota 128, p. 43.

139 Cf. nota 121.

Por fim, superada essa análise administrativista sobre o princípio da eficiência, devemos verificar a questão ligada à eficácia que mais se refere ao Direito Constitucional e Civil, na medida em que irá figurar como um dos postulados para a aplicabilidade das normas constitucionais, bem como para a teoria geral dos negócios jurídicos, o que não significa dizer que não seja igualmente aplicada no âmbito dos atos administrativos.

Assim como em toda concepção acerca do normativismo, José Afonso da Silva tece distinções entre vigência e eficácia, com base nos ensinamentos de Hans Kelsen[140]. Enquanto "vigência" equivale à existência específica da norma, vale dizer, o Direito que rege as relações sociais *hic et nunc* (aqui e agora), "eficácia" se resume no fato de que a norma deve ser efetivamente aplicada e seguida, podendo ser subdividida em "eficácia social" e "eficácia jurídica". Na primeira hipótese, há a circunstância de uma conduta humana conforme a norma e que se verifica, se constata na ordem dos fatos. A isso chamamos de efetividade da norma. Já em relação à segunda hipótese, a "eficácia jurídica" diz respeito à produção de efeitos jurídicos, seja em maior ou menor grau, quando regula as relações ou situações que pretende[141].

3.2.2. O princípio da efetividade e sua relação com o princípio da duração razoável do processo

3.2.2.1. Noções iniciais

Dissertar sobre efetividade impõe o reconhecimento de ganhos no aspecto de economia processual, da garantia de uma decisão justa, acesso à ampla defesa e ao contraditório (guardadas as devidas precauções quanto à aplicação destes institutos em sede de inquérito policial), mas indubitavelmente irá haver considerável redução no prazo de duração necessário para desenvolver o procedimento. Nestes termos, surge a preocupação com a duração razoável do processo, cuja positivação constitucional já constatamos páginas atrás.

---

140 Sobre o tema, vide: KELSEN, Hans. *Teoria pura do Direito*. 2. ed. Coimbra: Arménio Amado-Editor Sucessor, 1962.

141 DA SILVA, José Afonso. *Aplicabilidade das normas constitucionais*. 4. ed. São Paulo: Malheiros, 2000.

Se por um lado este postulado guarda importante significação no ramo processual civil, não devemos afastar a importância mais acentuada no ramo processual penal, já que a duração do procedimento policial e da ação penal propriamente dita se remetem primordialmente ao direito constitucional à liberdade. Ideias como a de presunção de inocência e a de jurisdicionalidade caem por terra na medida em que o procedimento penal do inquérito policial, quando mal utilizado, permite máculas irreparáveis no farto rol de direitos e garantias fundamentais do indivíduo.

Note-se, por oportuno, que não coadunamos com a ideia de abolicionismo penal, minimalismo radical ou qualquer outra que prega o fim deste sistema estatal ou da sanção penal. Sabemos que durante a transformação do Direito Penal, e do próprio conceito de pena em si, teorias buscaram definir o sentido da sanção penal, ainda que esta seja entendida como resultado mediato da aplicação do âmbito Penal. Porém, é importante destacar que este conceito que se buscou, e que define a essência da pena, não pode ser confundido com sua finalidade ou com seu caráter funcional.

Seja como for, a imposição da pena deve ser dotada de sentido, que possibilite o indivíduo continuar o seu caminhar, no sentido mais pleno para seu desenvolvimento. Desta forma, devem ser criadas possibilidades para que aquele sujeito que delinquiu retome seu desenvolvimento e também oportunidades para os demais cidadãos permanecerem confiantes e continuarem dando sentido à sua existência perante a sociedade.

Para que isso pudesse acontecer, a pena vem sofrendo ajustes conforme o grau de evolução da coletividade, na medida em que revela a consequência penal para todo aquele que seja considerado merecedor de reprimenda, por ter violado preceitos de ordem social e as regras impostas pelo Estado, na figura de seus representantes.

Precise ou não de ajustes, o fato é que o Direito Penal não pode ser deixado de lado ou simplesmente esquecido, pois revela sua fundamental importância quando define, por suas normas, preceitos de índole moral e ética que devem ser respeitados e fielmente seguidos, já que correspondem aos anseios da sociedade e refletem a vontade da maioria.

Claus Roxin acredita que, de fato, a justiça criminal é um mal necessário e que, portanto, deve ser promovido. Além disso, afirma que:

> Seria portanto melhor se os benefícios que se imputam ao direito penal pudessem ser obtidos de modo socialmente menos oneroso. Dever-se-ia, assim, enxergar o direito penal como uma instituição necessária em

> sociedades menos desenvolvidas, fundamentada historicamente, mas que é preciso superar. Ele teria um longo passado, porém não mais um grande futuro[142].

Dessa forma, não se nega que há opinião no sentido de que o próprio Direito Penal deva ser abolido, ou ter sua carga de valores restringida, no que consistiria um antiexpansionismo penal. Critérios de prevenção desmedida, nos quais o próprio Estado seria responsável pela vigilância contínua (impedindo a prática criminosa), ou ainda a própria abolição do Direito Penal e seus institutos, já foram discutidos pela dogmática penal. Cada um desses movimentos a favor ou contra o sistema penal, com suas bases epistemológicas, contribuem sobremaneira para o avanço sobre o que se concebe como ramo da ciência penal.

Mas o ponto em que queremos chegar diz respeito ao meio efetivo, célere e compreendido num prazo de duração razoável para a entrega da prestação estatal referente ao processo penal. É fato que a maior parte das ações penais atualmente existentes no ordenamento jurídico brasileiro remete à existência de um inquérito policial prévio que serviu como base para o oferecimento da denúncia. Esta constatação reflete mais um indício da necessidade de que se conceba a importância da efetividade do procedimento policial *lato sensu*, englobando outros de caráter investigatório disponíveis às forças de polícia judiciária.

Além disso, quanto mais tempo se leva para a conclusão de algo que, em tese, tem prazo previsto em lei, maiores são as chances de se caracterizar a dilação indevida pela ineficiência do aparelho estatal quando deixa de fornecer a prestação que lhe cabia em período razoável. Em face destas constatações, fica cada vez mais nítida a necessidade de dar maior atenção à questão da duração da investigação criminal.

3.2.2.2. As lições do postulado da "duração razoável" aplicadas à investigação criminal

A partir destas noções iniciais, podemos falar que o tempo tanto cria, como mata o direito, seja através do surgimento da necessidade de resolução de uma contenda, ou mesmo pela prescrição. Com isso, pune-se o indivíduo através do tempo. Nesse sentido, Ana Messuti trata da delimitação

---

142 ROXIN, Claus. *Estudos de direito penal*. Tradução: Luis Greco. 2ª ed. Rio de Janeiro: Renovar, 2008. p. 02.

temporal acerca da prisão, pois da mesma forma em que há uma ruptura no espaço, consolidada pelos muros da prisão que delimitarão o espaço físico do cumprimento da pena, o tempo da prisão, através da pena, fará com que se verifique toda sorte de diferença justamente pelo modo mediante o qual o cárcere combina os elementos temporal e espacial. Nas palavras de Messuti[143], ao se construir a prisão, pretende-se fazer com que o tempo da pena seja imobilizado. Daí podermos falar em separação desta modalidade de tempo, do tempo social que transcorre no espaço social.

Mas uma medida interessante e que diz respeito à própria aplicação da pena, em si, reflete na maneira pela qual a pena será aplicada, ou seja, em que momento ela compreenderá sua função caso seja imposta como resultado de um processo penal. No caso da prisão em flagrante não restam dúvidas que, enquanto não houver ordem em sentido contrário, toda pena cumprida servirá para constar no cômputo geral destinado no final do processo, com a prolação da sentença.

Porém, também é cediço que existem fundamentos para que qualquer pessoa seja processada e julgada em lapso temporal razoável. Isso nos permite afirmar que justiça e utilidade da pena se traduzem pela condução do processo sem protelações. Presente, portanto, mais uma demonstração da noção de efetividade aliada à duração razoável.

Com relação ao tema, Aury Lopes Júnior cunhou a expressão "(de) mora jurisdicional", pois remete ao conceito de "mora" em sentido amplo, haja vista um indevido alargamento no prazo em que a prestação jurisdicional deveria ter sido entregue. Levando-se em consideração estes conceitos, para sua adaptação em âmbito inicial do processo penal, quanto mais célere é a investigação, maiores são as possibilidades de que o Estado entregue ao particular o resultado de uma prestação justa e efetiva, na medida em que há um rol de medidas que balizam a tutela dos direitos dos indivíduos e que se encontram à disposição para serem manejadas pelo Delegado de Polícia, mas que pouco são levadas a efeito pelo Judiciário e pelo Ministério Público quando pelo menos uma delas ousa ser ofertada. Um bom exemplo disso são as medidas cautelares diversas da prisão, tratadas no artigo 282 do Código de Processo Penal[144].

143 MESSUTI, Ana. *O tempo como pena*. Tradução de Tadeu Antonio Dix Silva e Maria Clara Veronesi de Toledo. São Paulo: Revista dos Tribunais, 2003. p. 33. Título original: El tiempo como pena.

144 Cf. nota 27. Versa a redação do *caput* e incisos do art. 282 do CPP: *"As medidas cautelares previstas neste Título deverão ser aplicadas observando-se a: I – necessidade para aplicação da lei penal, para a investigação ou a instrução criminal e, nos casos expressamente previstos, para evitar a prática de infrações penais;*

3.2.2.3. A natureza do direito à duração razoável do processo: a busca pelos fundamentos no direito internacional

Mas, qual seria a natureza do direito à duração razoável do processo?

Esta pergunta suscita mais um princípio que lhe serve como fonte: o *due process of law*[145]. Assim, podemos afirmar que estando diante do questionamento acerca do processo (ou procedimento) entregue no prazo razoável, estaremos falando de um dos corolários do devido processo legal[146].

O primeiro documento a prever dispositivos sobre a duração razoável do processo foi a Convenção Europeia dos Direitos do Homem (CEDH)[147], também conhecida como Convenção de Roma, de 04 de novembro de 1950.

Dada a importância do instituto para o ordenamento jurídico brasileiro, foi elaborado o Decreto nº 678, de 06 de novembro de 1992, que promulga a Convenção Americana Sobre Direitos Humanos (Pacto de São José da Costa Rica), de 22 de novembro de 1969, também conhecido como Convenção Americana de Direitos Humanos (CADH) [148].

II – adequação da medida à gravidade do crime, circunstâncias do fato e condições pessoais do indiciado ou acusado".

145 Sobre o tema, vide: PINHO, Humberto Dalla Bernardina de, op. cit. nota 124, p. 92: *"Sem dúvida um dos mais importantes princípios processuais foi introduzido em nosso ordenamento de forma expressa pela Constituição de 1988, em seu art. 5º, LIV, segundo o qual "ninguém será privado da liverdade ou dos seus bens sem o devido processo legal". Embora o termo em inglês due process of law tivesse sido utilizado pela primeira vez, em 1354, no reinado de Eduardo III, na Inglaterra, sua origem remonta à Magna Carta (art. 39), de 1215, assinada por João Sem-Terra. Nota-se que, embora a garantia do devido processo legal tenha surgido com índole eminentemente processual, adquiriu, depois, relevante aspecto de direito material. Assim, teríamos dois aspectos distintos: a) Substantive due process of law – representando a garantia do trinômio vida, liberdade e propriedade. Não basta a regularidade formal da decisão, é necessário que a decisão seja substancialmente razoável. É dessa garantia que surgem os princípios da proporcionalidade e da razoabilidade; b) Procedural due process of law – entendido como garantia do pleno acesso à Justiça (ou, como prefere Kazuo Watanabe, "acesso a uma ordem jurídica justa"). É o direito a ser processado e processar de acordo com as normas previamente estabelecidas para tanto. Assim, sendo fruto de importação do direito anglo-saxônico, o princípio representa, sob este último aspecto, um conjunto de garantias constitucionais (ou o núcleo central da maioria das garantias processuais) destinadas a assegurar às partes a participação, com o exercício de suas faculdades e poderes processuais, bem como a legitimidade do exercício da jurisdição. Decorrem dele outros importantes princípios processuais, como o princípio do contraditório, o da ampla defesa e o da duração razoável do processo, também consagrados em sede constitucional".*

146 JÚNIOR, Aury Lopes; BADARÓ, Gustavo Henrique R. I. *Direito ao Processo Penal no prazo razoável.* Rio de Janeiro: Lumen Iuris, 2006. p. 19.

147 EUROPA. Convenção para a Proteção dos Direitos do Homem e das Liberdades Fundamentais (Convenção Europeia dos Direitos do Homem). Roma, 04 de novembro de 1950. Disponível em: <https://www.echr.coe.int/documents/convention_por.pdf>. Acesso em: 26 jun. 2021.

148 BRASIL. Decreto nº 678, de 06 de novembro de 1992. Promulga a Convenção Americana sobre Direitos Humanos (Pacto de São José da Costa Rica), de 22 de novembro de 1969. *Diário Oficial [da] República Federativa do Brasil*, Brasília, DF, 06 nov. 1992. Disponível em: <http://www.planalto.gov.br/ccivil_03/decreto/d0678.htm>. Acesso em: 15 out. 2018.

Aqui, mais precisamente, vamos fazer pelo menos duas observações importantes sobre dispositivos que constam naquele documento. A primeira se refere ao direito à liberdade pessoal e à necessidade de que toda pessoa detida ou retida deva ser conduzida, sem demora, à presença de um juiz ou outra autoridade autorizada pela lei a exercer funções judiciais, além do fato de que tem direito a ser julgada dentro de um prazo razoável ou a ser posta em liberdade, sem que isso gere prejuízo de que prossiga o processo, sendo dada a possibilidade de que a liberdade seja condicionada a garantias que assegurem seu comparecimento em juízo.

Tal previsão (contida no artigo 7º, item 5, da Convenção Americana de Direitos Humanos[149]) reflete exatamente o posicionamento que sustentamos acerca do reconhecimento do Delegado de Polícia como sendo esta autoridade autorizada pela lei a exercer funções judiciais[150]. Dispositivo semelhante está contido no artigo 9º, item 3, do Pacto Internacional dos Direitos Civis e Políticos (PIDCP), promulgado através do Decreto nº 592, de 06 de julho de 1992[151].

Com isto, tornamos inconsistente um dos argumentos utilizados para a viabilidade das audiências de custódia, mormente nos casos de flagrante delito, pois é justamente nestas situações, com sua formalização e posterior remessa dos autos à Justiça, que o Delegado de Polícia cumpre o preceito disposto no artigo mencionado no parágrafo anterior, não sendo necessária nova avaliação quanto ao imperativo da prisão ou não.

Como será comprovado por ocasião da adoção da teoria da valoração crimino-fenomenológica, diante de toda gama de mecanismos à disposição da autoridade policial, parte-se do pressuposto de que este profissional já exauriu a análise do conceito analítico de crime, decidindo sobre seu enquadramento típico, bem como pelo encarceramento ou eventual liberdade, através do instituto da fiança, por exemplo. Isto não impede o

149 Cf. nota 148.

150 O estudo aprofundado sobre a origem da terminologia "Delegado de Polícia" e todas suas nuances podem ser observadas em nossa obra: FERREIRA, Wilson Luiz Palermo, op. cit., nota 09, p. 44.

151 Prevê tal dispositivo que: *"3. Qualquer pessoa presa ou encarcerada em virtude de infração penal deverá ser conduzida, sem demora, à presença do juiz ou de outra autoridade habilitada por lei a exercer funções judiciais e terá o direito de ser julgada em prazo razoável ou de ser posta em liberdade. A prisão preventiva de pessoas que aguardam julgamento não deverá constituir a regra geral, mas a soltura poderá estar condicionada a garantias que assegurem o comparecimento da pessoa em questão à audiência, a todos os atos do processo e, se necessário for, para a execução da sentença".* BRASIL. Decreto nº 592, de 06 de julho de 1992. Atos Internacionais. Pacto Internacional sobre Direitos Civis e Políticos. Promulgação. *Diário Oficial [da] República Federativa do Brasil*, Brasília, DF, 07 jul. 1992. Disponível em: <http://www.planalto.gov.br/ccivil_03/decreto/1990-1994/d0592.htm>. Acesso em: 28 jan. 2019.

direito de recurso para que sejam verificadas determinadas situações que tornariam a prisão ilegal, mas não torna obrigatória a necessidade de que em toda situação na qual se verifique uma prisão em flagrante, esta seja, obrigatoriamente, levada a um juiz para que este corrobore ou não os atos lavrados pelo Delegado de Polícia. São situações completamente diferentes.

Ainda com relação ao tema da duração razoável do processo (ou procedimento), o artigo 8 (englobado no contexto que trata das garantias judiciais), item 1, também da citada Convenção Americana, nos mostra a clara concepção do princípio da duração razoável do processo, pois disciplina que toda pessoa tem direito a ser ouvida, com as devidas garantias e dentro de um prazo razoável, por um juiz ou tribunal competente, independente e imparcial, sendo que tal tribunal deve ter sido estabelecido anteriormente por lei, quando estivermos diante da apuração de qualquer acusação penal formulada contra ela, ou para que seus direitos ou obrigações de natureza civil, trabalhista, fiscal ou de qualquer outra natureza sejam determinadas[152].

Todos esses dispositivos nos levam a crer na necessidade de que tais mandamentos sejam tornados efetivos no campo pragmático. Pouco adianta se essas previsões não são postas em prática, uma vez que o que está em voga é o direito à liberdade e todos os demais dele decorrentes.

Para isto, necessário se faz remontar e reler o instituto sob a égide da efetividade, na medida em que, por mais que não haja expressa menção à palavra "procedimento" referidos dispositivos, é preciso ampliar a concepção para que o momento antecedente à formação do processo penal propriamente dito seja abarcado pela concepção da duração razoável.

Na medida em que se compreende que o inquérito policial é procedimento precursor de praticamente toda ação penal, não há como se conceber que aquele não receba tratamento conforme os dispositivos dos pactos e convenções anteriormente trazidos à baila. Nos exatos termos do artigo 12 do CPP[153], aquele acompanhará a denúncia ou a queixa, sempre que servir de base a uma ou a outra.

Pensar de modo diferente não contribui para a busca da efetividade que se quer, principalmente se considerarmos que dentro do Código de Processo Penal[154], o inquérito policial é tratado no "livro I", que aborda a temática "do processo em geral". Inaugurando o tema, resta claro que quanto

---

152 Cf. nota 148.

153 Cf. nota 27.

154 Cf. nota 27.

mais célere e efetiva é a atuação do Delegado de Polícia em sede de inquérito policial, todos os demais atos que dele são decorrentes também serão antecipados. Ao tomarmos como base este posicionamento, verificamos que sua intenção também estará adequada com os ditames constitucionais já mencionados em momento oportuno[155].

Note-se que este dispositivo constitucional não é inovação inserida pelo texto constitucional brasileiro, simplesmente pelo fato de que tais disposições acerca da duração razoável já vinham preconizadas tanto no artigo 7 (item 5), quanto no artigo 8 (item 1), ambos da Convenção Americana de Direitos Humanos, conforme já tivemos oportunidade de ressaltar anteriormente. Em que pesem os decretos que promulgam as respectivas convenções sejam posteriores ao ano de 1988, o cenário de suas implementações a nível mundial é anterior a esse período.

Os argumentos sobre a ampliação do direito à duração razoável do inquérito policial (e da investigação criminal como um todo) vão além de compreendermos que não pode haver dilação indevida, ou mesmo que este precise observar apenas os prazos estabelecidos em lei, já que a legislação processual e outras leis esparsas preveem a duração do procedimento policial aplicável a cada situação. Esta é uma análise final, quando já se levou em consideração o fato de estarmos lidando diretamente com o direito fundamental à liberdade e com o postulado da presunção de inocência, que antecedem a própria temática processual penal propriamente dita.

3.2.2.4. A resposta parcial à determinação da "duração razoável": a teoria dos três critérios e sua aplicação

Um grande problema surge da indefinição sobre qual prazo deve ser considerado para a conclusão do procedimento judicial em geral, já que nem o texto constitucional, nem a lei ordinária, tratam desta temática. Por este motivo, de um modo global a doutrina afirma que o processo judicial está jungido à teoria do "não-prazo".

Para que se possa fugir deste lugar comum, alguns critérios (sete) têm sido apontados pelo Tribunal Europeu de Direitos Humanos (TEDH), em julgamentos como o do caso *Wemhoff v. Germany*, cuja sentença foi proferida

155 Cf. nota 121.

no dia 27 de junho de 1968[156], levando-se em consideração a Convenção Europeia de Direitos Humanos[157]. Através desta situação peculiar, o Tribunal discutiu a excessiva duração da prisão preventiva, como também a do processo penal em si mesmo, além da estreita vinculação entre ambos.

Por ocasião das discussões deste caso, os sete critérios elencados foram: I) a verificação sobre a duração da prisão cautelar; II) a duração da prisão cautelar em relação à natureza do delito, pena fixada, bem como à provável pena que deve ser aplicada no caso concreto; III) ainda assim, devem ser vistos os efeitos pessoais que o imputado sofreu, sejam eles de ordem material, moral ou de outra natureza; IV) deve ser observada qual foi a influência da conduta do imputado no que diz respeito à eventual demora do processo; V) devem ser analisadas quais foram as dificuldades para a investigação (o que envolve a análise da complexidade dos fatos, eventuais dificuldades na elaboração das provas etc.); VI) também deve ser analisada a maneira como a investigação foi conduzida (o que nos leva a crer ainda mais na importância da verificação fenomenológica realizada pelo Delegado de Polícia no momento do inquérito policial ou outro método de investigação correlato, o que é objeto da teoria desenvolvida nesta obra) e; VII) por fim, deve ser vista a maneira como as autoridades judiciais conduziram o caso.

No entanto, em que pese o TEDH não adotar tais critérios de forma explícita, esses elementos foram importantes para que três postulados mais condensados pudessem vir à lume. São eles: a complexidade do caso; a atividade processual que o imputado exerceu no caso e, por fim, a conduta das autoridades judiciárias[158].

Porém, isso não resolveu, por si só, a questão da falta de critérios objetivos para a determinação do prazo razoável para duração de um processo judicial, dando azo à discricionariedade e ao arbítrio das autoridades judiciais. São necessários alguns postulados que maximizem a ponderação diante do caso concreto, já que não se nega que a complexidade pode variar sobremaneira.

156 EUROPA. European Court of Human Rights. Case of Wemhoff v. Germany (Application nº 2122/64). Strasbourg. 27 june 1968. Disponível em: <https://hudoc.echr.coe.int/eng#{%22fulltext%22:[%22wemhoff%22],%22documentcollectionid2%22:[%22GRANDCHAMBER%22,%22CHAMBER%22],%22itemid%22:[%22001-57595%22]}>. Acesso em: 26 jun. 2021.

157 Cf. nota 147.

158 JÚNIOR, Aury Lopes; BADARÓ, Gustavo Henrique R. I., op, cit., nota 146, p. 40.

Ao falarmos em não haver dilações indevidas, estamos também nos referindo aos postulados de proporcionalidade e razoabilidade[159] que cada situação viabiliza. Como já pudemos observar, diferentemente dos processos judiciais tradicionais, nos quais há uma crítica por não serem expressos quanto à previsão de um prazo para seu término[160], o inquérito policial possui um prazo objetivamente previsto, seja na legislação processual penal geral, seja em lei específica, como no caso da Lei nº 11.343/2006[161]. Porém, seja qual for a legislação aplicada, não é pelo simples fato de haver prazo estabelecido em lei, que o Delegado de Polícia irá esperar até o último dia do prazo legal para confeccionar o relatório e encaminhar os autos para as demais personagens do processo penal.

Notamos, de antemão, que o CPP[162] indica haver um prazo menor para a conclusão do inquérito policial quando o acusado estiver preso, vale dizer, quando o procedimento policial tiver início mediante auto de prisão em flagrante. Isto porque, em que pese se tratar de nomenclatura distinta da portaria (que normalmente inaugura um inquérito policial comum), aquele inaugura o inquérito policial de acusado preso, sem que isso desnature sua identidade como procedimento de apuração de infração penal. Neste sentido, havendo previsão legal de prazos distintos (e mais curtos) para situações de prisão em flagrante, por exemplo, tal situação requer ainda mais diligência e atenção para que se evite o esgotamento do prazo final estabelecido, com base em critérios de proporcionalidade e razoabilidade.

Nas palavras de Aury Lopes Júnior e Gustavo Henrique Badaró[163], o dispositivo previsto no artigo 5º, LXXVIII, da CRFB/88[164], não assegura um direito semelhante ao previsto no artigo 7, item 5, da CADH[165], na

159 JÚNIOR, Aury Lopes; BADARÓ, Gustavo Henrique R. I., op, cit., nota 146, p. 43.

160 Ibidem, p. 40.

161 De acordo com o artigo 51 da Lei nº 11.343/06, o inquérito policial será concluído no prazo de 30 (trinta) dias, se o indiciado estiver preso, e de 90 (noventa) dias, quando solto. BRASIL. Lei nº 11.343, de 23 de agosto de 2006. Institui o Sistema Nacional de Políticas Públicas sobre Drogas – Sisnad; prescreve medidas para prevenção do uso indevido, atenção e reinserção social de usuários e dependentes de drogas; estabelece normas para repressão à produção não autorizada e ao tráfico ilícito de drogas; define crimes e dá outras providências. *Diário Oficial [da] República Federativa do Brasil*, Brasília, DF, 24 ago. 2006. Disponível em: <http://www.planalto.gov.br/ccivil_03/_ato2004-2006/2006/lei/l11343.htm>. Acesso em: 09 fev. 2019.

162 Cf. nota 27. Não é outra a redação dada ao artigo 10 do CPP: *"O inquérito deverá terminar no prazo de 10 dias, se o indiciado tiver sido preso em flagrante, ou estiver preso preventivamente, contado o prazo, nesta hipótese, a partir do dia em que se executar a ordem de prisão, ou no prazo de 30 dias, quando estiver solto, mediante fiança ou sem ela".*

163 JÚNIOR, Aury Lopes; BADARÓ, Gustavo Henrique R. I., op, cit., nota 146, p. 37.

164 Cf. nota 121.

165 Cf. nota 146.

medida em que este prevê o direito de que o acusado preso seja colocado em liberdade caso a duração do processo exceda ao prazo razoável. Para os autores, existindo uma prisão cautelar, esta se tornará ilegal caso não haja regularidade na duração razoável, haja vista violar preceito constitucional, já que toda prisão ilegal será imediatamente relaxada pela autoridade judiciária, conforme dispõe o artigo 5º, LXV, também da CRFB/88[166].

De fato, para o aperfeiçoamento deste entendimento não se faz menção ao momento processual em que a prisão pareça ilegal, já que esta pode se dar inclusive em sede policial, assim que terminar um auto de prisão em flagrante e este não for imediatamente comunicado à Justiça, conforme prevê o artigo 5º, LXII, da CRFB/88[167].

Ao se perceber o atual panorama da jurisdição brasileira e seu sistema prisional, verificamos que a maior parte dos indivíduos presos está nesta situação de forma cautelar, ou seja, à espera do encerramento do inquérito policial (com as mais diversas previsões de prisões do ordenamento jurídico-penal brasileiro – em flagrante, temporária ou preventiva), ou aguardando a instrução criminal propriamente dita.

Não raras vezes, este indivíduo só terá sua situação jurídica analisada por ocasião desta instrução, o que impõe a reanálise da necessidade da prisão para este momento processual. Isto pode acarretar uma série de danos aos direitos fundamentais do custodiado, cujos prejuízos são, muitas vezes, inalteráveis. Como pudemos observar num dos casos mais mencionados, o de *Wemhoff*, houve grande preocupação por parte do Tribunal Europeu de Direitos Humanos com relação tanto ao prazo de prisão, quanto ao prazo do processo penal em si.

Em recente pesquisa, foi possível observar que nos dias atuais a ideia dos três critérios para a duração razoável do processo ainda vem sendo descrita pelo TEDH, como no caso *Fil LLC versus Armênia* (julgado em 31 de janeiro de 2019)[168]. No documento, o TEDH reitera que a razoabilidade

166 Cf. nota 01. Confira-se a redação deste inciso: *"a prisão ilegal será imediatamente relaxada pela autoridade judiciária"*.

167 Cf. nota 01. De acordo com o referido dispositivo legal, a prisão de qualquer pessoa e o local onde se encontre serão comunicados imediatamente ao juiz competente e à família do preso ou à pessoa por ele indicada.

168 Vale a transcrição, no original, do reconhecimento acerca da violação ao artigo 6º, § 1º, da Convenção Europeia de Direitos Humanos: *"(b) Article 6 § 1 of the Convention; 52. The Court reiterates that the reasonableness of the length of proceedings must be assessed in the light of the circumstances of the case and with reference to the following criteria: the complexity of the case, the conduct of the applicant and the relevant authorities, and what was at stake for the applicant in the dispute (see, among many other authorities, Frydlender v. France [GC], no. 30979/96, § 43, 27 June 2000); 53. The period to be taken into consideration began on 18 January*

da duração dos procedimentos deve ser avaliada à luz das circunstâncias do caso concreto, fazendo menção aos critérios de complexidade do caso, da conduta do investigado e das autoridades envolvidas, bem como o que estava em questão para o investigado no que diz respeito ao litígio.

Por assim dizer, o que o Tribunal Europeu vem fazendo nada mais é do que reiterar a já consolidada teoria dos três elementos na verificação da duração razoável do processo, sob o aspecto mais enxuto da precursora teoria dos sete elementos. Verifica-se, portanto, que a jurisprudência do TEDH está alinhada na busca de critérios observados com razoabilidade, para que se chegue a um denominador comum no que tange à duração razoável do processo.

Não é outro o entendimento do Supremo Tribunal Federal no que diz respeito ao assunto em comento. De acordo com a jurisprudência sedimentada desta corte, a razoável duração do processo deve ser aferida à luz da complexidade da causa, da atuação das partes e do Estado-Juiz[169].

2008, when the applicant company initiated compensation proceedings before the Yerevan Civil Court, and ended with the decision of the Civil Court of Appeal dated 23 March 2017. It thus lasted nine years and two months over three levels of jurisdiction, the trial and the appellate courts examining the case twice. It must be emphasised that the lengthiest delay of seven years and five months took place between 23 April 2009 and 10 October 2016, when the case was pending before the District Court and the parties were waiting to receive the expert opinion which had been ordered; 54. The Court notes that the delay in the present case was not attributable to the applicant company. Instead, it was attributable to the domestic courts, which ordered five technical expert examinations over the course of nine years that were necessary for the resolution of the case, but failed to ensure that four of those orders were implemented; 55. The Court further notes that the case was not of particular complexity. In this regard, the Court emphasises that the letter from the Ministry of Justice dated 20 May 2015 stated that it would take only one day to carry out the required technical examination and five days to compile the expert opinion. However, the expert opinion initially ordered on 20 February 2008 was finalised and submitted to the District Court only on 30 June 2015; 56. The Court has frequently found violations of Article 6 § 1 of the Convention in cases raising issues similar to the one in the present case (see, among other authorities, Capuano v. Italy, 25 June 1987, §§ 30-35, Series A no. 119, and Sürmeli v. Germany [GC], no. 75529/01, §§ 128-134, ECHR 2006-VII); 57. Having examined all the material submitted to it, the Court considers that the Government have not put forward any fact or argument capable of persuading it to reach a different conclusion in the present case. Having regard to its case-law on the subject, the Court considers that, in the instant case, the length of the proceedings was excessive and failed to meet the "reasonable time" requirement; 58. There has accordingly been a breach of Article 6 § 1 of the Convention". EUROPE. European Court of Human Rights. Case of Fil LLC v. Armenia (Application nº 18526/13). Strasbourg. 30 april 2019. Disponível em: <https://hudoc.echr.coe.int/eng#{%22itemid%22:[%22001-189589%22]}>. Acesso em: 26 jun. 2021.

169 Estes são os argumentos utilizados na ementa do Agravo Regimental no *Habeas Corpus* 158.501/SP. BRASIL. Supremo Tribunal Federal. Primeira Turma. AGRAVO REGIMENTAL EM *HABEAS CORPUS*. ROUBO MAJORADO PELO CONCURSO DE AGENTES, EMPREGO DE ARMA E RESTRIÇÃO DA LIBERDADE DA VÍTIMA (ART. 157, § 2º, INCISOS I, II, E V, DO CÓDIGO PENAL). PRISÃO PREVENTIVA. ALEGAÇÃO DE EXCESSO DE PRAZO. INOCORRÊNCIA. PRECEDENTES. 1. A jurisprudência do SUPREMO TRIBUNAL FEDERAL é no sentido de que a razoável duração do processo deve ser aferida à luz da complexidade da causa, da atuação das partes e do Estado-Juiz. Ação penal que tem tramitado de maneira regular, se consideradas as peculiaridades da causa, em especial a pluralidade de réus e a necessidade de expedição de precatórias, circunstâncias que tornam razoável a dilação do prazo para o término da persecução criminal. 2 . Agravo regimental a que se nega provimento. HC 158.501 AgR / SP – SÃO PAULO. Agravante: L. R. S. Proc.(a/s)

Ou seja, em outras palavras, esta leitura se adequa aos três critérios estabelecidos pelo TEDH. Além disso, de acordo com o STF, se a ação penal vem tramitando de maneira regular, e se consideradas as peculiaridades da causa, principalmente no que diz respeito à pluralidade de réus, bem como a eventual necessidade de expedição de cartas precatórias, isto naturalmente tornaria razoável a dilação do prazo para o término da persecução penal.

3.2.2.5. As lições da teoria dos três elementos aplicadas à prisão cautelar

Complexidade do caso. Atividade processual que o imputado exerceu. Conduta das autoridades judiciárias. Os argumentos da teoria dos três critérios buscam se aliar a outros elementos para a determinação da prisão cautelar, como a análise em concreto sobre a necessidade da manutenção da medida, a gravidade dos fatos e natureza do crime, bem como a verificação do comportamento e periculosidade do indivíduo submetido ao procedimento estatal de investigação. Mas ainda pecam por não irem de encontro ao cerne dos argumentos para refutar a duração excessiva de tal modalidade de detenção.

Podemos observar que a prisão preventiva prevista no nosso ordenamento jurídico[170] não esclarece prazo máximo da sua duração, mas apenas as circunstâncias que devem ser analisadas por ocasião do seu deferimento[171]. Isto vai de encontro, por exemplo, com as disposições da Lei nº 7.960/89[172], que trata da prisão temporária. Esta, além de trazer as hipóteses de cabimento, traz a previsão sobre o prazo de sua duração no

---

(es) : EDUARDO FERRARI GERALDES E OUTRO (A / S). Agravado: Superior Tribunal De Justiça. Relator: Ministro Alexandre de Moraes. Brasília, 31 de agosto de 2018. Disponível em: <https://redir.stf.jus.br/paginadorpub/paginador.jsp?docTP=TP&docID=748213609>. Acesso em: 26 jun. 2021.

170 Cf. nota 27. De acordo com a redação do *caput* do art. 311 do CPP: *"Em qualquer fase da investigação policial ou do processo penal, caberá a prisão preventiva decretada pelo juiz, a requerimento do Ministério Público, do querelante ou do assistente, ou por representação da autoridade policial".*

171 Cf. nota 27. Amparadas nos fundamentos de garantia da ordem pública, da ordem econômica, por conveniência da instrução criminal ou para assegurar a aplicação da lei penal, quando houver prova da existência do crime e indício suficiente de autoria e de perigo gerado pelo estado de liberdade do imputado, trazidos pelo art. 312 do CPP, o artigo subsequente afirma que será admitida a decretação da prisão preventiva nos crimes dolosos punidos com pena privativa de liberdade máxima superior a 4 (quatro) anos; se tiver sido condenado por outro crime doloso, em sentença transitada em julgado, ressalvado o disposto no inciso I do *caput* do art. 64 do Decreto-Lei no 2.848, de 7 de dezembro de 1940 – Código Penal ou se o crime envolver violência doméstica e familiar contra a mulher, criança, adolescente, idoso, enfermo ou pessoa com deficiência, para garantir a execução das medidas protetivas de urgência.

172 BRASIL. Lei nº 7.960 de 21 de dezembro de 1989. Dispõe sobre prisão temporária. *Diário Oficial [da] República Federativa do Brasil*, Brasília, DF, 22 dez. 1989. Disponível em: <http://www.planalto.gov.br/ccivil_03/LEIS/L7960.htm>. Acesso em: 31 jan. 2019.

artigo 2º: será de 5 (cinco) dias, prorrogável por igual período em caso de extrema e comprovada necessidade.

Tal prazo se refere aos crimes não caracterizados como hediondos, pois, caso isso ocorra, o artigo 2º, § 4º, da Lei nº 8.072/90 (Lei de Crimes Hediondos)[173] prevê que a prisão temporária será de 30 (trinta) dias, prorrogável por igual período (em caso de extrema e comprovada necessidade).

Como regra, a prisão cautelar deve se basear pelo princípio da provisoriedade[174] que, por sua vez, está intimamente ligada à concepção do fator tempo. Significa dizer que vai cuidar de uma situação transitória e não pode ser confundida, de modo algum, com antecipação de pena.

Assim, o grande problema reside em estabelecer critérios objetivos para a determinação do tempo máximo cabível para a prisão preventiva, já que esta ainda se baseia no suposto preenchimento de requisitos dos artigos da legislação processual penal já mencionados acima, para que seja decretada, mantida ou revogada.

Na prática, o que acaba vigendo para determinar o "prazo" da prisão preventiva é a gravidade em abstrato do delito, juntamente com a periculosidade do agente e as circunstâncias do caso concreto, o que, mais uma vez, deixa ao alvedrio das autoridades a decisão sobre afastar ou não o indivíduo transgressor do convívio da sociedade.

De certa forma, não se nega que impera certa proporcionalidade, pois ao considerarmos os crimes mais graves como dignos de aplicação da segregação cautelar, naturalmente seria a decisão esperada. Porém, o grande problema que se enfrenta é que, por mais que o legislador tenha criado um vasto rol de medidas cautelares diversas da prisão[175], é justamente aqui que acaba se perdendo a tão perseguida proporcionalidade.

Lembre-se que até mesmo nos crimes mais graves há possibilidade de que tais medidas sejam levadas a efeito, evitando-se assim, qualquer discussão sobre falta de razoabilidade, proporcionalidade ou o que quer que seja, já que teremos a aplicação gradual de medidas que sejam tão efetivas para garantir o desenvolvimento da instrução criminal.

173 BRASIL. Lei nº 8.072 de 25 de julho de 1990. Dispõe sobre os crimes hediondos, nos termos do art. 5º, inciso XLIII, da Constituição Federal, e determina outras providências. *Diário Oficial [da] República Federativa do Brasil*, Brasília, DF, 26 jul. 1990. Disponível em: <http://www.planalto.gov.br/ccivil_03/LEIS/L8072.htm>. Acesso em: 31 jan. 2019.

174 JÚNIOR, Aury Lopes; BADARÓ, Gustavo Henrique R. I., op, cit., nota 146, p. 52.

175 O artigo 319 do Código de Processo Penal, previu uma série de medidas cautelares diversas da prisão, cuja aplicação pode ser representada pelo Delegado de Polícia.

Aliás, algumas premissas precisam ser estabelecidas: a própria proporcionalidade para aplicação das medidas cautelares diversas da prisão está prevista no artigo 282 do CPP[176], quando tal dispositivo legal assevera que aquelas serão aplicadas observando-se a necessidade para a aplicação da lei penal ou para a investigação criminal, por exemplo, bem como a adequação da medida à gravidade do crime, as circunstâncias do fato e as condições pessoais do indiciado ou acusado. Mas nada impede que as medidas sejam aplicadas isolada ou cumulativamente.

Conforme ressaltamos acima, as medidas podem ser aplicadas, inclusive, na fase de investigação criminal. Para isso, basta que, comprovados os requisitos de necessidade e a adequação, o Delegado de Polícia represente ao juiz competente para que se decida sobre o assunto.

Mais uma vez se constata que há outras alternativas que não exclusivamente a imposição de prisão como meio eficaz para se garantir a investigação ou instrução criminais. A restrição da liberdade segue como última opção diante do rol de medidas, observando-se o critério macro de proporcionalidade, conforme determina o artigo 282, § 6°, do CPP[177].

3.2.3. As soluções para o enfrentamento da (de)mora do processo penal

Aury Lopes Júnior e Gustavo Badaró[178] apontam que existem soluções em várias esferas do Direito. Dentre elas, podem ser mencionadas a do ramo do direito internacional, ocasião na qual se pode pensar numa responsabilidade por "ilícito legislativo", pois haveria omissão em se tratar do tema cuja atividade legislativa, já restou clara por força do previsto no artigo 2° do Pacto de San José da Costa Rica[179].

Além disso, podemos pensar em medidas a serem adotadas no âmbito civil através de indenizações pelos danos praticados em virtude de eventual demora no andamento do processo, cuja previsão está contida na CRFB/88,

176 Cf. nota 144.

177 Cf. nota 27. A redação do parágrafo sexto do art. 282 do CPP nos mostra que: *"A prisão preventiva somente será determinada quando não for cabível a sua substituição por outra medida cautelar, observado o art. 319 deste Código, e o não cabimento da substituição por outra medida cautelar deverá ser justificado de forma fundamentada nos elementos presentes do caso concreto, de forma individualizada".*

178 JÚNIOR, Aury Lopes; BADARÓ, Gustavo Henrique R. I., op, cit., nota 146, p. 120.

179 Cf. nota 148.

em seu artigo 5°, LXXV[180]. O próprio CPP, quando trata da revisão criminal no artigo 630, abre a possibilidade para que seja questionado em juízo, eventual reparação pelos prejuízos sofridos[181].

Para os autores mencionados no início deste tópico, a leitura destes dispositivos legais levaria a crer que apenas em situações de erro é que tal indenização seria cabível. Porém, de acordo com os mesmos, ainda na hipótese de desrespeito à duração razoável da investigação e do processo penal como um todo, entendem ser possível que aquele que se sinta prejudicado com a demora injustificada do processo venha a questionar os prejuízos em juízo[182].

Como solução penal, não há como esquecer a aplicação do artigo 42 do Código Penal[183], que trata da detração do período de prisão provisória já cumprido, seja no Brasil, seja no exterior.

Por derradeiro, tratemos da solução processual. No entanto, teceremos comentários, primeiramente, às soluções no âmbito do inquérito policial. A nosso modo de ver, muito se restringe a aplicação do postulado da duração razoável ao processo, propriamente dito. Como já tivemos oportunidade de ressaltar, o sistema jurídico-penal brasileiro possui particularidades que o distingue dos demais. E, basicamente, porque a polícia judiciária brasileira possui um profissional capacitado e habilitado (por força de lei e do mandamento constitucional previsto no artigo 144 da CRFB/88) a apreciar o fenômeno do crime e todas as circunstâncias que lhe cercam.

A própria lei já lhe dá o instrumento pelo qual serão abordados todos os fatores que irão levar, ou não, ao indiciamento do indivíduo pela prática de uma conduta que pode ser apenas típica, típica ou antijurídica e assim por diante (ou até mesmo ser atípica). E mais: existe prazo objetivamente previsto para isso.

Então, a partir do momento em que se inaugura a investigação criminal, o Delegado de Polícia tem o dever de esclarecer e materializar, de

180 Cf. nota 01. Segundo dispõe o referido dispositivo constitucional, *"O Estado indenizará o condenado por erro judiciário, assim como o que ficar preso além do tempo fixado na sentença".*

181 Cf. nota 27. Pela redação do *caput* do art. 630 do CPP: *"O tribunal, se o interessado o requerer, poderá reconhecer o direito a uma justa indenização pelos prejuízos sofridos".*

182 JÚNIOR, Aury Lopes; BADARÓ, Gustavo Henrique R. I., op, cit., nota 146, p. 121.

183 Cf. nota 26. Vejamos a redação: *"Computam-se, na pena privativa de liberdade e na medida de segurança, o tempo de prisão provisória, no Brasil ou no estrangeiro, o de prisão administrativa e o de internação em qualquer dos estabelecimentos referidos no artigo anterior".*

forma efetiva, os indícios de autoria e a prova da materialidade do crime, através do inquérito policial ou outro procedimento legalmente adequado.

Não há óbice em que se reconheça que determinado indivíduo tenha praticado apenas um fato típico, porém, justificado diante de uma situação de legítima defesa. E é exatamente por isso que nem todo fato trazido à delegacia significa a materialização de um crime ou um futuro processo para ser analisado, somente, por ocasião da instrução criminal de um processo penal propriamente dito.

Na medida em que são fornecidas as ferramentas adequadas para a investigação criminal, além de ser imperativa a redução de burocracia para que ela seja levada a efeito (como por exemplo através da demora em se obter dados referentes a cadastro telefônico diretamente às operadoras de telefonia celular, fato este que já é previsto pelo artigo 2°, § 2°, da Lei n° 12.830/13[184]), o Delegado de Polícia é capaz de estabelecer as balizas que irão culminar, obrigatoriamente, na redução de demandas desnecessárias ao judiciário.

Agora, no que diz respeito ao processo penal em si, Aury e Badaró apontam que a solução compensatória mais adequada para os casos de violação ao direito à duração razoável do processo é a extinção do mesmo[185]. Como argumentos, enfrentam a questão de que o próprio Estado não pode ser autoritário ao ponto de querer a aplicação de penas processuais sem qualquer limite de tempo (sem entrar no mérito de que a própria prescrição já estabeleceria essa baliza final).

No sistema processual penal italiano, por exemplo, uma das soluções encontradas caso o Ministério Público não promova a ação penal ou não solicite o arquivamento dos autos da investigação (*indagine preliminare*), é a impossibilidade de os atos desta virem a ser utilizados, depois de expirado o prazo. A isso chama-se pena de *inutilizzabilità*[186]. Isto porque, em regra, o prazo de duração da investigação preliminar na Itália, salvo exceções,

---

184 Cf. nota 02. Conforme dispõe este artigo, durante a investigação criminal é possível que o Delegado de Polícia requisite perícia, informações, documentos e dados que interessem à apuração dos fatos, desde que, obviamente, não estejam amparadas pela cláusula de reserva de jurisdição.

185 JÚNIOR, Aury Lopes; BADARÓ, Gustavo Henrique R. I., op, cit., nota 146, p. 125.

186 De acordo com o artigo 407.3 do Código de Processo Penal Italiano (*Codice di Procedura Penale*): *"3. Salvo quanto previsto dall'articolo 415-bis qualora il pubblico ministero non abbia esercitato l'azione penale o richiesto l'archiviazione nel termine stabilito dalla legge o prorogato dal giudice, gli atti di indagine compiuti dopo la scadenza del termine non possono essere utilizzati".* ITÁLIA. Código de Processo Penal. *DECRETO DEL PRESIDENTE DELLA REPUBBLICA 22 settembre 1988, n. 447.* Disponível em: <https://www.gazzettaufficiale.it/dettaglio/codici/codiceProceduraPenale>. Acesso em: 26 jun. 2021.

é de dezoito meses, conforme previsão contida no mesmo artigo 407 do Código de Processo Penal Italiano (CPPI)[187].

De todo modo, ainda no que diz respeito ao direito processual penal brasileiro, uma outra forma de solução para a demora processual apontada por Aury e Badaró é a que sanciona o servidor[188]. Nesse sentido, a própria CRFB/88 traz previsão no sentido de que o juiz não será promovido caso, injustificadamente, retenha autos em seu poder além do prazo legal, não podendo devolvê-los ao cartório sem o devido despacho ou decisão. Um problema que vai de encontro a esta situação é justamente a falta de previsão em algumas situações tão críticas, quanto a do processo penal e a teoria do "não-prazo".

De todo modo, mesmo em face de todas estas considerações e propostas, ainda persistimos na ideia de que as ferramentas de investigação criminal (mesmo que ainda precisem de incremento e ajuste), aliadas ao adequado incentivo e fomento da parte pré-processual (seja com a periódica reposição de servidores nos quadros das instituições policiais, conforme haja sua respectiva vacância, seja com o fornecimento de meios e suporte material), compõem o básico recomendado para que tudo aquilo que existe atualmente seja posto em marcha adiante.

Persistimos, igualmente, na ideia segundo a qual a teoria da valoração crimino-fenomenológica, aliada à proposta de análise exaustiva dos elementos que cercam o conceito de "crime", permite que a vivência do fenômeno e a caracterização do seu contexto, no menor prazo possível, já viabilize um certo caráter utilitarista ao futuro processo penal, pois a prisão somente será levada a efeito caso a situação fática efetivamente se constitua em algo de interesse para o Direito Penal e, principalmente, caso não haja qualquer outra alternativa menos gravosa que possibilite, por exemplo, que alguma medida cautelar diversa seja imposta.

Então, ao se admitir que o processo penal realmente cuide apenas daquilo que invariavelmente precisa ser seu objeto, as demais agências do sistema jurídico-penal não irão ter que despender tempo desnecessário no processamento e julgamento de situações jurídicas mal analisadas caso não fosse empregada a teoria da valoração crimino-fenomenológica. Com mais

187 Em relação ao prazo de duração da investigação preliminar, dispõe o Art. 407 do CPPI: *"Termini di durata massima delle indagini preliminari; 1. Salvo quanto previsto dall'articolo 393 comma 4, la durata dele indagini preliminari non puo' comunque superare diciotto mesi."* Disponível em <https://www.gazzettaufficiale.it/dettaglio/codici/codiceProceduraPenale>. Acesso em: 26 jun. 2021.

188 JÚNIOR, Aury Lopes; BADARÓ, Gustavo Henrique R. I., op, cit., nota 146, p. 128.

tempo para os processos que realmente demandam atenção, esta teoria auxilia na recomposição da duração razoável, cuja consequência lógica é o aumento da efetividade.

O atual estágio do processo penal brasileiro só nos mostra que ainda devemos uma resposta em termos de efetividade, para que os ideais de justiça sejam concretizados. Por força destas constatações, a partir de agora nos dedicaremos a um estudo sob o enfoque criminológico, que nos ajuda a entender o real estado de deslegitimação do sistema jurídico-penal pátrio.

Capítulo

4

O PAPEL DA CRIMINOLOGIA BRASILEIRA NO CONTEXTO DA ATIVIDADE DO DELEGADO DE POLÍCIA

4.1. INTRODUÇÃO

A Criminologia brasileira desenvolve importante papel mediante a contribuição interdisciplinar que apresenta. Diante da gama de elementos que circundam esta ciência, são necessárias saídas que apresentem resultados mais satisfatórios para o enfrentamento do problema causado pela falta de legitimidade do sistema penal e seu discurso jurídico-penal, de modo que a liberdade e os direitos fundamentais dos indivíduos sejam preservados. Em que pese a complexidade que envolve a noção de crime, não há como se considerar a análise isolada deste sem que a atenção seja voltada para o indivíduo.

Grandes pensadores da Criminologia têm visto com preocupação a crescente escalada da violência, do encarceramento e da perda de legitimação dos sistemas penais mundiais. As alternativas até então apresentadas não respondem à gravidade do problema enfrentado no âmbito do discurso jurídico-penal, fazendo com que as próprias instituições não consigam enfrentar a beira do colapso.

Por se tratar de uma ciência interdisciplinar, surgem várias compreensões que tentam formular propostas mediante a colocação em prática de políticas públicas que preconizem a liberdade e a garantia dos direitos fundamentais, pois ao atuarem conforme o ordenamento positivado da forma que atenda às expectativas da organização social vigente, acabam por contribuir para impedir a disseminação do discurso deslegitimante.

Não se pode negar que é impossível a análise isolada do crime, já que isto causa sérias repercussões na esfera do indivíduo. Mas tal fato, individualmente considerado, não é constituído somente pela verificação do causador da prática de um fato tipificado formalmente como crime. É preciso que se firme a análise também na vítima e eventualmente num terceiro, externo aos fatos, dando elementos para que o Delegado de Polícia tenha como promover o primeiro enquadramento das circunstâncias ao mundo jurídico.

Destacando-se as causas da perda de legitimidade do sistema penal, será traçado um panorama sobre a influência deste contexto no que tange aos direitos fundamentais e sua proteção.

Em momento próprio, feitas as considerações sobre a deslegitimação do discurso jurídico-penal, o estudo será dirigido à abordagem tecida pelo interacionismo simbólico, bem como a importância que a fenomenologia tem nesse mister de compreender a forma como deve ser apreendido o fenômeno do crime e em que a atuação do Delegado de Polícia nesse processo contribui no contexto de relegitimação do sistema jurídico-penal vigente.

4.2. A CRIMINOLOGIA COMO CIÊNCIA INTERDISCIPLINAR

4.2.1. Breves considerações

O contexto no qual se insere a atividade do Delegado de Polícia requer uma compreensão sob o aspecto sociológico, filosófico e criminológico, sem nos esquecermos da obediência ao princípio da legalidade. Trata-se de uma análise complexa e que envolve diversas habilidades, sobretudo diante do ponto de vista de imersão nas capacidades individuais do operador do direito, que detém conceitos preconcebidos. Não são poucas as situações nas quais a emoção e interesses pessoais sobrepujam os anseios da sociedade.

De fato, se não considerarmos esse complexo sistema estaremos nos afastando, também, da relação entre a própria Criminologia e sua ligação com a proposição de políticas criminais adequadas ao tempo a que se propõem reger o fenômeno do crime e suas repercussões. Notoriamente se atribui a formulação destas propostas relacionadas às questões criminais a um estudo conglobado de diversos atributos, que permeiam os ideais do texto constitucional vigente.

Falar sobre política criminal significa, na compreensão aqui desejada, que os elementos de ordem social, criminal e legal estejam voltados à consecução de um mesmo fim, qual seja, a pacificação do conflito entre aquele que teoricamente delinquiu e a sociedade como um todo, diante da noção filosófica de que o crime é a violação à obrigatoriedade de coexistência[189].

A subjetividade que nos funda e que nos regula (no que diz respeito à construção do real e de nós mesmos) precisa estar alinhada com critérios objetivos que permitam conferir segurança jurídica e paz social, razão pela qual cada personagem envolvida no processo penal possa vir a se alinhar com o ideal de preservação das garantias fundamentais dos indivíduos, sobretudo sob o prisma da Criminologia brasileira e o contexto em que se insere a segunda década do século XXI.

Porém, de nada adianta nos afastarmos das bases sobre as quais remontam a própria Criminologia. Conforme estamos frisando ao longo deste percurso, levamos em consideração que a Criminologia é uma ciência interdisciplinar na qual o fenômeno do crime, bem como o estudo do criminoso e da vítima (além do controle social da prática da conduta estipulada como criminosa através da adoção de políticas criminais que culminaram neste propósito), fazem com que sejam estipuladas as balizas criadas mediante atos vivenciados e apreendidos, que por sua vez irão nos conferir a justa posição a ser seguida diante do crime em si mesmo.

É por isso que devemos afirmar ser válida e necessária a correlação do fenômeno criminológico, inserindo nesse contexto a vivência e o modo de apreensão do tempo e dos elementos do crime pelo Delegado de Polícia, vale dizer, ao vivenciar todo o momento temporal em que determinado crime foi praticado, tal profissional (munido de todo aparato constitucional, legal, de política criminal, sociológico, psicológico e sobretudo fenomenológico), tem condições de contribuir também para o contexto criminológico nestes moldes.

Ao proceder desta forma, tal personagem estará atuando com o método da Fenomenologia e de forma interdisciplinar na visualização e materiali-

189 Cf. nota 09.

zação da infringência à obrigatoriedade de coexistência, mediante a documentação do inquérito policial ou outro instrumento adequado à hipótese.

Adotando estes ideais, busca-se confirmar o caráter de humanização da pena, que remonta às bases iluministas, ocasião na qual se procurava o afastamento do contexto absolutista do monarca com a ascensão da burguesia, mediante a adoção e a prática de uma nova forma de pensar o discurso do crime, tão arraigado por critérios meramente retribucionistas. Confirma-se, portanto, a promoção do ideal humanista e de socialização.

De igual modo, isso nos leva a crer que ainda devemos perseguir estudos que levam em conta uma visão somática de todos os elementos possíveis que auxiliem a pensar a Criminologia no Brasil, até então imbuídas de matrizes inquisitoriais e ibéricas. Elementos que verdadeiramente se prestem a cumprir a finalidade de se criticar o sistema, formulando uma nova forma de pensar o crime.

4.2.2. A impossibilidade de análise isolada do crime e suas repercussões na esfera do indivíduo

Como principais finalidades da Criminologia, podemos mencionar o controle e a prevenção criminal. É impossível asseverar que para atingirmos tal objetivo possamos analisar o crime de forma isolada, sem que sejam levadas em consideração a maior parte do contexto que irá definir a justa solução para o caso concreto.

No cenário jurídico brasileiro, fundamos nossas premissas básicas de vida em sociedade diante da exaustiva previsão dos artigos inseridos na Constituição, bem como nas mais diversas leis esparsas. Se, por um lado, a Criminologia não supre exaustivamente a ideia de causa e efeito sobre o delito (e, aliás, nem se pretende a isso), temos um enorme arcabouço normativo que dita a maneira pela qual iremos conviver.

Obviamente que, ao permitir a interpenetração entre as mais diversas disciplinas, cada sujeito de direitos pode formular seu posicionamento diante das regras, tendo em vista a vivência e as experiências de vida que traz consigo. Isto, obviamente, dá azo a interpretações muitas vezes diversas, embora até acabem vindo a convergir em determinado ponto.

Como ciência que é, qualquer que seja a metodologia adotada, irão advir resultados. E a partir destes métodos a Criminologia se funda como instrumento para a compreensão do crime. Se por um lado a Escola Clássica da Criminologia se calcava em fundamentos formais, dedutivos e abstratos, a

Escola Positivista, empregou método considerado como empírico e dedutivo. Esta Criminologia dos dias atuais que adota o empirismo e a interdisciplinaridade preconiza uma abertura no campo de atuação do operador desta ciência, na medida em que o próprio crime não é um conceito simples.

Diante deste contexto, mais uma vez, o que se quer demonstrar é a necessidade de análise conglobada de diversos fatores que irão auxiliar o intérprete na formulação do conhecimento criminológico. Feita esta análise de métodos e escolhas, não devemos afastar da concepção a observação do indivíduo. E aqui nos remetemos tanto ao indivíduo como autor, quanto ao indivíduo vítima de um fenômeno que passa a chamar atenção quando necessário: o crime.

É de perfeita compreensão admitir como objeto do estudo criminológico o indivíduo, já que é através da prática de atos que violem os ditames da vida em sociedade que se infere a necessidade de correção de tal distúrbio. O indivíduo (como ser humano) pode ser ao mesmo tempo o autor e o destinatário do comportamento delituoso (daí verificarmos o campo da vitimologia). Nada impede que outros sejam os destinatários (a depender do bem jurídico tutelado), mas podemos admitir que o indivíduo é o precursor do comportamento, seja por ação ou omissão.

No momento em que se verifica uma conduta contrária ao direito e que esteja estabelecida como criminosa por força da adoção de determinada política criminal, entram em cena as personagens eleitas pelo Estado para o processo e julgamento do ato sob análise. A este ato chamamos de controle social. Não queremos pormenorizar os detalhes classificatórios acerca deste instituto, mas, recortando o objeto, tão somente trazer a lume a participação do Delegado de Polícia nesta compreensão. Daí forçoso retornar à ideia do vínculo entre a Criminologia e a adoção de determinadas políticas criminais.

Com propriedade, Vera Malaguti Batista[190] aduz que, para pensarmos na questão criminal, devemos mergulhar na sua relação com a posição de poder, bem como com as necessidades de ordem de determinada classe social. Por isso, afirma-se que política criminal e Criminologia são importantes vetores para racionalizar, ou seja, para termos em mente que a questão criminal no Brasil deve ser vista sob uma perspectiva descolonial e racionalizante.

190 BATISTA, Vera Malaguti. *Introdução crítica à criminologia brasileira.* 2. ed. Rio de Janeiro: Revan, 2011. p. 23.

Todo sujeito, operador do direito, tem o dever de se balizar diante da garantia dos direitos fundamentais do indivíduo. Por mais que se tente, não há espaço para outra interpretação senão a que traduza a força normativa da Constituição[191]. De certa forma, o cenário trazido por este quadro nos faz considerar sua inserção no modelo de Criminologia moderna, no qual buscamos entender suas características, causas, como preveni-las, ou como controlá-las, mas compreendendo o fenômeno do crime de modo dinâmico. Passamos a perceber que o foco não está mais em remediar o problema, mas passar a impedir que ele ocorra.

Não obstante esta classificação como "Criminologia moderna", a Escola criminológica que mais parece aderir a esta concepção é a que prevê a nova defesa social, haja vista buscar os mesmos ideais de prevenção, ainda que preveja a possibilidade de intervenção, porém, de cariz reeducativo. O que se quer é que o indivíduo que transgride visualize seu papel diante do pacto social e que se reeduque mediante a passagem por obrigatória constatação do seu papel como cidadão, influindo para a vida e o convívio em sociedade. Porém, a principal forma pela qual tal indivíduo irá se reconhecer assim é permitindo que ele mesmo conheça seu valor como pessoa e que tal atributo seja capaz de influir na percepção perante os demais (a própria sociedade).

Luigi Ferrajoli analisa as questões sobre o valor da pessoa, tolerância, igualdade e direitos fundamentais. Ao tratar de garantismo, igualdade e tutela dos direitos fundamentais, o autor traz o chamado "ponto de vista externo"[192], ou seja, o ponto de vista das pessoas. Este é seu primado axiológico, no qual são destacadas as suas especificidades e as mais diversas variedades de pontos de vistas, referentes a cada um.

Todos os indivíduos são sujeitos de direitos fundamentais. Todos devem se reconhecer desta forma. Direitos fundamentais podem ser conceituados

---

191 Sobre o tema, vide Konrad Hesse que, com propriedade, escreve: *"a força normativa da Constituição não reside, tão-somente, na adaptação inteligente a uma dada realidade. A Constituição jurídica logra converter-se, ela mesma, em força ativa, que se assenta na natureza singular do presente (individuelle Beschaffenheit der Gegenwart). Embora a Constituição não possa, por si só, realizar nada, ela pode impor tarefas. A Constituição transforma-se em força ativa se essas tarefas forem efetivamente realizadas, se existir a disposição de orientar a própria conduta segundo a ordem nela estabelecida, se, a despeito de todos os questionamentos e reservas provenientes dos juízos de conveniência, se puder identificar a vontade de concretizar essa ordem. Concluindo, pode-se afirmar que a Constituição converter-se-á em força ativa se fizerem-se presentes, na consciência geral – particularmente, na consciência dos principais responsáveis pela ordem constitucional -, não só a vontade de poder (Wille zur Macht), mas também a vontade de Constituição (Wille der Verfassung)".* HESSE, Konrad, op. cit., nota 39, p. 19.

192 FERRAJOLI, Luigi. *Direito e Razão. Teoria do Garantismo Penal.* São Paulo: Revista dos Tribunais, 2002. p. 726.

como "direitos subjetivos, assentes no direito objetivo, positivados no texto constitucional, ou não, com aplicação nas relações das pessoas com o Estado ou na sociedade"[193]. Para Dieter Grimm, são tanto uma categoria especial de direitos subjetivos, quanto elementos constitutivos do direito objetivo[194].

Com uma infinidade de valorações individuais (ainda que estejam inseridos num contexto global de sociedade), o desrespeito às individualidades pode consistir numa expressão de intolerância, quando o que deve prevalecer é justamente o contrário: o respeito às formas como as pessoas se veem.

Para Ferrajoli, tanto o valor primário da pessoa, quanto este contexto de tolerância, formam o que ele indica se tratar de elementos constitutivos do moderno princípio da igualdade jurídica[195], referindo-se a este último como um conceito complexo no qual estão inseridas as diferenças pessoais e excluídas as diferenças sociais. Todas as pessoas devem ser vistas indistintamente perante a Justiça, ainda que cada uma delas seja tenha sua individualidade (o que a faz distinta das demais. Daí o afastamento das diferenças sociais). E é exatamente neste sentido que se insere a tolerância, o respeito e o reconhecimento de que todos são iguais perante a lei, mas diferentes em sua essência. Essa particularidade de tratamento sempre nos leva a crer que a equidade[196] deve ser trabalhada num contexto global de correção dos rigores da lei, como já tivemos oportunidade de ressaltar[197].

Por outro lado, a igualdade também pode residir em desvalor associado a outro gênero de diferenças, quais sejam, de ordem econômica e social. Ferrajoli[198] afirma que isto acaba gerando uma série de privilégios ou discriminações sociais, que irão ter reflexos diretos no modo como as pessoas se veem, isto é, na sua identidade, acabando por estimular a desigualdade e lesar o "igual valor", primado básico do primeiro sentido de igualdade ressaltado acima. Obviamente, isto estimula a intolerância e pode acabar determinando, juntamente com outros fatores, a ocorrência de um crime.

193 MORAES, Guilherme Peña de. *Curso de Direito Constitucional.* Rio de Janeiro: Lumen Juris, 2008. p. 499.

194 GRIMM, Dieter. *Die Zukunft der Verfassung.* 2. ed. Frankfurt: Suhrkamp, 1994. p. 221.

195 FERRAJOLI, Luigi, op. cit., nota 192, p. 726.

196 Sobre a equidade, escreveu Ronald Dworkin: *"a justiça, enquanto equidade tem por base o pressuposto de um direito natural de todas as pessoas à igualdade de consideração ou respeito, que possuem enquanto seres humanos capazes de elaborar projetos e fazer justiça".* DWORKIN, Ronald. *Levando os Direitos a Sério.* 1ª ed. São Paulo: Martins Fontes, 2002. p. 281.

197 FERREIRA, Wilson Luiz Palermo, op. cit. nota 09, p. 88.

198 FERRAJOLI, Luigi, op. cit., nota 192, p. 726.

No contexto de igualdade formal, todos devem ser tratados de forma igual independentemente de terem diferenças pessoais, ao passo que na igualdade substancial os indivíduos devem ser considerados num contexto em que serão tão iguais quanto seja possível tratá-los deste jeito[199].

No entanto, estes conceitos liberais foram dosados pela influência do discurso marxista, que imprimiu forte concepção que indicava a presença do sentido classista no processo das criminalizações históricas e no que se enxergava como poder punitivo, já que a apropriação do trabalho e do tempo do outro, feita pelo capitalismo, contribuiu para que o pensamento de Marx influísse na construção de um pensamento criminológico crítico, pois estávamos diante de uma crescente onda de conflitos sociais culminando na luta de classes. Não obstante, foi preciso estabelecer diversas formas de controle social, passando desde a educação até o sistema penal[200]. É sobre isto que tangenciaremos no próximo item.

4.2.3. Sobre a perda de legitimidade do sistema penal e sua relação com a tutela dos direitos fundamentais

Discutir a legitimidade do sistema penal não tem sido um tema recente, principalmente para os autores realmente preocupados com os aspectos criminológicos dignos de importância. Entender os motivos pelos quais um sistema deste porte passa por uma crise capaz de deslegitimá-lo, aguça os interesses para que novas propostas sejam enfim apresentadas. Mais do que isso, é preciso que as alternativas pensadas para recuperação do sistema sejam, no mínimo, viáveis, vale dizer, que permitam dotar de sentido estas questões há muito tempo sem resposta.

Vera Malaguti afirma que estamos diante de novos tempos, os quais estão produzindo assombrosos níveis de encarceramento como nunca antes vimos. Além disso, como o Estado não consegue controlar seu território, seja pela adoção de políticas públicas ruins, seja pela ineficiência das políticas criminais adequadas, o espaço está sendo ocupado não mais pela legitimação eleita pela sociedade, mas por duas categorias fantasmáticas: "o traficante e o terrorista"[201].

---

199 FERRAJOLI, Luigi, op. cit., nota 192, p. 726.

200 BATISTA, Vera Malaguti, op. cit., nota 190, p. 79.

201 A autora prossegue, aduzindo que: *"O disciplinamento do tempo livre, da concorrência desumana e da conflitividade social despolitizada vai requerer novos argumentos "científicos": surge o neolombrosianismo determinista com as neurociências e as descobertas de novos "criminosos natos". É importante ressaltar que*

Antes de tudo, é preciso fazer uma rápida consideração sobre a diferença entre o sistema penal e o Direito Penal, como propõe Nilo Batista. De modo sumário, enquanto este se ocupa em representar um conjunto de normas jurídicas que preveem os crimes, bem como sua resposta legal, também disciplinam as referidas normas sob o ponto de vista da incidência e validade[202]. Já no que tange ao sistema penal, devemos vê-lo como um conjunto de agências que manejam o aparato penal, cuja composição é retratada pela participação da instituição policial, da instituição judiciária e da instituição penitenciária[203].

Quando Alessandro Baratta disserta sobre as funções desenvolvidas pelo sistema penal na conservação e reprodução da realidade social, conclui que o cárcere é a representação, apenas, da ponta de um problema muito maior que advém do sistema penal burguês, pois a grande seleção da população carcerária vem de muito antes do próprio início da intervenção do Direito Penal. Na verdade, é desde a falta de assistência social, desde a discriminação escolar e social etc., enfim, que se assentam as bases que nos permitem afirmar ser o cárcere o resultado da consolidação de uma carreira criminosa[204].

A questão do grande encarceramento em muito se deve à perda de legitimidade que iremos tratar. Mas, no momento, é preciso entender as razões desta deslegitimação do sistema penal, que culmina com a própria crise do discurso jurídico-penal. E para esse estudo, devemos mergulhar nos ensinamentos de Eugenio Raul Zaffaroni. Já no final da década de 1980 e início da década de 1990, Zaffaroni refletia para a contribuição do moderno discurso criminológico através das linhas escritas na obra "Em busca das penas perdidas: a perda de legitimidade do sistema penal".

Conforme Zaffaroni, na Criminologia atual, pode-se afirmar que a operatividade real dos sistemas penais não se coaduna com a forma com que os discursos jurídico-penais pressupõem operar. Daí, chegamos a uma

---

os negócios do crime e da criminalidade vão fazer parte da "nova economia" e as ações das empresas que os exploram integram o índice Nasdaq. A indústria do controle do crime, a que se referiu Nils Christie, é um dos setores mais dinâmicos do capitalismo da barbárie". BATISTA, Vera Malaguti, op. cit., nota 190, p. 28-29.

202 BATISTA, Nilo. *Introdução crítica ao direito penal brasileiro*. 12. ed. rev. atual. Rio de Janeiro: Revan, 2011. p. 24.

203 Ibidem. p. 25.

204 BARATTA, Alessandro. *Criminologia crítica e crítica do Direito Penal*: introdução à sociologia do Direito Penal. 6. ed. Rio de Janeiro: Revan, 2011. p. 167.

constatação ruim: a de que a programação normativa se embasa numa realidade que não existe[205].

Cada vez mais o discurso jurídico-penal perde credibilidade, pois se suas balizas fazem referência ao combate da criminalidade sob um enfoque que não denote importância à proteção dos direitos e garantias fundamentais, acaba por se esvaziar, já que o trabalho mediante atos de ficção termina gerando descrédito da sociedade como um todo, o que estimula ainda mais as práticas criminosas.

Essas, por sua vez, não se estacionam no tempo e estão a todo momento se moldando às novas tecnologias, novas realidades, avançando muito mais rapidamente do que as políticas públicas que deveriam ser colocadas em prática pelas agências estatais que compõe o sistema jurídico-penal. Isso não é uma exclusividade do ordenamento jurídico brasileiro, mas da América Latina como um todo.

Porém, os elementos que auxiliam a fazer com que este sistema jurídico-penal seja visto como "falso", em muito refletem a incapacidade da própria sociedade repensar uma maneira de substituí-lo por outro tido como mais adequado às necessidades do complexo sistema de proteção de bens jurídicos ao qual eventualmente esteja inserido.

Mais uma vez, o que se quer dizer é que a colocação em prática do resultado das mais diversas pesquisas no campo penal, criminológico, social, antropológico, psicológico etc. (nos remetemos à ideia de interdisciplinaridade trazida laudas atrás), não tem sido aplicada a contento. Não se acompanham as modificações inseridas no seio da sociedade. Mas isto ocorre por incapacidade das próprias agências, pois a academia nunca para de pensar em soluções.

É preciso entender que não há espaço para falácias. Não há espaço para vãs elucubrações que em nada acrescentam. A legitimação é construída com a adoção de um discurso jurídico penal que se insira no contexto que se pretende organizar ou dirigir. Entretanto, ainda estamos passando pelo momento de crise, no qual as agências que devem obediência à Constituição deveriam estar empenhando seus esforços na consecução do objetivo de igualdade em todas as suas matrizes.

205 ZAFFARONI, Eugenio Raul. *En busca de las penas perdidas*. Deslegitimacion y dogmática jurídico-penal. Buenos Aires: Ediar Sociedad Anonima Editora Comercial, Industrial y Financiera, 1998. p. 16.

Vê-se, ao contrário, que a seletividade injusta na condução de certas políticas públicas que se preocupam mais com o remédio do que com a profilaxia, ou com a manutenção de determinadas atribuições ou competências (ou mesmo na incessante busca por poder), expurgam qualquer tentativa de encontro com os princípios éticos e com a tão sonhada paz social. Muitos dizem que, por esta maneira, o sistema penal é inútil e que pode ser facilmente substituído por outros ramos do direito, numa tendência abolicionista ou reducionista que, a meu ver, se torna inviável para a sociedade ainda carente de valores e de expectativa.

Ainda sobre a temática de legitimação, esta impõe o conhecimento no sentido de que, para que um sistema seja legítimo, deve ser racional, eis que o sistema penal representa a complexa manifestação do poder social. Este, por sua vez, é dinâmico, mutável. Assim, todo exercício de poder manifestado em face dele deve se propor a refletir racionalidade. Um planejamento racional, como quer Zaffaroni. O autor reflete que o "saber penal" (também compreendido como o discurso jurídico-penal, a ciência do direito penal) é a construção teórica que pretende explicar esse planejamento. Assim, para que o sistema penal seja legítimo, deve estar alinhado com um discurso jurídico-penal racional e que permita a tal sistema operar conforme aquele[206].

A racionalidade que se propõe, neste diapasão, é a que trabalha com a coerência interna do discurso jurídico-penal, bem como seu valor de verdade no que diz respeito à operatividade social. Zaffaroni acaba refletindo que o discurso jurídico-penal seria racional se fosse coerente e verdadeiro[207], o que perpassa na noção da racionalidade exposta.

Não obstante o atributo da racionalidade, importa analisar a questão da verdade em face deste discurso jurídico-penal. Para tanto, iremos dissertar sobre os dois níveis de verdade social conforme as reflexões de Zaffaroni. Um primeiro nível, abstrato, é aquele pensado em termos de política criminal que irá considerar como adequado o discurso que (em face da experiência social), possa cumprir sua finalidade de obtenção das temáticas propostas[208]. Já ao nível concreto, podemos asseverar que deve ser exigido de todos que operam o sistema jurídico-penal que o manejem

206 ZAFFARONI, Eugenio Raul, op. cit., nota 205, p. 20.

207 Ibidem, p. 20.

208 Ibidem, p. 22.

(na prática) da forma como fora pautado o discurso jurídico-penal, ou seja, de maneira racional e verdadeira.

Dito isto, ao romper com a racionalidade, as agências que operam o discurso jurídico-penal acabam por perder a legitimidade que lhes é esperada. Além de insegurança e perda de credibilidade, tal descrédito acaba por trazer uma sensação de impunidade e termina contribuindo para que o discurso jurídico-penal como um todo esteja esvaziado.

No entanto, dizer sobre legitimidade não implica o mesmo significado da expressão "legalidade". Zaffaroni nos faz relembrar que, em sua acepção positiva/formal, esta última se refere à questão da produção das normas, utilizando-se de procedimentos previamente estabelecidos[209].

Mas mesmo em termos de legalidade, pode-se afirmar que o sistema penal não está operando conforme o que se espera da acepção desta palavra. O seria, se as agências que o operam estivessem exercendo suas atividades de acordo com o discurso programado em abstrato[210]. Ainda assim, um dos pontos centrais desta discussão é que às vezes o próprio sistema jurídico-penal (mais especificamente no que diz respeito às suas leis), acaba por renunciar à legalidade penal quando determina que certos pontos não serão de interesse penal quando puderem ser acolhidos por outros ramos do direito[211].

Corroborando a falsidade e a perda de legitimidade de todo sistema, a partir do momento em que suas agências executivas não respeitam o exercício do poder programado, há uma disparidade. Porém, isto significa dizer, por via transversa, que se realmente tais agências agissem da forma como era esperada (diante da leitura do discurso jurídico-penal sobre o plano abstrato), estaríamos diante de um paradoxo, já que se todos os crimes que ocorrem fossem realmente apurados, processados, julgados e seus autores punidos, seria arriscado dizer que haveria uma pessoa no mundo que não estivesse presente neste quadro[212].

Ao mesmo tempo que impede que toda população mundial seja criminalizada, a seletividade estrutural aqui indicada é a maior demonstração de que há falsidade no que tange à legalidade processual, como projetada pelo planejamento do discurso jurídico-penal. Há uma seletividade imposta

209 ZAFFARONI, Eugenio Raul, op. cit., nota 205, p. 24.

210 Ibidem, p. 25.

211 Ibidem, p. 26.

212 Ibidem, p. 30.

pelas agências executivas que atuam diante da margem legal que o próprio sistema atribui, decidindo processar quem e quando querem[213].

Portanto, na medida em que a legalidade não atribui legitimidade ao sistema; quando o exercício do poder se dá de forma arbitrária ou quando as próprias agências violam a legalidade (penal ou processual), há afronta aos direitos fundamentais que devem ser corrigidas diante de uma nova forma de pensar o direito penal, atribuindo-lhe validade no plano abstrato e concreto diante da adoção de políticas que se coadunem com a realidade vivida, mediante uma reformulação da maneira como os fatos são materializados para que todo processo seja desenvolvido em face da adequação entre "ser" e "dever-ser".

4.2.4. Do interacionismo simbólico, da Fenomenologia e a atuação do Delegado de Polícia no contexto de relegitimação do sistema jurídico-penal

Como pudemos observar nos tópicos anteriores, várias são as maneiras pelas quais o discurso jurídico-penal e o sistema penal como um todo acabaram se tornando esvaziados com o decorrer do tempo e a colocação em prática de medidas que não se coadunaram com a proposição social esperada. Seja pela falta de legitimidade, verdade ou racionalidade, o sistema jurídico-penal brasileiro vem dando azo a arbítrios praticados pelas próprias agências executivas encarregadas de colocar em prática as políticas públicas criminais denotadas pelas autoridades competentes.

Sem ainda adentrar propriamente na crítica dirigida a tais políticas, concordamos com a tese de que o interacionismo simbólico é uma das causas tão ou mais robustas quanto as demais expostas neste trabalho para contribuir na deslegitimação, na medida em que permite afirmar que somos aquilo que os outros veem que somos, e não aquilo que nós supomos ser em nosso íntimo. Vale dizer, por esta acepção, que o interacionismo simbólico contribui, por exemplo, para a rotulação de uma pessoa delinquente e presa como definitivamente culpada pela prática dos atos a ela imputados[214]. A adoção deste posicionamento logo no início da investigação penal, ainda em sede policial, pode conduzir a injustiças irremediáveis mediante a contaminação com preconceitos por todo desenrolar do processo penal.

213 ZAFFARONI, Eugenio Raul, op. cit., nota 205, p. 31.

214 Ibidem, p. 64.

Quando pensamos na ideia de relegitimação, logo nos remetemos para o estudo da Fenomenologia. A ela destinaremos uma parte específica nesta obra[215]. Por enquanto, basta a introdução da sua ideia inicial. A Fenomenologia tem em Edmund Gustav Albrecht Husserl seu principal expoente. Trata-se da ciência que tem como propósito a apreensão do fenômeno, vale dizer, a forma pela qual a consciência humana irá apreender aquilo que lhe é apresentado e percebido pelos sentidos do corpo.

Através dela, verificamos a eidética dos significados que as coisas têm no mundo, ou seja, como elas se apresentam no mundo da vida, fazendo com que o método de investigação de Husserl seja considerado um marco dentro da Filosofia dos tempos atuais. De igual modo, busca-se uma análise compreensiva dos fenômenos e da própria consciência, pois é por seu intermédio que as vivências e experiências irão ser apresentadas. O que se quer, ao final, é a verificação das coisas como elas realmente são.

No entanto, uma ferramenta fundamental para a compreensão da Fenomenologia em si e a apreensão dos fenômenos é a ideia de intencionalidade. Segundo André Dartigues[216], referir-se ao princípio da intencionalidade significa dizer que a consciência é sempre "consciência de alguma coisa" e só será quando estiver dirigida a um objeto.

Tanto a Fenomenologia, quanto o interacionismo simbólico, auxiliam na descrição na explicação do fato pelo qual o atual sistema se tornou deslegitimado, já que denotam como o discurso jurídico-penal ficou irremediavelmente desqualificado através da demonstração da sua falácia[217].

Mas se por um lado temos a descrição do sistema falacioso, todos estes conhecimentos, se bem utilizados, irão se prestar a auxiliar na ideia de reformulação. Uma vez que estejam dispostas as indicações para os problemas, como fizemos anteriormente, agora, delimitando o objeto, passaremos a trabalhar principalmente com a ideia da Fenomenologia por parte da atuação de um dos agentes que primeiro têm contato com os fatos do mundo da vida: o Delegado de Polícia.

Bom seria se todos os agentes responsáveis por colocar em prática o sistema penal fossem capazes de se afastar dos preconceitos e atuar conforme a previsão em abstrato que seja passível de cumprimento. Se por um lado iremos tratar da atuação em concreto, importante que todas as

215 Faremos comentários mais aprofundados sobre os estudos de Husserl na Parte II deste trabalho.

216 DARTIGUES, André. *O que é a fenomenologia?* São Paulo: Centauro, 2005.

217 ZAFFARONI, Eugenio Raul, op. cit., nota 205, p. 65.

previsões anteriormente estabelecidas estejam de acordo com a sociedade em que vivemos.

Levando-se em consideração a hipótese em abstrato atualmente apresentada, mormente ainda seja preciso uma reformulação para que se coadune com os anseios atualmente visados (o que, por si só, traria elementos para uma tese autônoma), o fato é que existem recursos que possibilitarão, *prima facie*, um dos pontos centrais da reformulação em concreto do sistema e do discurso jurídico-penal que se funda. Isto será feito justamente na adequada apreensão do fenômeno do crime por parte da personagem que primeiro subsome os fatos ocorridos no mundo da vida ao direito penal formal, ou seja, na atuação do Delegado de Polícia em sua atividade pragmática.

Por sabermos que o crime é um conceito complexo que exige a análise de múltiplas facetas para que esteja legitimamente configurado, sobre as próprias balizas erigidas pelo Estado. Dentro deste contexto, a partir do momento em que este profissional recebe a notícia de determinado fato cujo enquadramento inicial, a princípio, diz se tratar de algo formalmente típico (sob a ótica do Direito Penal), entra em cena a Fenomenologia como forma de proporcionar uma visualização em sua origem, levando o investigador a um estágio de "consciência pura", fazendo com que a apreensão do fenômeno se dê despida de preconceitos que naturalmente iriam macular a eidética do seu significado.

Ao proceder desta forma, a utilização do adequado enquadramento legal bem como a utilização de todas as balizas doutrinárias e legais que estão ao alcance do Delegado de Polícia neste primeiro momento, irão fazer com que haja uma prévia e exaurida análise de todas as circunstâncias que envolveram o caso concreto, gerando a certeza de que o correto início foi posto em prática logo no momento em que era cabível.

O motivo pelo qual abordamos esta temática, agora sob a ótica de uma tese, reside no fato de que, embora tenhamos conseguido retratar quais substratos do conceito analítico de crime a autoridade policial pode verificar, falta embasamento doutrinário que ampare e dite as balizas pelas quais esta personagem do sistema penal irá atuar, numa busca verdadeira e racional pela relegitimação do discurso jurídico-penal que visa a afastar o atributo que lhe atualmente concedido: o de ser conhecido como falacioso.

Capítulo

5

PRIMEIRA CONCLUSÃO PARCIAL

Durante esta parte do trabalho pudemos observar que os aspectos históricos denotam a importância do Delegado de Polícia enquanto personagem no cenário jurídico brasileiro e a necessária interligação entre os ideais iluministas e o embrião de justiça moderno, já que desde o contrato social buscamos o aperfeiçoamento no modo de pensar o direito, para que possamos pensar no delito em si, ou seja, nos detalhes que lhe concernem, passando desde a fase de investigação até a fase de julgamento e definição da situação jurídica através da decisão judicial.

Diante do complexo sistema normativo no qual estamos submersos, precisamos entender o modo pelo qual a dogmática penal irá fixar suas balizas para que haja estreito entendimento entre o campo doutrinário e Poder Legislativo, permitindo que a jurisprudência se perfaça mediante a aplicação prática do binômio "teoria x legislação", evitando-se os efeitos prejudiciais do inchaço normativo, totalmente incompatível com a segurança jurídica e com o desempenho da função social do sistema jurídico-penal brasileiro.

Daí a necessidade cada vez mais crescente de que se dê atenção ao aspecto humano no modo pelo qual se analisa e se maneja a temática inerente ao delito. Essa, constitucionalmente, é uma das funções do Delegado de Polícia: a de filtrar tudo aquilo que efetivamente precisa ser considerado como importante para fins de adequação do fato à norma e, consequentemente, à submissão de uma eventual ação penal propriamente dita. Não que o ideal de justiça deva ser perseguido somente por esta personagem. Mas o que se quer demonstrar é que o início desta concepção passa necessariamente por suas mãos, já que, de forma invariável, lida com a análise fática diariamente.

Tal análise, diga-se, não é exclusiva na seara penal. Existem diversas ocorrências que são registradas com títulos administrativos, já que passaram por uma filtragem prévia que já afastou o campo penal pelo menos neste primeiro momento, reforçando sua ideia de subsidiariedade.

O recurso aos elementos da História do Direito nos revelou a necessidade de percepção dos conceitos dentro do panorama ao qual estão vinculados. A ressignificação da função do Delegado de Polícia deve acompanhar as tendências modernas, de modo a viabilizar o início de um grande processo de racionalização do Direito como um todo, mas principalmente a do Direito Penal, diante da gama de correlações que se deve fazer antes da restrição de um direito ou de privação da liberdade de um indivíduo. Por tal razão, se faz necessária a discussão do conceito de "Delegado de Polícia" sob a ótica do aspecto humano, sobretudo como integrante definitivo no processo de constituição do crime, como será tratado pela teoria da valoração crimino-fenomenológica.

No caminho para esta ressignificação conceitual nos deparamos com a imperiosa necessidade de consagração definitiva do princípio do delegado natural. Embora a temática não seja novidade no campo jurídico, o fato é que tal princípio vem sendo menosprezado pela doutrina e completamente desconsiderado neste âmbito. Esta carência de efetividade principiológica é traduzida quando se percebe a fraqueza nos seus pífios pilares, que teimam em se manter erguidos mesmo após a entrada em vigor da Lei nº 12.830/13. A função de protagonismo no campo da investigação criminal outorgada pela Constituição deveria ter afastado qualquer tentativa no sentido de não se difundir uma doutrina que preceitua a necessidade de fortalecimento da atuação do Delegado, de modo que possa dispor de garantias mínimas no exercício das suas funções.

Porém, não devemos considerar que o princípio do delegado natural (cujos preceitos são fundamentais) cumpre sozinho a missão no difícil papel de racionalização do sistema penal. Ao seu lado, caminham os princípios da efetividade e da duração razoável do processo, sobre os quais pudemos dissertar e cuja necessidade de ampliação conceitual também se mostrou eficaz, para prever também a aplicação destes princípios para o procedimento policial, que pode ser tanto o inquérito policial propriamente dito, quanto outro procedimento legalmente adequado para dispor sobre uma investigação criminal.

Ao atentar o leitor para a ideia de efetividade (sendo esta como a aptidão que o processo/procedimento tem para atender às funções políticas, sociais e jurídicas, de modo a alcançar o maior número de objetivos propostos, cuja pretensão deságua na necessidade de entrega de uma prestação justa e célere aos interessados), pudemos perceber que o próprio texto constitucional possui mandamentos no sentido de viabilizar o acesso à justiça, em cujo preceito também está insculpida a noção de efetividade.

Na medida em que a efetividade vem atrelada a mandamentos constitucionais, o intérprete deve ter em mente que o pano de fundo para sua aplicação remonta, necessariamente, à ideia de força normativa máxima, como parâmetro para ser observado a todo momento pelos servidores públicos e pelos particulares que regem o processo penal, principalmente se levarmos em conta que na maior parte das vezes, o processo penal é originado através do próprio Estado.

Até mesmo por força desta premissa, o aspecto administrativo que influencia o princípio da eficiência não pode ser afastado, pois sua compreensão está atrelada à ideia de eficiência, cuja base constitucional-normativa remonta à Emenda Constitucional n° 19/1998 e é considerado um dos maiores preceitos em termos de gestão pública.

Para que o pragmatismo em face do princípio da eficiência esteja, de fato, em seu aproveitamento máximo, deve ser esperado do agente público que conduz o processo penal (seja na parte de investigação criminal, seja na fase judicial), o melhor desempenho possível das atribuições que lhe cabem, bem como deve ser perseguido o ideal de retidão no aspecto estrutural e de organização do aparato estatal que irá servir de base para o servidor conduzir suas atividades. E como estamos diante de situações que envolvem a restrição da liberdade de locomoção dos indivíduos, estas atividades devem se basear pela efetiva e necessária tutela dos direitos e garantias fundamentais, no que se convencionou chamar de "legalidade finalística".

No que diz respeito à Análise Econômica do Direito (AED), o princípio da eficiência deve atender àquele postulado na medida em que as normas jurídicas a ele alinhadas estiverem previstas e forem aplicadas conforme a observância das consequências econômicas dela decorrentes.

Paralelamente, o postulado da eficiência em geral (e, neste trabalho, alinhada à ideia de eficiência policial), também deve estar alinhado com o não menos importante princípio da duração razoável do processo, cujas lições transportamos necessariamente para a concepção que deve ser seguida e aplicada também para os procedimentos de ordem administrativa.

No momento em que foram traçados os contornos do princípio da efetividade, todo o cabedal de informações que ele oferece foi e ainda é fundamental para o reconhecimento de ganhos no aspecto de economia processual, contraditório e ampla defesa e garantia de uma decisão justa, apenas para citarmos alguns exemplos.

Porém, sem dúvidas, a nosso ver, o maior ganho em termos de efetividade se traduz na ideia de duração razoável do procedimento efetivo, o que invariavelmente dá causa a uma entrega de decisão pautada em critérios de necessidade, proporcionalidade e razoabilidade, pois em todo tempo decorrido desde a prisão-captura ou do início da investigação de um indivíduo solto, já houve a mobilização de meios do Estado para que se pudesse esclarecer todas as nuances acerca de um fato do mundo da vida que pode ou não ser efetivamente um crime. Por isto devemos considerar todos os seus aspectos.

A se considerar o arrastamento da condução das atividades policiais e/ou processuais, pode-se pensar em "(de) mora", sendo este conceito referente à "mora" em sentido amplo em virtude de um indevido alargamento do prazo para a entrega da prestação/decisão, seja ela qual for.

Porém, até então ainda persiste o questionamento sobre a natureza do direito à duração razoável. Na busca por respostas, pudemos perceber a estreita ligação com o devido processo legal, sendo um dos consectários lógicos deste.

A partir disto, buscando as origens para responder às perguntas acerca da duração razoável, são citados diversos documentos internacionais referentes à tutela de direitos do homem, no qual pode-se perceber a preocupação com a imediata apresentação de um determinado indivíduo detido pela prática de fato que, supostamente, remete a um crime.

Em todos dispositivos analisados há, de certa forma, igual preocupação em se estabelecer balizas para a determinação do princípio da duração razoável, ainda que de forma não tão clara. Porém, o importante foi perceber que o Brasil, sendo signatário destes tratados internacionais sobre direitos do homem, deve manter no ordenamento jurídico pátrio mecanismos para a efetivação deste direito.

Cabe às autoridades condutoras do inquérito policial e, consequentemente, do processo que dali surja, empreender esforços na concretização da maximização da Justiça em sua totalidade, desde o início, já que do inquérito policial advém a maioria dos processos penais na sua concepção estrita, vale dizer, dele surge a maioria das ações penais que também devem ser levadas a cabo com observância destes postulados. Daí se falar em efetividade na condução dos trabalhos, o que invariavelmente levará a uma percepção integral da duração razoável.

Analisando-se uma série de casos julgados pelas Cortes internacionais, foi possível perceber que a própria jurisprudência teve que mesclar critérios de proporcionalidade e razoabilidade em suas decisões, como forma de estabelecer parâmetros para se aferir a duração razoável em virtude dos fatos.

Nesse sentido, surgiu a "Teoria dos sete critérios", posteriormente lapidada e formatada em "Teoria dos três critérios", cujas bases remontam à verificação em concreto dos seguintes requisitos: complexidade do caso; conduta do investigado e das autoridades envolvidas, bem como o que estava em questão para o investigado no que diz respeito ao litígio.

Verificou-se, também, que esta teoria ainda tem força para determinar os julgamentos referentes a possíveis violações do postulado da duração razoável nos dias de hoje. Da mesma forma, foi possível observar que o Supremo Tribunal Federal alinha sua jurisprudência com concepção semelhante à do TEDH.

Ainda que tais critérios não estabeleçam balizas da forma mais objetiva possível, estes argumentos são semelhantes para que se conceda a ordem de prisão cautelar e se avalie o tempo razoável de sua duração, principalmente no que diz respeito à prisão preventiva que, de modo diverso da prisão temporária, não prevê prazo máximo para sua duração, embora se sabia que o critério que rege a prisão cautelar é a provisoriedade.

Enfrentados estes problemas, foi possível observar que a doutrina mostra algumas soluções para o enfrentamento da tal "(de) mora" narrada anteriormente. Elas podem se dar tanto em âmbito de direito internacional, quanto em termos de direito civil, processual penal etc. De toda sorte, ainda que existam elementos que possam nos trazer uma solução para a "(de) mora", não se pode olvidar que estas são soluções que, na maior parte das vezes, remontam a reparações por força de danos já ocorridos. O que se quis demonstrar, até aqui, é que o alinhamento das funções das personagens que atuam no processo penal deve se pautar, primordialmente, pelo critério da efetividade em todas as suas circunstâncias, o que conduzirá à percepção de uma duração razoável.

Portanto, mais especificamente em relação à atuação policial, ficou comprovada a importância da atuação efetiva do Delegado de Polícia no inquérito policial e o quanto sua atuação pautada nestes critérios é capaz de se colocar à frente dos danos, evitando que este aconteça na maior parte das vezes, já que há uma série de mecanismos ao seu alcance para fazer com que o efeito prejudicial decorrente daqueles seja minimizado ou não ocorra. Nesse sentido, a teoria da valoração crimino-fenomenológica se apresenta como uma das possíveis formas de solução, tanto para este problema temporal, quanto para corrigir imperfeições diante de uma análise insipiente sobre o crime.

Daí, inicialmente, indicamos necessária e válida a correlação do fenômeno criminológico com o modo de apreensão do tempo e dos elementos que circundam a noção de crime para que, utilizando a Fenomenologia e todo aparato constitucional, legal, sociológico etc. como instrumentos, possa haver a ideia de humanização do contexto do sistema penal, afastando critérios meramente retribucionistas.

Esse contexto foi arrematado, quando aventamos o estudo da Criminologia como ciência interdisciplinar e suas diversas habilidades afetas ao Direito Penal e às personagens que nele atuam. Pudemos dissertar sobre a complexidade do sistema, principalmente em relação à proposição de políticas criminais que estejam inseridas e adequadas ao tempo que regem.

Ao confirmarmos as finalidades da Criminologia, pudemos observar que de nada adianta a verificação isolada dos fatos que levaram à ocorrência do crime, se não puder ser igualmente constatado o contexto em que se inseriu. E para isso, é fundamental a compreensão da visão e da interpretação do profissional que primeiro irá tecer juízo de subsunção dos fatos que aconteceram no mundo da vida, para o direito formalmente posto.

Se por um lado observamos que o indivíduo é um dos objetos de análise da Criminologia, (sob o prisma do autor e da vítima, diante da violação da obrigatoriedade de coexistência), também é preciso ressaltar que haverá ainda outras pessoas (contemporâneas e externas aos fatos), cujas funções serão levar a efeito o processo penal relativo à maculação do *status quo ante*.

Lastreado no princípio da igualdade, todos devem ser tratados de forma igual, mesmo que haja diferenças, mas serão tão iguais quanto assim possam ser tratados, o que traduz a ideia de igualdade substancial. Mas ideia alguma de igualdade se sustenta diante de um sistema penal que seja ilegítimo, já que os direitos fundamentais ficam em risco e a tutela destes acaba se tornando inócua caso a liberdade do indivíduo esteja em risco, por força da existência de um discurso jurídico-penal falacioso e irracional que não cumpre com a sua finalidade: a de proteção a bens-jurídicos.

Somente a observância às garantias individuais insculpidas no texto constitucional irá garantir sua força normativa máxima, fazendo com que tenhamos que inserir a Criminologia moderna neste contexto de proteção, proporcionando a busca por novas formas de entender o fenômeno do crime. Com o crescente número da população carcerária são estudadas alternativas às respostas penais atualmente existentes, pois a Criminologia percebeu que precisam ser repensadas as atuais formas de lidar com a situação.

Isso nos leva a crer que é preciso reeducação das próprias agências que executam as políticas criminais em termos de direito penal e processual penal. Elas têm ajudado a fazer com que haja uma injusta seletividade na condução de tais políticas, culminando no próprio questionamento acerca da legitimidade delas e do sistema penal. Uma vez que falte racionalidade e verdade no discurso-jurídico penal e uma vez que sejam verificados que não estão sendo cumpridos os preceitos do discurso em abstrato, todo o sistema sucumbe e acaba se tornando inútil.

Trabalhar com racionalidade em termos de coerência interna refletirá no valor de verdade que se atribui à operatividade social. Isto porque, em se tratando dos diversos níveis de verdade existentes, em grande parte as agências executivas do sistema penal são responsáveis por fazer valer os atributos pensados em face da experiência social que lhe foi atribuída e para a qual deviam ser aplicados. Respeitar o exercício do poder programado que lhes foi confiado, bem como impedir a seletividade imposta pelas agências executivas, ajuda a diminuir a margem de discricionariedade e perseguição a determinado segmento da população de uma nação. Com isso, haverá menos espaço para distorções no campo do "ser" e do "dever-ser".

Ao ser destacado que o interacionismo simbólico e a Fenomenologia atuam para mostrar em que sentido o sistema também se torna deslegitimante, sem esquecer, obviamente, as demais nuances apontadas neste trabalho, pudemos desvelar que, em que pese a Fenomenologia auxiliar a apontar os defeitos, quando utilizada na sua acepção pura nos permitirá entender e reinterpretar a forma de pensar o Direito Penal.

A apreensão do fenômeno do crime por parte das agências executivas do sistema penal logo nos primeiros momentos após sua prática, permitirá estabelecer as balizas reais de sua ocorrência, o que trará a obrigatoriedade para que todas as circunstâncias sejam devidamente descritas despidas de preconceitos e num curto espaço de tempo. Um pequeno detalhe não descrito pode ser causa de uma tese acusatória ou defensiva não levantada durante o processo penal.

Por estes motivos entendemos que o Delegado de Polícia, primeiro profissional a realizar subsunção dos fatos ocorridos no mundo da vida ao direito penal formal, ao doar sua intencionalidade e apreender as circunstâncias da ocorrência de um fato de interesse desta ciência, estará contribuindo para a relegitimação do sistema penal e do seu discurso jurídico-penal de forma verdadeira e racional, pois corresponderá de modo pragmático aos anseios em abstrato, destacando o papel da Criminologia brasileira no contexto da sua própria atividade. A partir de agora, faremos uma imersão nos conhecimentos de cunho filosófico, apreciando as vantagens advindas por ocasião da adoção do método fenomenológico.

Parte II

A UTILIZAÇÃO DA FENOMENOLOGIA COMO MECANISMO DE BUSCA DA JUSTIÇA NO SISTEMA JURÍDICO-PENAL

Capítulo

1

INTRODUÇÃO

Um dos principais pontos que sustentam qualquer explicação é a sua fundamentação. Não há como conceber argumentação desprovida de bases que a justifiquem ou que a tornem legítima diante de uma variedade de posicionamentos. Em que pese haver mais de uma forma de se buscar explicação para os mais diversos acontecimentos, o fato é que a maioria delas acaba permitindo que outros fatores, tais como preconceitos ou influências externas ditem a maneira pela qual determinado fenômeno será relatado. Para ajustar esta questão, a Fenomenologia propõe o retorno às origens das coisas tal qual ocorreram, ressaltando que o indivíduo dotado de intencionalidade é o responsável por perpetuar os fenômenos compreendendo-os e relatando-os, como exatamente ocorreram.

A compreensão sobre os verdadeiros fundamentos de cada situação que se apresenta diante da vida faz com que haja necessidade de estabelecimento de métodos que irão sistematizar os conhecimentos apreendidos por sua observação. Toda vivência é distinta, mas cada uma delas pode ser concebida de forma única, diante da qual todo ser humano, descrevendo-a, irá perpetuá-la de modo que qualquer outro seja capaz de remontar suas origens e entendê-la diante da sua significação peculiar.

A busca pelos fundamentos fez com que a ciência, mormente a filosófica, tivesse a oportunidade de salientar uma sistematização capaz de determinar a essência de cada fenômeno, utilizando-se, para tanto, da busca pelo seu real significado. Assim, durante esta parte do trabalho serão buscadas as origens da Fenomenologia e como se deu seu surgimento, para que se possa estabelecer seu método de pesquisa. A partir daí, será possível compreender como se dará a visualização de determinada experiência.

Entenderemos, também, como funciona a sistemática da Fenomenologia, bem como a utilização da atividade noético-noemática que remete à essência das coisas em suas origens para a percepção dos fatos e objetos, descrição destes e apreensão dos conhecimentos em face daquela.

Mediante a utilização de processos como o da redução fenomenológica, concebida por Edmund Husserl, a Fenomenologia empresta seus conhecimentos como forma de entender o seu real significado, buscando, para isso, sistematizar a forma pela qual a vivência será convertida em conhecimento perpetuado e despido de preconceitos. Assim, o dito "retorno às coisas mesmas" será compreendido como uma releitura do mundo através da sua concepção inicial, basilar, diante da qual residem os verdadeiros fundamentos de cada instituto. Não é outro o motivo de se ter adotado esta fundamentação para o desenvolvimento da teoria da valoração crimino-fenomenológica.

Estando determinados os momentos desta redução, será possível entender a importância do tema perante a sistemática jurídico-penal, principalmente no que diz respeito à atuação do Delegado de Polícia neste processo, culminando numa análise sobre o resgate dos fundamentos do Direito Penal diante da existência de uma crise que pode ser superada através de uma percepção cuidadosa e detalhada sobre o tema para o efetivo resgate da essência da justiça.

Capítulo

2

FENOMENOLOGIA E DIREITO

2.1. O QUE É A FENOMENOLOGIA?

2.1.1. Noções iniciais

Por diversas vezes o homem buscou remontar os fundamentos das situações cotidianas, indo atrás das bases conceituais para explicar os fatos que o circundam dentro da sua concepção existencialista. Diversos são os métodos para isto, cada um com suas características. Em algumas situações mais empíricos. Noutras, mais conceituais e teóricos.

Porém, todas elas buscam as mesmas finalidades: o encontro de explicações que justifiquem a aplicação de determinada ideia. A investigação lógica, a argumentação, a retórica, o cartesianismo, os métodos matemáticos ou filosóficos, todos esses foram e são, até hoje, elementos que auxiliam o homem a compreender sua atitude diante dos fatos do mundo da vida e permitem que os fundamentos sejam explicados de certa forma.

Ao longo do tempo, a História nos mostra a importância da documentação dos conhecimentos enquanto eram estudados. Este ato de documentar representa uma das formas de se fundamentar alguma coisa. Muitos dos estudos geraram certezas, possibilitando bem-estar e desenvolvimento nos mais diversos campos científicos. Todavia, outros geraram indagações sem respostas, que não são menos importantes, já que é através delas que se mantém a chama viva para perseguir novas superações. Assim é a natureza do ser humano.

Karl Jaspers nos ensina que a História é a ação de nossos antepassados, nos trazendo até o ponto em que estamos e do qual iremos prosseguir de modo incansável[218]. Quando falamos em conhecimento fundamental, o autor ressalta que estamos continuamente expandindo os limites do nosso conhecimento[219]. E isto também demanda uma busca cada vez maior pela sua fundamentação.

Sobre a questão dos fundamentos, Jorge Luis Fortes Pinheiro da Câmara assevera algumas pontuações interessantes que dizem respeito à essência daqueles. Se por um lado o fundamento é necessário ao ente fundado, já que não se pode conceber que exista alguma coisa sem fundamento, por outro lado, este é a própria causa de existir daquele. Adverte-se, entretanto, que à expressão "causa" não deve ser dada concepção exclusivamente consequencialista, mas sim a de que aquela é a razão pela qual o ser humano existe. Portanto, fundamento nada mais é do que a causalidade necessária do existir do ente[220]. A se conceber desta forma, impõe-se a necessária menção segundo a qual sua existência é um acontecimento decorrente do seu nascimento, numa concepção ontológica que o faz, imperiosamente, sujeito de deveres e direitos perante o mundo da vida (*lebenswelt*).

Neste vasto campo do conhecimento que é a vida em si, a palavra de ordem é a busca pelos seus fundamentos. Mas o que, de fato, é o fundamento? Para Platão, fundamento representa a ideia. Já para Aristóteles, a substância. Religiosos como São Tomás de Aquino perceberam a noção de fundamento como sendo Deus. René Descartes acreditava que era o *cogito*. Immanuel Kant, a razão. Ou seja, percebe-se que ao longo da construção da Filosofia ocidental, inúmeros pensadores vêm tentando trazer os contornos para uma palavra única[221].

E não são poucas as situações nas quais a manifestação de fenômenos que ocorrem no mundo da vida carecerá de fundamentos que os expliquem e os coloquem em situação de harmonia e compreensão de forma semelhante

---

218 JASPERS, Karl. *Introdução ao pensamento filosófico*. Tradução de Leônidas Hegenberg e Octanny Silveira da Mota. São Paulo: Cultrix, 1971. p. 28. Título original: Einführung in die Philosophie.

219 Ibidem, p. 35.

220 CÂMARA, Jorge Luis Fortes Pinheiro da. *Os fundamentos e a crise do direito na modernidade* – perspectivas filosóficas dos direitos humanos segundo a fenomenologia. Rio de Janeiro: Câmara Brasileira de Jovens Escritores, 2015. p. 13.

221 GUIMARÃES, Aquiles Côrtes. *Lições de fenomenologia jurídica*. Rio de Janeiro: Forense Universitária, 2013. p. 47.

perante todos os indivíduos, já que estes possuem vivências, preconceitos e experiências que podem permitir a compreensão dos fenômenos com diversas características. Por mais que sejam unos no que diz respeito à singularidade que os originou, cada indivíduo poderá ter sua concepção estaque sobre a forma como aquele se apresentou para este.

Karl Jaspers lembra que há uma dicotomia entre sujeito e objeto. Toda vez que pensamos, nos entendemos enquanto sujeito. E toda vez que buscamos o conhecimento de algo, estamos conscientemente (intencionalmente) nos dirigindo a um objeto ou a um fenômeno. Essa dicotomia reflete alguns questionamentos básicos, tais como foram retratados por Jaspers: como atingimos um objeto? Pensando nele, manipulando-o, conhecendo-o etc. E como chega até nós o objeto ou seu significado? Através do modo como somos afetados por ele, já que o apreendemos tal como se oferece para nós[222].

O mesmo se diga em relação aos fenômenos jurídicos, cujas características lhes põem numa causalidade indissociável do seu existir em face da sua natureza, dotada de concepções sociais, econômicas, culturais e políticas[223], que se tornam únicos em virtude de cada visada oriunda da intencionalidade individual a que esteja submetido. Por isso é possível afirmar que o Direito como ciência social só existe por força dos seus fundamentos, cujas bases serão reforçadas e compreendidas segundo a consciência de cada intérprete.

Nos fenômenos jurídicos, principalmente, a ideia de causalidade é muito presente. É possível dizer que um fundamento é tudo que se deve considerar como antecedente indissociável daquilo que se pretende fundar, vale dizer, nas palavras de Jorge Câmara, tudo aquilo de que se depende para conferir existência ao ente[224]. Contudo, a narrativa sobre esta crise nos fundamentos e a própria crise da ciência em si trouxe a necessidade de se repensar o método para a busca pelas tão desejadas respostas. E o método que irá ser observado, doravante, é o da Fenomenologia.

222 JASPERS, Karl, op. cit., nota 218, p. 36.

223 CÂMARA, Jorge Luis Fortes Pinheiro da, op. cit., nota 220, p. 14.

224 Ibidem, p. 14.

2.1.2. Mas, o que é a Fenomenologia?

2.1.2.1. Linhas iniciais

Esta pergunta não pode e nem deve ser respondida num único tópico. Aqui, no entanto, iremos tratar das noções gerais que permitirão ao intérprete tecer suas ponderações diante do método apresentado. E para isso, será necessária a compreensão de diversos conceitos básicos, que invariavelmente deverão ser revistos ao longo das duas próximas partes desta obra. Por enquanto, basta uma apresentação para ambientação sobre o tema.

Segundo André Dartigues, etimologicamente, o termo "fenomenologia" nos remete ao estudo do fenômeno[225]. Ela é a ciência através da qual este será esmiuçado. Mas essa concepção ampla sobre a ideia de fenômeno pode nos levar a um entendimento que foge ao trabalho pretendido nestas linhas introdutórias sobre o tema, visto que há muito tempo se escreve sobre diversas abas da Fenomenologia, como o polímata William Whewell que, numa de suas obras, dissertou sobre geografia fenomenológica de plantas e animais, quando abordava a temática sobre paleontologia[226].

Todavia, o termo "Fenomenologia" que se pretende utilizar neste trabalho faz referência a um ramo específico da Filosofia no qual se buscou entender a compreensão dos fundamentos dos fenômenos que se passavam diante da humanidade.

Robert Sokolowski aponta que "Fenomenologia" é um termo utilizado para descrever a junção de duas palavras gregas: *phainomenon* (φαινόμενον) e *logos* (λόγος), ou seja, o estudo do fenômeno[227]. E, por fenômeno, devemos entender qualquer tipo de manifestação do qual um indivíduo tenha consciência "de". A aparição de um objeto para o sujeito, por exemplo, é um fenômeno. Um fato ocorrido no passado é um fenômeno. Um crime ou uma contravenção penal é uma espécie de fenômeno. E é em face destes últimos exemplos que guardaremos a maior parte dos comentários desta tese.

Conforme os ensinamentos de Dartigues, o primeiro texto filosófico de que se tem notícia sobre a expressão "Fenomenologia" remonta ao

225 DARTIGUES, André, op. cit., nota 216, p. 9.

226 WHEWELL. William. *The Philosophy of the Inductive Sciences: founded upon their history*. London: John W. Parker, West Strand, 1847. p. 648.

227 SOKOLOWSKI, Robert. *Introdução à fenomenologia*. 4. ed. Tradução de Alfredo de Oliveira Moraes. São Paulo: Edições Loyola, 2014. p. 22. Título original: Introduction in phenomenology.

Novo Órgamon, publicado em 1764, de autoria de J.H.Lambert, discípulo de Christian Wolff. Ali, a Fenomenologia era entendida como a teoria da ilusão sob suas diferentes formas[228].

Immanuel Kant também chegou a visitar o termo numa carta ao próprio Lambert, em 1770, quando o que se designa como *phaenomenologia generalis* retrataria uma disciplina que, segundo Kant, deveria preceder a metafísica. Finalmente, o termo é novamente utilizado na sua célebre obra "Crítica da Razão Pura", em 1781, ainda que estivesse sob a alcunha de Estética Transcendental[229] (*Transzendentale Ästhetik*), que nada mais seria do que a investigação sobre o fenômeno[230]. Mas não seria uma fenomenologia crítica.

Em 1807, com a publicação da obra "Sistema da Ciência", Georg Wilhelm Friedrich Hegel destinou sua primeira parte à chamada *Phänomenologie des Geistes*, ou fenomenologia dos espíritos (também podendo ser entendida como "fenomenologia da mente¨, em virtude da possibilidade de interpretação neste sentido, dada a palavra alemã). Esta obra é considerada como a consolidação do termo "fenomenologia" [231].

Segundo Dartigues, a distinção básica entre a fenomenologia de Hegel e a de Kant estava na concepção das relações entre fenômenos e o ser ou o absoluto. Isto porque, segundo Hegel, levando-se em consideração que o absoluto é cognoscível, isto é, compreensível, é por si só compreendido como "Si" ou como "Espírito". No entanto, para Hegel, o objetivo não é demonstrar que a verdade do absoluto está à parte da experiência humana, mas sim, de fazer transparecer que o absoluto está diante de cada momento dela, haja vista toda gama de possibilidades existentes, tais como o campo religioso, jurídico etc.[232]

Porém, nos remetendo à proposição de delimitação do objeto de estudo, o ramo filosófico que se pretende estudar neste trabalho é o preconizado por Edmund Gustav Albrecht Husserl, matemático e filósofo alemão, discípulo de Franz Clemens Honoratus Hermann Brentano. Precursor da fenomenologia pura, Husserl alavancou este movimento e suas balizas se mantêm até os dias atuais.

---

228 DARTIGUES, André, op. cit., nota 216, p. 9.

229 KANT, Immanuel. *Critik der reinen Vernunft*. Riga: Johann Friedrich Hartknoch, 1781. p. 19.

230 DARTIGUES, André, op. cit., nota 216, p. 9.

231 HEGEL, Georg Wilhelm Friedrich. *System der Wissenschaft*. Bamberg und Würzburg: Joseph Anton Goebhardt, 1807.

232 DARTIGUES, André, op. cit., nota 216, p. 10.

Embora mantendo a mesma essência, sua fenomenologia propõe que o sentido do ser e do fenômeno não podem ser dissociados. Em sua concepção, então, a Fenomenologia é uma disciplina puramente descritiva, pois realiza a investigação de todo o campo da consciência transcendental na intuição pura. Nesse sentido, algo transcendente, como preconizado por Husserl, pode ser definido como oposto à imanência, ou seja, deve ser buscado fora dos limites impostos pelo próprio sujeito enquanto singularidade.

Significa dizer, assim, que quando se ultrapassa tal limite, encontramos uma situação na qual os valores ali revelados, em razão da sua pureza, podem ser compartilhados de modo uniforme, já que a essência do conhecimento ali obtido independe da subjetividade inerente ao "eu-sujeito". Enquanto tal, a Fenomenologia é independente de todas as disciplinas da *mathesis universalis*[233]. Especificamente em relação a esta terminologia, percebemos a designação da lógica formal ou pura da Fenomenologia enquanto ciência eidética (ciência de essências, pois *eidos* – do grego εἶδος – representa "essência"), já que esta pureza é algo que se sobrepõe ao grupamento de verdades inerentes aos axiomas tais como preconizados pela *mathesis.*

Tal termo foi inicialmente cunhado por René Descartes na obra *Regulæ Ad Directionem Ingenii*, (ou "Regras para a direção do espírito"), cuja primeira edição em latim data de 1701[234]. Da forma como foi apresentada por Descartes, a *mathesis universalis* (ou simplesmente *mathesim universalem*), tem como pressuposto a descrição de uma ciência que se volta para as bases do conhecimento humano. Segundo Leandro de Araújo Sardeiro[235], tal método pode ser visto como um instrumento sem o qual não se pode alcançar um conhecimento seguro e sólido.

Esse conhecimento nos ajuda a perceber as críticas que Husserl teceu em face das ciências em geral (como teremos oportunidade de ver um pouco mais adiante), quando o autor assevera que a Fenomenologia é a ciência que tem a função específica de exercer a crítica em face de todas as outras ciências, inclusive de si mesma. Com isso, são verificados o sentido

233 HUSSERL, Edmund. *Ideias para uma fenomenologia pura e para uma filosofia fenomenológica*: introdução geral à fenomenologia pura. 7. ed. Tradução de Márcio Suzuki. São Paulo: Ideias & Letras, 2018. p. 136. Título original: Ideen zu einer Reinen Phänomenologie und Phänomenologischen Philosophie.

234 DESCARTES, René. *Regulæ Ad Directionem Ingenii. Amstelodami: Ex Typographia P. & S. Blaev Protstant apud Janssonio – Waesbergios, Boom & Goethals*, 1701. p. 13.

235 SARDEIRO, Leandro de Araújo. *A significação da Mathesis Universalis em Descartes*. 2008. 114 f. Dissertação (Mestrado em Filosofia) – Instituto de Filosofia e Ciências Humanas, Universidade Estadual de Campinas. 2008.

e a legitimidade dos pontos de partida e seus passos subsequentes imediatamente disponíveis[236].

Então, quando falamos que a Fenomenologia tem, por essência, a natureza de se intitular como "filosofia primária", estamos querendo nos referir ao fato de que ela própria oferece os meios para toda crítica da razão que possa vir a ser almejada[237]. Para Husserl, portanto, a Fenomenologia faz parte das ciências eidéticas concretas, já que o âmbito de abrangência envolve a análise das essências de vividos, que obviamente são concretos[238]. Uma ciência eidética descritiva dos vividos transcendentais puros em orientação fenomenológica, segundo o autor[239].

2.1.2.2. Quem foi Edmund Gustav Albrecht Husserl?

Dá-se a Edmund Gustav Albrecht Husserl o atributo de "pai da fenomenologia". Embora os estudos mais aprofundados tenham se iniciado com este autor, diversos outros tomaram como base a Fenomenologia tal como proposta por Husserl, mas seguiram desenvolvendo seus próprios ramos de pensamento aproveitados em diversas áreas, não só exclusivamente filosóficas.

Husserl nasceu em 1859 em Prostějov (atualmente, uma cidade localizada na República Tcheca), descendente de uma família judaica, recebendo educação e costumes aplicados, tendo decidido trilhar os caminhos da Matemática, Física, Astronomia e Filosofia nos idos de 1876-1877 na Universidade de Leipzig, na Alemanha. Já por volta de 1882, ele defende seu doutorado com o título *Beiträge zur Theorie der Variationsrechnung* (Contribuições ao cálculo das variações).

Anos depois, retorna a Viena, Áustria, para proceder com seus estudos sobre Filosofia, onde recebe bastante influência de Franz Brentano, de quem herda uma das principais ideias (ou a ideia central da Fenomenologia), que é a "intencionalidade da consciência". André Fontes ressalta que Brentano teve grande influência de Adolf Trendelenburg, um dos seus principais mestres, que calcava seus fundamentos filosóficos numa lógica idealista que

236 HUSSERL, Edmund, op. cit., nota 233, p. 140.

237 Ibidem, p. 144.

238 Ibidem, p. 158.

239 Ibidem, p. 161.

remonta à tradição Aristotélica e Platônica. Por tal razão, apresentava-se como um "intérprete protestante de Aristóteles"[240].

Diante deste profundo contato e admiração por Brentano, em 1886 Husserl é recomendado para ingressar na Universidade de Halle, Alemanha. Dirigido por Carl Stumpf, Husserl escreve *Über den Begriff der Zahl: Psychologische Analysen* ("Sobre o conceito do número"), tese que o tornou *privatdozent,* iniciando sua docência em Filosofia na mesma Universidade.

Em 1891, Husserl publica *Philosophie der Arithmetik* ("Filosofia da Aritmética"), trabalho no qual procurou agregar sua tese ("Sobre o conceito do número") escrita em 1886. Porém, mesmo em virtude destes primeiros trabalhos de Filosofia, aliados à sua tradicional formação matemática, no qual procurava dar créditos aos seus trabalhos anteriores, o autor ainda não tinha se aprofundado em temas eminentemente fenomenológicos. Então, em 1900-1901, Husserl publica dois volumes de *Logische Untersuchungen* ("Investigações Lógicas"), obras consideradas as verdadeiras precursoras da Fenomenologia, ao se descrever bases de uma lógica pura e um ataque ao relativismo[241].

Nesta obra, Husserl concebe seus escritos iniciais sobre a fenomenologia pura (não empírica), mediante a qual se revelam as fontes que fazem mover os conceitos e ideais básicos da lógica pura. É através deste campo da Filosofia que seriam travadas as pesquisas neutras, vale dizer, uma forma de investigação "sem pressuposições" (mas somente a partir de 1905 Husserl passaria a compreender a filosofia como transcendental, porém, sem abandonar a ideia de pureza)[242]. Ainda no ano de 1901, Husserl se torna professor extraordinário da Universidade de Göttingen, na Alemanha, local no qual terá sua primeira turma de adeptos, como Adolf Reinach, Max Scheler, dentre outros.

Por mais incrível que pareça, Husserl precisou de um revés em sua carreira catedrática para que entregasse ao mundo o que todos precisavam saber sobre a Fenomenologia. Joaquín Xirau narra que no dia 25 de setembro de 1906 (em virtude de uma recusa por parte da congregação

---

240 FONTES, André R. C. *Brentano e Trendelenburg: a relação docente que indiretamente influenciou Husserl.* Cadernos da EMARF, Fenomenologia e Direito, Rio de Janeiro, v.11, n.2, p. 1-158, out. 2018/mar. 2019. p. 15-18.

241 XIRAU, Joaquín. *Introdução a Husserl.* Tradução de Vera Ribeiro. Rio de Janeiro: Contraponto, 2015. p. 16. Título original: La filosofia de Husserl: una introducción a la fenomenología.

242 CERBONE, David R. *Fenomenologia.* 3. ed. Tradução de Caesar Souza. Petrópolis: Editora Vozes, 2014. p. 26. Título original: Understanding phenomenology.

universitária sobre a proposta de nomeá-lo professor titular, alegando que sua obra "carecia de importância científica"), Husserl, então, teria escrito em sua agenda que:

> "Mencionarei em primeiro lugar a tarefa geral que tenho de resolver se pretendo chamar-me filósofo: realizar uma crítica da razão. [...] Sem elucidar o sentido, a essência, os métodos, os pontos de vista centrais de uma crítica da razão, sem haver pensado, esboçado, averiguado e demonstrado uma visão dessa crítica, não posso viver sinceramente. Já provei bastante os suplícios da obscuridade, da dúvida que vacila de cá para lá. Preciso atingir uma íntima firmeza. Sei que se trata de algo grande, imenso; sei que grandes gênios fracassaram nessa empreitada. [...] Não quero comparar-me com eles, mas não posso viver sem clareza".[243]

No ano seguinte, de 26 de abril a 02 de maio de 1907, Husserl inicia um curso na Universidade de Göettingen, cujo tema é *Die Idee der Phänomenologie* ("A ideia da Fenomenologia")[244], ocasião na qual ministrou cinco grandes aulas em que pôde desenvolver, pela primeira vez, o conceito definido como "redução fenomenológica", representado inicialmente como a limitação metódica do conhecimento filosófico aos fatos da consciência, enfim, um dos principais recursos de Husserl no desenvolvimento da Fenomenologia.

Apesar das dificuldades, o autor prossegue na formatação da sua teoria e por volta dos anos de 1912-1913 ele funda a *Jahbuch für Philosofie und phänomenologische Forschung*, importante veículo na disseminação das ideias fenomenológicas, perdurando até 1930. Tal veículo de informações foi uma importante plataforma tanto para Husserl, como também para diferentes autores, incluindo Heidegger. Xirau indica que o primeiro volume é o local em que podemos encontrar a primeira parte da obra fenomenológica mais importante de Husserl, que é *Ideen zu einer reinen Phänomenologie und phänomenologischen Philosophie* ("Ideias para uma fenomenologia pura e para uma filosofia fenomenológica")[245], a qual reportamos como o celeiro da maior parte das ideias férteis encontradas nesta tese e que ainda teremos oportunidade de comprovar mais adiante.

243 HUSSERL, Edmund, apud XIRAU, Joaquín. op. cit., nota 241, p. 16.

244 O conteúdo dessas aulas foi transformado no importante livro que carrega o mesmo nome e que ainda teremos oportunidade de estudar em páginas posteriores. Vide item 2.2 desta parte do trabalho.

245 XIRAU, Joaquín, op. cit., nota 241, p. 17.

Em 1916, Husserl tem a oportunidade de continuar seu trabalho como docente, mas desta vez na cátedra de Filosofia da Universidade de Freiburg, Alemanha, substituindo Heinrich Rickert, onde permanecerá até se aposentar. É nessa oportunidade que Martin Heidegger irá ter mais contato e influência de Husserl[246].

Em face da sua origem judaica, Husserl sofre uma série de perseguições com a ascensão da Alemanha Nazista, por ocasião da deflagração da Segunda Guerra Mundial. Então, ele é proibido de ministrar aulas e de deixar o país sem autorização. Por volta de 1936, Husserl contrai uma inflamação nas pleuras (pleurisia), situação a qual o deixa extremamente debilitado. Vem a falecer em 27 de abril de 1938.

É por volta deste ano, também, que as obras e o legado de Husserl sofrem a ameaça de destruição pelos nazistas, principalmente em virtude da sua morte e da ausência de um curador específico. Então, por intervenção do franciscano e filósofo belga Herman Leo van Breda, as cerca de 40.000 (quarenta mil) páginas de manuscritos taquigrafados de Husserl são levadas para um local na Universidade de Louvain, na Bélgica[247], ambiente no qual foram criados os "Arquivos de Husserl", no Instituto Superior de Filosofia, na mesma Universidade.

2.1.2.3. As noções básicas sobre o pensamento de Husserl

Husserl faz uma divisão no âmbito das investigações científicas: de um lado, as ciências de orientação dogmática e, de outro, as investigações científicas de orientação epistemológica, especificamente filosófica[248].

É possível afirmar que todo pensamento de Husserl, desde suas primeiras linhas em Filosofia da Aritmética, de 1891, às suas conferências sobre a Crise das Ciências Europeias, de 1935, remontam a um sentimento de crise da cultura que perdura até hoje. As principais crises existentes à época diziam respeito aos grandes sistemas filosóficos tradicionais, uma vez que o próprio Hegel estava em declínio, já que era o norteador das ideias alemãs e voltaria a ser influenciado por Schopenhauer[249].

---

246 XIRAU, Joaquín, op. cit., nota 241, p. 17.

247 Ibidem, p. 18.

248 HUSSERL, Edmund, op. cit., nota 233, p. 72.

249 DARTIGUES, André, op. cit., nota 216, p. 14.

No início do seu pensamento, Husserl, no entanto, não abandonaria sua formação matemática e suas influências cartesianas para começar seus escritos, tendo aperfeiçoado seus métodos e contribuído para influenciar autores renomados, como Martin Heidegger, Jean-Paul Sartre, Maurice Merleau-Ponty e diversos outros[250]. Logo de início, se propôs um novo método de conhecimento do psiquismo, juntamente com Franz Brentano.

De início, a grande tarefa de Brentano era distinguir fundamentalmente os fenômenos psíquicos, que comportariam uma intencionalidade (a visada de um objeto), dos fenômenos físicos. Daí a tarefa consistiria em afirmar que tais fenômenos podem ser percebidos pelo indivíduo e que o modo pelo qual foi percebido originalmente constituiria no seu conhecimento fundamental[251].

Esta noção central de se estabelecer um regramento para a percepção do fenômeno e sua descrição se adequou às expectativas da Escola Positivista, pois ao se observar o fenômeno tal como ele é, isto de certa forma atende às exigências daquela, na medida em que suas regras ditam exigências segundo as quais não é possível se conceber que o conhecimento não advenha das experiências.

Segundo Xirau, a partir daí a concepção do estudo sobre este campo da consciência avança e ganha contornos para o início dos pensamentos de Husserl, o qual também tece críticas em face de uma nova forma de ceticismo que dominava o pensamento do último terço do século XIX: o próprio positivismo, que tinha a aparência de um cientificismo extremo, mas na verdade era a representação do que chamou de "mais aguda forma de dissolução do mundo e da vida"[252].

No início do seu pensamento sobre a Fenomenologia, Husserl disserta sobre a questão da essência do pensamento. As essências, por assim dizer, devem ser descritivamente trazidas pela Fenomenologia como sua expressão genuína em termos de conceitos relativos à essência, bem como em asserções de essência que fazem menção à lei[253].

250 Sobre esse tópico de influências, vide: HEIDEGGER, Martin. *Sein und Zeit*. 19. ed. Tübingen: Max Niemeyer Verlag, 2006; SARTRE, Jean-Paul. *La transcendance de l'Ego:* esquisse d'une description phenomenologique. Paris: Vrin, 1992; MERLEAU-PONTY, Maurice. *Phénoménologie de la perception*. Paris: Gallimard, 1945.

251 DARTIGUES, André, op. cit., nota 216, p. 15.

252 XIRAU, Joaquín, op. cit., nota 241, p. 25.

253 HUSSERL, Edmund. *Investigações Lógicas*: segundo volume, parte I: investigações para a fenomenologia e a teoria do conhecimento. Tradução de Pedro M. S. Alves, Carlos Aurélio Morujão. Rio de Janeiro: Forense Universitária, 2015. p. 2. Título original: Logische Untersuchungen – Zweiter Band. I. Teil: Untersuchungen zur Phänomenologie und Theorie der Erkenntnis.

Nesse sentido, a fenomenologia pura, enquanto se referir a um domínio de investigações neutras, se presta a dois lados: à Psicologia enquanto ciência empírica, já que analisa e descreve as vivências representativas, judicativas e cognitivas e, por outro lado, permite acesso às fontes das quais emanam conceitos fundamentais e também as leis ideais da lógica pura, o que é de todo desejável se quisermos o retorno a elas, permitindo que se obtenham indicativos de clareza e distinção essenciais para uma compreensão crítico-gnosiológica (da lógica pura)[254].

De modo a evitar os obstáculos do empirismo e da filosofia especulativa, coube a Husserl a difícil tarefa de fazer com que o seu método fenomenológico de análise filosófica se tornasse um ramo rigoroso da Filosofia[255]. A partir da análise do fenômeno, não se poderia mais dizer que determinado assunto se desenvolveu mediante a opinião de um ou outro indivíduo, mas sim, a partir de uma impressão, uma experiência diante da qual se observou e registrou o seu fenômeno e seu significado naquela situação específica.

Assim, para cumprir sua finalidade, a Fenomenologia deve se constituir de uma ciência através da qual uma nova atitude frente ao mundo deve ser observada, iniciando-se pelo alijamento de todo preconceito e pressupostos categoriais que tradicionalmente encobrem a noção primária de todas as coisas, os dados originários. Isto faz com que sejam mascaradas as possibilidades de manifestação dos sentidos à consciência, no contexto da sua vivência intencional[256].

Segundo David Cerbone, a Fenomenologia revela uma natureza sistemática dos objetos (e fenômenos em geral) tanto ao nível da aparência, quanto da experiência[257]. Neste sentido, a fenomenologia de Husserl busca explicitar a estrutura eidética da experiência, não sua estrutura empírica[258]. Aliás, Husserl[259] dá indícios de que a Fenomenologia é a ciência metodologicamente fundante para a psicologia empírica, da mesma maneira que as disciplinas matemáticas materiais (por exemplo, a geométrica) o são para a física.

254 HUSSERL, Edmund, op. cit., nota 253, p. 2.

255 DARTIGUES, André, op. cit., nota 216, p. 18.

256 GUIMARÃES, Aquiles Côrtes, op. cit., nota 221. p. 4.

257 CERBONE, David R., op. cit., nota 242, p. 53.

258 Ibidem, p. 58.

259 HUSSERL, Edmund, op. cit., nota 233, p. 182.

Joaquín Xirau entende a fenomenologia pura de Husserl como a "ciência eidética descritiva da consciência pura em toda sua plenitude". Ela é constituída pela "redução eidética" e pela "redução fenomenológica", ambas imbuídas do ideal de alcance de um conhecimento absoluto[260]. Em certa passagem, Xirau reflete sobre a natureza da filosofia fenomenológica pura indicando que, diferentemente do que ocorre com outras ciências de cariz fenomenológico, aquela constitui a consciência levando-se em consideração que ela é seu objeto próprio e, por força disto, busca fazer uma análise da estrutura essencial que lhe constitui[261].

Sobre os conceitos lógicos, Husserl destaca que, em sendo unidades de pensamento dotadas de validade, suas origens devem ser buscadas na intuição. Intuir significa estar presente ao objeto intuído. É ela que torna possível o conhecimento sobre as coisas, já que, de início, a atitude é intuitiva, pois somente através dela é que será mostrada a plenitude da presencialidade dos objetos no mundo que nos circunda. Daí se dizer que a intuição é o momento instaurador da percepção, sendo fundamental para o pensamento fenomenológico. A percepção, por sua vez, é a visualização dos horizontes de sentido presentes no mundo observado e isso leva a crer que toda percepção é dotada de intencionalidade intuitiva para a descoberta de novos sentidos para o mundo da vida[262].

Ainda que os conceitos lógicos tenham origem na intuição, é através da abstração ideadora que devem despontar com base em evidências. O comportamento destes deve se pautar da mesma forma a cada nova consumação daquela abstração. Isto significa dizer que o intérprete não deve se contentar com "simples palavras", ou com uma compreensão verbal dita como meramente simbólica. Para além, deve-se retornar às próprias coisas. Ou seja: o que se quer é que tal retorno, dado numa abstração consumada e atual, represente verdadeiramente aquilo que as significações das palavras também querem dizer na expressão das leis[263]. Mais ainda, o objetivo é manter tais significações apreendidas em sua identidade inamovível, por intermédio da repetida mensuração através da intuição reprodutível.

Dizer que haverá o retorno "às coisas mesmas" significa reler o mundo através de uma concepção originária na verdadeira busca pelos seus fundamentos. Como todos os indivíduos são doadores de sentido, resta

260 XIRAU, Joaquín, op. cit., nota 241, p. 211.

261 Ibidem, p. 179.

262 GUIMARÃES, Aquiles Côrtes, op. cit., nota 221, p. 39.

263 HUSSERL, Edmund, op. cit., nota 253, p. 5.

claro que todos são capazes de atuar nesse processo de redescobrimento do mundo.

É a partir deste momento que as impressões sobre as essências são buscadas e definidas, tornando possível observar o fenômeno de forma despida de qualquer preconceito, qualquer concepção equivocada ou inadequada, diante de uma formulação de juízo pretérito indevido. Com isso, o método fenomenológico precisou revisitar as práticas filosóficas da época e fez com que houvesse esta mudança de atitude, principalmente porque a Filosofia é a base dos demais ramos do conhecimento. Daí se falar que a Fenomenologia passa a ser uma ciência transcendental, sendo indissociável deste termo[264].

Durante tal retorno às origens, Husserl precisou combater o naturalismo e o psicologismo, já que não se pode conhecer uma lei natural a *priori*, o que nem mesmo é demonstrável através de evidência intelectiva. À palavra "evidência" devemos dar o significado de algo que se apresenta ou se manifesta como tal, diante de nós. Husserl a compreendeu, afinal, como o preenchimento da intenção, vale dizer, teremos evidência, quando a intenção da consciência (que por sua vez é dirigida a um objeto ou a um fenômeno), é preenchida, definida e através da qual conseguimos enxergar a coisa ou o fenômeno como eles são[265]. Ou seja, a coisa ou o fenômeno em sua essência.

O meio justo para que se persiga o conhecimento e se busque o real significado de uma lei é através da indução, que deve ter como ponto de partida os fatos da experiência vivida. Daí nos remetermos ao empirismo, de certa maneira. Porém, tudo que dali resulta é a obtenção de enunciados vagos, segundo Jorge Câmara[266]. Por este motivo, eram rechaçadas por Husserl, que desejava fugir das armadilhas metodológicas daquelas escolas.

Falar sobre a busca pela essência dos fenômenos trouxe uma série de questionamentos, mas ao mesmo tempo diversas explicações, pois ao tratarmos da busca pelos fundamentos em si, podemos compreender que em todo fenômeno há uma essência. É justamente ela que responde à

---

264 HUSSERL, Edmund, op. cit., nota 253, p. 7.

265 ABBAGNANO, Nicola. *Dicionário de Filosofia*. Tradução da 1ª Edição brasileira coordenada e revista por Alfredo Bosi; revisão da tradução e tradução dos novos textos por Ivone Castilho Benedetti. São Paulo: WMF Martins Fontes, 2018. p. 457.

266 CÂMARA, Jorge Luis Fortes Pinheiro da, op. cit., nota 220, p. 50.

pergunta: o que é o que é? Ou seja: o que é isto que se apresenta diante de mim? Qual a natureza, a essência deste fenômeno?

Para Husserl, então, a Fenomenologia quer ser ao mesmo tempo uma ciência e um método que tem como finalidade a busca pelo conhecimento, a busca por elucidação de possibilidades deste conhecimento ou ainda de possibilidades de valoração em face destes. Se são efetivamente possibilidades universalmente postas, então, as investigações travadas no campo da fenomenologia são investigações universais de essências, de bases[267].

Se este método opera com a noção de base, de busca por fundamentos, ele trabalha, necessariamente, com a ideia de constituição, evidenciação. Isto se dá a partir de cada indivíduo doador de sentidos e dotado de intencionalidade. Haverá, assim, relevância no que diz respeito à atividade noético-noemática da intenção eidética.

Assim, se todo fenômeno apresenta uma essência, nada mais justo do que eu intuir para buscar seu significado, que, podendo ser traduzido, será devidamente nomeado. A essência o será como uma pura possibilidade, mas é diante desta que se tem certeza de que ela conterá o significado que me permitirá distingui-lo da essência de outro fenômeno. Como assevera Dartigues, a intuição da essência é distinta da mera percepção do fato (que pode se dar por qualquer pessoa e que pode, naturalmente, ser diferente, já que cada um tem uma percepção do mundo e das coisas), mas efetivamente a essência retrata a visão do sentido ideal que nós mesmos atribuímos ao fato materialmente percebido pelos sentidos humanos e que nos permite identificá-lo[268].

Porém, neste momento do estudo surge uma nova indagação: como será possível alcançar a intuição das essências? Através da experiência sensível. E qual lugar aquelas devem ocupar? A consciência humana. Estas perguntas e respostas remontam à forma pela qual ganha contornos a chamada análise intencional.

De acordo com o princípio da intencionalidade, a consciência é sempre "consciência de alguma coisa" e só será consciência quando estiver dirigida a um objeto, ou seja, nesse sentido específico de *intentio*[269], embora saibamos que há outras concepções possíveis sobre esse termo (referindo-se ao

267 HUSSERL, Edmund. *A ideia da fenomenologia*. Tradução: Artur Morão. Lisboa: Edições 70, 2018. p. 77. Título original: Die Idee der Phänomenologie (Band II Husserliana).

268 DARTIGUES, André, op. cit., nota 216, p. 20.

269 Ibidem, p. 22.

desejo, à aspiração ou à vontade)[270]. Já o objeto em relação à consciência, ele sempre será um *objeto-para-um-sujeito*. Só tem seu sentido como objeto para uma consciência diante de uma análise da consciência em si, eis que sua essência vai ser sempre o resultado de uma visada de significação e, sem ela, não poderíamos falar em objeto[271].

Neste sentido, *noese* (ou *noésis*) pode ser considerada a atividade da consciência na esfera da subjetividade, ou seja, o ato de entendimento que o indivíduo faz. Algo noético diz respeito à atividade do espírito, da subjetividade. E isto significa um pensamento voltado para um objeto. Sua função, portanto, está direcionada à percepção de tudo que está fora da subjetividade e lá está o mundo em si[272].

Noema, por sua vez, representa a descoberta feita pela atuação da *noese*, ou seja, a unidade de significados atribuídos pela atividade noética[273].

Com isso, a fenomenologia das vivências lógicas teria o papel de tornar possível a compreensão descritiva das vivências psíquicas e dos seus sentidos, compreensão tal que seja passível de assegurar aos conceitos lógico-fundamentais uma significação estanque.

Mais uma vez, diante destes prolegômenos, compreende-se que a atitude de Husserl, desde sua temática acerca das Investigações Lógicas, nos mostra que há preocupação em se enquadrar no meio-termo entre o empirismo e a Psicologia tradicionais, descrevendo rigor filosófico-metodológico na apreensão dos sentidos do mundo da vida (*lebenswelt*).

A partir da compreensão de que a essência na Fenomenologia vai determinar uma das suas balizas fundamentais, pode-se perceber, igualmente, que a reorientação no que diz respeito aos fundamentos em si passa pelo estudo segundo o qual o ato perceptivo é um ato da consciência e que, por fenômeno, devemos compreender como sendo tudo o que se dá na consciência como aparecimento[274]. E é na consciência que se constituem os sentidos que temos do mundo.

---

270 ABBAGNANO, Nicola, op. cit. nota 265, p. 661.

271 DARTIGUES, André, op. cit., nota 216, p. 22.

272 GUIMARÃES, Aquiles Côrtes, op. cit., nota 221, p. 12.

273 Ibidem, p. 13.

274 CÂMARA, Jorge Luis Fortes Pinheiro da, op. cit., nota 220, p. 53.

2.2. AS CINCO LIÇÕES SOBRE FENOMENOLOGIA

2.2.1. Breve apresentação

As cinco lições constantes no livro "A ideia da Fenomenologia" tiveram fundamento nas palestras proferidas por Husserl em Göettingen, entre 26 de abril a 02 de maio de 1907. Neste ponto, salientamos a importância da contribuição do conteúdo desta exposição para podermos nos aprofundar um pouco mais nos conhecimentos filosóficos específicos, levando em consideração as breves linhas que acabamos de apresentar no tópico anterior, permitindo que nos situemos no contexto da Fenomenologia como primeiramente acreditava Husserl. Aqui, propriamente, juntamente com as breves noções conceituais vistas nas Investigações Lógicas, o autor nos mostra a verdadeira aparição pública do instituto da "redução fenomenológica".

É no livro "A ideia da Fenomenologia" que reside o momento crucial no qual Edmund Husserl apresenta ao público as ideias acerca da redução fenomenológica, ocasionando a consideração de um idealismo transcendental que possibilita uma visualização diferenciada sobre o fenômeno observado[275].

2.2.2. As primeiras concepções de Husserl sobre o processo de redução fenomenológica: os graus de consideração fenomenológica

No primeiro grau de consideração fenomenológica, traçado já na primeira lição sobre Fenomenologia, Husserl nos separa o que é imanente, daquilo que é transcendente. Com isso, o conhecimento proveniente de forma intuitiva da *cogitatio* (ou simplesmente cogitação, reflexão, meditação) é imanente. E se algo imanente significa que está dentro de mim mesmo, o algo transcendente se encontra fora de mim. Para que eu possa encontra-lo, precisarei questionar sobre seus fundamentos, razão pela qual deveremos levar adiante o processo de redução fenomenológica[276].

Num segundo grau de consideração fenomenológica, precisamos nos ater a uma nova qualidade sobre os dados, algo que nos permita afirmar

275 HUSSERL, Edmund, op. cit., nota 267, p. 10.

276 Ibidem, p. 24.

a existência de um novo estrato de considerações, assevera Husserl. Nesse ponto, o autor menciona a noção acerca da abstração ideativa, o que torna possível, então, uma doutrina que irá nos fornecer elementos para clarear intuitivamente sobre a essência do conhecimento[277]. É nesse campo que a redução fenomenológica irá adquirir consistência epistemológica e mais clarificação quanto ao seu próprio significado.

Nesse estágio, Husserl assevera que a investigação ali travada deve permanecer no "puro ver" (*im reinem Schauen*), uma investigação baseada na evidência pura e em desvelar essências (*Wesensforschung*). Mesmo assim, o fundamento desta etapa consiste em que o fenomenólogo perceba a captação do sentido no seu dado absoluto (ou seja, puro, primevo)[278].

Estando nesta evidência pura, agora, a tarefa num terceiro grau de consideração fenomenológica impõe, na percepção do dar-se em si mesmo (*Selbstgegebenheit*), o reconhecimento das formas através das quais o fenômeno (*Erscheinung*) ocorre neste "dar-se", assim como todas as suas correlações eventualmente existentes[279].

2.2.3. A primeira lição

Logo no início da primeira lição, Husserl faz uma distinção entre a ciência natural e a ciência filosófica. Na primeira, o operador não está preocupado necessariamente com a crítica do conhecimento, já que as coisas estão lá, simplesmente dadas. Os juízos pertencem a esse mundo dito como "natural". É nele que se encontra algo experimentado, algo percebido, recordado etc. Neste mundo se resolvem as questões segundo a lógica, mas nada impede que nesta própria atitude natural nós pratiquemos erros de julgamento ou caiamos em contradições[280].

Husserl reconhece que o conhecimento é propriamente um ato da natureza e decorre da vivência dos seres humanos. Assume-se, portanto, no mundo natural, uma base psicológica a este *factum* psicológico que é o conhecimento[281]. Então, este nada mais é do que uma vivência psíquica[282].

---

277 HUSSERL, Edmund, op. cit., nota 267, p. 25.

278 Ibidem, p. 27.

279 Ibidem, p. 31.

280 Ibidem, p. 37.

281 Ibidem, p. 39.

282 Ibidem, p. 40.

O conhecimento, tal qual o percebemos na esfera do mundo natural, é algo inerente à experiência e intelectualidade humanas, mas incapaz de atingir a real natureza que é afeta às coisas em si, afirma Husserl. Esse questionamento é a base fértil para que este autor passasse a refletir em uma origem do conhecimento de modo absoluto, não meramente decorrente do empirismo ou psicologismo que até então era a base das fontes epistemológicas. Daí recorrer à filosofia. Daí a necessidade do estabelecimento da Fenomenologia como ciência fonte do conhecimento e daí, também, as noções preliminares sobre essências. Dessa crítica, então, surge a necessidade de uma ciência em sentido absoluto, de uma metafísica[283].

Em certo momento, Husserl descreve que se porventura nos ativermos apenas à elucidação da essência do conhecimento e também da objetividade cognitiva, então nos restará como metafísica (e como fragmento básico da fenomenologia em geral) a fenomenologia do conhecimento e da objetividade cognitiva propriamente ditas. Em decorrência disto, o autor descreve a Fenomenologia neste momento como uma ciência, mas também a designa como uma "atitude intelectual" e um "método" especificamente filosóficos[284].

De forma diferente é a percepção quanto ao mundo filosófico, já que é inerente a este tipo de pensamento a consagração de começos inteiramente próprios e novos, aliados a métodos únicos que nos permitam afirmar com clareza a sua real finalidade. Por estarmos diante de uma nova dimensão que não aquela como vemos no mundo natural, há também a necessidade de estabelecermos uma metodologia nova, própria e inerente aos seus conhecimentos. É a Filosofia quem irá fornecer o suporte que serve como base para as demais ciências[285].

2.2.4. A segunda lição

Se na primeira lição ficou claro que Husserl faz uma abordagem crítica em face da forma pela qual o conhecimento é adquirido, agora, nos resta saber como é que tal crítica pode ser estabelecida. Husserl, então, assevera que uma esfera de conhecimento absoluto pode ser dada e é justamente esta

283 HUSSERL, Edmund, op. cit., nota 267, p. 42.

284 Ibidem, p. 44.

285 Ibidem, p. 45.

esfera que precisamos para montar as bases de uma teoria do conhecimento. Aqui entram as noções básicas sobre a força e o alcance da percepção.

A obscuridade quanto a este conhecimento, ou seja, como pode ser percebido no mundo natural, requer um contraponto com algo puro, absoluto (originário, embrionário) e que seja buscado em sua essência, na essência do conhecimento, trazendo-o à claridade em oposição à obscuridade, à falta de informações que fazem com que tomemos decisões equivocadas, ainda mais se formos pensar na aplicação do conhecimento perante o campo criminal. De todo modo, a teoria crítica do conhecimento quer resgatar, elucidar, clarificar a pretensão de validade inerente à sua essência. E isto significa trazê-la a dar-se a si mesma (*Selbstgegebenheit*)[286].

Daí a compreensão, a partir do estabelecimento de uma crítica ao conhecimento e à forma como ele é cotidianamente apreendido, sobre a possibilidade de uma metafísica, uma ciência do ser em sentido último e absoluto[287].

Por isso, Husserl afirma que partimos da análise da imanência e da transcendência. A imanência do conhecimento é o ponto de partida para a qualificação de uma teoria do conhecimento. Ela é o caráter necessário de todo o conhecimento teórico-cognoscitivo, pontua o autor. Em que pese, então, a imanência ser o ponto de partida, Husserl admite que é a transcendência quem tem o papel instigante de atingir cognoscitivamente estados de coisas que não são próprios destas, algo então que, por não lhes ser inerente, não é imanente. Mas o conhecimento (seja como o vemos no mundo natural ou como no mundo pré-científico) é algo que, no entender do autor, tem aspirações transcendentes[288].

Para Husserl, portanto, a gênese da transcendência tem dois sentidos básicos: no primeiro, o objeto de conhecimento não está incluso como ingrediente no ato de conhecimento (ou seja, o objeto não está na *cogitatio*), razão pela qual devemos perseguir o segundo sentido, que é de uma transcendência na qual há o dar-se em sentido claro e absoluto, ou seja, o objeto, o fenômeno ou o que quer que se observe tem o seu sentido próprio de autopresentação[289] e é este que precisa ser buscado pelo fenomenólogo quando este está em busca de conhecimentos em essência.

---

286 HUSSERL, Edmund, op. cit., nota 267, p. 54.

287 Ibidem, p. 55.

288 Ibidem, p. 56.

289 Ibidem, p. 58.

Husserl faz remissão a uma expressão grega atribuída a Aristóteles, qual seja, μετάβασις εἰς ἄλλο γένος (*metábasis eis állo génos*) que, numa tradução adaptada para o português, quer significar a "transição de um gênero para outro" ou "mudar para outro gênero", como representando a mudança do ato intelectual que passa de uma atitude natural para uma atitude fenomenológica, transcendente. Este ato, então, passa a significar a própria dedução do princípio gnosiológico, na medida em que os questionamentos que fazemos devem levar a efeito o propósito da redução gnosiológica mediante uma desconexão em atitude transcendental, acredite ou não no que o fenomenólogo esteja vendo, já que aqui não é o momento próprio para julgamentos ou preconceitos[290].

2.2.5. A terceira lição

A partir das duas primeiras lições, ficou claro que a chave para a teoria do conhecimento reside no uso adequado da transcendentalidade. Mas nesse momento, Husserl escreve mais detalhes em concreto sobre o processo de redução gnosiológica, apto a fundar a teoria do conhecimento.

Logo de início, destaca-se que é de suma importância não confundir a existência da minha própria *cogitatio* com a evidência daquilo que se percebe na *cogitatio* no mundo natural. O que Husserl quer dizer com isso é que não pode haver confusão entre o que eu penso e o objeto ou fenômeno estudado. Não pode haver confusão entre o que representa o meu psicológico e aquilo que deve ser o fenômeno puro. Minha atitude no mundo natural reflete um fato psicológico de quem meramente dirige o olhar em percepção e recebe em troca um conteúdo objetivo. Isto diz respeito àquelas condições de tempo e espaço, especificamente. Mas Husserl também põe, neste momento, a redução fenomenológica como algo unicamente capaz de obter um dado (*Gegebenheit*) de modo absoluto[291].

É através da redução fenomenológica que pomos o tempo, o mundo e o próprio "eu" em questão, visando à obtenção do conhecimento absoluto, puro, a pura *cogitatio*. Como consequência disto, Husserl admite que a toda vivência psíquica corresponde um fenômeno puro, alcançado através da redução fenomenológica, fazendo com que o tal fenômeno exiba sua essência

290 HUSSERL, Edmund, op. cit., nota 267, p. 63.

291 Ibidem, p. 68.

imanente[292]. O dado obtido daí é um dado puro e indubitável e essa esfera de dados imanentes absolutos nos remete às *cogitationes* (pensamentos ou resultados das reflexões da *cogitatio*). Além disso, a possibilidade de uma fenomenologia requer a capacidade de que se chegue ao conhecimento absoluto não só de um objeto singular, mas de universalidades, ou seja, objetos universais e estados de coisas universais[293].

2.2.6. A quarta lição

A quarta lição é o momento no qual Husserl se atém a detalhes da intencionalidade. Ainda teremos oportunidade de tecer maiores comentários a respeito, quando formos tratar especificamente das noções referentes à fenomenologia pura, mas por ora, as observações aqui constantes são suficientes.

A intencionalidade, em si, é um dos mais interessantes e importantes tópicos em matéria fenomenológica, já que a Fenomenologia, basicamente, é uma ciência que atua elucidando de forma visual. Através desta característica, distingue-se a coisa ou o fenômeno que são únicos por natureza e constituição. Então, conseguimos entender que a percepção em evidência é fundamental na distinção do objeto que está diante do indivíduo. Para Husserl, evidência nada mais é do que o adequado "dar-se em si mesmo".

O sentido da ciência que Husserl preconizava é aquele que confere à Fenomenologia uma particularidade exclusiva, baseado na utilização do método de redução fenomenológica (especialmente filosófico), pois se dirige à crítica do conhecimento e de toda a crítica da razão em geral[294].

Especificamente sobre tal redução fenomenológica, Husserl comenta que ela não significa a limitação da pesquisa exclusivamente à esfera daquilo que está incluído como ingrediente no "absoluto" da *cogitatio* ou o próprio confinamento na esfera desta, mas uma restrição à esfera do dar-se em si de modo puro, isto é, à esfera na qual o que é dado o está da exata maneira como é visto, no sentido mais estrito do termo. Isso exclui de antemão a narrativa que visaria a agregar a esfera de evidência mediata ou qualquer outra espécie de evidência em sentido *lato*[295].

---

292 HUSSERL, Edmund, op. cit., nota 267, p. 69.

293 Ibidem, p. 76.

294 Ibidem, p. 85.

295 Ibidem, p. 88.

Husserl observa que não há tendência mais perigosa do que aquela na qual se faz uma excessiva consideração sobre pensamentos e deles se extrai uma série de reflexões especulativas[296]. É justamente isso que precisa ser questionado por ocasião processo penal no âmbito criminal, já que as informações que devem embasar uma ação penal precisam estar pautadas em critérios técnicos que mais se aproximam da realidade, não havendo espaços para especulações. Para isso, a Fenomenologia nos dá algumas orientações, principalmente em face dos critérios de intencionalidade e percepção em presença.

2.2.7. A quinta e última lição

Nas lições anteriores, Husserl dissertou sobre as principais características que devem ser levadas em consideração na utilização do método fenomenológico, cientificamente filosófico por natureza. Na quinta lição, todavia, Husserl disserta sobre a constituição da consciência no tempo e a forma pela qual se dá a apreensão das essências (*Wesenserfassung*).

Para isso, o autor chega a fazer uma comparação entre a apreensão de essências no modo tradicional (com base numa percepção), mas também ressalta que a fenomenologia pode operar no campo da fantasia. No entanto, ele ressalta que para todos os efeitos no caso de consideração de essências, as duas modalidades (em percepção ou em fantasia) estão no mesmo patamar no que diz respeito a possuir uma essência. Ambas a detém. Mas em que pesem terem essências, elas são diferentes, caso contrário, estaríamos falando exatamente sobre a mesma coisa, a mesma essência e sabemos que isso não é verdadeiro[297]. Ambas possuem sua singularidade que as tornam distintas, mas não significa que não possuam essência. Por exemplo: um crime fantasiado, como num caso de ficção científica ou uma série televisiva, possui características singulares. A partir desta experiência em fantasia, é possível se extrair a exata essência tal como elas assim aparecem.

É na quinta lição, também, que Husserl disserta sobre o puro ver das coisas e sobre a forma de apreensão, de retenção do conteúdo observado. Não se tratam propriamente de algo hermeticamente estanque em que os dados efetivamente se encontram, mas sim a consciência que vê e que representa um conjunto de atos de pensamento formados desta ou daquela

296 HUSSERL, Edmund, op. cit., nota 267, p. 89.
297 Ibidem, p. 97.

maneira, de um modo ou de outro. Enfim, mas que estejam aliados às coisas (que por sua vez não são, obviamente, atos de pensamento, apesar de neles estarem constituídas), fazendo com que enxerguemos o modo através do qual elas se constituem e aquilo que são na sua essência[298].

É neste "dar-se" que precisamos focar a atenção neste momento: quais são seus modos genuínos de observação? Husserl cita diferentes modos do genuíno "dar-se", tais como o "dar-se" da *cogitatio*, inerente à recordação fresca (mais recente), o "dar-se" da fantasia etc. Cada uma das modalidades nas quais algo se dá é um objeto a ser estudado pela teoria do conhecimento e a cada uma delas deve ser dada a devida caracterização[299].

Mas o próprio autor faz uma afirmação muito importante para os efeitos deste trabalho: o de que o "intuir evidente" (intuição em evidência) é certamente o conhecimento no seu sentido mais pleno. Assim, corroboramos da assertiva para destacar que neste tipo de "dar-se" não deve haver qualquer tipo de interferência. A originalidade é latente e fornece a informação na qualidade mais essencial possível[300].

Ao final da quinta lição, Husserl faz uma crítica ao psicologismo ao afirmar que, diante da subjetividade, o indivíduo experimenta o conhecimento na endopatia, por analogia consigo mesmo[301]. É sobre essa crítica que deveremos nos concentrar daqui por diante, para que possamos introduzir o verdadeiro modo de pensar fenomenológico, o que por sua vez irá nos preparar para comentários mais profundos nos tópicos a seguir.

2.3. O ROMPIMENTO COM AS PRINCIPAIS LINHAS DE PENSAMENTO DO INÍCIO DO SÉCULO XX

2.3.1. Crítica ao psicologismo

Joaquín Xirau aponta que o colapso do mundo natural iniciado pelo movimento humanista, desenvolvendo-se pelo fim do século XIX, se encontra numa inversão abrupta e radical dos valores que orientam a vida humana. Por este motivo, o autor reforça que coube a Husserl o esforço reconstrutor, enfim, a tarefa de esquematizar o deslocamento da estrutura da realidade e da hierarquia das ciências, opondo-se à dissolução radical do mundo e da

298 HUSSERL, Edmund, op. cit., nota 267, p. 100.
299 Ibidem, p. 103.
300 Ibidem, p. 104.
301 Ibidem, p. 111.

vida[302]. Desta forma, Husserl foi o responsável por restabelecer o sentido destes dois últimos elementos, dando-lhes orientação inalterável[303].

Quando Husserl aborda a necessidade de estudo de uma fenomenologia pura, o que ele quer dizer é a necessidade de implantação de uma ciência filosófica inovadora, com seus métodos próprios, algo que, como o próprio nome diz, trabalha com a noção de fenômenos[304].

Porém, a pureza inerente ao nome reflete uma vertente própria de busca pelo conhecimento, já que outras ciências, como a Psicologia, também utilizam o fenômeno em suas pesquisas, seus estudos, seus institutos. Basta lembrarmos sobre as ideias de "fenômenos psíquicos", observados na Psicologia, ou os "fenômenos climáticos" na meteorologia, ou ainda os fenômenos químicos ou físicos estudados pelas ciências de igual nomenclatura.

Joaquín Xirau mostra como foi possível tecer críticas ao psicologismo, por parte de Husserl. Em virtude da grande proximidade deste com as lições da Escola Psicologista de Franz Brentano, Husserl percebeu que era possível ir um pouco além. Desta maneira, procurou reformular tal doutrina em virtude da sua aparente insuficiência[305].

O fato é que sempre houve uma grande discussão entre os psicologistas e os logicistas, o que se mostrou ainda mais notório diante da evolução do pensamento filosófico durante o século XIX. Xirau aponta que ambos concordam em reconhecer o caráter normativo da lógica, trazendo-lhe, ao final, uma fundamentação (teórica). Enquanto a lógica se ocuparia do pensamento correto, por sua vez a Psicologia pretende analisar o pensamento em sua totalidade. Mas dentro desta discussão, Xirau nos aponta que a ideia de Husserl é totalmente nova, pois prescinde de qualquer consideração geral sobre princípios e nos mostra em proposições reais, através da intuição direta, quais são as estruturas essenciais tanto da lógica, quanto da ciência em si[306].

Sobre a intuição, Joaquín Xirau nos afirma que ela é o fenômeno original e primitivo que nos permite chegar até a verdade, não sendo propriamente um modo de conhecimento que colabora com outros na busca pela

302 XIRAU, Joaquín, op. cit., nota 241, p. 41.

303 Ibidem, p. 45.

304 HUSSERL, Edmund, op. cit., nota 233, p. 25.

305 XIRAU, Joaquín, op. cit., nota 241, p. 45.

306 Ibidem, p. 46.

atividade cognoscitiva global[307]. A evidência perceptiva, portanto (da qual a intuição faz parte), é a base para afirmarmos uma "teoria da verdade"[308].

Então, quando Husserl inicia sua "crítica" à Psicologia ou ao psicologismo, ele não desmerece as contribuições que este ramo da ciência tem para a humanidade. Apenas não quer se posicionar como tal, já que a Fenomenologia tem suas razões principiológicas próprias.

Mediante esse posicionamento, Husserl quer nos dizer que há um ponto-chave no estudo da Fenomenologia, que é justamente uma nova maneira de pensar e de se orientar, totalmente diversa daquela que evidenciamos quando estamos diante da orientação perante o mundo natural[309]. Com seu método próprio, ele conseguirá nos explicar a maneira pela qual iremos romper as barreiras que nos impedem de chegar ao campo próprio das essências e, consequentemente, ao campo próprio da Fenomenologia.

Diante da grande questão sobre o retorno às origens, a manifestação psicologista da severa crítica que Husserl faz ao positivismo é apontada por Joaquín Xirau como o primeiro passo para que se retorne a uma concepção natural sobre o mundo, da mesma forma que nos permite refletir sobre a possibilidade de recuperação das suas estruturas ontológicas[310].

Joaquín Xirau também deduz uma diferença entre a fenomenologia pura e a psicologia descritiva. Ao fazermos isto, devemos entender que um dos pontos centrais está na contraposição entre a consciência transcendental (no primeiro caso) e a consciência empírica (no segundo)[311]. Quando levamos em consideração apenas os aspectos psicológicos, queremos dizer que estamos atentos ao mundo ao nosso redor e o consideramos para nossa expectativa de observação. O homem, enquanto sujeito de obrigações, deveres e direitos, faz parte do mundo "de corpo e alma".

A Psicologia, afirma Xirau, considera o homem inserido nesse contexto. A consciência que ela investiga é a de um homem em sua plenitude, que possui interação com o mundo e reage aos seus estímulos. O "eu" para a Psicologia é um "eu empírico". Não estamos tratando aqui, na Psicologia, de uma existência absoluta, de uma consciência absoluta. Ela é considerada

307 XIRAU, Joaquín, op. cit., nota 241, p. 91.

308 Ibidem, p. 93.

309 HUSSERL, Edmund, op. cit., nota 233, p. 27.

310 XIRAU, Joaquín, op. cit., nota 241, p. 53.

311 Ibidem, p. 204.

agregando-se aos demais elementos[312]. A existência absoluta, aduz Xirau, é revelada no *cogito* e nos coloca diante de um "eu puro" ou "eu transcendental", já que eu mesmo enquanto corpo físico, fico reduzido, permanecendo só o "eu puro", a partir do qual a análise fenomenológica pura poderá ter seu lugar[313].

O autor prossegue, nos indicando que o trânsito entre a consciência psicológica e a consciência pura se dá através do exercício da mudança de atitude promovida pela *epoché*[314]. Tal palavra é oriunda do grego εποχή (*epokhé*) e representa uma forma de suspensão do juízo, um modo de explicarmos a síntese da redução fenomenológica (um ato de abstração) quando partimos do mundo natural para o mundo fenomenológico, cuja atitude é antinatural.

Essa abstração fundamental para o estudo da Fenomenologia, (inegavelmente difícil de se exercitar, mas plenamente possível e compreensível tecnicamente), permite que nos movamos de forma transcendental para podermos atingir uma atitude de contemplação em grau de pureza incompreensível para a forma empírica, conjugada e atrelada aos valores e preceitos da vida em sociedade, tal como preconizados pela Psicologia.

Ao apontar a consciência como uma das bases da Fenomenologia, Joaquín Xirau corrobora a visão de Brentano, quando indica que há uma estrutura intencional na consciência que irá desmistificar o objeto à sua frente, mediante uma descrição minuciosa daquela. Iremos perceber ao longo deste trabalho que "toda consciência é consciência de algo". É outro mantra narrado pela fenomenologia de Husserl. Não há como trabalharmos a exata noção de descrição de objetos mediante a ausência de alguém tendo consciência dele. É justamente em face deste ato de percepção que teremos o objeto tal como percebido, em sua faceta originária[315].

Por "objeto", Xirau define como sendo tudo aquilo que é ou pode ser resultado da atividade intencional do indivíduo, ou seja, aquilo em face do qual podemos ter um juízo lógico. Não é, propriamente, só uma coisa, algo que nos é dado como um bem móvel[316]. Xirau indica que a consciên-

312 XIRAU, Joaquín, op. cit., nota 241, p. 204.
313 Ibidem, p. 205.
314 Ibidem, p. 207.
315 Ibidem, p. 60.
316 Ibidem, p. 61.

cia pura, adotada como objeto de estudo pela Fenomenologia, é inversa à consciência empírica, trazida pelo psicologismo[317].

Então, por qual motivo a Fenomenologia busca refutar a análise meramente psicológica sobre a ocorrência de determinado fato? Robert Sokolowski defende que o psicologismo é visto como uma reivindicação de que algumas coisas, tais como a verdade, a lógica ou evidência, são meramente atividades decorrentes do empirismo da nossa psique. Juntamente com o biologismo, as duas ciências percebem a verdade e seu respectivo significado como sendo algo decorrente meramente do empirismo e não algo transcendente (como quer a Fenomenologia)[318].

Levando-se em consideração estes dados, para dar consistência à crítica travada sobre a preterição da Psicologia em face da Fenomenologia, Husserl descreve que aquela é uma ciência empírica, que se baseia em fatos, (no sentido de "*matters of fact*", como era percebido em David Hume), mas se baseia igualmente em realidades, já que os fenômenos com os quais se ocupa são fenômenos reais[319]. Mas ao compararmos estes dados com os encampados pela Fenomenologia, iremos perceber que a fenomenologia pura (também compreendida como transcendental), não é uma ciência que cuida de fatos, mas sim, uma que cuida de essências.

Para o psicologismo, então, a lei da verdade é vista como algo empírico, uma lei empírica de alto nível, algo verdadeiramente soberano, imposto. Já na Fenomenologia, o significado e a verdade não são vistos como algo decorrente da nossa mente, mas algo que transcende a nós mesmos, afinal, a verdade está nas coisas, não em nós. As coisas ou os crimes tendo ocorrido nos darão a impressão de nuances multirradiais com base naquilo que nos mostram, tal como nos são dados.

Daí então, precisaremos utilizar o raciocínio para fazer juízos sobre o que aquilo significa para o mundo natural, em regresso da atitude fenomenológica, após ter sido intuído de forma categorial, reveladora, declarativa. Esta reflexão que estabelece tal atitude também é chamada por Sokolowski de "reflexão proposicional" ou "judicamental", já que seu objetivo primordial é estabelecer um juízo, uma valoração, uma proposição apofântica[320] (cuja origem grega é ἀπόφανσις ou *apophansis*). Tal juízo não está pronto

317 XIRAU, Joaquín, op. cit., nota 241, p. 67.
318 SOKOLOWSKI, Robert, op. cit., nota 227, p. 125.
319 HUSSERL, Edmund, op. cit., nota 233, p. 28.
320 ABBAGNANO, Nicola, op. cit., nota 265, p. 83.

no momento em que percebemos a coisa. Justamente por isso é que precisamos mudar de atitude[321].

2.3.2. Crítica ao naturalismo

Novamente criticando o método oriundo das ciências naturais tradicionais, Husserl aduz que, embora a ciência natural tenha crescido, afastando o ceticismo antigo, preferiu trabalhar com a ideia do método correto, (mais perfeito possível), referente ao conhecimento natural, mas o fez apenas pela metade, o que dá novo fôlego ao ceticismo e suas reflexões e tendências[322].

Assim, se através disso se busca explicar princípios lógicos com base na Psicologia, então, o resultado será o relativismo, pois a depender do processo psicológico encontrado em cada indivíduo ou grupamento de indivíduos que pensem da mesma maneira, sua lógica seguirá neste sentido e cada um terá seus princípios acerca da verdade, enfim, do que acha que aconteceu, não o que realmente aconteceu, segundo uma metodologia universal[323].

David Cerbone nos ajuda a compreender os interesses de Husserl a partir da sua análise acadêmica e de formação. Isto também nos permitirá refletir sobre a postura antinaturalista atribuída ao último autor[324]. Em virtude da sua formação, sempre que possível, Husserl pontua a Fenomenologia com base na Lógica e na Matemática. Não seria por outro motivo que duas de suas grandes obras possuem títulos com nome relacionados a estas ciências: "Investigações Lógicas" e "Meditações Cartesianas e Conferências de Paris".

Já o segundo grande interesse de Husserl demonstra sua fiel linha de pensamento desenvolvida a partir da influência do seu mestre Franz Brentano. Daí então, houve efetivo aprofundamento nas ideias de consciência e intencionalidade. Em seguida, podemos descrever um terceiro grande interesse, que deve remontar às críticas iniciais da concepção sobre a Fenomenologia e se refere ao movimento contrário ao naturalismo: o antinaturalismo[325]. Segundo Cerbone, Husserl se opunha ao naturalismo por entender que existem verdades e princípios pressupostos pelas ciências

321 SOKOLOWSKI, Robert, op. cit., nota 227, p. 110.
322 HUSSERL, Edmund, op. cit., nota 233, p. 71.
323 CERBONE, David R., op. cit., nota 242, p. 29.
324 Ibidem, p. 28.
325 Ibidem, p. 28.

naturais, mas cujos fatos nem ela mesmo seria capaz de explicar. Daí a necessidade de uma fenomenologia transcendental[326].

Deste modo, Husserl não concebia a possibilidade de esgotamento descritivo da realidade mediante a utilização exclusiva das ciências naturais. Porém, de certa forma, se valia da postura natural para o desenvolvimento do seu método de redução fenomenológica (como veremos em momento oportuno). É importante destacar que Husserl não se opõe às ciências naturais (até porque se utiliza da atitude natural para então poder se passar à atitude transcendental)[327]. Então, para Husserl, com base no antinaturalismo, a lógica não pode ser compreendida de forma psicológica.

A única coisa que ele pontua realmente é o fato de não considerar o naturalismo como uma verdadeira interpretação metafísica da atitude natural e que teria respostas para todas as coisas, mas sim, considerar a atitude natural e a ciência natural como ingênuas, já que não conseguem respostas para tudo[328]. Para que os naturalistas possam vir a tecer explicações sobre qualquer coisa, se utilizarão dos conceitos dos próprios objetos para este mister, mas isto não é adequado para fins de explicação, dependendo de algo além, a transcendentalidade de Husserl.

É justamente neste ponto que emerge uma das principais diferenças entre as ciências naturais e a Fenomenologia, a qual reside no grau de certeza dado a cada explicação. Se por um lado as ciências naturais buscam princípios ou leis que, para justificar determinado acontecimento, estarão sujeitas a interpretações abertas conforme o leque de alternativas possíveis ao deslinde daquela questão, de outra banda, quando a Fenomenologia resgata a experiência e dita o que realmente houve, levando-se em consideração que, conforme aquela experiência determinada no tempo e no espaço, não poderá ser e ao mesmo tempo não-ser, não há lugar ou abertura para que se proceda a interpretação divergente, a não ser por erro na valoração ou por alguma causa não descoberta ou não esclarecida, pois uma fonte de cognição originária (como é o caso de uma experiência transcendental) é uma fonte legítima[329].

A isso, some-se o fato de que as ciências naturais também são limitadas, pois não conseguem lidar abertamente com posicionamentos

326 CERBONE, David R., op. cit., nota 242, p. 29.

327 Ibidem, p. 31.

328 Ibidem, p. 34.

329 Ibidem, p. 38.

transcendentais, razão pela qual a Fenomenologia fornece a necessária explicação filosófica[330].

2.3.3. Críticas ao empirismo e ao idealismo

Husserl assevera que do empirismo decorre a propagação de um radicalismo cognitivo-prático que pretende fazer prosperar o direito da razão autônoma como única fonte de verdade[331]. Segundo o autor, porém, o equívoco reside em afirmar que a necessidade exigida de retorno às coisas mesmas é confundida frequentemente com a necessidade de identificação e fundamentação de todo conhecimento através da experiência[332].

A questão, todavia, está em identificar o posicionamento do preconceito, pois uma ciência que pretende ser autêntica e obviamente desprovida de preconceitos, como assim deve ser, precisa extrair a validade dos seus fundamentos diretamente de intuições originalmente doadoras de sentido[333]. Tudo isso só pode ser constatado através da evidência, isto é, através de um indivíduo como doador de sentidos para o mundo da vida (*lebenswelt*)[334].

Então, originariamente, devem ser fixados os juízos que por sua vez devem se ajustar fielmente ao que lhe é dado em evidência, livre, portanto, de preconceitos. Nesse sentido, Husserl afirma que o "ver originário" (aquilo que está diante do observador, em sua presença, algo imediato, portanto), como consciência doadora originária, é a legítima fonte de todas as afirmações racionais. Isso ressalta a importância da Fenomenologia[335].

Todavia, o autor também afirma que esse fundamento de validade em face daquilo que vemos, daquilo que está diante de nós em presença pode ser abandonado no decorrer da experiência, em virtude de outra

330 CERBONE, David R., op. cit., nota 242, p. 40.

331 HUSSERL, Edmund, op. cit., nota 233, p. 60.

332 Ibidem, p. 61.

333 Ibidem, p. 62.

334 Husserl acentua a dificuldade inerente para a consideração deste mundo da vida, pré-dado, como o celeiro para as investigações científicas, já que não está claro quais tipos de tarefas especificamente ligadas a este caráter devem ser seguidas e em que medida isto influencia no conhecimento filosófico. Todavia, acreditamos que é justamente a partir desta abertura que a filosofia e, especialmente a fenomenologia, encontram campo fértil para semear seus conhecimentos absolutos. HUSSERL, Edmund. *A crise das ciências europeias e a fenomenologia transcendental*: uma introdução à filosofia fenomenológica. Tradução de Diogo Falcão Ferrer. Rio de Janeiro: Forense Universitária, 2012. p. 99. Título original: Die Krisis der europäischen Wissenschaften und die transzendentale Phänomenologie: Eine Einleitung in die phänomenologische Philosophie.

335 HUSSERL, Edmund, op. cit., nota 233, p. 62.

legitimação (contrária, ou corretiva), que supere ou suprima a primeira, fornecendo informações que mostrem que aquela impressão inicialmente alcançada não corresponde à verdade[336].

Ainda criticando os empiristas, Husserl indica que estes parecem não enxergar que as exigências científicas utilizadas para estabelecimento das suas próprias teses igualmente a elas se endereçam. Ou seja: acabam se contradizendo com o princípio segundo o qual se deve estar isento e afastado de preconceitos, pois ao mesmo tempo se utilizam de opiniões pretéritas não clarificadas e muitas vezes infundadas[337].

Ao comentar sobre o empirismo, Maurice Merleau-Ponty reflete que a antítese inerente àquele está situada no mesmo terreno. Isto significa dizer que, embora ambos tenham como pressuposto o objeto de análise conforme o mundo objetivo, isto não representa, necessariamente, seu sentido. Ambos são verdadeiramente incapazes de exprimir o modo particular pelo qual a consciência perceptiva do indivíduo constitui aquele objeto. Então, isso nos leva a crer que os dois guardam distância a respeito da percepção, ao invés de se juntarem a ela[338].

David Cerbone indica que o empirismo apenas trata a experiência como algo que envolve canais independentes, isto é, à medida que interpreta a percepção como reação dos estímulos e sensações, cada uma dessas fontes forneceria seu próprio fluxo de informação, mas de modo estanque[339]. Como consequência, teremos a conversão da experiência em algo passivo e inerte.

Cerbone acrescenta que o empirismo parece esquecer que a experiência perceptual não é um simples registro dos estímulos, recebidos passivamente, mas algo verdadeiramente vivido por alguém que percebe[340]. E, aqui, os empiristas podem cair no erro que era chamado pelos psicólogos da Gestalt de "hipótese da constância". Não se pode tomar a percepção como algo efetivamente estanque, fechado, completamente determinado. Então, através da referida "hipótese", a percepção seria unicamente decorrente de uma consequência de estímulos recebidos. A constância destes significaria

336 HUSSERL, Edmund, op. cit., nota 233, p. 63.

337 Ibidem, p. 64.

338 MERLEAU-PONTY, Maurice. *Fenomenologia da Percepção*. 5. ed. Tradução de Carlos Alberto Ribeiro de Moura. São Paulo: WMF Martins Fontes, 2018. p. 53. Título original: Phénoménologie de la perception.

339 CERBONE, David R., op. cit., nota 242, p. 171.

340 Ibidem, p. 173.

a própria constância da experiência. Assim, qualquer breve mudança no estímulo mudaria, logicamente, a experiência perceptual[341].

Por sua vez, Merleu-Ponty ensina que o próprio conceito de atenção se deduz, para o empirismo, desta mesma "hipótese", isto é, mesmo que o que estejamos percebendo não corresponda objetivamente às propriedades inerentes ao estímulo, então, a hipótese de constância se encarrega de nos obrigar a admitir que as "sensações normais" já estão ali, pois são constantes[342].

Mas não é essa a compreensão que devemos ter. Para a Fenomenologia, a mudança na percepção sensorial não necessariamente produz uma mudança no cenário, que é estanque. O que faremos ao mudar nosso foco de atenção é perceber outros perfis que, por limitação no campo visual, não foram até então percebidos. Não significa, portanto, que aquilo que ainda não foi focado por nós só passe a existir quando voltamos nossa atenção para aquele objeto ou para aquele fenômeno. A fenomenologia da percepção e aquela desenvolvida pela teoria da valoração crimino-fenomenológica indicam a presença de vários verbos, que por sua vez indicam ações por parte do fenomenólogo que observa a situação/fato e a trata de modo substancialmente ativo no desenvolvimento do processo de subsunção do fato à norma penal ou processual penal.

Por fim, questionando os demais ramos do conhecimento, Husserl também tece críticas ao idealismo tradicional. Em oposição ao empirismo, o modo de pensar "apriorista" não chega, de modo reflexo, à consciência hialina de que há algo tal como uma intuição pura. No idealismo, fala-se de evidência, mas o autor afirma que isso não passa de um mero "sentimento de evidência", algo inventado teoricamente[343]. Obviamente, para um conhecimento de essências não basta a mera crença de que esta está sempre lá. É preciso adotar postura ativa e que o fenomenólogo saiba que ele depende da sua intencionalidade para alcançar um conhecimento eidético como um pressuposto para o idealismo transcendental. É sobre isso que passaremos a estudar, a partir de agora.

341 CERBONE, David R., op. cit., nota 242, p. 170.

342 MERLEAU-PONTY, Maurice, op. cit., nota 338, p. 53.

343 HUSSERL, Edmund, op. cit., nota 233, p. 65.

2.4. A INTENCIONALIDADE

2.4.1. Noções gerais

Na descrição do conceito de "fenomenologia", justamente pelo fato de a noção de "experiência" coincidir com a ideia de "fenômeno", para que possamos fazer a descrição é muito mais razoável e lógico dar atenção à experiência do que àquilo que é experienciado, pois para David Cerbone, isto é dar atenção aos fenômenos[344].

Porém, isto não significa deixar de se ater aos dados daquilo eventualmente experienciado, tendo em vista que a experiência se traduz no que é experimentado. Se eu tenho consciência e sei que posso experimentá-la, então, tenho consciência "de algo" que, pelos meus sentidos, sei que está diante de mim. Daí também parte a noção de intencionalidade. A Fenomenologia, de certa forma, tem na intencionalidade um dos seus principais objetos de estudo[345].

Quando se fala em experiência, logo nos remetemos às possibilidades que a nossa capacidade perceptiva pode nos proporcionar diante deste "algo". Obviamente, deve ser feita a distinção entre os sentidos, destacando-se que a visão dá uma noção extracorpórea, diferentemente do tato, por exemplo, que é localizado (somente se experiência o toque quando o objeto material está ao seu alcance)[346].

Além disto, é preciso ter em mente que a experiência de determinado momento lhe esgota o ponto de vista em face daquela perspectiva única por quem executa aqueles atos traduzidos pela intencionalidade. Isto nos leva a crer, a princípio, que podem existir outros modos possíveis de experimentar um determinado fenômeno, conforme o seu grau de atenção, o seu posicionamento, bem como por critérios distintos de clareza e obscuridade (que veremos em momento oportuno), conferindo à atualidade da experiência maior grau de fidedignidade (ou não), em face do que é realmente vivido.

E é sobre este detalhamento em face da noção de "essência" que trabalha a Fenomenologia. Explicar as características daquilo que foi efetivamente experimentado requer uma análise transcendental que seja capaz

344 CERBONE, David R., op. cit., nota 242, p. 13.

345 Ibidem, p. 14.

346 Ibidem, p. 155.

de distinguir, também, as nuances da essencialidade das experiências e a viabilidade/possibilidade de que tenham ocorrido[347].

Robert Sokolowski inaugura o livro "Introdução à Fenomenologia" tratando da questão referente à intencionalidade[348]. Tudo aquilo que percebemos em relação ao mundo, tudo o que podemos experimentar (ou ter como resultado de uma experiência) somente é possível em função da intencionalidade inerente aos indivíduos.

A referência pode nos seduzir ao entendimento de intencionalidade enquanto "intenção", mas não é o correto. Na Fenomenologia não se encara a expressão intencionalidade como um ato segundo o qual o indivíduo tem uma motivação que lhe é inerente para que se faça alguma coisa, quando, por exemplo, se quer adquirir um livro "com a intenção de estudar".

Para os efeitos propostos pela Fenomenologia, Sokolowski indica o conceito de intencionalidade como aplicado à teoria do conhecimento, não à da ação humana. Assim, quando estamos intencionados a um objeto, temos consciência "deste" objeto, ou ainda, quando experienciamos algo, temos a experiência "deste" algo, e daí por diante. São, portanto, intenções mentais, não ações práticas[349].

Robert Sokolowski aponta que uma das principais contribuições da Fenomenologia foi o rompimento com o tradicional predicamento egocêntrico que vivíamos por ocasião das doutrinações cartesiana, lockiana e hobbesiana, em face das quais estávamos jungidos a um núcleo central e fechado de informações que estabelecia noções sobre o mundo como algo já pronto e experimentável, no qual nossa consciência estaria direcionada para este grupamento de ideias e experiências[350].

Ao rompermos com essa tradição, podemos ir além na busca pelas essências dos fenômenos, ao princípio dos princípios, à fonte de conhecimento absoluto em face da qual as demais ciências devem se basear. Assim, ao podermos ter a capacidade de revelar as coisas tal qual elas aparecem para nós, em função da nossa intencionalidade, conseguimos nortear uma vantagem em face dos atributos que temos de pensar, raciocinar e perceber,

347 CERBONE, David R., op. cit., nota 242, p. 15.

348 SOKOLOWSKI, Robert, op. cit., nota 227, p. 17.

349 Ibidem, p. 17.

350 Ibidem, p. 21.

fazendo com que nós consigamos reassumir nossa condição humana como agentes da verdade, pondera Sokolowski[351].

Merece destaque, também, o fato de que precisamos encarar como possível a existência de diversos níveis de intencionalidade, correlacionadas com diversas atitudes ou objetos que temos oportunidade de perceber e experienciar. Se estamos diante de um determinado objeto, então temos uma espécie de intencionalidade específica em face da presença deste objeto, uma intencionalidade perceptual. Se, por outro lado, estamos diante de uma fotografia ou uma pintura, nossa intencionalidade é pictorial.

Quando nós nos lembramos de algo ou alguma coisa, um fato passado, estamos diante de uma intencionalidade rememorativa. O que Sokolowski quer dizer é que precisamos nos atentar ao tipo de estímulo, ao tipo de intencionalidade, para que então possamos diferenciá-los uns dos outros. Nada impede, porém, que elas estejam entrelaçadas umas com as outras: a fotografia não deixa de ser um objeto, então, necessariamente eu mesclo as categorias de intencionalidade pictorial com perceptual etc.

Numa outra abordagem sobre a intencionalidade, Joaquín Xirau a destaca como sendo a propriedade que define a consciência. A palavra "intenção" comporta diversas interpretações. Podemos mencioná-la como sentido de algum propósito do indivíduo, de querer ou não querer se mover ou fazer alguma coisa, enfim, de ter ou não ter intenção disto ou daquilo[352]. Mas não é esse o sentido propriamente utilizado por Husserl. A "intenção" tal como tratada na filosofia fenomenológica implica dizer que um indivíduo, estando intencionado para alguma coisa, quando ele a percebe ele, terá a percepção desta coisa percebida e da forma como esta coisa é dada para aquele sujeito em particular. A palavra *intentio* quer traduzir uma relação que existe entre um determinado ato psicológico e o seu respectivo conteúdo, enfim, uma propriedade da consciência, mas que pressupõe a sua própria existência e também a do objeto ao qual ela se refere[353].

Joaquín Xirau indica que a noção básica da estrutura intencional da consciência fez com que Husserl tivesse que dissertar sobre uma distinção primordial entre alguns elementos, cuja nomenclatura faz referência direta ao pensamento helênico. No ato de referência ao contínuo processo de intencionalidade, precisamos necessariamente distinguir tudo aquilo que

351 SOKOLOWSKI, Robert, op. cit., nota 227, p. 21.

352 XIRAU, Joaquín, op. cit., nota 241, p. 157.

353 Ibidem, p. 158.

consideraremos como o ato intencional e, de outro lado, o conteúdo objetivo ao qual estamos diretamente direcionados, ou seja, o objeto referido. O primeiro elemento é chamado de noese e o segundo, de noema[354].

Teremos sempre um correlato objetivo contraposto à atividade subjetiva exercida pelo indivíduo. Para descrevermos o noema, não basta simplesmente afirmarmos que ele é o conteúdo objetivo estanque da minha percepção. Indo além, devemos investigar todos os seus predicados, suas qualidades e a forma como ele aparece diante da minha posição de observador, ou seja, do modo como ele é dado para a minha consciência ativa num ato intencional. Por tal razão, afirma Xirau, a relação conjunta entre noese e noema que lhe é correlato formará a referência intencional[355].

2.4.2. A unidade intencional

Husserl diz que a coisa é a unidade intencional. Refere-se à identidade daquilo que se intenciona. Mas há multiplicidades perceptivas ao redor desta unidade que se fundem numa composição descritiva determinada. Elas são, de certa forma, por essência, subordinadas àquela unidade. Existem, também, os dados de sensação que, unidos em campos de sensação, constituem a função de exibição. Juntamente com outros caracteres, forma-se a composição real de percepção e acabam por se referir, portanto, a uma complexa síntese oriunda/decorrente da consciência de uma só coisa, que por sua vez se refere a uma unidade de concepção e que se baseia, desta forma, na compreensão sobre a essência de todas as apreensões em virtude da síntese dessa verificação[356].

Ao tecer comentários sobre a relação entre a coisa e a própria percepção, Husserl faz um esclarecimento acerca de um erro de princípio, segundo o qual a percepção não teria acesso à coisa mesma. De acordo com o entendimento do autor, o que induz tal pensamento é o fato de se considerar que a transcendência da coisa é a transcendência de um signo ou de uma imagem. Porém, é preciso lembrar que há uma diferença eidética referente ao que consideramos como percepção e, por outro lado, a representação "imagético-simbólica" ou "signo-simbólica", pois nessas últimas, quando

354 XIRAU, Joaquín, op. cit., nota 241, p. 161.

355 Ibidem, p. 163.

356 HUSSERL, Edmund, op. cit., nota 233, p. 99.

intuímos algo, a consciência resultante irá ser equivalente à de uma figura em imagem ou que indica, através de um signo, alguma outra coisa[357].

Sobre a diferença entre percepção e representação, Joaquín Xirau disserta afirmando que na primeira situação a percepção esgota sua realidade nela mesma, ou seja, o confronto intuitivo se dá de modo direto, não necessitando de outros atos alheios para lhe garantir significação. Já na representação, por estarmos diante de algo inerente à imaginação, fantasia ou ainda a própria memória, o sentido é obtido mediante a conjugação com outras coisas pretéritas, presentes ou futuras[358].

Para Husserl, quando estamos diante de uma intuição imediata, ou seja, diante de "algo como ele mesmo", as intuições não se referem a outra coisa senão ela mesma, "de carne e osso", diferentemente do que ocorre numa representação, numa recordação ou ainda na livre imaginação. Então, é válido dizer que a percepção não faz o que uma imaginação ou uma recordação fazem, isto é, ela não presentifica um "não presente", mas apreende algo como "ele mesmo", em sua presença, em seu sentido próprio. Pensar diferente remonta em inadequada mudança de sentido[359].

Se temos uma consciência do que acaba de ocorrer apenas como uma retenção daquela experiência, ou seja, como uma retenção rememorativa/retroativa, então, obviamente o tempo decorrido e a memória daquela percepção serão fundamentais na determinação da minha própria experiência paradigmática[360].

Aliás, a oportunidade que se tem para análise de perfis da percepção e sua apreensão é efetivamente "vivendo" e intuindo o fenômeno, pois Husserl afirma que o vivido não se exibe[361] (afinal, o "modo de ser" do vivido é justamente, ser perceptível, por princípio, no modo de reflexão[362]), significando dizer que a sua percepção é vista como algo dado (ou a ser dado) como "absoluto", original na percepção, não como sendo algo que seria dado de forma idêntica em modos de perfis. Por tal motivo, afirma-se que é justamente da essência do dado imanente um "absoluto", eis que não se pode, de forma alguma, se perfilar por seus lados, pontua o autor[363].

---

357 HUSSERL, Edmund, op. cit., nota 233, p. 102.

358 XIRAU, Joaquín, op. cit., nota 241, p. 73.

359 HUSSERL, Edmund, op. cit., nota 233, p. 103.

360 Ibidem, p. 106.

361 Ibidem, p. 104.

362 Ibidem, p. 107.

363 Ibidem, p. 105.

Neste sentido, quando estamos numa situação de presentificação de coisa, isto se dá mediante formas de exibições de perfis, pelos quais estes próprios, bem como as apreensões (e, por via de consequência, os fenômenos em si), são modificados sob o prisma de uma reprodução, caracterizando então, o que Husserl chama de uma "modificação reprodutiva"[364].

Por princípio, a coisa também é algo perceptível, afirma Husserl. Com isto, ela é apreendida na percepção como coisa que se encontra disponível para ser percebida no mundo que me circunda. Porém, esta "disponibilidade" não significa, necessariamente, uma apreensão. O "pano de fundo" abrange uma pequena parte do meu mundo circundante. Cabe a mim intuir e perceber os perfis disponíveis para que sejam definitivamente apreendidos e assimilados[365].

2.4.3. *Cogito* e *cogitatum* na reflexão natural e na reflexão transcendental

A percepção da coisa ou do fenômeno enquanto unidades intencionais requerem uma base na parte da intencionalidade do indivíduo. Por tal razão, em "Meditações Cartesianas", Husserl afirma que há uma estrutura tripartite em cada experiência. Partindo-se do "eu", há o ato cognitivo empenhado pela noese em face daquilo sobre o qual se lança a intencionalidade: o noema. Então, o "ego" se refere ao observador e o "*cogitatum*" ao objeto-tal-como-intencionado, mediante a estrutura intermediária que é o "*cogito*"[366]. Por ser exatamente uma vivência de consciência, é este último ato que define a propriedade da experiência, vale dizer, se há percepção, desejo, temor, recordação, imaginação etc.[367] A tríade demonstra elementos essenciais[368].

Husserl indica que a expressão cartesiana "*cogito*" abrange tanto os complexos das espontaneidades da consciência do indivíduo, quanto as

364 HUSSERL, Edmund, op. cit., nota 233, p. 106.

365 Ibidem, p. 107.

366 A ideia desta expressão é cunhada na máxima cunhada por Descartes, intensamente utilizada na obra *"Discours de la méthode"* (Discurso sobre o método) em 1637 originalmente em francês *"je pense, donc je suis"*, que significa "penso, logo existo" eternizado pela expressão latina *"cogito, ergo sum"*. DESCARTES, René. *Discours de la méthode*: pour bien conduire sa raison & chercher la verité dans les sciences. Leyde: Jan Maire, 1637. p. 33.

367 HUSSERL, Edmund. *Meditações cartesianas e conferências de Paris:* de acordo com o texto de Husserliana I/Edmund Husserl; editado por Stephan Strasser. 1. ed. Tradução de Pedro M. S. Alves. Rio de Janeiro: Forense, 2013. p. 71. Título original: Cartesianische Meditationen und Pariser Vorträge.

368 CERBONE, David R., op. cit., nota 242, p. 112.

diversas formas dos atos e estados afetivos e volitivos (como, por exemplo, ter prazer ou desprazer etc.), incluindo os atos mais simples, mediante os quais, seja em forma de apreensão ou direcionamento espontâneos, sigo consciente do mundo como um "mundo disponível" de forma imediata[369].

Ainda sobre o *cogito*, Husserl assevera que isto se refere, propriamente, ao ato de julgar, de perceber. Pode, então, se referir a uma estrutura de vividos que compreende atos efetuados e não efetuados (estes, os que de certa forma, se situam fora, obviamente, do campo da efetuação) e também podem ser compreendidos como "atos incipientes". Estes últimos, portanto, são considerados "vividos com todas as suas intencionalidades", porém, neles não vive o "eu" como "sujeito efetuante"[370].

Essa questão de disponibilidade do mundo natural está para mim assim como está para os "outros eus-sujeito". Husserl afirma que, enquanto se tem consciência deles como "eus-sujeito", o indivíduo os entende e os aceita como elementos que participam e o circundam. Daí surge a afirmação segundo a qual cada indivíduo tem o seu lugar no mundo da vida (*lebenswelt*), a partir do qual percebe as coisas de uma forma, cada um à sua maneira, conforme as coisas estejam disponíveis e se manifestem diretamente para eles[371].

Então, para que possamos estudar mais profundamente todas as nuances da Fenomenologia enquanto teoria do conhecimento, Husserl busca a tese de orientação a partir do mundo natural: uma orientação natural, portanto. A tarefa, aqui, é conhecer o mundo de uma maneira abrangente, confiável e sobretudo mais ideal e perfeita do que o conhecimento ofertado pelo modo empírico de observação. Isto traz mais credibilidade e efetividade ao método a ser empregado[372]. Com isto, partindo-se do pressuposto de que a Fenomenologia é uma ciência que busca a verdade do conhecimento, e que para atingi-lo não podemos desconsiderar o mundo à nossa volta, devemos destacar que este ramo da Filosofia não despreza o mundo natural nem a atitude que dele devemos ter.

A Fenomenologia é, portanto, um complemento da atitude natural. Por esta razão, Robert Sokolowski nos mostra que a contribuição mais importante desta ciência foi possibilitar a validação da verdade, insistindo

---

369 HUSSERL, Edmund, op. cit., nota 233, p. 75.

370 Ibidem, p. 257.

371 Ibidem, p. 76.

372 Ibidem, p. 77.

que devemos nos ater aos princípios obtidos no mundo natural. O autor denota, ainda, que a Fenomenologia é parasita da atitude natural e das suas intencionalidades, já que parte delas para exercer os atos de contemplação e, com isso, validar as propostas originais[373].

E o que faz o processo conhecido como "redução transcendental" ser tão importante? Quando se está diante desta "redução", muda-se a atitude natural para alcançar a atitude fenomenológica, ocasião na qual teremos oportunidade de ver as coisas como elas realmente são e da forma como são dadas para nós em atitude natural, originária. É um ato de abstração. Daí afirmarmos que é na redução transcendental a ocasião de descobertas, de fundamentação das coisas e dos fenômenos em validade e essência.

Uma reflexão natural, a partir do mundo natural, de uma casa, por exemplo, é uma percepção direta. Vemos um imóvel: a casa. Não nos damos conta de que o que vemos é resultado de um ato de percepção próprio. Só com esse ato de reflexão (natural) é que afirmamos que vemos uma casa, ou que estamos diante da ocorrência de um crime que acaba de ser cometido. Por outro lado, diante da reflexão fenomenológico-transcendental, iremos poder contemplar o *cogito* transcendentalmente reduzido e, portanto, faremos o trabalho de descrição pormenorizada em atitude pura. A passagem para as considerações desta nova vivência fenomenológica se traduz numa retrorreferência à vivência anterior (natural) a esta que agora estamos pormenorizando[374].

2.4.4. Noese e noema

Algumas páginas atrás pudemos dissertar breves linhas introdutórias sobre este tema. Agora, de posse de outros conhecimentos da ciência fenomenológica, chega o momento de nos aprofundarmos um pouco mais. Quando Husserl finalmente introduz o termo "noese", denota que isto constitui o específico do "*noûs*", em seu sentido mais amplo, remetendo a todas suas formas atuais de vida, às *cogitationes* e aos vividos intencionais em geral, de modo a abranger tudo que seja considerado pressuposição eidética da ideia de forma[375]. O aspecto noético estaria relacionado ao lado

373 SOKOLOWSKI, Robert, op. cit., nota 227, p. 70.

374 HUSSERL, Edmund, op. cit., nota 367, p. 72.

375 HUSSERL, Edmund, op. cit., nota 233, p. 195.

psíquico dos vividos[376]. A "noese" é o correlato do "noema". Ambos formam a dupla face eidética da intencionalidade[377].

Para Sokolowski, a noese considera os atos de consciência após a atuação da *epoché* fenomenológica. A origem destas duas terminologias, assim como a própria menção à *epoché*, deve-se à raiz grega. Assim, partimos do verbo utilizado no grego antigo νοέω (*noein*) cujo significado é "pensar", "perceber" e está ligado diretamente à noção de "intelecto"[378].

Em outras palavras, partindo-se do mesmo significado, as duas palavras (noese e noema) se correlacionam, já que a primeira se refere a um ato de pensamento, enquanto a segunda é justamente aquilo que é pensado. É o resultado daquilo que foi objeto do ato de pensamento. Isto porque, em grego, o sufixo "-ma" representa esta passagem. No nosso vocabulário cotidiano podemos comprovar tal fato, na medida em que analisamos a palavra "fantasma", por exemplo, que significa o objeto da fantasia e assim por diante.

A terminologia destinada para o "noema" destaca diretamente aos correlatos objetivos das intencionalidades às quais se refere. Pode ser uma pessoa, um objeto, enfim. Robert Sokolowski afirma que, quando estivermos diante desta nomenclatura, estamos diante de algo eminentemente discutido sob o ambiente fenomenológico[379].

Então, se tal palavra está sendo utilizada, não estamos mais diante da atitude natural, mas sim, da atitude fenomenológica. Por isso que ela é considerada uma terminologia própria deste momento. O noema não transmuda a natureza original, que partiu da atitude natural. Ele não cria um novo objeto, apenas o transforma em algo estudado sob o cariz filosófico. Portanto, noema é o sentido ou o significado do processo mental que decorre do processo de sintetizar os mais diversos momentos de experiência, que é a noese. Ao conteúdo experienciado chamamos de síntese[380]. Síntese, então, nada mais é do que a reunião de vários momentos da experiência.

David Cerbone afirma que o noema de determinado processo mental é justamente aquilo distinto do próprio objeto, mas é em face deste que o processo é dirigido, existam ou não os objetos aos quais dirigimos a aten-

376 HUSSERL, Edmund, op. cit., nota 233, p. 196.

377 Ibidem, p. 286.

378 SOKOLOWSKI, Robert, op. cit., nota 227, p. 69.

379 Ibidem, p. 68.

380 CERBONE, David R., op. cit., nota 242, p. 52.

ção[381]. À semelhança do que ocorre por ocasião do estudo deste, quando falamos em noese estamos também nos referindo ao momento de análise na atitude fenomenológica.

E se estamos dizendo que esta é o correlato do primeiro, então, certamente iremos mencionar as duas terminologias de modo simultâneo. Na noese, queremos nos referir aos atos intencionais utilizados para que intencionemos as coisas, as pessoas, os fatos etc. Enfim, se temos intenções e elas ora são vazias, ora cheias, na busca por uma identidade numa multiplicidade, devemos isto à noese.

2.4.4.1. *Sentido noemático*

Ao dissertar sobre a delimitação da essência "sentido noemático", Husserl nos mostra que ao estarmos num *cogito* vivo, sua essência está dirigida a uma "objetividade" dita, de fato, entre aspas, haja vista que nela podemos compreender uma concepção noemática específica, que deve ser descrita sob uma delimitação própria e precisa, sempre levando-se em consideração que, no momento em que descrevemos um objeto visado ou algo visado, tal como ele foi visado (ou seja, daquela forma específica e sob as considerações daquele momento), afastamos a possibilidade de ingresso de proposições subjetivas[382].

Assim, ao se afirmar que o "dado" (tal como foi efetivamente dado), o foi com o grau de determinação estabelecido a partir da descrição conforme sua clareza apresentada naquela situação (mesmo que seja submetido à clarificação diante da obscuridade), pode-se concluir que, nas palavras de Husserl, "em todo noema se delimita manifestamente um conteúdo inteiramente preciso". Quanto mais se traz à clarificação da objetividade do noema, efetuando-se sua precisa descrição noemática, mais próximos da sua verdadeira essência estaremos e, consequentemente, da sua significação, ainda que várias consciências com seus "eus puros edificantes" desafiem a Fenomenologia para extrair tal conteúdo eidético, evitando-se subjetivismos (identificando-se o sentido "no modo de sua plenitude")[383], determinando-se seu verdadeiro sentido noemático.

381 CERBONE, David R., op. cit., nota 242, p. 51.

382 HUSSERL, Edmund, op. cit., nota 233, p. 289.

383 Ibidem, p. 290.

2.4.4.2. Noese e noema: as mudanças de ponto de vista

No que diz respeito às mudanças do ponto de vista noético e noemático, Husserl faz menção a uma série de alterações idealmente possíveis pressupondo que haja um núcleo noético, bem como momentos característicos, mas que não impõem trocas nas respectivas operações noemáticas. Todavia revelam alterações no vivido em si (em seu duplo aspecto: noético e noemático)[384]. Por estarmos nos referindo a momentos nos quais o indivíduo impõe uma mudança no modo de atenção, é preciso salientar que esta atitude afeta, de certa forma, a compreensão e reestruturação do fenômeno.

Husserl chega a exemplificar afirmando que, por vezes, o raio de visão atravessa diferentes camadas noéticas (como ocorre nas situações de recordações que são levadas a efeito dentro de outras recordações, assim como numa situação de percepção de um objeto). Ora focamos num ponto, posteriormente, noutro e assim por diante[385].

A partir destes ensinamentos, podemos resgatar o exemplo fornecido por Husserl quando se utiliza da oscilação de luminosidade de uma lâmpada para ilustrar as nuances da atenção. Se sua atenção é o foco iluminador em busca da essência do fenômeno que transcorre na sua frente, então, obrigatoriamente haverá pontos de obscuridade que precisarão ser esclarecidos em momento oportuno. Assim, esta alteração de luminosidade não altera o sentido daquilo que aparece, mas altera seu modo de aparecer[386].

No aspecto noético, entretanto, o modo de atenção (principalmente o ativo) condiciona as noeses, tanto no que concerne às suas necessidades, quanto em suas possibilidades, afetadas pelo modo como se dirige a atenção. Veja, em toda situação na qual se tome uma posição, ou se efetue uma tomada de decisão, Husserl indica que nessas situações (apenas para ilustrarmos alguns exemplos de aplicação prática), há necessidade de que se tenha uma atenção positiva. A partir disto, o "eu" poderá executar as ações previstas nos verbos. Todavia, isto não tem o condão de alterar a compreensão segundo a qual a ampliação ou o retraimento do campo de expansão desta função do olhar que se desloca (conforme o foco de atenção), significa o que Husserl chama de "dimensão específica das modificações noéticas e noemáticas correlativas"[387].

---

384 HUSSERL, Edmund, op. cit., nota 233, p. 211.

385 Ibidem, p. 211.

386 Ibidem, p. 212.

387 Ibidem, p. 213.

Porém, diante de tais afirmações, resta posicionar no presente trabalho a forma pela qual o raio de atenção se dá. Para Husserl, ocorre partindo-se do "eu" em "direção a" e terminando "no objeto", dele se afastando em seguida. Assim, o objeto é sempre tido como o "alvo" da atenção. Portanto, como consequência lógica dessas informações, aquilo que porventura venha a ocorrer fora do raio de atenção do "eu" ou do "*cogito*", mesmo que seja no fluxo de vividos, restará considerado como estando fora da atualidade do "eu". Afinal, Husserl afirma que "não há momento noético algum sem um momento noemático que lhe pertença especificamente"[388]. Ter ou dar uma posição ontológica para um determinado conceito ou determinado objeto significa conferir uma consciência dóxica partindo do "eu"[389].

A respeito da possibilidade do encontro de facetas e nuances referentes ao fenômeno do crime é sempre importante entendermos que, por ocasião da correlação pretendida entre noese e noema (e a percepção que se tem deles), será possível compreender que algumas das situações observadas, de fato, irão representar certas particularidades do crime visado, estudado (mas não todas). Entretanto, é igualmente interessante asseverarmos que isto não é bem um espelhamento do que se tem como caractere dóxico (cuja raiz "doxa", oriunda do grego δόξα, pode ser explicitada por uma "crença" originária, vale dizer, uma forma de consideração inicial ou, segundo Sokolowski afirma, é a forma pela qual aceitamos o mundo em si mesmo e as coisas nele[390]). Explico.

À noese plena, teórica, positivada, se obtém um noema pleno, correlato, já que ambos são correspondentes entre si. Há certo paralelismo nisso. Todavia, é justamente a particularidade do caso concreto e as possibilidades postas pelo autor para a prática criminosa, (vale dizer, da forma como efetivamente levada a efeito), que irão permitir que uma percepção contemporânea indique qual o verdadeiro componente hilético desta unidade numa gama, numa multiplicidade de possibilidades.

Então, para Xirau, quando falamos em *hyle* (do grego ὕλη), nos referimos às camadas materiais da consciência, bem como as formas intencionais que a animam[391], o que está de acordo com o que Husserl propunha, vale

388 HUSSERL, Edmund, op. cit., nota 233, p. 214.

389 Ibidem, p. 367.

390 SOKOLOWSKI, Robert, op. cit., nota 227, p. 54.

391 XIRAU, Joaquín, op. cit., nota 241, p. 219.

dizer, uma espécie de dado sensível, material, que faz parte da composição de uma percepção num vivido qualquer[392].

Com isto, por mais que o necessário paralelismo dóxico (e diga-se, necessário, afinal), entre aquilo que é positivado pelo legislador (e traduzido pela norma esmiuçada através da doutrina), e aquilo que evidentemente ocorreu, remonte à imperiosidade de desvendamento das obscuridades ao redor de tal fato do mundo da vida, sabemos que existe o noema pleno "crime", hipoteticamente dado num sentido vazio e, de modo paralelo, uma morfologia própria de noema, completado em concreto diante da descrição pormenorizada de uma unidade dentro das multiplicidades infinitas possíveis, através do qual o sentido se constitui, segundo Husserl[393], tarefa esta que cabe tradicionalmente ao Delegado de Polícia, em virtude da sua posição em relação à investigação criminal.

2.4.5. Os diversos tipos de intencionalidade subjetiva: memória, percepção, projeção no futuro e imaginação

2.4.5.1. Breve introdução

A Fenomenologia não preza por uma única forma de intencionalidade na busca pela essência. Todavia, ela faz questão de distinguir as formas de estímulos principais, disponíveis para que o fenomenólogo possa exercer esta tarefa. Logo de início já podemos denotar quatro grandes formas de intencionalidade que nos revelam a possibilidade de exercer a fenomenologia, mas com atitudes diferentes. Todas elas são possíveis de serem originadas e manejadas por um único indivíduo, numa tarefa solitária e independente, sem que haja mais influência externa que poderia servir de contaminação. Traçando as possibilidades de passado, presente e futuro, iniciaremos nossos estudos sobre o tema falando sobre a memória e como a recordação interfere na forma pela qual buscamos a verdade e a essência dos fenômenos.

392 HUSSERL, Edmund, op. cit., nota 233, p. 195.

393 Ibidem, p. 368.

2.4.5.2. *Memória e passado*

Vejamos a seguinte dificuldade: como é possível dotar algo com tanta certeza, se não estamos diante deste algo ou deste fato, ou do fenômeno? Por tal razão, Robert Sokolowski nos ensina que a recordação denota uma modalidade especial de ausência (na acepção mais primitiva que esta palavra nos remonta), muito mais pronunciada do que a própria ausência que temos na presença (neste último caso, entendida como o lado oculto de um objeto que apresenta múltiplas faces, por exemplo). Na recordação, então, temos uma camada adicional: o algo passado, recordado como tal. Temos consciência do fenômeno ou do objeto, mas com a característica específica da intencionalidade que o denota como tendo que ser resgatado de um campo distinto da nossa consciência[394].

O autor prossegue, ao afirmar que o ato de recordação não é um mero ato de visualização de imagens em nossa mente, mas é antes de tudo um próprio resgate das percepções que outrora tivemos. Permitimos que nossa mente resgate a percepção original tal qual ela apareceu para nós[395]. Por tal motivo, nós fazemos uma reconstrução mental da percepção e das sensações que tivemos quanto estivemos diante do objeto ou do fenômeno, mas destacamos que o que fica efetivamente retido irá depender de como o estímulo foi mais marcante em termos de sensações. Para isso, temos que contar com o foco que o nosso próprio cérebro deu ao momento.

Assim, levamos em consideração que os efeitos do tempo em relação à memória podem acabar por ocultar os estímulos menos importantes, os detalhes mais superficiais. Estes até podem ser resgatados mediante técnicas adequadas de inquirição de testemunhas, cuidando-se para que o profissional que interroga não insira informações que não fizeram parte do momento, nem force a pessoa submetida ao ato de descrição a lembrar de algo que pode não ter ocorrido.

Esta pressão indevida poderia fazer com que a pessoa passasse a inserir informações inexistentes face ao estímulo inicial (adição de novos caracteres noéticos), permitindo a entrada em cena de tópicos de imaginação indesejados para o resgate da verdade e da essência do fenômeno inicial. Então, exercitando corretamente o ato de recordação, sem inserir objetos indesejados ou mesmo situações fantasiosas, podemos fazer com

394 SOKOLOWSKI, Robert, op. cit., nota 227, p. 76.

395 Ibidem, p. 77.

que reavivemos a mesma atividade neural desencadeada por ocasião da percepção original, fiel àquele fenômeno, e teremos condições de descrever o objeto ou o fato criminoso com a qualidade que lhe é inerente, com os detalhes que lhes são pertinentes, sem que projetemos qualquer tipo de ato estranho, pontua Sokolowski[396].

Nesta atividade, portanto, conseguiremos detalhar o posicionamento através do qual percebemos a ocorrência do fenômeno, saberemos resgatar as condições de temperatura, de luminosidade, de distância, de sons ouvidos, tal qual numa narrativa de um conto numa obra literária. Por tal razão, podemos afirmar com certeza que falar de recordação não é o mesmo que falar em meras formações de imagens, como pudemos observar anteriormente. Nesta última, estamos sujeitos a uma atividade criativa, que não deve ser pressuposta como recordação para fins da busca pelos detalhes e resgate das percepções.

Podemos destacar, por oportuno, os efeitos deletérios do tempo na qualidade da recordação. Além de afetar a perda de detalhes, em determinado momento os estímulos de percepção originários podem se confundir com algo imaginário, fantasioso, que ao serem mesclados degeneram qualquer tentativa de resgate eidético. Neste sentido, veremos que é tarefa da teoria da valoração crimino-fenomenológica corrigir essa distorção, permitindo que seja aplicada a técnica adequada de forma originária e no menor espaço de tempo possível, razão pela qual quanto mais cedo viermos a usufruir dos benefícios obtidos com o reposicionamento precoce da testemunha perante a percepção originária, maiores são as possibilidades de resgate integral dos valores iniciais, ou pelo menos menor é a chance de mescla com material imaginário ou fantasioso.

Percebemos, atualmente, que a necessidade de repetição dos depoimentos em sede de Tribunais vai na contramão da Teoria da Valoração Crimino-Fenomenológica. Aliás, nesta situação, praticamente a totalidade dos depoimentos é obtida de forma completamente equivocada. A seguir, traremos quatro argumentos iniciais que embasam esta assertiva.

A uma, pois na maior parte das vezes os depoimentos são obtidos com testemunhas que já tiveram tempo suficiente para construir uma história em suas mentes, eventualmente orientada pelas partes ou por parentes; a duas, pois em certos casos, construíram versões errôneas ou fantasiosas em virtude de coação no curso do processo, o que leva à completa perda

396 SOKOLOWSKI, Robert, op. cit., nota 227, p. 77.

da qualidade das informações e completa falta de fiabilidade no referido depoimento; a três, pois o decurso do tempo passa a agir como vilão que contribui para o eventual esquecimento e mescla com a promíscua tríade relacional entre recordação, fantasia e imaginação; a quatro, pois em que pese a aparente falta de validação dos depoimentos tomados em sede policial (mais adequado e combativo em face das três premissas pontuadas anteriormente, mas que após as contribuições ofertadas pelo trabalho efetuado por esta tese, irá permitir uma consideração diferenciada sobre a valoração e ao tratamento dado pelos depoimentos obtidos na fase de investigação criminal), estes representam a maior aproximação em termos de essência em face do resgate da percepção original por parte da testemunha momentos após a ocorrência do fenômeno criminoso. Teremos oportunidade de comprovar estas afirmativas nas linhas adiante.

2.4.5.3. *A percepção como forma de intencionalidade subjetiva*

2.4.5.3.1. Identificação de lados, aspectos e perfis: a adumbração

Todo fenômeno tem lados, aspectos e perfis. É inerente à sua natureza. Quando percebemos um objeto diante de nós, intencionamos a evidência deste lado que nos é visível, que aparece para nós, ainda que saibamos que existem outros lados que nos estão aparentemente ausentes. Vemos em perfil. À apresentação por perfis, de determinado objeto, dá-se o nome de "adumbração"[397]. Então, em Husserl, a adumbratividade é uma característica básica de uma determinada entidade transcendental[398].

Isto significa que, numa determinada percepção, teremos sempre uma aparição parcial, uma certa perspectiva sobre a qual deverá haver posterior reflexão de acordo com a junção dos demais elementos aplicados na tábua temporal. Segundo o autor, a percepção é um fluxo constante, significando dizer que o "agora" desta percepção é convertido imediatamente (e sem cessar) numa consciência subsequente que se refere a um passado recente[399].

Em razão disto, teremos oportunidade de perceber que a descrição do fenômeno do crime a partir da perspectiva da teoria da valoração crimino-fenomenológica impõe a necessária visão do "eu puro", investigador, per-

397 CERBONE, David R., op. cit., nota 242, p. 50.

398 Ibidem, p. 121.

399 HUSSERL, Edmund, op. cit., nota 233, p. 98.

correndo os lugares a partir do posicionamento do sujeito ativo, do sujeito passivo e de cada outro indivíduo que tenha presenciado o fenômeno. Com isso, mediante a junção de todos esses elementos será possível a identificação dos lados, aspectos e perfis que circunscrevem a análise criminal.

O fato é que, do nosso ponto de vista, vemos apenas um dos lados e esta reflexão ainda pode estar sujeita a critérios de obscuridade ou clareza, conforme teremos oportunidade de dissertar mais adiante. Dizemos que precisamos entender a forma como o objeto aparece para nós, pois o conteúdo noemático é múltiplo e indefinido. Ao valorarmos, sempre perceberemos uma possibilidade dentro de uma multiplicidade, já que, diante de um objeto, por exemplo, ele sempre irá aparecer por perfil, vale dizer, de forma parcial. Apenas um lado dele é mostrado, sob aquele ponto de vista específico.

Por este motivo, Joaquín Xirau ensina que a estrutura noemática é uma construção conglomerada de formas e predicados, baseados numa orientação de um ponto de vista do sujeito intencionado especificamente e diretamente para aquele objeto ou situação[400]. Isso seria, segundo Husserl, o sentido do noema.

Mas qual o sentido desta afirmação? Por qual motivo devemos delimitar tanto e frisar de maneira exaustiva que o sentido noemático depende da qualidade do ato noético? Porque o sentido de cada noema irá variar conforme o estímulo dado pelo seu sentido correlativo noético.

Existe o que podemos falar, levando-se em consideração as lições de Xirau, uma "modificação derivada da natureza do ato" do qual o noema é o término. Então, a depender do ato noético, poderemos encontrar variações no objeto[401]. Assim, seguramente podemos afirmar que a referência que o observador tem da coisa num ato de percepção é distinta daquela proveniente de um estímulo de imaginação, de fantasia, ou de memória, fazendo variar o conteúdo noemático daquele objeto/fato/coisa.

Mediante os ensinamentos destas observações, Husserl nomeia como a "qualidade ou tese do noema" o ato de colocar ou mencionar este objeto referido de uma tal maneira, como percebido, imaginado, fantasiado ou decorrente de um ato de memória. Portanto, quando se modifica o ato

400 XIRAU, Joaquín, op. cit., nota 241, p. 164.

401 Ibidem, p. 164.

tético (que se refere à tese), haverá igualmente uma mudança na respectiva correlação noemática[402].

Por ora, bastam estes conceitos iniciais. Robert Sokolowski nos indica que os lados ocultos são também cointencionados por nós[403]. Eles também nos são dados, mas como ausentes. São parte da nossa experiência, ainda que não tenhamos a capacidade plena de enxergá-los *prima facie*. De toda forma, quando um objeto está diante de nós, não é somente através da nossa capacidade visual que podemos percebê-lo, pois a Fenomenologia lida muito bem com a capacidade sensorial do indivíduo para a descrição do fenômeno. E ela não se restringe apenas à visão.

Esse complemento inerente a uma atividade global nos permite afirmar que se agrega informação mais precisa e detalhada, mais autêntica, na expressão da essência que se deseja buscar. Sokolowski aduz que essas representações sensoriais são potenciais, na medida em que estão à disposição do fenomenólogo para constatação e podem ser ativadas ou desativadas a qualquer momento. O autor cita como exemplo a percepção de um cubo. Nessa percepção, podemos enumerar três camadas de experiência visual: lados, aspectos e perfil. Na primeira delas, sabemos que um cubo tem seis lados, mas a depender da perspectiva do sujeito, ele nunca terá condições de identificá-los ao mesmo tempo; observando-se cada um desses lados, cada forma pela qual cada um deles nos é dado pela experiência, teremos o aspecto com o qual ele se parece[404].

Por exemplo: suponhamos que ao manusear o cubo, nós percebamos apenas um dos seus lados e ele nos é dado em forma de quadrado. Ao inclinarmos o cubo em quarenta e cinco graus (para a direita ou para a esquerda), aquele lado nos terá o aspecto de um losango. Então, naquele ponto de vista, específico, inclinado, o cubo nos aparece com aspecto de losango. A esse aspecto de visualização determinada num momento específico da nossa experiência, cada visão momentânea, chamamos de perfil.

A forma final como cada indivíduo percebe o fenômeno é de suma importância, pois o perfil é influenciado pelo grau de pureza e acurácia em face da capacidade dos sentidos humanos em conferir significado, já que ele é privado e subjetivo. Sokolowski nos diz que essa concepção subjetiva e relativa do perfil não impõe dizer, necessariamente, que os lados

402 XIRAU, Joaquín, op. cit., nota 241, p. 165.

403 SOKOLOWSKI, Robert, op. cit., nota 227, p. 25.

404 Ibidem, p. 26-27.

ou os aspectos daquele determinado objeto sejam igualmente relativos ou subjetivos[405]. A essência permanece exatamente a mesma.

2.4.5.3.2. A multiplicidade de presentações

Quando Husserl aborda a questão da multiplicidade de perfis diante de uma percepção, a coisa em si é dada em "meros modos de aparição". Há um núcleo daquilo que é efetivamente exibido, o qual resta envolvido por um "horizonte de dados concomitantes", que necessitam de autenticação e determinação conforme se perfila. A indeterminidade prescrita anuncia que é preciso se determinar de acordo com um estilo igualmente já prescrito. Ao anunciar multiplicidades de possíveis percepções, à medida em que estas se fundem, ocorre uma unidade de percepção, segundo Husserl[406].

Por força disto, é importante ter em mente que se a percepção nos conduz à verificação das camadas que compõem nossa noção sobre o objeto ou sobre o fenômeno (essas múltiplas presentações ora potenciais, ora traduzidas em atuais), isso não adiantaria de forma alguma, se não a vincularmos a um objeto específico ou a um conjunto de objetos específicos que compõem o cenário[407].

De todos os perfis e aspectos que nos são apresentados, eles devem nos ajudar a identificar o objeto visado. Entender a identidade do objeto dentro de uma multiplicidade de oportunidades e aparições irá fazer com que enxerguemos a distinção entre os demais, caso existentes, ou à identificação da categoria própria a que individualmente pertencem.

Assim como um tradicional processo de identificação médico-legal nos permite distinguir um indivíduo dentre os demais (com base nas suas características e nos seus sinais particulares), o processo de identificação de todas as circunstâncias que permeiam um fenômeno também possibilita o enquadramento adequado deste perante o mundo da vida, extraindo-se sua essência, por via de consequência. O mesmo podemos dizer quanto aos contornos de um crime, quando este eventualmente tenha sido narrado de modo equivocado por parte de uma testemunha durante seu termo de declarações ou quando os dados obtidos pela equipe de investigação ainda estejam incompletos.

---

405 SOKOLOWSKI, Robert, op. cit., nota 227, p. 28.

406 HUSSERL, Edmund, op. cit., nota 233, p. 104.

407 SOKOLOWSKI, Robert, op. cit., nota 227, p. 28.

Com base nos conhecimentos fenomenológicos até aqui obtidos, quanto mais informações são coletadas e analisadas mediante a junção de todos os dados, todas as visualizações de lados, aspectos e perfis, mais próximos estaremos da determinação da essência daquele fenômeno criminal. Daí a importância da constatação das informações através da presença da autoridade policial no local dos fatos, já que é a partir desta iniciativa que se poderá ter a exibição de mais lados, mais perfis que anteriormente podem ter sido escondidos (de propósito ou não).

Se por algum motivo a informação não chegou até aquele momento, com a percepção em presença da equipe de investigação a situação ganhará contornos mais nítidos em busca da compreensão sobre o que realmente ocorreu naquele evento fático em análise. Então, caso os momentos de coisa anteriormente apreendidos o tenham sido de forma inapropriada, com a exibição de novos lados aos poucos se estabelecerá a relação de "dado efetivo", já que tais indeterminidades ganham contornos mais precisos.

Sobre isso, Sokolowski reflete que a identidade do objeto é importante não só para a percepção, como também para a transição desta para a intelecção, na medida em que o tal objeto percebido será visto como um importante componente num estado de coisas ou num fato (como nas situações que envolvem um cenário de crime). Segundo o autor, é tal análise de aspectos, lados e perfis que ajudam a confirmar o inerente realismo conferido à Fenomenologia, contrastando-se com as bases filosóficas traçadas, cujo fundamento nos remonta aos conhecimentos de John Locke e René Descartes[408].

Husserl deixa aberta a possibilidade de que haja dúvidas quanto à apreciação da percepção transcendente, na medida em que nenhuma percepção que ocorre no mundo da vida é perfeita em sua natureza, podendo haver uma mudança na apreensão conforme se dê uma outra experiência, que verifique um novo perfil, por exemplo. Conclui-se, portanto, que tudo aquilo que esteja "aí" para mim no mundo das coisas é de início uma "realidade presuntiva"[409].

Quando falamos numa "coisa transcendente", a ideia que a circunda é a de uma "experiência atestatória". Se a coisa é "uma coisa do mundo circundante", Husserl alega que ela assim o será mesmo que não seja possível vê-la imediatamente, ou que seja experimentável, embora eventualmente

408 SOKOLOWSKI, Robert, op. cit., nota 227, p. 29.

409 HUSSERL, Edmund, op. cit., nota 233, p. 108.

não tenha sido experimentada. Esta possibilidade de experimentação não significa, todavia, uma possibilidade dita como lógica, mas sim, uma possibilidade motivada no contexto de uma experiência[410].

Por isso, também é possível afirmar que a partir da experiência e da apreensão dela resultante, com base na verificação de um perfil eventualmente não observado outrora pode haver uma motivação tal que suplante a anterior. Portanto, a experiência atual indica, num ciclo infinito, a existência de experiências possíveis e assim por diante[411].

No campo da teoria da valoração crimino-fenomenológica, a compreensão deste tópico será fundamental quando estivermos dissertando (mais adiante) sobre uma possibilidade técnica conferida pela aparição de um novo lado, aspecto ou perfil que somente se mostre após o término das investigações criminais.

2.4.5.4. Sobre as nuances da imaginação

Joaquín Xirau reporta o fato de que a reflexão na lembrança ou na expectativa (projeção no futuro) está sujeita a mecanismos de observação diferentes dos que podemos encontrar diante da observação atual. Em ambos os casos ficamos sujeitos à qualidade da lembrança, ou da expectativa. A confiabilidade nestas situações é relativa, mas pode ser muito mais garantida em face da proximidade com o evento do qual parte o ato de refletir (lembrar ou esperar). Quanto mais próximo, maiores são as chances de superarmos essa relativização. Maiores são as oportunidades de fazermos com que detalhes venham à tona, maximizando seu aproveitamento enquanto reflexão. Mas somente nos casos de autêntica percepção (inerente ao tempo em que se está consciente e diante do fenomenólogo) é que poderemos extrair a plenitude da certeza em face da essência daquele fenômeno[412].

Passemos agora, especificamente, para a verificação das nuances acerca da imaginação. Como fizemos questão de frisar em tópicos anteriores, imaginação, memória e fantasia têm uma relação muito próxima, de modo que pode haver momentos de confusão entre elas, principalmente em virtude do decurso do tempo, afetando a qualidade dos depoimentos cunhados.

---

410 HUSSERL, Edmund, op. cit., nota 233, p. 112.

411 Ibidem, p. 113.

412 XIRAU, Joaquín, op. cit., nota 241, p. 216.

Tais formas de intencionalidade precisam ser destacadas entre si, mas ao mesmo tempo ser estudadas em conjunto, de modo que tenhamos condições de empreender uma análise mais acurada sobre os aspectos que envolvem cada uma delas.

Ao pensarmos em memória, a definição que deve vir em nossas mentes, de modo automático, diz respeito a algo que já aconteceu, que vivenciamos (ou de certa forma experienciamos) e que ficou registrado de algum modo no nosso cérebro, assim como ocorre com o salvamento de um arquivo de computador.

De outra banda, na imaginação não conseguimos determinar um lugar específico para o "imaginado". Não é algo que vivenciamos em percepção, em evidência, ainda que seja fruto da nossa própria mente. A imaginação é fluida, está por toda parte no nosso intelecto, mas exatamente por isso é única e de difícil comprovação ou pormenorização.

Algo imaginado até pode ficar registrado em nossa memória, mas definitivamente são dois institutos que não se confundem. Ao exercer sua imaginação, o indivíduo está diante de uma liberdade criativa sem precedentes, cujas variáveis não são determinadas e permite que ele viaje da Terra a Marte em frações de segundos. Ao ler esta afirmação, você mesmo acabou de se imaginar nessa jornada imaginária e conseguiu concluir sua "missão interplanetária".

Mas, para que você possa ver a dimensão da individualidade que impera neste campo da intencionalidade, na sua imaginação inicial você reparou se estava utilizando trajes espaciais? Você fez a jornada utilizando uma espaçonave, ou o fez num ato de teletransporte? Se pensou numa espaçonave, acompanhou o abastecimento com suprimentos e combustível? O algo imaginado fez com que você se posicionasse de que lado da Terra em direção a Marte? Qual foi o posicionamento planetário que você realizou na sua mente? A Terra no lado esquerdo e Marte no lado direito ou vice-versa?

Não bastassem essas perguntas simples, que servem para ilustrarmos a dificuldade na individualização da imaginação, o "algo imaginado" pode não refletir uma verdade, o que o difere da memória. Nesta, em face da visualização em evidência, conseguimos determinar detalhes, sons, cheiros, enfim, um momento determinado no tempo e no espaço que pode ser comprovado através da percepção que uma outra pessoa teve sobre o mesmo fato, o mesmo momento, ainda que de posições de evidência diferentes.

Foi algo percebido pelos mais diversos sentidos do corpo humano e que pode ser materializado. É algo comprovável.

Isso não ocorre na imaginação. Esses são os motivos iniciais pelos quais Robert Sokolowski nos mostra que a principal diferença entre a imaginação e a memória reside na qualidade dóxica que cada uma dessas formas enfrenta[413].

Se por um lado a imaginação reflete um tipo próprio de suspensão da crença, ocasião na qual podemos até mesmo imaginar algo irrealizável (pelo menos nos padrões dóxicos existentes nos dias atuais, como um teletransporte instantâneo da Terra até Marte, em frações de segundo, quando na verdade uma viagem com os meios mais rápidos feitos pelo homem faz com que tal viagem dure cerca de seis a sete meses, a considerar a janela de posição mais próxima entre os dois planetas), na memória operamos com a crença daquilo que realmente experienciamos e, eventualmente, fizemos.

A imaginação opera uma forma diferente de neutralização em termos fenomenológicos, pois pode até fazer com que suspendamos o mundo a nossa volta (que permanece real e válido), mas tal suspensão opera num mundo paralelo, o do nosso imaginário.

A isso, David Cerbone chama de "explosão do noema": aquelas situações que mostram objetos ou algo irreal, mediante processo imaginado, alucinatório. As possibilidades infinitas do que se pensava ser real são abruptamente interrompidas pela percepção deste "algo irreal", negando as retenções que dele se tinha[414].

A modalidade dóxica, aqui, é irreal, um mero "como se", pontua Sokolowski[415]. Além disso, o autor não questiona que uma forma específica de imaginação não possa vir a se tornar realidade, mas desde que seja compatível com as modalidades dóxicas do mundo real. É em face desta nova situação apresentada que passaremos a tecer comentários a seguir.

2.4.5.5. A projeção no futuro

Um outro aspecto interessante em termos de intencionalidade decorrente da imaginação precisa ser considerado. Ao fazermos o planejamento de algumas ações nas nossas vidas, podemos nos deparar com uma antecipação

413 SOKOLOWSKI, Robert, op. cit., nota 227, p. 80.

414 CERBONE, David R., op. cit., nota 242, p. 55.

415 SOKOLOWSKI, Robert, op. cit., nota 227, p. 81.

proposital do mundo ao nosso redor, que pode não acontecer exatamente da forma como a planejamos, talvez por circunstâncias alheias à nossa vontade (aliás, isto representa os exatos termos daquilo que ocorre numa tentativa de crime), mas que por algum motivo é perfeitamente realizável ou poderia ter acontecido.

Isso faz com que nos aproximemos da modalidade dóxica constante na memória, em termos de viabilidade. Mas ainda assim será possível diferenciá-las, pois na imaginação de algo realizável estamos diante de uma antecipação do futuro (e de algo cujos detalhes foram vistos apenas pela mente do indivíduo que a realiza), enquanto na memória temos algo vivido no passado e que pode ser comprovado através do testemunho de outras pessoas que viveram a mesma situação fática, ainda que tenha sido sob uma perspectiva diversa.

É o que Sokolowski chama de "deslocamento do si-mesmo". Sobre isso, há algumas breves ponderações para serem feitas. Deslocar a autopercepção do indivíduo é uma tarefa que cabe a ele próprio. Essa forma de deslocamento da consciência se traduz no que Sokolowski chama de forma derivada da percepção, através da qual tal indivíduo será apto a ter subsídios para os atos de cada uma dessas formas[416].

Nos interessa, portanto, distinguir a qual tipo de atitude fenomenológica estamos diante, (se é algo oriundo da memória, da imaginação, se é algo factível ou irrealizável, beirando a fantasia), para que possamos dar o devido valor dóxico a cada um dos resultados obtidos a partir desse deslocamento.

Então, quanto à projeção no futuro, de certa forma podemos fazer a ligação com a imaginação, mas naquela o algo imaginado é um evento que pode ou não ocorrer, ou seja, ele é condicionado a algumas circunstâncias (mas de todo modo é algo realizável do ponto de vista da possibilidade), diferentemente da imaginação, situação na qual há uma liberdade maior de criação e o algo imaginado pode nunca ocorrer.

416 SOKOLOWSKI, Robert, op. cit., nota 227, p. 83.

2.4.6. Palavras, retratos e símbolos: a intencionalidade objetiva

2.4.6.1. A intencionalidade significativa

Feitas as análises iniciais sobre as formas de intencionalidades oriundas do "deslocamento do si-mesmo" entre memória, imaginação e antecipação do futuro, precisamos entender qual a contribuição das possibilidades trazidas pela percepção de palavras, retratos e símbolos, que representam o aspecto objetivo da intencionalidade. Tais formas de intencionalidade nos auxiliam na percepção e na busca por essências, tão arraigada quando tratamos de fenomenologia pura.

Em relação à primeira, nós já tivemos oportunidade de trabalhar com a ideia inerente aos conceitos e à relação com a época vivenciada. Somente a partir dessas considerações é que poderemos encontrar um significado coerente. A metodologia da história dos conceitos, afeta à História do Direito, permitiu que dissertássemos várias linhas sobre o conceito de "Delegado de Polícia" e até mesmo de "crime"[417].

No entanto, em termos de Fenomenologia, é importante percebermos como isso mexe com a noção de intencionalidade, para então, podermos avançar nas nossas proposições. As palavras marcam o que se pode chamar de "intenção significativa". Sokolowski não a trata como correlato direto da imaginação. Se há algo a ser significado pela utilização de palavras, é sinal que devemos correlacionar, intencionar algo em função daquilo que aquela palavra significa para nós[418].

Por isso a amplitude de possibilidades diante da utilização delas, ainda mais se levamos em consideração que a intenção significativa é uma forma de intenção vazia, que precisa ser preenchida com o sentido que seu significado quer nos dar. Na imaginação, por sua vez, completamos a significação com o sentido que quisermos, da forma única que quisermos, sem que haja qualquer compromisso com a realidade ou com a mensagem que nos quis ser passada mediante a intenção significativa das palavras.

Em face dessas diferenças, Sokolowski nos ensina que a intenção significativa nos apresenta três principais elementos: uma referência; uma

417 Remetemos o leitor para essas considerações. FERREIRA, Wilson Luiz Palermo, op. cit., nota 09, p. 44 et seq.

418 SOKOLOWSKI, Robert, op. cit., nota 227, p. 87.

palavra (propriamente dita) e um sentido (ou uma compreensão sobre a palavra)[419].

Explicando a temática sobre "signo" e "significação", Joaquín Xirau traz a noção da terminologia ao redor da "palavra". Levando-se em consideração a concepção dominante no positivismo que reinava no final do século XIX, por "palavra" poderíamos entender como sendo simplesmente o "signo da coisa significada". Este "signo", nada mais seria do que uma situação na qual ideias são associadas. Se, por exemplo, uma moeda é o signo de "dinheiro", então esta natural associação de ideias nos levaria a crer que existiria um vínculo estanque entre cada palavra e seu grupo de coisas por ela significadas[420].

Joaquín Xirau também aponta uma correlação entre a questão da significação das palavras e o conteúdo noético-noemático, afirmando que esta só adquire sentido por ter uma significação[421]. Mas o próprio autor indica um problema trazido pela psicologia associacionista: nem tudo aquilo que a linguagem eventualmente expressa pode ser reduzido à imaginação, pois há situações nas quais poderá existir uma extensa argumentação para que possam ser explicadas[422].

Por tal razão, entra a questão da "intenção significativa", através da qual Xirau aponta que veremos o verdadeiro sentido da palavra[423]. Podemos fazer essa correlação quando mencionamos em estudos pretéritos a questão da metodologia da história dos conceitos, ocasião na qual pudemos perceber que uma mesma palavra pode carregar múltiplos significados e que estes significados devem ser analisados conforme a época, sociedade e costumes vigentes ao momento da tentativa de sua obtenção[424]. Para Xirau, portanto, a "intenção significativa" é um simples ato de menção[425].

Xirau mostra que a "intenção significativa" é insuficiente, pois precisamos da presença do objeto para nele podermos encontrar a verdadeira "plenitude intuitiva". O observador fenomenólogo precisa da intuição para

419 SOKOLOWSKI, Robert, op. cit., nota 227, p. 92.
420 XIRAU, Joaquín, op. cit., nota 241, p. 68.
421 Ibidem, p. 168.
422 Ibidem, p. 69.
423 Ibidem, p. 71.
424 FERREIRA, Wilson Luiz Palermo, op. cit., nota 09, p. 42 et seq.
425 XIRAU, Joaquín, op. cit., nota 241, p. 74.

poder fixar o conteúdo, mas também precisa da realização para poder atribuir uma comprovação intuitiva a este[426].

Para que eu obtenha a verdade sobre determinado fato, eu preciso fazer um processo complexo (fenomenológico) de adequação entre o que vejo e o que aquele fato significa para o mundo. Só saberei se um fato deve ser rotulado como criminoso se realmente aquilo pode ser conceituado como um crime diante da existência de uma norma penal anterior que o defina como tal (art. 5º, XXXIX, da CRFB/88)[427]. Além disso, só saberei como proceder com a subsunção se eu souber como subsomir. Mas para que tudo isso ocorra, eu preciso estar diante da originalidade dos fatos, diante do objeto do qual extrairei a essência do fenômeno. Assim se dará a coincidência entre o que observo e o que a lei preconiza. Joaquín Xirau afirma, então, que somente poderemos comparar o pensamento com o respectivo objeto quando eu conheço o objeto[428].

Ele ressalta, também, que a verdade representa a correspondência entre a "intenção significativa" e a intenção obtida através da plenitude da evidência[429]. E a princípio é isto que o Delegado de Polícia deve fazer quanto aos elementos que compõem o crime. Quanto mais elementos estão à sua disposição por ocasião da percepção, mais detalhes, mais informações ele obtiver com a sua vivência e intuição em face daquele determinado fato, maior é a relevância da sua atuação frente ao sistema jurídico-penal brasileiro.

Isso confere legitimidade ao transporte das intenções significativas para o Direito Penal e Processual Penal: quanto mais aproximados estivermos daquilo que os conceitos inerentes a essas matérias realmente nos ensinam, ou realmente querem nos transmitir como mensagem (vale dizer, qual o seu real significado), então, mais próximos estaremos do estabelecimento de balizas objetivas que contribuirão para minimizar experiências controversas sobre o mesmo assunto, já que para a fenomenologia pura, algo em essência não pode ser e ao mesmo tempo não ser.

Perceber que há distorções sobre um mesmo tópico, ainda mais se tratando de matéria criminal, contribui para a confusão instalada nos nossos Tribunais. Quando a objetividade é manifesta e deveria ser a regra, algo que era para ser simples (e que estamos lutando para que seja), definitiva-

---

426 XIRAU, Joaquín, op. cit., nota 241, p. 77.

427 Cf. nota 01. Baluarte do princípio da legalidade, o referido dispositivo constitucional nos mostra que: *"não há crime sem lei anterior que o defina, nem pena sem prévia cominação legal"*.

428 XIRAU, Joaquín, op. cit., nota 241, p. 79.

429 Ibidem, p. 81.

mente é tornado cada vez mais complicado, culminando numa prestação jurisdicional morosa que contribui para a prescrição. Somente com uma Justiça célere e efetiva poderemos caminhar em paz na busca pelo ideal de uma justiça penal sólida.

2.4.6.2. A intencionalidade pictorial

As imagens podem igualmente nos fornecer importantes elementos em termos de intencionalidade na busca por essências. Acreditamos que até mais do que as próprias palavras, já que as imagens acabam falando por si mesmas. Aqui, a intencionalidade não é propriamente de significação, embora nos transmitam uma mensagem. Diferindo-se das palavras (cuja intenção é eminentemente significativa), nas imagens teremos uma "intenção pictorial"[430].

Para Sokolowski, a diferença básica entre as duas é a direção da informação: enquanto na intenção significativa a direção é do fenomenólogo para a palavra, descobrindo qual é o seu significado, na intenção pictorial a direção é oposta, já que a exata dimensão do objeto é aquela transposta pela imagem. Além disso, na intenção significativa temos o objeto ou o fenômeno todo despejado de uma única vez, enquanto na intenção pictorial temos o objeto dado naquela perspectiva tratada pela imagem. Por tal razão, é válido afirmar que a intenção pictorial é mais uma percepção dada numa certa perspectiva, do que a intenção significativa (que de certa forma precisa de traços de imaginação para nos conferir significado)[431].

E em que medida podemos transportar isso para o Direito Penal? Na medida em que a intenção significativa trazida a partir de termos de declarações de testemunhas, ainda que logo em seguida a uma percepção vivenciada por esta em presença, pode dar azo a interpretações diferentes.

Vamos considerar um exemplo diverso: a descrição feita pela testemunha sobre um indivíduo suspeito de ter praticado determinado crime. As palavras ditas pela testemunha irão conferir as características básicas do que aquele suspeito lhe evidenciou. Quando uma personagem do Direito Processual Penal estiver com tal narrativa em mãos, haverá um conteúdo significativo ali, o qual transportará aquele que intenciona seu significado para uma determinada pessoa, com aquelas características.

430 SOKOLOWSKI, Robert, op. cit., nota 227, p. 92.

431 Ibidem, p. 93.

Em que pese um direcionamento inicial, por se tratar de uma intenção vazia, (conforme antecipamos em momento próprio), o preenchimento irá requerer uma atividade criativa do sujeito que a intenciona. Diferente é a situação de estarmos com uma imagem real do sujeito que praticou aquele crime, seja através de imagens de câmeras de segurança ou mesmo de câmeras de celular por transeuntes na rua que eventualmente tenham capturado a ação criminosa, por exemplo.

A intenção pictorial pode nos trazer o fato exatamente como ele ocorreu, de uma forma muito mais fidedigna se comparada com a intenção significativa oriunda de um termo de declarações. Todavia, continuamos experienciando a maior parte da matéria probatória colhida em juízo com intenções significativas extraídas por personagem processual que não vivenciou os fatos. Ou melhor: continuamos a ter uma situação decorrente de algo inicialmente percebido em intenção pictorial (no caso de uma testemunha ocular ou da vítima sobrevivente de um crime, que vivenciou o fenômeno), cujos termos de declarações em muitas situações não correspondem ao que aconteceu, ao que ela vivenciou.

Nosso sistema de justiça criminal dá muito mais atenção às intenções significativas, quando valoriza depoimentos em sede judicial em detrimento da atuação concreta do Delegado de Polícia logo no início dos fatos, mediante sua presença no local do crime, vivenciando e experienciando o fenômeno tal qual ele ocorreu, tendo oportunidade de conferir se as intenções significativas oriundas de um termo de declaração de testemunha realmente são fruto da sua percepção em presença ou fruto da sua intencionalidade de imaginação.

Dá-se muito mais crédito às informações colhidas num termo de declarações em juízo, ainda que seja tomado mais de três anos após a ocorrência do evento criminoso, do que à percepção obtida enquanto ainda temos elementos de sensações pertinentes ao momento efetivamente vivido. Por força destes argumentos, é imperioso dar maior atenção à intencionalidade pictorial e à perícia no local de crime, muito mais concreta e efetiva do que somente as informações decorrentes da intencionalidade significativa, em virtude da qualidade e do posicionamento daquelas.

2.4.6.3. A intencionalidade simbólica ou indicacional

Numa forma de intencionalidade distinta das duas anteriormente comentadas por nós, resta agora traçarmos as peculiaridades que envolvem a utilização de símbolos. Aqui, temos uma forma de mensagem ao olhar a imagem do símbolo, mas isso não significa estarmos diante de uma intencionalidade pictorial. A verificação se dá através da intencionalidade simbólica ou indicacional[432].

Muito do que acontece nos crimes pode ser verificado através desta modalidade de intencionalidade, já que o cotidiano da atividade policial nos mostra que a atuação criminosa possui uma simbologia própria, fazendo com que se desenvolva o tirocínio policial necessário para a prática investigativa. Não poderia ser diferente com o auxílio que a Medicina Legal presta para a investigação nos mais diversos ramos do Direito, principalmente no Direito Penal.

A partir do momento em que o crime deixa vestígios e que o Código de Processo Penal nos mostra sobre a indispensabilidade da realização do exame de corpo de delito nestas hipóteses, percebemos que é preciso saber ler os sinais, ler os símbolos. A simbologia da Medicina Legal vem impregnada em constatações médicas que são utilizadas em benefício da Justiça. Sua importância prática vem sublinhada a partir do momento em que o fenomenólogo precisa utilizar os conhecimentos médico-legais para o deslinde de um fato criminoso, seja ele controverso ou não.

A mentira, no ser humano, sempre contribuiu e sempre contribuirá para macular a efetivação da Justiça. Não é diferente no início de uma investigação criminal. Aliás, principalmente neste momento, a identificação da mentira ou de fato contado de maneira diversa é tarefa primeva de qualquer investigador na busca pela essência do fenômeno do crime. Afinal, como já tivemos oportunidade de ressaltar, um fato não pode ser e ao mesmo tempo não ter sido. Ou ele ocorreu, ou não ocorreu. E se ocorreu, vamos identificar na essência deste fenômeno a sua exata manifestação.

Então, quando precisamos nos socorrer dos ensinamentos médico-legais para conferir tratamento mais justo à investigação criminal, queremos dizer que precisamos ler os sinais e entender a simbologia própria que é trazida através da correlação entre causa e efeito no âmbito da provocação dos traumas, lesões e suas repercussões.

Por exemplo: suponhamos que uma pessoa diga que foi agredida. Dependendo da intensidade desta agressão e do modo como ela foi causada, iremos procurar os vestígios, que podem existir ou não. Caso tenha sido

432 SOKOLOWSKI, Robert, op. cit., nota 227, p. 94.

provocada por ação contundente, ou seja, mediante a utilização da força exercida contra um plano (e que pode ser exemplificada por um soco ou um tapa contra o rosto), se a lesão foi de pequena monta, provavelmente não iremos encontrar sinais que perdurem no tempo, a não ser uma mera rubefação (uma vermelhidão fugaz causada pela dilatação dos vasos sanguíneos subjacentes à pele no local da agressão) que se desfaz em minutos e não irá poder ser notada por ocasião do exame de corpo de delito no Instituto Médico-Legal.

Não significa que não houve agressão na hipótese narrada, apenas não temos os símbolos necessários para materializar em laudo médico-legal. Eventualmente, quando tivermos somente a palavra da vítima, esta poderá e deverá ser utilizada na investigação, embora nesta situação estejamos diante de uma intencionalidade significativa.

Se porventura a agressão foi mais forte ao ponto de provocar lesões contusas maiores, ao invés de mera dilatação dos vasos sanguíneos, muito provavelmente teremos sua a ruptura, com consequente extravasamento do sangue através das malhas dos tecidos, o que nada mais é do que uma lesão entendida como "equimose".

Pois bem, suponhamos que a vítima narre um determinado dia no qual esta lesão tenha ocorrido. A partir do momento em que a lesão é provocada, o organismo humano irá buscar se restabelecer mediante a colocação em prática dos seus mecanismos de defesa e celulares num processo de regeneração às condições anteriormente percebidas. Ou seja, o estado de normalidade. Uma série de eventos irá ocorrer, fazendo com que os macrófagos e fagócitos entrem em cena promovendo uma verdadeira limpeza da área afetada, com destruição das células mortas e com a dissolução do sangue entremeado pelos tecidos.

Todo esse processo leva alguns dias até a sua conclusão. Nesse período, em virtude das substâncias que são liberadas, a coloração vai se modificando gradualmente, até o total desaparecimento da lesão. É óbvio que a coloração pode sofrer mudança em virtude de alguns fatores específicos, mas de acordo com a regra geral, criou-se o que podemos chamar na literatura médico-legal de um "espectro equimótico".

O grande desenvolvedor deste espectro, ao qual damos o mesmo nome, foi Legrand Du Saulle[433]. Através dos seus estudos ele percebeu que

433 FERREIRA, Wilson Luiz Palermo. *Medicina Legal*. 8. ed. Salvador: Juspodivm, 2023. p. 142.

era possível uma correlação de data entre o evento lesivo e os achados de cor na lesão. Quanto mais os dias iam passando a partir daquele evento lesivo, mais a coloração variava.

Por tal razão, o que queremos dizer é que é possível estabelecer através desta intencionalidade simbólica uma correlação entre o evento lesivo e o relato da testemunha, para corroborar seu depoimento ou até mesmo desmenti-la caso esteja imputando falsamente um crime a alguém que sabe ser inocente, culminando na prática do crime de denunciação caluniosa, previsto no art. 339 do Código Penal[434].

Este, portanto, é apenas um dos exemplos que evidenciam a importância de se conhecer a simbologia utilizada pela Medicina Legal e os conhecimentos que dela podem ser empregados, cumprindo sua função nos atos de investigação criminal.

Ao finalizar este tópico, é importante frisar que as várias intencionalidades que estudamos, sejam elas a percepção, a recordação, a imaginação etc., são efetivadas enquanto estamos na atitude natural, segundo Robert Sokolowski. Porém, as descrições reflexivas oriundas destas intencionalidades, as multiplicidades etc., são obtidas nas atitudes transcendental e filosófica[435]. Assim, podemos dizer que o crime ocorre perante nossa percepção diante da atitude natural, mas a atitude necessária para desvendar seus detalhes, sua essência e a verdade ali contida somente é possível diante da atitude fenomenológica, papel este que estamos atribuindo à aplicação da Teoria da Valoração Crimino-Fenomenológica.

2.4.6.4. A intencionalidade categorial

Na linha de compreensão dos conceitos acessórios para entendermos melhor a dinâmica da Fenomenologia, chega a vez de dissertarmos um pouco sobre as categorias e regiões. A predicação de determinado fenômeno ou objeto irá nos fornecer informações que precisam ser postas mediante um rigor metodológico, que por sua vez irá nos auxiliar na compreensão do processo de formação do conhecimento dentro da Fenomenologia.

434 Cf. nota 26. Vejamos o disposto no preceito primário da norma penal incriminadora insculpida no art. 339 do CP: *"Dar causa à instauração de inquérito policial, de procedimento investigatório criminal, de processo judicial, de processo administrativo disciplinar, de inquérito civil ou de ação de improbidade administrativa contra alguém, imputando-lhe crime, infração ético-disciplinar ou ato ímprobo de que o sabe inocente"*.

435 SOKOLOWSKI, Robert, op. cit., nota 227, p. 97.

"Categoria" e "região" são expressões que se completam. Enquanto a primeira é mais específica, mais restritiva, a segunda é mais ampla. A narrativa nos conduz ao conceito de "categorias lógicas", também chamada por Husserl de "categorias da região lógica", na qual estudaremos os conceitos que se inserem num complexo esquema axiomático em que determinaremos a essência lógica dos objetos ou dos fenômenos em geral[436].

Justamente por entender o caráter lógico puro (no sentido estrito tal qual determinado na fenomenologia pura), Husserl faz referência então a algo absolutamente exato, que por sua vez engloba o que ele chama de "único conceito filosoficamente importante do que seja analítico, por oposição ao sintético". Então, podemos designar estas categorias como analíticas[437].

Em todos os momentos estamos dando predicados às coisas. Fazemos operações lógicas, relações e correlações etc. Robert Sokolowski nos ensina que esta modalidade de intencionalidade é dita como "categorial". Isto porque, se em filosofia, o ato de categorizar equivale ao ato de dizer algo sobre algo, então, é exatamente este sentido que devemos dar quando tratamos desta temática de um modo fenomenológico. O autor nos explica, ainda, que quando estamos no domínio categorial, não vemos mais as simples intenções de forma "unirradial", mas sim, intenções complexas às quais damos o atributo de "multirradiais"[438].

Nessas categorias lógicas também entram concepções sobre "categorias de significação", situação na qual a parte lexical guarda grande importância e justifica a inerente proposição (apofântica) à qual aquelas remetem. Então, Husserl entende que as categorias ora remetem às questões de significação, ora às próprias essências formais, que têm como base da sua expressão justamente essas significações. As essências materiais, por sua vez, dizem respeito às essências propriamente ditas[439].

Tal concepção nos permite fazer um contraponto com o Direito Penal, ocasião na qual encontraremos similitude com o conceito analítico de crime. Se olharmos sob um enfoque fenomenológico, iremos perceber que esta espécie conceitual compõe uma categoria lógica na qual estão contidos os conceitos através dos quais se determina (dentro do ambicioso e complexo sistema dos axiomas), qual é a essência lógica do "objeto em geral", ou do

436 HUSSERL, Edmund, op. cit., nota 233, p. 46.

437 Ibidem, p. 47.

438 SOKOLOWSKI, Robert, op. cit., nota 227, p. 99.

439 HUSSERL, Edmund, op. cit., nota 233, p. 48. Vide também comentários sobre "essência formal" e "essência material" no item 2.8.6.5.5 desta parte da obra.

"fenômeno em geral". Estes conceitos são os que possibilitam exprimir as determinações necessárias, incondicionadas e que constituem o objeto (ou no exemplo prático, o próprio crime) como ele deve ser. É importante destacar que Husserl fala em axiomas como leis eidéticas primitivas[440].

Como entender, então, a aplicabilidade prática da intencionalidade categorial? Suponhamos mais um exemplo voltado à realidade pragmática de um determinado crime. Nós intencionamos a nossa já conhecida cena de crime de homicídio. A partir daí o que podemos verificar? De um modo geral temos um cenário bastante caótico, que por si só já exala violência, barbárie etc. Diversas coleções de sangue coagulado espalhadas ao redor do cadáver, com seu característico cheiro agridoce. Móveis em desalinho. Muitas vezes, podemos perceber nítidos sinais de luta corporal entre agressor e vítima, haja vista a intencionalidade simbólica decorrente da percepção do espargimento sanguíneo nas paredes adjacentes.

Esse é o primeiro passo, numa visão macro, para que possamos agora identificar os detalhes. As primeiras impressões sobre o que deve ser procurado permitiram que nosso cérebro fosse em busca dos detalhes. Nos deram a resposta para sabermos qual o tipo de instrumento específico será utilizado para a perícia naquele local.

Daí, decorrem algumas perguntas: há fragmentos de cariz biológico de relevo para a investigação criminal? Há padrões de sangue em locais distintos, o que nos leva a uma conclusão parcial de que pode haver sangue tanto da vítima, quanto do suspeito pela prática do crime? Se sim, utilizaremos as ferramentas e técnicas específicas para a coleta daquele material, com a sua devida preservação em termos de cadeia de custódia, conforme preconiza a legislação processual penal em vigor.

Seguimos nossas observações, nossas percepções sobre o cenário criminoso. Se a técnica de investigação padronizada nos convida ao entendimento do macro em direção ao micro, então nossos olhares perceptivos em presença passam a estar concentrados no cadáver e nos demais vestígios que foram reconhecidos e identificados como de interesse para a investigação criminal.

Concentremo-nos, então, no cadáver. Suponhamos, ainda, que na posição inicial em que o cadáver se encontrava não era possível ver suas mãos. Ou seja, naquele perfil inicial ao qual o fenomenólogo teve acesso,

440 HUSSERL, Edmund, op. cit., nota 233, p. 157.

sem mover o cadáver, apenas com sua chegada no local do crime, não era possível saber qual era o estado das suas mãos.

Então, com o devido manuseio efetuado pelo Perito Criminal (diante do correto registro da cena do crime, de modo a traçar a criminodinâmica), uma nova multiplicidade de perfis passa a estar disponível, não mais ausente. Percebemos, então, que as mãos, antes ausentes, agora nos mostram estar amarradas (ou, na terminologia pericial, o sujeito estava "manietado"). Verificamos uma mudança qualitativa na nossa constatação inicial, mas isso por si só não é a exata definição de um objeto categorial.

Se o cadáver veio em primeiro plano a partir da nossa observação sobre o cenário criminoso, após o início da perícia pudemos perceber que suas mãos (que antes nos eram ausentes), agora se mostram unidas por um material plástico. Para que possamos definir a categorização, ainda é preciso mais um passo: voltamos nosso olhar para o todo e perceberemos o cadáver, mas com o detalhe das mãos amarradas. A partir desse momento estabelecemos uma relação de "parte e todo", e concluímos que: "o cadáver estava manietado, o que lhe dificultou a capacidade de se defender contra as agressões".

Com esta distinção completa, Robert Sokolowski nos ensina que um estado de coisas foi organizado. O que até então era mera sensibilidade, passa a se tornar intelecção, pois passamos a compreender o que aquela situação significa sob o aspecto categorial. Saímos, portanto, de uma intencionalidade unirradial para uma multirradial. Fenomenologicamente, tal constatação é uma intuição categorial[441].

Juridicamente, essa intuição específica nos permite a qualificação do crime de homicídio, para que possa constar no art. 121, § 2º, IV, do Código Penal[442]. Não fosse a equipe vivenciando o cenário criminoso, percebendo tais particularidades em presença, mediante a aplicação da técnica adequada, muito provavelmente não conseguiríamos informações tão precisas, fiáveis, que modificariam a capitulação inicial dada ao fato.

Indo além, no campo processual penal a mera percepção e constatação de que a vítima tinha sua capacidade de defesa em face de estar com as mãos amarradas (como no nosso exemplo), permite que o Delegado de

441 SOKOLOWSKI, Robert, op. cit., nota 227, p. 101.

442 Cf. nota 26. A redação específica conferida ao inciso IV do parágrafo segundo do art. 121 do CP dispõe que o homicídio passa a ser considerado qualificado quando é cometido *"à traição, de emboscada, ou mediante dissimulação ou outro recurso que dificulte ou torne impossivel a defesa do ofendido"*.

Polícia possa representar pela prisão temporária, nos termos da lei[443], mas com prazo diferenciado, pois estamos diante de delito previsto no rol da lei que dispõe sobre os crimes hediondos, que possui um rigor maior para o tratamento desta espécie de medida cautelar[444].

Mais uma vez, resta comprovada a originalidade intuitiva na adequação típica dos fatos encontrados à norma[445] posta, pois a intuição categorial demonstra sua importância para definir os principais detalhes do contexto do fenômeno do crime, através da noção existente em seus múltiplos aspectos, já que cada um deles denota uma unidade que precisa ser salientada e agregada à ideia principal, ao todo, para sua correta tipificação.

Por isso a necessidade da passagem de uma intencionalidade unirradial para uma multirradial, eis que estaremos nos movendo de uma sensibilidade que um detalhe nos despertou, para a intelecção do todo, ou seja, da mera experienciação para a compreensão sobre aquilo que temos diante de nós em âmbito perceptivo, pontua Sokolowski[446].

2.4.6.4.1. A consciência e suas sínteses

Há alguns tópicos atrás, pudemos expor que a partir da análise básica da estrutura intencional da consciência surgiam os conceitos de noese e noema. Como resultado do conteúdo experienciado, temos a síntese.

Ao dissertarmos sobre sínteses de consciência, podemos descrevê-las como sendo de modo contínuo (ocasião na qual não se fala de um ato de nível superior, já que tanto a unidade noética, quanto a noemática, pertencem ao mesmo nível de colocação), ou de modo articulado, ou seja, de forma politética (que comporta várias teses)[447].

Sobre a consciência sintética plural (ou politética), o "eu" nela contido possui muitas direções ao objetivo. Muitos raios. Já a consciência tética (ou simples) é direcionada a apenas um raio[448].

443 Cf. nota 172.

444 Cf. nota 173.

445 Dissertando sobre as normas, Husserl as descreve como leis eidéticas que se referem a nexos noético-noemáticos, que por sua vez precisam ser descritos e até mesmo analisados quanto à sua forma e espécie, o que pressupõe um rigor metodológico. HUSSERL, Edmund, op. cit., nota 233, p. 319.

446 SOKOLOWSKI, Robert, op. cit., nota 227, p. 101.

447 HUSSERL, Edmund, op. cit., nota 233, p. 266.

448 Ibidem, p. 268.

Entretanto, Husserl descreve que em toda unidade sintética (não importando se também unitária em termos de quantitativo de teses) há um objeto entendido como "total". É assim chamado, porque se opõe a todos os demais objetos que pertencem intencionalmente aos "membros sintéticos de nível inferior ou superior", já que cada um destes, individualmente considerado, dá sua contribuição para esse objeto total e a ele todos os demais são subordinados[449].

Quando estamos diante de uma consciência em unidade sintética, devemos nos referir a um objeto nomeado como "total" não importando quantas sínteses ou teses particulares a ela estejam vinculadas. Assim, é possível afirmar, como exemplo, que uma noese própria consegue atribuir valor para a construção do objeto total: Husserl menciona a hipótese na qual a valoração (adstrita ao momento do valorar) embora seja dependente do objeto total (pois se baseia numa consciência de coisa), representa efetivamente uma camada objetiva do valor. A essa camada podemos atribuir a característica de "validez".[450]

Em face destas diversas sínteses que são constituídas, teremos oportunidade de reconhecer o resultado da relação entre os elementos que se relacionam com a intencionalidade do indivíduo, bem como o modo pelo qual o fenômeno será estabelecido em termos categóricos.

2.4.6.4.2. A "constituição", segundo Sokolowski

Robert Sokolowski ressalta uma especificidade da terminologia fenomenológica, no que diz respeito ao ato de estabelecer objetos categoriais. A isso, chamamos de "constituição"[451]. Não como o sentido que tradicionalmente estamos habituados a lidar, mas num sentido específico de perceber a relação entre parte e todo, de trazer à luz, de esclarecer, de detalhar, de enunciar: de dizer a verdade sobre a coisa ou sobre o fenômeno observado.

Isso significa ter que abrir mão, como indivíduos, de narrar algo que desejamos sobre aquilo, já que na Fenomenologia buscamos essências sobre a constituição deste algo observado. De nada adianta a predicação egocêntrica, adjetivando alguma coisa, querendo passar uma verdade ou um significado que só será compreendido por nós. A definição própria da

449 HUSSERL, Edmund, op. cit., nota 233, p. 267.

450 Ibidem, p. 267.

451 SOKOLOWSKI, Robert, op. cit., nota 227, p. 103.

coisa não é a que queremos quando estamos diante da Fenomenologia: ela deve ser a da coisa em si mesma. As coisas são o que elas são e da forma como elas se mostram para nós. Assim ocorre também com o crime.

Por tal motivo, estamos com Sokolowski, quando este afirma que a "constituição" do estado das coisas é exercer o que a nossa compreensão nos impõe diante da manifestação do fenômeno. Quando isso é feito através da nossa própria experiência em relação ao fenômeno, então chamamos de "constituição genética", pois o nosso ato de constituição se dá através da observação de objetos e intenções simples para que possamos compreender seu papel perante o todo e, com isso, chegarmos às intenções e objetos categoriais, mais elevados. No entanto, com o propósito de que isso aconteça e finalmente cheguemos a designar a real constituição do objeto, estaremos falando sobre intencionalidade predicativa, dizendo que tal coisa realmente é aquela coisa. Esta é a forma mais relevante de atividade categorial, segundo Sokolowski[452].

É preciso que entendamos a potencialidade expressiva das coisas mostradas pela intencionalidade categorial. Robert Sokolowski nos mostra que há uma elevação no que diz respeito ao espaço das razões mostradas pelo ato de se intencionar de forma categórica, de construir a relação entre parte e todo e com isso afirmarmos a real constituição do objeto experienciado. A partir desta experiência é possível entregar toda a potencialidade daquele fenômeno. É dela que transicionamos da mera percepção em evidência à inteligência, por meio dos atos de linguagem e de tudo aquilo que nossos sentidos podem perceber e que serão objeto do nosso raciocínio e da razão, passando-se pela coerência[453].

2.4.6.4.3. A "constituição" segundo Husserl

Quando Husserl aborda a problemática da constituição fenomenológica, trata igualmente da questão sobre o posicionamento do instituto pesquisado perante uma situação de ontologia regional. Assim, um objeto que é determinado pelo gênero regional deve ter seus modos de percepção ou de representação prescritos anteriormente. Geralmente isto se dá através das regras preconizadas, amparadas por uma lei[454].

452 SOKOLOWSKI, Robert, op. cit., nota 227, p. 104.

453 Ibidem, p. 105.

454 HUSSERL, Edmund, op. cit., nota 233, p. 328.

Existem diferentes espécies de constituição: a de um objeto jamais será igual à de um crime e assim por diante. Por isso a importância de subdividir por categorias/regiões. Tomemos como exemplo o de um crime. Para que se possa pesquisar, detalhadamente, sobre a situação em apuração (genericamente descrita até o momento em que se toma conhecimento, pois não estamos diante da percepção fenomenológica) é preciso definir a qual região pertence o conteúdo. Caso contrário, a representação descritiva, em que pese possa ser feita, não irá conduzir a uma significação efetiva, mas tão somente a algo obscuro, ou seja, representado de maneira intuitiva, porém, sem adequado aproveitamento de finalidade.

Seria como se tivéssemos em nossas mãos um valioso diamante, porém, desconhecendo suas verdadeiras propriedades e, ao final da percepção, o descartamos como se fosse mera peça translúcida brilhante de vidro. Essa foi uma intuição, ainda que obscura, mas válida de certo modo. Assim, o que Husserl quer demonstrar é que não se pode atribuir a uma intuição (obscura) isolada, o poder de determinação do conteúdo da coisa, ainda que tenha se dado de maneira perceptiva, pois pode ter sido de maneira inadequada (um dado incompleto, portanto, do qual se faz uma doação inadequada, mas este dado em si tem a capacidade de delimitar, ou pelo menos balizar a atuação de pessoa capacitada, para o devido enquadramento do fenômeno)[455]. Afinal, é uma unidade numa multiplicidade de intuições específicas que precisam ser esclarecidas.

2.5. AS REFLEXÕES ACERCA DE VIVIDOS

2.5.1. A noção acerca da temporalidade

Robert Sokolowski disserta sobre tópicos interessantes referentes à temporalidade aplicada na Fenomenologia. Para o autor, é justamente no campo da temporalidade em que são abordados os temas primordiais nos quais são estabelecidas as premissas para o desenvolvimento das ideias preconizadas por esta ciência[456].

Lidamos com a noção do tempo a todo momento. Aliás, já tivemos oportunidade de dissertar breves linhas sobre o tema, ocasião na qual abor-

455 HUSSERL, Edmund, op. cit., nota 233, p. 330.

456 SOKOLOWSKI, Robert, op. cit., nota 227, p. 141.

damos a importância e a conscientização do aproveitamento máximo dos primeiros atos de polícia judiciária para que seja possível, então, entender o cerne e a essência dos acontecimentos e dos fenômenos envolvidos na análise do crime[457].

Sokolowski distingue três concepções estruturais acerca da temporalidade, que simbolizam três níveis[458]: no primeiro deles, o tempo é o tempo do mundo. Aquele que vemos nos nossos relógios para que possamos ter noção acerca das horas ou no nosso calendário para termos ideia dos dias e de quais compromissos estão incluídos neles, por exemplo. O tempo do mundo é, portanto, único para toda a sociedade. É objetivamente aferível e está disponível para consulta a qualquer instante.

Como um segundo nível, cita-se o tempo subjetivo, também compreendido como tempo imanente. É o tempo interno, por assim dizer. Diferentemente daquilo que observamos no tempo mundano, o tempo subjetivo tem uma dimensão semelhante àquela que vemos na nossa espacialidade corporal, vale dizer, uma dimensão única para cada indivíduo, justamente porque tem relação com uma sequência própria de experiências e atos mentais, que variam de indivíduo para indivíduo.

Se por um lado já pensamos ter esgotado as possibilidades de demonstração temporal, já que abordamos um tempo público (mundano) e outro subjetivo (privado), agora é o momento de adicionarmos um terceiro nível que se refere exatamente ao fato de "estarmos conscientes" ou "termos a consciência" desta temporalidade interna, inerente ao tempo subjetivo, já que, para Sokolowski, o segundo nível não é o bastante para que se possa ter consciência acerca dele. É nesse específico terceiro nível que iremos ter condições de afirmar que um determinado evento mental ou experiência mental teve uma duração demorada ou instantânea conforme estejamos ou não conscientes de tal experiência. Aqui a coisa toma lugar como fenomenologia[459]. É o tempo fenomenológico, portanto.

Mas por qual motivo, então, estamos abordando essas questões acerca da temporalidade em Fenomenologia? Em diversas passagens deste trabalho já descrevemos o quão importante é ter exatamente a consciência de algo. Não seria estranho, então, pensarmos que a Fenomenologia não deve ter

457 FERREIRA, Wilson Luiz Palermo, op. cit., nota 09, p. 222 et seq.

458 SOKOLOWSKI, Robert, op. cit., nota 227, p. 141.

459 Ibidem, p. 142.

o seu início senão neste terceiro nível, pois é justamente nele que as experiências eidéticas se posicionarão.

2.5.2. O estudo do tempo no fluxo de vividos

O tópico anterior serviu para que pudéssemos nos posicionar em face da questão da temporalidade. Agora, precisamos dissertar sobre os "vividos" e seu respectivo fluxo. Os vividos podem ser considerados como episódios que se ligam à realidade espaço-temporal na qual de alguma forma se manifesta a intencionalidade do "eu". Desta forma, se relaciona diretamente com o *cogito* e com a atividade noético-noemática.

No que diz respeito ao estudo do tempo fenomenológico (e da consciência do tempo) é preciso discernir a diferença entre este e o tempo cósmico, objetivamente mensurável. Para que fossem tecidos os devidos apontamentos, Husserl obviamente levou em consideração o grau de afetação que deve ser preconizado para os vividos efetivos[460].

De certa forma, todo vivido assim considerado efetivo perdura na consciência do "eu". Isso nos faz crer numa necessária correlação baseada num "fluxo de vividos" único e infinito. Porém, até mesmo a depender do sujeito, o vivido possui uma duração fenomenológica própria, haja vista que pode se exibir por aparições.

Para Husserl, todo vivido, portanto, considerado como ser temporal, é um vivido referente ao seu "eu puro". Dito isto, é preciso que pensemos no modo pelo qual o próprio vivido se dá. A análise de um vivido, resgatando-se seu conteúdo é, em si, uma nova doação como integrante do fluxo de vividos, tal qual como descrito anteriormente. Essa doação tem sua forma e especificidade novas. É novamente um vivido (mas que pode se dar por recordação, caso parta do próprio "eu puro" que reduziu fenomenologicamente)[461].

Assim, todo "agora" atualmente considerado acaba por se transformar num "ainda há pouco", que por sua vez irá se constituir num "ainda há pouco do ainda há pouco", e assim por diante, levando-se ao infinito. Sim: aquele fluxo infinito de vividos que acabamos de comentar.

460 HUSSERL, Edmund, op. cit., nota 233, p. 184.

461 Ibidem, p. 185.

Considerando-se, isoladamente, qualquer um desses "ainda há pouco", observa-se que, por ser uma continuidade de formas, cada um desses vividos terá uma modificação no seu conteúdo, até porque as variações perceptivas em face dele são distintas. Husserl nos mostra que é neste fluxo de vividos que ocorre uma continuidade de retenções. Ao se unirem, refletirão uma continuidade intencional. Isto significa dizer que a cada nova impressão sobre o vivido há uma contínua fusão de retenções. Cada uma destas se refere a uma nova unidade de duração no espectro do tempo fenomenológico, continuamente alterado em retenção modificada[462].

Quando afirmamos que o fluxo de vividos é uma unidade infinita, significa dizer algo (ou, pelo menos, tecer considerações) sobre o triplo horizonte do vivido (o do antes, do depois e do simultâneo). Neste contínuo sistema de formas que vão se agregando, o vivido que acaba de se iniciar obrigatoriamente preenche o passado de vividos. De modo semelhante, há também o horizonte do depois[463].

Então, quando Husserl denota que falar sobre este triplo horizonte de vividos não representa unicamente uma questão temporal sobre os três momentos individualmente considerados (representando a temporalidade fenomenológica), mas, efetivamente, espécies diferentes (e, portanto, novas) de modos de doação. A palavra "horizonte" assume, então, uma conotação de "halo", de "pano de fundo", na medida em que tais novas formas de doação permitem explorar possibilidades eidéticas distintas[464]. Husserl nos mostra que é igualmente válido considerarmos que nenhum vivido concreto é independente, uma vez que todo vivido precisa ser complementado. Refere-se, tal afirmação, não a algo semelhante a determinado argumento de autoridade, mas a um nexo que diz respeito à espécie e à forma do vivido. Esse complemento, assim, é tido como "extraessencial", já que não altera, de modo algum, a essência própria do vivido. Porém, a percepção em si é afetada a partir da noção que se tenha deste complemento, ou seja, do meio circundante[465].

462 HUSSERL, Edmund, op. cit., nota 233, p. 186.

463 Ibidem, p. 187.

464 Ibidem, p. 188.

465 Ibidem, p. 189.

2.5.3. As reflexões acerca de vividos, propriamente ditas

Ao dissertar sobre o estudo fenomenológico das reflexões acerca de vividos, Husserl indica que uma reflexão nada mais é do que uma designação para atos em que o fluxo de vividos é apreensível e também analisável de modo evidente, fazendo englobar todos os seus eventos. A reflexão, assim, assume o caráter de modificação de consciência, eis que promove verdadeira mudança de orientação, pois o vivido inicialmente dado, ao ser submetido à reflexão, se transforma e passa para o modo da consciência refletida[466].

Para o presente trabalho, cabe ressaltar a importância do tema no reposicionamento espaço-temporal da análise dos elementos do crime, destacando-se que deve prevalecer a legitimidade absoluta da reflexão perceptiva[467], vale dizer, aquela dita como pura e simples, cuja essência se mostra como um dado originário efetivo e que repercute na esfera de legitimidade absoluta da retenção destes (por força de uma intuição eidética reflexiva[468]), uma vez que tudo aquilo que nela é demonstrado se vale de uma veracidade evidenciada daquilo ainda sendo passível de ser intuído, ou que acabou de ser (mas nas duas situações, algo real), em comparação com a reflexão de algo imaginário ou de algo notoriamente transformado em razão do decurso do prazo (situações tais que se colocam diante de uma análise de legitimidade relativa semelhante à da recordação rememorativa imanente, cujo alcance se mostra restrito ao conteúdo de tal recordação). Com base nessas ideias, a análise do fluxo de vividos revela importante destaque no campo crimino-fenomenológico, pois permite que situemos o intérprete da lei penal numa ambientação espaço-temporal contemporânea ao momento da configuração do delito no mundo da vida.

No fluxo de vividos, embora os momentos noéticos apontem para os compontentes reais, Husserl também revela que há de se perquirir sobre os componentes não reais, ou seja, aquilo que encontramos sobre a designação de "sentido". Sendo assim, é correto afirmar que para a multiplicidade de dados disponíveis sobre o conteúdo real (noético), há uma correspondência de uma multiplicidade de dados correlativamente mostrados/mostráveis, em intuição pura efetiva, naquilo que Husserl aponta como sendo um

466 HUSSERL, Edmund, op. cit., nota 233, p. 173.

467 Ibidem, p. 173.

468 Ibidem, p. 176.

"conteúdo noemático"[469]. A grande questão é determinar o modo pelo qual teremos a consciência deste conteúdo.

Por tal razão, Husserl ensina que os maiores problemas na Fenomenologia são os descritos como funcionais, pois eles se referem aos problemas da "constituição das objetividades da consciência", que por sua vez fazem menção ao modo pelo qual as noeses irão dar vida à camada material e produzir, ao final, consciência "de" algo. A isso se junta a noção de "função", não no tradicional sentido matemático, mas em algo único e pertencente à essência pura das noeses. Se, como dissemos, a consciência é "consciência de algo", sua essência deve abranger seu sentido. Por tal motivo, Husserl se refere à função como o ponto de vista central da Fenomenologia, aquele cujas investigações e consequentes análises fenomenológicas irão fazer menção, já que a função será responsável por tornar possível a unidade de sentido[470].

Assim, deve-se à função o prêmio por possibilitar a investigação sobre como todos os nexos de consciência efetiva são levados a cabo e prescritos, justamente pela observação da sua essência. Neste sentido, é preciso que se investigue toda a gama de possibilidades (e eventualmente, de impossibilidades), mediante a essência pura e própria de cada fenômeno que se apresente no fluxo de vividos. A função, então, faz com que obtenhamos o sentido que existe na consciência intencional e isso está diretamente relacionado à determinação do signo, do significado e da significação, que veremos logo a seguir.

2.6. SIGNO, SIGNIFICADO E SIGNIFICAÇÃO

2.6.1. Sobre a questão dos significados e os dois tipos de verdade

Para que se possa externar o fenômeno como o complexo de camadas de ato expressivas, busca-se a relação lógica entre "significar" e "significação" (como sentido linguístico da "expressão"). Nelas deve estar contido o paralelismo entre noese e noema. Quando vivenciamos um fenômeno, quando o "eu puro" está diante dele e efetua a síntese, Husserl entende que nesta situação se mostra razoável conceber a atribuição de um sentido

469 HUSSERL, Edmund, op. cit., nota 233, p. 203.
470 Ibidem, p. 197.

àquela camada daquilo que foi "visado como tal"[471]. Assim, tudo isso (todo esse "visado" no sentido noemático), pode ser expresso por meio de "significação". Esta se encontra contida na expressão. A essa noção se conjuga o binômio sobre a concepção entre distinção e confusão e ao próprio método da clarificação, que orbita ao redor do binômio "claridade x obscuridade"[472].

Existe, assim, a camada "superior" da significação expressiva e uma camada inferior, tida como aquilo que é expresso, ou seja, de uma unidade que exprime e de outra que é expressa no fenômeno. Diz-se unidade, pois deve haver coincidência entre tais camadas para que se perfaça a significação. No entanto, tal coincidência pode, segundo Husserl, se dar de maneira completa ou incompleta. Caso ela seja completa, a significação traduzirá compatibilidade/coincidência no que diz respeito à significação e seu conceito, revelando a completude da expressão[473]. Assim, uma camada ressaltada pela incompletude se traduz em generalidade, pois não contempla *ipsis literis* aquilo que é expresso.

Robert Sokolowski nos apresenta a importância dos significados para que se diga ou que dele se extraia a verdade[474]. De todo modo, é exatamente através da linguagem e do adequado uso das palavras que conseguiremos transmitir a exata mensagem que foi capturada a partir da constatação da essência do fenômeno. É exatamente isso que deve ser feito por ocasião do relatório final de uma investigação criminal. É também atribuída à linguagem a possibilidade de entendermos o modo como as coisas se deram, o modo como elas são e a partir da sua visualização, perceber a verdade inerente às coisas, já que é através da identidade de significados que a verdade se torna possível.

Diante disto, Sokolowski nos enuncia dois tipos de verdade: a da exatidão e a da descoberta. Falemos sobre as duas, respectivamente. Na "verdade da exatidão", partimos do pressuposto de consideração de uma premissa, uma proposição. Em função disto, percorremos um longo caminho até que verifiquemos que aquilo retrata a verdade. Os resultados dos testes ou dos questionamentos que fazemos a nós mesmos irá culminar na sua comprovação ou não. Havendo comprovação, estamos diante de um

471 HUSSERL, Edmund, op. cit., nota 233, p. 276.

472 Ibidem, p. 148.

473 Ibidem, p. 278.

474 SOKOLOWSKI, Robert, op. cit., nota 227, p. 169.

resultado verdadeiro. Caso não haja, isto nos indicará que aquela assertiva inicialmente considerada é falsa[475].

A segunda modalidade de verdade tal qual mostrada por Sokolowski, qual seja, o instituto da "verdade da descoberta", se manifesta até mesmo de modo autônomo a uma afirmativa pretérita. Não se busca a comprovação como na modalidade anterior. Aqui, todavia, basta uma exposição acerca de um estado de coisas ou a simples exibição de um objeto inteligível, pontua Sokolowski. A confirmação se dá de modo direto. Assim, se é correto afirmar que a primeira modalidade de verdade depende da segunda, por sua vez, esta última tem, por si só, a função de servir para a inteligibilidade que irá confirmar ou negar uma determinada asserção[476]. No fim das contas, as duas modalidades são legítimas para se determinar a verdade e as duas são utilizadas pelo Delegado de Polícia durante a investigação criminal.

2.6.2. A importância da consideração dos significados para a compreensão sobre as estruturas sincategoremáticas

Como podemos verificar até aqui, toda noção sobre verdades passa pela percepção e entendimento de significados, categorias, proposições, análises, descobertas etc. Mas a necessária materialização dos significados passa pela sintaxe. Esta é uma parte da gramática que tem como objetivo estudar a concordância das palavras enquanto elementos que compõem uma certa ordem e entre as quais há uma certa subordinação.

Mas também pode ser entendida como um componente específico que tem por finalidade interligar os demais elementos constitutivos de uma sentença. Daí, então, através desta adequada ligação, perceberemos uma estrutura única, que trará o sentido através do qual poderemos extrair o significado.

Ao estudar esse resultado (o significado), Robert Sokolowski nos indica três níveis que compõem sua estrutura: a elas damos o nome de estruturas sincategoremáticas[477], pois devem ser unidas a outras palavras com as quais combinam, já que não trazem, por si mesmas, a concepção de unidades de significado. Com isso, o primeiro nível na estrutura dos significados é o que

475 SOKOLOWSKI, Robert, op. cit., nota 227, p. 169.

476 Ibidem, p. 169.

477 Ibidem, p. 179.

trata especificamente dos tipos de combinações sintáticas que permitem a existência de proposições significativas. Vamos supor o seguinte exemplo:

> "ACHADA FOI NO CRIME PRATICADO A FACA NA CASA UTILIZADA CONTRA A VÍTIMA".

Sokolowski exemplifica ao dizer que um conglomerado de palavras sem qualquer tipo de nexo não permite ao menos a formulação de uma proposição isolada[478]. Daí a necessidade de que se faça o estabelecimento de uma ordem mínima, que confira uma coerência básica passível de ser entendida como significativa. É o ponto de partida, portanto.

A respeito da primeira afirmação, utilizada como exemplo para o primeiro nível, quando o perito criminal comparece no local dos fatos de modo a seguir a cartilha preconizada pelos procedimentos básicos de perícia forense e da cadeia de custódia, mesmo que a testemunha tenha verbalizado a frase da maneira como foi transcrita, é óbvio que passamos a acreditar que:

> "FOI ACHADA NA CASA A FACA UTILIZADA NO CRIME PRATICADO CONTRA A VÍTIMA".

Já o segundo nível parte desse pressuposto: o de que a sintaxe tenha feito minimamente o seu papel a partir de uma proposição significativa, para então, dar consistência a ela. Isso significa, por exemplo, que quando unimos duas proposições significativas, deve haver consistência entre elas, vale dizer, não pode haver contrariedade entre as frases ou seus elementos, sob pena de incorrer em contradição.

Podemos exemplificar com uma situação no Direito Penal. Durante o depoimento das diferentes testemunhas que eventualmente perceberam a ocorrência do fenômeno em presença, até pode existir certa contradição. A busca pela verdade, nestas situações, seria facilmente contornável por algum outro elemento mais robusto nos autos da investigação, como uma prova técnica, ou ainda, por intermédio da realização de uma acareação entre as testemunhas.

Porém, concentremo-nos num depoimento específico. A consistência entre os seus próprios elementos deve ser patente, sob pena de que a

478 SOKOLOWSKI, Robert, op. cit., nota 227, p. 180.

testemunha incorra no crime previsto no art. 342 do Código Penal (falso testemunho)[479]. Uma coisa não pode ser e ao mesmo tempo não ser. Uma testemunha não pode simultaneamente dizer ter visto, mas ao mesmo tempo afirmar que não viu ou narrar que viu, mas de modo diverso daquilo que realmente percebeu. Cabe ao policial e ao Delegado a orientação da testemunha para que essa não incorra no tipo penal acima mencionado. Agora, se assim se comportará ou não, não é da sua atribuição.

Mais uma vez, cabe ao policial que conduz o referido termo de declarações afastar estas obscuridades e contradições, de modo a extrair algo que seja, pelo menos, consistente (é a "verdade" daquele depoimento, a "verdade" que a testemunha narra), já que o papel do investigador, neste momento, não é o de obrigatoriamente extrair a verdade a qualquer custo (em que pese a intenção final seja, efetivamente, de obtenção de uma verdade fenomenológica, eidética), mas sim, o que a testemunha tem para falar.

Encerrando a exposição sobre os três níveis do significado, o último é mais amplo, mais global. Diz respeito ao grau de coerência em face das afirmações que fizemos. Assim, uma afirmação pode até ser sintaticamente admissível, consistente, mas peca por não ser coerente. O global não se sustenta perante aquela narrativa que não possui significado, reduzindo-se a um amontoado de palavras.

Uma assertiva que afirma que, na primavera, determinada árvore frondosa é verde, parte do pressuposto que conheçamos a inerência da árvore frondosa, pois já vimos uma árvore desta forma e sabemos como ela se comporta ao longo das estações do ano. O simples fato de vermos uma árvore seca, na primavera, nos levantará a suspeita sobre o que pode ter ocorrido, já que pela nossa experiência aquilo não estaria dessa forma. Assim ocorre com o crime, inicialmente.

Quem atua na área criminal deve ter o domínio desta parte da ciência e saber manejar seus institutos, sob pena de alguma pessoa com conhecimento mais profundo sobre o tema levantar uma premissa admissível do ponto de vista sintático (consistente, portanto), mas incoerente sob o ponto de vista jurídico, o que atrapalha o pleno aproveitamento da Justiça.

Por isso é que se afirma que a experiência individual sobre o assunto reflete o grau de adestramento em face da matéria apreciada e permite o domínio da temática em busca de essências e, consequentemente, da ver-

479 Cf. nota 26: *"Fazer afirmação falsa, ou negar ou calar a verdade como testemunha, perito, contador, tradutor ou intérprete em processo judicial, ou administrativo, inquérito policial, ou em juízo arbitral".*

dade. É por tal motivo que a percepção evidente assume papel primordial na Fenomenologia e nesta obra, principalmente a percepção de quem está em presença diante da busca pela essência e pela verdade do fato criminoso.

Portanto, Sokolowski nos mostra que os três níveis, interligados, dizem muito a respeito do raciocínio humano em busca da verdade[480]. Entendemos que é papel da Fenomenologia (e, principalmente, do fenomenólogo, quem efetivamente detém o raciocínio humano), mostrar em sua busca pela essência a primazia pelo significado que, como vimos, passa pelo ajuste e interligação entre estes três níveis. O autor afirma, ainda, que essa coerência buscada no conteúdo das proposições que fazemos ao longo da nossa vida decorre exatamente da experiência adquirida ao longo dela. Afinal, só conseguiremos enxergar a verdade nas coisas se temos conhecimento sobre a coisa ou sobre o fato examinado por nós[481].

2.7. AS TRÊS ESTRUTURAS FORMAIS NA FENOMENOLOGIA

2.7.1. Proêmio

Quando nos referimos à análise do movimento filosófico fenomenológico, precisamos admitir que nos utilizamos das suas estruturas para extrair o conhecimento necessário que irá influenciar a análise nos outros ramos epistemológicos. Com base nessa introdução, Sokolowski nos orienta que devemos perceber três estruturas formais na Fenomenologia: a estrutura que envolve a relação entre "parte x todo"; a que identifica a "identidade numa multiplicidade" e a estrutura que reflete a questão inerente ao binômio "presença x ausência". Todas elas possuem relação entre si, embora não se suprimam[482].

Robert Sokolowski nos mostra como tal conhecimento é importante para refletirmos sobre o engrandecimento da noção acerca da intencionalidade. O autor aduz que, embora saibamos que as duas primeiras estruturas já tenham embasamento filosófico anterior, por ocasião da Metafísica em Aristóteles, não vemos algo semelhante quando falamos na última delas,

480 SOKOLOWSKI, Robert, op. cit., nota 227, p. 182.

481 Ibidem, p. 183.

482 Ibidem, p. 31.

vale dizer, a noção filosófica inerente à presença e ausência, original em Husserl[483].

Precisamos compreender melhor cada uma das particularidades inerentes às estruturas, para que, quando chegar o momento adequado de imersão no ponto central da tese, compreendamos os motivos cruciais de suporte que sustentam seus próprios fundamentos. Vejamos cada uma das estruturas, pormenorizadamente.

2.7.2. A relação entre "parte x todo"

Uma a uma, Sokolowski nos mostra detalhes sobre cada estrutura formal na Fenomenologia. Na primeira delas, percebemos que não há como entender uma totalidade sem pensarmos antes em dois diferentes tipos de partes: momentos e pedaços. Este último representa partes que podem subsistir sem que estejam conexas ao todo, ou seja, separadas do todo. Poderíamos chamar os pedaços de partes independentes[484].

De modo diferente, os momentos não podem ser presentados destituídos do todo, razão pela qual são entendidos como partes dependentes. Sokolowski cita como exemplos destas duas partes o ramo de uma árvore, que pode ser perfeitamente destacado dela e ainda assim subsistir e, por outro lado, um tom musical, que não pode estar dissociado do seu respectivo som produzido[485].

Disto tudo podemos extrair de Sokolowski uma reflexão interessante: o propósito de sabermos a distinção entre momentos e pedaços é evitar uma retórica que nos alimente com problemas fictícios, inventados por nós mesmos, quando na verdade algo é mais simples do que parece, mas tornamos esse algo difícil em virtude de erro de premissa.

Não se pode adaptar uma correção ou não se pode dizer que um momento era um pedaço ou vice-versa. Deve-se dar a cada um a sua respectiva categorização. Muito do que acontece no direito ou no ramo jurídico em geral é justamente uma tentativa, uma criação de teses mirabolantes para resolver um problema em virtude de argumentos de autoridade, não com base científica propriamente dita.

483 SOKOLOWSKI, Robert, op. cit., nota 227, p. 49.
484 Ibidem, p. 32.
485 Ibidem, p. 32.

São problemas criados pelos próprios juristas que, no afã de terem suas teses efetivamente aprovadas pela comunidade científica, desprezam a verdadeira essência conceitual, ao se responder uma pergunta de modo incondizente com seus institutos. Nisso, percebemos como a atuação do Delegado de Polícia sempre foi indevidamente relegada a segundo plano, principalmente no que diz respeito à análise do fenômeno do crime.

A esse pilar estrutural da Fenomenologia podemos extrair uma conclusão: a atividade do Delegado de Polícia no complexo sistema jurídico-penal do Brasil vem sendo indevidamente entendida como mero pedaço, ou seja, como uma parte independente a qual eu posso simplesmente alijar e refletir sobre o Direito Penal ou sobre o Processo Penal de modo autônomo, assim como querem fazer crer as demais carreiras jurídicas. É notório que essa assertiva é incongruente.

Se por um lado encontramos a relação entre partes e todo como uma das estruturas da Fenomenologia, da mesma forma devemos entender a relação entre a atividade jurídica exercida pelo Delegado de Polícia e a necessária vinculação a todo o panorama jurídico-penal no qual ele se encontra imerso: é saber, a percepção que se deve ter sobre a atuação específica do Delegado perante a análise do fenômeno do crime é a de um verdadeiro momento deste todo.

Somente assim poderemos configurar e disseminar uma cultura condizente que sempre deveria ter existido, mas que ainda se reluta em aceitar, haja vista o fato de submeter esta relação como mera parte dentro de uma totalidade, perseguindo argumentos falaciosos cuja justificativa não serve para balizar um sistema no qual se preza pela justiça.

Muitos dos motivos para entendermos o atual estado de desconstrução do direito como um todo e a busca por alternativas para sua relegitimação e devida racionalização do campo penal residem no fato de não entendermos bem a caracterização entre "partes e todo". Melhor dizendo: acabamos criando uma desconexão entre "ser" e "dever-ser", utilizando parâmetros equivocados para justificar o injustificável, quando na verdade deveríamos reorganizar o sistema jurídico-penal recolocando não só os pedaços nos seus respectivos lugares, mas os momentos também.

Se não damos a devida importância para um início adequado, com a atividade do Delegado de Polícia exercendo seu papel logo no começo da persecução penal, como poderemos ter um adequado final? Esta é a maneira pela qual conseguiremos perseguir o ideal de justiça ao caracterizar a atividade jurídico-penal do Delegado de Polícia como momento, não como pedaço. A proposta não é uma mera sugestão. É a verdadeira solução.

2.7.3. Identidade (ou unidade) x multiplicidade

Para desenharmos a segunda estrutura fundamental da Fenomenologia, qual seja, a de "identidade numa multiplicidade", queremos dizer que determinado objeto, ou mesmo um determinado acontecimento no mundo da vida, cada uma dessas situações sempre pode nos mostrar uma face, um ponto de vista, dentro de várias possibilidades[486].

Husserl afirma que não há dúvidas quanto ao fato de que "unidade" e "multiplicidade" pertencem a dimensões diametralmente opostas, além de destacar que tudo aquilo que é hilético (por exemplo: cores, sons de sensação), faz parte do componente real do vivido concreto, enquanto na camada noemática (no noema, em si), tudo aquilo que "se exibe", ou "se perfila" nele, como sendo efetivamente múltiplo, nesta última poderá ser verificada[487].

Disso podemos concluir que, ao se falar de percepção (e se esta é eventualmente a percepção) de um objeto, tudo que o compõe também está compreendido neste ato perceptivo, porém, isto somente ocorre caso a descrição "objetivamente" direcionada reflita e se atenha exatamente ao objeto "tal como ele está ali" sendo percebido.

Por tal motivo, Husserl nos indica que somente recorrendo ao objeto noemático e seus momentos é que se pode caracterizar, de tal forma, todos os respectivos componentes noéticos: não basta, apenas, afirmar que se tem consciência, mas sim, uma consciência perceptiva e objetivamente direcionada a um crime, a um carro ou a sua cor etc[488].

O resultado de uma percepção, ou seja, um dado, pode ser traduzido como aquilo que é transcendentalmente constituído a partir das bases dos vividos materiais, por meio das funções noéticas. Será um dado evidente caso o vivido possa ser descrito fielmente em intuição pura, juntamente com aquilo de que nele o indivíduo seja noematicamente consciente.

486 SOKOLOWSKI, Robert, op. cit., nota 227, p. 36.

487 HUSSERL, Edmund, op. cit., nota 233, p. 225.

488 Ibidem, p. 225.

Husserl afirma que o "noemático" é o campo das unidades. Já o "noético", o campo das multiplicidades "constituintes"[489]. No que diz respeito ao núcleo noemático e seus caracteres na esfera das presenças e das presentificações, o referido autor traça um paralelo entre as diversas espécies de representações existentes: como percepção, recordações, representações de imagens entre outras[490].

Isso nos permite diferenciar, por exemplo, as situações resultantes de cada uma delas. Na percepção, dada sua condição fenomenológica, o que se percebe se refere ao presente. Uma presentificação, portanto. Consectário lógico disto é que numa recordação de um vivido efetivo nos remetemos a algo já percebido, cujas qualidades noemáticas resgatamos com maior ou menor obscuridade conforme tenhamos dado atenção devida, o que certamente também depende da distância temporal em face daquele "ter percebido" enquanto tal.

Por isso podemos afirmar que, em sua essência própria, uma recordação é uma "modificação de percepção". A qualidade dos dados resgatados, por depender de uma série de fatores intrínsecos e extrínsecos, jamais vai se sobrepor à efetiva vivência do fenômeno.

Além de toda análise até aqui compreendida, uma das discussões centrais desta obra reside exatamente nos efeitos da estratificação das representações em noese e noema, segundo a lei eidética. Husserl, sobre o tema, assevera com propriedade que todos os tipos de representações e suas modificações podem sempre ser sujeitos de recebimento de novas estratificações e, consequentemente, uma sequência de camadas ou níveis pelos quais se constroem as intencionalidades em noese e noema[491].

Podemos exemplificar. Suponhamos que haja uma espécie de presentificação pura e simples. Nós poderíamos defini-la como uma percepção sobre uma árvore, um carro, ou mesmo uma situação flagrancial de crime. A recordação em face desses fatos se compõe de camadas, vale dizer, de uma forma de presentificação de nível eidético diverso daquela evidente, absoluta, já que ao vivermos na recordação, nós nos inserimos num fluxo de vividos efetuado por um nexo de vividos no modo da presentificação.

A recordação, por si só, mesmo sendo de algo experienciado, vivenciado por um único indivíduo doador de sentidos, já é uma modificação

489 HUSSERL, Edmund, op. cit., nota 233, p. 228.

490 Ibidem, p. 229.

491 Ibidem, p. 231.

daquele "refletir" originariamente percebido. Sendo assim, a partir de cada nexo de vividos compilado numa determinada estratificação, dele podem surgir novas recordações e assim sucessivamente. Cada uma, portanto, representando um nível eidético.

Some-se a isso a possibilidade, também discutida por Husserl, no sentido de que pode haver mistura de representações: se por um lado podemos encontrar uma presentificação de uma percepção, caminhando *pari passu*, podemos encontrar presentificações de imaginações, de expectativas e assim por diante e em diferentes níveis, podendo valer, igualmente, tanto para complexos de representação por signo, quanto por imagem[492].

Joaquín Xirau também disserta sobre a estratificação que é feita levando-se em consideração as estruturas dos atos noéticos e seus correspondentes noemas. O autor aponta para uma hierarquia que visa a dar ordenação aos elementos, mas ao mesmo tempo confere-lhes uma situação de dependência[493].

Vejamos. Tivemos oportunidade de verificar que o tipo de estímulo noético interfere na qualidade do correlato noemático. De modo semelhante, existem determinadas categorias de noema que pertencem a ideais básicos, para que somente depois de terem sido estabelecidas as premissas possamos continuar a conferir valores que lhes são inerentes.

Se eu percebo uma maçã diante de mim, esta primeira identificação do noema em face do meu ato intencional lançado irá constituir a base da minha constatação. Após, poderei tecer comentários que ilustram os demais predicados que lhe são inerentes. Vejo uma maçã. Minha percepção não se engana quanto à visão de um objeto que possui as características de uma maçã.

Existe, porém, uma situação peculiar descrita por Husserl, no que diz respeito a atos de "posição" de ser ("atos téticos") e todos aqueles que, mediante uma dúvida, passem do modo da crença para o da mera suposição ou conjectura (também compreendido como modo da dúvida e do questionamento). Através desta passagem, tudo aquilo inicialmente e originariamente caracterizado passa agora a assumir "possibilidades" que necessitam ser esclarecidas[494]. Da mesma maneira que, diante da obscuridade, uma árvore movimentada pelo vento pode eventualmente ser confundida

492 HUSSERL, Edmund, op. cit., nota 233, p. 232.

493 XIRAU, Joaquín, op. cit., nota 241, p. 166.

494 HUSSERL, Edmund, op. cit., nota 233, p. 235.

com um homem numa mata, dúvidas também podem surgir com a análise do crime e seus substratos, impondo criteriosa investigação eidética por parte do Delegado de Polícia.

Assim, quanto mais se investiga, perceberemos que em categorias mais superiores de noeses e seus correlatos teremos elementos para poderemos dizer se a maçã é vermelha ou verde, se é cheirosa ou não, se está aparentemente apta para ser apreciada etc. Essas esferas superiores da consciência podem perfeitamente desaparecer, mas mesmo assim ainda terei sempre a essência da percepção de uma maçã diante de mim.

Vamos nos dirigir a um exemplo geral simples: o do crime. Nenhum crime é verdadeiramente igual ao outro. Dentro da própria concepção sobre o que é o crime, com a mera leitura do Código Penal percebemos a nuance de cada um dos tipos penais (o que não é diferente perante a leitura das leis extravagantes que tratam sobre o tema). Porém, o que queremos dizer é que ainda assim, cada um destes tipos penais revela suas características básicas, que o distingue dos demais, seja pela vinculação a um determinado elemento contido no preceito primário, ou ainda, em virtude do concurso necessário entre duas ou mais pessoas para a sua prática.

Muitos crimes têm, ainda, qualificadoras que os tornam ainda mais especiais e relatam a própria forma como eles mesmos têm multiplicidades que ainda precisam ser descobertas. Essa tarefa final é do intérprete da lei, do operador do direito, mais precisamente do Delegado de Polícia, a quem caberá identificar a essência do fenômeno na investigação criminal da sua atribuição, distinguindo uma identidade dentro de uma multiplicidade de possibilidades que lhes são postas ao alcance.

Agora, vamos analisar um evento específico de crime. Qualquer crime. Vamos supor que seja um crime de homicídio. A prática nos mostra que um crime de homicídio nunca é idêntico ao outro. São infinitas as possibilidades que o sujeito ativo pode encontrar para perpetrar essa atividade delituosa. Há inúmeras variáveis em questão, desde o simples horário escolhido para o ato, ou ainda, o meio pelo qual se dará a prática do crime (o que, por si só, já é passível de estar enquadrado numa qualificadora, especializando ainda mais a espécie delitiva).

Cada um destes pontos em questão, sob a ótica de um começo, meio e fim, deve nos permitir a identificação primeva de partes e todo (o que nos leva a um breve retorno sobre o primeiro pilar estrutural da Fenomenologia), e também o encontro da identidade relativa àquele crime em análise, diante das multiplicidades que estavam disponíveis para a sua prática. Perceber essa identidade é o mesmo que ir em busca da sua respectiva característica eidética, que o torna singular.

O grande problema é que isso ainda não é feito da forma como deveria ser. O que ainda tem sido feito é encarar o mesmo tipo de crime como uma unidade estanque, com o mesmo tratamento. Não deve ser assim, justamente pelo fato de que, ao se generalizar, se despreza a essência de cada fenômeno criminoso. O erro, então, está em tratar formas distintas com a mesma aplicação penal, sem levar em consideração as suas características básicas, essenciais, que tornam tais situações distintas de quaisquer outras.

Diferentemente da percepção dos objetos físicos, que podem ser vistos sob diferentes perspectivas, no caso da representação do crime, uma vez que ele ocorre, conforme as circunstâncias estanques que o circundam, não se pode ter outra experiência (sob pena de considerarmos a prática de uma nova infração penal), pois ele se esgota em si mesmo[495].

Por isso, podemos afirmar que os fenômenos sobre os quais se baseia uma consciência são estanques naquele momento temporal/espacial e estão sujeitos aos efeitos deletérios da memória humana, da imaginação e de tantos outros conceitos psicológicos que influenciam na reconstrução da visão sobre o que realmente é/aconteceu, não do que o operador do direito "acha que aconteceu" ou do que "lhe parece que aconteceu".

Nem mesmo a garantia da pena idêntica pode ser atribuída, já que após as três fases clássicas da dosimetria inúmeras variáveis são utilizadas pelo juiz para que se possa calcular o *quantum* suficiente.

Por força destas considerações, somos levados, mais uma vez, a recuperar a função precípua conferida ao Delegado como aquele que primeiro irá identificar uma identidade dentro de uma multiplicidade de possibilidades postas a seu turno. Ainda assim, dizendo respeito a um mesmo evento, qual seja, a análise do crime como fenômeno ocorrido, teremos oportunidade de destacar que ele próprio guarda relação de identidade em multiplicidades. E muito disto está ligado ao terceiro pilar, à terceira estrutura fundamental da Fenomenologia, que veremos mais adiante, mas de antemão podemos destacar como uma relação entre "presença e ausência".

É inegável que diante de uma percepção que se dá na presença do fato ou do objeto, a qualidade das informações e a pureza que pode ser extraída dela nos direcionam a um nível muito maior de fidedignidade se

495 CERBONE, David R., op. cit., nota 242, p. 36.

comparadas às representações que dela podem surgir, ou ainda, das imaginações que dela podem fluir. Neste sentido, podemos fazer uma rápida comparação com as situações flagranciais que diariamente ocorrem e que servem para realçar a compreensão sobre esta identificação de identidade em multiplicidades presentes.

A vivência do fenômeno resgata sua pureza eidética, extraída nos seus próprios termos, mais se aproximando do resgate das essências tal como preconizado pela fenomenologia de Husserl. Porém, isto não significa a perda obrigatória da qualidade das informações de modo imediato.

Vários fatores estão em jogo e este é um desafio deste trabalho: permitir que encontremos um ponto de equilíbrio na análise da vivência do fenômeno e na qualidade das informações e o resgate da essência do fenômeno, de modo que possa permitir sua adequada visualização ainda que os efeitos do tempo (este sim, um dos fatores que podem levar à perda da qualidade da informação) atuem para embaçar o que foi efetivamente experienciado.

Isso nos leva a crer que há uma identidade na percepção da testemunha ocular, que identifica características específicas conforme seu modo de atenção diante do fenômeno. Até mesmo entre várias testemunhas, o fenômeno sempre se mostra único numa multiplicidade, pois seu ponto de vista é necessariamente diferente dos demais, ainda que de modo sutil. Percebemos, então, que mesmo diante da percepção através da vivência há inúmeros modos de experiência do fenômeno, que se mostra em perfis distintos para cada observador.

Após essa primeira verificação, outras ainda surgem, como o modo através do qual o Promotor, o Defensor e o Juiz têm a percepção dos fatos, já em sede de processo propriamente dito, não mais através da percepção em vivência, mas sim da representação (e até mesmo da imaginação).

Por fim, Sokolowski assevera que a identidade, em que pese ser dada por meio de diversas manifestações, está numa dimensão diferente daquela em que se encontra a multiplicidade. Assim, a identidade não é considerada um membro da multiplicidade, não se reduzindo às várias possibilidades de manifestação que lhe são inerentes[496].

Tendo informações suficientes sobre o aspecto desta segunda estrutura, passemos, agora, à análise da última estrutura formal da Fenomenologia.

496 SOKOLOWSKI, Robert, op. cit., nota 227, p. 39.

2.7.4. Presença x ausência

2.7.4.1. A terceira estrutura formal da Fenomenologia

Como já adiantamos linhas acima, o que reflete a última estrutura formal da Fenomenologia é a relação entre presença e ausência e a respectiva identidade entre elas. Por oportuno, tal tema é inegavelmente original na Fenomenologia[497]. Aliás, esta é uma das vantagens pelas quais devemos dar créditos a Husserl, já que agregou significado filosófico ao esclarecer que é fundamental a percepção do fenômeno na presença, não na ausência. Isso faz toda diferença, principalmente quando levamos em consideração esta assertiva para a teoria da valoração crimino-fenomenológica.

Quando falamos em presença ou ausência, a ideia central nos obriga a fazer referência aos seus respectivos correlatos objetivos, que, segundo Sokolowski, são as intenções cheias e intenções vazias. No primeiro caso, podemos correlacionar com algo intencionado que está diante do observador, em sua presença física, enquanto nas intenções vazias aquele algo está ausente, não está diante do observador em vivência perceptiva evidente e instantânea[498].

Não é outra a ideia acerca da narrativa de uma testemunha sobre a ocorrência de um crime. Ela pode até ter tido esse momento em presença, mas o narra para os policiais em ausência. Ou seja, o registro categorial foi em presença[499]; a constatação de tais fatos também é possível em presença, só que desta vez o será por parte da equipe de policiais que investiga a ocorrência dos fatos, colhendo elementos que nos permitam esclarecer a essência do fenômeno criminoso para que seja feita a adequada capitulação.

Com relação à análise do fenômeno do crime, é imperioso fazermos uma breve observação e exemplificação. Utilizando-nos de uma espécie delitiva já mencionada, retornemos à ocorrência de um crime de homicídio. Tal fato foi testemunhado por uma pessoa que alega ter visto todos os atos desde o início, até ela mesma ter pedido socorro e aguardado até a chegada da equipe médica que constata o óbito. Esta testemunha ocular, de fato, vivenciou o ocorrido. Ela percebeu as suas nuances, identificando

497 SOKOLOWSKI, Robert, op. cit., nota 227, p. 42.

498 Ibidem, p. 42.

499 Ibidem, p. 108.

uma identidade numa multiplicidade de possibilidades: ela sabe que o homicídio se iniciou de modo tal, narrando para o Delegado de Polícia todos os detalhes que diz ter visto.

Em sede de depoimento, imediatamente após a ocorrência dos fatos, há uma breve descarga narrativa daquilo que a testemunha tem em primeira lembrança, cuja riqueza de detalhes invariavelmente também depende da quantidade de demanda e da habilidade do investigador na condução do termo de declarações.

A testemunha teve seu momento de presença na cena do crime, de onde ela trouxe sua percepção sobre o fenômeno ocorrido: o crime de homicídio com tais e tais detalhes narrados pela testemunha, com tal posicionamento de hora, local e modo de execução, se possível, com detalhes sobre o autor. Porém, detalhes podem estar escondidos ou intencionalmente omitidos, por qualquer razão: medo, intimidação, fantasia em decorrência de uma forte descarga emocional em virtude da experiência de um fato criminoso etc.

A humanidade ainda não tem condições de retratar, com exatidão, algo que só é possível em filmes de ficção científica: uma espécie de filme visto a partir de um instrumento tecnológico específico implantado através de um eletrodo aderido à cabeça da pessoa, que se conecta com um leitor ultramoderno e consegue decodificar os sinais eletromagnéticos que retratam exatamente o que a testemunha viu, da maneira como ela viu, com os detalhes percebidos, a posição de foco do seu olhar perante a cena, seu exato posicionamento, seu estado emocional e o que ela efetivamente gravou em sua memória, quais os sons que ouviu, quais os cheiros que sentiu. Enfim, tudo o que, de acordo com a Fenomenologia, poderia ser utilizado para esclarecimento desta percepção e, também, para reconstrução do fenômeno.

Mas a humanidade já estabeleceu que para isso ser, de certa forma, reconstruído, há diversos elementos e pessoas que podem ser úteis na busca por tal propósito. Então, temos a ferramenta da investigação criminal com seus recursos de comparecimento até o local do crime ou mesmo os de reprodução simulada, situações nas quais teremos ainda a oportunidade de perceber mais detalhadamente sobre seu funcionamento, utilização prática e institutos afins.

Por ora, basta que entendamos a importância de utilização e o cabimento destes instrumentos com o objetivo de possibilitar que o Delegado de Polícia, o Perito Criminal e a equipe de investigação tenham seu momento de presença na cena do crime, já que o relato da testemunha (embora componha uma situação de presença dela no cenário, testemunhando), ao estar na delegacia de polícia num momento posterior, o faz em momento de ausência que se dá após uma presença (seu testemunho na cena do crime), cuja qualidade é inegável, haja vista a vivência perceptiva que teve.

Então, esta mesma ausência (de forma anterior) pode ser transportada para o exemplo do Delegado de Polícia (fora de uma situação flagrancial na qual ele mesmo presencia uma situação criminosa e dá voz de prisão em flagrante), mas na qual aquela primeira testemunha lhe narra os fatos (situação de efetiva ausência após uma presença, por parte desta testemunha, porém, simultaneamente de uma ausência anterior a uma presença – na cena do crime – por parte da autoridade policial).

Quando esta lá comparece, esclarecendo os fatos, periciando o local, seguindo a cartilha da legislação processual, então ela sai da situação de ausência e passa para uma situação de presença. Tal ambientação espaço-temporal tem relação direta com os tipos de vividos que serão levados em consideração para a compreensão do fenômeno, já que sabemos da importância fenomenológica de estabelecimento posicional e da respectiva intencionalidade para fins de determinação eidética. Para isso, passaremos agora a abordar a questão relativa aos vividos posicionais e os não-posicionais.

2.7.4.2. Vividos posicionais e não posicionais

Ao dissertar sobre a análise eidética, Husserl traz uma distinção entre vividos posicionais (aqueles cujas situações são observadas em modo de atos perceptivos de doação originária) e os vividos não-posicionais (também compreendidos como atos não-perceptivos)[500].

Distinguimos desta forma exatamente para possibilitar uma fenomenologia da razão, através da qual tudo aquilo que é logicamente atestável como verdadeiro ou efetivo, também o deve ser racionalmente atestável, pois as duas esferas estão em correlação. Para tanto, de modo a trazer concretude na significação correlativa e conferir hierarquia em face de critérios perceptivos, é válido destacar que algo que é efetivamente percebido (vale dizer, que está diante de um modo originário de doação de sentidos) tem muito mais alcance eidético e ideal do que algo observado por meio de uma recordação que se dá meses ou mesmo depois da aparição fenomenológica.

500 HUSSERL, Edmund, op. cit., nota 233, p. 303.

Logicamente, esta constatação não representa um alijamento ou afastamento da possibilidade de utilização de uma consciência de recordação. Todavia, não dispõe do mesmo grau de apreciação destinado/inerente, por exemplo, aos vividos posicionais. Caso estejamos diante da percepção de um evento de interesse para o Direito Penal, por exemplo: suponhamos que estamos numa cena de crime.

Analisamos, em doação originária, todas as nuances. Verificamos os mais diversos raios de intencionalidade. Saímos da obscuridade para a clarividência. Percebemos todos os sentidos lógicos daquele fenômeno. Imediatamente, no entanto, aquilo que uma vez se deu por meio da doação originária agora passa a ser algo retido eideticamente e vai se obscurecendo gradativamente conforme novas camadas de informações vão se aderindo com o passar do tempo.

Portanto, falar sobre o caráter posicional conferido pela doação originária evidente, significa dizer que isso faz dela (a posição) um verdadeiro fundamento originário de legitimação. Para Husserl, se a dita "posição" não possui a clareza que dela se espera (posição cega), então, caso o intérprete se utilize deste ponto de vista para embasar sua tese e discutir sobre o fenômeno (um ponto de vista obscuro), lhe faltará, necessariamente, a racionalidade vinculada à evidência, prejudicando o núcleo de sentido e toda sua configuração, embora ainda seja possível utilizá-lo de forma secundária/subsidiária[501].

2.8. A METODOLOGIA DA FENOMENOLOGIA

2.8.1. O início do método fenomenológico: a jornada epistemológica a partir do mundo natural

Embora soe paradoxal, elegemos falar sobre a metodologia afeta à Fenomenologia ao final, em virtude da necessária compreensão dos seus institutos particulares. Somente a partir destas pontuações percebemos como um tema tão presente no nosso cotidiano possui uma incrível complexidade que lhe fundamenta.

Assim, ao dissertar sobre o modo pelo qual devemos compreender o método da filosofia fenomenológica, Joaquín Xirau nos mostra que pre-

501 HUSSERL, Edmund, op. cit., nota 233, p. 305.

cisamos entender os dois sentidos da palavra "teoria". Se de um lado quer significar "especulação pura e desinteressada" (no qual a atitude teórica se opõe à prática), por outro lado nos mostra que também pode ser uma construção intelectual hipotética, uma articulação de doutrinas que, diante de uma realidade, buscamos explicá-la (uma verdadeira construção de uma teoria científica). Ao fazer essa distinção, Xirau indica que o método fenomenológico é por natureza o oposto de uma teoria explicativa, pois se limita a descrever[502].

Mas esta descrição assume cariz extremamente distinto em face da atitude do observador fenomenólogo. Este, por sua vez, irá efetivar uma tarefa de descrição pormenorizada e distinta das demais ciências, pois ao trabalhar com a noção de evidência, a Fenomenologia assume papel originário, ou seja, vale a máxima apontada por Husserl como "o princípio de todos os princípios".

Com base em toda intuição diante da qual algo é originariamente apreciado, trabalharemos com o pressuposto de que tal ciência é fonte autêntica e legítima de conhecimento. Em sendo a evidência a base da observação fenomenológica, devemos compreender que tudo aquilo que nos é oferecido, deve ser intuído de modo a aceitá-lo tal como se apresenta e nos limites desta apresentação[503]. Este é o parâmetro para a formatação da teoria da valoração crimino-fenomenológica.

Husserl nos indica que o ponto de partida para as investigações fenomenológicas em busca de um conhecimento de essências é a orientação teórica denominada "natural". É nele que se inicia a análise da percepção do mundo que vai nortear o início da jornada fenomenológica em busca do conhecimento absoluto através de digressões. É nele o local no qual as coisas simplesmente se encontram. Elas estão aí, estejamos ou não atentos à sua aparição. Nos circundam. Estão ao nosso lado. Nesta orientação natural, encontramos o mundo numa intuição imediata[504], a forma mais tradicional como vemos o mundo. Basta existirmos. Basta abrirmos nossos olhos e iniciar a mera percepção do mundo ao nosso redor. Por isso se diz que esta é a intuição doadora logo na esfera inicial "natural" do conhecimento, através de uma experiência originalmente doadora de sentidos[505].

502 XIRAU, Joaquín, op. cit., nota 241, p. 55.

503 HUSSERL, Edmund, op. cit., nota 233, p. 69.

504 Ibidem, p. 73.

505 Ibidem, p. 33.

Mas este mundo não deve ser visto como um mero mundo de coisas ao meu redor. Indo além, conseguimos valorá-lo para dizer que tais coisas têm propriedades específicas, o que também acaba por refletir em termos práticos, haja vista que estes caracteres fazem parte constitutiva dos objetos, dados como tais[506].

É, também, no mundo natural que temos as impressões mais subjetivas sobre as coisas, as pessoas, os objetos em geral. Temos o predicado em face de cada uma delas, aferindo serem boas ou ruins, bonitas ou feias, úteis ou inúteis. É um mundo próprio de coisas, mas não se restringe a elas. É igualmente um mundo de valores, de bens, um mundo prático no qual exercitamos a nossa vivência de modo tradicional. Essa é uma das principais razões para que o consideremos como nosso ponto de partida para as investigações fenomenológicas.

2.8.2. Atitude natural x atitude fenomenológica: necessária distinção

Vimos que um dos pontos centrais do estudo da Fenomenologia está adstrito à transcendentalidade. De fato, é algo inicialmente complicado de se visualizar, mas basta seguirmos alguns passos e que tenhamos alguns conceitos prévios para que exerçamos nossa capacidade mental de transcender. Dois deles são os de "atitude natural" e "atitude fenomenológica".

Robert Sokolowski, por sua vez, nos ensina que, quando nós estamos diante de nossa postura original (esta na qual o mundo está aí para nós, quando observamos os demais indivíduos inseridos na sociedade sem questionar isso), então, estamos diante da postura padrão, aquela adotada pela maioria dos seres humanos, a qual devemos sempre ter como ponto de partida para as nossas considerações filosóficas. Daí, então, podemos concluir que estamos diante da nossa "atitude natural"[507].

No processo de reconhecimento da Fenomenologia como ciência que derrama uma fonte originária de conhecimento, não é possível passar ao largo sem verificarmos que a transmudação da atitude natural para a atitude fenomenológica e a análise que é feita nesta implicam, propriamente, numa reflexão, não numa introspecção (como característica da Psicologia)[508].

---

506 HUSSERL, Edmund, op. cit., nota 233, p. 75.

507 SOKOLOWSKI, Robert, op. cit., nota 227, p. 51.

508 XIRAU, Joaquín, op. cit., nota 241, p. 213.

Tal ato de reflexão permite que se modifique, então, a consciência natural para uma consciência fenomenológica. Mas aliado ao ato reflexivo nós devemos adicionar o fator temporal, em virtude de já compreendermos que a consciência em Husserl requer um posicionamento espaço-temporal. A consciência fenomenológica flui juntamente com o tempo e é aqui que falamos sobre o fluxo de vividos, em momento oportuno.

O que se quer dizer é que a valoração dada à atualidade da consciência, em face daquilo que se percebe enquanto se está efetivamente diante de um objeto ou de um fato, vai ser sempre mais adequada e mais expressiva do que algo recordado ou cujo conteúdo ainda se espera, no futuro. Nessas últimas situações, portanto, a experiência fica alterada, de certa forma.

Joaquín Xirau indica que tudo aquilo que lembramos ou refletimos sobre pode ser apenas um algo que imaginamos no presente, mas que passou (um "algo recordado", por exemplo) e tudo aquilo que está no futuro, um algo pensado presente que virá (que pode ser objeto de fantasia, imaginação etc.), já que não temos todas as características diante de nós para que possamos nos posicionar em face do seu conteúdo noemático e todos os seus predicados. Enfim, é indicado que na percepção reflexiva nos orientemos sempre a partir de uma perspectiva posta no presente, com base na sua própria natureza, extraindo-lhe a essência desejada[509].

No tópico anterior, acabamos de afirmar que tudo aquilo que vemos faz parte do mundo natural. Essas coisas, essas pessoas nos fazem ter sentimentos, emoções etc. Nós podemos intencioná-las de uma forma única, ora em presença, ora na sua ausência. Podemos imaginar que estamos viajando para o outro lado do mundo sem ao menos termos saído da nossa residência. O mundo tal qual está organizado pela sociedade é o mundo natural, da mesma forma que a nossa atitude nesta observação. Este mundo se apresenta para nós de diversas formas e cada indivíduo tem sua percepção de mundo, sua singularidade.

Sokolowski nos mostra que a Fenomenologia é a ciência que estuda a verdade e a Filosofia é a arte e a ciência de evidenciar a evidência. A partir do momento em que, com base na atitude natural, desta nos afastamos e entramos em processo de contemplação em busca da verdade, passaremos a nos encontrar num grau transcendental, avaliando não só as coisas em si, mas a correlação entre elas[510].

509 XIRAU, Joaquín, op. cit., nota 241, p. 215.

510 SOKOLOWSKI, Robert, op. cit., nota 227, p. 197.

Assim, quando nosso foco está voltado para a reflexão acerca da atitude natural e todas as demais intencionalidades (ocasião na qual estaremos diante das reflexões filosóficas puras) então podemos dizer que tal atitude reflexiva é a "atitude fenomenológica".

2.8.3. A crença: doxa e modalidades dóxicas

2.8.3.1. Noções fundamentais

Para que possamos compreender nossa percepção diante do mundo natural, Husserl introduz a expressão "crença" (também compreendida como "doxa"), originária, através da qual percebemos que todas "modalidades de crença" ou "modalidades dóxicas", constatadas, remetem intencionalmente a elas[511]. A doxa, então, se refere a esta forma de consideração inicial, como já tivemos oportunidade de ressaltar anteriormente[512].

É preciso entender que uma das grandes tarefas da Fenomenologia é a do aproveitamento das teses dóxicas das proposições predicativas e significações lógicas nas mais diversas percepções em atitude fenomenológica (não em atitude natural, impregnada de predicamento egocêntrico). Para isso, Husserl adentra na doutrina das formas apofânticas, estabelecendo que o principal objetivo é justamente promover o desenvolvimento de uma doutrina que seja sistemática e, ao mesmo tempo, analítica das tais proposições e significações[513].

Em virtude destas considerações, quando o autor tece comentários sobre operações analítico-sintáticas, ele as descreve como operações "possíveis para todos os sentidos possíveis", vale dizer, ainda que o conteúdo de determinação não esteja evidentemente explícito, mesmo assim será possível explicitá-lo, da mesma forma que nada impede que sejam efetuadas operações concatenadas com sua respectiva análise. Por sua vez, sob o aspecto das formas sintéticas, estas estarão de acordo com as sintaxes gramaticais. Por definição, Husserl descreve aquelas como formas determinadas e que seguem rigor no sistema formal, podendo ser extraídas por abstração e fixadas em expressão conceitual[514].

511 HUSSERL, Edmund, op. cit., nota 233, p. 237.

512 Vide nota 390, no item 2.4.4.2 da Parte II desta obra.

513 HUSSERL, Edmund, op. cit., nota 233, p. 295.

514 Ibidem, p. 296.

É por tal motivo que determinado objeto, pessoa ou fenômeno, podem ser descritos de maneira analítica a partir de uma tese de percepção pura, afinal, de nada adiantaria percebermos os fenômenos se a partir deles não se pudesse fazer abstração tal que não resultasse em determinação, em significação eidética, extraindo-se o conteúdo predicativo levando-se em consideração as possibilidades estabelecidas segundo as teses dóxicas primárias, originárias.

Então, partindo-se do pressuposto de que, de fato, as bases sejam tais formas originárias, daí podem derivar as mais diferentes formas de juízos (em termos de juízo lógico/proposições apofânticas – declarativas, reveladoras). Isso trará como consequência a necessidade de determinação de todas essas últimas formas, denotando a existência de uma morfologia das proposições a quem Husserl também chama de sintaxes apofânticas[515].

E é a partir destas sintaxes que se extraem conhecimentos no sentido de que as possibilidades sistemáticas identificadas posteriormente possuem correlação com as configurações axiomáticas originais, pois delas derivam. Assim, a Fenomenologia cuidará da análise daquilo que é atestável em intuição imediata, a partir de uma *epoché* fenomenológica, fixando as essências evidentes e, daí, seu respectivo conhecimento descritivo "numa vinculação sistemática de todas as camadas na consciência transcendental pura"[516].

Quando Husserl aborda os ensinamentos sobre a *epoché*, os insere no complexo processo de redução fenomenológica, ato fundamental para o encontro de essências e que representa uma forma de suspensão do juízo. Esta metodologia própria representa o ponto-chave para a compreensão do método de Husserl, já que o autor preza bastante pela transcendentalidade[517].

O que se quer dizer, nestas constatações iniciais, é que os conhecimentos sobre doxa e caracteres dóxicos originários e os juízos apofânticos deles decorrentes (em virtude da operação da *epoché* e da redução fenomenológica em atitude pura), nos auxiliarão a fazer as ponderações necessárias em face da correlação entre os eventos iniciais num contexto criminal e os juízos lógicos que decorrem da sintaxe apofântica nesse contexto. A correlação entre os elementos permitirá que se atinja a compreensão adequada para a obtenção da essência do crime por parte do Delegado de Polícia, cuja descrição pormenorizada deverá ser feita por ocasião do procedimento

515 HUSSERL, Edmund, op. cit., nota 233, p. 296.
516 Ibidem, p. 297.
517 Ibidem, p. 81.

de investigação criminal adequado em termos processuais para o caso concreto sob análise.

2.8.3.2. A adição de novos caracteres noéticos e sua repercussão na doxa originária

Quanto aos aspectos de adição de novos caracteres noéticos, Husserl assevera que tal modificação tem como função se materializar em novos objetos de ser para a consciência e não apenas novos caracteres ditos noemáticos. Esses novos elementos, portanto, dizem respeito a uma modificação da doxa originária, na medida em que naquilo que se acreditava originalmente, passa a ter incluído caracteres distintos, modificando a crença original. Isso também se reflete na afirmação e na negação: esta última, por exemplo, exprime ideia de modificação de uma posição (representada por um sentido ampliado de uma modalidade de crença), não necessariamente de uma afirmação, pontua Husserl[518].

Uma modificação de crença, não menos importante do que a negação, mas atuando com premissas distintas é a modificação das postulações, que atua de modo a descredibilizar a modalidade dóxica à qual faz referência. No entanto, diferentemente da negação, opera-se uma atividade de neutralização. Assim, de modo diverso da consciência não-neutralizada (ou seja, que pode ser predicável), naquela dita como neutra não há o desempenho de um papel da crença para aquilo de que se tem consciência[519].

Portanto, toda vez que experimentamos o mundo (aceitando as coisas da maneira como estão e na forma como elas nos são dadas), o fazemos acreditando que existem, que são verdadeiras (atitude ingênua). Então, quanto mais nós vivenciamos momentos distintos e ganhamos experiência com isto, Robert Sokolowski afirma que nós vamos incluindo diversificações de modalidades dóxicas, ou seja, modos distintos de crença em virtude da percepção de que as coisas podem não ser bem do jeito que são, ou melhor, que as coisas podem se mostrar para nós de uma maneira enganosa, errada ou pelo menos diferente daquela que julgávamos ser correta inicialmente. Assim, passamos a agregar em nossa vivência de mundo natural (frise-se) a percepção da crença enganosa, do erro, da dúvida etc. Todavia, o próprio autor pontua que a crença no mundo em si não está sujeita a refutação ou

518 HUSSERL, Edmund, op. cit., nota 233, p. 239.

519 Ibidem, p. 243.

correção tal qual estaria sujeita uma crença de determinado indivíduo em particular[520]. A conclusão à qual chegamos sobre a "atitude natural" é a de que o mundo está aí para nós e isso não podemos refutar. Ele é a base sobre a qual remontam as coisas e os seres humanos.

Partindo agora para um viés mais filosófico sobre o mundo natural em si, olhar para a atitude fenomenológica nos permite dizer que devemos necessariamente estar embasados na atitude natural que lhe é subjacente, em virtude da nossa concepção sobre o mundo e sobre as coisas. É justamente a forma pela qual vamos discutir o mundo natural e a atitude advinda dele[521].

Através desta passagem poderemos fazer considerações filosóficas nas quais estão incluídas as ponderações fenomenológicas propriamente ditas. Acreditamos que se realmente desejamos fazer uma descrição livre de qualquer preconceito, de qualquer amarra que lhe prenda a uma posição pré-formada, devemos nos afastar de toda intuição contaminada pela atitude natural, principalmente se tiverem sido adicionados novos caracteres noéticos.

Isso é ainda mais notório quando enxergamos a noção circunscrita ao fenômeno do crime. Aqui, a ideia central é a busca pelo fenômeno tal qual ele realmente é, tal qual ele realmente aparenta, independentemente da sua opinião sobre ele, vinculada ao mundo natural, ou ainda, de elementos adicionados posteriormente à ocorrência do fato criminoso, que pode se mostrar prontamente enganosa, ou ser revelada no decorrer das investigações. Quanto a isto, deve ser dada atenção ainda maior para a adição de novos caracteres noéticos modificando a doxa originária de uma testemunha. Mais um motivo para podermos acreditar na atitude cética revelada pela proposta da *epoché* fenomenológica.

Então, quando analisamos uma situação fática criminosa, não nos interessam os argumentos pessoais e os desprovidos de técnica jurídica, já que, ao final, não se julgará o que você pensa ou não sobre o assunto, mas sim os fatos da forma como eles são e como eles realmente ocorreram. Por isso a importância da transcendentalidade. Daí a importância da *epoché* operada em virtude da passagem da atitude natural para a atitude fenomenológica. É disto que cuidaremos a partir de agora.

520 SOKOLOWSKI, Robert, op. cit., nota 227, p. 54.

521 Ibidem, p. 56.

2.8.4. A passagem da atitude natural para a atitude fenomenológica

A importância da passagem da atitude natural para a atitude fenomenológica marca o momento no qual o indivíduo se despe de qualquer tipo de opinião pessoal que certamente contamina sua percepção na busca pela essência daquilo que realmente ocorreu. Assim como Sokolowski, entendemos que na atitude fenomenológica colocamos o mundo em suspensão[522]. Este ato significa uma "neutralização" da sua atitude perante o mundo natural. É uma mudança de foco. Os questionamentos, não mais mundanos, se traduzirão em assertivas filosóficas inerentes ao momento de análise. O ato de contemplação nos faz lembrar esse cariz específico.

Husserl delimita a diferença entre a orientação natural e a orientação fenomenológica. Na primeira situação, o indivíduo vive de forma ingênua, percebendo e experimentando, efetuando de modo puro e simples todos os atos por meio dos quais o mundo se dá. São efetuadas correlações de maneira lógico-experimental. Já no que diz respeito ao pensamento baseado na orientação fenomenológica, por princípio, não fazemos a efetuação de todas as teses cogitativas, pois elas são colocadas "entre parênteses", ou seja, são "parentetizadas", de modo que se possa fazer uma nova série de investigações[523].

Desta forma, por ocasião da aplicação específica do método fenomenológico colocamos todo o mundo natural entre "parênteses", efetuando a chamada "parentetização"[524]. Com isso, afastamos todas as esferas eidéticas transcendentes, de modo a obter uma consciência "pura" como início de investigação. Ao dizer que colocamos "todo o mundo natural" fora de circuito, implicaria afirmar que nós mesmos estaríamos "incluídos nesta exclusão", o que soaria um tanto paradoxal. As teses, no entanto, não são desprezadas, mas ao invés de se viver nelas, atos de reflexão são levados a efeito em face delas de modo a percebê-las como absolutas, para que se chegue ao campo infinito do conhecimento absoluto, que é o campo fundamental da Fenomenologia[525].

A fundamentalidade da explicação nos conduz à afirmação segundo a qual, pela adoção da atitude fenomenológica, poderemos ser definitivamente imparciais através de atos de contemplação e, uma vez definida a

522 SOKOLOWSKI, Robert, op. cit., nota 227, p. 57.

523 HUSSERL, Edmund, op. cit., nota 233, p. 117

524 Ibidem, p. 145.

525 Ibidem, p. 117.

essência, entendida a ideia de "parte e todo", descoberta a "identidade numa multiplicidade", compreendido o fenômeno em "presença contraposta à ausência", poderemos então dar uma destinação jurídica ao crime quando retornarmos para a atitude natural. O que queremos dizer neste momento é que os fenômenos sendo contemplados em atitude fenomenológica serão vistos com o grau de pureza perceptiva que se espera para se extrair sua essência.

Não seria diferente com o crime, já que é a partir desta ideia que conseguiremos entender o que aconteceu, da forma como aconteceu, sem predicamento prévio, conduzindo à maior fidelidade possível os atos que lhe serão importantes para fins de subsunção inicial, a *opinio* inicial sobre o fato criminoso, por exemplo. No entanto, a assertiva comporta, por princípio, que façamos parte do método fenomenológico, porém, devidamente destituídos de preconceitos e impedidos de registrar qualquer tipo de proposição que venha a conter teses naturais, explícita ou implicitamente.

Portanto, a partir das visões eidéticas (extraídas com base em intuições imediatas), teremos oportunidade de fixá-las de modo conceitual ou terminológico. Daí, Husserl aduz que as palavras que são empregadas devem ser univocamente ordenadas com base no que foi apreendido de forma unívoca, para que se possa preenchê-las de sentido, conforme tenha sido intuitivamente apresentado[526]. E a nossa ferramenta para este objetivo é a parentetização.

2.8.5. A parentetização

Partindo-se da orientação natural, vimos que Husserl propõe uma modificação radical da tese natural, através daquilo que chama de "tirar do circuito" ou "pôr entre parênteses" ou "parentetizar"[527]. Tudo aquilo que, para nós, estando disponível, experienciado (e, portanto, sob a égide da tese geral), pode ser predicado de forma constante, mas em face de algo já efetivamente disponível.

Caso se intente verificar uma tese potencial (e não expressa), podemos nos valer do "ensaio de dúvida universal", formulado por Descartes, devendo ser concebido como uma forma de ensaiar, simular (*Versuch*), servindo de instrumento para salientar pontos específicos, referentes à

526 HUSSERL, Edmund, op. cit., nota 233, p. 147.
527 Ibidem, p. 78.

essência, que podem auxiliar na compreensão da evidência. No entanto, o aproveitamento deste método, segundo a maneira formulada por Husserl, não utiliza todos seus fundamentos analíticos, retendo somente o fenômeno de "pôr entre parênteses"[528].

Rompendo com as metodologias precedentes, Husserl prefere não adotar propriamente o ensaio cartesiano da dúvida universal, razão pela qual lança o que ele denomina εποχή fenomenológica[529] (ou *epoché* fenomenológica), representando uma forma de suspensão do juízo. Esta metodologia própria representa o ponto-chave para a compreensão do método de Husserl, já que o autor preza bastante pela transcendentalidade[530].

Essa colocação fora de ação da tese geral correspondente à essência preconizada pela orientação natural (não negando o mundo circundante, sua existência ou fundamento) permitindo que o fenomenólogo seja impedido de fazer qualquer juízo acerca da existência espaço-temporal. Assim, retiram-se de circuito todas as ciências que se referem ao mundo natural, mesmo que as admiremos, ou que sejam ínfimas as objeções que, porventura, nutramos em face delas. Não se faz uso de qualquer dos seus fundamentos de validade ou proposição exclusivamente sua. Portanto, o mundo natural, sob exame, é posto de lado desprovido de qualquer teoria.

Este é o motivo pelo qual a palavra *epoché* pode ser entendida também como "abstração", cujo processo de redução funciona como uma espécie de purificação. A mudança da orientação natural para a orientação fenomenológica não representa uma total alienação ou desconsideração do mundo circundante, mas sim, apenas um modo de alteração na atenção daquele que experiencia o fenômeno[531].

Buscando fundamentos para a *epoché* fenomenológica, a pergunta que Husserl faz é: se colocamos o mundo inteiro fora de circuito (inclusive nós mesmos), o que resta? A evidência necessária resultante desta operação é a de que a consciência humana "tem em si mesma um ser próprio" o qual não é atingido pela exclusão fenomenológica. Aliás, esta consciência permanece como um resíduo fenomenológico, a saber, uma espécie própria que, por sua vez, pode servir de base para a ciência fenomenológica. Esta

528 HUSSERL, Edmund, op. cit., nota 233, p. 80.

529 Vide item 2.8.3.1, páginas atrás.

530 HUSSERL, Edmund, op. cit., nota 233, p. 81.

531 CERBONE, David R., op. cit., nota 242, p. 41.

concepção abre espaço para que se acesse a consciência pura (consciência transcendental) e toda a região fenomenológica, por via de consequência[532].

No caminho para a análise dessa *epoché*, Husserl observa que cada evento individual tem a sua própria essência que, por sua vez, é apreensível em termos de pureza eidética. Neste sentido, é possível que tenha uma análise num campo particular de investigação eidética[533].

Cada fato tomado singularmente diante da orientação constante no mundo natural irá nos fornecer elementos para que deles extraiamos sua essência, sua verdade, sua constituição fundamental. Exemplos disso são os fatos cotidianamente percebidos (fatos humanos reais), ou ainda aqueles que temos por força da presentificação na memória ou por mero ato de imaginação humana (onde a ficção pode nos levar a locais inimagináveis ou formular criaturas inexistentes ou mesmo fazer viagens ou constatações impossíveis de observarmos na prática).

No campo da *epoché* fenomenológica, Husserl procura dar detalhes sobre a forma pela qual se transmuda de uma orientação inicialmente natural (anteriormente assumida em face da própria Psicologia, dela advinda), para então, estabelecermos um campo próprio, mais estreito, ligado à subjetividade humana, porém, experimentada conforme sua pureza inerente, protagonista da psicologia pura, como descrita pelo autor[534].

A essência desta própria psicologia pura, numa subjetividade de consciência pura, é então, o alicerce sobre o qual repousa a possibilidade através da qual (numa mudança de sinal, numa mudança de orientação agora denominada como "transcendental", alterando não o sentido remontado sob o manto do mundo empírico, mas o sentido fundado já sob a concepção da experiência psicológica pura) o campo próprio do fluxo psicológico puro dos vividos nesta instância agora se modifica e passa a ser tratado como vivido num fluxo transcendental de consciência[535].

A exclusão, a mudança de sentido, assim, afasta, além do mundo empírico, também a subjetividade ressaltada como pura, embora não possamos negar que eles tenham servido como ponto de partida para as nossas reflexões[536].

---

532 HUSSERL, Edmund, op. cit., nota 233, p. 84.

533 Ibidem, p. 85.

534 Ibidem, p. 354.

535 Ibidem, p. 355.

536 Ibidem, p. 356.

A base para a compreensão da ordem que iremos identificar por ocasião da percepção de um fenômeno, ou da constatação sobre o que podemos dele extrair de conhecimento ou informação, parte da consciência. E dela, Husserl quer especificar ainda mais como sendo o "vivido de consciência em geral"[537]. Num sentido forte, como já tivemos oportunidade de ressaltar outrora, essa consciência abrange algo que ocorre imediatamente, praticamente de modo instantâneo, que é o *cogito* formulado por René Descartes (*cogito* cartesiano), ocasião na qual eu simplesmente penso[538].

Porém, a abrangência é muito maior, quando compreendemos que o verdadeiro sentido do *cogito* vai além, abarcando o "eu recordo", "eu julgo", "eu desejo" etc. No contexto da sequência de atos e fatos que se dão no mundo material, precisamos entender exatamente o "fluxo de vividos", que irá estabelecer um nexo específico dentro do qual se desencadeiam os fenômenos.

É nesse fluxo que se estabelecerá uma série de unidades ditas como *cogitatio,* um vivido de consciência. Tomemos como exemplo um determinado objeto diante de nós. Pelo mero olhar direcionado, conseguimos perceber este objeto tal qual ali está. Esse ato pelo qual eu observo o objeto diante de mim (que poderia ser perfeitamente estendido para qualquer outro fenômeno) é a materialização da *cogitatio,* cujo conjunto pode ser explicitado pelas *cogitationes* (pensamentos ou resultados das reflexões da *cogitatio*). O objeto percebido como tal é o *cogitatum*, já que é em face dele que exercitamos nossa atividade consciente[539].

Husserl indica que toda percepção de coisa tem um "halo de fundo", já que, ao perceber um determinado objeto ao seu redor, como pano de fundo também estão compreendidos outros objetos (ainda que concomitantemente), mas em face dos quais eu também tenho consciência. Esses complementos, portanto, também se inserem na definição de vividos de consciência[540].

A consciência de coisas não está apenas presente na percepção, mas de igual forma em recordações, presentificações semelhantes a estas ou mesmo em livres ficções, seja de modo claro ou obscuro. Assim, Husserl nos mostra que o vivido ora pode aparecer como consciência "explícita"

537 HUSSERL, Edmund, op. cit., nota 233, p. 86.

538 Vide nota 366.

539 HUSSERL, Edmund, op. cit., nota 233, p. 86.

540 Ibidem, p. 87.

(atual), ora como consciência "implícita" (potencial, também compreendido como "vivido inatual", já que o fluxo de vivido jamais pode consistir de puras atualidades, nesta modalidade)[541].

Por "vivido intencional" podemos entender aquele sobre o qual o vivido foi intuído, representando uma consciência de algo dito como uma intencionalidade referida a este ato. Um vivido, portanto, pode ser uma consciência de algo, uma ficção de um objeto ou um juízo de um estado de coisas etc., enfim, mas referente à essência pura e apreendido como ideia pura. Nele o sujeito se dirige para o objeto intencional. Por sua vez, Husserl entende por "vividos no sentido mais amplo" tudo aquilo que pode ser encontrado no fluxo de vividos. Aqui, podemos incluir, portanto, não só os vividos intencionais (como descritos anteriormente), mas também as *cogitationes* atuais e potenciais, bem como tudo aquilo que, no entendimento do autor, seja encontrável em momentos ditos como reais de tal fluxo e em suas partes concretas[542].

Apreender consiste em atentar para algo. O objeto apreendido é aquele que é efetivamente notado. Assim, em todo ato prevalece um modo da atenção. Num ato valorativo, há o que se pode chamar de dupla *intentio*, já que o vivido intencional é atual e, com isso, o sujeito se dirige para aquele objeto, mas há ainda o momento da valoração. Daí se falar num objeto intencional em duplo sentido: atenta-se para a coisa e, então, a valora[543].

Qual o grande mote da "parentetização"? A sistematização deste método faz com que nos lembremos que todas as esferas ontológicas (postas em suspensão durante o processo), estão efetivamente afastadas daquelas que realmente necessitam da investigação fenomenológica, de modo a se buscar o conhecimento puro, eidético. Resta, portanto, afastado de intromissões indevidas de premissas indesejadas[544].

É notório que uma grande constatação de Husserl para o domínio da Fenomenologia é a consideração de que tudo aquilo que foi originalmente posto fora de circuito por ocasião das parentetizações efetuadas anteriormente, também diz respeito à Fenomenologia[545]. O que foi momentaneamente posto fora de circuito se encontra como fundamento através da represen-

541 HUSSERL, Edmund, op. cit., nota 233, p. 88.

542 Ibidem, p. 89.

543 Ibidem, p. 90.

544 Ibidem, p. 138.

545 Ibidem, p. 298.

tação das multiplicidades totais de sentidos e suas respectivas proposições, que irão auxiliar o fenomenólogo na constatação de que aquilo que temos diante dos olhos em evidência possui um noema e, assim, um sentido, uma correlação por meio da qual encontramos sua significação. Afinal, o que foi posto fora de circuito é o conjunto de ideias que representam as multiplicidades totais que a elas correspondem.

Correlacionando tais situações com o fenômeno do crime, cada um dos eventos nos quais haja necessidade de manejo de pelo menos um instituto do conceito analítico do delito, manifesta interesse fenomenológico para que, diante da situação fática, seja possível extrair o verdadeiro sentido correlacionado àquela essência evidente.

Porém, o que finalmente irá interessar para a formação de uma Justiça Penal que preencha seu campo valorativo único como missão para a sociedade é que cada intérprete reconheça o crime de igual forma, como aquela inicialmente avençada pelo Delegado de Polícia durante uma investigação criminal: uma consciência que, originalmente individual, seja identificada e reconhecida como algo único do ponto de vista objetivo e comungada sob este enfoque no plano intersubjetivo.

2.8.6. O processo de redução

2.8.6.1. Introdução

A análise intencional abordada em tópicos anteriores, juntamente com os conceitos e termos dela inerentes serão fundamentais para a compreensão do tópico presente. Rememorando, à concepção do senso comum, atribui-se o caráter de atitude natural. Esta última aduz a uma percepção ingênua do mundo e dá uma certeza ao apreendido que não corresponde com a capacidade que ele tem para produzir sentidos em face dos reais fundamentos que lhe apresentam os fenômenos.

É preciso que os sentidos do mundo sejam desvendados segundo métodos mais precisos e detalhados. A síntese de sentidos, proposta pela Fenomenologia, atribui à consciência humana a possiblidade de que sejam feitas as sínteses das categorias. Descrevem-se os conceitos para situá-los perante o seu verdadeiro lugar no mundo.

No entanto, para que isto seja viabilizado, é preciso a atuação da consciência juntamente com a análise do caso concreto, o que conduzirá à síntese entre a essência e o mundo das categorias. Já a análise intencional conduz à distinção entre sujeito e objeto ou, em outros termos, à diferenciação entre consciência e mundo[546].

Mas essa compreensão somente será possível caso o indivíduo saiba perceber a situação efetuando uma suspensão da sua crença na realidade do mundo exterior, colocando-se num modo de consciência transcendental, assumindo sua condição de doador de sentidos. Nisto está o enquadramento como atitude fenomenológica. De acordo com esta, o mundo, em si, é um fenômeno[547].

Se intenção e intuição são, sabidamente, institutos que devem ser trabalhados em conjunto (já que a intenção se dirige aos objetos e intuição, às essências)[548], e levando-se em consideração que a atividade noético-noemática irá conduzir o intérprete a uma ordem transcendental (caracterizando-se a fenomenologia de Husserl como transcendental constitutiva), impõe-se dissertar sobre a consideração deste parágrafo, de modo a trazer simplicidade conceitual.

A palavra "transcendental" representa, segundo a visão de Husserl, o domínio da subjetividade, sendo considerado o local no qual a evidenciação das coisas ocorre. Por sua vez, algo "transcendente" é expressado por força da leitura do mundo exterior à consciência, no qual poderão ser operados todos os campos da consciência intencional[549].

Mas para que tudo isso seja possível, precisamos entender o que é "redução". De acordo com Robert Sokolowski, a etimologia da palavra nos conduz a uma compreensão mais específica sobre tal instituto: redução vem do latim *reducere*, que por sua vez significa "conduzir de volta", uma espécie de retraimento, de retenção. Pelo viés prático, nada mais é do que uma suspensão das modalidades dóxicas, uma *epoché* (que no entendimento do referido autor representa uma retenção de tudo aquilo que os indivíduos mais céticos nos orientam a ter sobre o juízo que fazemos das coisas)[550].

Em que pese esta significação, na Fenomenologia a expressão é mais voltada para a neutralização dos comportamentos oriundos da atitude natural. É por tal motivo que dizemos que o ato de colocar entre parên-

546 DARTIGUES, André, op. cit., nota 216, p. 24.
547 Ibidem, p. 25.
548 GUIMARÃES, Aquiles Côrtes, op. cit., nota 221, p. 13.
549 Ibidem, p. 14.
550 SOKOLOWSKI, Robert, op. cit., nota 227, p. 58.

teses todas as nossas modalidades dóxicas naturais nos permitirá ter uma compreensão mais fidedigna, já que o mundo como o conhecemos e as coisas inseridas nele estão em suspensão, e nos colocamos numa posição contemplativa inerente à atitude fenomenológica.

Ao ocorrer a redução fenomenológica levando-se em consideração o mundo como fenômeno, este permanecerá tal qual era antes da redução, mantendo-se seus valores e significações anteriormente dadas. Porém, tudo que será objeto da redução fenomenológica, será efetivamente fenomenalizado e despido da atitude natural, que acarretava em especulações metafísicas distorcidas do desejado e rigoroso ideal perseguido pela escola fenomenológica[551].

Por estes motivos, após o processo de redução, o objeto não é um objeto em si mesmo, mas um objeto percebido por uma intencionalidade, um objeto para uma consciência, já que consciência é sempre "consciência de alguma coisa"[552], numa íntima demonstração da atividade noético-noemática.

Assim, levando-se em consideração que a Fenomenologia é um método rigorosamente filosófico em seu significado, o rigor está situado na análise transcendental feita por uma autorreflexão da consciência[553], que permite esta atividade de evidenciação. Isso é o mesmo que dizer que um dos objetivos desta ciência é permitir a análise das vivências intencionais da consciência[554].

Durante a atividade noético-noemática, a percepção da realidade e da exterioridade, tal qual são, ou mesmo a existência do objeto percebido pelos sentidos e o próprio caráter daquele, irão depender das estruturas da consciência intencional, vale dizer, tais estruturas irão determinar a visão que a consciência terá sobre o objeto. Cristina Rodrigues ensina que essa constituição do objeto não significa um ato de criação em si, mas de reconsideração, para que a consciência do doador de sentidos possa intuir (diante da sua intencionalidade desde sua origem) tudo que é, visando à origem absoluta do fenômeno, já que nenhuma outra origem com sentido pode se fazer antecedente a origem do próprio sentido[555].

---

551 DARTIGUES, André, op. cit., nota 216, p. 25.

552 RODRIGUES, Cristina. *Breve incursão à fenomenologia de Edmund Husserl*. Cadernos da EMARF, Fenomenologia e Direito, Rio de Janeiro, v.9, n.1, p. 1-174, abr./set. 2016, p. 53.

553 GUIMARÃES, Aquiles Côrtes. *Lições de fenomenologia jurídica*. Rio de Janeiro: Forense Universitária, 2013, p. 15.

554 RODRIGUES, Cristina, op. cit., nota 552, p. 55.

555 Ibidem, p. 57.

O método de evidenciação da filosofia de Husserl tem caráter imanente, ou seja, emana da consciência em sua interação com o mundo e suas vivências. E essa busca pelas essências irá remeter os fenômenos descritos à sua descrição original, despida de acidentalidades e invariável[556].

No entanto, o método de redução fenomenológica faz evidenciar um resíduo que é a própria vivência da consciência, aquela vivida por um sujeito ao qual os objetos e as significações presentes no mundo fazem referência. Isto nada mais é do que a análise da consciência, do "*Eu*", ou egologia. Mas esse "*Eu*" não pode ser o "*Eu psíquico*", componente do mundo com suas vivências particulares. É na verdade, o "*Eu transcendental*", que representa a essência do "*Eu concreto*"[557]. Portanto, se esse sujeito transcendental se refere à essência do "*Eu concreto*", só pode ser acessível neste[558].

Portanto, quando queremos descobrir essências, nos utilizamos do método fenomenológico e suas estruturas fundamentais. Isso é básico. Essa é a noção principal. A forma pela qual isto se dá, de maneira prática, foi brevemente esboçada quando dissertamos sobre os aspectos inerentes à atitude natural e à atitude fenomenológica. É nesta ocasião que surge o método de "parentetização", de "suspensão"[559]. Aquele momento no qual nos afastamos de qualquer influência externa, originária do mundo natural, para entrar em atitude fenomenológica pura de contemplação na busca imparcial pela essência.

2.8.6.2. A delimitação dos principais estágios de investigação

Há dois principais estágios de investigação fenomenológica[560]: o primeiro estágio, para Husserl, diz respeito à investigação no próprio campo da experiência, que foi devidamente inaugurado pela redução fenomenológica. Pode também ser chamado como "domínio da autoexperiência transcendental"[561]. Aqui reside a fase na qual o sujeito que experimenta,

556 GUIMARÃES, Aquiles Côrtes, op. cit., nota 221, p. 16.

557 DARTIGUES, André, op. cit., nota 216, p. 28-29.

558 Ludwig Landgrebe reflete sobre o tema ao afimar que: *"Na reflexão fenomenológica eu me distingo, na medida em que já me compreendi sempre como tal ou qual homem, do Eu enquanto Ego cujos atos de consciência são a fonte e o fundamento da possibilidade de tal compreensão de si; eu me distingo do meu Ego transcendental"*. LANDGREBE, Ludwig. *Husserl, Heidegger, Sartre. Trois aspects de la Phénoménologie.* In: Revenue de Metaphysique et de morale, n. 4. Paris: 1964. p. 375.

559 SOKOLOWSKI, Robert, op. cit., nota 227, p. 58.

560 CERBONE, David R., op. cit., nota 242, p. 59.

561 HUSSERL, Edmund, op. cit., nota 367, p. 67.

descreve pormenorizadamente tudo que se observa no fluxo da respectiva experiência.

Já o segundo estágio, denominado por Husserl como "a crítica da experiência transcendental" é o momento no qual podemos referendar as afirmações atinentes às essências observadas no primeiro estágio. É nesse segundo estágio que se opera a redução eidética, de modo a promover um isolamento da estrutura essencial da experiência.

Sobre a redução fenomenológica, afirma Joaquín Xirau, sua aplicação é radical em face de todos os conteúdos e atos da vida. Tudo o que compreendemos do mundo natural deve ser abrangido pelo processo redutivo: religião; as ciências de uma forma geral; nossas ideias sobre o mundo; nossos preconceitos; nossos medos; o próprio direito. Enfim. Nada escapa. E é bom que assim o seja, de forma que, ao parentetizarmos, obtenhamos o verdadeiro objetivo da fenomenologia pura em busca das essências[562].

Assim, quando nos propomos a considerar o fenômeno sob um aspecto de redução fenomenológica, é como se retirássemos qualquer tipo de amarra, de véu, de obscuridade que nos atrapalha a ter noção da coisa em sua clareza mais hialina, um grau de pureza que, pelo menos no Direito Penal e no Direito Processual Penal, conduz à abordagem da Justiça da forma como ela sempre deveria ter sido feita.

Toda impureza é inerente ao mundo natural, à atitude natural, preconceituosa, inerente ao predicamento egocêntrico. Devemos afastá-la. Para isso, o foco é fundamental, já que nos permitirá retirar do nosso campo de visão tudo aquilo que não nos interessa para o deslinde da situação e que pode dar azo a interpretações diversas da realidade, com prejuízos significativos ao procedimento de subsunção. O principal caminho para que isto aconteça é através da "redução fenomenológica". Ela marca, definitivamente, nossa passagem da atitude natural para a atitude fenomenológica. Daí sua importância.

Se o objeto ou o fenômeno está diante de nós, então, o intencionaremos tal como ele nos é dado e da forma como ele nos é dado. Nenhuma concepção particular nossa interessa. Por tal razão, se isso é feito nos moldes basilares da Fenomenologia, e se o crime é um fenômeno, precisamos contemplar o fato tal como ele foi dado e nos limites de como nos foi dado.

562 XIRAU, Joaquín, op. cit., nota 241, p. 182.

Se adicionamos algo inerente à nossa imaginação ou se agregamos valoração inerente às que tomaríamos caso estivéssemos dando nossa opinião numa roda de conversa entre amigos, certamente cada um expressaria sua percepção num grau de intencionalidade diferente, o que conduziria a distorções acerca da real capitulação do fato à norma penal.

Atuar na atitude fenomenológica não significa desprezar completamente a atitude natural, afinal, parte-se dela, considerando-se a forma como a intencionalidade originária se deu no mundo natural. Caso contrário, também estaríamos inventando uma modalidade de intenção para analisar, o que já contamina a atitude fenomenológica *per se*.

Robert Sokolowski adota uma metáfora para explicitar as nuances da atitude fenomenológica: é como se estivéssemos rastejando para fora da atitude natural, mas ao mesmo tempo nos elevando sobre ela, a teorizando, distinguindo seus elementos inerentes e descrevendo todos os seus correlatos, sejam eles de natureza objetiva ou subjetiva[563].

Se é assim, como a Fenomenologia trata a relação entre a redução fenomenológica e os vividos com o "eu puro"? Por ocasião daquela, todo o mundo da tese natural é posto fora de circuito. Então, restará o puro vivido de ato, juntamente com a correspondente essência própria. Mas, e quanto ao "eu puro", já que "tudo" é parentetizado, inclusive o "eu natural", vinculado à sociedade?

Se por um lado há a necessidade de que seja observado o fenômeno em sua análise eidética, o responsável por tal ato invariavelmente deve ser o "eu puro", desprovido de preconceitos, que não pode ser atingido pela εποχή fenomenológica de forma alguma[564].

Então, ele é algo necessário, por princípio. Porém, de modo particular, Husserl assevera que ele esgota sua vida a cada *cogito* atual, tendo de acompanhar cada uma das minhas representações. Neste sentido, é válido afirmarmos que sendo um "eu puro" diferente e residual a cada representação, ele se oferece como uma espécie própria de transcendência, vale dizer, uma transcendência na imanência[565].

Quando se efetua a redução fenomenológica, Husserl quer dizer que as aspas dadas ou atribuídas ao resultado da operação numa modificação

563 SOKOLOWSKI, Robert, op. cit., nota 227, p. 59.

564 HUSSERL, Edmund, op. cit., nota 233, p. 182.

565 Ibidem, p. 132.

radical do significado, detêm a menção que se deve dar à percepção do fenômeno. Por exemplo, diante da percepção de uma árvore, Husserl indica que, para o mundo natural, aquela árvore (pura e simples), pode queimar ou ser dissolvida em seus elementos químicos. Já quanto ao sentido e à essência desta árvore, tais elementos não podem pegar fogo, tampouco tal árvore possui elementos químicos[566].

Isto significa dizer que, seja diante da orientação psicológica, ou ainda, da Fenomenologia, é fundamental que se compreenda que o que se tem efetivamente como percebido, diante dos olhos, é aquilo que realmente aparece enquanto aparição perceptiva, que se dá na exata forma e na maneira pela qual, na percepção, se tem conhecimento/consciência dele.

Quando Husserl trata da diferença entre objeto efetivo e objeto imanente, ele quer afirmar que o primeiro se refere à coisa natural, efetivamente e externamente percebida. Já o objeto imanente é aquele também referido como intencional ou mental[567]. Com base nisso, devemos nos perguntar acerca do que está contido no objeto efetivo por ocasião da redução fenomenológica. Quando se põe algo entre parênteses, quando se põe algo "fora de circuito", o que resta na percepção nada mais é do que ela tem em seu sentido noemático, haja vista o resultado da operação de ter sido percebido como tal[568].

Valendo tal observação para toda gama de vividos intencionais, Husserl nos indica que seus correlatos noemáticos serão, entretanto, essencialmente distintos, seja na percepção, na presentificação em imagem, imaginação, recordação etc. Nesta seara, deve ser encontrado seu verdadeiro sentido: o sentido da percepção, da recordação e assim por diante, já que tal sentido é diretamente correlato com a espécie de vivido noético. Portanto, Husserl afirma que no interior do noema pleno devem ser distinguidas e dispostas camadas essenciais diferentes, mas que se agrupam ao redor de um núcleo "duro" em torno do qual tais camadas orbitam e a ele diretamente se referem. Seria, então, algo idêntico observado em diversos vividos paralelos, mas indicando um único conceito central[569].

Então, por ocasião da parentetização numa redução fenomenológica, a partir do momento em que o mundo natural (seja ele físico ou psicoló-

566 HUSSERL, Edmund, op. cit., nota 233, p. 205.
567 Ibidem, p. 207.
568 Ibidem, p. 209.
569 Ibidem, p. 210.

gico) é posto "fora de circuito", Husserl nos indica que junto estão todas as demais objetividades individuais traduzidas por serem funções valorativas e práticas da consciência. Além disso, também estão afastadas as noções de costume, religião etc., abrangendo, portanto, as ciências naturais e do espírito, exatamente porque dependem da orientação natural. O afastamento é importante para que se afirme a essência da Fenomenologia enquanto ciência das "origens"[570].

2.8.6.3. Os momentos da redução fenomenológica segundo Aquiles Guimarães

Introduzido o tema, resta agora saber os momentos básicos definidos por Aquiles Guimarães para a compreensão geral: redução psicológica, redução eidética e redução transcendental. A redução psicológica é o momento inicial do modo de pensar fenomenológico, cujos objetivos remontam à reflexão de colocar o mundo "entre parênteses", suspendendo-se a crença da atitude natural e ingênua que os indivíduos têm do mundo, numa busca pela recuperação do entendimento do que o mundo realmente é[571].

Na busca pelo encontro das essências sobre os fenômenos do mundo da vida, pretende-se ir além dos rótulos já formulados pelas ciências por ocasião da observação anterior de um determinado objeto. Mas este tem uma série de outros sentidos que são desvelados quando submetidos ao processo de observação e de atividade noético-noemática, voltando "às coisas mesmas". Isso nos leva a crer que o primeiro passo do processo de redução fenomenológica produzido pela redução psicológica irá possibilitar entender que todo contexto de objetivação do mundo e das coisas nele inseridas não podem esconder os verdadeiros sentidos que os objetos percebidos têm.

Então, para que seja possível verificar a atividade noético-noemática (a relação existente entre sujeito e objeto), o início de tudo representa uma redução ante a atitude natural em que tudo nos é dado a perceber de forma ingênua[572]. Assim, tais objetos devem se apresentar à consciência na pureza dos fenômenos que a compõem, da mesma forma em que se permite verificar novos horizontes de possibilidades para aqueles[573].

570 HUSSERL, Edmund, op. cit., nota 233, p. 131.
571 GUIMARÃES, Aquiles Côrtes, op. cit., nota 221, p. 36.
572 CÂMARA, Jorge Luis Fortes Pinheiro da, op. cit., nota 220, p. 80.
573 GUIMARÃES, Aquiles Côrtes, op. cit., nota 221, p. 37.

O segundo momento do processo de redução fenomenológica se refere à redução eidética. Como já tivemos possibilidade de salientar os entendimentos básicos sobre o tema, linhas acima, basta descrevermos este momento como sendo aquele no qual o indivíduo doador de sentidos irá tentar descrever as essências do fenômeno, para além da mera manifestação dele perante si[574].

A terceira fase, por sua vez, representa o momento de efetuar a redução transcendental. É aqui que as essências são vividas e evidenciadas na ordem da consciência transcendental, ou seja, em atitude pura. É nesse momento em que a reflexão em torno das evidências extraídas do mundo da vida tomará lugar. Se a ideia básica é evidenciar a essência dos fenômenos do mundo da vida, então, nada mais justo e lógico do que isto ser evidenciado no espaço transcendental[575].

Os propósitos que fazem com que os três passos da redução fenomenológica se coadunem, se ligam à ideia da construção de uma ontologia do mundo da vida, já que através da redução psicológica restringimos o mundo das coisas, dos objetos, a meros fenômenos; mediante a redução eidética tal mundo fica restringido às essências em si e por meio da redução transcendental o mundo que se projeta diante do doador de sentidos fica subordinado ao plano da reflexão[576].

Portanto, a constituição segundo a percepção dos fenômenos que existem no mundo é exatamente intuída pela forma com a qual se presenta no fluxo dos vividos e esta percepção deve seguir o roteiro da redução fenomenológica para que se busquem os fundamentos efetivos.

2.8.6.4. Sobre os modos para se atingir a redução fenomenológica

Basicamente, Robert Sokolowski aponta dois modos pelos quais podemos atingir a redução fenomenológica e que foram desenvolvidos por Edmund Husserl: o modo ontológico e o cartesiano[577].

No primeiro, até mesmo por força da palavra empregada, o ser humano é levado à busca pelo estudo das propriedades inerentes ao ser, afastando-se de determinações genéricas que só atrapalham na caracterização da sua

574 GUIMARÃES, Aquiles Côrtes, op. cit., nota 221, p. 37.

575 Ibidem, p. 38.

576 Ibidem, p. 38.

577 SOKOLOWSKI, Robert, op. cit., nota 227, p. 60.

essência, ocultando-lhe sua natureza plena. Ainda que suponhamos estar diante de um conhecimento adequadamente razoável, sempre apelaremos para aprofundar sobre esta temática.

O ser humano nunca estará plenamente satisfeito diante das argumentações básicas. Sempre que for possível, ele será posto a alcançar uma profundidade de conhecimento superando as barreiras anteriores, o que nos faz enxergar e entender mais sobre as múltiplas faces escondidas sobre o objeto ou o fenômeno em estudo.

De fato, esta é uma das finalidades plenas da Fenomenologia: deter um conhecimento concreto, pleno e puro sobre o fenômeno e para isso se utiliza de noções abstratas, mas que, postas em consideração e com a utilização correta por parte do fenomenólogo que a utiliza, irá superar as amarras tradicionais da atitude e do mundo natural, trazendo-lhe originalidade e confiabilidade enquanto método epistemológico.

Já no modo de redução cartesiano, por sua vez, somos levados a uma compreensão tendo como base a tentativa de René Descartes em questionar, eternamente, todos os juízos que o indivíduo tomar como verdadeiros no decorrer da sua vida, tema abordado pelo autor como cerne da primeira meditação na obra *Meditationes de prima philosophia, in qva dei existentia animæ immortalitas demonstratvr*, de 1641[578].

Sokolowski aponta, portanto, que a introdução desta dúvida metódica universal decorre já que se parte do pressuposto segundo o qual todos os juízos até então existentes estão contaminados com preconceitos. Assim, somente o próprio indivíduo, em dúvida, irá poder questionar as concepções e aceitará como verdadeiros somente aqueles juízos segundo os quais ele pode tecer justificação a partir do seu próprio método[579].

Este método, então, nos indica que devemos duvidar de tudo, já que pode ter havido contaminação prejudicial à obtenção da valoração em essência pura. Nossa atitude será sempre a de tentar duvidar das nossas intenções. Utiliza-se a dimensão de "tentativa", exatamente para que mantenhamos uma postura neutra que nos possibilitará alcançar o sentido na atitude fenomenológica, semelhante àquela que faríamos ao neutralizar todas as intencionalidades numa atitude contemplativa para obter a essência do fenômeno. Mas este último método merece críticas, já que ao se utilizar

578 DESCARTES, René. *Meditationes de prima philosophia, in qva dei existentia animæ immortalitas demonstratvr. Parisiis, apud Michaelem Soly, viâ Iacobeâ, sub signo Phœnicis*, 1641. p. 7 et seq.

579 SOKOLOWSKI, Robert, op. cit., nota 227, p. 63.

de um inerente ceticismo, o próprio método é colocado em dúvida, pois se autocontamina, permitindo que o indivíduo escolha entrar em postura de autodúvida levando ao descrédito da própria intencionalidade oriunda da atitude natural inicial[580].

Os dois métodos de se obter a redução fenomenológica apresentam pontos fortes e pontos fracos. Sokolowski nos lembra que o método ontológico procede por incrementação, de modo mais gradual, mais lento, enquanto o cartesiano suspende todas as intencionalidades de uma só vez. Por tal razão, o ideal seria a utilização da conjugação entre os dois métodos, sempre levando em consideração o propósito final da Fenomenologia enquanto ramo da Filosofia seguro sobre seus propósitos de obtenção de conhecimento absoluto, mas de modo científico e cuidadoso[581].

2.8.6.5. A necessária compreensão sobre essências

2.8.6.5.1. Breve panorama

A tarefa de dissertar sobre a essencialidade ou sobre a essência de determinado fenômeno vai muito além da mera descrição enquanto objeto. A real finalidade é a busca pelo seu significado enquanto objeto inserido numa certa perspectiva de experiência[582]. Com base na noção de descrição da essencialidade das experiências, podemos dizer que a Fenomenologia está preocupada com os modos, formatos e significados daquilo que, por um ato de essencialidade, conseguimos descrever e inferir a partir de tal percepção[583].

Para Husserl, a visão de essência é um ato de doação originário, característico da apreensão dita "sensível", ou seja, capturada pelos sentidos, propriamente. E como tal, oposto ao setor da imaginação. Então, toda intuição doadora originária é uma fonte de legitimação do conhecimento, o "princípio de todos os princípios". Por essa afirmativa, tudo que nos é oferecido originariamente na "intuição" (por assim dizer, em sua efetividade

580 SOKOLOWSKI, Robert, op. cit., nota 227, p. 64.

581 Ibidem, p. 65.

582 CERBONE, David R., op. cit., nota 242, p. 17.

583 Ibidem, p. 20.

de carne e osso), deve ser simplesmente tomado tal como ele se dá, mas também apenas nos limites dentro dos quais ele se dá[584].

Com isso, Husserl afirma que "predicado e essência" são inseparáveis[585]. Portanto, quando da determinação do conteúdo da essência, a fiel descrição desde as camadas mais inferiores mediante procedimento sistemático irá refletir no sucesso do propósito[586].

Desta forma, a grande questão central da Fenomenologia se situa na essência que pode ser extraída a partir da intencionalidade mediante o retorno do observador (cuja consciência deve estar em situação/modo transcendental puro) às fontes de intuição. Daí a problemática. É preciso destacar ao fenomenólogo, que somente através deste retorno será possível assumir uma atitude tal que lhe permita buscar os esclarecimentos sobre essências e suas relações, para que então, se defina a pertinência com o ramo do conhecimento e a verdade ali contidos. Os noemas, em sua análise, realmente deverão ter como correlatos as respectivas noeses, afinal, não é válido ter uma contradição neste sentido[587].

Quanto aos tipos de essências na Fenomenologia, estas podem ser de cunho formal ou material, exata ou morfológica. As estruturas invioláveis dos objetos mostrados na realidade são o que Xirau determina como "essência material". Já as conexões dos raciocínios e os termos oriundos do juízo, que possuem uma ligação de dependência necessária, devem ser entendidos como "essência formal"[588].

Além dessa primeira definição, ao abordar a questão que gira em torno das "essências exatas" e das "essências morfológicas", Joaquín Xirau indica que a estrutura da realidade possibilita que encontremos, caminhando *pari passu*, essências exatas (também encontradas em ciências como a matemática) e também essências inexatas (ou morfológicas), que possuem delimitação vaga. O autor aduz que tanto a estrutura, quanto a forma das coisas, não possuem correspondência direta em tipos matemáticos prontos, devendo serem vistas conforme a realidade os permitir serem vistas. Assim, todas as realidades do mundo ao redor de nós possuem esse tipo de inexatidão, razão pela qual precisamos nos ater à realidade das coisas, tal como nos

584 HUSSERL, Edmund, op. cit., nota 233, p. 69.

585 Ibidem, p. 348.

586 Ibidem, p. 350.

587 Ibidem, p. 326.

588 XIRAU, Joaquín, op. cit., nota 241, p. 121.

são dadas, para que possamos extrair seu significado. Para Xirau, as "essências exatas" se baseiam em "essências inexatas", de modo que as "essências morfológicas" servem de base para a formulação das "essências exatas"[589].

Feitas estas breves considerações iniciais, chegamos ao momento de aprofundarmos um pouco mais nossos conhecimentos sobre essências. Tendo em conta a relevância da questão da intencionalidade para a obtenção do conhecimento fenomenológico, vamos discorrer sobre nossas investigações com a intuição eidética.

2.8.6.5.2. A intuição eidética

A origem do vocábulo "eidético" advém do grego εἶδος (*eidos*) e tem como significado "ideia", "forma" "aquilo que é visto" ou "imagem" ou "essência". Husserl descreve a essência como algo que se encontra no ser próprio de um indivíduo (ou de uma coisa), tal como ele verdadeiramente o é, representando uma nova espécie de objeto. Da mesma forma em que um objeto é constituído a partir da intuição empírica, agora, já na intuição eidética teremos uma essência pura[590].

Para a Fenomenologia, a intuição eidética é aquela decorrente de um tipo especial de intencionalidade que se destina a alcançar a noção sobre a essência do fenômeno. Deste modo, não podemos deixar de considerá-la como uma forma de encontro de identidade.

Ao comentar sobre "essência", Joaquín Xirau aduz inicialmente que é "o objeto universal diante da realidade individual e a diferença do número infinito dos casos particulares possíveis". Além disso, também podemos compreender como a consistência necessária de cada objeto, aquilo que obrigatoriamente o torna como sendo o que ele realmente é, o seu "o quê", distinto dos demais, não bastando falar daquilo que representa o seu tratamento ideal, mas sim, da compreensão sobre a intelecção dos seus predicados e seus respectivos significados verdadeiros[591].

E para alcançarmos tal essência, Robert Sokolowski nos aponta três níveis de desenvolvimento intencional. Logo no primeiro nível, é possível observar o que se chama de "tipicalidade", na medida em que ao observar-

589 XIRAU, Joaquín, op. cit., nota 241, p. 126.

590 HUSSERL, Edmund, op. cit., nota 233, p. 36.

591 XIRAU, Joaquín, op. cit., nota 241, p. 117.

mos os objetos ou fenômenos, nos deparamos com eventual descoberta de similitude entre eles[592].

No aspecto criminal, quando pensamos num determinado fato contrário à norma penal, pensamos numa infração penal. Se vemos duas situações contrárias à norma penal, vemos dois fatos que merecem um estudo mais aprofundado sob a ótica da tipicidade do ramo penal. Então, começaremos a enxergar que possuem um radical em comum e é a partir dele que nossa busca pela essência se inicia: são fatos que merecem a tutela do Direito Penal.

Mas quando partimos para um segundo nível e analisamos mais profundamente aqueles fatos, iremos constatar algo mais profundo do que um mero nível superficial de identidade percebido quando estávamos na primeira etapa: são realmente infrações penais, então, possuem a mesma característica. Estamos, agora, num nível no qual alcançamos o que Sokolowski chama de "universal empírico", eis que ao tomarmos uma única palavra para fazer significar a mesma característica entre elas, então, significa dizer que todo predicado em sua decorrência reflete exatamente o que experienciamos sobre elas[593].

Por derradeiro, um terceiro nível apresentado pelo autor mencionado nos ensina que é preciso encontrar uma característica para aquela coisa analisada, sem a qual seria impossível sua subsistência. Saímos dos universais empíricos em busca dos universais eidéticos. Embora complexo, este processo de busca faz com que atinjamos a essência do fenômeno através do que se denomina "variação imaginativa"[594].

Sokolowski ensina que, através dela, partimos de um universal que acabamos de encontrar. Daí, é preciso que o fenomenólogo busque imaginar diversas mudanças no objeto ou no fenômeno. A contemplação a nível filosófico em atitude fenomenológica nos permite dar passos em direção à desconstrução do fenômeno, para que possamos enxergá-lo em cada lado, aspecto, perfil, até encontrarmos características tais que, caso as removamos, iremos descontruir o próprio objeto ou fenômeno. É o equivalente ao seu núcleo duro, sua pedra fundamental, o cerne, a essência propriamente dita. São as características mais básicas. Caso retirássemos apenas uma delas, o fenômeno em si se descontruiria da forma como o percebemos ou, pelo menos, se mostraria de forma diversa, o que significaria o encontro de

592 SOKOLOWSKI, Robert, op. cit., nota 227, p. 190.

593 Ibidem, p. 190.

594 Ibidem, p. 191.

um outro fenômeno com suas características próprias, enfim, sua essência própria. A identificação desta singularidade reflete o que Sokolowski chama de algo ainda mais necessário do que aquilo que é percebido sob o âmbito dos universais empíricos[595].

E qual a grande contribuição deste terceiro nível para o campo penal? No momento em que nos deparamos com uma situação aparentemente criminosa, ou pelo menos identificada como merecedora da tutela penal, partimos para a identificação do segundo nível e iremos dar detalhes sobre o que percebemos.

A partir daí, serão colhidos detalhes informativos para desencadear o procedimento de variação imaginativa que nos permitirá enxergar a essência deste crime. Cada detalhe faz diferença e será responsável por dar real significado aos fatos ocorridos no mundo da vida, os preparando para subsunção perante o ordenamento jurídico.

Assim, esta imersão entre a ideia do universal empírico e a busca pela intuição eidética do crime como ele verdadeiramente aconteceu irá demandar outros recursos dados pela Fenomenologia, situação na qual deve haver o esgotamento das possibilidades, descobrindo-se a essência daquele fato criminoso específico, ou seja, como ele se comportou e o que o fenomenólogo deve fazer com ele quando da subsunção: é dizer, a busca pela adequada tipificação penal, aproximando o fato investigado/apurado, com aquilo que realmente aconteceu.

Embora uma determinada espécie delitiva seja aparentemente idêntica perante o ordenamento jurídico (o que nos levaria crer estar no segundo nível, que verifica os universais empíricos), cada situação é única e específica em termos de autores, vítimas e circunstâncias, além de ter seu próprio momento temporal-espacial (nos remetendo ao universal eidético).

Quando Husserl faz o contraponto sobre a intuição empírica e a intuição de essências, afirma que a primeira é aquela que se traduz em consciência de um objeto individual, com fundamento na experiência. O que o observador faz é trazer esse objeto para o seu campo de doação como consciência intuitiva. Em matéria de percepção, esse mesmo objeto é trazido à doação originária, primordial, objeto visto em sua "ipseidade"[596].

595 SOKOLOWSKI, Robert, op. cit., nota 227, p. 191.

596 HUSSERL, Edmund, op. cit., nota 233, p. 37.

Assim, a intuição de essências também é consciência de algo, de um objeto, mas é igualmente consciência daquilo que, então, pode ser representado em outros atos (ou ainda, ser pensado de maneira diversa, vaga), podendo se tornar ou estar suscetível a predicações verdadeiras ou não. Por isso, é importante destacar que a essência pode ser obtida tanto a partir de intuições inicialmente empíricas, como também não empíricas (vale dizer, de algo imaginário)[597]. De qualquer forma, ela é intuição (a visão de essências) e por isto representa uma fonte de doação de sentidos originários[598].

2.8.6.5.3. A singularidade eidética e a generalidade eidética

Na busca pelas singularidades eidéticas, devemos fazer, tal qual Husserl fez, a distinção entre singularidades eidéticas concretas e singularidades eidéticas abstratas. Uma essência dependente (por exemplo, a que determina uma relação entre gênero e espécie, no campo das ideias, do conhecimento) é abstrata. Entretanto, o que é singularmente independente (o que existe por si só) é um concreto[599].

Porém, partindo desses pressupostos, o autor afirma que as singularidades que estão contidas disjuntivamente num plano de observação concreto necessariamente são heterogêneas, haja vista que, em respeito ao sistema formal-ontológico na unidade de uma mesma essência, não pode haver vinculação entre duas singularidades eidéticas de um e mesmo gênero. Todavia, em virtude desta particularidade, cada singularidade observada concretamente leva à análise de um sistema de "gêneros e espécies" em separado[600].

Sobre a ideia de gêneros e espécies dentro da concepção de essências, Husserl delimita a espécie como sendo uma singularidade eidética, mas em nível mais baixo. Já o gênero é algo mais superior, mais supremo, o qual não comporta nenhum outro acima de si. Então, se pudermos exemplificar, diremos que a "significação em geral" é o gênero, do qual faz parte uma diversidade de significações eidéticas, singulares, que são espécies[601].

O mesmo se diga em relação ao crime e à infração penal, já que o primeiro é espécie da segunda e assim por diante. Logicamente, essa compa-

597 HUSSERL, Edmund, op. cit., nota 233, p. 38.
598 Ibidem, p. 37.
599 Ibidem, p. 54.
600 Ibidem, p. 55.
601 Ibidem, p. 50.

ração deve ser feita quando temos dois objetos ou dois fenômenos a serem comparados e, portanto, isso não afasta a possibilidade de que um gênero numa instância seja considerado como espécie de outra e assim por diante, até que cheguemos, finalmente, à essência absoluta, irredutível, a qual se busca em termos de formulação de bases, de conhecimento absoluto.

Neste sentido, a vinculação à obrigatoriedade de observância dos pormenores, em concreto, pelo operador da lei, permite que sejam descritas e delineadas as singularidades eidéticas em concreto, mesmo que saibamos que a ontologia formal guarda as formas de todas as ontologias disponíveis em geral, vale dizer, a percepção do crime como uma singularidade eidética em concreto permite que sejam delineados os detalhes e os substratos da categoria lógica "crime em análise", mais ampla, na qual estão os seus respectivos conceitos fundamentais lógicos puros, conceitos estes através dos quais se determina a essência lógica do "objeto" em geral. Por esta razão afirma-se que toda essência formal possui a capacidade de ter definida a sua extensão de singularizações individuais[602].

Gênero e espécie, portanto, compõem uma relação bilateral, sendo função da Fenomenologia encontrar "essências", sentidos singulares, até que se alcance a essência absoluta da última espécie redutível disponível, ocasião na qual a aplicação deste campo da Filosofia dentro do ramo criminal se revela da maior importância, como teremos oportunidade de aprofundar nesta obra.

Como podemos perceber, na Fenomenologia há uma série de conceitos próprios, inerentes ao estudo deste método científico, alguns até cunhados especificamente por Husserl. Se, por um lado, temos as singularidades eidéticas como acabamos de descrever, o autor também especifica que a generalidade eidética (enquanto generalidade pura, incondicionada), descreve um juízo de essência universal em oposição a um juízo meramente individual[603].

Deste modo, através da utilização da generalidade eidética, podemos discernir, por exemplo, que os crimes de homicídio, em geral, são diferentes dos crimes de roubo, que por sua vez são diferentes dos crimes de furto etc. Cada uma dessas espécies delitivas possui uma essência geral que precisará ser esmiuçada numa investigação que delimite os contornos de essência mais específicos, individualizados conforme o caso concreto.

602 HUSSERL, Edmund, op. cit., nota 233, p. 56.

603 Ibidem, p. 41.

Essa especificação ganhará a nomenclatura de "necessidade eidética", correlata ao conceito mais amplo, mais global. Porém, por ser baseada no caso concreto, a necessidade eidética possui um valor absoluto, já que é manifestada através de uma "consciência apodítica" (ou seja, a consciência que aflora diante de um estado de coisas como particularização de uma generalidade eidética)[604].

Então, este é outro termo bem específico na fenomenologia de Husserl. A palavra "apodítica" revela uma dessas expressões. Nos referimos a algo apodítico quando queremos externar que as coisas não poderiam ser de outra maneira, senão aquela. É o equivalente a se afirmar que a coisa ou o fato expressam uma verdade necessária, afirma Sokolowski[605].

Algo apodítico é algo definitivamente verdadeiro, do qual não esperamos outra coisa, senão a expressão da pura verdade. Por tal razão, somos levados a crer que a condução à obviedade desta expressão nos conduziria a algo trivial. De fato, é o que Sokolowski afirma. Mas é exatamente este o ponto central ao qual queremos chegar, quando comentamos sobre algo apodítico.

Vejamos novamente o exemplo do crime. O crime, em si, deve ser mostrado como algo apodítico. Um evento do qual somente conseguiremos extrair um significado, uma verdade, haja vista que toda situação que circunda a noção de crime não pode ao mesmo tempo ter ocorrido e não ter ocorrido. Ou ocorreu, ou não ocorreu. Daí nossos questionamentos sobre até que ponto a mentira auxilia na argumentação em busca da Justiça. A mentira, portanto, é o contraponto com a apoditicidade inerente ao crime. O método fenomenológico busca, assim, a apoditicidade.

Por derradeiro, essas questões científicas sobre o modo pelo qual a essência das coisas pode ser obtida nos remontam à crítica estabelecida entre as ciências empíricas, às ciências de fato (nas quais a experiência é seu ato fundante), e a ciência fenomenológica (uma ciência notadamente de essências, em que a apreensão intuitiva destas é o respectivo ato fundante)[606].

Amparados nos conhecimentos de Husserl, podemos afirmar que as ciências eidéticas são independentes do conhecimento das ciências de fato, mas o oposto não se aplica, já que uma ciência dita como empírica (que se funda em percepções de juízos de experiência), deve estar balizada de

604 HUSSERL, Edmund, op. cit., nota 233, p. 41.
605 SOKOLOWSKI, Robert, op. cit., nota 227, p. 66.
606 HUSSERL, Edmund, op. cit., nota 233, p. 42.

acordo com leis que se referem à essência da objetividade em geral (diante de princípios formais), além da noção de que, na ótica material, todo fato possui em sua constituição um substrato eidético desta natureza[607].

Por esta razão, sob o aspecto cognitivo-prático, Husserl afirma que quanto mais uma ciência empírica estiver aproximada de um nível dito como "racional", nomológico ou "exato", vale dizer, quanto mais esteja embasada numa ciência eidética e que dela se aproveite extraindo seus fundamentos, mais forte e amplo será seu desempenho[608].

2.8.6.5.4. A redução eidética, propriamente dita

Como arremate aos comentários deste tópico, vamos voltar ao caso do crime para definição pragmática da redução eidética: retornemos àquela situação. Diante da situação fática, a presença e a vivência do investigador permitirão que este, ao reconstruir a experiência em atitude fenomenológica, utilize indeterminadas possibilidades, seja quanto ao modo de execução, tipo de arma ou instrumento que pode ter sido utilizado no crime etc. Mas o fenômeno em si foi um só, dado por um tipo de arma específica numa quantidade determinada de disparos efetuados e de projéteis que eventualmente tenham atingido a vítima. Então, embora as possibilidades sejam infinitas (inclusive sobre eventual situação de erro), a limitação dada pelas circunstâncias reflete exatamente o ponto no qual se rompe a reconstrução da experiência.

Quando isto acontece, temos a chave para delimitar a estrutura essencial do fenômeno, pois, conforme ensinamentos de David Cerbone[609], esses pontos de ruptura do que foi experimentado marcam a passagem do possível para o impossível e este, não representando a realidade, deve ser descartado em busca da delimitação da essência, ou seja, do que realmente ocorreu, reduzindo-se eideticamente o fenômeno.

Mais uma vez comprova-se que fugimos daquilo que "parece" e vamos literalmente de encontro àquilo que tal fenômeno criminal realmente é, o que ele realmente significa em termos de subsunção, pois uma coisa (e principalmente um fato definido categoricamente como crime) não pode ao mesmo tempo "ser" e "não ser". E é justamente isto que se deve fazer

607 HUSSERL, Edmund, op. cit., nota 233, p. 44.

608 Ibidem, p. 45.

609 CERBONE, David R., op. cit., nota 242, p. 60.

quanto ao crime, para que a justiça prevaleça: o que realmente aconteceu naquela situação inicial e que, depois de ter sido devidamente materializada e subsumida, deve servir de elemento para as demais atuações processuais.

Portanto, através da teoria da valoração crimino-fenomenológica e da sua metodologia inerente, iremos perceber que podemos assumir uma postura tanto positiva, quanto negativa, já que ao mesmo tempo em que o fenomenólogo descreve qual crime aquele fato representa para o Direito Penal, também indica o que ele não é, ou seja, a partir da noção essencial dele (no que ele consiste), a definição dos seus contornos permite excluir qualquer outra opção de subsunção que lhe seja contrária.

Capítulo

3

SEGUNDA CONCLUSÃO PARCIAL

No momento crucial em que se percebe um grande movimento deslegitimador do sistema jurídico-penal, introduzimos importantes conceitos cunhados por Husserl e sua fenomenologia. Afinal, um processo de racionalização que relegitime o ordenamento também precisa demonstrar sua própria eficiência neste sentido. Então, o recurso à Filosofia serviu para estruturarmos os alicerces que nos serão úteis para a implantação e desenvolvimento da teoria da valoração crimino-fenomenológica.

É difícil não pensarmos em algo em nossa vida cotidiana que não tenha participação direta ou indireta da ciência filosófica, afinal, em qualquer situação da vida é possível filosofar. E assim é quando nos deparamos com o crime. Enquanto fenômeno, o crime precisa igualmente ser descrito sob o aspecto dos fundamentos que lhe são inerentes. Descobrir a essência do fenômeno do crime passa a ser a missão para a própria definição deste enquanto instituto jurídico, cujas repercussões decorrem diretamente do modo pelo qual ele é caracterizado em todas as suas circunstâncias.

A busca por este conhecimento de modo absoluto, ou seja, originário em sua fonte, passa necessariamente pela intencionalidade ligada ao indivíduo que observa aquele fenômeno. Porém, ao considerarmos que o processo de retorno às próprias coisas leva em consideração o fator humano, é preciso que se considere este ser racional num grau de abstração que lhe permita afastar os preconceitos, evitando-se que haja contaminação indevida na determinação da essência pretendida. Aliás, é justamente esta contaminação, bem como o predicamento egocêntrico, aliados a outros elementos como o decurso do tempo e o eterno e infinito fluxo de vividos, que contribuem para a desconstrução e deslegitimação da justiça tal como a vemos hoje.

Partindo-se do mundo natural, o indivíduo é concebido como doador de sentidos para o mundo da vida. A intencionalidade é um dos seus pontos marcantes na base da concepção fenomenológica. O indivíduo tem consciência de algo e esse algo pode significar, como vimos, uma coisa, um fenômeno qualquer. Um crime. Portanto, é sim necessário um processo mental cuja atividade depende do subjetivismo do indivíduo (noese), mas é a abstração (transcendentalidade) quem lhe garante a confiabilidade para a não contaminação e determinação da unidade de significados atribuídos pela atividade noética (noema).

Por ter a pretensão de inaugurar métodos próprios, a Fenomenologia critica o naturalismo, o empirismo, o idealismo e o psicologismo, já que tais ciências ou eram insuficientes, ou eram lacunosas e falharam na determinação da definição das coisas em si mesmas. Não se pode ter a percepção do fenômeno como algo estanque, unicamente decorrente dos fatores da experiência, pois vimos que não estamos diante de um simples registro de estímulos, recebidos passivamente. Antes de tudo, é algo que deve ser vivido de modo verdadeiro por aquele indivíduo que percebe o fenômeno, sob pena de incorrermos na "hipótese da constância" como previram os psicólogos da Gestalt.

O cenário, sim, é estanque, mas o que faremos enquanto fenomenólogos é investigar essências e descobrir outros perfis que, por eventual limitação no foco de atenção, não tenham sido descobertos. Estes sempre estiveram lá, apenas não foram observados como deveriam ter sido. O crime, uma vez analisado, não será o mesmo em todas as circunstâncias. Por esta razão, o empirismo falha ao impor indevida limitação objetiva.

O início da jornada em busca das essências parte do mundo natural e da atitude natural do indivíduo, já que este é o mundo e a orientação circundante na maior parte das nossas vidas. No entanto, somente através da atitude transcendental é que teremos oportunidade de ver as coisas como elas realmente são e da forma como nos são dadas. É, realmente, o campo fértil para a o tipo de descoberta a que se destina. É na reflexão fenomenológico-transcendental que poderemos contemplar o *cogito* transcendentalmente reduzido e é neste momento que teremos oportunidade de descrever as essências em atitude pura. Mas tudo isto depende da atitude positiva do indivíduo.

E é com base nesta atitude que a intencionalidade e seus diversos tipos ganham contornos mais definidos. As diferentes formas de estímulos denotam que há muito mais do que um único modo de se alcançar a essência de determinado fenômeno. Seja no aspecto subjetivo ou no objetivo, nada disso tem sentido sem que lidemos concomitantemente com a eterna marcha do fluxo de vividos.

Memória e passado revelam uma maneira difícil de revelação de essências que contradiz a própria definição de percepção de vivência em evidência, como quer Husserl para a sua fenomenologia pura. Não que sua importância não seja reconhecida, afinal, uma pessoa que vivenciou um fenômeno em evidência terá, conforme o decorrer do fluxo de vividos, a memória sobre este fato no futuro. Porém, quanto maior o decurso do tempo atuando, maiores serão os efeitos da camada noética especial (a do "algo recordado como tal") que podem influenciar no modo de resgate essencial.

Falar de essências e sua descrição também impõe salientar a necessidade de identificação de lados, aspectos e perfis inerentes a todos os fenômenos. Por tal motivo retratamos a importância da consideração da adumbratividade e suas consequências. O fenomenólogo tem que ser capaz de entender a forma pela qual o objeto aparece para ele, para que, então, em atitude pura, possa fazer o adequado exercício de valoração, diante da multiplicidade de presentações possíveis.

Se de um lado a intencionalidade subjetiva que remonta à memória e ao passado tiveram sua importância denotada, de outra banda as nuances inerentes à imaginação e à projeção no futuro também puderam ser descritas como relevante no estudo da busca pelas essências. Entretanto, especial cuidado deve ser dado na análise da fantasia e da imaginação, já que a liberdade criativa da consciência humana pode revelar armadilhas cuidadosamente planejadas e críveis sob o ponto de vista da viabilidade de ocorrência, mas que podem jamais se referir a uma realidade potencialmente relevante de análise sob o ponto de vista criminal. O imaginário, o fantasioso, podem trazer consequências extremamente prejudiciais para a valoração crimino-fenomenológica, uma vez que, a partir da sua consideração, uma determinada qualificadora que jamais existiu pode ser finalmente inserida num termo de declaração e alterar completamente a essência do fato criminoso em apuração.

Paralelamente à concepção subjetiva da intencionalidade, nos deparamos com tudo aquilo que, de modo objetivo, possa trazer algum tipo de conteúdo noemático passível de expressar sua essência. Palavras, retratos e símbolos traduzem possibilidades importantes que precisam ser esmiuçadas e consideradas pelo fenomenólogo. É através da intenção significativa, corroborada pela realização do indivíduo perante a adequação entre esta intencionalidade e o que ela significa para o mundo jurídico, que poderemos extrair o verdadeiro sentido da palavra, o que acaba se relacionando com a metodologia da história dos conceitos.

Imagens e símbolos, principalmente no campo penal e no médico-legal, trazem elementos que, correta e adequadamente interpretados de modo eidético, acabam denotando seu significado de modo latente. Quanto mais antecipada é esta percepção através da atuação do Delegado de Polícia, maiores são as oportunidades de que sejam conferidas as intenções pictoriais ou simbólicas dali oriundas e contempladas em confronto com demais elementos de informação contidos na investigação criminal. Isto pode se dar, por exemplo, no confronto entre o conteúdo de um termo de declarações em sede policial, ao se verificar que uma lesão (com as características narradas pela testemunha) é de fato compatível com aquilo que fora constatado pelos peritos e pela própria autoridade policial que compareceram ao local dos fatos.

A partir destas informações, será possível traçar a intencionalidade categorial, conceito afeto às categorias lógicas de Husserl, percebendo o real posicionamento axiomático e, por via de consequência, a essência lógica dos fenômenos em geral. No caso dos crimes, é na concepção analítica que percebemos a categoria lógica na qual estão contidos os conceitos mais específicos, mediante os quais o fenomenólogo consegue ter subsídios para enquadramento e subsunção.

Além da intencionalidade, a consciência também é responsável por efetuar as sínteses decorrentes da atividade noético-noemática. E é a partir delas que nos deparamos com o processo de constituição, que está diretamente relacionado com o ato de estabelecer objetos categoriais. Afinal, o que fazemos neste momento não é nada mais do que expressar a manifestação do fenômeno mediante nossa compreensão sobre sua essência. Por isso que faremos a sua determinação em face do seu gênero regional.

Mas o que dá os contornos definitivos é o que está contido nas particularidades do caso concreto, principalmente quando o fenômeno observado é um crime. Toda noção acerca da temporalidade, do fluxo de vividos etc., somente faz sentido porque há a necessidade de estabelecimento da correlação entre signo, significado e significação, para que possamos, então, efetuar a síntese. E tudo isto passa pela adequada contribuição da sintaxe e seus níveis.

Ao concluirmos nosso raciocínio sobre as três estruturas fundamentais da Fenomenologia, percebemos que quanto mais nos predispomos a utilizar a intencionalidade para afastar o predicamento egocêntrico, mais percebemos como é possível utilizar a intencionalidade para definirmos identidades dentro de multiplicidades, por exemplo. De toda sorte, partindo-se do pressuposto que "partes x todo", "identidade x multiplicidade" e "ausência x presença" são pilares da Fenomenologia, em qualquer ato de intencionalidade na busca pela essência do fenômeno devemos nos socorrer destes conhecimentos.

É nesta senda composta por todas estas particularidades que caminha a metodologia da Fenomenologia a partir do mundo natural. A base dos conhecimentos filosóficos deste ramo científico age como soalho para a formatação da teoria da valoração crimino-fenomenológica. Mas esta é verdadeiramente desvelada sob a ótica da atitude transcendental e sua parentetização, cuja *epoché* fenomenológica viabiliza o encontro do sentido, da validade, da forma e a justificação para todo agir penal e processual penal.

Neste complexo processo de redução, diante do primeiro estágio de investigação fenomenológica (aquele que diz respeito ao campo da experiência), inaugura-se a redução fenomenológica, fase na qual o indivíduo descreve pormenorizadamente o que ele observa em razão do contraponto entre a sua intencionalidade e o fluxo da respectiva experiência. Já no segundo estágio de redução (compreendido como a crítica da experiência transcendental), será a ocasião de promover todo isolamento da estrutura essencial da experiência. É neste momento, como vimos, que se opera a redução eidética.

Embora o conhecimento sobre essências pareça seguir seu próprio significado lexical e sugira ser de constatação fundamental de modo antecedente a qualquer outro tipo de análise, só podemos compreender o que realmente procuramos se soubermos os meios de encontrá-lo. Apenas com os conhecimentos prévios sobre intencionalidade, atividade noético-noemática e a noção sobre o eterno fluxo de vividos teremos condições de perceber o que macula uma busca por uma eidética pura.

O tipo específico de intuição eidética está relacionado ao modo pelo qual se alcança a essência do fenômeno. Isso, de fato, já viemos discutindo ao longo da segunda parte desta obra. Encontrar a essência do fenômeno (e especificamente a do crime), requer a prévia compreensão de que cada caso é exclusivamente distinto do outro. Cada crime tem sua própria constituição, suas próprias características que o faz ser distinto dos demais.

Embora ontologicamente possamos aferir possuírem a mesma raiz, é justamente a percepção do caso concreto que os distinguem. A singularidade eidética permite dizer que sua motivação é única. Seu modo de execução, embora semelhante a outros, possui características únicas. O simples encontro de uma determinada lesão (que pode não estar presente em todas) nos permite recorrer à intencionalidade simbólica para aferir o que ocorreu naquela situação. Daí a falha do empirismo. Daí toda crítica ao sistema de justiça penal que, por mais que individualize a pena, parte sempre de patamares preestabelecidos que acabam por dar solução jurídica idêntica ou semelhante a casos que não são iguais.

A essência do fenômeno funciona como seu núcleo duro. Sua pedra fundamental. Por tal razão, no processo transcendental de determinação de essências (em intuição eidética pura, desprovido de qualquer tipo de predicamento egocêntrico), vamos lapidando os lados, aspectos e perfis na constante adumbração e vamos retirando algumas das características periféricas que não importantes para o encontro eidético até que encontremos sua verdadeira essência.

Se em determinado momento retirarmos uma destas características pertencentes ao núcleo fundamental e o mosaico venha a se desfazer e nos mostrar não ser condizente com a atividade noético-noemática que está diante de nós (passando a nos indicar outro fenômeno), então, aquela característica era efetivamente a última barreira que nos separaria do encontro da essência própria do primeiro fenômeno observado (não do posteriormente descoberto).

Isto tem total relação com a percepção do crime e seus elementos. São essas considerações que permitiram a formulação de uma teoria que justificasse uma ressignificação da função do Delegado de Polícia no seu manejo. É com base nestes conhecimentos que poderemos, enfim, fazer a efetiva transição para o estudo da teoria da valoração crimino-fenomenológica.

Parte III

A TEORIA DA VALORAÇÃO CRIMINO-FENOMENOLÓGICA E SUAS CONTRIBUIÇÕES NO CAMPO PENAL

Capítulo

1

INTRODUÇÃO

Ao caminharmos pelas reflexões dogmáticas contemporâneas sobre a Teoria do Delito no direito pátrio, identificamos uma lacuna quanto a sabermos, de fato, quem tem propriedade para manejar os institutos que circundam o conceito analítico do crime e, por conseguinte, perceber os detalhes do crime enquanto fenômeno. De antemão, impõe salientar que estamos partindo do pressuposto que atuamos analiticamente conforme os ditames da teoria finalista, cunhada por Hans Welzel, para a qual o crime é o resultado da composição de três elementos grandiosos: tipicidade, antijuridicidade (ou ilicitude) e culpabilidade.

Desde a introdução desta obra, procuramos ressaltar o quão importante seria interligar a teoria da valoração crimino-fenomenológica com a verdadeira noção que orbita o conceito analítico de crime, vale dizer, ao mesmo tempo em que a referida teoria tem como finalidade se utilizar de preceitos filosóficos, também perfaz profunda reestruturação no modo como as personagens do Direito Penal lidarão com o conceito estratificado do delito. Ao refundar as bases para a implementação de uma nova sistemática na esfera penal (do direito enquanto substância), impacta, outrossim, na redefinição de responsabilidades das personagens envolvidas no complexo sistema processual penal brasileiro.

Para que a teoria da valoração crimino-fenomenológica seja aplicada de modo pragmático, será preciso entender o atual contexto doutrinário. Por sua vez, isto nos auxiliará a compreender o motivo pelo qual há lacunas que serão completadas com as propostas desta obra, nos levando ao estabelecimento da previsão dos complementos que também precisam ser rascunhados no âmbito legislativo.

Aliás, nas linhas a seguir, será efetivamente comprovado que vivenciamos um momento no qual há lacunas dogmáticas, bem como lacunas no âmbito legislativo, o que por sua vez impacta diretamente no plano executivo e, ao não se entregar uma investigação criminal condizente com o amplo sistema de garantias proposto pela CRFB/88[610], acarreta as mazelas vividas quando do início da judicialização do processo. Não nos referimos propriamente ao início de uma investigação criminal, neste momento, pois é justamente a visão deste paradigma que precisa ser rompida.

Sabemos que a investigação de um fato potencialmente relevante (para que se movam os órgãos de polícia judiciária com atribuição) não necessariamente precisa terminar com o indiciamento, do mesmo modo que um processo penal oriundo da respectiva ação proposta pelo seu titular não precisa terminar com a condenação. Mas o que estamos querendo romper é a visão ultrapassada de que o processo penal não precisa derivar, necessariamente, de uma ampla investigação que vislumbre a efetiva necessidade de existência do próprio processo.

Todo conhecimento filosófico exaustivamente descrito a partir da Fenomenologia nos permitiu afirmar, paradigmaticamente, que a essência da *opinio delicti* coincide com quem necessariamente encontra a essência do fenômeno do crime, identificando os elementos que o constituem na sua gênese. Essa afirmação categórica leva a crer que tudo aquilo que for apurado e amoldado ao estreito espaço fornecido pelo enquadramento legal inicial tem força cogente para determinar as primeiras medidas, provisoriamente adotadas pelo Delegado de Polícia.

Eventualmente e de modo excepcional, alguma particularidade pode ter sido propositalmente escondida ou acidentalmente não descoberta durante a investigação criminal. Não se nega que isso possa vir a acontecer. Entretanto, para que se admita a hipótese de reenquadramento em termos de tipificação, deverá ser comprovado, de forma exaustiva e fundamentada, a necessidade de readequação do balizamento fenomenológico, o que irá impactar diretamente nos institutos da *emendatio libelli* e *mutatio libelli*, em face do princípio da correlação entre a imputação e a sentença, como veremos mais adiante nos reflexos da teoria crimino-fenomenológica nos

610 Cf. nota 01.

aspectos processuais. Com isso, a profundidade da reflexão acerca dos institutos que circundam o conceito analítico diante da doutrina finalista ganha contornos especialmente definidos.

Na medida em que percebemos que uma investigação criminal é quem realmente deve ser exaustiva na busca pela essência que sustenta seus próprios fundamentos, nos permitiremos aceitar as justificativas que impõem uma realocação no posicionamento espacial, temporal e pessoal quando for proferida a tipificação (ou atipificação) decorrente deste procedimento. Ou seja, quando se dá a devida importância e se analisa da forma correta todo o arcabouço de informações coletadas de modo neutro pela teoria da valoração crimino-fenomenológica, teremos condições de reestruturar e repensar a necessidade de que tudo aquilo que não seja verdadeiramente importante para se tornar um processo, seja barrado mediante a utilização deste escudo capitaneado por este trabalho.

Neste ponto, é preciso revisitar algumas conceituações e previsões legais básicas sobre o crime, conforme já tivemos oportunidade de dissertar. É nítido, portanto, que a problemática apontada carece, até o presente momento, de solução em mais de um nível ou esfera de poder. As falhas ou os defeitos encontrados emanam da falência do sistema como um todo. Daí a necessidade da sua reestruturação. E é exatamente sobre isso que trata a teoria da valoração crimino-fenomenológica: um complemento dogmático que, ao se utilizar de fundamentos filosóficos exaustivos, perfaz uma peça indispensável na concepção sobre a percepção dos aspectos analíticos do delito, mormente no que diz respeito à atuação concreta por parte do Delegado de Polícia.

Todo o estudo feito por ocasião da obra que remonta praticamente aos termos acima expostos[611] indicava, pelo menos a princípio, a necessidade de complemento por parte de uma teoria que revelasse o caminho ideal a ser percorrido pelas personagens do sistema penal quando estivessem diante de um fato potencialmente relevante para mover o aparato estatal e dar início a um processo penal propriamente dito.

Naquela ocasião, a pesquisa nos forneceu indícios de que o crime é verdadeiramente algo complexo. Os fatos precisam do tratamento adequado por parte do intérprete da lei de modo a resguardar direitos e garantias fundamentais, sob pena de não haver outro momento oportuno, senão com

611 Cf. nota 09.

o início da investigação criminal. Foi preciso entender o que efetivamente o crime significa em termos legislativos e em termos doutrinários, para que pudéssemos responder aos questionamentos básicos de modo a posicionar o Delegado de Polícia na atuação pragmática em face da noção finalista.

As perguntas giravam em torno dos seguintes questionamentos: levando--se em consideração o aspecto analítico do delito, o Delegado pode analisar quais dos seus elementos? Só a tipicidade? Tipicidade e antijuridicidade, apenas? Ou, durante a investigação criminal, o Delegado invariavelmente tem que analisar todos os elementos, o que inclui a culpabilidade, para que possa prosseguir com a adequada formatação procedimental que iria conduzir eventualmente a um processo penal?

Essas perguntas que nos remontam às dúvidas mais básicas que não nos foram respondidas no princípio da vida acadêmica, culminaram num questionamento inicial e mais trivial: levando-se em consideração a proposta de Hans-Heinrich Jescheck[612] (para quem os três elementos básicos na concepção finalista estão interligados numa ordem invariável, que obriga o operador do direito a seguir a sequência lógica que denota a constatação e perfaz o crime, ao final), qual o papel do Delegado de Polícia neste ponto específico? Quais os embasamentos legais que lhe permitem tratar, abertamente, sobre cada um de tais substratos?

Embora tivéssemos a certeza de que houvesse a possibilidade, por exemplo, de que o Delegado de Polícia pudesse analisar a culpabilidade (e, por via de consequência, se chegou ao último pilar sequencial, necessariamente passou pelos outros dois anteriores), num caso de lavratura de Auto de Apreensão de Adolescente pela Prática de Ato Infracional análogo a crime (AAAPAI), nunca encontramos os fundamentos doutrinários ou legislativos que nos permitissem, categoricamente, afirmar isto. Até então, o pragmatismo funciona como uma espécie de entidade que ganhou vida própria, porém, com a alma de lenda urbana.

Portanto, as lacunas até aqui evidenciadas nos puseram em questionamentos acadêmicos ainda mais complexos, através dos quais buscamos as respostas para que possamos trazer segurança jurídica, tanto por parte dos operadores do direito (ao saberem que há uma teoria que lhes ampara quando da análise da *opinio delicti*), ou por parte do investigado/acusado (esteja ele na fase pré-processual ou já diante do Tribunal, numa ação penal)

612 JESCHECK, Hans-Heinrich, op. cit., nota 66, p. 178.

saber que há preocupação por parte de todas as agências estatais responsáveis pela persecução penal em atingir a verdade do que realmente ocorreu (em essência), não a verdade do processo, o que necessariamente conduz à injustiça e justifica toda falha do sistema de justiça criminal até aqui.

Capítulo

2

O ESTADO DA ARTE SOBRE A TEORIA DO DELITO

2.1. O POSICIONAMENTO DA DOGMÁTICA BRASILEIRA SOBRE A TEORIA DO DELITO

2.1.1. As reflexões de Cleber Masson

Cleber Masson reflete sobre a teoria geral do crime, apontando que não se deve dar mera resposta simplória de que este é decorrente da análise de um fato típico, ilícito e culpável (concepção finalista). Para o referido autor[613], devemos levar em consideração três aspectos: o que diz respeito ao critério material; o que se funda no critério legal e, por fim, o que se ampara no critério analítico. Com relação ao primeiro tópico, há de se ter em mente que crime é toda ação ou omissão humana que por sua vez expõe a perigo ou lesa bem jurídico penalmente relevante. Quanto ao aspecto legal (que, para Masson, também pode ser compreendido como conceito geral ou genérico de crime), obtido diretamente do legislador, é importante se verificar o disposto no art. 1°da Lei de Introdução ao Código Penal (LICP)[614], conforme já ressaltamos neste trabalho.

613 MASSON, Cleber. *Direito Penal*: parte geral – vol. 1. 12. ed. São Paulo: Forense, 2018. p. 193.

614 Cf. nota 63.

Por fim, Masson indica que é no conceito analítico (ou conceito dogmático) que são verificados os elementos que compõem a estratificação do crime. Classicamente, na concepção finalista o crime é retratado como o resultado da constatação de um fato tipicamente previsto em lei, antijurídico e culpável. Embora chegasse a se afirmar numa concepção quadripartite (na qual a punibilidade também seria integrante do conceito de crime), esta não merece ser acolhida, já que não se pode considerar a punibilidade como elemento, mas sim, como resultado da constatação do crime em si[615].

Dentro da concepção analítica ou estratificada encontramos uma divergência que também será compartilhada por outros autores, como veremos a seguir. Diz respeito à consideração da antijuridicidade enquanto elemento puramente autônomo, ou com uma certa autonomia, mas vinculado à análise em conjunto com a tipicidade (ocasião na qual estaríamos diante do chamado "tipo total de injusto", o que lhe faria ter o condão de considerarmos o crime numa perspectiva bipartida). Mas isso não se confunde com uma discussão diversa sobre uma outra percepção acerca de uma teoria bipartida, a que afasta a culpabilidade como elemento autônomo do crime (que é apenas tido como um fato típico e ilícito)[616].

Malgrado compreendermos a predominância da concepção finalista, Cleber Masson aduz que não é seguro afirmar que o Código Penal Brasileiro adotou esta percepção quando se fala em aspectos analíticos do delito. Isto porque, embora a redação original da legislação penal acolhesse um conceito tripartido de crime, com a reforma da parte geral através da Lei nº 7.209/84 o autor parece ter a impressão de que foi adotada uma noção bipartida. E passa a narrar os argumentos a favor deste posicionamento[617].

Num primeiro momento, o Título II da parte geral do Código Penal tem como nome "Do crime" (cujos artigos partem do 13 até o 25). O Título III, subsequentemente, tem como nome "Da Imputabilidade Penal" (iniciando no art. 26 até o art. 28). Ou seja: o crime seria o fato típico e antijurídico e independeria da culpabilidade. Outros argumentos utilizados para defender esta posição residem no modo pelo qual a redação dos próprios dispositivos caminha neste sentido. Basta vislumbrarmos o contraponto entre o que dispõe o art. 23 do CP (que trata das causas de exclusão da antijuridicidade e traz a expressão "Não há crime" no bojo do

615 MASSON, Cleber, op. cit., nota 613, p. 198.

616 Ibidem, p. 199.

617 Ibidem, p. 200.

caput)[618] e o art. 26 do mesmo diploma legal (cujos termos nos indicam uma postura diferente, ao iniciar o *caput* com "É isento de pena")[619]. Portanto, uma causa como a legítima defesa teria força para afastar a antijuridicidade e, consequentemente, o conceito de crime. Por outro lado, este subsistiria mesmo em face da ausência da culpabilidade[620].

2.1.2. A visão de Leonardo Schmitt de Bem e João Paulo Orsini Martinelli

Os autores indicam que a teoria do delito é igualmente importante para que possamos entender sobre as questões que dão suporte à dogmática do Direito Penal. Por estudarem a fundo questões históricas inerentes ao processo de transformação deste ramo do direito, a compreensão deve seguir no sentido de que uma determinada escola penal não exclui a outra e vice-versa, justamente para possibilitar que as discussões sejam postas em debate e aprimoramento. Daí exemplificarem afirmando que a concepção do modelo finalista de delito (que não emergiu de forma súbita), não fez com que fossem extintas as noções causalistas ou neokantistas, ou ainda, citam como outro exemplo o respeito por parte dos funcionalistas que levam em consideração muitas das questões finalistas[621].

Em razão da insuficiência de preceitos que pudessem ser extraídos a partir da concepção quanto aos tradicionais conceitos formal e material do crime, a indicação do formato atual da teoria do delito revela total ligação com as questões inerentes ao seu aspecto analítico. Assim, no momento em que se vislumbra a possibilidade de dissertar de forma isolada e lógica sobre cada elemento relativo a esta complexa estrutura criminal, questões mais básicas relacionadas à insuficiência dos demais conceitos passam a ser esclarecidas, já que os autores nos dizem que teremos elementos para que possamos responder ao motivo pelo qual um homicídio praticado mediante legítima defesa, por exemplo, em que pese ser um fato considerado típico

618 Cf. nota 26. Pela redação dada pela Lei nº 7.209/84 ao art. 23 do CP: *"Não há crime quando o agente pratica o fato: I – em estado de necessidade; II – em legítima defesa; III – em estrito cumprimento de dever legal ou no exercício regular de direito".*

619 Cf. nota 26. Perceba-se, mais detidamente, esta constatação: *"Art. 26 – É isento de pena o agente que, por doença mental ou desenvolvimento mental incompleto ou retardado, era, ao tempo da ação ou da omissão, inteiramente incapaz de entender o caráter ilícito do fato ou de determinar-se de acordo com esse entendimento. (Redação dada pela Lei nº 7.209, de 11.7.1984)"*

620 MASSON, Cleber. *Direito Penal*: parte geral – vol. 1. 12. ed. São Paulo: Forense, 2018. p. 201.

621 MARTINELLI, João Paulo Orsini; DE BEM, Leonardo Schmitt. *Direito Penal parte geral*: lições fundamentais. 6. ed. Belo Horizonte: D'Plácido, 2021. p. 531.

do ponto de vista formal e mesmo tendo lesionado bem jurídico alheio (o que incidiria forçosamente nas questões materiais), se revela permitida pelo ordenamento jurídico, não havendo que se falar em conceito técnico de crime. O que se tem, então, é um fato típico, mas não antijurídico[622].

De Bem e Martinelli denotam a importância que se deve dar ao estudo da Filosofia para que possamos compreender a teoria do delito. Afinal, é ela quem confere elementos de extremo relevo e permitem o avanço construtivo da dogmática para quem efetivamente a utiliza, como é o caso da escola alemã[623]. Daí levarmos em consideração que a interdisciplinaridade tem se mostrado vencedora no quesito da criatividade, quando bem estruturada, fornecendo o suporte acadêmico ideal para que se abra um leque mais diversificado de possibilidades ao alcance dos operadores do Direito Penal.

Os referidos autores também denotam a relevância da divergência na consideração bipartida ou tripartida do conceito de delito. Porém, qualquer que seja a conotação que se dê, a culpabilidade é requisito próprio do delito. De fato, quando se estuda o injusto penal, embora a concepção bipartida situe o fato típico e a antijuridicidade numa mesma categoria, o fato é que na operacionalização prática será necessário desdobrar tais elementos, o que se coaduna com o posicionamento de Juarez Cirino dos Santos[624].

Portanto, para a análise das etapas do conceito de crime, será preciso verificar o comportamento humano (através de ação ou omissão), que deverá estar circunscrito numa previsão legal anterior (culminando na análise do fato típico), sem que haja qualquer tipo de permissão que faça com que a conduta tipificada não esteja contrária ao que propõe o ordenamento jurídico, para que em seguida sejam verificados os requisitos inerentes à culpabilidade[625].

2.1.3. A visão de Juarez Cirino dos Santos: a teoria do fato punível

O contexto no qual se insere a teoria do fato punível denota que é preciso algo além da mera contribuição tradicionalmente percebida e cotidianamente aceita por aquilo que preconiza a teoria clássica do delito. No momento em que se percebe que dogmática penal e política criminal são

622 MARTINELLI, João Paulo Orsini; DE BEM, Leonardo Schmitt, op. cit., nota 621, p. 532.

623 Ibidem, p. 532.

624 Ibidem, p. 533.

625 Ibidem, p. 533.

conceitos que se complementam, Juarez Cirino faz questão de delimitar a importância da teoria do fato punível como segmento principal da dogmática, já que é o setor responsável por nortear os conceitos necessários para embasar e escrever o modo de atuar do Direito Penal e posicioná-lo como setor do ordenamento jurídico que tem por finalidade formalizar o modo de agir da política criminal. É dizer, precisamos nos apoiar na dogmática para racionalizar a aplicação e implementação das questões necessárias a nível de política criminal[626].

Para isto, a teoria do fato punível deve se amparar inicialmente numa definição do que ela realmente trata, do vem a ser o fato punível. Neste sentido, Cirino explica que é preciso entender as definições do respectivo conceito a partir de uma perspectiva real, material, formal ou operacional, para que possamos retratar de onde o conceito surge, quais são seus efeitos e quais são os impactos na vida de quem estará sujeito ao objeto de sua aplicação[627].

Então, quando o autor aborda o aspecto real, rememora os próprios elementos que explicam as origens do fenômeno da criminalidade e que são estudados no campo da Criminologia, seja em face dos aspectos inerentes ao modelo etiológico (no qual são abordadas as questões de criminalidade enquanto realidade ontológica pré-constituída e diz respeito à temática de causas individuais, tais como as tratadas nas teorias biológicas etc.; ou em face da temática estrutural, abordada pelas teorias sociológicas), ou ainda no modelo político (que enfrenta o crime enquanto fenômeno social cuja previsão encontra suas bases na lei penal)[628].

Aliás, aqui já verificamos um ponto de contato com a teoria da valoração crimino-fenomenológica, haja vista a interligação dos aspectos criminológicos básicos que nos auxiliaram a desconstruir o atual modelo como se observa o crime, mostrando sua ineficiência, sua morosidade e, principalmente, sua completa falta de justiça num sistema que se autointitula como "sistema de justiça criminal".

Agora, no momento em que falamos do crime sob o aspecto material, Juarez Cirino nos ensina a estreita relação entre a matriz tratada pela teoria do fato punível e as questões relacionadas à teoria do bem-jurídico. Em contrapartida, como a própria nomenclatura denota, as questões

626 SANTOS, Juarez Cirino dos. *Direito Penal:* parte geral. 9. ed. São Paulo: Tirant lo Blanch, 2020. p. 91.

627 Ibidem, p. 91.

628 Ibidem, p. 91.

formais dizem respeito à tipificação atribuída pela lei, cuja violação terá uma consequência a nível de restrição na esfera de direitos e garantias do indivíduo que a macula, tais como penas privativas de liberdade, restritivas de direitos etc[629].

No que concerne ao aspecto operacional, a teoria do fato punível revela sua face mais corriqueira, já que é justamente com ela que nos deparamos no cotidiano das agências estatais que manobram o Direito Penal. Para Cirino, é neste momento que percebemos o aspecto analítico, cuja percepção nos fará enxergar alguns componentes, dentre eles, os que compõem o tipo de injusto e a culpabilidade. Afinal, são esses elementos que indicarão os pressupostos para a punibilidade e que servirão, por exemplo, como critérios norteadores da jurisprudência em matéria criminal[630].

Quando se abordam estas questões operacionais referentes ao conceito de crime, nos deparamos com uma das principais discussões na sua categorização, não em relação propriamente aos elementos que a compõem, mas sim no grau de autonomia conferido a cada elemento/substrato[631]. Daí, não se nega o consenso que existe quando se fala na culpabilidade como elemento autônomo e analisado após a tipicidade e a antijuridicidade. Todavia, o mesmo não ocorre com esses dois últimos substratos.

Juarez Cirino indica que na dogmática alemã tal discussão é muito mais vívida do que na América Latina, especialmente no Brasil, objeto de aplicação do nosso estudo. O autor reconhece, portanto, que prevalece a aplicação da teoria tripartite no nosso ordenamento jurídico-penal[632]. No entanto, diante da relevância do tema, abordaremos as principais considerações a respeito da divergência.

Falar numa teoria tripartite para o conceito analítico do crime pressupõe a autonomia entre os elementos, conforme já destacamos. Se a análise se dá por etapas, numa categorização sistemática, quanto mais autonomia se confere a cada elemento (e diga-se, também, para os seus respectivos quesitos de configuração), maior é a força que se dá à verificação de questões aprofundadas para que se caracterize o próprio elemento em si, tais como as ligadas ao aspecto material, por exemplo, pois em que pese haver tipicidade formal, não necessariamente há efetiva lesão ao bem jurídico tutelado.

---

629 SANTOS, Juarez Cirino dos, op. cit., nota 626, p. 92.

630 Ibidem, p. 92.

631 Ibidem, p. 93.

632 Ibidem, p. 94.

Aliás, é através da concepção tripartite que se denotam as importâncias individualmente consideradas dos substratos do crime. No que diz respeito à tipicidade, iremos perceber que tal elemento cumpre tanto uma função técnica, quanto uma de caráter sistemático e outra de cariz político (formalização através da lei), na medida em que, ao descrever uma conduta como formalmente típica, o ordenamento jurídico automaticamente nos indica que é preciso questionar se tal fato está amparado ou não por uma causa de justificação (o que embasaria o tipo de injusto)[633].

Desta forma, ao estudarmos a antijuridicidade como elemento do crime, extraímos como função a compreensão sobre o que o ordenamento jurídico reserva como desvalor social, a partir de uma ação inicialmente típica praticada pelo autor. Significa dizer que é preciso buscar o amparo em alguma causa de justificação, o que equivale a afirmar que o fato inicialmente constatado como típico pode não ser contrário ao direito. Se excepcionalmente o fato é permitido ou se o dano social avaliado em concreto é menor do que fora efetivamente lesionado, não há que se falar em crime. Por sua vez, em face da percepção acerca da culpabilidade, Juarez Cirino aponta que a ação inicialmente típica e antijurídica precisa encontrar respaldo na questão da reprovação dada a este comportamento[634].

Não obstante reconhecer que a culpabilidade, por si só, é objeto de estudo e categorização por diversas teorias ao longo dos dois últimos séculos, a compreensão finalista (ou teleológica) predominante na doutrina contemporânea (e adotada no ordenamento jurídico brasileiro) revela que a partir de todo planejamento inerente ao autor (desde o momento da proposta de realização desta finalidade, passando pela escolha dos meios pelos quais ele venha a praticar a ação e, finalmente, colocando todo seu planejamento em prática), ainda que reste na sua consciência a compreensão de que aquilo que este indivíduo normativamente considerado imputável faz é algo concebido como injusto e lhe era exigido atuar de modo diverso. Ao não proceder desta forma, a culpabilidade possibilita uma situação que, para Davi Tangerino, se revela como condição de culpa, isto é, o sujeito está diante de condições que lhe permitem responder pela prática desta ação e também pelas consequências relacionadas[635].

633 SANTOS, Juarez Cirino dos, op. cit., nota 626, p. 94.

634 Ibidem, p. 292.

635 TANGERINO, Davi de Paiva Costa, op. cit., nota 10, p. 20.

Especificamente sobre a concepção bipartida de crime, ao invés de três elementos considerados de forma estanque, temos apenas dois, mediante a junção da tipicidade com a antijuridicidade numa análise única, formando o tipo de injusto. Sobre o tema, no Brasil, devemos a Juarez Tavares os estudos mais aprofundados. Não pretendemos nos estender neste ponto, mas para a compreensão do estado da arte da teoria do delito, não podemos deixar de mencionar as características básicas da linha de pensamento.

Tavares descreve que para haver a determinação do conteúdo de injusto não devemos nos ater especificamente à relação entre tipo e antijuridicidade. Ao revés, é preciso que direcionemos nossa atenção à significação dos juízos de valor emitidos sobre a conduta criminosa. Declarar algo como "injusto" demanda especial análise sobre todos os elementos que integram tanto o tipo, quanto a antijuridicidade, para que consigamos afirmar que algo é proibido ou mandado. O injusto, então, funciona como o conjunto de caracteres cuja destinação é delimitar o âmbito de incidência da intervenção penal sob a ótica da liberdade dos indivíduos (portanto, não pode ser considerado como um simples produto de elaboração meramente formal da norma) e cujos pressupostos básicos giram em torno do estudo do conceito de sujeito e da questão da conduta[636].

Por sua vez, quando Juarez Cirino aborda o tema, não nega a possibilidade de que tais elementos (tipicidade e antijuridicidade) venham a ser analisados individualmente, mas o fato é que isso não desnaturaria a característica de que sejam uma categoria estrutural única. Quando se parte desta concepção, o tipo penal continua descrevendo a lesão provocada ao bem jurídico tutelado e a valoração da antijuridicidade continua a ser uma questão de juízo negativo, ou seja, se o comportamento anteriormente verificado pela análise da tipicidade encontra respaldo ou não no ordenamento jurídico[637].

Todavia, mesmo que se possa verificar cada elemento de modo individual (o que, por si só, não tornaria obrigatória sua fusão), ao se perceber que um homicídio praticado em legítima defesa, por exemplo, constitui uma ação atípica por esta análise, a concepção do tipo de injusto se aproxima da teoria dos elementos negativos do tipo, preconizando que a percepção do que é definido pelo tipo penal é considerado como elemento positivo,

---

636 TAVARES, Juarez Estevam Xavier. *Teoria do Injusto Penal*. 4. ed. São Paulo: Tirant lo Blanch, 2019. p. 191.

637 SANTOS, Juarez Cirino dos, op. cit., nota 626, p. 98.

enquanto o que venha a ser proposto como preceito permissivo terá a função de negar o tipo de injusto[638].

Juarez Cirino também nos informa que uma das grandes justificativas adotadas pelos apoiadores desta teoria é a crescente inclusão de termos inerentes à própria antijuridicidade diretamente nos tipos penais, tais como "injusto", "grave", "irregular" etc. Porém, ao simplificarmos a análise de dois elementos, cuja essência demonstra propostas distintas, bem como ao se entender que um fato que esteja amparado por uma causa de justificação conduza à noção de atipicidade (como foi o exemplo do homicídio praticado mediante legítima defesa), deveríamos nos perguntar o motivo pelo qual o legislador, por questões de política criminal, então não preferiu tipificar, de plano, que "matar alguém, exceto em legítima defesa", constituiria fato típico e, caso verificada a circunstância tratada, justificasse a atipicidade[639].

Além disso, fatos típicos amparados por situações previstas em lei, constituem a exceção no ordenamento e sua análise ainda precisa ser vista de modo isolado, sob pena de repercutir também em outras esferas do direito, tal como ocorreria caso este exemplo de um homicídio praticado em legítima defesa não fosse efetivamente considerado como justificado pelo direito, mas sim atípico, já que o art. 65 do CPP afirma fazer coisa julgada no cível a sentença penal que reconhecer, por exemplo, que o ato foi praticado em legítima defesa[640].

Por outro lado, não impede a ação cível, nos termos do art. 67, III, também do CPP[641], a sentença absolutória que decidir que o fato imputado não constitui crime, o que poderia abarcar a hipótese descrita pelo tipo de injusto, quando mesmo tendo reconhecido que o ato foi praticado em legítima defesa, prefere assumir que tal situação jurídica é atípica, o que não conduz à segurança jurídica necessária.

Embora tenha sido levantada esta divergência em termos de aplicação prática quanto aos elementos que devam ser analisados quando da percepção do crime, ou seja, se vislumbraremos uma aplicação bipartida ou tripartida da teoria do delito (ou como prefere Juarez Cirino, "teoria do

638 SANTOS, Juarez Cirino dos, op. cit., nota 626, p. 99.

639 Ibidem, p. 99.

640 Cf. nota 27. Nos termos do art. 65 do CPP: *"Art. 65. Faz coisa julgada no cível a sentença penal que reconhecer ter sido o ato praticado em estado de necessidade, em legítima defesa, em estrito cumprimento de dever legal ou no exercício regular de direito"*.

641 Cf. nota 27. A redação do citado dispositivo dispõe o seguinte: *"Art. 67. Não impedirão igualmente a propositura da ação civil: III – a sentença absolutória que decidir que o fato imputado não constitui crime"*.

fato punível", guardadas as projeções feitas através dos comentários sobre o tipo de injusto), ainda assim não vemos abordagem quanto às personagens que devam manejar estes institutos.

2.1.4. A visão da teoria crítica do delito: as contribuições de Juarez Tavares

A perspectiva através da qual se concebe a interligação entre os fatos que ocorrem no cotidiano e o efetivo reconhecimento do relevo que isto representa para o interesse jurídico, nos conduz à identificação de tudo aquilo que justifique a movimentação dos órgãos de persecução criminal. Por força disto, Juarez Tavares nos indica que o objetivo da teoria do delito reside na determinação das características jurídicas que circundam uma conduta criminosa e esta, por sua vez, está associada a uma imposição de medida privativa ou restritiva de liberdade[642] àquele autor que assim seja declarado ao final do processo penal.

Logo de início, podemos perceber que a definição da proposta de vivenciarmos uma experiência através da teoria do delito representa algo muito maior e complexo por trás da mera concepção básica (mas não por isso menos importante ou necessária) delimitada acima. Muito mais do que um mero conglomerado de normas e técnicas para sua aplicação, Tavares mostra que há duas grandes formas pelas quais se vê a teoria do delito: de um lado, a percepção mais tradicional segundo a qual haverá tanto a determinação do que as normas mandamentais e proibitivas preveem, de modo que se possa atingir tudo aquilo que diga respeito ao desenvolvimento dos seus elementos ou a própria concepção inerente ao seu alcance; ou uma visão mais crítica, em que se preleciona a necessidade de estabelecimento de uma correlação entre os critérios efetivos que delimitam a pretensão punitiva estatal e tudo aquilo que se embasa como elemento justificador de normas ditas criminalizadoras "em função da proteção ao sujeito"[643].

Para tanto, Juarez Tavares propõe que se faça uma distinção entre o que entendemos por "direito penal" e aquilo que devemos compreender por "sistema penal". O primeiro irá se referir ao ramo do direito no qual estaremos estudando e desenvolvendo a teoria do delito; já o segundo é o

---

642 TAVARES, Juarez Estevam Xavier. *Fundamentos de teoria do delito*. 2. ed. São Paulo: Tirant lo Blanch, 2020. p. 37.

643 Ibidem, p. 37.

campo no qual se situam as "agências de intervenção" nas mais diversas esferas de poder republicano. É neste sistema penal que iremos encontrar os órgãos policiais, o judiciário e o Ministério Público, já que representam a manifestação de poder punitivo Estatal[644].

Em que pese a forma pela qual se vê a teoria do delito (seja de uma maneira mais clássica ou mais crítica), o próprio Tavares chama atenção para o fato de que aquela depende primeiramente de um processo de interpretação da lei e, sem seguida, de um processo que tem por finalidade decidir acerca dos elementos que fazem parte da composição de uma conduta dita como criminosa. Prosseguindo, o autor revela que a teoria do delito não pode ser vista unicamente como uma maneira de manifestação meramente reprodutiva daquilo que é formulado pelo sistema penal. É algo ainda mais amplo, pois visa à delimitação dos parâmetros que devem ser seguidos pelas agências de intervenção que compõem este sistema. A se fazer a delimitação, através das políticas criminais adequadas, minimiza-se a possibilidade de que os direitos e garantias do indivíduo sejam violados[645].

Uma das grandes questões apontadas por Juarez Tavares está embasada na forma como deve ser vista a teoria do delito. A grandiosidade do tema nos permite afirmar que devemos, sim, ver uma interligação muito maior entre as agências estatais de repressão, haja vista que é a partir desta integração (e não através de disputa de atribuições ou poderes), que se entregará uma prestação jurisdicional justa, equânime e adequada a um fato que realmente mereceu percorrer todo esse caminho, para que, enfim, atingisse as esferas mais sensíveis dos direitos dos indivíduos, tais como a restrição de direitos ou da própria liberdade.

É por tal razão que o autor nos faz lembrar da importância da teoria do delito quando detém o próprio poder jurisdicional do Estado, ao impedir que decisões judiciais ultrapassem os limites propostos pela Constituição, seja através de justificativas de supostas mutações constitucionais ou atualizações legais ou jurisprudenciais. De fato, a se considerar desta forma, abala-se a segurança jurídica que é tão cara a todos os cidadãos (pratiquem eles, ou não, condutas ditas como criminosas), tornando-se difícil não haver justificativa para aplicação do que está preconizado no art. 21 do Código Penal[646], quando lá está a afirmação de que o desconhe-

644 TAVARES, Juarez Estevam Xavier, op. cit., nota 642, p. 37.

645 Ibidem, p. 38.

646 Cf. nota 26. Nos termos do *caput* do referido artigo: *"Art. 21 – O desconhecimento da lei é inescusável. O erro sobre a ilicitude do fato, se inevitável, isenta de pena; se evitável, poderá diminuí-la de um sexto a um*

cimento da lei é inescusável, haja vista a enorme gama de legislação penal extravagante, resultado do inchaço ou da inflação punitiva e também da alternância ilimitada e precoce de tantas decisões jurisprudenciais, que ora consideram uma conduta como criminosa, ora não mais, em questão de meses, senão de dias.

Seja como for, a percepção sobre a teoria do delito não pode se esgotar meramente na prestação jurisdicional que se detém após termos percorrido o processo penal. As soluções, igualmente, não devem se pautar exclusivamente no reparo do seu final, mas na maneira como se compreende todo o processo, que necessariamente se origina no campo penal e na forma como a referida teoria faz suas previsões legais ou no modo como a academia concebe a dogmática que precisa ser aplicada, para que suas finalidades sejam alcançadas.

Para Juarez Tavares, então, uma conduta só pode ser tida como criminosa se ela tiver expressa previsão legal (atendendo aos mais diversos princípios penais neste sentido), além de se referir aos mais diversos elementos empíricos necessários ao seu entendimento, e quando aqueles fatos que estão sob análise se verificarem efetivamente contrários à ordem jurídica, na sua totalidade[647] (a nosso ver o requisito mais importante).

Uma das propostas das linhas escritas neste trabalho é, de fato, o preenchimento de lacuna acadêmica. Todavia, propõe-se uma ousadia ainda maior, que vai de encontro a discussões mais sensíveis, que ainda persistem e que orbitam na esfera do formato de aplicação da teoria do delito. Como ressaltamos linhas acima, será preciso delimitar ainda mais as normas penais, trazendo novidades ao mundo jurídico, para que a teoria da valoração crimino-fenomenológica possa ser plenamente aplicada, já que ela se identifica, de certo modo, com uma crítica à própria teoria do delito tal como ela existe na atualidade.

Adepto da teoria crítica do delito, Juarez Tavares ressalta que existem tópicos muito mais profundos do que a mera previsão legislativa e sua aplicação dissociada da parte empírica, tais como a intersecção entre as normas penais e as constitucionais, ou ainda, toda gama de princípios estabelecidos na Carta Magna que devem funcionar como limites, verdadeiras barreias ao poder punitivo Estatal. Não obstante, ainda que tenham sido seguidos

---

terço. (Redação dada pela Lei nº 7.209, de 11.7.1984)".

647 TAVARES, Juarez Estevam Xavier, op. cit., nota 642, p. 39.

esses passos, deve-se observar e identificar o objeto da lesão jurídica, de modo a embasar o próprio ato de incriminação[648].

Tavares não denota esses pontos como sendo algo que compõe uma ordem rigorosa e sequencial para servir como análise, mas pressupõe que além destes, precisamos nos socorrer de outras percepções não menos importantes que dizem respeito à interligação entre os elementos previstos de modo normativo, com tudo aquilo que é observado de forma empírica pelo operador do direito, numa busca pela formação de uma estrutura que de fato retrate os dados reais, impedindo-se, por via de consequência, uma interpretação errada, distorcida e puramente normativa[649].

Além disso, é função da teoria crítica do delito destacar o sujeito e seu respectivo conceito como alguém verdadeiramente capaz de se manifestar livremente perante o mundo da vida (*lebenswelt*) (o que acreditamos estar de acordo com a noção de bem jurídico como prevista por Claus Roxin[650]) e se liga com outro ponto destacado por Tavares, que diz respeito a encontrarmos os reais fundamentos que justificam a desconsideração (pelo menos para fins de processamento e julgamento), dos fatos tidos como irrelevantes para o Direito Penal[651].

Outra tarefa da teoria crítica ressalta a importância de que sejam disciplinadas as etapas pelas quais a conduta deve ser caracterizada, para que o intérprete possa, então, fazer o confronto entre elas, tudo aquilo que seja manifestado concretamente e a respectiva correlação com o que este resultado significa para o mundo jurídico-penal. Isso, naturalmente, deve permitir o exame dos preceitos normativos que possam vir a fazer com que aquele fato observado esteja albergado eventualmente por uma causa de justificação ou alguma outra norma, cuja correlação indique a desnecessidade de continuação da pretensão punitiva. Por fim, Tavares indica que para a realização da proposta de uma teoria do delito mais democrática, precisamos compreender a importância de estabelecer uma correlação de subordinação entre o princípio da responsabilidade individual e as questões

648 TAVARES, Juarez Estevam Xavier, op. cit., nota 642, p. 40.

649 Ibidem, p. 40.

650 ROXIN, Claus. *El concepto de bien jurídico como instrumento de crítica legislativa sometido a examen*. Tradução de Manuel Cancio Meliá. Revista Electrónica de Ciencia Penal y Criminología (on line). 2013, núm. 15-01, p. 05. Disponivel em: <http://criminet.ugr.es/recpc/15/recpc15-01.pdf >. Acesso em: 14 jun. 2021.

651 TAVARES, Juarez Estevam Xavier, op. cit., nota 642 p. 40.

inerentes à subsidiariedade e de culpabilidade (que funcione como um escudo em face da plena aplicação de poder)[652].

2.1.5. A função e estrutura da teoria do delito: considerações de Nilo Batista, Eugenio Raúl Zaffaroni, Alejandro Alagia e Alejandro Slokar

É a partir da interpretação das leis penais que o Direito Penal pode realizar sua função de contenção e ao mesmo tempo de redução do poder punitivo estatal. Aliás, os autores destacam esta questão como sendo a mais importante função que este ramo do Direito poderia ter. Numa operação de seletividade, devemos equilibrar a disputa de forças entre o estado policial e o estado de direito. Na verdade, esta então "seletividade" possuiria uma ideia real de "contrasseletividade", pois em face das leis penais então existentes que eventualmente tentam romper a barreira da legalidade, o critério de seleção deve funcionar como enfrentamento direto evitando-se o rompimento (critério de contenção) e, em face das leis que definitivamente já tenham o caráter que ultrapassem qualquer filtro (constitucionalidade e racionalidade), que então a mais estrita legalidade seja observada nestas hipóteses para que se faça o processo de contenção, ainda que subsequentemente[653].

Por esta razão, os autores enfrentam a temática da seletividade apontando que há uma complexa engenharia indicada pelo manejo dos institutos penais e processuais penais num sistema de comportas seletivas. Num primeiro momento, a barreira se impõe para que se constate a existência dos pressupostos jurídicos que se mostram como necessários para que se requeira da agência estatal judicial a resposta que se espera diante da inauguração do seu poder punitivo. A partir destas constatações se abre uma segunda comporta, que nos mostrará as respostas correspondentes aos questionamentos em face da abertura da primeira comporta[654].

Neste ponto, então, chegamos à constatação que o primeiro sistema de comportas reflete os ditames da teoria do delito e o segundo sistema reflete as consequências e respostas que serão fornecidas pela teoria da pena. Todavia, em que pese a segunda comporta possuir esta nomenclatura, os

652 TAVARES, Juarez Estevam Xavier, op. cit., nota 642, p. 40.

653 ZAFFARONI, E. R. et al. *Direito Penal Brasileiro*, segundo volume. Teoria do delito: introdução histórica e metodológica, ação e tipicidade. Rio de Janeiro: Revan, 2010. p. 20.

654 Ibidem, p. 20.

autores indicam que melhor seria atribuir-lhe a compreensão de ser uma teoria da responsabilidade penal (ou punitiva) da agência estatal judicial, na medida em que estamos analisando um encargo que lhe cabe em face de ter que responder aos questionamentos da teoria do delito[655].

Levando-se em consideração estas assertivas introdutórias, os autores refletem a constatação genérica segundo a qual a teoria do delito compreende uma ação típica, antijurídica e culpável. De fato, a isto chamamos de definição analítica em contraposição à tradicional definição formal (em que compreendem como sendo dada ênfase ao delito numa reflexão a partir de um ponto de vista lógico-deôntico, que por sua vez indica um comportamento transgressional da norma a partir de critérios de discricionariedade que levam em conta opções de política criminal então vigente à época do seu surgimento), ou material (na qual os critérios irão dar mais atenção aos aspectos ofensivos e valorativos do delito, pondo em questão os reflexos do princípio da lesividade e, logicamente, todas as discussões ao redor da teoria do bem jurídico)[656].

A teoria do delito, por conseguinte, revela extrema relevância ao questionar os elementos do crime e funcionar como verdadeiro sistema de filtros que permitem a avaliação aproximada por parte das agências estatais (mormente a judicial) em face da resposta mais adequada para que se habilite o poder punitivo, correspondendo à mais importante função atribuída ao Direito Penal: é ela que irá dar concretude a este ramo do direito enquanto representante do poder punitivo fundamentado nas leis. É exatamente por este motivo, então, que devemos dar muito mais atenção ao primeiro sistema de comportas, de modo que as soluções por ele encontradas permitam que a resposta seja suficiente e sobretudo justa. Daí a especial referência que este ramo tem recebido por parte da dogmática penal[657].

Ao mesmo tempo em que se deu o aprofundamento acadêmico pelas escolas que perceberam a necessidade de maior preocupação com os elementos que constituem o crime, a função pragmática fornecida pelos estudiosos se constituiu num modo através do qual as características do delito seriam facilmente apreendidas pelo ensino jurídico e também pela decisão dos casos (favorecendo, assim, a parte judicial). Estas, portanto, se configurariam como as funções pragmáticas da teoria do delito. Este tipo de

655 ZAFFARONI, E. R. et al., op. cit., nota 653, p. 21.

656 Ibidem, p. 21.

657 Ibidem, p. 21.

função conferida também possibilitou, segundo os autores, que a referida teoria tivesse cada vez mais uma classificação e uma sistemática próprias, combinando elementos e características. No entanto, apenas mostram o modo pelo qual se justifica a concepção da pena de uma forma preventivo-dissuasiva (a partir do que retratam as normativas vigentes e que por sua vez sustentam o discurso jurídico-penal que legitima o poder punitivo), e não algo que mostre efetivamente uma concepção de pena ou de uma teoria do Direito Penal que realmente deveriam nortear a sistematização que propõem[658].

Quando os autores asseveram sobre a necessidade de implementação de um sistema, trouxeram à baila as mais diversas críticas que se insurgiram contra esta proposta. Citaram, por exemplo, as derivadas da Escola de Kiel, oriunda dos penalistas do nazismo ativo e militante que propunham uma construção do delito enquanto uma totalidade, bem como as críticas em face de um suposto prejuízo ao se argumentar que a justiça não seria dificultada quando estivéssemos diante de determinados casos particulares, já que tal sistema poderia reduzir o âmbito argumentativo inerente ao deslinde dos problemas que são levados para que se chegue a uma solução[659].

Para Zaffaroni, Nilo Batista, Slokar e Alagia, no entanto, ainda persistem diversas objeções ao modo como a dogmática jurídico-penal vem tratando a teoria do delito, de sorte que isto facilitou a racionalização do poder punitivo sem questionar sua verdadeira função. Além do mais, a grande diversificação de teorias que a própria teoria do delito incorpora, proporciona que sejam sustentadas soluções díspares e, em muitos casos, procedimentos arbitrários[660].

Por tal razão, ainda persiste a necessidade de sistematização de uma teoria do delito que cumpra sua função social na busca por um Direito Penal e Processual Penal coerentes com os preceitos constitucionais então vigentes, fazendo-se com que os dois grandes sistemas de "comportas" estejam trabalhando de forma que a engrenagem reflita uma intenção de racionalização do ordenamento jurídico-penal como um todo, assim como uma forma de contenção do poder punitivo (controlando sua violência seletiva), já que este ainda mostra sua faceta de fato político dotado de força irracional. Então, os autores fazem a ressalva de que ainda é preciso

658 ZAFFARONI, E. R. et al., op. cit., 653, p. 22.

659 Ibidem, p. 23.

660 Ibidem, p. 24.

resgatar a tradicional noção de sistema enquanto unidade de diversos conhecimentos sob uma ideia[661].

Aliada a estas premissas, subsiste a proposta de readequação da teoria do delito de modo que abranja uma sistemática teleológica, vale dizer, aquela cuja construção visa ao atendimento de uma decisão que se refira aos fins atribuídos à pena, ao lugar que esta ocupa perante o próprio poder punitivo, de sorte que possa corresponder a uma ideologia que debata os próprios fundamentos deste poder, diferentemente de meras sistemáticas classificatórias, cujas ideologias não fomentam tal debate, limitando-se a servir de instrumento para a aplicação do que propõem meramente com argumentos de autoridade[662].

O delineamento básico do conceito de crime segundo a concepção proposta deve observar a noção ao redor do princípio *nullum crimen sine conducta*. Este, por sua vez, denota um requisito mínimo a ser aplicado diante da prática da conduta por um indivíduo. Sua análise funciona como elemento racional, mas ainda assim bem menos complexa do que a percepção dos efetivos elementos-base, quais sejam, a tipicidade, antijuridicidade e culpabilidade[663].

Na concepção do fomento desta teoria, um fato interessante que deve ser observado em relação à análise da tipicidade demonstra que não se tem uma correlação meramente descritiva, mas aquela deve ser entendida de modo essencialmente valorativo. Isso implica na contextualização da percepção em cada caso, de modo a surpreender aquilo que os autores chamam de "embutidos arbitrários" (que podem ser representados, por exemplo, por ambiguidades ou contradições que facilitem cada vez mais a expansão do poder punitivo estatal). Ainda assim, é preciso que tal conduta tida como típica tenha como pressuposto uma análise de uma atuação voluntária finalisticamente dirigida à lesão ao bem jurídico tutelado, ou que o tenha sido pelo menos por uma atuação que viole aquilo que seria esperado caso tivessem sido observadas as cautelas e os cuidados necessários[664].

Entretanto, na opinião dos autores, não se pode conferir exclusivamente à premissa de atuação do poder punitivo estatal a mera constatação de que houve a incidência do princípio da lesividade. Indo além, compreendem

661 ZAFFARONI, E. R. et al., op. cit., 653, p. 25.
662 Ibidem, p. 26.
663 Ibidem, p. 27.
664 Ibidem, p. 27.

que a adoção de um tipo de injusto penal confere maior racionalidade republicana a esta pretensão punitiva. Superada a constatação de que o fato realmente afeta um determinado bem jurídico e que não encontra respaldo no ordenamento jurídico, então, aí sim teríamos algo com o que nos preocupar de modo racional, ou seja, o tipo de injusto funcionaria como mais um elemento nesta barreira de contenção do poder punitivo. Por derradeiro, a próxima constatação a ser feita neste caminho é conferir racionalidade à habilitação deste poder em face de um sujeito que seja culpável, vale dizer, que possa ser responsabilizado pelo ato ilegal praticado[665].

Então, todos os argumentos expostos revelam que a concepção de "crime" para os autores remonta muito mais a um conjunto de filtros sucessivos que estão conectados entre si, do que à tradicional figura de um mosaico com elementos (tradicionalmente, a tipicidade, antijuridicidade e culpabilidade)[666].

Ainda que seja proposta uma teoria do delito de modo sistemático-teleológico-redutor (que se norteia por uma ideia conceitual segundo a qual o delito deve ser visto sob uma ótica articulada entre sistemas interligados, cuja finalidade não é outra senão ser redutora do poder punitivo estatal)[667], os autores reconhecem que ainda vige uma hegemonia finalista no ordenamento jurídico-penal brasileiro contemporâneo, pautada basicamente numa subdivisão em elementos analisados de modo autônomo na tradicional fórmula da tipicidade, da antijuridicidade e da culpabilidade, ressalvadas as divergências atinentes à questão sobre o tipo de injusto e seu reflexo na compreensão de uma teoria bipartida ou tripartida sobre tais elementos básicos[668].

2.2. A ATUAL CONCEPÇÃO SOBRE O CONCEITO DO CRIME: NOSSAS CONSIDERAÇÕES

Desde quando nos deparamos com o tema pela primeira vez, não percebemos modificação que justificasse atualização conceitual. Ainda vige uma concepção que enaltece o crime sob pelo menos três visões distintas: a formal; outra, material e uma percepção analítica. Naquela ocasião, também ressaltamos a importância da compreensão de uma noção conceitual que

665 ZAFFARONI, E. R. et al., op. cit., 653, p. 28.

666 Ibidem, p. 29.

667 Ibidem, p. 60.

668 Ibidem, p. 55.

estivesse jungida aos aspectos principais da história do direito, estando apta a retratar com a fidedignidade necessária aquilo que fizesse bastante para o momento no qual estivesse inserida[669].

Sobre o tema, é importante destacar que, por ocasião da sua tese de doutorado em Direito Penal pela UFRJ, Juarez Cirino dos Santos tratou da Criminologia radical. Naquela ocasião, o autor refletiu sobre um conceito de crime até então não tratado como relevante: um conceito socialista de crime. Se por um lado é a burguesia quem dita as regras para a classe trabalhadora, é preciso reconhecer uma dialeticidade entre essas duas classes que refletem os polos controvertidos a respeito de um conceito de crime[670].

Assim, se a hegemonia do capital requer um conceito burguês de crime, no qual há a descrição de ações contrárias à estrutura das relações sociais, por sua vez, o conceito socialista de crime deve ser defendido de modo adequado à concepção socialista de direitos humanos, abrangendo o direito à segurança pessoal em relação a temas como a integridade, a vida etc. O fundamento para um conceito proletário de crime conforme a Criminologia radical abarca uma ideia segundo a qual o fenômeno do crime deve estar ligado à estrutura de relações sociais que atrelam, de modo diacrônico, as condições sociais necessárias e suficientes para a existência e a criminalidade[671].

No que tange ao conceito formal (que acaba se confundindo com o conceito legal), este era (e ainda permanece) sendo compreendido através de uma ação ou omissão proibida pela Lei, na qual haja ameaça de pena. Pela leitura do art. 1º do Decreto-Lei nº 3.914/41 (Lei de Introdução ao Código Penal - LICP)[672], destaca-se a generalidade da expressão "infração penal" como uma categoria que abrange como espécies tanto o crime, quanto a contravenção penal.

Já no que concerne ao conceito num enfoque material, parece ser uníssono que existia a necessidade de algo além da mera constatação de enquadramento formal do fato à norma prevista em lei, de modo a abarcar os preceitos principiológicos inerentes à lesividade, à intervenção mínima e à insignificância. Soluções iniciais à operacionalização destas considerações em sede policial também já puderam ser delineadas, na medida em que o

669 FERREIRA, Wilson Luiz Palermo, op. cit., nota 09, p. 58 et seq.

670 SANTOS, Juarez Cirino dos. *Criminologia radical.* 4. ed. Florianópolis: Tirant lo Blanch, 2018. p. 49.

671 Ibidem, p. 50.

672 Cf. nota 63.

Delegado de Polícia possui atribuição inerente ao manejo do crime e dos seus institutos[673].

Neste ponto específico, especial atenção deve ser dada ao modo como o bem jurídico tutelado será tratado, ganhando roupagem especial conforme a situação requeira, de modo a desafogar os Tribunais com questões que poderiam ter sido resolvidas em momento oportuno. Basta lembrarmos dos recentes precedentes julgados pelo Superior Tribunal de Justiça (STJ)[674], nos quais ainda hoje são levantados argumentos que impõem a necessidade de racionalização de todo sistema jurídico-penal e das agências envolvidas neste processo, resgatando-se noções ainda mais básicas de economia (seja do processo, dos meios envolvidos ou de recursos humanos), celeridade e da própria proposta enfrentada pela academia, pelos Tribunais, no sentido de um ordenamento jurídico que cumpra suas funções e seu papel perante a sociedade.

Aliás, mais uma vez destacamos que a falta de integração entre todas as personagens deste sistema impede o avanço ainda maior no que diz respeito à operacionalização dos institutos propostos academicamente (ou até mesmo jurisprudencialmente), numa eterna batalha de egos e de poder que só contribuem para a ruína dos frágeis pilares até aqui construídos.

---

673 FERREIRA, Wilson Luiz Palermo, op. cit., nota 09, p. 136.

674 Dentre eles, especificamente, o RHC 126.272/MG, julgado em 01 de junho de 2021 pelos Ministros da Sexta Turma do STJ, cuja ementa elencamos a seguir: *"RECURSO EM HABEAS CORPUS. FURTO. TRANCAMENTO DO PROCESSO. INSIGNIFICÂNCIA. VALOR ÍNFIMO. CONCEITO INTEGRAL DE CRIME. PUNIBILIDADE CONCRETA. CONTEÚDO MATERIAL. BEM JURÍDICO TUTELADO. GRAU DE OFENSA. VALOR ÍNFIMO DA SUBTRAÇÃO. RECURSO EM HABEAS CORPUS PROVIDO. 1. Para que o fato seja considerado criminalmente relevante, não basta a mera subsunção formal a um tipo penal. Deve ser avaliado o desvalor representado pela conduta humana, bem como a extensão da lesão causada ao bem jurídico tutelado, com o intuito de aferir se há necessidade e merecimento da sanção, à luz dos princípios da fragmentariedade e da subsidiariedade. 2. As hipóteses de aplicação do princípio da insignificância se revelam com mais clareza no exame da punibilidade concreta – possibilidade jurídica de incidência de uma pena –, que atribui conteúdo material e sentido social a um conceito integral de delito como fato típico, ilícito, culpável e punível, em contraste com estrutura tripartite (formal). 3. Por se tratar de categorias de conteúdo absoluto, a tipicidade e a ilicitude não comportam dimensionamento do grau de ofensa ao bem jurídico tutelado compreendido a partir da apreciação dos contornos fáticos e dos condicionamentos sociais em que se inserem o agente e a vítima. 4. O diálogo entre a política criminal e a dogmática na jurisprudência sobre a bagatela é também informado pelos elementos subjacentes ao crime, que se compõem do valor dos bens subtraídos e do comportamento social do acusado nos últimos anos. 5. Na espécie, o réu primário subtraiu de estabelecimento comercial dois steaks de frango, avaliados em R$ 4,00, valor ínfimo que não evidencia lesão ao bem jurídico tutelado e não autoriza a atividade punitiva estatal. 6. Recurso em habeas corpus provido, para determinar o trancamento da ação penal".* Recorrente: Carlos René Francisco Hipólito. Advogado: Defensoria Pública do Estado de Minas Gerais. Recorrido: Ministério Público do Estado de Minas Gerais. Relator: Ministro Rogerio Schietti Cruz. Brasília, 1º de junho de 2021. Disponível em: <https://processo.stj.jus.br/processo/revista/documento/mediado/?componente=ATC&sequencial=128346758&num_registro=202000997385&data=20210615&tipo=5&formato=PDF>. Acesso em: 23 jun. 2021.

Não é novidade que um conceito de bem jurídico vem norteando as funções do próprio Direito Penal, cuja intervenção deveria estar jungida, segundo Claus Roxin, à uma função social deste ramo do Direito. Esta, por sua vez, deveria garantir aos cidadãos uma existência pacífica, socialmente segura, livre. Obviamente que este ramo forte somente deveria entrar em circuito quando os demais campos da ciência jurídica sucumbissem e não suportassem o grau de proteção que lhes cabem[675].

Quando o Estado passa a garantir a coexistência entre os indivíduos, de modo que possam exercer plenamente seus direitos e liberdades, pacificamente (o que nos conduz a um conceito ontológico de crime, que trataremos mais adiante), deve fornecer os instrumentos através dos quais tais condições individuais possam ser desempenhadas de uma forma condigna.

A partir destas reflexões, Roxin propõe que a definição de bem jurídico está relacionada às finalidades que são necessárias para que se garanta uma vida segura e livre, vale dizer, as circunstâncias e finalidades que se necessitam para o livre desenvolvimento do indivíduo, bem como a realização dos seus direitos fundamentais, além do funcionamento do sistema estatal que garanta tais finalidades[676]. Então, para o autor, este conceito é muito mais crítico do que o conceito metódico de bem jurídico, para o qual este deve unicamente propiciar o entendimento sobre a finalidade das normas, já que a tarefa crítica acaba por pretender mostrar ao legislador as fronteiras de uma punição legítima[677].

Antes de adentrarmos propriamente às breves reflexões sobre o conceito analítico de crime, aproveitando os ideais filosóficos que permeiam este trabalho, rememoraremos a ocasião na qual advertimos que o crime também pode ser visto pelo aspecto ontológico, quando o correlacionamos com uma infringência à obrigatoriedade de coexistência entre os indivíduos. Esta concepção, importante para que possamos entender a crítica proposta por esta obra, nos indica a complexidade que remonta ao contrato social, que por sua vez nos conduz à compreensão de uma ação ou omissão que agride os preceitos valorativos, as circunstâncias e as finalidades que tornam possíveis a vida em sociedade[678].

675 ROXIN, Claus. *A proteção de bens jurídicos como função do Direito Penal*. 2. ed. Organização e tradução por André Luís Callegari e Nereu José Giacomolli. Porto Alegre: Livraria do Advogado, 2018. p. 16.

676 Ibidem, p. 16; vide também nota 650.

677 ROXIN, Claus, op. cit., nota 675, p. 20.

678 FERREIRA, Wilson Luiz Palermo, op. cit., nota 09, p. 59.

Mas é verdadeiramente através de uma análise profunda e isolada de cada elemento do crime que se poderá chegar às constatações mais relevantes em termos práticos, pois a visão analítica ou estratificada permitirá revisar cada instituto de modo mais aproximado, detalhado, com vistas ao delineamento da essência do fenômeno do crime. É, portanto, a concepção que mais se funde com a Fenomenologia e, por conseguinte, com a teoria da valoração crimino-fenomenológica.

Ao longo destas explicações sobre o estado da arte em face da teoria do delito percebemos algumas variações dogmáticas fundamentais, seja quanto ao tipo de teoria a ser aplicada (se finalista ou funcionalista), seja quanto ao posicionamento da antijuridicidade como elemento autônomo (isolado, realmente), ou de certo modo autônomo, mas interligado à constatação da tipicidade (tipo de injusto), fazendo com que haja divergência sobre termos uma teoria bipartida ou tripartida dentro da concepção finalista.

Porém, mesmo com base no detalhamento do regramento dogmático vigente, foi percebida e ficou evidenciada lacuna alarmante no que tange à personagem a quem incumbirá analisar o crime. Em que pese esta assertiva pareça um tanto quanto óbvia, entendemos que é justamente em face da ausência de previsão dogmática e legal que a injustiça se perpetua. Longe de pretender ser uma teoria que revoluciona as ilações circunscritas à teoria do delito, a teoria da valoração crimino-fenomenológica vem para desempenhar um papel importante no detalhamento pessoal sobre o manejo da teoria do delito, razão pela qual ela suplanta qualquer pretensão em ser percebida como uma nova forma de finalismo ou de funcionalismo.

Antes de tudo, a teoria da valoração crimino-fenomenológica reflete sobre a essência do crime enquanto fenômeno e não se furta a explicá-lo qualquer que seja o enfoque ou o embasamento teórico prevalente à época da sua análise (seja finalista, funcionalista etc.): acaba sendo muito mais uma teoria que remaneja o posicionamento das personagens do cenário jurídico penal, para que se possa definir com propriedade e fundamentação quem e em qual momento esta personagem irá buscar a essência do fato ocorrido no mundo da vida e, a partir daí, fazer a valoração fenomenológica em busca da correlata significação sobre o que aquilo significa para o mundo penal e se é importante o bastante para vir a figurar como processo penal propriamente dito.

E, para isto, é irrelevante a teoria do delito na qual se funda, já que está pronta para acompanhar as tendências acadêmicas subsequentes. Todavia, para efeitos de conferir pragmatismo, preferimos analisá-la sob o enfoque finalista, pelo menos por enquanto.

Capítulo

3

A TEORIA DA VALORAÇÃO CRIMINO-FENOMENOLÓGICA

3.1. A APLICAÇÃO PRAGMÁTICA DA FENOMENOLOGIA JURÍDICA NO CAMPO DO DIREITO E DO SISTEMA JURÍDICO-PENAL

De tudo que foi passado até o presente momento do estudo, resta adequarmos as lições da Fenomenologia ao mundo jurídico, para que se possa remeter o intérprete à busca pelos reais fundamentos que acompanham a ciência jurídica. Sabe-se que o direito vive uma crise em seus fundamentos, pois vêm sendo feitas ilações sob o aspecto de atitude natural, ingênua, que leva à distorção do verdadeiro sentido dos institutos jurídicos contemporâneos. Daí a necessidade de se efetuar verdadeira redução fenomenológica aos mais diversos ramos do Direito, principalmente no que diz respeito à temática em torno do Direito Penal.

Quando se fala na crise do direito na contemporaneidade, estamos nos referindo à incapacidade que aquele tem ou vem enfrentando no cumprimento do seu propósito inicial que é o de dispor regras que irão regular a vida em sociedade, numa notória obrigatoriedade de coexistência, muito bem ressaltada por Aquiles Guimarães[679]. Assim, essa necessária convivência em

679 Segundo o autor: *"condenar alguém que pratique uma ação dita típica, antijurídica e culpável (para usar a linguagem de maior circulação na órbita do Direito Penal) significa atender ao pressuposto da necessidade de exclusão de certos indivíduos do universo da obrigatoriedade da coexistência, isto é, isolá-los da rede da*

sociedade sucumbe diante da ineficiência das leis, suas interpretações e da incapacidade de gestão das instituições responsáveis pelo seu cumprimento.

Dessarte, toda vez que a obrigatoriedade de coexistência é infringida, são necessários mecanismos de resgate ao *status quo*, materializados através dos instrumentos postos à disposição das autoridades mediante a interveniência do Estado na reestruturação do contexto social.

Ao direito positivado são tecidas as mais diversas críticas, já que o Poder Legislativo vem atendendo a demandas de emergência, revelando um expansionismo desenfreado das leis penais. E vemos isto como forma de atender, também, às mais diversas fundamentações, que não exclusivamente fenomenológicas.

Neste sentido, quando se observa uma tentativa pela busca da eidética do Direito Penal, esbarramos neste primeiro argumento: o de um expansionismo desenfreado que não se preocupa com a explicação e correção na causa, mas sim, na remediação do problema depois de já termos verificado sua ocorrência.

Qual, então, a verdadeira razão do fenômeno do Direito?

Aquiles Guimarães indica que o Direito é um objeto cultural, oriundo da criação do espírito. Porém, enquanto objeto em si, representa o que se pode chamar de intencionalidade valorativa objetivada na ordem jurídica[680]. Numa análise apressada, podemos correr o risco de cair numa armadilha metodológica na qual visualizaríamos apenas a atitude natural perante o Direito, ou seja, aquela expectativa ingênua segundo a qual quando se perquire o fundamento do Direito, tendemos a dizer, simplesmente, que ele está ligado à justiça.

Todavia, é do Direito que intencionamos não apenas toda carga de justiça, como também a equidade e a juridicidade (entendendo-se esta última como ideal supremo de justiça). É do Direito, igualmente, que todos os indivíduos esperam a regulação da vida em sociedade, a organização dos sistemas jurídicos e a viabilidade da resolução de eventuais conflitos entre particulares e/ou entre estes e o Estado.

---

intersubjetividade vivencial enquanto durar a temporalidade da sua suposta possibilidade de reinserção no mundo da coexistência". GUIMARÃES, Aquiles Côrtes. *Cinco Lições de Filosofia do Direito*. 2. ed. Rio de Janeiro: Lumen Iuris, 2001. p. 53.

680 GUIMARÃES, Aquiles Côrtes, op. cit., nota 221, p. 55.

Ao dissertar sobre a virtude da justiça, Robert Sokolowski nos ensina que, para que haja o adequado desenvolvimento desta noção, é preciso que a pessoa desenvolva toda sua potencialidade racional previamente, num pressuposto básico que separa a criança (que age de modo impulsivo), do adulto (que já percebe com mais clareza o meio circundante e consegue se posicionar de modo racional, coerente com cada ambiente vivenciado). Porém, não basta só isso, já que também é preciso que a pessoa cresça e se torne moralmente virtuosa a partir da atividade orientada e repetida, seja por suas próprias ações, seja pela educação recebida ao longo do seu desenvolvimento. Mas nada disso adiantaria se a pessoa não tivesse se tornado um agente dotado da racionalidade suficiente para lhe permitir ingressar no espaço de razões e se tornar apta ao exercício de atividades categoriais, descreve o autor[681].

A justiça é algo que precisa ser pensado em termos práticos e trazida para todas as fases do Direito Penal e para o processo penal propriamente dito, já que fazer justiça está muito mais ligado a uma coerência sistêmica, do que meramente a algo que se determina quando do esgotamento de diligências e dicção judicial. Afinal, da mesma forma que um processo (ou procedimento de investigação criminal) que se inicia certo pode ser desvirtuado no decorrer da instrução processual, quando aquele se inicia errado pode terminar errado ou ser corrigido. Isso nos leva a crer que é preciso que a justiça seja efetivada em todas as instâncias ou momentos processuais, ainda que não tenhamos o processo propriamente dito. Com mais ênfase, devemos dar atenção à noção acerca da equidade, já tratada por nós em momento próprio[682].

O que importa dizer, por ora, é que o atributo da razão está atrelado à efetivação da justiça. Quem tem o maior domínio da razão tem mais propensão ao desenvolvimento da equidade como corretiva dos rigores da justiça, haja vista a faculdade de pensamento e coerência entre aquilo que se acha justo e o que efetivamente é justo. Em se tratando dos fundamentos do Direito, os questionamentos que giram em torno do ponto nodal podem se referir tanto a fundamentos de primeira ordem, quanto de segunda ordem. Passemos a analisá-los.

Conforme salientamos linhas acima, de modo a obtermos o resultado de uma análise fenomenológica, não podemos nos contentar com a análise

681 SOKOLOWSKI, Robert, op. cit., nota 227, p. 127.

682 FERREIRA, Wilson Luiz Palermo, op. cit., nota 09, p. 88 et seq.

simplória e tradicional segundo a qual o fundamento do Direito tem esteio na estrutura normativa da ordem jurídica vigente, que alicerça o anseio à justiça, apenas. Indo além, para buscar a verdadeira essência que compõe o fundamento de primeira ordem do Direito, devemos ter em mente que é necessário impor uma análise intencional e intuitiva da consciência doadora de sentidos ao mundo da vida, segundo Aquiles Guimarães. Em seguida, encontrando-se a verdadeira essência que serve de fundamento ao Direito, busquemos, pois, achar guarida na argumentação que indica que os fundamentos de segunda ordem residem no suporte factual ou normativo sobre esta ciência[683].

No momento em que buscamos seus fundamentos, mais restritamente em relação ao objeto do Direito Penal, podemos perceber que este é o ramo do Direito que se apresenta pela caracterização da eleição de valores, cuja lesão ou violação decorrente de um uso específico da liberdade do agente tem como resultado o ocasionamento de uma sanção de natureza retributiva/punitiva aliada a um caráter estigmatizador[684].

De forma objetiva, sem que haja intencionalidade na descoberta da essência do Direito Penal, este estaria restrito a mero ramo do Direito que visa à punição, pura e simplesmente. Talvez esta definição esteja mais afeta à atitude natural, leiga, inconcebível para as personagens que realmente atuam no sistema jurídico-penal, o que pode acarretar a substituição do sentido do objeto pela crença que dele se está acostumado a observar. Isto significa dizer que o mero simbolismo de uma representação passa a ter sentido em face de uma observação pelo que se tem como crença acerca daquele objeto. Com efeito, é no Direito Penal que percebemos o âmbito máximo de descompasso com a ordem jurídica vigente, na medida em que o Estado é chamado a intervir após a constatação da violação da obrigatoriedade de coexistência.

Esses argumentos indicam a verdadeira necessidade de que vá além do que tradicionalmente se concebe sobre o sistema jurídico-penal atual, pois se pensarmos que o Direito Penal apenas cumprirá a função de punir (estando o pensamento totalmente indissociado da verdadeira finalidade que é a promoção da justiça), será aberta toda sorte de campos para que

683 GUIMARÃES, Aquiles Côrtes, op cit., nota 221, p. 56.

684 CÂMARA, Jorge Luis Fortes Pinheiro da. *Para uma eidética do direito penal*. Cadernos da EMARF, Fenomenologia e Direito, Rio de Janeiro, v.6, n.1, p.141-151, abr/set 2012, disponível em <https://sfjp.ifcs.ufrj.br/revista/downloads/para_uma_eidetica_do_direito_penal.pdf>. Acesso em: 23 jul. 2021.

se travem batalhas, inclusive, para a extinção deste sistema jurídico, uma vez que não se perceba o atingimento do que fora proposto anteriormente.

Desta forma, a tarefa que cabe à fenomenologia jurídica reflete uma análise aprofundada da essência dos seus fundamentos, não meramente à solução de subsunção dos fatos do mundo da vida às normas positivadas, ação afeta à adequação dos fundamentos de segunda ordem, como já pudemos ressaltar. O que se busca, realmente, é o encontro da descrição do vivido intencional em sua originalidade, pois é na atitude fenomenológica que afastamos a ingenuidade das proposições e vemos a demanda em si, não pelo que queremos que ela seja[685].

É nesta mesma atitude fenomenológica que devemos nos afastar de preconceitos ou concepções distorcidas sobre os institutos para entendermos o que de fato representam. Por isso, ao fazer o retorno "às coisas mesmas", podemos identificar sua essência invariável.

No momento em que pudemos tecer considerações sobre a análise do conceito analítico do crime, tivemos a necessidade de mergulhar nos conceitos, nas origens destes e na sua verdadeira significação perante o contexto global da expressão "justiça". Neste ponto, foi preciso buscar a origem de alguns conceitos e estudar a forma como eles foram concebidos, de modo a entender a eidética do seu significado.

Foi possível perceber o momento de criação da função e da expressão "Delegado de Polícia", bem como a essência do significado e da atuação perante o sistema jurídico-penal. Além disso, o mesmo foi feito enquanto buscávamos entender a essência do fenômeno do crime. Da mesma forma, o propósito de submissão destes fenômenos à redução fenomenológica tal qual propôs Husserl indica a imperatividade de que se submetam os conceitos do Direito Penal na busca por sua essência. Compreendendo a origem e o real significado, invariável sob a ótica da atividade noético-noemática, viabiliza-se uma passagem que permite ressignificar os institutos afetos à análise do crime em seu aspecto analítico, ou em qualquer outro.

Esta concepção permite afirmar, também, que o Delegado de Polícia é o primeiro profissional habilitado constitucionalmente a proferir análise jurídica sobre os fatos do mundo da vida, efetuando juízo com certa carga valorativa de modo a haver a subsunção do fato à norma positivada, estando imbuído no propósito da justiça, sem que nos esquecermos da

685 CÂMARA, Jorge Luis Fortes Pinheiro da, op. cit., nota 684.

real concepção que esta também impõe para análise factual, ao permitir que conceitos da Filosofia guiem as ideias de empatia e reciprocidade na concepção que mais se aproxima para a promoção da justiça que o sistema jurídico-penal propõe.

Ao promover a redução fenomenológica do crime, numa ótica transcendental, devemos analisá-lo em todas as suas circunstâncias, denotando todos os detalhes das situações que lhe sejam apresentadas e que serão objeto de necessária investigação criminal através da utilização do inquérito policial ou outro meio de investigação juridicamente adequado, culminando na ideia de constituição do crime, com sua primeira camada substancial-causal da qual decorrerá a congruência intersubjetivamente idêntica.

Sabe-se que a maior parte dos processos penais se inicia mediante a utilização do inquérito policial e suas peças processuais produzidas em sede inquisitória. A documentação de muitos exames específicos não pode ser produzida posteriormente, da mesma forma que é neste momento processual (o do inquérito/investigação) propriamente dito, que as testemunhas irão narrar os fatos com o maior detalhamento possível (sem que haja a atuação dos efeitos do decurso do tempo e de outras formas de intencionalidade, que não aquela vivida pela testemunha), perpetuando-se o fenômeno que se apresentou diante de uma consciência intencional original, absoluta.

Ao final das diligências que se mostrem adequadas, em busca da descoberta da significação sobre tal fenômeno, pode-se chegar, finalmente, à conclusão precisa sobre a ocorrência de um crime com todas as suas características. E é justamente neste ponto que o processo de redução fenomenológica se mostra imprescindível para a auxiliar no cumprimento das missões do Direito Penal. E com o processo de redução que se poderá encontrar a verdadeira essência do crime.

Portanto, para que possamos compreender a necessidade de relegitimação do sistema jurídico-penal, será preciso perceber a necessidade de mudança no atual cenário de configuração do crime, mediante a utilização racional dos seus institutos e de uma metodologia própria, como a que a teoria da valoração crimino-fenomenológica apresenta. Por tal razão, vamos a ela.

3.2. A METODOLOGIA DA TEORIA DA VALORAÇÃO CRIMINO--FENOMENOLÓGICA

3.2.1. A necessidade de mudança

As três estruturas formais da Fenomenologia constituem o ponto de transição entre os conhecimentos filosóficos e a teoria da valoração crimino-fenomenológica. É a partir da concepção entre "parte x todo", "identidade x multiplicidade" e "presença x ausência" que conseguimos compreender a necessidade de mudança no que diz respeito ao reposicionamento da opinião sobre a infração penal e, consequentemente, sobre o manejo de cada um dos institutos a ela vinculados.

A concepção sobre as ciências criminais em geral, suas ramificações e as teorias que as embasam refletem a necessidade que haja o aprimoramento (e em alguns itens até mesmo a releitura de determinados institutos, como pretendemos nesta obra), de modo a assegurar um campo metodológico fértil para reflexões vindouras e que terão por função perpetuar os conhecimentos filosóficos e fenomenológicos de Husserl.

Tudo isto com o intuito de demonstrar à comunidade jurídica, que são estas mesmas ciências criminais que validarão a afirmação mediante a qual elas próprias cumprem a missão de servir como função lógica que permite a extração e a valoração de conceitos objetivos, racionais puros, analisados sob a ótica transcendental, na qual o Delegado de Polícia (personagem central da tese, mas não somente ele), aplica o adequado enquadramento jurídico proporcionado pelas reflexões quando do processo de redução fenomenológica[686].

Por ocasião da reconstituição das possibilidades extraídas de um fluxo de vividos narrados por uma determinada testemunha, o que se pretende é estabelecer uma espécie eidética tal que permita ao Delegado de Polícia reviver, através de um desvelamento de possibilidades dentro de um quadro múltiplo, infinito de circunstâncias, se há elementos jurídicos seguros para se traçar a dinâmica do evento. Vale dizer, é estabelecer juridicamente, a primeira e mais pura visão técnica, demonstrada pela viabilidade (ou não), apriorística, sobre o evento perseguido[687].

686 HUSSERL, Edmund, op. cit., nota 233, p. 357.

687 Ibidem, p. 359.

Independentemente da pessoa que promova a percepção, a verdade é que a transcrição jurídica extraída a partir de um fluxo de vividos deve ser de tal ordem que, segundo Husserl, o que vale para mim deve valer também para qualquer outro indivíduo. A representação futura, baseada nesta percepção, deve ser idêntica àquela extraída quando do local do crime ou dos atos contemporâneos à investigação[688]. A perenidade, então, é uma das características mais marcantes à tese da valoração por aquele que identifica a essência do fenômeno do crime. Ela é obtida a partir da transcendência, cujas peculiaridades devem estar aptas a serem apreciadas não importa em qual tempo, ou em qual lugar, ou por qual pessoa.

3.2.2. A relação existente entre "tipo ideal de crime" e "tipo real de crime"

3.2.2.1. O somatório de conhecimentos fenomenológicos na busca pela definição do crime

No mundo da vida (*lebenswelt*), ou seja, o mundo no qual vivemos, estamos diante da realidade das coisas tal como elas ocorrem, tal como elas se mostram para nós. Não é diferente quando voltamos nosso olhar para uma determinada prática criminosa. Todavia, Robert Sokolowski nos ensina que há determinadas coisas ou objetos que são idealizados por nossa mente[689].

Essa idealização nos permite concluir perfeições que jamais existiriam no mundo da vida, tanto é que só estão encampadas pelas ideias humanas, cuja imaginação não impõe limites a devaneios. De certo modo, talvez ela até reflita o que está proposto em teses de doutorado ou dissertações de mestrado. Mas a realidade prática nos mostra que, em que pese vislumbrarmos um "tipo ideal de crime", o que encontramos em atitude fenomenológica é o "tipo real de crime", algo único, mas que não está sujeito às vicissitudes da nossa mente. É algo palpável, algo não-místico, algo real, que efetivamente aconteceu e que cabe ao fenomenólogo ir ao seu encontro para descobrir a sua essência.

Cada crime é único, exclusivo. Contém detalhes, percepções que nenhum outro tem. Seja ele de qual natureza for, irá expressar o seu próprio

688 HUSSERL, Edmund, op. cit., nota 233, p. 360.

689 SOKOLOWSKI, Robert, op. cit., nota 227, p. 160.

conteúdo de investigação que deve ser esclarecido pela teoria da valoração crimino-fenomenológica. Mais um motivo para afirmarmos que não é o tipo ideal de crime que deve ser julgado, mas sim, o tipo real de crime que foi investigado, cujas circunstâncias agora deitam sobre o relatório final da investigação, minuciosamente elaborado pelo Delegado de Polícia. É essa a análise feita com base na verdade do que ocorreu, com o que há de mais aproximado em face da percepção dos fatos ocorridos no mundo da vida. E isso decorre do processo de constituição do crime, sua análise minuciosa e a aplicação do método valorativo crimino-fenomenológico.

Essa noção acerca da necessidade de que se vá até o local do crime, ou que se investigue a fundo as circunstâncias de uma prática criminosa, reflete a relevância sobre a procura e o encontro das faces ausentes numa certa percepção, já que Sokolowski afirma que a multiplicidade de um objeto é dinâmica e, a depender da nossa perspectiva, podemos nos mover ou mover o objeto para que então venhamos a enxergar, a perceber um novo fluxo de lados, perfis e aspectos[690]. Sobre isso, já tecemos considerações exaustivas.

Traçadas as devidas comparações com o fenômeno do crime (com o destaque para compreendermos que não é a mesma percepção que temos quando estamos diante de um objeto, por exemplo, já que neste caso podemos movê-lo), o fato é que podemos afastar as ausências mediante presença (no caso, a presença efetiva do investigador, do perito criminal, da autoridade policial) no local em que os fatos ocorreram. O referido autor afirma, ainda, que nossa experiência é sempre uma mescla entre o real e o potencial, já que todas as vezes em que os lados ou um determinado aspecto é dado, cointencionamos aqueles que não são (ou que são potencialmente cointencionados, já que bastaria mudarmos nosso posicionamento para percebermos outros aspectos ou perfis que ficam ocultos perante nossa atualidade de percepção ou ainda, nossa perspectiva)[691].

A grande questão que Sokolowski pontua diz respeito à elevação causada à mistura entre aquilo que é real e o que é potencial, em virtude de passarmos a considerar mais perceptores na cena dos fatos. Com isso, se outras pessoas passam a perceber o fenômeno, por exemplo, um crime sendo praticado, então cada um vai ter necessariamente uma percepção. Em termos de essência, todos poderiam ter exatamente a mesma visuali-

690 SOKOLOWSKI, Robert, op. cit., nota 227, p. 163.

691 Ibidem, p. 164.

zação sobre o tema caso estivessem na posição do outro. Deste modo, tudo aquilo que é atual para uns é potencial para outros e assim por diante[692].

Perceber todas essas nuances é tarefa da teoria da valoração crimino-fenomenológica. Numa dessas ocasiões de sua aplicação prática, por exemplo (quando abordamos especificamente o conceito analítico delimitado pela teoria finalista sob o prisma da tipicidade), vale mencionar as situações nas quais se verifique a adequação quanto à aplicação do princípio da insignificância, sob a efetiva verificação de exclusão da tipicidade material com fundamento na ausência de lesão ao bem jurídico tutelado (como quer Roxin desde a formulação do princípio), seguindo-se a lógica de *minima non curat pretor.*

A justificativa final é a de que não se deve envolver o Direito Penal quando não estejam presentes efetivas lesões a bens jurídicos e, consequentemente, à própria norma penal. Remonta-se o caráter fragmentário e subsidiário do sistema penal. Isto permitirá que o Delegado de Polícia entenda pela atipicidade material do fato e, por consequência, deixe de lavrar a prisão em flagrante, afastando (pelo menos nesse primeiro momento) a prisão desnecessária, tendo em vista a desproporcionalidade entre esta e a lesão ao bem jurídico tutelado. Porém, tal resultado não significa afirmar que esta decisão não precisa ser referendada pelo Ministério Público ou pela Justiça. Não significa, ainda, que todas as circunstâncias fáticas deixem de ser analisadas exaustivamente, para que ao final se confirme ou infirme o que houvera sido verificado inicialmente, proferindo-se pertinente decisão fundamentada.

Sob a ótica da antijuridicidade, na legítima defesa, a aplicação da mencionada teoria também tem por finalidade valorar a situação fática, para que sejam estabelecidos inicialmente os elementos que compõem este elemento específico, não impedindo que sejam analisados os critérios de antijuridicidade material, possibilitando que se reconheça (ou não) o afastamento da ilicitude.

Se determinada conduta, apesar de típica, não subsiste à aferição da antijuridicidade, sobretudo a material (já que se enquadraria ao sentimento normal de justiça, sem qualquer tipo de lesividade social por parte da ação do agente), não há sentido em reconhecer o encarceramento *a priori*. Mais uma vez, isso não significa que o agente não deva ser submetido a tal processo de reconhecimento por parte da autoridade policial, nem mesmo

692 SOKOLOWSKI, Robert, op. cit., nota 227, p. 164.

que o Ministério Público ou Magistratura restem afastados desta análise, de modo semelhante ao que foi proposto no parágrafo anterior.

Sendo assim, se em determinado evento um cidadão que esteja se defendendo ou defendendo algum familiar seu, por exemplo, durante um roubo ou um estupro, for apresentado à autoridade policial, esta, ao promover o enquadramento fático às hipóteses previstas em lei, poderia reconhecer a ausência de antijuridicidade material, fazendo com que o indivíduo não seja preso em flagrante pela prática de determinado crime.

Se, além da dogmática, a própria lei lhe assegura tal possibilidade (em virtude do reconhecimento do Estado em não poder estar presente a todo momento efetuando a segurança, vinte e quatro horas por dia, das pessoas), a autoridade policial nada mais estaria fazendo do que pôr em prática tal previsão legal. Embora pareça óbvio, o mero predicamento egocêntrico no sentido de acreditar na impossibilidade de que o Delegado de Polícia haja desta maneira auxilia no aprofundamento da crise na qual se encontra o direito como um todo.

Para isso, deve igualmente analisar o princípio da proporcionalidade e seus subprincípios, e verificar que é notório que não deva ser preso por tal fato. Excluindo-se a ilicitude, não resta verificado o crime (apesar de típico) e, portanto, não há motivos para a prisão, ainda que haja necessidade de processo para que eventualmente se comprove que tal situação esteve presente e ao final se absolva o acusado e haja segurança jurídica quanto ao fato, mas essas últimas análises não cabem mais ao Delegado de Polícia. Até mesmo porque, não só nos casos de legítima defesa em crime doloso contra a vida, como nas demais situações, há possibilidade do reconhecimento do instituto da absolvição sumária, trazendo segurança jurídica ao fato e atendendo, assim aos preceitos constitucionais e demais garantias processuais.

Com relação à análise da culpabilidade, a teoria da valoração crimino-fenomenológica também confere capacidade técnica ao Delegado de Polícia, para que haja o manejo deste elemento, principalmente em virtude das constatações que fizemos na necessidade de sua intervenção. Uma vez configurada a necessidade de manejo deste elemento do crime, os recursos à disposição devem permitir o adequado início processual penal.

Então, diante da gama de substratos que compõem a culpabilidade, busca-se constatar a maneira pela qual o Delegado de Polícia deve manejar estes institutos, baseando-se na dignidade da pessoa humana e nos valores aqui arraigados (balizadores do poder punitivo estatal), observando-se o fundamento da imposição da pena face a estes institutos, bem como sua verificação face às funções preventivas da pena, o que legitima as próprias causas de exculpação.

A condução por parte do investigador, extraindo as informações com base naquilo que interessa em termos penais e processuais penais, em busca da essência dos fatos e sua consequente subsunção à norma penal denota a importância da discriminação pormenorizada de cada uma das testemunhas, quando estamos diante de quadro de intersubjetividade no campo fenomenológico.

A forma como tudo isto é materializado em termos criminais é o que importa para nós neste momento. A base de toda investigação criminal é a informação obtida através das mais diversas diligências e atos policiais que são realizados. O modo como se obtém a informação da testemunha revela a importância descritiva da intersubjetividade. E tudo isto é papel desempenhado pelo fenomenólogo operador da teoria da valoração crimino-fenomenológica.

3.2.2.2. Primeiro caso prático

Em certa ocasião, pudemos nos deparar com uma situação de encontro de cadáver no quintal de uma residência. Ao iniciarmos as diligências de investigação, já tendo comparecido ao local dos fatos e registrando o horário em que se deram, a percepção decorrente da intencionalidade simbólica proveniente da visualização de uma lesão provocada por projétil de arma de fogo nos permitiu uma primeira impressão, no sentido de se tratar de um homicídio.

O questionamento seguinte para a identificação da proximidade ou não do disparo. Assim, testemunhas que estavam no local no momento em que a vítima foi atingida disseram não ter ouvido qualquer som característico. Isso, por si só, não desnatura a impressão decorrente da lesão observada. Ainda foi preciso esclarecer mais detalhes na busca pela essência fenomenológica.

Momentos depois, um projétil de arma de fogo de alta energia, de calibre nominal 7,62mm (tipicamente utilizado em fuzis) foi encontrado pela equipe pericial. Mais dados foram agregados, já que é a partir desta descoberta mais dados foram adicionados, auxiliando a compreender um dos possíveis motivos pelos quais não foi ouvido qualquer som característico. Para a presente situação, é fundamental que se compreenda que os fuzis são armamentos que conseguem disparar projéteis a uma distância significativamente maior do que os armamentos não considerados como "de alta energia".

O passo subsequente na investigação fenomenológica nos conduziu a perceber o posicionamento geográfico no qual a vítima foi encontrada, bem como seu próprio posicionamento no terreno. Tais dados são fundamentais para que se possa traçar eventual trajetória, bem como o raio do perímetro no qual o atirador buscado estava. Quanto maior é a distância entre o atirador e o projétil, maior é o arco parabólico deste, o que tende a provocar uma lesão descendente no alvo atingido.

Quando a equipe pericial percebeu o espargimento de sangue no muro da propriedade, pelo sentido e pela disposição das gotículas de sangue, bem como pelo impacto final do projétil de arma de fogo de alta energia na parede adjacente, confirmou-se a trajetória descendente. Mas a pergunta ainda persiste: de qual lugar ele foi disparado?

Tendo sido obtidas as coordenadas de georreferenciamento, foi identificado que o local dos fatos estava inserido num contexto de área com influência de diversos conflitos entre narcotraficantes e policiais. Consequentemente, as diligências fenomenológicas indicaram ter havido um destes confrontos, em local situado a mais de 1.700 (mil e setecentos) metros de distância, em horário compatível com o inicialmente narrado para o encontro do cadáver. Levando-se em consideração que o projétil de alta energia (como o que efetivamente atingiu a vítima deste caso concreto) tem o potencial para atingir alvos a esta distância, era imperioso fazer as perícias cabíveis nos armamentos cuja utilização foi identificada naquele confronto narrado neste parágrafo.

A guarnição de policiais referida foi ouvida e passou a narrar os fatos, que claramente configuraram uma situação de legítima defesa. Importante destacar que até mesmo o posicionamento espacial deste contexto era importante para o fenômeno inicialmente investigado, haja vista a necessidade de determinação da trajetória do projétil disparado, bem como da apreensão para posterior perícia dos fuzis que possuíam o calibre compatível com o projétil que lesionou fatalmente a vítima da primeira situação.

Assim, após o resultado de microcomparação balística entre os fuzis apreendidos e o projétil encontrado, foi verificado que este foi disparado a partir de um dos armamentos dos policiais deste segundo contexto. A conclusão, portanto (diante de todas as diligências efetuadas, perícias realizadas e testemunhas ouvidas), permitiu que afirmássemos que a essência da situação era um erro na execução decorrente de uma legítima defesa ocorrida em outro local, mas que acaba por atingir a vítima da primeira situação. Isso só foi possível com a aplicação do método da teoria da valoração crimino-fenomenológica.

3.2.2.3. Segundo caso prático

Já tivemos oportunidade de conduzir uma investigação na qual quatro pessoas estavam dentro de um automóvel: o criminoso, um homem e um casal. O criminoso (recém egresso do sistema prisional) era o motorista, enquanto os demais foram obrigados a entrar no veículo, sob a ameaça de arma de fogo. A finalidade do criminoso era que o conduzissem até um determinado local, em outra cidade, para que visse a pessoa com quem mantinha relacionamento amoroso antes de ter sido preso (que, por sinal, era filha do casal integrante do veículo).

Durante o trajeto, por diversas vezes o criminoso apontava a arma para os integrantes do carro, com ameaças de morte, injúrias e agressões com a coronha do armamento. Porém, em determinado momento, um dos integrantes do veículo, que estava no banco dianteiro direito (ou seja, no banco do carona), percebeu que o trajeto em que o carro seguia era diverso daquele que se esperava para ir até a cidade pretendida pelo criminoso.

Paralelamente, num momento específico, o criminoso aponta a arma de fogo para a mulher que estava no banco traseiro direito, esboçando disparar. Levando-se em consideração a sua percepção específica sobre os fatos, e diante da iminência da injusta agressão, o ocupante do banco dianteiro direito inicia luta corporal com o criminoso, segurando sua mão para evitar o homicídio da sua esposa e livrarem-se da situação como um todo. Tal situação desencadeia uma série de disparos de arma de fogo no interior do veículo, tendo como resultado a transfixação da mão da pessoa que iniciou luta corporal para desarmar o criminoso, mas também resultou na consumação da morte deste.

Após o comparecimento do Delegado de Polícia no local dos fatos, para realização das perícias necessárias, todos os integrantes do veículo foram ouvidos em sede policial. E qual a conclusão parcial a que se chegou? Diante da intersubjetividade latente, cada um narrou sua versão dos fatos, pois efetivamente presenciaram a ocorrência do fenômeno criminoso.

As informações extraídas de cada uma das testemunhas (que tiveram os fatos em presença), se fundiram exatamente nas atualidades e potencialidades existentes, já que cada um teve um posicionamento específico e, consequentemente, uma visão, uma percepção específica do fenômeno. As três forneceram elementos que se tornaram uma espécie de "peça num quebra-cabeças", já que o que um viu, o outro viu sob um ângulo diferente.

Quem está atrás do banco do motorista no nosso exemplo não tem condições de visualizar se o criminoso está, por exemplo, apontando uma arma com a mão esquerda para o integrante do banco dianteiro direito. Mas quem sofre a ameaça neste banco tem perfeitas condições de descrevê-la. O que é potencial para o integrante do banco traseiro esquerdo é atual para o integrante do banco dianteiro direito e vice-versa.

Sobre a complexidade da explicação entre atualidade e potencialidade da posição e suas repercussões, Husserl nos mostra que estamos diante de um caso especial da diferença entre os atos que efetivamente vivenciamos (e por isso, de forma lógica, temos atenção quando falamos da correlação com o campo dóxico) e aqueles que, por não termos a devida atenção (ainda que momentânea), temos mera potencialidade ou uma mera intenção[693]. Sobre este ponto de vital importância, vamos tecer maiores comentários a respeito no tópico a seguir.

3.2.3. A atualidade de atenção

Husserl traz a ideia sobre a expressão "atualidade de atenção" e seu significado. Para isso, quando determinado indivíduo está sob atualidade de atenção, isto remonta a uma ideia de efetuação de um vivido intencional, ou seja, o indivíduo está com sua atenção efetivamente voltada para o fenômeno. Ele tem um correlato de atenção que está voltado para ele[694].

Maurice Merleau-Ponty, com propriedade, nos mostra que a atenção é verdadeiramente um "poder geral e incondicionado", pois a cada momento ela tem a capacidade de se dirigir a qualquer conteúdo da consciência. E o faz de modo indiferente. Quando denotamos a relação entre a consciência e a atenção, acabamos por fazer uma conexão que depende de fatores internos do indivíduo. E isso difere do empirismo, na medida em que neste as conexões são feitas de modo externo. Com isso, o referido autor indica os motivos pelos quais, no intelectualismo, partimos da fecundidade da atenção e é através dela que obtemos a verdade dos objetos (e, por que não, dos fenômenos), já que não estamos diante de uma situação em

693 HUSSERL, Edmund, op. cit., nota 233, p. 370.

694 Ibidem, p. 371.

que um quadro fortuitamente sucede outro e assim por diante (como no empirismo)[695]. Se o ato de atenção é incondicionado[696], pois trata todos os objetos e fenômenos de forma indistinta, daí a importância da "atualidade da atenção".

Cada uma dessas percepções levadas em consideração por parte do Delegado de Polícia, materializada nos respectivos termos de declaração, asseguram a primariedade das informações. A partir delas e da sua presença no local dos fatos, a autoridade policial poderá confirmar a autenticidade e viabilidade de tudo aquilo que foi narrado e, caso haja algum tipo de dúvida ou necessidade de fazer algum esclarecimento específico, no próprio termo de declarações original poderá constar a resposta a estes questionamentos, permitindo que haja clareza onde até então predominar obscuridade.

A confirmação de certas informações pode conduzir ao embasamento de novas diligências com vistas a entender a dinâmica do evento e, de todo modo, a essência do fenômeno. Daí a importância do registro de várias versões sobre o mesmo fato, pois os pontos de vista se completam e as informações se mesclam, auxiliando o fenomenólogo na compreensão final e consequente subsunção do fato à norma penal.

Neste sentido, precisamos fazer uma observação sobre os correlatos noemáticos dos dados hiléticos na noese (dados que são entendidos como sendo constituídos pelos conteúdos sensíveis, abrangendo não só as sensações externas, como também os sentimentos e a forma pela qual o objeto ou o fenômeno aparecem para o indivíduo): Husserl descreve que enquanto um determinado objeto aparece para nós, dirigimos nossa atenção para aquele vivido. Por conseguinte, os dados de sensação predominantes traduzem a percepção deste vivido, num complexo sistema momentâneo que o sujeito se compromete a passar a descrever. Nessa toada, àquela exibição se conecta um momento de vivência específico, que merece ser retratado fielmente. Essa descrição, no entanto, se refere ao sentido do fenômeno tal qual fora visado, intuído. Assim, o sentido objetivo, descritivo, do fenômeno, varia conforme a carga do conteúdo hilético[697].

Com exceção feita à questão da clareza e da obscuridade (que também pode influir na forma pela qual o fenômeno aparece), o grau de riqueza ou pobreza descritivas que sofrem influência dos dados hiléticos (a percepção

---

695 MERLEAU-PONTY, Maurice, op. cit., nota 338, p. 54.

696 Ibidem, p. 55.

697 HUSSERL, Edmund, op. cit., nota 233, p. 374.

direta ou indireta, mais especificamente), pode alterar a forma como se descreve o noema, mas nunca altera a essência deste. O que queremos dizer (mais especificamente no que diz respeito ao crime e seus substratos) é que a forma pela qual este fenômeno deve ser descrito está intimamente ligada à forma com a qual lidamos com os dados hiléticos, pois eles definem a maneira pela qual haverá o modo de aparição do fenômeno para o indivíduo.

Daí a importância da análise conjunta de todos os dados de investigação coletados, seja através dos diversos termos de declarações, seja por meio das diversas diligências e perícias realizadas. Dessa observação decorre uma análise muito importante, principalmente no que tange à questão do modo pelo qual lidamos com a tipificação do crime, em si (e em primeiro lugar), como também em face da atitude do autor do fato típico e todas as questões inerentes a essa observação no que concerne às demais leituras que devem ser objetivadas e investigadas.

Basta imaginarmos que as questões filosóficas e fenomenológicas ligadas ao instituto do erro de tipo ou mesmo às descriminantes putativas, irão influenciar na conduta do sujeito ativo. O noema, então, não é cambiante. Mas a forma pela qual a situação se dá (através do modo de aparição do fenômeno para o indivíduo) é que permite uma tipificação segura. Para isso, a vivência contemporânea e sua fiel descrição pelo Delegado de Polícia desempenharão papel fundamental neste instituto. O noema, então, oferece um papel perceptivo que deve ser interpretado conforme o conteúdo hilético oferecido pelo caso concreto.

3.2.4. Apoditicidade, evidência e clareza de visão

3.2.4.1. A necessária distinção entre as terminologias

Uma das principais contribuições que este trabalho quer propor ao mundo jurídico reside, ao final, em julgamentos mais justos a partir de elementos que retratam com a maior fidelidade possível, a verdade dos fatos. Nesta toada, acabamos de perceber a importância do binômio "presença x ausência" para fundamentar a gênese do reposicionamento da *opinio delicti*. Mas ainda precisamos nos aprofundar em outros conceitos da Fenomenologia para lapidarmos nossa proposta inicial.

Ao dissertar sobre "evidência" (*evidenz*) e "clareza de visão" (*einsicht*), Husserl consegue aprofundar os seus estudos, permitindo afirmar que tais conceitos, embora do mesmo gênero, guardam diferenças peculiares principalmente quando trazemos à baila as noções de algo "assertórico" (ou seja, que enuncia uma verdade sobre um fato, mesmo que apenas seja meramente afirmativo/assertivo) e de algo entendido como "apodítico" (indiscutível/irrefutável, ou seja, cujas premissas ou proposições não podem ser questionadas, haja vista serem o resultado de um raciocínio lógico)[698].

Para tal mister, faz-se imperiosa a consideração que revela para a "evidência" uma abrangência mais geral, na qual a tese racional (que se caracterize por ser uma referência, cujo motivo esteja baseado no caráter originário do dado) então, seja denominada como "evidência originária". Dentro desta concepção, porém, de forma mais detalhada e específica, haveria que se falar em "evidência assertórica" e "evidência apodítica". Se, durante esse breve excurso, Husserl nos mostra a necessidade de detalhamento quando estivermos numa situação de evidência, então, para que se confira os créditos devidos à sua teoria da fenomenologia, a concepção eidética se dirige à apoditicidade. Assim, à evidência apodítica restará a significação acerca da clareza de visão[699].

Por diversas vezes mencionamos a palavra "evidência" no decorrer deste trabalho. E o fazemos exatamente porque desejamos perceber a verdade das coisas, dos objetos, dos fenômenos e dos institutos com os quais devemos nos preocupar por ocasião de uma investigação criminal. Sokolowski a utiliza como demonstrativa das atividades subjetivas que têm por finalidade realizar a verdade[700].

Evidência, portanto, significa para a Fenomenologia a realização subjetiva da verdade, seja ela em virtude da correspondência com uma assertiva anterior ou meramente decorrente da verdade em descoberta (em presença). Então, ela é o resultado da atividade exercida pelo fenomenólogo que presenta uma unidade dentro de uma multiplicidade, por exemplo. É, definitivamente a efetivação da verdade que deve ser perpetuada pela linguagem através do relatório da investigação criminal.

O enquadramento ideal, verdadeiro, que se baseia na racionalidade e na dicotomia prevalente entre a verdade teórica e a prática, confere substância para que encontremos legitimidade a partir dele. Isso significa que,

698 HUSSERL, Edmund, op. cit., nota 233, p. 306.

699 Ibidem, p. 306.

700 SOKOLOWSKI, Robert, op. cit., nota 227, p. 171.

ao trabalharmos com a verdade, estaremos trabalhando com o correlato do "caráter racional perfeito da doxa originária, da certeza da crença"[701].

As verdades enxergadas sob o aspecto pragmático, para serem reconhecidas como tal, devem beber na fonte das verdades doxológicas (ou apofânticas), cujo caráter originário nos permite chegar ao conhecimento[702]. Então, não há como conceber um manejo adequado dos institutos relacionados ao conceito de crime, se não há amplo e irrestrito acesso na origem da percepção fenomenológica.

Entretanto, de certo modo, é possível afirmar que podem existir coincidências entre um ato evidente e outro entendido como "não-evidente". Quem tem o papel de possibilitar a confirmação deste último é a clareza de visão, já que ela opera o caráter confirmatório daquele.

Significa dizer, por exemplo, que há possibilidade de que um ato efetivamente evidente (um depoimento de uma testemunha ocular) possa ele mesmo ser confirmado pela clareza de visão numa perícia de local de crime (ainda que originalmente não se faça necessária tal confirmação), como também é possível que um ato não-evidente (mas que seja viável a partir de uma posição não irracional), seja comprovado mediante clareza de visão diante da efetuação de percepção evidente (basta conjecturarmos uma possibilidade tal que, reconstruída numa reprodução simulada dos fatos – uma reconstrução de uma possibilidade motivada) se mostre comprovada por percepção correspondente e originalmente legítima.

É exatamente isto que Husserl propõe, quando, para diferenciar uma "possibilidade motivada" de uma "possibilidade vazia" (ou seja, sem fundamentos) ele alega que, ou aquilo que é possível é verdadeiramente comprovado e condiz com a realidade (estando, por via de consequência, de acordo com a consciência racional e com o dado originário), ou não coincide e comprovamos estar diante de uma possibilidade vazia, que, devidamente comprovada, não possuirá mais lugar na cadeia comprobatória, restando superada[703].

701 HUSSERL, Edmund, op. cit., nota 233, p. 310.

702 Ibidem, p. 311.

703 Ibidem, p. 312.

3.2.4.2. A íntima relação entre clareza e obscuridade

No que diz respeito ao chamado "método de clarificação", é preciso observar que a "proximidade" e a "distância do dado" se constituem nos pilares deste sistema. Já em relação aos vividos, por exemplo, Husserl nos indica que estes se encontram num "vazio" a uma "vaga distância", diferentemente daquilo que é intuído imediatamente (oferecendo-se numa proximidade tida como absoluta)[704].

Significa dizer, no entendimento do autor, que aquilo que vacila na memória ou na fantasia carrega em si uma pecha de vagueza que só pode proporcionar algo mais ou menos obscuro conforme a proximidade com o evento originalmente intuído, de forma absoluta. Neste sentido, onde as intuições individuais se dão de forma inferior de clareza, também o serão as apreensões eidéticas: o apreendido também será mais obscuro, turvo.

Deste modo, para que a consciência doadora seja assim considerada em seu sentido forte, deve coincidir com a consciência intuitiva (clara), em oposição à consciência entendida de forma obscura. Assim, os limites da doação, intuitividade e clareza se baseiam em patamares dispostos topograficamente entre o mínimo (representado pela obscuridade), e o máximo (assim traduzido pela clareza e a intuitividade em toda sua plenitude)[705].

Quando se fala num método de apreensão eidética perfeitamente clara, Husserl nos indica que sua vantagem reside em permitir atos de identificação, explicitação, diferenciação ou elucidação absolutos, isentos de dúvidas, fazendo com que haja uma efetuação dita como "evidente sobre todos os atos lógicos". Porém, nem sempre aquilo que vem a ser dado a cada momento, aquilo que é intuído pelo indivíduo, está plenamente demonstrado em clareza hialina. É por tal motivo que Husserl afirma que a aproximação se faz por etapas, pois nessas situações há uma "determinabilidade indeterminada". Essa aproximação, portanto, é a que se efetua na obscuridade[706].

A partir destas considerações fundamentais sobre a atenção e a íntima relação entre clareza e obscuridade, estamos em condições de tocar numa das ideias centrais desta tese, que será vista no tópico a seguir.

---

704 HUSSERL, Edmund, op. cit., nota 233, p. 148.

705 Ibidem, p. 149.

706 Ibidem, p. 151.

3.2.5. A "constituição" do crime

A partir da análise do processo de constituição estabelecido pela Fenomenologia, no que diz respeito à percepção do crime, não poderia ser diferente. É da sua essência o seu esclarecimento em todas as suas possibilidades, pois até mesmo o breve relato de uma testemunha só poderá ser efetivamente balizado mediante percepção atual, de modo que todas as possibilidades sejam esgotadas e que se extraia, assim, o sentido e a validade das suas declarações.

Entendidas essas questões a respeito da categoria à qual o crime pertence, bem como sobre seus correlatos noético-noemáticos, ainda podemos destacar um questionamento relevante que se circunscreve ao modo como tanto as noeses, quanto os noemas que orbitam a análise dos elementos que integram o conceito analítico de crime, podem ser representados de forma sistemática a partir de uma doação de sentidos atinentes a uma consciência originária[707].

Como de costume, Husserl introduz as grandes temáticas ressaltando que a Fenomenologia não pode se contentar com análises obscuras ou vagas, que não se prestem a entender a essência da situação e o contexto ao qual está inserido. Assim, deve haver clarificação, verificação, análise contextual e uma percepção clara e sistematizada de forma precisa que, no entender do autor, deve penetrar "nos nexos eidéticos e até nas particularizações últimas deles: ela exige trabalho concludente"[708].

Quando falamos na ideia regional sobre o grande conceito de crime, pressupomos balizas descritas através de um número infinito de possibilidades, mas determinadas *per se*, para que posam ser percebidas, estudadas, avaliadas e ao final se tenha conclusão sobre a essência do seu significado. No decorrer da verificação, cujo interesse penal se dá com a prática delituosa, o que teremos realmente é uma sucessão de momentos estanques, na realidade espaço-temporal, que se conectam com vividos anteriores e posteriores.

Por isso é que, para fins penais, adota-se a teoria da atividade para o tempo do crime, representado pelo art. 4º do Código Penal[709] e quanto ao

707 HUSSERL, Edmund, op. cit., nota 233, p. 332.

708 Ibidem, p. 333.

709 Cf. nota 26. A redação do referido dispositivo legal nos mostra que: *"Considera-se praticado o crime no momento da ação ou omissão, ainda que outro seja o momento do resultado".*

lugar do crime, nos referimos à teoria da ubiquidade (art. 6º do CP)[710]. A definição dos contornos de determinado instituto penal requer, portanto, cuidados quanto à sua constituição: quanto mais objetivos forem os parâmetros, mais nos restringimos ao que verdadeiramente é importante e mais nos aproximaremos da construção (inicialmente perpetrada pela percepção) como também da reconstrução do evento (principalmente quando, de fato, chegar o momento processual cabível em que se fará a valoração dos elementos utilizados e, consequentemente, o julgamento). Ao objetivarmos a constituição do crime, estaremos contribuindo para o afastamento de qualquer predicamento egocêntrico.

No que diz respeito às camadas da construção transcendental da coisa, Husserl nos indica que as investigações possuem regência definida por diferentes camadas e níveis através dos quais (no âmbito de abrangência que circunda a consciência empírica originária) há o processo de constituição da coisa. De fato, é importante destacar que cada nível possui sua própria unidade e é igualmente importante que assim se mantenha e continue[711].

Originariamente, então, a coisa, percebida pelos sentidos, num fluxo de constituição próprio, representa um nível puro e simples que reflete as qualidades daquela coisa ou as nuances daquele evento criminoso, verificando-se e esgotando-se as possibilidades de percepções coerentemente possíveis, mas que no caso concreto figuram como de ocorrência efetiva ou não-ocorrência.

Isto porque a constituição do evento do crime é estanque no que diz respeito ao binômio espaço x tempo. Nele, no entanto, há diversos níveis de camadas, aqui incluídos o superior e o inferior, que se completam em busca da concretização do fluxo perceptivo de definição de essência.

Para tanto, a proposta de Husserl é direcionada para o estudo dessas camadas, em conjunto ou individualmente, conforme sua constituição noético-noemática. Posicionada no topo das camadas, podemos perceber a coisa num modo substancial-causal, que de certa forma representa uma realidade, mas que depende da avaliação constitutiva de um sujeito, através das suas multiplicidades perceptivas[712].

---

710 Cf nota 26. Confira-se: *"Considera-se praticado o crime no lugar em que ocorreu a ação ou omissão, no todo ou em parte, bem como onde se produziu ou deveria produzir-se o resultado".*

711 HUSSERL, Edmund, op. cit., nota 233, p. 335.

712 Ibidem, p. 336.

A coisa (ou o crime), será então, experimentada e constituída, desde o primeiro momento em que o fenomenólogo responsável pelo processo e aplicação do método valorativo crimino-fenomenológico tenha conhecimento, ainda que seja para a escolha do procedimento processual adequado em face da natureza da infração investigada (por exemplo, entre o termo circunstanciado de ocorrência e o inquérito policial propriamente dito). Serão avaliadas as possibilidades de unidade dentro de multiplicidades. Assim, numa perspectiva substancial-causal, há esta análise do ponto de vista perceptivo, correlacionando-se noese e noema. A conclusão noético-noemática culmina, portanto, com a ideia de "constituição".

Daí, com a coisa e sua essência estabelecidas de modo correto, a partir dos ensinamentos de Husserl podemos afirmar que o nível superior subsequente é aquele no qual a coisa/crime terá uma pluralidade de sujeitos que se encontram numa posição de entendimento. Dito de outra forma, em sendo o mundo intersubjetivo o correlato de experiências intersubjetivas, a partir do momento em que estes sujeitos conseguem perceber a coisa/crime de modo empático (tendo como parâmetro a essência), se esta avaliação reflexiva realmente se revelar como uma unidade, pode-se dizer que houve congruência intersubjetivamente idêntica.

Não mais queremos ou precisaremos de argumentos para moldar o que foi cuidadosamente analisado em instâncias/camadas de ordem inferior: tão somente iremos aceitar a concepção do evento como único (uma experiência objetiva, concreta), já que todas as investigações pretéritas abrangeram a integralidade necessária ao processo que culmina com tal entendimento: a essência em seu cariz puro e simples. É a partir disto, então, que sem importar a época futura, a essência do crime se perpetuará de tal modo que poderá ser reproduzida em sua integralidade, o que elimina a necessidade de depoimentos futuros para que se trate do mesmo assunto.

Caso a complexidade da situação venha a demandar, se deste procedimento não for obtida sua respectiva constituição (não sendo encontrada a essência do fenômeno da respectiva infração penal), nada impede que o procedimento seja arquivado nos moldes da legislação contemporânea à investigação, até que venham a surgir novos elementos que esclareçam as circunstâncias pendentes e, finalmente, a constituição se perfaça.

De igual modo, embora o objetivo seja a perenidade, não significa que não haja necessidade de qualquer outro depoimento após a investigação criminal que tenha encontrado uma essência: afinal, excepcionalmente, pode haver equívoco quanto à constituição desta que se exiba somente em momento posterior (e somente nestas hipóteses, então, haveria legitimidade para novos atos de oitivas). O que se busca é otimizar a investigação e o processo, conferindo-se efetividade e celeridade, evitando-se que fatos já esclarecidos sejam novamente questionados.

A constituição do crime, de maneira eidética, tem como repercussão o estabelecimento definitivo do significado do conjunto de todos os fatos e suas circunstâncias para o mundo jurídico-penal. A partir dela, não se deve conceber como possível (exceto nas hipóteses de erro quanto à constituição em si) admitir que um determinado crime seja considerado como doloso e ao mesmo tempo, apenas mediante mera mudança de interpretação, culposo.

Nesta hipótese, tanto a subsunção a nível de norma incriminadora é diferente (e se exige expressamente a previsão legal do crime culposo para que possamos pensar neste tipo de enquadramento legal, nos termos do art. 18, parágrafo único, do CP[713]), quanto o próprio processo de revelação das suas características específicas e até mesmo a repercussão no que tange à competência inicial são distintos (basta pensarmos na competência estrita das causas submetidas ao Tribunal do Júri).

Da mesma forma, a exata constituição do crime impede que se pense de modo subsidiário para fins de enquadramento típico, pois ou se constitui corretamente e se encontra a essência do fenômeno criminal, ou então devemos admitir que o processo é equivocado em algum ponto e deve ser revisto para fins de adequada subsunção.

Assim, mediante a submissão e aceitação, por parte das personagens do processo penal, deve haver obediência à camada intersubjetivamente idêntica, mediante empatia e congruência sobre o evento objeto de julgamento. Daí decorre a justiça perquirida por esta tese. As percepções das personagens devem coincidir coerentemente.

Não o serão, quando houver reavaliações, desvalorizações, ilusões, predicamento egocêntrico ou equívocos, o que se afasta da "efetividade verdadeira da fenomenologia", tal qual foi preconizada por Husserl.

---

713 Cf. nota 26: *"Salvo os casos expressos em lei, ninguém pode ser punido por fato previsto como crime, senão quando o pratica dolosamente".*

3.2.6. O atual estágio de consideração da *opinio delicti*

A autofagia dos atuais moldes processuais penais (pelo menos até agora), impedia qualquer tipo de compreensão diversa da que enxerga na expressão "*opinio delicti*" o resultado de apreciação exclusiva por parte do membro do Ministério Público em face da missão constitucionalmente conferida a partir do monopólio de promoção da ação penal pública. Por parte da jurisprudência, vemos incisivos posicionamentos que, obviamente amparados em pareceres ministeriais[714], escoram, a nosso sentir, uma interpretação incorreta dos artigos legais e constitucionais a respeito[715].

É razoável supor, a partir destes pareceres (além da carência doutrinária em sentido contrário), que as bandeiras estejam todas hasteadas a favor da independência funcional do promotor de justiça, afinal, a maior parte da doutrina que ampara este posicionamento é cunhada por quem exerce ou já exerceu tal mister.

Neste sentido, destacamos o posicionamento de Paulo Rangel, segundo o qual não cabe à autoridade policial emitir juízo de valor de qualquer natureza por ocasião da apuração dos fatos. Cita, como exemplo, o juízo que se tem em face do indiciado que agiu em legítima defesa ou motivado por violenta emoção ao cometer o homicídio. Conclui afirmando que a autoridade policial não pode e nem deve se imiscuir nas funções do Ministério Público (nem do juiz), já que as atribuições decorrentes da sua função são meramente investigatórias[716]. Ora, estejamos diante da jurisprudência, ou

---

714 Confira-se trecho do parecer ministerial exarado nos autos do HC 137.637/DF, oriundo da Primeira Turma do STF: "(...) *13. Ainda, cumpre salientar que o art. 129, I, da Constituição da República, atribui ao Ministério Público, com exclusividade, a função de promover a ação penal pública (incondicionada ou condicionada à representação ou requisição) e, para tanto, é necessária a formação da opinio delicti. Como já pontuou o Min. Celso de Mello, a formação da opinio delicti compete, exclusivamente, ao Ministério Público, em cujas funções institucionais se insere, por consciente opção do legislador constituinte, o próprio monopólio da ação penal pública (CF, art. 129, I). Dessa posição de autonomia jurídica do Ministério Público, resulta a possibilidade, plena, de, até mesmo, não oferecer a própria denúncia (HC 68.242/DF, 1ª Turma, DJ 15.03.1991). Apenas o órgão de atuação do Ministério Público detém a opinio delicti a partir da qual é possível, ou não, instrumentalizar a persecução criminal (Inq-QO 2.341/MT, rel. Min. Gilmar Mendes, Pleno, DJ 17.08.2007) (Inq 2527 AgR/PB, rel. Min. Ellen Gracie, Tribunal Pleno, DJe 26.3.2010)(...)*". HC 137.637 / DF – Distrito Federal. Paciente: Paulo Octavio Alves Pereira. Impetrante: Cezar Roberto Bitencourt e outro. Coator: Superior Tribunal de Justiça. Relator: Ministro Luiz Fux. Brasília, 06 de março de 2018. Disponível em: <https://redir.stf.jus.br/paginadorpub/paginador.jsp?docTP=TP&docID=14713679>. Acesso em: 03 jul. 2021.

715 Cf. nota 87. O teor do art. 129, I, da CRFB/88 nos revela que: *"Art. 129. São funções institucionais do Ministério Público: I – promover, privativamente, a ação penal pública, na forma da lei"*; de igual modo, o art. 25, III, da Lei nº 8.625/93 (Lei Orgânica do Ministério Público): *"Art. 25. Além das funções previstas nas Constituições Federal e Estadual, na Lei Orgânica e em outras leis, incumbe, ainda, ao Ministério Público: III – promover, privativamente, a ação penal pública, na forma da lei"*.

716 RANGEL, Paulo. *Direito Processual Penal*. 20. ed. São Paulo: Atlas, 2012, p. 91.

da doutrina, o argumento central preponderante que se pode perceber não é técnico, mas sim, de autoridade.

A uma, pois este trabalho está demonstrando o verdadeiro fundamento da investigação criminal através da Fenomenologia, ciência de bases que está permitindo enxergarmos o erro sistêmico em considerar a *opinio delicti* como ato de julgamento exclusivo em face de uma aparente batalha institucional por atribuições: ter opinião sobre o crime (como a verdadeira tradução literal impõe), reflete ter a habilidade, capacidade, momento oportuno, método (crimino-fenomenológico), conhecimento técnico-jurídico e, principalmente, permissão constitucional e legal para determinar todas as circunstâncias inerentes ao fato criminoso (entenda-se, de direito material), para que, em face da doutrina material, possa haver subsunção dos fatos que ocorrem no mundo da vida à norma penal anteriormente posta. Então, *opinio delicti* deve ser entendida, definitivamente, como instituto de direito material, não processual.

Por força destas considerações, não devemos confundir a titularidade de propositura da ação penal (seja do Ministério Público ou do querelante), com a imputação que é requisito da denúncia (de modo a prestigiar o princípio da correlação entre a acusação e a sentença e que continua sendo do titular da ação penal) e o manejo dos institutos do crime que refletirão diretamente nos institutos de direito material (e que, por força das conclusões parciais deste trabalho, pertence essencialmente ao Delegado de Polícia).

A duas, pois o próprio artigo constitucional mencionado para embasar que a *opinio delicti* pertence ao membro do Ministério Público nada diz especificamente a respeito, limitando-se a declarar que cabe a ele promover a ação penal pública, privativamente, na forma da lei. E os argumentos para refutar esta assertiva acabam desaguando na mesma errônea concepção de que opinião sobre o delito é o equivalente à função exclusiva (ou privativa, como queira), de promover a ação penal.

A três, pois a fala depreciativa em face da Polícia Judiciária no sentido de que esta deve se limitar aos atos de investigação criminal (e, nesse sentido, pelo fato de a *opinio delicti* "ser" ato exclusivo daquele que propõe a ação penal, não caberia jamais à função policial), acaba por reforçar a tese insculpida pela teoria da valoração crimino-fenomenológica que, com argumentos técnicos (e não de autoridade), fundamenta de modo absoluto a real acepção da disputada expressão *opinio delicti*, cuja natureza jurídica deve ser a de instituto de direito material, oriunda de fundamentação fenomenológica, tendo como legitimado aquele que detém a atribuição para configurá-la de modo eidético.

Vale dizer: se o Delegado de Polícia deve se limitar aos atos de investigação (e em momento algum propusemos que este invada atribuição ou competência de outra personagem do sistema jurídico-penal), cabe a ele opinar sobre a constituição do delito e demonstrar sua essência. Repita-se: ser o titular do direito de ação não significa assumir que ele tenha sido o indivíduo que reconheceu todas as circunstâncias da situação fática para enquadrá-la à lei, possibilitando o manejo célere dos seus institutos correlatos, sejam eles processuais penais ou exclusivamente penais. Uma coisa é estarmos no âmbito do direito substantivo, outra, diferente, é estarmos nos manifestando quanto aos elementos inerentes ao direito material.

A jurisprudência, ainda vacilante, tangencia a proposta desta tese, mas ao fazê-lo, também comete equívoco, pois ao reconhecer que o Delegado de Polícia tem capacidade para formular tipificação, afirma que esta o será de modo provisório, apenas[717]. Tudo o que vimos até aqui e o que ainda iremos abordar, apontam em sentido contrário a esta atual visão na condução da *opinio delicti*.

3.2.7. O resgate da ideia sobre evidência: os dois graus fundamentais da teoria da valoração crimino-fenomenológica

Um dos principais argumentos pelos quais se motiva a necessidade de transmudação da *opinio delicti* para a fase de investigação criminal reside na ideia sobre evidência. Mas o próprio Husserl distingue as noções entre o "ver" e o "ver com clareza". A isso, somem-se todas as noções propostas e discutidas em momento oportuno, a respeito do binômio "clareza x obscuridade" ao qual remetemos o leitor. Todavia, por ora, nos manifestaremos sobre o "ver" e seus correlatos. Assim, conforme ensinamentos de Husserl,

717 Confira-se a ementa do referido julgado: *"PROCESSO PENAL. RECURSO EXTRAORDINÁRIO. CAPITULAÇÃO DO FATO. AUTORIDADE POLICIAL. TIPIFICAÇÃO PROVISÓRIA. MINISTÉRIO PÚBLICO. ATRIBUIÇÕES CONSTITUCIONAIS. OFENSA AO ART. 129, I, DA CF/88. INEXISTÊNCIA. I – A definição da competência para julgamento do crime, com base na tipificação provisória conferida ao fato pela autoridade policial, não enseja supressão das atribuições funcionais do Parquet. II – Fica resguardada a competência do Ministério Público de dar ao fato a capitulação que achar de direito quando ofertar a denúncia. III- Se a denúncia contemplar crimes diversos do relatado pela autoridade policial, capazes de modificar a competência para o julgamento do processo, poderá o Ministério Público requerer sejam os autos remetidos ao juízo competente. IV – A competência fixada com base na tipificação realizada pela autoridade policial não ofende o art. 129, I, da Constituição Federal. V- Recurso não provido"*. RE 497.170 / SP – São Paulo. RECTE.: Ministério Público Federal. RECDO.: Angelo Covizzi Neto. ADV.: Jurandy Pessuto e outro. RELATOR: Ministro Ricardo Lewandowski. Brasília, 13 de maio de 2008. Disponível em: <https://redir.stf.jus.br/paginadorpub/paginador.jsp?docTP=AC&docID=532165>. Acesso em: 03 jul. 2021.

o "ver" demonstra a motivação sobre o caráter racional da tese. É o seu próprio fundamento legitimante[718].

Por sua vez, a clarividência resultante de uma situação na qual se "vê com clareza" não é a motivação sobre a qual se assenta o caráter racional da tese: ela é o próprio caráter racional da tese. Então, tudo aquilo que temos diante dos nossos olhos (e aqui me permito ir além, para estender aos demais reflexos e fundamentos hiléticos), aliado ao critério da clareza, manifesta profunda coerência entre aquilo que se vê e aquilo que se tipifica juridicamente numa aproximação entre critérios teóricos e pragmáticos.

Os atos da consciência de primeiro grau são atos de experiência. Por consequência e por princípio, os atos de reflexão dali decorrentes são atos da consciência de segundo grau. Em "Meditações Cartesianas", Husserl admite que a reflexão altera o processo subjetivo original mas ressalta que esta é justamente sua tarefa: não repetir o processo original, mas sim, considerá-lo e explicar o que pode ser encontrado a partir dele[719]. Com isso, então, a reflexão, em Husserl é uma modificação desta experiência em primeiro grau.

No campo da teoria da valoração crimino-fenomenológica, este primeiro grau é balizado pela presença no local dos fatos, mediante a percepção da cena do crime, seus vestígios, circunstâncias, testemunhas e vítimas, bem como a valoração de todas as informações obtidas durante a investigação criminal etc. A ideia acerca da evidência nos permite afirmar que esta teoria tem campo de aplicação interligado com a noção de evidência, seja ela de forma imediata ou imediatamente reconstruída, logo após a presença da autoridade policial no local dos fatos, seguindo toda cartilha preconizada pela legislação processual, bem como através das diversas perícias e diligências que se façam necessárias, o que inclui a oitiva de todas as testemunhas que agreguem informações nos seus termos de declaração.

É importante destacar que não é pelo simples fato de que um crime não tenha testemunha, o que nos auxiliaria a fundamentar a importância da evidência, o fato é que a teoria da valoração crimino-fenomenológica possui legitimidade metodológica mesmo nestas situações, haja vista que ainda assim será possível reconstituir a essência do fenômeno do crime diante, identificando-se uma identidade numa multiplicidade que permitam o enquadramento jurídico daquele respectivo fato ocorrido no mundo da

718 HUSSERL, Edmund, op. cit., nota 233, p. 376.

719 HUSSERL, Edmund, op. cit., nota 367, p. 72.

vida e, consequentemente, através da subsunção inicial, dar início ao manejo dos adequados instrumentos processuais eventualmente cabíveis à hipótese.

Não é pelo simples fato de que em determinada situação não haja testemunha ocular sobre o crime, que ele não tenha acontecido e que não possa vir a ser reconhecido enquanto fenômeno a ser estudado, a ser compreendido e constituído em sua modalidade eidética e como de relevo para o Direito Penal, sob pena de estarmos adicionando um outro elemento ao conceito analítico de crime, não compreendido pela dogmática. Há diversas outras formas de se alcançar a essência do fato criminoso. Aliás, um dos sentidos da investigação é justamente a determinação do que aconteceu, da exata maneira como aconteceu. E para tanto, existem diversos outros métodos de investigação.

Supondo que numa determinada situação fática haja uma testemunha, mesmo assim ela pode mentir ou utilizar uma camada hilética inapropriada (como a da imaginação, por exemplo), e nem por isso a essência do noema "crime" será alterada. É papel do fenomenólogo compreender as armadilhas, para que não desvie do método apropriado. Tal método, então, pode ser inicialmente aplicado diante de qualquer fenômeno criminal.

Já o segundo grau é executado a partir da reflexão em face da experiência e de todas as nuances acerca do primeiro grau, porém, agora em atitude transcendental, tendo como base os métodos da fenomenologia pura de Husserl. Todo esse processo deve resultar no produto final que é a *opinio delicti* mediante a subsunção do fato à norma, proferida por quem tenha legitimidade atribuída legal ou constitucionalmente e no momento imediato ou mais próximo possível da ocorrência do crime enquanto fenômeno.

Resgatando-se a racionalidade que nos traz ao encontro da fenomenologia pura como ciência do "a *priori*", é preciso compreender que esta é uma metafísica em seu sentido mais autêntico, assevera Joaquín Xirau[720]. Enquanto resgata os fundamentos originais para as demais ciências, a Fenomenologia permite ao mesmo tempo que se estabeleçam premissas axiológicas inerentes à compreensão sobre a ontologia do crime, a despeito da sua tradicional fundamentação epistemológica.

Por tal razão, em face de tudo que foi exposto até aqui, principalmente da consideração no que diz respeito à espécie de vivido analisada, não restam dúvidas sobre o grau de pureza da informação obtida através de

720 XIRAU, Joaquín, op. cit., nota 241, p. 265.

intuição imediata. Mas nada impede, também, que logo após a ocorrência dos fatos, assim que o Delegado de Polícia tomar conhecimento da atividade delitiva e iniciar os trabalhos de investigação neste sentido, que se faça a reconstrução da narrativa em busca dos seus verdadeiros fundamentos. Aliás, a oportunidade preconizada pela lei neste sentido é justamente aquela conferida à polícia judiciária.

Entendemos que o momento processual adequado para tal mister é aquele que mais se aproxima do momento dos fatos, justamente por força da consideração dos aspectos periciais e da fragilidade dos elementos, vestígios, imagens de câmeras de monitoramento, que podem se perder caso não sejam reconhecidos, armazenados e tratados da forma correta, podendo gerar grandes prejuízos no que diz respeito à investigação, aos elementos de convicção da equipe policial e, por via de consequência, ao início da persecução penal e a busca pela justiça.

3.2.8. O ponto central da transmudação da *opinio delicti*

Com base nas questões propostas nos tópicos anteriores, percebemos a relevância sobre a questão do posicionamento para a adequada interpretação dos fatos no mundo dos vividos. A oportunidade da presença da autoridade policial no cenário em que os fatos ocorreram, nos moldes do art. 6º do Código de Processo Penal[721], revela sobremaneira a importância para a constatação fenomenológica da essência do crime, já que, como dito, o binômio "presença x ausência", se traduz numa gênese da Fenomenologia. E qual relevância prática disto tudo? Por qual motivo o Delegado de Polícia deve comparecer ao local do crime, mesmo numa situação de ausência (após uma presença decodificada no relato da testemunha)?

---

721 Cf. nota 27: o art. 6º do CPP aduz que: *"Logo que tiver conhecimento da prática da infração penal, a autoridade policial deverá: I – dirigir-se ao local, providenciando para que não se alterem o estado e conservação das coisas, até a chegada dos peritos criminais;(Redação dada pela Lei nº 8.862, de 28.3.1994); II – apreender os objetos que tiverem relação com o fato, após liberados pelos peritos criminais; (Redação dada pela Lei nº 8.862, de 28.3.1994); III – colher todas as provas que servirem para o esclarecimento do fato e suas circunstâncias; IV – ouvir o ofendido; V – ouvir o indiciado, com observância, no que for aplicável, do disposto no Capítulo III do Título VII, deste Livro, devendo o respectivo termo ser assinado por duas testemunhas que lhe tenham ouvido a leitura; VI – proceder a reconhecimento de pessoas e coisas e a acareações; VII – determinar, se for caso, que se proceda a exame de corpo de delito e a quaisquer outras perícias; VIII – ordenar a identificação do indiciado pelo processo datiloscópico, se possível, e fazer juntar aos autos sua folha de antecedentes; IX – averiguar a vida pregressa do indiciado, sob o ponto de vista individual, familiar e social, sua condição econômica, sua atitude e estado de ânimo antes e depois do crime e durante ele, e quaisquer outros elementos que contribuírem para a apreciação do seu temperamento e caráter; X – colher informações sobre a existência de filhos, respectivas idades e se possuem alguma deficiência e o nome e o contato de eventual responsável pelos cuidados dos filhos, indicado pela pessoa presa. (Incluído pela Lei nº 13.257, de 2016)".*

Além do cumprimento dos preceitos legais e infralegais (expedidos em portarias, atos normativos, resoluções, ordens de serviço internas da instituição policial etc.), diante das suas atribuições o Delegado será o primeiro legitimado pela própria lei para traduzir os dados que lhe são passados em situação, conferindo-lhes autenticidade em virtude da fé pública a ele inerente. Sua presença, mesmo após uma situação de ausência, preza pela coerência na valoração da identidade percebida diante da multiplicidade em face da constatação prévia da testemunha. Serve para que a perícia criminal utilize seus conhecimentos específicos a favor da justiça, da ciência, da expertise. Serve para que comportamentos falaciosos sejam cada vez menos imperativos no processo penal.

Embora estejamos dando ênfase às constatações da personagem "Delegado de Polícia", o embasamento jurídico-fenomenológico por parte do Delegado de Polícia também é idêntico ao de qualquer outra autoridade pública constitucionalmente legitimada para apurar originalmente um fato criminoso, como no caso de uma Comissão Parlamentar de Inquérito ou de uma infração de natureza militar, por exemplo.

Mediante sua presença na cena dos fatos, auxilia na redução da eventual confusão causada pelas diferentes "experiências internas": sobre isto, Sokolowski nos ensina que cada pessoa inegavelmente tem suas experiências[722]. E elas são internas exatamente porque são sempre ausentes para nós, ainda que você julgue conhecer a fundo a outra pessoa, tenha convivido ou conviva com ela.

E por qual motivo é sempre importante que o Delegado de Polícia questione e extraia o maior número de elementos possíveis da testemunha ou dos envolvidos em determinado fato que pode ser eventualmente tipificado como criminoso? Na medida em que partimos de uma atitude de outrem, temos os fatos narrados como tendo sido manifestados por esse outrem. Quando a autoridade policial e os investigadores começam a hesitar, questionando (saindo de uma atitude na qual ouve-se "ingenuamente", sem questionamentos), passando por uma atitude reflexiva, isso nos levará a uma mudança de postura, uma mudança própria que se revela como uma "atitude proposicional", atitude esta que nos levará de um mero estado de coisas para um verdadeiro juízo sobre a coisa.

Quando estamos diante de uma proposição oriunda de um estado de coisas e em face dela queremos proceder com questionamentos, assumimos

722 SOKOLOWSKI, Robert, op. cit., nota 227, p. 43.

(como já tivemos oportunidade de ressaltar) a reflexão proposicional ou apofântica. Todavia, isso não desnatura a necessidade posterior da reflexão filosófica/fenomenológica, transcendental. Ao fazermos distinção entre as duas, a ideia que Robert Sokolowski nos passa é a de que esta última é mais abrangente do que a primeira, pois na reflexão proposicional nos atemos a um específico estado de coisas que foi transformado numa proposição. Já diante da reflexão filosófica, nosso grau de distanciamento em face de tudo o que ocorre na atitude natural é bastante pronunciado, já que nos encontramos num grau de reflexão radical sobre tudo ao nosso redor[723].

Com isso, o autor finaliza seu pensamento afirmando que a principal diferença entre as duas espécies de reflexão, portanto, diz respeito ao alcance, uma vez que a filosófica é universal e a proposicional é limitada. Uma outra diferença que pode ser mencionada é quanto ao tipo: a filosófica pode ser considerada uma reflexão meramente contemplativa, desinteressada, enquanto a proposicional é necessariamente uma reflexão que visa a extrair a verdade sobre aquele estado de coisas analisado. Além disso, a reflexão proposicional é tomada na atitude natural, já que não parentetizamos o mundo ao nosso redor, diferentemente do que ocorre quando estamos em reflexão filosófica ou fenomenológica, pois derrubamos todas as crenças no mundo[724].

Entender tais diferenças nos permite elencar a importância prática de cada tipo de reflexão, na medida em que ainda na atitude natural temos três níveis de movimentação em direção à verdade, que foram descritos por Robert Sokolowski. Verifica-se o mero intencionar de algo ou algum fenômeno, para então enunciá-los de forma categórica (mediante a sintaxe etc.), para então chegarmos ao momento de assumir uma posição crítica numa atitude proposicional. Todos esses níveis, até aqui, estão inclusos na atitude natural[725].

Quando superamos tais etapas, mediante a parentetização, e ingressamos no mundo fenomenológico, então, estamos definitivamente no âmbito filosófico. Por isso o autor afirma que o raciocínio proposicional (que é crítico por natureza) é uma condição de possibilidade para o raciocínio filosófico[726].

---

723 SOKOLOWSKI, Robert, op. cit., nota 227, p. 200.

724 Ibidem, p. 201.

725 Ibidem, p. 208.

726 Ibidem, p. 209.

Voltamos à nossa ilustração sobre filmes de ficção científica: ainda que ocorra a situação ali avençada, jamais seu fluxo de experiências e sentimentos poderá ser efetivamente fundido com o fluxo da outra pessoa, num modo tal que seria possível que as fantasias, memórias, sentimentos ou aquele "filme que passa em nossas cabeças" pudesse, pontua Sokolowski, emergir dentro da própria consciência[727].

Retornando ao conceito de ausência e presença, queremos frisar que eles estão vinculados a um mesmo objeto, a um mesmo fato, a uma mesma análise sobre um fato criminoso. Ora podemos estar diante destes fatos ou objetos, ora podemos estar ausentes, mas com o pensamento voltado em forma de representação ou imaginação em sua intenção.

O que, então, acontece numa investigação criminal quando os investigadores não presenciam efetivamente o fenômeno do crime? O "estar sujeito ao estado de coisas como tomado por outrem" nos impõe uma atitude inicial ingênua, sem questionamentos, somente ouvindo o que tal testemunha tem para narrar sobre os fatos.

A partir dessa narrativa, devemos assumir postura de questionamento, de dúvidas, em virtude de tudo aquilo que pode ocorrer num depoimento e de todos os fatores externos que podem ocorrer, mas que não deveriam contaminar a narrativa do fenômeno. Afinal, a testemunha não é fenomenóloga e nem tem obrigação de ser. Portanto, a mudança para uma atitude proposicional reflete no que Robert Sokolowski chama de "esclarecimento da verdade como teoria da correspondência"[728].

A investigação mais detida por parte da autoridade policial irá permitir encontrar os elementos neutros referentes à verdade tal qual ela é e, se houver correspondência com aquilo que se encontra no resultado da investigação e aquilo que se disse inicialmente no termo de declarações, então, há correlação estabelecida sob as premissas fenomenológicas. Há, então, uma correlação que expressa a verdade entre aquilo que se disse e aquilo que se constata, mediante a adoção da atitude proposicional que se traduz nessa reflexão apofântica.

Robert Sokolowski nos mostra que esse ato de explicar a existência da correspondência entre o juízo tomado e o fato ocorrido é compreendido como uma teoria "de-citacional da verdade", pois seu respectivo início se

727 SOKOLOWSKI, Robert, op. cit., nota 227, p. 43.

728 Ibidem, p. 111.

dá com o estado de coisas em sua concepção básica, depois percebemos o estado de coisas como algo proposto e, por fim, terminaremos com o juízo apofântico sobre o estado de coisas original, agora confirmado mediante bases fenomenológicas[729].

A lógica, em si, já é bastante utilizada no campo categorial, já que através dela podemos aparar arestas que nos auxiliam no esclarecimento da verdade[730]. Um crime, por exemplo, não pode ao mesmo tempo ter ocorrido e não ocorrido, ou o contrário. A coerência entre aquilo que se ouve e aquilo que se encontra fornecerá elementos para que se embase a verdade.

Daí, após a lógica, entra em cena a função dos elementos sintáticos da linguagem, que têm sido chamados de partes sincategoremáticas, segundo Robert Sokolowski[731]. A expressão final da palavra "categoremática", diz respeito àquelas expressões que dão nomes a objetos e características, pontua o autor.

De todo modo, embora estando presente no local do crime, ainda assim, partimos para uma interação constante entre "presença e ausência", já que a tarefa principal do investigador neste propósito específico é o de constatação da viabilidade do relato para reconstrução do fenômeno propriamente dito. De fato, realmente cada um de nós intenciona a ausência, de alguma forma. Não seria diferente na constatação dos fatos narrados pela testemunha. Enquanto não encontramos a viabilidade ou a presença de determinado objeto (suponhamos que a testemunha tenha dito para a autoridade policial que sabia o local em que o criminoso havia escondido a arma do crime), estamos diante da sua ausência.

Mas a partir do momento em que podemos experienciá-la em presença autêntica, tal armamento passará a ser considerado um vestígio e, assim, estará submetido ao regramento imposto por ocasião da cadeia de custódia, a partir da mudança efetuada pelo Pacote Anticrime ao Código de Processo Penal[732]. Podemos, então, experimentar a ausência passada, a ausência futura. Estamos em constante dicotomia, transitando neste binômio "ausência x presença".

E neste caminho traçado entre intenções vazias e intenções cheias, respectivamente, Sokolowski nos ensina que iremos nos deparar com a

---

729 SOKOLOWSKI, Robert, op. cit., nota 227, p. 112.

730 Ibidem, p. 114.

731 Ibidem, p. 119.

732 Sobre o tema, vide: FERREIRA, Wilson Luiz Palermo, op. cit., nota 433, p. 64 et seq.

passagem por intenções significativas (ou seja, de significados), intenções pictoriais (ou seja, de imagens), suas respectivas associações e tipos intermediários, isto porque eventualmente podemos não mudar instantaneamente de uma intenção vazia para uma intenção cheia[733].

Por tal motivo, Sokolowski salienta dois principais tipos de preenchimentos das intenções cheias: no primeiro deles, há a passagem por meio de vários pontos intermediários, que podem ser de tipos diferentes, até que se alcança definitivamente a percepção em presença, a intuição evidente. Ele chama esta concatenação de atos de "cadeia de enchimento gradual ou cumulativo"[734].

Exemplificando com uma situação ilustrada no próprio exemplo do caso do homicídio narrado neste tópico: houve o relato de uma arma. A arma utilizada no crime. A testemunha ocular viu uma arma prateada. Sabe o local em que ela se encontra e o indica para os investigadores. Suponhamos que a testemunha tenha narrado, em sede policial, que a arma foi arremessada pelo criminoso no córrego situado às margens do local do crime de homicídio. A Polícia Militar foi acionada para efetuar as primeiras diligências em busca do suspeito e outra guarnição foi destacada para preservar o local do crime. Dessa preservação, foi possível observar que alguns estojos foram reconhecidos como de importância para a investigação criminal, mediante sua ponderação como vestígio (tarefa própria estabelecida pelos atuais procedimentos referentes à cadeia de custódia).

Assim, embora estejamos diante da ausência da arma, intencionamos pictorialmente sua presença mediante a identificação do tipo de estojo, que guarda informações sobre o calibre nominal (vale dizer, sobre a espessura do projétil arremessado por aquela arma e o tipo de arma para a qual a munição se destina), o que nos leva a ter uma imagem desta arma, jungida à intenção pictorial inicial passada pela testemunha no sentido de que tal arma é prateada, imagem que se funde em nossos pensamentos. No momento em que os investigadores encontram tal armamento, após terem sido feitas essas associações, então, a cadeia de enchimento gradual se completa e temos o término desse binômio "ausência x presença". Temos a evidência final.

Uma segunda forma de preenchimento das intenções cheias é apontada por Sokolowski, mas não se chega a um clímax, como na situação anterior.

733 SOKOLOWSKI, Robert, op. cit., nota 227, p. 47.

734 Ibidem, p. 48.

Estamos diante de uma situação meramente aditiva, pontua o autor[735]. Utilizando o exemplo da mesma arma, agora encontrada pelos investigadores. Tendo sido reconhecida como vestígio, será providenciada e materializada toda documentação referente à cadeia de custódia, impondo-se um detalhamento específico daquele como evidência. Então, a submissão deste vestígio para o tratamento em laboratório pericial, ainda que de modo meramente descritivo, nos permitirá detalhar mais informações sobre o armamento.

Suponhamos que no nosso exemplo de homicídio tenha sido retirado um projétil do cadáver. Esse projétil também é reconhecido pelo Perito Legista como de interesse para a investigação. Até se sabia que este projétil permanecia no interior do cadáver, haja vista não ter sido encontrada lesão de saída. No momento em que a autoridade policial é informada sobre a disponibilidade deste projétil para perícia (aliado ao fato do encontro do armamento provavelmente utilizado no evento crime), então, será finalmente possível a submissão dos dois vestígios já custodiados para um exame de confronto balístico.

Efetuado o exame e confeccionado o laudo pelo *expert*, então será possível ter mais informações e até mesmo a devida comprovação técnica de que aquela arma encontrada foi efetivamente utilizada no crime em destaque. Temos mais informações após a presença. Mais do mesmo, mas que fornece informações aditivas e mais perfis sobre a coisa questionada. A situação que acabamos de narrar seria um exemplo da segunda forma de preenchimento das intenções cheias.

Na transposição destes ensinamentos para o âmbito das ciências criminais, o relatório final do inquérito confeccionado pelo Delegado de Polícia irá reunir todos os elementos que foram colhidos em sede de investigação criminal e materializados através dos atributos sintáticos que lhe são inerentes, fazendo referência a todo procedimento investigativo que culmina na constatação da essência do fenômeno e na descrição do fato criminoso (se ele realmente ocorreu e merece a tutela do Direito Penal e a respectiva intervenção Estatal e, tendo ocorrido, sua descrição será tal qual ele realmente ocorreu e nos moldes como se deu).

Portanto, é imperioso rever o modo como a *opinio delicti* é atualmente tratada, pois demonstrou-se que a inadequação deste tratamento vem refletindo diretamente na forma como o processo penal é conduzido,

735 SOKOLOWSKI, Robert, op. cit., nota 227, p. 48.

impedindo-se que o sistema possa vir a ser considerado justo deste os momentos mais iniciais.

Na medida em que há lacunas legislativas que impedem que o Delegado de Polícia possa manejar qualquer elemento do crime (seja em face de qual concepção sobre a teoria do delito esteja sendo aplicada), são reveladas, então, algumas das formas pelas quais continuamos a contribuir para que o ordenamento jurídico-penal não progrida da maneira como ele deveria. Tais conclusões podem ser obtidas através da Fenomenologia, ainda que inicialmente o fato criminoso tenha sido narrado "em ausência", vale dizer, ainda que o Delegado de Polícia não tenha estado presente inicialmente no exato momento da ocorrência do fenômeno, conforme estamos narrando exaustivamente durante os estudos efetuados nesta obra.

3.2.9. *Emendatio Libelli* e *Mutatio Libelli*: excepcionalidades alternativas

Diante da gama de elementos necessários para que se caracterize o fenômeno do crime em sua essência, eventualmente pode existir situação que autorize, de modo excepcional, uma correção na tipificação legal para que o processo penal não fique engessado e não cumpra sua principal finalidade que é a promover a justiça para o caso concreto. A teoria da valoração crimino-fenomenológica não pretende, de forma alguma, invadir esfera de Poderes ou atribuições das demais instituições que têm por missão conferir sentido a um Direito Penal e Processual Penal mais justo. Todas elas precisam unir esforços na busca por este ideal.

De modo a que se mantenha a coerência com os propósitos temáticos desenvolvidos por esta tese, caso a primeira barreira de contenção do sistema punitivo jurídico-penal (aquela desempenhada pelo Delegado de Polícia durante as investigações) não tenha sido capaz de refletir a exatidão que o Direito Penal lhe requer, então, abre-se espaço para que as devidas correções de essência sejam feitas, excepcionalmente e mediante a devida fundamentação, não havendo espaço para renovação de predicamento egocêntrico ou qualquer outro tipo de manifestação autoritária de poder incompatível com o sistema republicano e com os demais preceitos que se espera de um sistema que preza pela correção, mínima intervenção e justiça. Pensando exatamente neste tipo de situação, concebemos os institutos da *emendatio libelli*[736] e da *mutatio libelli*[737] como ferramentas coerentes para correção da *opinio delicti* do Delegado de Polícia, já reposicionada, desde que a nova tipificação (devidamente fundamentada) seja capaz de demonstrar que as novas considerações têm o poder de reformular a opinião inicial balizada fenomenologicamente, pois a autoridade policial já não estará mais presente de modo ativo durante o processo penal propriamente dito e o órgão de persecução penal, bem como o judiciário, precisam seguir a marcha processual preestabelecida.

Ainda que uma das próprias personagens que atuem no processo penal (diversas do Delegado de Polícia) tenham presenciado um determinado fato criminoso, tal acontecimento não desnatura a necessidade de investigação criminal e materialização do fato com consequente descoberta de essências, mesmo que a infração penal não deixe vestígios, pois por mais que a prisão em flagrante possa ser determinada por qualquer do povo (e, principalmente, nos casos de quem legalmente autoridade para tanto - o que passa a ser um dever), estamos diante de mera prisão captura, cuja lavratura e demais procedimentos de praxe necessariamente deverão seguir a ritualística processual pertinente.

Portanto, ainda que não haja testemunhas presenciais, isso por si só não faz com que o crime enquanto fenômeno não exista, já que há diversos outros recursos, diversas outras nuances, que precisam ser valoradas e documentadas, cabendo ao Delegado de Polícia a formalização destes atos de polícia judiciária e, de modo principal, o indiciamento, nos mol-

736 Cf. nota 27. Confira-se a redação dada pela Lei nº 11.719/08 ao art. 383 do CPP: *"O juiz, sem modificar a descrição do fato contida na denúncia ou queixa, poderá atribuir-lhe definição jurídica diversa, ainda que, em conseqüência, tenha de aplicar pena mais grave.* § 1º *Se, em conseqüência de definição jurídica diversa, houver possibilidade de proposta de suspensão condicional do processo, o juiz procederá de acordo com o disposto na lei. § 2º Tratando-se de infração da competência de outro juízo, a este serão encaminhados os autos".*

737 Cf. nota 27. Art. 384 do CPP: *"Encerrada a instrução probatória, se entender cabível nova definição jurídica do fato, em conseqüência de prova existente nos autos de elemento ou circunstância da infração penal não contida na acusação, o Ministério Público deverá aditar a denúncia ou queixa, no prazo de 5 (cinco) dias, se em virtude desta houver sido instaurado o processo em crime de ação pública, reduzindo-se a termo o aditamento, quando feito oralmente. § 1º Não procedendo o órgão do Ministério Público ao aditamento, aplica-se o art. 28 deste Código. § 2º Ouvido o defensor do acusado no prazo de 5 (cinco) dias e admitido o aditamento, o juiz, a requerimento de qualquer das partes, designará dia e hora para continuação da audiência, com inquirição de testemunhas, novo interrogatório do acusado, realização de debates e julgamento. § 3º Aplicam-se as disposições dos §§ 1º e 2º do art. 383 ao caput deste artigo. § 4º Havendo aditamento, cada parte poderá arrolar até 3 (três) testemunhas, no prazo de 5 (cinco) dias, ficando o juiz, na sentença, adstrito aos termos do aditamento. § 5º Não recebido o aditamento, o processo prosseguirá".*

des estabelecidos pelo art. 2º, § 6º, da Lei nº 12.830/13[738], o que reforça o argumento a favor do reposicionamento da *opinio delicti*.

A fundamental leitura deste dispositivo legal nos relembra, além da natureza jurídica conferida às funções de polícia judiciária (essencial e exclusiva de Estado, o que engloba a apuração de infrações penais exercidas pelo Delegado de Polícia), que o ato de indiciamento é privativo deste mesmo cargo e requer fundamentação devida e conforme a coerente análise técnico-jurídica do fato, indicando autoria, materialidade, bem como todas as suas circunstâncias.

Para que não nos estendamos inoportunamente sobre algo cujos fundamentos não desejamos refutar, o importante é que haja a previsão e o reconhecimento destes dois institutos (*emendatio* e *mutatio*) no momento em que forem oportunos, servindo como elemento de adequação para que não se viole o princípio da correlação entre a acusação e a sentença, ressaltando, todavia, caso haja necessidade de recurso a esses instrumentos, que seja feito o adequado balizamento proposto pelos preceitos fenomenológicos, evitando-se, principalmente, o predicamento egocêntrico.

É de se ressaltar, portanto, que a teoria da valoração crimino-fenomenológica atende fielmente aos preceitos ali estabelecidos, além de assegurar o posicionamento através do qual é, definitivamente, o Delegado de Polícia quem deve conferir *opinio delicti*, restando as ferramentas da *emendatio libelli* e da *mutatio libelli* como alternativas para que se evite o engessamento das funções inerentes ao membro do Ministério Público (e sua independência funcional), bem como ao Juiz, a quem cabe, definitivamente, dizer o direito através da sentença.

738 Cf. nota 02. Vejamos o disposto no referido texto legal: *"Art. 2º As funções de polícia judiciária e a apuração de infrações penais exercidas pelo delegado de polícia são de natureza jurídica, essenciais e exclusivas de Estado; § 6º O indiciamento, privativo do delegado de polícia, dar-se-á por ato fundamentado, mediante análise técnico-jurídica do fato, que deverá indicar a autoria, materialidade e suas circunstâncias".*

3.3. A TEORIA DA VALORAÇÃO CRIMINO-FENOMENOLÓGICA NA ÓTICA DA COEXISTÊNCIA ENTRE OS INDIVÍDUOS

3.3.1. A heterofenomenologia de Daniel Clement Dennett

3.3.1.1. Panorama aproximativo entre a fenomenologia pura, a heterofenomenologia e a teoria da valoração crimino-fenomenológica

Quando percebemos a verdadeira motivação sobre o estudo da Fenomenologia, nos deparamos com a compreensão pela qual é preciso reformular o modo como o Direito Penal é aplicado. Ao observamos isto, compreendemos a importância da percepção em evidência, aquela tida em primeira pessoa, que por si só é capaz de originar uma futura ação penal em virtude da concretização de atos decorrentes da materialização de uma prisão em flagrante delito, por exemplo.

No entanto, embora o resgate da fenomenologia pura de Husserl se aplique de modo bastante simples naquela hipótese, restam alguns detalhes para que possamos compreender com clareza o modo pelo qual iremos explorar a percepção de um terceiro (uma terceira pessoa), ou seja, de alguém que tenha observado um fenômeno de repercussão na órbita penal cujo conteúdo seja de interesse do Estado-Juiz no deslinde de todas as suas circunstâncias.

É dizer: precisamos explicar a forma pela qual o investigador do método da teoria da valoração crimino-fenomenológica alcançará a compreensão necessária para remontar o fato criminoso, descobrindo-se sua essência e, por via de consequência, redefinindo a *opinio delicti*, através da perspectiva de uma terceira pessoa. Nesta senda, percebemos a aproximação da teoria da valoração crimino-fenomenológica com a teoria da "heterofenomenologia" (de Daniel Clement Dennett, pesquisador norte-americano especialista em filosofia da mente), cujo objetivo, partindo de um investigador neutro, é reconstruir o fato a partir de eventos mentais, conforme o método científico lhe indique.

David Cerbone faz uma correlação entre os métodos da fenomenologia de Husserl e a heterofenomenologia de Dennett. Enquanto a primeira tem por base o processo de redução fenomenológica com a *epoché*, no qual há "parentetização" do mundo externo, na hipótese tratada por Dennett o seu método é iniciado com a parentetização de qualquer tipo de compromisso com a realidade da consciência. Neste segundo método, então, o investigador não estudaria os fenômenos conscientes, já que é neutro em relação à sua existência. Todavia, para que comecem os trabalhos investigativos, o terceiro (neutro), deve converter os dados obtidos de forma bruta em relatos e então serão buscadas possíveis relações entre eles e outras espécies de dados acessíveis a partir desse ponto de vista (os eventos no cérebro dos sujeitos aparentes)[739].

Na sua obra *Consciousness Explained*[740], Daniel Dennett procurou mesclar a atividade da consciência humana com o estudo da Fenomenologia, razão pela qual dividiu o fenômeno em três partes: na primeira delas, estão posicionadas as experiências do mundo "exterior", tais como visões, sons, cheiros, além de sensações como a de algo escorregadio ou uma superfície arranhada, bem como demais sensações de frio e calor etc.; numa segunda parte, podemos enquadrar as "experiências do mundo interior puro", como por exemplo imagens fantasiadas, os sons e imagens do nosso próprio devaneio enquanto pensamos ou falamos com nós mesmos; por fim, na terceira parte estão as experiências de emoção ou afeto, como sede, fome, raiva, alegria, constrangimento, orgulho, ironia etc.

De um modo geral, Dennett afirma que filósofos e psicólogos geralmente se utilizam do termo "fenomenologia" para ilustrar uma espécie de cobertura que abrange itens que habitam a experiência da nossa consciência, tais como cheiros, dores, pensamentos etc., e até mesmo a imaginação de uma vaca roxa, por exemplo[741].

Então, em certo momento da sua obra, principalmente quando analisamos a nossa experiência em face do mundo externo, determinados sentidos humanos como o de gosto e de cheiro terão muitas vezes que trabalhar em conjunto para a percepção das moléculas, já que elas que detêm maior parcela de consideração nessa situação[742]. O mesmo se diga em face do tato, já que, quando empunhamos um determinado objeto, o iremos perceber tal como ele nos é dado e com as características específicas que lhe são narradas pelos nossos sentidos.

Ao percebermos uma arma de fogo, por exemplo, em que pese visualizarmos tal objeto como sendo aparentemente algo que nos indique estar

739 CERBONE, David R., op. cit., nota 242, p. 234.

740 DENNETT, Daniel Clement. *Consciousness Explained*. New York: Back Bay Books/Little, Brown and Company, 1991. p. 45.

741 Ibidem, p. 43.

742 Ibidem, p. 46.

diante de uma arma de fogo, somente o tato, o manuseio irá confirmar que aquela arma de fogo é de determinado material, com determinado peso, com certa rugosidade etc. Enfim, são as informações colocadas em conexão pelos receptores básicos dos sentidos humanos que farão a conjugação necessária de contexto, para que o cérebro decodifique tais estímulos, reconhecendo, afinal, do que se trata aquele objeto ou aquele fenômeno experienciado[743].

O que queremos dizer é que os sentidos humanos se complementam e são responsáveis por nos dar detalhes reais, evidentes, eidéticos, sobre determinado fenômeno, o que nos faz retornar à máxima segundo a qual a percepção em evidência (principalmente num local de crime) fará com que nos deparemos diante das três estruturas formais da Fenomenologia e nos trará embasamento e robustez para a comprovação da teoria da valoração crimino-fenomenológica.

3.3.1.2. A forma como observamos o mundo interno

Quando se observa o processo de autointerpretação introspectiva, Dennett também acredita que pode haver um número muito grande de erros. O referido autor indica que, nesta ocasião, está aberta a possibilidade de haver problemas na recordação, ainda que o intervalo de tempo entre a experiência real e a recordação seja relativamente pequeno[744].

Aliado a isto, ao explicar a questão acerca do fluxo da consciência, trata sobre o que chama de "rascunhos múltiplos da consciência" (*multiple drafts model of consciousness*). Segundo Dennett, o decurso do tempo faz com que existam vários fragmentos de determinada narrativa que estão em estágios distintos de visualização, seja pela adição de outras hipóteses, seja pela incorporação de algo que só existe na imaginação daquele indivíduo. Enfim, o fato é que se realmente assumimos como possível a existência destes rascunhos, quanto mais tempo se passa, mais propenso é o encontro de um processo editorial incondizente com a realidade experimentada[745].

Neste sentido, como já tivemos oportunidade de dissertar, quanto mais aproximado do momento da ocorrência do fato criminoso, quanto mais rápido for identificada a testemunha ocular (ou outra espécie de testemunha) que possa narrar com riqueza de detalhes os fatos da forma como

743 DENNETT, Daniel Clement, op. cit., nota 740, p. 47.

744 Ibidem, p. 318.

745 Ibidem, p. 113.

ela os percebeu, maior é a quantidade de informações que o Delegado de Polícia terá para poder receber em atitude ingênua e passar a se questionar e a questionar a testemunha durante o processo de *epoché* fenomenológica e sua redução. Por isso, quanto mais rápido entra em ação o observador da teoria da valoração crimino-fenomenológica, mais efetiva é a atuação de reconstrução da experiência.

Por outro lado, quanto mais tempo se passar e se houver insistência na reconstrução da experiência de modo tardio (como na repetição da maior parte dos atos de investigação em juízo, por exemplo), mais oportunidades de que a testemunha tenha eventualmente traçado estratégias mentais para minimizar a situação decorrente da qual se encontra e maior será a oportunidade da constatação dos rascunhos múltiplos da consciência, podendo trazer elementos que sequer foram vivenciados/experimentados. Então, é preciso que o operador da teoria da valoração crimino-fenomenológica tenha muita cautela.

Em certa passagem, Daniel Dennett nos indica que o mero ato de ouvir ou de perceber o discurso e identificar as particularidades gramaticais enquanto categorias de palavras e significados lexicais (cujas palavras são inegavelmente demarcadas), por si sós não são capazes de nos mostrar tudo, já que junto com elas vêm as sensações inerentes àquele momento e que são manifestadas pela pessoa de quem se ouve o discurso[746].

Basta que elenquemos, por exemplo, o sotaque, ou as sensações de tremor em face do medo ou simplesmente da aparente ausência de remorso diante de um autor confesso de um crime bárbaro. Essas sensações, tais quais se dão em sede policial, se dão num grau de fidelidade tal que fornece muito mais elementos do que as próprias palavras que serão escritas no ato de inquirição da testemunha ou do autor dos fatos.

Aliás, um grande fator que faz com que surja eventual dúvida a ser questionada em sede de depoimento é justamente aquele decorrente da incongruência entre o que se ouve e o que se vê, efetivamente. Significa dizer que o ato de depoimento em sede policial (tendo sido garantidos todos os direitos daquele que depõe, independentemente de ser mera testemunha ou investigado), contém indubitavelmente impressões que merecem ser consideradas com relevância e que jamais conseguirão ser reproduzidas da exata forma como elas foram sentidas, senão naquele momento.

746 DENNETT, Daniel Clement, op. cit., nota 740, p. 51.

O próprio ato de visão não consegue ser retratado de forma idêntica por indivíduos diferentes. Basta ilustrarmos a figura de um determinado objeto. Dennett cita a dificuldade de se desenhar uma rosa num vaso. O autor afirma que a riqueza de detalhes é tão grande diante da aparente simplicidade de pegar um pedaço de papel e um lápis para reproduzi-la, que as pessoas simplesmente acabam abandonando o desenho. O próprio ato de tradução reversa de um desenho tridimensional para um bidimensional já se constitui numa tarefa inegavelmente desafiadora para a maior parte das pessoas[747]. Quem dirá sobre a capacidade de narrativa de detalhes por parte de um indivíduo diante de uma situação de grande abalo emocional, como é uma situação criminosa.

Outro aspecto de relevo no que diz respeito à descrição das situações e que merece ser considerado é o do campo visual humano. Sabemos que a atualidade da atenção irá destacar aquilo que será transmitido ao cérebro e quais as informações que serão decodificadas a partir daí. A fóvea do campo da retina do olho humano é capaz de ser até cerca de dez vezes mais nítida que as partes mais periféricas[748].

Tal constatação nos permite afirmar que a forma como o indivíduo dá atenção ao que percebe, ilustra um grau de pureza que por sua vez irá determinar a proximidade ou a distância daquele que questiona essa informação em busca de conhecimento eidético. Enfim, ainda assim, supondo que os indivíduos que perceberam a rosa no vaso de plantas resolvessem desenhá-los. A forma como se percebe a rosa em face de uma mesma imagem para ser retratada é diferente de pessoa para pessoa. Umas são mais detalhistas, outras nem tanto.

Esse ato de variação de intencionalidade pictorial ligado diretamente à atualidade da atenção nos mostra a importância de que os elementos sejam referendados pelo Delegado de Polícia, transformando detalhes ocultos, obscuros, em clareza, identificando uma identidade numa multiplicidade (de preferência, aquela que satisfaça o preenchimento dos requisitos que se mostram plausíveis para que se inicie – ou não – a persecução penal diante de um fato que realmente mereça o interesse do Estado no seu deslinde).

---

747 DENNETT, Daniel Clement, op. cit., nota 740, p. 53.

748 Ibidem, p. 54.

3.3.1.3. *A forma como experienciamos o mundo externo*

A visão é responsável por grande parte do resultado da nossa percepção, através da transformação da radiação eletromagnética recebida pelas córneas (e transmitidas ao cérebro por meio do nervo óptico) em informação. A forma direta, portanto, aquela de vivência direta (ou percepção em evidência imediata) fortalece a primariedade da noção já exposta por nós anteriormente, em busca da essência do fenômeno.

Daniel Dennett, porém, nos ajuda a compreender, então, o motivo pelo qual temos a tendência a fazer uma espécie de visualização, seja com esquemas, modelos etc., quando alguém tenta nos explicar algo[749]. Neste sentido, a forma com a qual a informação chega até nós irá refletir uma variedade infinita de possibilidades que precisam ser investigadas pelo fenomenólogo, principalmente diante daquele a quem caberá subsomir o fato aos preceitos primários da norma penal incriminadora.

Basta pensarmos na seguinte proposição: *"Hoje pela manhã, um homem matou sua esposa a facadas no interior da sua residência"*. Pela mera leitura desta frase podemos inferir que cada pessoa que a leia ou ouça (recebendo a informação que precisa ser passada através dela) irá formatar um cenário único na sua consciência. Cada cenário terá suas próprias cores, seu próprio enredo, suas próprias "condições meteorológicas" e sua própria visualização do que vem a lhe parecer o "interior da residência" na qual a vítima foi morta.

Por força disto, mais uma vez é imperioso ressaltar que a resposta que a Fenomenologia dá é aquela decorrente da descoberta da essência do fenômeno. E o encontro disto, por sua vez, com a narrativa clara dos detalhes do fato e seu contexto, precisa ser atribuído veementemente ao Delegado de Polícia, pois é ele quem vivencia a investigação e traz ao processo penal a exata medida da compreensão que as demais personagens do sistema de justiça criminal precisam ter, para que se possa dar sequência à discussão dos fatos da forma como ele realmente aconteceu. Nesta toada, a descrição pormenorizada de detalhes obtidos através das mais diversas diligências policiais, incluindo-se ali as fotografias da autoridade policial e dos peritos, as oitivas, acareações, laudos periciais, reproduções simuladas etc., permitirão que todas as partes envolvidas tenham exatamente a mesma compreensão sobre o fato a ser julgado, com os detalhes inerentes.

749 DENNETT, Daniel Clement, op. cit., nota 740, p. 56.

A partir destas afirmações, vamos supor que ao invés da mera afirmação de uma frase como *"Hoje pela manhã, um homem matou sua esposa a facadas no interior da sua residência"*, cada um dos jurados num plenário do Tribunal do Júri, de forma independente, tenha de forma idêntica a mensagem passada através das informações que retratam exatamente (e com riqueza de detalhes) o mesmo fato criminoso. Certamente que, sem qualquer tipo de azo à imaginação, aquelas pessoas terão precisamente as mesmas informações para conduzir sua íntima convicção para proferir seu voto. Tudo isto ocorre a partir do resgate da percepção em evidência sobre os atos realizados na investigação, mesmo que o julgamento se dê meses (ou até mesmo, de forma indevida, anos após) a conclusão daquela.

Portanto, isto nos leva a crer que não é a partir da mera narrativa de um fato, ou da sua mera audição, que ele pode ser imediatamente convertido em imagens. O que se quer dizer é que a unicidade de cada caso é que irá definir a exata medida do contorno de justiça que se afere a partir de cada fato. E o realce de todas as características e circunstâncias é obtido no decorrer da investigação criminal.

3.3.1.4. Sobre a perspectiva de uma terceira pessoa

No desenvolvimento dos argumentos que dissertam sobre o método da Fenomenologia, Daniel Dennett nos mostra que o grande desafio reside na construção de uma teoria dos eventos mentais mediante a utilização dos dados que os métodos científicos permitem. E tal teoria deverá ser fundada a partir da perspectiva de uma terceira pessoa, pois é justamente a partir desta perspectiva que toda ciência foi e está sendo construída. De todo modo, na medida em que nos predispomos a dar créditos a uma determinada teoria, Dennett afirma que é preciso atribuir uma maneira neutra de descrever os dados, algo que não cause prejulgamentos[750].

Quando nos deparamos com uma situação criminosa a ser apurada mediante investigação criminal, precisamos ter em mente que boa parte das informações são colhidas a partir da perspectiva de uma terceira pessoa (seja ela o autor, a vítima – quando possível -, ou uma testemunha – quando existir). Isso não significa que seja a única forma (já que ressaltamos que pode ser visto diretamente por parte de um agente estatal policial que poderá relatar os fatos em primeira pessoa). Porém, rememorando a ques-

750 DENNETT, Daniel Clement, op. cit., nota 740, p. 71.

tão sobre o binômio "presença x ausência", numa considerável parte das situações a confirmação da informação será vista através da oitiva de uma terceira pessoa, que pode ser uma testemunha, por exemplo, e a partir daí serão vistas as circunstâncias do seu depoimento, para que se possa trazer o necessário esclarecimento ao caso investigado.

E para situações como essas, Dennett se utilizaria da heterofenomenologia[751]. Para o autor, trata-se de um caminho neutro, liderado a partir da ciência física objetiva (aqui, entendemos como a própria aparição do fenômeno) e sua insistência na observação do ponto de vista da terceira pessoa. Mediante um método fenomenológico-descritivo, será possível, em princípio, fazer justiça para as mais íntimas, privadas e indecifráveis experiências subjetivas. E para isso, Dennett afirma que não devemos abandonar a própria metodologia escrupulosa da ciência[752].

O início de qualquer investigação nesse sentido se refere à forma de interação com a terceira pessoa. E não há nada mais primordial e basilar do que a própria interação verbal. É justamente isto que vemos quando estamos diante de uma terceira pessoa no processo penal (aqui abrangido o sentido de uma investigação criminal, de igual maneira).

Um dos pontos de contato entre a heterofenomenologia de Dennett e a teoria da valoração crimino-fenomenológica reside justamente na forma pela qual se extrai o conhecimento da terceira pessoa (no caso mais emblemático da nossa teoria, o conhecimento de uma testemunha que presenciou um fato aparentemente criminoso). E tal questão engloba o uso dos vocábulos, da sintaxe e dos demais elementos de linguagem, que nos permitirão decodificar o conteúdo de modo igualitário a partir da mera leitura de um termo de declarações.

Sabemos que a condução de tal processo durante a investigação (especificamente no momento mais aproximado da ocorrência do fato em apuração) é justamente aquele obtido em sede policial, por parte de uma equipe que detenha os conhecimentos específicos, amparados em técnicas de condução de oitivas, com a principal finalidade de subsidiar elementos que necessariamente irão fornecer as bases à ação penal, por sua vez. É neste momento, também, que devem ser relatados os aspectos emocionais, o que deve ser feito de igual modo como observado pelo investigador neutro, para que possa vir a ser entendido ou reproduzido anos adiante. Em

751 DENNETT, Daniel Clement, op. cit., nota 740, p. 72.

752 Ibidem, p. 72.

determinados casos, isto pode fazer a diferença no processo e até mesmo na própria solução do caso.

Isso implica dizer que há sim necessidade de revisão da forma como a testemunha é ouvida (ou até mesmo do investigado, acompanhado da devida defesa técnica, podendo exercer o contraditório de alguma maneira, ainda que diferida), para que se aproveite o momento de forma a permitir o ingresso de elementos de informação específicos que só possam vir a ser elencados em sede policial, em virtude da qualidade destes. E o faremos delimitando o contexto de elementos que naturalmente sirvam como algo útil ao esclarecimento dos fatos, ou que forneçam indícios que nos auxiliem na busca pela essência do que realmente aconteceu.

No entanto, ainda percebemos que a falta de oportunidades para a defesa e até mesmo para a acusação, nesta gênese, traz prejuízos que se perpetuam pelas demais fases do processo, o que vem conduzindo uma permanência (ou pelo menos uma sequência) indevida destes, que em muitas situações não poderá jamais ser sanada, haja vista a decorrência do lapso temporal e a eterna continuidade do fluxo de vividos.

A despeito destas informações, o fato é que o método da heterofenomenologia não encara o outro indivíduo (aquele dito como terceiro) como mero reprodutor de sons a partir da comunicação verbal. Dennett afirma que se deve ir além, reconstruindo-se os dados a partir das palavras, sintaxes e seus respectivos significados, abstraindo-se do mero caráter acústico. O referido autor cita como exemplo a transcrição de um texto por estenografia e afirma que tal fato conduz, necessariamente, a um processo de interpretação que depende do tipo de linguagem que é falada e também nas intenções daquele que transmite a mensagem[753].

Particularmente, acreditamos que no método da teoria da valoração crimino-fenomenológica a participação do investigador é fundamental no processo de coleta das informações do terceiro e da forma como ela deverá ser transcrita para a investigação. É fato notório que se deve assumir postura neutra em relação a qualquer tipo de opinião pessoal, preconceitos ou qualquer outro tipo de atitude que venha a mascarar ou desnaturar a aplicação deste método na busca pela solução do crime.

Entretanto, a expertise de direcionamento e condução dos trabalhos é fundamental para que evitar que ingressem na investigação elementos que

753 DENNETT, Daniel Clement, op. cit., nota 740, p. 75.

condizem com opiniões pessoais por parte da testemunha, que fogem ao que é observado em presença por parte da autoridade policial e que muitas vezes (caso repetidas ou perpetuadas durante a investigação) terá o condão de desnaturar a essência dos fatos, fazendo com que este "algo" que sequer deveria constar na investigação, ganhe preponderância na ação penal em virtude de uma ideologia que só completa interesses não essenciais.

Nesse sentido, o investigador que utiliza a teoria da valoração crimino-fenomenológica deve ser capaz de interpretar os dados, inclusive através da sua capacitação para leitura da comunicação não-verbal (algo que deve ser feito de forma insistente nos cursos de formação policial), para que haja possibilidade de se identificar o que realmente aconteceu e tem relevo para fazer parte de uma investigação criminal e, consequentemente, de uma futura (ou não) ação penal, ou se aquilo que está sendo dito é fruto da imaginação ou de uma mentira.

Conclusão semelhante é a que foi adotada por Daniel Dennett, para quem o mero conglomerado de palavras deve ser compreendido além dos meros vocábulos, sem que isto seja considerado como mero pronunciamento daquelas, mas algo que seja assertivo ou questionador, que tenha significado e que seja capaz de delimitar uma ideia que lhe seja inerente. A isso, Dennett chama de "postura intencional" (*intentional stance*)[754], ocasião na qual devemos assumir que o terceiro é alguém que não é mero emitente de sons, mas um agente racional, intencional, cujas ações podem ser explicadas ou previstas com base naquelas sentenças que profere.

Caso este terceiro esteja mentindo, por exemplo, será possível comprovar no curso da investigação através de outras proposições e investigações fenomenológicas que lhe desmintam e que comprovem que sua intenção, à época da primeira dicção, não conduzia a argumentos dotados da sinceridade inerente à busca pela essência dos fatos.

A postura cética adotada por Dennett na heterofenomenologia é semelhante àquela adotada por Husserl na fenomenologia pura. Ambas pressupõem uma espécie de neutralidade por parte do observador fenomenólogo (que recebe as informações da forma como elas chegam), mas diferentemente do que preconiza Husserl (para quem devemos atingir a essência do fenômeno, daquilo que é observado), Dennett propõe que o observador alcance uma descrição definitiva do mundo conforme os sujeitos[755].

754 DENNETT, Daniel Clement, op. cit., nota 740, p. 76.
755 Ibidem, p. 83.

Não bastassem tais assertivas, a neutralidade esperada na heterofenomenologia mantém uma mentalidade aberta sobre aquilo que o sujeito (o terceiro) nos afirma, mas o ceticismo permite compreender que, como sujeitos iguais a nós (e iguais ao observador, logicamente), mentem, fantasiam, imaginam algo que, por mais que possa parecer verdade para quem verbaliza, necessita de um aprofundamento na busca pela verdade confirmada por seus pares.

Por tal motivo, a conclusão a que o próprio Dennett chega é que a heterofenomenologia depende desta parte empírica para comprovação dos seus métodos. Assim, enquanto método descritivo, a heterofenomenologia se encarrega de extrair e purificar os discursos obtidos a partir do ponto de vista de um terceiro, que por sua vez constitui aquilo que Dennett chama de "mundo heterofenomenológico do sujeito"[756].

Tal mundo é formado por tudo aquilo que o indivíduo (que narra) realmente percebe, ou seja, tudo aquilo que aparentemente, para ele, é a verdade. É aquilo que ele retrata de modo sincero em sua percepção: aquilo para ele existe ou foi vivenciado. É tudo aquilo que exatamente aparece para o sujeito em sua consciência. A partir do momento em que os dados são extraídos, Dennett conduz aquele que extraiu os dados do terceiro ao passo seguinte: a comprovação de que tudo aquilo que foi dito, mediante a definição de respostas satisfatórias que tenham como finalidade explicar a existência daquela heterofenomenologia nos seus mais íntimos detalhes[757].

O que pretendemos com estas considerações (e com a aproximação entre a fenomenologia pura de Husserl e a heterofenomenologia de Dennett) é justificar um método de atuação por parte do observador e operador da teoria da valoração crimino-fenomenológica na busca por uma solução condizente com a análise que deve ser tomada por ocasião da extração das informações oriundas de um terceiro, mas que numa verificação inicial contém dados que auxiliam na adoção dos passos subsequentes na determinação da essência do fenômeno do crime. Mas ainda é preciso fazermos algumas observações específicas com conhecimentos fenomenológicos puros.

756 DENNETT, Daniel Clement, op. cit., nota 740, p. 98.

757 Ibidem, p. 98.

3.3.2. A experiência introafetiva e a esfera monadológica

Na obra "Meditações Cartesianas e Conferências de Paris", Edmund Husserl faz importantes reflexões sobre o núcleo do seu idealismo transcendental. Para Scheila Cristiane Thomé, já no início da quarta meditação resta nítida esta tese central, representada tanto pela dependência epistemológica, quanto ontológica do mundo, em sua relação com a consciência. Se só através da constituição intencional realizada através da consciência poderemos ter como correlatos os objetos e o mundo como os vemos, então, para que possamos compreender o idealismo transcendental de Husserl é preciso que nos vinculemos ao conceito de constituição que, por sua vez, remonta ao *ego cogito* (diretamente ligado à esfera da subjetividade): uma egologia transcendental, portanto[758].

Se o tradicional idealismo transcendental husserliano é um constante exercício de explicação da própria subjetividade transcendental, então podemos afirmar que daí advém um dos principais questionamentos quando desejamos perceber o mundo através de uma outra pessoa. Por tal razão, na mesma obra, Husserl inaugura a quinta meditação com os questionamentos acerca do modo pelo qual devemos enxergar o outro indivíduo, desvendando a esfera de ser transcendental como intersubjetividade monadológica[759].

A terminologia "mônada" remonta a Gottfried Wilhelm Leibniz, na célebre obra *Essais de Théodiceé*, de 1710. Para o autor, *monas* é uma palavra oriunda do grego μονάς (que significa unidade). Leibniz geralmente se utiliza da expressão "substância simples", para a designação de unidade e é através daquela que acaba por se referir às mônadas[760]. Cada mônada é a expressão de um mundo próprio, à parte, mas de certa forma uma unidade básica sobre a qual remonta a formação de todo e qualquer corpo. Tal indivíduo é alguém com corpo externo ao meu, senhor do seu próprio pensamento, um ser absoluto, indivisível e, portanto, único em sua esfera

758 THOMÉ, Scheila Cristiane. Intersubjetividade e idealismo transcendental em Husserl. *Revista de Filosofia Aurora*, Curitiba, v. 31, n. 53, p. 520-535, mai/ago. 2019.

759 HUSSERL, Edmund, op. cit., nota 367, p. 127.

760 LEIBNIZ, Gottfried Wilhelm. *Essais de Théodicée sur la bonté de Dieu, la liberte de l'homme et l'origine du mal.* Amsterdam: Chez François Changuion, 1734. p. 138-139. No original: *"Monas, est un mot Grec qui signifie l'unité, ce qui est un: les substances composées ou les Corps, sont les multitudes: & les substances simples, autrement les Vies, les Ames, les Esprits, sont des unités. Il y a partout des substances simples, parce que sans les substances simples, il n'y en auroit point de composées; & par consequent toute la Nature est pleine de vie. Les Monades, ces substances simples, indivisibles, indépendantes de toute autre chose créée ou concrete, & qui peuvent dire Moi, reçoivent, des lieux où elles sont des impressions de tout l'Univers; mais des impressions confuses, à cause de leur multitude. Chaque Monade est un mirroir vivant, ou doué d'action interne, representatif de l'Univers suivant son point de vue, & aussi règlé que l'Univers même (...)"*.

monadológica. Mediante a apercepção assimiladora que faço dele, irá adquirir a completude de um "outro eu" que vive num "outro mundo" análogo ao meu. Para Joaquín Xirau este outro indivíduo é um "eu" ao redor do qual se forma uma perspectiva diferente do Universo[761].

Toda vez que nós pensamos na maneira pela qual eu posso compreender o outro como sendo um indivíduo análogo a mim, tal fato pode causar certa complexidade. Aliás, já ressaltamos essa questão quando abordamos, linhas atrás, temas sensíveis da reconstrução da exata percepção do outro. A realidade vivida por cada indivíduo, em face da qual podemos afirmar extrair esta ou aquela percepção nos conduz a reflexões ainda maiores. Boa parte do que foi estudado até aqui nos conduz a uma compreensão egoísta, de certo modo. Em que pese o exercício de toda fenomenologia, principalmente no que tange às reduções eidética e fenomenológica propriamente ditas, coexistimos com demais seres humanos e fenomenólogos em potencial.

David Cerbone inaugura duas grandes questões a partir destes questionamentos: a primeira delas diz respeito à existência (ou não) de modos diferentes pelos quais outros indivíduos são experienciados; num segundo momento, outro questionamento busca saber se outros indivíduos podem ser experienciados de um modo distinto. É saber: de que maneira e em quais formas eu, enquanto observador, fenomenólogo, posso experienciar a experiência/consciência de outro indivíduo?[762]

O simples fato da existência desta pergunta já é suficiente para que saibamos em que medida esperamos que o outro reaja em face dos acontecimentos que se dão ao redor da sua consciência. É dizer: de que modo podemos considerar a consciência do outro enquanto tendo percebido algo ou algum fato? Neste sentido, não é só a concepção solipsista (individual) que merece atenção, mas a realidade dos demais concidadãos precisa ser inserida e estudada, de alguma forma, diante dos critérios fenomenológicos.

Nestes termos, Joaquín Xirau informa que da mesma forma que o mundo físico tem uma realidade que precisa ser decifrada (e o fazemos individualmente através do ato de percepção), precisamos encontrar uma forma de revelar a psique alheia. Isto se dará através da introafeição (*Einfühlung*)[763]. Porém, decifrar esse código é algo da mais complexa estrutura. Esta mudança

761 XIRAU, Joaquín, op. cit., nota 241, p. 233.

762 CERBONE, David R., op. cit., nota 242, p. 200.

763 XIRAU, Joaquín, op. cit., nota 241, p. 226.

de postura para compreender exatamente o que o outro percebe depende da minha mudança de perspectiva para que eu possa, a partir da minha percepção inicial no mundo, compreender a percepção dos demais. Há um ato de projeção numa copresença que precisa ser desvendada.

A grande dificuldade, porém, reside no modo pelo qual, eu, transcendentalmente reduzido mediante a *epoché* fenomenológica, conseguirei compreender que não estou sozinho no mundo. A tarefa, então, é explicitar fenomenologicamente as intencionalidades do *alter-ego*[764]. É explicitar as nuances acerca da teoria transcendental do que me é alheio, no que Husserl chama de intropatia[765].

Nesta ocasião, deve ser abstraído tudo aquilo que resulta como alheio a mim na constituição universal, enfim, tudo que não me pertença como próprio (abstrai-se tudo o que é estranho ao indivíduo, incluído aqui o que diz respeito à subjetividade do outro), efetuando-se a "redução à esfera de propriedade" (*Eigenheit*)[766].

Husserl ressalta a necessidade metódica de se efetuar esse novo tipo de redução (εποχή) temática, exercida já no interior da esfera transcendental universal. Mas, para que eu evite o solipsismo, devo perceber que o meu ser enquanto mônada compreende também a intencionalidade dirigida para o *alter-ego*. Assim, existe uma intencionalidade especial, um novo sentido de "ser" que excede o meu ego monádico e se constitui num ego que se espelha na minha própria mônada, permitindo que haja a possibilidade do reconhecimento do outro, do *alter-ego*. Através desse espelhamento, o outro é reflexo de mim, é análogo a mim, mas não num sentido comum e sim, num sentido próprio[767].

Nestas hipóteses, Husserl indica que o "emparelhamento" (*Paarung*) é o componente associativamente constituinte da experiência do outro. Aqui já estamos em modo transcendental[768]. Por intermédio desse ato de acoplação assimiladora, embora possamos nos aproximar da realidade eventualmente experimentada que é apreendida por analogia, não saberemos especificamente aquilo que o outro contém, principalmente porque nunca saberemos se esta pessoa nos esconde uma percepção, nos esconde algum detalhe etc.

764 HUSSERL, Edmund, op. cit., nota 367, p. 128.

765 Ibidem, p. 130.

766 THOMÉ, Scheila Cristiane, op. cit., nota 758.

767 HUSSERL, Edmund, op. cit., nota 367, p. 132-133.

768 Ibidem, p. 150.

Essa linha de compreender os "outros eus" existentes no mundo e que podem ter suas características próprias de como enxergam este mundo decorre do princípio da "apercepção analógica" (*analogische Apperzeption*), segundo o qual preciso fazer uma transposição aperceptiva que denota uma ligação entre os "seres no mundo", afirma Xirau, num modo em que reconhecendo o outro como semelhante, tenho certa ligação com ele e posso, analogicamente, ter motivação para decifrar este organismo que é parecido com o meu. Deste modo, na introafeição, o corpo do outro indivíduo é percebido de uma só vez e a analogia nos é passada de forma simultânea ao ato de percepção ou apercepção. O autor prossegue afirmando que a cada apercepção, nos damos conta da presença de uma intencionalidade que nos provoca um processo interno de identificação ou reconhecimento anteriormente vivido ou anteriormente experimentado[769].

Tanto a realidade experimentada daquela primeira vez, quanto a realidade da qual estou diante agora, são acopladas, fazendo com que tal processo de reconhecimento se perfaça, me dando a informação de que aquilo que vejo tem semelhança com algo já visto ou experimentado. Por exemplo: ao vermos uma tomada de energia elétrica, muito provavelmente essa percepção já nos passa uma série de predicados agregados em virtude de vivências anteriores, pueris, como a de inserir um objeto dentro de um dos orifícios da tomada, cujo resultado é a provocação de um choque elétrico. Quem por acaso vir uma tomada, fará o acoplamento imediato desta apercepção e provavelmente trará o predicado de que esta tomada (caso eu insira determinado objeto nela) me causa um choque elétrico.

Assim também o será a cada nova visualização de um objeto já experimentado, de certa forma, pelo observador[770]. De posse destas informações iniciais, Xirau nos mostra que caso minha apercepção esteja dirigida a um outro indivíduo, mas semelhante a mim, então realizo este ato de acoplação assimiladora me transferindo a noção do que aquele indivíduo pode vir a sentir caso eu estivesse em seu lugar. É dizer: aquele organismo análogo pode refletir para mim o que se passa de forma implícita em sua psique. Mas isso se dá até certo limite, ressalta Xirau. Este "poder refletir" é primordial na definição que eu vou ter do outro, mas não exatamente no que aquele outro sentiu, valorou, se emocionou etc., pois caso este outro indivíduo

769 XIRAU, Joaquín, op. cit., nota 241, p. 228-229.

770 Ibidem, p. 230.

tivesse exatamente a mesma conversão do que contenho em mim, então aquela analogia inicial se converteria em verdadeira identidade[771].

A seu turno, Joaquín Xirau ensina dois componentes, dois elementos da experiência introafetiva: um originário e imediato, que nada mais é do que o corpo alheio (sensivelmente percebido como tal num corpo físico) e, aliado a esse ato intencional de percepção, podemos mencionar um segundo elemento que é uma intencionalidade de segundo grau que transforma o corpo físico num corpo orgânico no qual encontramos sua exteriorização e sua expressão[772].

Sobre isto, podemos dissertar sobre várias possibilidades inerentes. O corpo é importante, sobretudo, para as percepções de objetos materiais. Cada virada de ângulo, cada estender de braço para que se alcance o objeto determinado, enfim, cada ato de utilização do sentido (entendidos como uma relação condicional), Husserl nomeia de "relações de motivação"[773].

Isto, de certo modo, se liga com as questões acerca de perspectivas. Cerbone indica que, assim como em Husserl, o mundo que experienciamos parte de um determinado ponto de observação, o "ponto-zero de orientação"[774]. Tal compreensão acaba por nos demonstrando, novamente, mais uma das infinitas perspectivas/possibilidades, uma unidade diante de multiplicidades.

Levando-se em consideração a percepção de um simples objeto, em que pese a experiência se dê de forma adumbrativa, naquela ocasião espaço-temporal eu posso me mover ou mover o objeto que está diante de mim, posso ampliar meu campo de percepção, continuamente, revelando o que me parecia obscuro ou não tão clarificado. Diante de uma perspectiva pessoal, não vemos maiores problemas em que isso de fato ocorra.

Cerbone compactua das mesmas preocupações de Husserl e Xirau quando afirma que a grande questão é que o outro pode me esconder um lado oculto ou recusar a me revelar certos detalhes, em face do seu arbítrio de resistência ou recusa. Mais do que nunca, frisamos que nós nunca poderemos ocupar o lugar do outro, muito menos dizer ou narrar toda a experiência efetivamente vivida pelo outro, já que Cerbone nos indica que

771 XIRAU, Joaquín, op. cit., nota 241, p. 231.

772 Ibidem, p. 232-233.

773 CERBONE, David R., op. cit., nota 242, p. 154.

774 Ibidem, p. 208.

a subjetividade do outro é "não-contingente"[775], vale dizer, oculta de mim, em princípio.

Esta afirmação não se sustenta diante da aplicação da teoria da valoração crimino-fenomenológica, através da qual a percepção sobre o fato criminoso e sua consequente subsunção se dá por meio do esclarecimento da situação mediante a vivência e a narrativa em primeira pessoa pela autoridade que investiga o crime (principalmente o Delegado de Polícia), seja presencialmente no local dos fatos, ou ainda, por ocasião do esclarecimento de determinada perspectiva com base em outras diligências que se façam necessárias.

Neste diapasão, em que pese o outro sempre possa escolher a forma como irá me narrar seu ponto de vista, nesta situação estaremos lidando com ideias e noções de verdade/mentira que, na teoria da valoração crimino-fenomenológica, pode ser mitigada mediante o confronto com as demais informações que porventura possam estar no bojo da investigação criminal ou na iminência de estar.

Os argumentos são reforçados quando Cerbone nos mostra duas exemplificações: a de um objeto predeterminado e a do choque com a informação do outro. Na primeira hipótese ele alega que há certa previsibilidade do que pode vir a ocorrer caso eu mova determinado objeto, desde que ninguém o tenha substituído por outro objeto. Na segunda hipótese, há falta de previsibilidade, já que sua narrativa pode conter qualquer elemento (inclusive os encontrados na imaginação, na fantasia) [776], ou ainda serem afetados pela questão da falibilidade da memória humana, ainda mais levando-se em consideração a eventual dramaticidade oriunda do estado emocional de alguém que acaba de testemunhar um crime de qualquer natureza.

Então, a experiência introafetiva nos permite afirmar que eu tenho a obrigação de reconhecer este "outro eu", através do qual ele percebe o mundo de forma semelhante como aquela que eu percebo, um indivíduo que tem memória, que tem seus desejos e consegue ter atos de pensamento, de fantasia, de imaginação. Quando eu trato da minha esfera como indivíduo, na imanência, preciso compreender que posso ter mudanças de orientação conforme minha natureza espacial assim o permita. Assim também deve ser a minha percepção do outro, já que ele também se assemelha a mim, sobretudo nesta capacidade de mudança de orientação e ponto de vista.

---

775 CERBONE, David R., op. cit., nota 242, p. 213.

776 Ibidem, p. 214.

Diante das considerações abordadas neste tópico, pudemos perceber que realmente é viável asseverar uma capacidade de compreensão intersubjetiva transcendental, principalmente em relação à redução à esfera de propriedade, possibilitando o emparelhamento e a apercepção analógica, perfazendo a contínua busca por essências, de tal modo que os conhecimentos obtidos através da fenomenologia Husserliana não sejam completamente desconsiderados. De todo modo, Scheila Thomé ressalta a importância de ter especial atenção quanto às camadas da constituição obtidas por ocasião da redução fenomenológica, ressaltando que a intersubjetividade não é contraposta ao idealismo transcendental de Husserl. Se a subjetividade transcendental é a tarefa central deste idealismo, então, por esta análise, permite-se compreendê-lo de uma maneira ainda mais aprimorada, já que a intersubjetividade transcendental é um dos tópicos que melhor descrevem a "esfera alargada da subjetividade transcendental"[777].

3.3.3. A comunidade intermonadológica

No tópico anterior introduzimos a complexa questão inerente ao modo pelo qual devemos reconhecer o outro. Porém, ainda precisamos de um arremate nas nossas investigações. Joaquín Xirau revela que a conjugação de várias mônadas no mundo (comunidade intermonadológica que nos circunda) recebe influências transcendentais diversas, cuja base conhecemos como "intersubjetividade transcendental". É neste campo que estará limitado o ambiente da experiência introafetiva. Não importa o lugar no qual um corpo orgânico se constitua: a partir do meu reconhecimento deste outro corpo como pertencente a um mundo análogo com o meu, a experiência poderá ter sede[778].

A recepção desta oportunidade em concebermos uma comunidade intermonadológica revela um campo fértil na concepção da fenomenologia pura, ensina Xirau. De fato, é uma situação na qual a submissão ao processo de redução fenomenológica e sua inerente parentetização nos fará investigar sua verdadeira essência. Nesse sentido, cada um dos elementos integrantes desta comunidade pode (e deve) ser um instrumento fenomenológico, parentetizador e revelador da sua perspectiva solipsista[779].

777 THOMÉ, Scheila Cristiane, op. cit., nota 758.

778 XIRAU, Joaquín, op. cit., nota 241, p. 247.

779 Ibidem, p. 249.

De fato, vimos que a legítima expressão da experiência do outro nos exatos termos em que ela ocorreu jamais será possível sem a colaboração total e irrestrita deste, que fica condicionada ao seu estado fisiológico e o contexto emocional no qual está inserido no momento em que as informações lhe são demandadas. Mas o que garante, então, uma identificação no que diz respeito à congruência entre os "dois mundos observados", vale dizer, aquele que eu mesmo observo e me insiro e aquele no qual eu vejo meu semelhante, o reconheço como análogo ao meu corpo e, portanto, sujeito às observações fenomenológicas puras que eu observaria se estivesse no lugar dele?

É exatamente isso que o Delegado de Polícia faz por ocasião da investigação dos fatos, principalmente quando se desloca até o local do crime e lá tem a oportunidade de ouvir as pessoas envolvidas e verificar se suas percepções são congruentes ou se há algum tipo de falha, identificando-a.

Joaquín Xirau aponta a resposta para essa pergunta, ressaltando que é justamente a minha capacidade de me mover através desses mundos, que de fato são idênticos (são um mundo só) e mediante esta concepção, eu consigo me deslocar para observar diversos pontos de vista, inclusive o do outro. O autor prossegue e nos esclarece que não é bem uma gênese temporal ou empírica, mas uma verdadeira construção fenomenológica, pois é através dela que conseguimos analisar a exata percepção da intencionalidade que está implicitamente incutida no outro, mediante a qual poderemos chegar ao esclarecimento definitivo das circunstâncias naquele caso[780].

Se por um lado sabemos que a realidade de nossa consciência é a única dotada de evidência apodítica, o inverso nos permite afirmar que a certeza é meramente contingente, afirma Joaquín Xirau. A certeza que temos da nossa experiência enquanto uma vivência evidente no presente nos faz ser céticos em relação à experiência introafetiva. O autor nos ensina que, por ser uma espécie de experiência transcendente (já que nós observamos a experiência do outro), estamos sujeitos à concordância desta experiência com a análise fenomenológica que dela é esperada universalmente, uma concordância universal. É a partir desta que conseguiremos entender se há erros, incorreções ou imperfeições etc[781].

Quando não há concordância, Xirau observa que naquela experiência houve apenas um indivíduo cujo organismo guarda relação de semelhança

780 XIRAU, Joaquín, op. cit., nota 241, p. 236.

781 Ibidem, p. 239.

comigo, mas somente de modo aparente, não perceptivamente, fazendo com que a qualidade da experiência seja meramente relativa, não apodítica[782]. Jamais devemos conceber a possibilidade de que a consciência do outro seja reduzida por mim. Isso não é possível, em virtude da distinção entre cada um dos indivíduos da comunidade.

Xirau também ensina que ao procedermos dessa forma indevida, reduzindo a consciência alheia à nossa própria, estamos na realidade suprimindo a própria consciência do outro. O autor conclui considerando que o ato de eliminação tido em face da comunidade psicológica permite que alcancemos a intersubjetividade transcendental. Neste caso, nós não só teremos a expressão transcendente dos atos da própria consciência, como também os das consciências dos outros "eus", dos semelhantes a mim. Em face disto, reina a reflexão fenomenológica intersubjetiva[783].

3.4. A TEORIA DA VALORAÇÃO CRIMINO-FENOMENOLÓGICA E O TESTEMUNHO

3.4.1. Breve excurso sobre a evidência mediata e a relação com o testemunho

As noções tratadas no tópico anterior foram importantes para nos servir de introdução para as compreensões e reflexões que teremos a partir de agora. Num dos pontos altos das discussões travadas em "Ideias", Husserl se debruça sobre um ponto que, transportado para a essência desta obra, se torna nodal e impossível não discorrer sobre. Quando falamos sobre a questão do testemunho, sempre nos referimos à questão da recordação e as implicações que ela traz. A recordação pode ser compreendida como uma posição racional mediata (que se refere, obviamente, à posição racional imediata, que por sua vez, desemboca na evidência originária). No entanto, Husserl nos indica que é válido afirmar que toda recordação "clara" tem em sua composição uma legitimidade original ou imediata. Todavia, a consideração aqui é de uma legitimidade relativa, incompleta, imperfeita. De fato, não devemos dar à recordação o mesmo caráter atribuído à evidência originária[784].

782 XIRAU, Joaquín, op. cit., nota 241, p. 240.
783 Ibidem, p. 249.
784 HUSSERL, Edmund, op. cit., nota 233, p. 313.

Contudo, postas as premissas nestes termos, salientamos sobre a necessidade de detalhamento. Tomemos em consideração uma recordação que presentifica um passado. A referência que ela nos traz é a de uma evidência originária que precisa ser (re) presentada. Neste sentido, Husserl explica que sendo tal horizonte trazido à clarificação (bem como com distinção tética), a recordação neste caso nada mais seria do que uma concatenação de recordações sucessivas e efetuadas teticamente, culminando no presente atual (no momento de um depoimento por uma testemunha, por exemplo)[785].

A junção de ideias que se apoia no ato de encadeamento de informações/proposições que traduzem tal depoimento precisa exprimir uma visão de essência. E é desejável que seja de forma clara. Mas de que maneira Husserl demonstra como é o processo de resgate da evidência originária através da recordação? Para o autor, ao se avançar de recordação em recordação, o encadeamento entre elas, sempre mais distinto a cada vez, permite que se desemboque no presente perceptivo. Há uma espécie de força cada vez maior e mais atuante considerando-se o englobamento das recordações em detrimento à análise fragmentada, isolada, de cada uma delas. E Husserl prossegue ao distinguir que é a força (proveniente de forma oculta) da percepção, que confere a racionalidade e o caráter legitimante das recordações. É ela quem atua mesmo quando há obscuridade e confusão[786].

Isso impõe referir, outrossim, que é preciso afastar os indesejados efeitos que podem ser obtidos através da inadequada promiscuidade entre algo realmente objeto de uma recordação e aquilo que não o é (seja proveniente de outra recordação ou que vem à mente, por exemplo, em imaginação), o que consiste numa espécie própria da inadequação da recordação.

Daí a importância de separar tudo aquilo que consiste em posição "impura", das "puras", extraindo-se seu único e verdadeiro sentido: o eidético. Em que pese Husserl assumir certa legitimidade à recordação mencionada, ele insiste em afirmar que todos esses ensinamentos se destinam a reconhecer que a posição racional mediata e todos os conceitos e predicados dela advindos se remetem necessariamente à evidência. Porém, somente a evidência reconhecida como originária é dotada como fonte primária/original de legitimidade, restando a recordação e seus atos diretamente correlatos como atos não-originais e derivados por essência[787].

785 HUSSERL, Edmund, op. cit., nota 233, p. 314.

786 Ibidem, p. 314

787 Ibidem, p. 314.

Por derradeiro, vale destacar que a contrapartida para a fenomenologia da evidência (ou seja, o antagonismo desta) é a absurdidade, já que se opõe à busca da verdade daquilo que é factível e que pode ser obtido mediante clareza de visão. De todo modo, é válido recordar que a doutrina da evidência, em sua constituição eidética geral, é efetivamente parte da fenomenologia da razão. E quando aborda a fenomenologia da razão, Husserl nos mostra que ela, pressupondo a fenomenologia geral, pretende submeter a consciência da razão (e não a razão em geral) a uma investigação intuitiva[788].

3.4.2. A importância da determinação da estrutura do presente vivo: retenção x protensão

Na busca pela concepção sobre a forma através da qual se explica a experiência sobre objetos temporais (ou sobre a nossa própria concepção sobre as coisas enquanto estamos conscientes de tais coisas, enfim, sobre a nossa experiência com o tempo), Robert Sokolowski revela que, por mais que sejamos levados a entender que o tempo seria meramente uma sucessão de diversos "agoras", essa concepção minimalista não agrega todas as informações necessárias para um ponto de partida seguro na compreensão macro sobre a Fenomenologia e todas as suas possibilidades diagnósticas.

E como é tarefa da Fenomenologia ir justamente em busca de um conhecimento único, verdadeiro, fundamental, devemos ter consciência daquele momento como um momento vivo, não meramente algo estanque no tempo sem que saibamos quais são suas ligações precedentes (retenção, que nos remete ao substantivo "lembrança") e quais as relações consequentes (protensão, que nos remete ao substantivo "expectativa"). Caso contrário, estaríamos experimentando um eterno presente[789].

Por tais motivos, desenvolveu-se a noção de "presente vivo", representado pelo todo temporal num exato instante. Assim, houve por bem inferir que nesta modalidade de presente vivo, para que se possa ter uma real compreensão sobre o tempo vivido e o que isso significa na consciência humana, há três elementos a serem identificados: aquela impressão primordial, que se tem em vivência, em evidência; uma retenção, ou seja, algo através do qual se aponta para o passado, mas com o conteúdo inerente

788 HUSSERL, Edmund, op. cit., nota 233, p. 319.

789 SOKOLOWSKI, Robert, op. cit., nota 227, p. 145-146.

ao presente imediatamente vivido decorrido, tal como foi experienciado (daí já percebermos que isso agrega valor ao presente vivo); por fim, como componente destacado do "presente vivo", a protensão, como algo imediatamente decorrente da impressão primordial[790].

Os três elementos devem ser vistos de forma inseparável. Tudo aquilo que observamos no presente (e que a partir daí podemos ter uma correlação com o objeto visualizado) é chamado de "fase agora" (um lado objetivo da temporalidade). Isso não se confunde com o próprio presente vivo. A "fase agora" diz respeito ao lado noemático do objeto, como ele se mostra naquele momento de presente vivo (este sim, representando o lado subjetivo da temporalidade, simultaneamente). A sucessão de percepções faz com que se forme a linha temporal cujos três elementos comentamos linhas acima. É por tal motivo que Sokolowski assevera, assim como ocorre numa melodia, que quando esta é recordada, a mesma ordenação que ela propôs com seus sons naquele nosso presente vivo no qual a ouvimos guardará a sua correspondência naquela "fase agora" da melodia tal como a ouvimos[791].

Daí, quando a melodia é recordada, nossa memória irá reativar o fluxo temporal tanto do lado subjetivo, quanto do lado objetivo e de modo simultâneo, nos fazendo recordar daquele momento com as mesmas sensações etc. Por isso, quando resgatamos um cheiro na memória olfativa, ou algo que comemos numa viagem etc., recordaremos exatamente as sensações que nos foram passadas naquele presente vivo por aquela "fase agora".

Mas, então, por que podemos nos esquecer de determinadas coisas? A resposta é bem simples: seja pelo fato da forma como nos portamos diante daquele presente vivo, ou ainda por deficiência no alcance retencional de tal presente vivo, pois pela explicação traçada por Robert Sokolowski e por nós retransmitida, o alcance retencional daquele presente vivo se encerra imediatamente no anterior, nesses micropontos dentro da nossa percepção que se concatenam e formam a sucessão de eventos no espaço x tempo[792].

Mas em algum ponto essas retenções podem não mais estar juntas, devido à obscuridade temporal que atinge a consciência de cada um de nós (uns de forma mais intensa, outros de modo menos gravoso) podendo chegar ao esquecimento. Mas perceba que as respostas são embasadas em caráter exclusivamente subjetivo, já que a parte objetiva das "fases agora"

---

790 SOKOLOWSKI, Robert, op. cit., nota 227, p. 147.

791 Ibidem, p. 150.

792 Ibidem, p. 150.

daqueles objetos permanece intacta, pois sua essência é única, imutável, como deve ser.

Quais os ensinamentos que podemos transportar daqui para a análise no crime? A partir da ocorrência de um fato criminoso, quanto mais tempo se leva para a coleta do maior número de informações possível, mais estaremos sujeitos à ação da obscuridade temporal em relação à memória. Por tal motivo, quando mais aproximado do momento do crime, maior propensão à verdade e, consequentemente, à justiça.

3.4.3. Críticas à repetição de depoimentos em juízo

Antes de adentrarmos propriamente às críticas, devemos fazer algumas considerações importantes sobre "confusão" e "distinção". Husserl aduz que um simples pensamento (que pode ter teses diversas) pode aflorar como algo "confuso", ocasião na qual se dá uma primeira representação (entendida como "simples", mas desprovida de articulação com a tese atual, já que não estamos com a atenção voltada diretamente para ela)[793].

Quando nos concentramos neste pensamento, de modo a obter todo seu conteúdo, passamos a dirigir a atenção. A partir dela há a conversão para uma rememoração confusa para uma rememoração distinta (clara), na qual reconstruímos as teses que embasam aquele pensamento e, assim, reproduzimos seu andamento. Conseguimos, assim, percorrer as fases do vivido originário, com seus detalhes, suas nuances, suas circunstâncias. Porém, é preciso destacar que, estando no modo de reprodução do pensamento originário, não estamos propriamente atuando de forma essencial, já que o desenvolvimento da tese de rememoração é fundado na livre atividade do indivíduo, que a traduz em atualidade sintética[794].

Outro aspecto exaustivamente abordado no decorrer desta tese é o que diz respeito aos efeitos do tempo sobre as recordações. Embora elas tenham se originado em evidência originária, continuam a ser sintéticas. Se já há possibilidade de prestar declarações em sede policial, as que eventualmente sejam prestadas em juízo podem refletir uma síntese da síntese (com a aposição de mais camadas noéticas pelo decurso do tempo, sejam elas de imaginação, fantasia ou de recordação da recordação). Daí a comprovação, mais uma vez, da necessidade de que a primeira tese observada o seja de

793 HUSSERL, Edmund, op. cit., nota 233, p. 274.

794 Ibidem, p. 275.

maneira eidética, abreviando a concepção sobre o fenômeno e aproveitando o "eu puro" para qualificar a tese oportuna em atitude fenomenológica.

Conseguimos perceber, de antemão, que a qualidade na obtenção do termo de declarações por parte do investigador policial reflete diretamente na categorização das informações elencadas a partir do norteamento inicial tido por ocasião da comunicação do fato criminoso (que originou a visão ou pelo menos as considerações primordiais por parte da testemunha), mas que agora terão seu momento mais expressivo através da utilização dos vocábulos, da sintaxe e dos significados.

Ao se reconhecer o terceiro como sujeito que pode estar falando a verdade ou não, mas pelo simples fato de agirmos de modo cético em relação às informações recebidas, a análise comportamental e o confronto com os elementos obtidos por parte da equipe que tenha comparecido ao local do crime (ou o local dos fatos sob apuração), nos permitirão sopesar uma conclusão no sentido de que obrigatoriamente necessitamos de uma maior imersão quanto à análise de todas as circunstâncias que compõem a noção do crime, o que inclui a análise detida dos seus elementos analíticos.

Na medida em que o Delegado de Polícia se vê no complexo caminho de definição dos indícios de autoria e da prova da materialidade, é imperioso que tenha todas as ferramentas para que se possa destacar a concepção global sobre o que aquilo significa, de modo categórico, para o mundo do crime (no aspecto material, constitucional, processual, pericial etc.) revelando, ao final, a exata medida inicial que se deve dar para este noema dito como delito.

E o que é que isto significa, na prática? Significa que é necessário fazer investimentos na forma mais básica, mas ao mesmo tempo mais importante, ao obter informações que irão alimentar todo o processo penal: a investigação criminal. Significa que devemos capacitar nossos agentes policiais com técnicas específicas de oitivas criminais que permitam criar, empaticamente, uma ligação entre o terceiro interlocutor e o entrevistador, com a possibilidade de participação de psicólogos caso haja necessidade e que estes psicólogos sejam do quadro pericial e que possam, por sua vez, prestar informações oficiais sobre a forma como a pessoa entrevistada se comporta, auxiliando na obtenção dos elementos necessários que, por sua vez, serão materializados nos autos da investigação.

Significa, de igual sorte, que é preciso investir na infraestrutura, para que se tenha logo na base o próprio anteparo que irá definir a reformulação do modo como se analisa o crime. Naturalmente, quando as bases são reconstruídas, o que se espera a médio e longo prazo é o retorno na qualidade do que se efetivamente tiver para ser julgado, o que irá representar tudo aquilo que verdadeiramente interessa à sociedade e ao Estado ver como algo sendo processado, algo que irá movimentar todo aparato Estatal por uma causa verdadeiramente nobre e que precisa de atenção, já que o escudo inicial se encarregou de preparar o terreno fértil para a colheita da justiça.

Sobre este ponto específico, convém destacar e esmiuçar uma crítica expressiva no que diz respeito à repetição de depoimentos tomados até mesmo anos depois dos fatos, já que elementos externos podem e vão influenciar na constituição das camadas, desnaturando-se a essência do instituto apurado, pois haverá contaminação das ideias moldadas sob a exata égide binomial "espaço x tempo". Afinal, se à época da observação, consideramos um sistema perceptível estanque (circunscrito às descobertas de unidades possíveis dentro de um campo de concepção possível) em face das multiplicidades que poderiam servir de base para a percepção, com a influência daqueles fatores externos (dentre os quais podemos inserir a falibilidade da memória ou a natural capacidade humana de imaginar cenários), provoca-se uma indesejada distorção fática, o que pode acarretar injustiças no decorrer do processo.

Isso nos leva a crer sobre a desnecessidade de renovação dos atos policiais em juízo, principalmente os dos próprios policiais, que muitas vezes são chamados para explicar atos que já estão materializados sob a alcunha de diligências ou relatórios. Atualmente, a atividade teórica, constatada na prática nos mostra que os atos judiciais de inquirição de testemunhas se dão com base no rol formulado pelas partes, nos termos do art. 401 do CPP[795].

Como a legislação não especificou quais são estas testemunhas, então as partes acabam por embasar o rol principalmente nos termos de declaração colhidos em sede policial. Isso significa que uma testemunha, mesmo já tendo sido ouvida na Delegacia (no momento indicado por este trabalho como sendo o oportuno, pois representa a primeira oportunidade possível e com maior aproximação e detalhamento em face da percepção e vivência do fenômeno em evidência), poderá também ser novamente ouvida em sede judicial.

Os argumentos utilizados para isso são os mais diversos possíveis, desde alegações (muitas vezes infundadas) de tortura por parte dos po-

795 Cf. nota 27. Segundo o *caput* do dispositivo mencionado: *"Na instrução poderão ser inquiridas até 8 (oito) testemunhas arroladas pela acusação e 8 (oito) pela defesa".*

liciais, ou ainda pela simples alegação de exercício da ampla defesa e do contraditório, como direitos fundamentais, ou por mero capricho da autoridade requisitante que formulou o rol de testemunhas (nos referimos ao vocábulo "capricho", pois não são poucas as vezes nas quais as testemunhas são obrigadas a comparecer em juízo e, sem mesmo terem sido ouvidas, são simplesmente dispensadas pela autoridade que a requisitou, após terem dispendido tempo, dinheiro e outros recursos para poderem atender aos anseios daquela).

Porém, por qualquer motivo que seja (ainda que sob a alegação de exercício de direitos, esta sim, perfeitamente válida sob a égide da Constituição atual), o fato é que em nenhuma dessas situações teremos declarações tão fiáveis quanto aquelas tomadas logo após a ocorrência do evento crime. Acabamos de ressaltar que os efeitos deletérios do tempo são de consequências desastrosas sobre a memória.

Alie-se a isso as noções acerca da clareza e obscuridade, do medo em face de uma eventual coação de uma testemunha, ou do que o arrependimento ou sentimento de pena pode fazer nesta testemunha (vendo o réu já preso por determinado período de tempo), ou ainda da intimidação e constrangimento, vergonha ou qualquer outro de ordem íntima ao ser obrigada a ter sua imagem exposta num julgamento de Tribunal, anos depois, já tendo narrado todos os detalhes, todas as nuances, tudo aquilo que era possível sobre os fatos criminosos porventura experimentados.

Destaca-se que, quanto mais o tempo passa, maiores são as propensões à confusão, ao esquecimento, ou ainda à atuação da fantasia e da imaginação, que podem ser totalmente decisivas num termo de declarações tomado anos à frente, pois a dúvida poderá ser utilizada em benefício do réu. Este fato, por si só, já distorce a noção de justiça.

Não se quer a condenação desenfreada de toda e qualquer pessoa que sente no banco dos réus. Não é isso que este trabalho propõe. O que se quer dizer é que não temos como dar maior credibilidade a um depoimento tomado três, quatro ou mais anos depois da prática do crime (o que não é raro de se observar levando-se em consideração o atual estágio da Justiça brasileira), do que àquele tomado em sede policial, momentos ou minutos após a ocorrência do fato criminoso.

Esta última hipótese é muito mais fiel à essência dos fatos do que aquele depoimento que muitas vezes é o principal a ser levado em consideração, sob a alegação de ter sido colhido em juízo, com a garantia de que a testemunha não foi coagida ou torturada por policiais. Que façamos, então modificações na forma como tais inquirições são levadas a efeito.

E é exatamente este um dos propósitos desta tese: o aprimoramento da Justiça brasileira mediante a utilização da Fenomenologia. Que se dê créditos ao trabalho da polícia judiciária, equipada, treinada, capacitada etc. Enfim, que se considere como válidos os depoimentos tomados em sede policial, sem a necessidade de repetição exaustiva em juízo, o que não afasta eventual coleta de depoimentos de uma testemunha porventura não identificada por ocasião da investigação criminal, dando-lhe a oportunidade para vir em juízo prestar suas declarações sobre o que eventualmente viu ou aquilo que sabe sobre os fatos.

Mesmo assim, diante de todas as considerações tecidas neste trabalho, entendemos que ainda que se comprove totalmente a verdade das declarações prestadas, não há como darmos a mesma valoração do que se tal termo de declarações tivesse sido colhido ainda no início da investigação criminal. É de se questionar, até mesmo, o motivo pelo qual tal termo está sendo colhido tanto tempo depois. É, no mínimo, curioso, pois certamente nos fará crer que houve algum motivo específico e muito maior do que a vontade de esclarecer os fatos que impediram ou fizeram com que tal testemunha retardasse uma obrigação moral, qual seja, a do esclarecimento de um fato de interesse da justiça.

Entram em cena, aqui, todas aquelas noções básicas de civismo, moralismo e racionalidade em face do desenvolvimento humano, pois um adulto tem condições de saber o que é certo ou errado, tem condições de saber que viu algo que pode ajudar a definir o futuro de uma família que perde seu ente querido ou que o vê, agora, sentado num banco destinado a pessoas acusadas pela prática de um crime.

E se sabe que a pessoa acusada é inocente? Por qual motivo não procurou as autoridades anteriormente? Será que tal pessoa efetivamente contribuiu com sua ação para o desenvolvimento da justiça? E por qual motivo deveremos levar em consideração o que ela fala somente agora, anos após os fatos? Qual a credibilidade deste depoimento, afinal? Quantas camadas noéticas foram adicionadas?

Perceba que temos muito mais questionamentos do que respostas, isso sem somarmos o grande peso que o tempo exerce na memória e na desconstrução da viabilidade de resgate da essência dos fenômenos, tal como ocorreram de modo pretérito. Se com relação às testemunhas esses eventos podem naturalmente acontecer, quem dirá com os próprios investigadores que participaram de todo processo de elucidação dos fatos que culminaram com a ação penal, seja ela pública ou privada.

Como asseveramos parágrafos atrás, não são raras as vezes em que os agentes de segurança pública são chamados nos processos penais propriamente ditos, devido ao fato de terem sido elencados no rol de testemunhas. A pergunta central é: por qual motivo? A incongruência é sem tamanho. Ora, isso se reflete ou num descrédito que se dá ao trabalho e à atividade policial como um todo ou num anseio desenfreado em condenações, fazendo com que a presença de um policial em juízo, que tenha efetivamente participado do trabalho, sirva como robustecimento do acervo probatório e, com isso, se tenha uma maior preponderância para a condenação.

Mas perceba que as premissas elencadas para esses argumentos simplesmente não se encaixam num critério mínimo de racionalidade. Se é bem verdade que todo trabalho de investigação foi exaustivamente travado, culminando na explicação de todas as diligências a caracterização de todas as circunstâncias que envolveram a atividade criminosa investigada, gerando informações sobre investigação por parte dos policiais responsáveis (através das quais detalham o que fizeram e da forma como fizeram), culminando no relatório final elaborado pelo Delegado de Polícia, a nosso sentir isso não justifica minimamente a necessidade de repetição dos mesmos atos em juízo, para falar sobre a mesma coisa que está escrita e assinada no inquérito.

Aliás, a legislação processual penal vigente já preconiza o detalhamento da investigação, de forma minuciosa[796], no art. 10, § 1º, desde 1941. Será que estamos errando desde esta época, então? Bem provável que sim. E o atual estado do nosso moroso e ineficiente aparato de justiça criminal demonstra isso.

Outra pergunta: o policial é testemunha de quem? Da investigação? É perda de tempo, tanto para o judiciário, que poderia ser mais célere ao se preocupar com menos burocracia provocada pelas partes que entenderam a necessidade de oitiva dos policiais para explicar o óbvio, o que já está escrito, quanto para estes, que são chamados diversas vezes para esse objetivo, a maioria delas (curiosamente) no dia da sua folga (para quem trabalha em regime de plantão). Esses são os argumentos mais triviais.

796 Cf. nota 27. Pela redação do dispositivo mencionado: *"A autoridade fará minucioso relatório do que tiver sido apurado e enviará autos ao juiz competente".*

Agora, passamos para os argumentos técnicos. A ideia central desta tese nos permite afirmar que é preciso se concentrar na informação em essência, ou seja, na pedra fundamental do fenômeno, no seu núcleo: o modo como se atinge a percepção sobre essa temática (em matéria criminal) quanto aos critérios de análise fenomenológica sobre o crime é a percepção em evidência. Isso significa a necessidade de presença no local dos fatos no mais curto espaço de tempo possível, para que se esclareçam todas as possibilidades entre o que realmente aconteceu, o que foi narrado pelas testemunhas, ou o que foi experienciado, tanto por elas, quanto pelos próprios policiais, eventualmente (diante de uma hipótese flagrancial).

A utilização da canalização da informação obtida por todos os sentidos humanos nos permite afirmar que aquele momento inicial é o que contém o maior número de informações possível (e diga-se, informações de qualidade em termos fenomenológicos) para permitir traçar a dinâmica do crime e, com isso, se chegar à intuição categorial e fazermos a subsunção do fato à norma jurídica anteriormente posta, em atenção ao princípio da legalidade e todas as suas nuances.

Assim, somente o corpo policial terá condições de esclarecer, na investigação, a verdade dos fatos tal como se deram em evidência para aqueles que observaram a ocorrência do fenômeno. A sucessão de "presentes vivos" e suas "fases agora" irão reverberar na memória do indivíduo, até o ponto em que percepção em evidência poderá adquirir fluidez com imaginação e fantasia, em qualquer ser humano. Há o momento de devanescer e isso é invariável.

Não significa, porém, que não possa vir a ser resgatado de alguma forma. Porém, o efeito da temporalidade em face da memória é seguramente mais severo quanto mais o curso daquela se impõe. Acontece com as testemunhas, acontece com os policiais, acontece com os advogados, promotores, juízes, defensores etc. Não é exclusividade de uma classe ou uma categoria de pessoas, mas algo comum a todos.

Por tal motivo, especificamente no caso do inquérito policial e das diligências levadas adiante nele, faz-se por bem materializar em palavras, imagens, esquemas, croquis, para que o seu significado lexical possa ser perpetuado no tempo. Isso também é feito com relação ao processo penal propriamente dito.

O que causa estranheza é o motivo pelo qual nova oitiva se dá, se essa nova informação pode não refletir exatamente o que se disse anteriormente, em face do decurso do tempo? Por qual motivo se dá primazia a uma informação envelhecida, para determinar o futuro de uma pessoa submetida a julgamento, em detrimento de uma informação primeva e certamente mais alinhada com a essência fenomenológica pretendida?

Essa cultura, esse hábito e a forma como se vê a informação no inquérito policial precisam ser modificados após a compreensão das ideias deste trabalho. A menos que haja dúvida sobre algo que esteja no procedimento investigativo, não há como se considerar normal a repetição desenfreada de oitivas do corpo policial.

Isso seria facilmente resolvido caso as dúvidas fossem tiradas no curso da própria investigação, até mesmo para orientar uma determinada diligência a ser feita por parte do Delegado de Polícia: está previsto[797] no art. 13, II, do CPP, que o Delegado de Polícia deverá realizar as diligências requisitadas pelo juiz ou pelo Ministério Público; não é diferente quando analisamos o art. 14 do CPP, ao se afirmar que o ofendido, o respectivo representante legal, ou ainda o indiciado, poderão fazer um requerimento para a realização de uma determinada diligência, que poderá ou não ser realizada, a critério da autoridade policial. Não são normativas novas, inseridas recentemente. Estão desde 1941 previstas na lei.

Com isso, ao final do inquérito e por ocasião da denúncia, não deveria haver dúvidas sobre o minucioso relatório final, até porque é sobre ele que a denúncia é montada, quase na sua totalidade. Daí também a previsão legal contida no art. 12 do CPP[798], para quem o inquérito irá acompanhar a denúncia ou queixa, sempre que servir de base a uma ou outra. As informações estão lá. Só não enxerga quem não quiser.

Portanto, não há como subsistir a intimação do corpo policial para que explique algo que já está explicado e que serviu de base para a ação penal. *Mutatis mutandis*, seria equivalente a inquirir o Promotor ou o Advogado que promoveram suas respectivas ações penais, sobre a forma pela qual chegaram àquela conclusão e quais foram seus métodos utilizados e o motivo de terem feito o que fizeram, efetivamente.

Sem falar no fato de que em muitas situações, em que pese o policial estar devidamente notificado e ter comparecido, as audiências não são realizadas, ou são adiadas (e não se avisa ao policial – já tivemos o desprazer de vivenciar isto, cuja justificativa ouvida por parte do serventuário da Justiça

797 Cf. nota 27.

798 Cf. nota 27.

foi: "*acontece, doutor*"), ou não se cumpre o horário previsto para seu início. Noutras situações, a inquirição do policial em juízo foi simplesmente para confirmar a sua assinatura no relatório, tendo sido dispensado logo em seguida (outra situação já experienciada por nós).

Quando não é isso que ocorre, a obrigação para o comparecimento é justamente para que o policial narre tudo aquilo que ele fez como diligência no inquérito policial, enfim, tudo o que ele sabe sobre os fatos (e que já está devidamente descrito no curso do inquérito policial) e isso é feito dois, três anos após os fatos. Como é que se quer que haja a maior narrativa de detalhes possível em algo que vai determinar a vida e o futuro de uma pessoa (o resultado de um processo penal), depois de tanto tempo, se a informação valiosa, original, já está nos autos do inquérito policial e serviu de base para a propositura da ação penal respectiva?

Aqui, voltamos a destacar a influência da temporalidade. O que se quer é efetividade no trabalho policial. O que se busca é evitar o retrabalho no campo judicial. Efetividade. Celeridade. A menos que haja uma dúvida seriamente fundada, não se justifica, sob qualquer critério ou argumento, a oitiva do policial como testemunha em sede judicial.

Como última opção, neste caso, na hipótese de ainda persistirem dúvidas cuja ausência de solução comprometa a orientação defensiva ou acusatória, que então se proceda a uma quesitação específica, nos moldes de uma carta precatória, conferindo-se tempo determinado para que os questionamentos sejam respondidos, de modo semelhante como o que é feito com os peritos oficiais, nos termos do art. 159, § 5º, I, do CPP[799].

Que façamos, então, modificações no texto legal, para que se confira uma possibilidade, ainda que mínima, de que se exerça o contraditório em sede policial, minimizando a necessidade de oitiva em sede judicial para as situações que efetivamente se comprovem como necessárias. Ou então, que se dê uma valoração específica ao trabalho policial, evitando-se que o profissional que ali trabalhou tenha que explicar novamente o que fez, bem como a forma que adotou, quando na verdade tudo já está materializado na investigação.

799 Cf. nota 27. Vejamos o conteúdo do dispositivo mencionado: *"Art. 159. O exame de corpo de delito e outras perícias serão realizados por perito oficial, portador de diploma de curso superior. § 5º Durante o curso do processo judicial, é permitido às partes, quanto à perícia: I – requerer a oitiva dos peritos para esclarecerem a prova ou para responderem a quesitos, desde que o mandado de intimação e os quesitos ou questões a serem esclarecidas sejam encaminhados com antecedência mínima de 10 (dez) dias, podendo apresentar as respostas em laudo complementar".*

Capítulo

4

TERCEIRA CONCLUSÃO PARCIAL

Ao longo das duas primeiras partes desta tese vimos que, na busca pela compreensão básica dos fundamentos que cercam os mais diversos fenômenos que se apresentam no mundo da vida, os cientistas e estudiosos propuseram técnicas para que fosse possível entender as significações das situações pelas quais, vivendo em sociedade, precisamos passar. Embora todas elas tenham suas especificidades, cada uma conseguiu as respostas, ainda que parciais, a seu tempo. Porém, o solipsismo que muitas pregam como bandeira primordial não consegue, por si só, explicar a crise de fundamentos pela qual a ciência como um todo passa. Tudo o que acontece diante de nós representa um fenômeno. Sendo assim, até o desenvolvimento da Fenomenologia, os fenômenos eram descritos de forma simplória, não havendo aprofundamento na busca pelas verdadeiras raízes sob as quais deitam as explicações em torno dos acontecimentos do mundo da vida.

Como não basta descrever os fenômenos, é preciso encontrar um método pelo qual os indivíduos consigam ter as vivências e descrevê-las de modo semelhante, vale dizer, despidos de todo e qualquer preconceito que ronde a noção central que se busca diante da compreensão dos seus verdadeiros fundamentos, afastando-se de modo definitivo o predicamento egocêntrico. Se esta noção central é importante diante das diversas situações cotidianas, com muito mais razão se faz ter em mente a busca pelos fundamentos dos fenômenos jurídicos, haja vista seu posicionamento como eixo de provimento da justiça.

Desta forma, estudamos que a Fenomenologia surge para ocupar um espaço importante diante das categorias de ciências filosóficas que remontam ao século XVIII, ganhando contornos mais nítidos com Edmund Husserl a partir do século XIX. Através desta escola, a fenomenologia de Husserl asseverava que o sentido do ser não podia ser dissociado do sentido do fenômeno. Neste sentido, para que os entraves do empirismo absoluto e da Filosofia não se mostrassem como obstáculos à descrição dos fenômenos, coube a Husserl indicar que estes não se desenvolveriam mediante a opinião de certos indivíduos, mas teriam como base fundamental uma experiência através da qual se observou a ocorrência e o devido registro do fenômeno.

Levando-se em consideração que a Fenomenologia é uma ciência transcendental e que nela se trabalha a ideia de evidenciação, isto se faz a partir de cada intencionalidade, ou seja, cada indivíduo enquanto doador de sentidos para o mundo da vida é responsável pela atividade noético-noemática, sendo esta entendida como a interpretação que se tem diante da análise subjetivo-objetiva da essência do fenômeno.

Esta análise deve passar pela abstração ideadora e mediante este passo o intérprete deve remontar às próprias coisas, perfazendo um retorno que indique de forma verdadeira o significado delas, fazendo com que a fenomenologia das vivências lógicas tenha o papel de trazer concretude à compreensão descritiva das vivências psíquicas. Com base nessas premissas é possível afirmar que a análise intencional é um dos componentes fundamentais da Fenomenologia. É assim que a síntese de sentidos do mundo irá atribuir à consciência humana a tarefa de dar lugar aos conceitos, após estes terem sido descritos. A partir daí eles podem ser situados, perfazendo-se a síntese de categorias.

Esses argumentos servem como apoio à noção de redução fenomenológica, uma passagem transcendental do mundo natural para o mundo fenomenológico, em que se leva em consideração o mundo como fenômeno, que permanecerá idêntico como era antes da redução. Mas tudo que será levado a efeito pela redução fenomenológica estará despido da atitude natural, razão pela qual um determinado fenômeno observado e submetido ao processo de redução terá sido percebido por uma intencionalidade, numa clara exemplificação da atividade noético-noemática. Sabendo-se que a investigação fenomenológica passa por momentos distintos, quais sejam, a redução fenomenológica e a redução eidética, todos estes impõem uma ordem lógica para que se possa descrever a verdadeira essência encontrada num fenômeno.

Podendo-se conceber, primariamente, que o processo de objetivação do mundo não pode esconder os verdadeiros sentidos que as coisas nele inseridas têm (além do fato de que há o momento no qual o indivíduo doador de sentidos para o mundo da vida irá descrever as essências do fenômeno para além da simples manifestação dele inerente), e levando-se em consideração que, após isto, tais essências serão vividas e evidenciadas na ordem da consciência transcendental, teremos, então, a concretização do processo de redução fenomenológica, basilar para a fenomenologia de Husserl. Todos esses ensinamentos da Filosofia encontram perfeita aplicabilidade perante a sistemática jurídico-penal, já que o direito como um todo vive uma crise de fundamentos que precisa ser superada mediante o retorno à origem, para que então se encontre o ponto do caminho perdido e se retomem os preceitos da justiça.

Sabendo-se que o Delegado de Polícia é personagem importante no ordenamento jurídico brasileiro (e tendo como base os ensinamentos históricos que sua atividade representou na construção desta), pode-se perceber que a ele será dada a função de análise fenomenológica do crime em sua concepção submetida à atividade noético-noemática que remonta à origem dos fatos e sua consequente subsunção às normas positivadas. Como ele é o primeiro profissional habilitado constitucionalmente a enquadrar os fatos à norma e aplicar a lei penal, todo este processo filosófico de reconstrução irá possibilitar que seja dado o primeiro passo em direção à concretização da justiça, na concepção desta palavra em sua essência.

Mas para que pudéssemos dar suporte a essa constatação, foi preciso denotar o estado da arte da teoria do delito, permitindo que enxergássemos a necessidade do estabelecimento de bases dogmáticas que trouxessem novo suporte racional à constatação do crime e seus elementos, motivando adequada subsunção do fato à norma penal previamente estabelecida. Consequentemente, mediante o pronunciamento da *opinio delicti* que expresse verdadeiramente a essência do fenômeno do crime, as repercussões em matéria processual penal são reajustadas, permitindo uma ressignificação da prisão em flagrante, das medidas cautelares diversas da prisão, justificada por uma análise fenomenológica que valore todos os elementos intimamente ligados ao seu conceito.

De todas as visões apresentadas atualmente, ou o enfoque é dado para a compreensão conceitual do que vem a ser "crime", ou para a questão inerente aos seus elementos, diante do conceito analítico propriamente dito. A não ser a escola de Zaffaroni, Nilo Batista, Alagia e Slokar (que reconhece no juiz a personagem de destaque no cenário jurídico-penal), nenhuma das outras visões constatou preocupação em denotar a real participação de cada um dos atores no teatro penal e processual brasileiro. Estas primeiras impressões deram subsídios seguros para que a teoria da valoração crimino-fenomenológica plantasse suas sementes no terreno fértil, cujo amplo espaço ainda precisava ser preenchido.

Percebemos que, até seu desenvolvimento, o campo jurídico-penal carecia de explicações mais concretas, pragmáticas que justificassem o próprio crime, mas definitivamente numa visão que permitisse unir a parte objetiva (de análise de todos os elementos que componham qualquer noção dogmática do crime) com a carente parte subjetiva, para que se soubesse quem é o legitimado primário, constitucional e legalmente concebido, para reconhecer, desenvolver e proferir adequada concepção jurídica. E nada disto seria possível sem a interdisciplinaridade entre o Direito Penal, o Direito Constitucional, o Processo Penal, o Direito Administrativo e a Filosofia, esta última através do seu braço fenomenológico.

O cuidado na delimitação da teoria teve como finalidade mostrar que ela se adapta a qualquer tipo de manifestação dogmática que estabeleça os contornos criminais sob qual aspecto for, pois a teoria da valoração crimino-fenomenológica se propõe a ocupar espaço sob o prisma subjetivo (delimitar a responsabilidade pela *opinio delicti*) repercutindo de forma fenomenológica na aferição dos prismas objetivo e temporal (momento de análise dos elementos que integram o conceito do crime, qualquer que seja a escola que o fundamente: finalista, funcionalista etc.).

Os conhecimentos fenomenológicos abarcados na segunda parte deste trabalho embasam substancialmente a concepção e a fundamentação desta nova teoria. Deste modo, as três estruturas formais (concebidas pelos três binômios filosóficos "parte x todo", "identidade x multiplicidade" e "presença x ausência"), aliados à metodologia própria da Fenomenologia com seus processos intencionais e de reduções, se traduzem nos pilares epistemológicos que amparam esta nova dogmática. Aliados a estes conhecimentos, com base na ideia de evidência pudemos delimitar os dois graus fundamentais desta nova teoria e sua relação com o crime: a evidência imediata ou de forma imediatamente reconstruída e, em seguida, a postura de reflexão em atitude transcendental, alcançando-se a essência da infração penal.

Ao descobrirmos um novo horizonte de possibilidades que se desvelam perante a utilização do método crimino-fenomenológico, entendemos os reais motivos pelos quais o que se percebe por "justiça" atualmente, em muitos casos reflete a decisão oriunda de um julgamento amparado num tipo ideal de crime, quando, na verdade, deveria espelhar as concepções oriundas do tipo real de crime. Este, por sua vez, irá requerer esforço de observação diferenciado e é por tal razão que se impõe o novo método.

Vimos que o modo de descrição a respeito do crime está intimamente ligado à forma pela qual se percebem os correlatos noemáticos dos dados hiléticos, dos dados constituídos pelos conteúdos sensíveis e que passam a compor um complexo sistema momentâneo que o sujeito que vive aquele momento consegue passar a descrever. A noção de evidência, portanto, é fundamental e está diretamente relacionada à intencionalidade descrita anteriormente.

O método valorativo crimino-fenomenológico também se ampara na ideia entre clareza e obscuridade, pois é notório que a relação entre proximidade e distância em face do dado analisado constitui questão relevante que precisa ser ressaltada na análise criminal. Memória e fantasia possuem dados muitas vezes vacilantes e, neste último caso, totalmente indesejados frente a uma investigação criminal.

Em relação ao crime (cujo processo de constituição – que está ligado à noção de intencionalidade categorial – não é e nem pode ser idêntica à de um objeto qualquer), precisamos compreender bem a qual região ontológica ele pertence, destacando a noese empreendida e seu respectivo correlato noemático, para que possamos, então, definir de modo sistemático os elementos que dele (e deste conceito analítico) fazem parte.

Haja vista toda fundamentação aqui esposada, cada vez mais se robustece a tese segundo a qual esta função, precipuamente, cabe ao Delegado de Polícia durante a investigação criminal. O fenomenólogo deverá ser capaz, aqui, de identificar uma identidade dentro das multiplicidades que lhe são possíveis, para poder constituir o crime nas categorias e regiões que lhe são maiores e predefinidas.

É na evidência, então (mas não restritamente a ela), que encontramos um dos principais argumentos pelos quais deve haver reposicionamento da *opinio delicti*. O momento no qual mais aproximamos dos acontecimentos fáticos (por todo conjunto de elementos, de informações, por toda maneira como a intencionalidade opera nestes instantes, por todo prejuízo em face da não presença no local dos fatos, conforme determinado pela legislação processual vigente) faz com que consideremos que a tipificação do acontecimento do mundo da vida à norma penal deve se dar por aquele que investiga todas essas nuances e possibilidades, seguindo o regramento legal que lhe é inerente e cumprindo o propósito constitucional anteriormente estabelecido.

Mais uma vez, o método adotado pela teoria da valoração crimino-fenomenológica permite que as informações sejam categorizadas a partir da essência pura do fenômeno, devidamente parentetizado (em atitude transcendental), afastando qualquer tipo de predicamento egocêntrico, entendendo de modo coerente e convincente a correspondência apofântica através das necessárias reflexões entre todos os binômios fenomenológicos já estudados. Desta forma, a construção da proposição alcança embasamento suficiente, estando apta a encerrar a investigação criminal (cuja análise técnico-jurídica e fundamentada estará disposta no relatório final das investigações e no ato de indiciamento – privativo do Delegado de Polícia) e passar a ser considerada no bojo de uma ação penal.

Como proposta alternativa, de modo a evitar engessamento das demais agências estatais responsáveis por parcela de contenção do sistema penal, a teoria da valoração crimino-fenomenológica se ajusta aos ditames inerentes aos institutos da *emendatio libelli* e da *mutatio libelli*, conferindo excepcionalidade alternativa para que a *opinio delicti* inicialmente estabelecida pelo Delegado de Polícia seja fundamentadamente alterada, restabelecendo-se a condição de essência para que ela prossiga nos demais passos do processo.

Através do estudo da heterofenomenologia e da esfera monadológica, conseguimos compreender a maneira pela qual a teoria da valoração crimino-fenomenológica alcança a compreensão sobre a percepção do outro, mediante a utilização da experiência introafetiva, contribuindo para que os termos de declaração conduzidos pelo fenomenólogo neutro capte exatamente o que uma proposta fenomenológica de essências consegue alcançar. E, a partir daí, pudemos denotar o modo pelo qual a mencionada teoria se liga com o testemunho. Com os ensinamentos obtidos através da noção inerente à determinação da estrutura do presente vivo (por intermédio do estabelecimento conceitual de retenção e protensão), identificamos que, quanto mais afastado do momento da ocorrência do crime, maiores são as oportunidades conferidas à atuação dos efeitos deletérios da memória ou da indevida adição de caracteres oriundos da imaginação, prejudicando ainda mais a análise dos elementos que circundam a categorização do crime enquanto instituto jurídico.

Então, foi preciso compreender a importância da neutralidade da heterofenomenologia, como mecanismo que tem por finalidade entender a consciência humana em conjunto com os preceitos fenomenológicos, desde a apreciação do modo pelo qual experienciamos o mundo interno, ou ainda a maneira pela qual enxergamos o mundo exterior. Juntamente com as prévias noções acerca da comunidade intermonadológica, verificamos os desafios inerentes ao entendimento da perspectiva do outro, o *alter-ego*, esta terceira pessoa que possui informações extremamente importantes para desenharmos o percurso que nos levará até a essência do fenômeno por ela percebido em evidência. As conclusões sobre as referências feitas ao testemunho nos mostraram, portanto, a crítica veemente que deve ser feita por ocasião da repetição destes em juízo.

Todas as peculiaridades que nos fizeram dar relevância ao depoimento em momento aproximado àquele da efetiva ocorrência da alteração fática no mundo da vida, nos serviram também para perceber a necessidade de mudança no atual sistema processual, cuja falta de contraditório em sede policial (e de certo modo o exercício da defesa, ainda que minimamente), acabam por obrigar a renovação dos termos de declaração (ou de depoimentos) em juízo.

Obviamente que não estamos pretendendo afastar definitivamente uma eventual nova oitiva em sede processual, ocasião na qual a ampla defesa está definitivamente assegurada por mandamento constitucional. Mas o que se deve ter em mente é todo argumento fenomenológico que não recomenda a repetição, em face dos efeitos que recaem sobre a contínua marcha do fluxo de vividos. Especificamente, o que se quer comprovar é a efetiva desnecessidade de oitiva da autoridade policial ou de outro policial que tenha trabalhado no caso, simplesmente para que confirme o que fez e a forma como fez, o que, obviamente, já está materializado através das diligências, relatórios e demais informações juntadas ao procedimento de investigação e indo de encontro aos preceitos formulados por ocasião da teoria da valoração crimino-fenomenológica. Mas a carência legislativa não pode ir de encontro ao conteúdo dogmático proposto por esta teoria, em virtude de toda a pauta de celeridade e efetividade, cuja bandeira é hasteada por suas contribuições.

Como veremos mais adiante, a proposta de um contraditório (ainda que diferido) em sede policial, bem como a maior capacitação policial nos cursos de formação (principalmente com os preceitos básicos da teoria da valoração crimino-fenomenológica) nos fazem crer que a legislação em vigor precisa abarcar normativa específica que faça insculpir no ordenamento as suas principais conclusões[800].

800 Vide Apêndice.

Isto inclui conferir maior credibilidade aos elementos de investigação e depoimentos prestados logo após os fatos, impondo a concepção de novos dispositivos legais, que mesclam tanto a parte penal, quanto a processual penal, deixando para trás o dogma segundo o qual há necessidade de repetição com o argumento específico de que na fase de investigação criminal não temos possibilidade de contraditório e ampla defesa. Aliás, é justamente sobre estas repercussões que nos debruçaremos, a partir de agora, tratando especificamente da releitura do tradicional instrumento de investigação criminal: o inquérito policial.

Parte IV

AS CONTRIBUIÇÕES DA TEORIA DA VALORAÇÃO CRIMINO-FENOMENOLÓGICA NO CAMPO PROCESSUAL PENAL

Capítulo

1

A ATUAL CRISE DO INQUÉRITO POLICIAL

1.1. BREVE EXCURSO SOBRE O INQUÉRITO POLICIAL NO ESTADO DEMOCRÁTICO DE DIREITO

Ao longo deste trabalho pudemos perceber que a narrativa jurídico-penal moderna impõe uma análise cada vez mais presencial sobre todos os elementos que compõem a noção de crime. A busca pela investigação da autoria e materialidade delitivas se mostra cada vez mais célere, efetiva e também denota um caráter utilitário e essencial ao Direito Penal e Processual Penal.

Pensar no inquérito policial no Estado Democrático de Direito impõe uma reestruturação em toda análise material. E isso foi feito com a teoria da valoração crimino-fenomenológica. Se por um lado a leitura atual remonta à necessária filtragem constitucional e o reconhecimento de que o Delegado de Polícia é primordialmente o seu principal instrumentador, não restam dúvidas de que toda a análise da dogmática penal precisa ser revista para que haja efetividade na entrega da prestação jurisdicional final.

Tradicionalmente, dá-se ao inquérito policial a conceituação que entende ser este um procedimento administrativo presidido pela autoridade policial, e que tem como características gerais ser inquisitório, preparatório para eventual ação penal, dispensável e sigiloso, cujo objetivo centra-se em angariar o maior número de elementos de informação e provas, de modo que, provido dessas informações, o titular da ação penal possa ingressar em juízo (uma vez que está munido de um robusto conjunto que não conseguirá ser repetido, como da forma originalmente encontrada, senão pela reunião de tais informações logo após a ocorrência da infração penal).

No Brasil, a lei não define o que é o inquérito policial, ficando tal tarefa a cargo da doutrina. De uma maneira geral, precisamos da conjugação de dois dispositivos básicos, ambos previstos no Código de Processo Penal[801]: art. 4º e art. 6º. Para Aury Lopes Júnior e Ricardo Jacobsen Gloeckner, tal conjunto de atos pode ser definido como a atividade desenvolvida pela polícia judiciária, cuja finalidade consiste na averiguação do delito e de sua autoria[802].

Nestor Távora e Rosmar Rodrigues Alencar definem o inquérito policial como sendo um procedimento cujo caráter é instrumental (instrumentalidade preliminar, eis que atende à concretude do direito material na fase que antecede à própria instauração do processo penal propriamente dito), que tem como finalidade o esclarecimento de fatos supostamente delituosos antes mesmo de ser proposta a ação penal[803].

Renato Brasileiro de Lima também corrobora esse entendimento, alertando que a instrumentalidade do inquérito policial permite extrair duas funções: a preservadora, eis que a sua instauração auxilia na precaução contra ações penais temerárias, desprovidas de justa causa ou mesmo infundadas nos seus termos, conferindo economia processual; e a função preparatória, pois ao ser instaurado, as informações ali obtidas e eventualmente até mesmo algumas provas, produzidas no curso da investigação pelo Delegado de Polícia, permanecerão protegidas contra a ação do tempo, conferindo maior robustez à justa causa para a propositura da ação penal, seja ela pública ou privada[804].

Além de coligir informações destinadas à preparação da ação penal propriamente dita, não é menos importante a constatação de que o inquérito policial serve como bojo procedimental para a decretação de medidas cautelares no curso da investigação criminal, tais como aquelas destinadas a impor prisão (em flagrante, preventiva ou temporária), bem como as mais diversas representações manifestadas pelo Delegado de Polícia, dentre as

801 Cf. nota 27. Conforme dispõe o art. 4º do CPP: *"A polícia judiciária será exercida pelas autoridades policiais no território de suas respectivas circunscrições e terá por fim a apuração das infrações penais e da sua autoria. (Redação dada pela Lei nº 9.043, de 9.5.1995)"*; sobre o art. 6º do CPP, vide nota 721.

802 JUNIOR, Aury Lopes; GLOECKNER, Ricardo Jacobsen, op. cit., nota 92, p. 89.

803 TÁVORA, Nestor; ALENCAR, Rosmar Rodrigues, op. cit., nota 76, p. 153.

804 LIMA, Renato Brasileiro de, op. cit., nota 77, p. 107.

quais podemos mencionar, sem a pretensão de exaurirmos o tema, as medidas cautelares diversas da prisão[805], as medidas assecuratórias tais como o sequestro dos bens imóveis adquiridos pelo indiciado com os proventos da infração (podendo ser representada pelo Delegado de Polícia mesmo antes de oferecida a denúncia ou queixa)[806] etc.

De acordo com Aury Lopes Júnior e Ricardo Jacobsen Gloeckner, ao redor do mundo, diversas são as nomenclaturas dadas ao conjunto de atos que compõem a atividade de investigação criminal[807]. Se no Brasil temos a nomenclatura clássica de "inquérito policial", desde 1871 (conforme ressaltamos em momento oportuno[808]), na Itália o conjunto de atos que representam o procedimento de investigação preliminar é denominado de *indagini preliminari*[809]. A França, por sua vez, no artigo 75 do *Code*

805 Cf. nota 27. As medidas cautelares diversas da prisão representam importantes instrumentos colocados ao alcance dos operadores do Direito, dentre eles o Delegado de Polícia, para conferir segurança ao processo e ao processado. Estão previstas no art. 319 do Código de Processo Penal: *"Art. 319. São medidas cautelares diversas da prisão: (Redação dada pela Lei nº 12.403, de 2011); I – comparecimento periódico em juízo, no prazo e nas condições fixadas pelo juiz, para informar e justificar atividades; (Redação dada pela Lei nº 12.403, de 2011); II – proibição de acesso ou frequência a determinados lugares quando, por circunstâncias relacionadas ao fato, deva o indiciado ou acusado permanecer distante desses locais para evitar o risco de novas infrações; (Redação dada pela Lei nº 12.403, de 2011); III – proibição de manter contato com pessoa determinada quando, por circunstâncias relacionadas ao fato, deva o indiciado ou acusado dela permanecer distante; (Redação dada pela Lei nº 12.403, de 2011); IV – proibição de ausentar-se da Comarca quando a permanência seja conveniente ou necessária para a investigação ou instrução; (Incluído pela Lei nº 12.403, de 2011); V – recolhimento domiciliar no período noturno e nos dias de folga quando o investigado ou acusado tenha residência e trabalho fixos; (Incluído pela Lei nº 12.403, de 2011); VI – suspensão do exercício de função pública ou de atividade de natureza econômica ou financeira quando houver justo receio de sua utilização para a prática de infrações penais; (Incluído pela Lei nº 12.403, de 2011); VII – internação provisória do acusado nas hipóteses de crimes praticados com violência ou grave ameaça, quando os peritos concluírem ser inimputável ou semi-imputável (art. 26 do Código Penal) e houver risco de reiteração; (Incluído pela Lei nº 12.403, de 2011). VIII – fiança, nas infrações que a admitem, para assegurar o comparecimento a atos do processo, evitar a obstrução do seu andamento ou em caso de resistência injustificada à ordem judicial; (Incluído pela Lei nº 12.403, de 2011); IX –* monitoração eletrônica. *(Incluído pela Lei nº 12.403, de 2011); § 1º (Revogado). (Revogado pela Lei nº 12.403, de 2011). §* 2º (Revogado).*(Revogado pela Lei nº 12.403, de 2011); §* 3º (Revogado).*(Revogado pela Lei nº 12.403, de 2011); § 4º A fiança será aplicada de acordo com as disposições do Capítulo VI deste Título, podendo ser cumulada com outras medidas cautelares. (Incluído pela Lei nº 12.403, de 2011)".* Acerca da representação, devemos observar os termos do art. 282, § 2º, do CPP: *"As medidas cautelares serão decretadas pelo juiz a requerimento das partes ou, quando no curso da investigação criminal, por representação da autoridade policial ou mediante requerimento do Ministério Público. (Redação dada pela Lei nº 13.964, de 2019)".*

806 Cf. nota 27. Para isso, importante conjugar os artigos 125 e 127, ambos do Código de Processo Penal: *"Art. 125. Caberá o seqüestro dos bens imóveis, adquiridos pelo indiciado com os proventos da infração, ainda que já tenham sido transferidos a terceiro"; "Art. 127. O juiz, de ofício, a requerimento do Ministério Público ou do ofendido, ou mediante representação da autoridade policial, poderá ordenar o seqüestro, em qualquer fase do processo ou ainda antes de oferecida a denúncia ou queixa".*

807 JUNIOR, Aury Lopes; GLOECKNER, Ricardo Jacobsen, op. cit., nota 92, p. 87.

808 Vide nota 67.

809 Cf. nota 186. O artigo 326 do Código de Processo Penal Italiano (*Codice di Procedura Penale*) ou CPPI, inaugura as normativas em matéria de investigação criminal italiana, mais especificamente a finalidade dos atos de investigação, aduzindo que: *"1. Il pubblico ministero e la polizia giudiziaria svolgono, nell'am-*

de procédure pénale français (Código de Processo Penal Francês – CPPF) trabalha com a denominação de *enquête préliminaire*[810].

Embora saibamos que a organização judiciária em cada país acima mencionado seja diversa daquela habitualmente tratada no Brasil, pelo menos nestas situações a questão de nomenclatura revela semelhanças na destinação fundamental deste procedimento: constituir-se num instrumento de apuração de situações envolvendo crimes em sua concepção *lato sensu* e de modo anterior ao processo penal propriamente dito.

Ao lado do inquérito policial, no Brasil também caminham outros tipos de procedimentos preliminares que variam conforme a complexidade e o responsável por sua presidência, como os Termos Circunstanciados de Ocorrência[811], destinados às infrações de menor potencial ofensivo (cuja complexidade, naturalmente, é pequena), bem como os procedimentos dirigidos nas Comissões Parlamentares de Inquérito[812], ou ainda, os Inquéritos Policiais Militares[813], apenas para citarmos alguns dos exemplos.

A leitura da dogmática processual penal atual ainda insiste num caráter meramente informativo do inquérito, quando o que vemos (tanto na teoria, quanto na prática) é exatamente o contrário. Em vigor desde 21 de junho de 2013, data da publicação da Lei nº 12.830/13[814], o ordenamento jurídico

---

bito delle rispettive attribuzioni, le indagini necessarie per le determinazioni inerenti all'esercizio dell'azione penale". Na tradução livre: *"O Ministério Público e a polícia judiciária realizam, no âmbito das respectivas atribuições, as investigações necessárias para as determinações inerentes ao exercício da ação penal".*

810 A seguir, a literalidade do disposto no art. 75 do *Códe de Procédure Pénale* francês: *"Les officiers de police judiciaire et, sous le contrôle de ceux-ci, les agents de police judiciaire désignés à l'article 20 procèdent à des enquêtes préliminaires soit sur les instructions du procureur de la République, soit d'office. Ces opérations relèvent de la surveillance du procureur general".* Na livre tradução para o português: *"Os oficiais da polícia judiciária e, sob sua supervisão, os agentes de polícia judiciária designados no artigo 20 realizam inquéritos preliminares seja sob as instruções do procurador da República, seja de ofício. Essas operações estão sob a supervisão do procurador geral".* FRANÇA. Código de Processo Penal. *(Códe de Procédure* Pénale). Disponível em:<https://www.legifrance.gouv.fr/affichCode.do?idSectionTA=LEGISCTA000006151877&cidTexte=LEGITEXT000006071154>. Acesso em: 27 jun. 2021.

811 Cf. nota 31.

812 Cf. nota 01. Versa o art. 58, § 3º, da CRFB/88: *"§ 3º As comissões parlamentares de inquérito, que terão poderes de investigação próprios das autoridades judiciais, além de outros previstos nos regimentos das respectivas Casas, serão criadas pela Câmara dos Deputados e pelo Senado Federal, em conjunto ou separadamente, mediante requerimento de um terço de seus membros, para a apuração de fato determinado e por prazo certo, sendo suas conclusões, se for o caso, encaminhadas ao Ministério Público, para que promova a responsabilidade civil ou criminal dos infratores".*

813 Nos termos do art. 9º do Código de Processo Penal Militar (CPPM): *"O inquérito policial militar é a apuração sumária de fato, que, nos têrmos legais, configure crime militar, e de sua autoria. Tem o caráter de instrução provisória, cuja finalidade precípua é a de ministrar elementos necessários à propositura da ação penal".* BRASIL. Decreto-Lei nº 1.002, de 21 de outubro de 1969. Código de Processo Penal Militar. *Diário Oficial [da] República Federativa do Brasil*, Brasília, DF, 21 out. 1969. Disponível em: <http://www.planalto.gov.br/ccivil_03/decreto-lei/Del1002.htm>. Acesso em: 14 abr. 2020.

814 Cf. nota 02.

brasileiro se viu diante de importante valorização do trabalho conduzido pelo Delegado de Polícia, em termos de investigação criminal *lato sensu*, que abrange o inquérito policial ou outro procedimento previsto em lei, como acabamos de ressaltar linhas atrás.

Diante das disposições sobre as funções de polícia judiciária e a apuração de infrações penais exercidas pelo Delegado de Polícia (que a própria lei adjetivou como sendo de natureza jurídica, essenciais e exclusivas de Estado), causa perplexidade ainda assistirmos no cenário jurídico pátrio manifestações ambíguas no sentido de que o inquérito policial é "mera peça informativa, funcionando como importante instrumento na apuração de infrações penais e de sua respectiva autoria"[815].

Percebemos na manifestação do pensamento de Aury Lopes Júnior e Ricardo Jacobsen Gloeckner uma importante atribuição de valor às investigações criminais, aqui abrangido o formato do inquérito, quando se afirma que pode ser considerado um importante elo entre a *notitia criminis* e o processo penal, possibilitando, de forma valorativa, "a transição entre a mera *possibilidade* (notícia-crime) e uma situação de *verossimilitude* (imputação/indiciamento) e posterior probabilidade (indícios racionais), necessária para a adoção de medidas cautelares e para receber a ação penal"[816].

Porém, de forma controversa, os mesmos autores tecem profunda depreciação da atividade de instrução policial ao asseverarem que há nela uma gama de problemas, o que conduz ao necessário descrédito probatório do material recolhido e à necessidade de completa repetição em juízo e "pior ainda, não cumpre com sua função principal: aclarar em grau de probabilidade, a notícia-crime para fundamentar o processo ou o não processo"[817]. Como podemos verificar, manifestações completamente diferentes sobre o mesmo assunto, na mesma obra.

Os comentários pejorativos se aprofundam, na medida em que, no parágrafo seguinte os citados autores afirmam que, com relação ao nosso inquérito policial (além de todas as críticas anteriormente tecidas), este não serve para o Ministério Público, pois em sendo levado a cabo por uma autoridade diversa da que propõe a ação penal, não atende às suas

815 LIMA, Renato Brasileiro, op. cit., nota 77, p. 114.

816 JUNIOR, Aury Lopes; GLOECKNER, Ricardo Jacobsen, op. cit., nota 92, p. 96.

817 Ibidem, p. 131.

necessidades. Mencionam, ainda, um suposto descompasso entre a relação promotor e policial[818].

Prosseguindo, aduzem que o inquérito policial não serve para a defesa, na medida em que a polícia nega qualquer possibilidade de que o investigado participe do procedimento investigatório e solicite diligências de descargo, bem como afirmam que a autoridade policial nega arbitrariamente o contraditório (na acepção de direito de informação), bem como o direito de defesa como minimamente previsto pela CRFB/88[819].

De forma derradeira, perpassando pelas principais personagens do processo penal pátrio, os autores indicam que o inquérito policial não serve para o juiz, pois "a própria forma de atuar da polícia não permite dar maior credibilidade ao material recolhido"[820].

Até aqui, percebemos que as críticas são facilmente rebatidas mediante o emprego da própria legislação vigente, que impõe uma necessária revisão das características do inquérito policial. Outrossim, deixamos claro que a percepção descrita a partir desta introdução (e aprofundada nos tópicos a seguir) ainda não constitui doutrina majoritária, porém, adequadamente relida através das normativas vigentes ao tempo da confecção desta obra, bem como à luz da teoria da valoração crimino-fenomenológica.

Qualquer que seja a nomenclatura utilizada pelo inquérito policial, ainda assim este instrumento permanecerá sendo o elo entre a fase preliminar do processo penal e a ação penal propriamente dita. Todavia, a própria revisão das características atuais do inquérito servirá para que este ganhe nova roupagem, sob a alcunha de verdadeiro Procedimento Administrativo de Valoração de Investigações Criminais (PAVIC), abrangendo a necessária adequação à CRFB/88[821] e ao cerne dos questionamentos e das constatações desta obra.

A seguir, iniciaremos algumas reflexões importantes que fazem a devida ligação entre a teoria da valoração crimino-fenomenológica e as repercussões que esta provoca sob o aspecto processual penal. Ao final, serão propostas algumas alternativas legislativas com vistas à máxima efetividade, visando ao pragmatismo e à máxima adequação[822].

---

818 JUNIOR, Aury Lopes; GLOECKNER, Ricardo Jacobsen, op. cit., nota 92, p. 131.

819 Ibidem, p. 131.

820 Ibidem, p. 131.

821 Cf. nota 01.

822 Vide Apêndice.

1.2. A NECESSÁRIA RELEITURA DAS CARACTERÍSTICAS DO PROCEDIMENTO DE INVESTIGAÇÃO CRIMINAL

1.2.1. A transição para o Procedimento Administrativo de Valoração de Investigações Criminais (PAVIC)

Tradicionalmente, atribui-se ao inquérito policial a notoriedade de ser um procedimento administrativo preliminar que se difere na substancialidade das suas características em face à comparação com o processo penal propriamente dito. Basicamente, pela visão tradicional ainda preponderante na doutrina majoritária[823], aduzem-se os seguintes adjetivos: discricionário, escrito, sigiloso, oficial, oficioso, indisponível, inquisitivo e temporário.

Trataremos de fazer observações em face de cada uma delas, possibilitando, ao final, uma conclusão que esteja de acordo com a proposta da teoria da valoração crimino-fenomenológica e insira a dinamicidade da intervenção policial no processo penal brasileiro em face da gama de mudanças legislativas, operacionais, técnicas, capacitativas, apenas para mencionarmos algumas hipóteses.

Isto conduz o operador do direito a se adequar nos mais diversos ramos que fazem do inquérito policial e da investigação criminal em geral o objeto de materialização das atualizações. Mais uma vez, precisamos nos socorrer da eidética que fundamenta cada atuação pragmática, de cada instituto, característica, dispositivo legal, numa verdadeira atividade conglobante e interativa entre o indivíduo e o Estado, entre os elementos que constituem a noção básica de crime a apuração das suas circunstâncias.

Tudo está interligado. Não se concebe mais uma percepção do direito desprovida de interdisciplinaridade. Façamos, pois, a adequada releitura do atual Inquérito Policial permitindo sua transição para o Procedimento Administrativo de Valoração de Investigações Criminais (PAVIC). Ainda que as considerações tecidas adiante não signifiquem, necessariamente, uma guinada de entendimento na concepção de cada uma delas, iremos configurá-las conforme as propostas deste trabalho, arando o terreno para as discussões específicas que travaremos mais adiante. As mudanças de paradigma serão, obrigatoriamente, apontadas por nós.

823 Por todos, LIMA, Renato Brasileiro, op. cit., nota 77, p. 114.

1.2.2. A delimitação de balizas para uma concepção de discricionariedade mitigada

Habitualmente, dá-se ao inquérito policial a característica de ser discricionário. Nestes termos, o que a doutrina costuma dizer é que não há o tradicional rigor metodológico, como o descrito para o processo propriamente dito[824]. O Delegado de Polícia deve nortear a investigação e o rumo das diligências de acordo com as peculiaridades do caso concreto.

Para que a Polícia Judiciária (concepção *lato sensu*) entregue uma prestação que reflita as atuais necessidades do processo e do Direito Penal, bem como o real e fiel atendimento da lei e da Constituição, a discricionariedade pretendida, em tese, cinge-se muito mais à forma de condução da investigação (para que sejam apuradas todas as suas circunstâncias conforme o caso fenomenológico requeira) do que propriamente uma carta em branco para que bem defina os contornos que deseje dar aos elementos que compõem a noção do conceito analítico de crime: afinal, não é este o objetivo da teoria da valoração crimino-fenomenológica.

Ou seja, a discricionariedade pretendida está alinhada com a ideia individualizada de atendimento para cada situação fática na qual se objetiva uma investigação de certa conduta. Até mesmo dentro de uma mesma categoria de crimes a investigação é conduzida de maneira diferente. Por isto a peculiaridade. A forma como a essência do fenômeno criminoso é atingida é única para cada evento, já que a teoria da valoração crimino-fenomenológica reconhece que cada crime é único no que diz respeito à sua constituição e, por isso, possui uma maturação e uma essência próprias.

Nos casos dos crimes de homicídio, por exemplo, embora haja a previsão de protocolos operacionais padrão (POP), a metodologia empregada numa investigação desta natureza não é sempre a mesma. O conhecimento pragmático[825] sobre o tema nos permite afirmar que a prática deste crime está ligada a uma determinada causa subjacente, uma ligação subjetiva entre autor e vítima (ainda que de forma indireta, se considerarmos o homicídio qualificado mediante paga ou promessa de recompensa)[826].

---

824 Nesse sentido, TÁVORA, Nestor; ALENCAR, Rosmar Rodrigues, op. cit., nota 73, p. 155.

825 O autor exercia suas atividades policiais, até a redação desta parte do trabalho, há pelo menos sete anos e seis meses numa delegacia especializada na investigação de crimes dolosos contra a vida e latrocínios, no âmbito da Secretaria de Estado de Polícia Civil do Rio de Janeiro.

826 Cf. nota 26. Conforme dispõe o art. 121, § 2º, I, do Código Penal, o homicídio será qualificado se for praticado: *"mediante paga ou promessa de recompensa, ou por outro motivo torpe"*.

Tal relação subjetiva é muito mais rara (senão praticamente impossível de ser identificada) nos casos envolvendo latrocínios, já que a morte advém da situação englobada no roubo, não em virtude de uma desavença, vingança ou outra especificidade inerente ao homicídio tradicional. Tanto é que, justamente por isso, uma investigação de homicídio tende a ser menos complexa, difícil, do que uma investigação de latrocínio.

E mesmo em relação ao homicídio, várias são as nuances que farão variar a metodologia de investigação. Basta termos como exemplo que há casos em que a vítima pode ou não estar identificada. Caso não esteja, há necessidade de se incluir como primeiras diligências a sua identificação, para que então seja possível determinar eventual motivação que possa ter levado a ser vítima do crime. Paralelamente a todos esses detalhes inerentes às técnicas de investigação, que realmente precisam ser aplicadas conforme o caso concreto, o Delegado de Polícia está adstrito, sim, à observância de certa ritualística que foge totalmente ao padrão de discricionariedade. Por isso quisemos, no início, trazer a conotação de balizas que o obrigam a adotar um entendimento segundo o qual sua discricionariedade é limitada, mitigada.

Não negamos o entendimento de certa parcela da doutrina[827], para a qual os artigos 6º e 7º, ambos do CPP[828] demonstram um rol exemplificativo de condutas a serem seguidas pelo Delegado de Polícia quando do conhecimento da prática de uma infração penal. A questão a ser esclarecida é que, na verdade, o art. 6º do CPP impõe um dever à autoridade policial, não uma mera faculdade.

A verdadeira ritualística ali numa espécie de cartilha disposta pela lei se coaduna com outros dispositivos normativos, como é possível perceber pela leitura do art. 169 do mesmo diploma legal[829], para o qual a autoridade policial irá providenciar imediatamente para que não se altere o estado das coisas até a chegada dos peritos criminais por ocasião do exame do local onde houver sido praticada a infração.

827 LIMA, Renato Brasileiro, op. cit., nota 77, p. 127.

828 Para o art. 6º do CPP, vide nota 721. Quanto ao art. 7º: *"Para verificar a possibilidade de haver a infração sido praticada de determinado modo, a autoridade policial poderá proceder à reprodução simulada dos fatos, desde que esta não contrarie a moralidade ou a ordem pública".*

829 Cf. nota 27. Nos exatos termos do art. 169, *caput*, do CPP: *"Para o efeito de exame do local onde houver sido praticada a infração, a autoridade providenciará imediatamente para que não se altere o estado das coisas até a chegada dos peritos, que poderão instruir seus laudos com fotografias, desenhos ou esquemas elucidativos. (Vide Lei nº 5.970, de 1973)".*

Ainda no que diz respeito ao artigo 6º do CPP, o Delegado de Polícia deverá estar no local do crime. A lei manda que ele se dirija até o local, providenciando para que não se alterem o estado e a conservação das coisas, para que tudo esteja preservado de modo que os peritos criminais bem desempenhem sua tarefa.

Corroborando a necessidade da presença efetiva da autoridade policial, até a entrada em vigor da Lei nº 8.862/94[830], a redação do disposto no art. 6º, I, do CPP, era no sentido de que assim que o Delegado tivesse conhecimento da prática de uma infração penal, deveria "se possível e conveniente", dirigir-se ao local, de modo a providenciar para que não fossem alterados o estado e a conservação das coisas, enquanto necessário. A partir da nova redação dada pela lei mencionada acima, não há mais julgamento acerca de critérios típicos de discricionariedade, analisando oportunidade e conveniência.

Logicamente, só não será possível seguir a cartilha recomendada no artigo 6º do CPP caso seja inviável na prática, como a impossibilidade ululante de se ouvir o ofendido nos casos de crimes de homicídio consumados (conforme preconiza o mandamento genérico contido no inciso IV deste artigo), ou ainda, os casos nos quais não há obrigatoriedade que se proceda com o exame de corpo de delito, uma vez que se trate de infração penal que não deixa vestígios (*delicta facti transeuntis*)[831]. Daí a acertada menção à expressão "se for caso", prevista no inciso VII do mesmo artigo.

A leitura deste dispositivo legal está, de certa forma, alinhada com a nova roupagem trazida pelas disposições acerca da cadeia de custódia de vestígios, já que impõe uma visão muito mais ativa e procedimental à verificação, em concreto, seja num local de crime ou outro procedimento policial na qual seja detectada a existência de algo que seja relevante no contexto da investigação criminal, como uma forma de otimizar ainda mais a atuação da polícia, seja em termos de polícia judiciária ou polícia investigativa.

---

830 BRASIL. Lei nº 8.862, de 28 de março de 1994. Dá nova redação aos artigos 6º, incisos I e II; 159, caput e § 1º; 160, caput e parágrafo único; 164, caput; 169; e 181 caput, do Decreto-Lei nº 3.689, de 3 de outubro de 1941 – Código de Processo Penal. *Diário Oficial [da] República Federativa do Brasil*, Brasília, DF, 29 mar. 1994. Disponível em: <http://www.planalto.gov.br/ccivil_03/LEIS/1989_1994/L8862.htm#art1>. Acesso em: 16 abr. 2020.

831 FERREIRA, Wilson Luiz Palermo, op. cit., nota 433, p. 60.

Estas normativas mencionadas no parágrafo anterior, inseridas pela Lei nº 13.964/19[832], se traduzem numa concatenação de atos a serem observados principalmente durante a investigação criminal, que se traduzem num verdadeiro meio de acautelamento/preservação da idoneidade/veracidade de um meio de obtenção da prova, já que balizam a atuação policial durante a investigação desde o reconhecimento de um vestígio como sendo de interesse criminal, até seu descarte.

Teceremos mais considerações específicas sobre a cadeia de custódia em momento oportuno. Por ora, restava, apenas, demonstrar mais uma prova de que não há que se falar em discricionariedade pura e simples como característica tradicional do inquérito policial.

1.2.3. Procedimento virtualmente escrito

Vivenciamos um momento de transição entre os procedimentos físicos e os procedimentos virtuais. O processo eletrônico foi sendo gradativamente previsto e implementado no âmbito da Justiça brasileira a partir da entrada em vigor da Lei nº 11.419/06[833]. Em que pese não se tratar de forma específica com relação ao âmbito penal, o fato é que o art. 1º, § 1º, daquele diploma revela a aplicação, de modo indistinto, aos processos civil, penal e trabalhista, bem como aos juizados especiais, em qualquer grau de jurisdição. A disposição contida no art. 8º da mesma lei reflete uma possibilidade aos órgãos do Poder Judiciário, no sentido do desenvolvimento de sistemas eletrônicos de processamento de ações judiciais por intermédio de autos total ou parcialmente digitais, que se embasem no acesso por meio de redes internas e externas.

A nível nacional, o Conselho Nacional de Justiça (CNJ) editou a Resolução nº 183/2013[834], que passou a levar em consideração os ditames

832 Também conhecida como "Pacote Anticrime", a referida Lei trouxe diversas inovações legislativas no campo penal e processual penal, dentre elas, aquelas referentes à cadeia de custódia de vestígios, inserida nos artigos 158-A a 158-F, ambos do CPP. BRASIL. Lei n.º 13.964, de 24 de dezembro de 2019. Aperfeiçoa a legislação penal e processual penal. *Diário Oficial [da] República Federativa do Brasil*, Brasília, DF, 30 abr. 2021. Disponível em: <http://www.planalto.gov.br/ccivil_03/_ato2019-2022/2019/lei/L13964.htm>. Acesso em: 24 abr. 2020.

833 BRASIL. Lei n.º 11.419, de 19 de dezembro de 2006. Dispõe sobre a informatização do processo judicial; altera a Lei nº 5.869, de 11 de janeiro de 1973 – Código de Processo Civil; e dá outras providências. *Diário Oficial [da] República Federativa do Brasil*, Brasília, DF, 20 dez. 2006. Disponível em: <http://www.planalto.gov.br/ccivil_03/_ato2004-2006/2006/lei/l11419.htm>. Acesso em: 24 abr. 2020.

834 CONSELHO NACIONAL DE JUSTIÇA (Brasil). Resolução nº 183, de 18 de dezembro de 2013. *Institui o Sistema Processo Judicial Eletrônico – PJe como sistema de processamento de informações e prática de atos*

da nova lei sobre a informatização do processo judicial, estabelecendo medidas de controle da tramitação destes, além da padronização de dados, informações etc.

No âmbito do Tribunal de Justiça do Estado do Rio de Janeiro (TJERJ), por exemplo, foi editada a Resolução nº 16/2009[835] que, ao se fundamentar no princípio da razoável duração do processo judicial e administrativo[836], na missão de entrega de uma prestação jurisdicional de maneira célere, eficaz e concreta, bem como na necessidade de aprimoramento dos serviços judiciais com o objetivo de promoção de uma justiça mais eficiente, além da necessidade de agilizar a realização dos atos processuais em benefício das partes (o que logicamente acarreta uma economia de tempo, recursos humanos e materiais na prestação jurisdicional em consonância com a própria Lei nº 11.419/06), resolveu por bem implementar o processo eletrônico no âmbito do Poder Judiciário Estadual, definindo-se a estrutura básica segundo a qual a informatização se daria.

Se por um lado a redação do art. 9º do CPP[837] consagra a tradicional característica que se dá ao inquérito policial de ser escrito ou datilografado, percebemos que em função da época da entrada em vigor do Código de Processo Penal a ideia embutida no conceito que dá nome à característica que ora comentamos é que tal procedimento podia ter peças caligrafadas. O avanço já previsto à época, portanto, era a possibilidade de datilografia (as peças do inquérito podiam ser escritas à máquina de escrever, recurso já existente por ocasião da entrada em vigor do CPP). Obviamente que, com a substituição deste recurso pela possibilidade de digitação em computadores, houve expressivo ganho em termos de velocidade de impressão e possibilidade de salvar os arquivos em meio digital, acelerando o processo de digitação e aproveitamento dos documentos e formulários.

---

processuais e estabelece os parâmetros para sua implementação e funcionamento. Disponível em: <https://atos.cnj.jus.br/files/resolucao_185_18122013_01042019195928.pdf>. Acesso em: 28 jul. 2021.

835 RIO DE JANEIRO (Estado). Tribunal De Justiça Do Estado Do Rio De Janeiro. Resolução nº 16, de 30 de novembro de 2009. *Autoriza a implantação do Processo Eletrônico no âmbito do Tribunal de Justiça do Estado do Rio de Janeiro e dá outras providências.* Publicada no DJERJ, ADM, nº 60, p. 8, em 01 de dezembro de 2009. Disponível em: <http://www4.tjrj.jus.br/biblioteca/index.asp?codigo_sophia=140145&integra=1>. Acesso em: 28 jul. 2021.

836 Cf. nota 01. Este postulado encontra-se previsto no art. 5º, LXXVIII, da CRFB/88: *"a todos, no âmbito judicial e administrativo, são assegurados a razoável duração do processo e os meios que garantam a celeridade de sua tramitação".*

837 Cf. nota 27. Nos exatos termos do referido dispositivo legal: *"Todas as peças do inquérito policial serão, num só processado, reduzidas a escrito ou datilografadas e, neste caso, rubricadas pela autoridade".*

O que a Lei nº 11.419/06 permite, agora, é um aperfeiçoamento da essência do conceito "escrito", para algo que, tendo sido anteriormente caligrafado ou digitado numa plataforma de computador, possa ser perpetuado e acessado em meio digital, através da rede mundial de computadores, mediante acesso autorizado para usuários previamente cadastrados, que poderão movimentar as peças e praticar atos processuais à distância.

Naturalmente que já se discutia a possibilidade de que determinados atos do processo (e aqui incluímos tal possibilidade até mesmo no curso do inquérito policial) fossem disponibilizados mediante gravação em mídias eletrônicas. Como exemplo, podemos citar depoimentos de testemunhas ou vítimas, confissões de acusados, indiciados ou suspeitos. A modernização dos sistemas audiovisuais não estava prevista quando da proposição do Código de Processo Penal, motivo pelo qual esta discussão não se fez presente à época.

Nesse sentido, comungamos da interpretação progressista proposta por Renato Brasileiro de Lima[838] admitindo o uso dessa tecnologia no inquérito policial (argumentação também fundamentada pela aplicação do art. 405, § 1º, do CPP)[839]. Através deste dispositivo legal, atento às atualizações dos meios tecnológicos, foram feitas mudanças nos procedimentos processuais penais, passando a prever a possibilidade de que os depoimentos do investigado, indiciado, ofendido e testemunhas fossem feitos pela utilização de diversos métodos, inclusive aqueles de cunho audiovisual, prevendo-se uma maior fidelidade das informações obtidas.

Tal interpretação, com muito mais razão, serve para fundamentar inovações tecnológicas de cunho investigativo, que já são operacionalizadas e implementadas em protocolos operacionais específicos no âmbito de cada polícia judiciária. Basta entendermos a importância revelada por ocasião da gravação de um procedimento de perícia em local de crime, materializando-se em mídia digital, seja em formato tradicional ou mesmo tridimensional, cujos recursos de vídeo e ferramentas específicas podem perpetuar a cena de um crime com suas particularidades, ou mesmo a filmagem de uma necropsia e a inclusão de elementos de informação importantes, como

838 LIMA, Renato Brasileiro, op. cit., nota 77, p. 114.

839 Cf. nota 27. Incluído pela Lei nº 11.719/08, o referido parágrafo traz a previsão segundo a qual: *"Sempre que possível, o registro dos depoimentos do investigado, indiciado, ofendido e testemunhas será feito pelos meios ou recursos de gravação magnética, estenotipia, digital ou técnica similar, inclusive audiovisual, destinada a obter maior fidelidade das informações"*.

uma tomografia tridimensional na qual se possa demonstrar o trajeto de um projétil de arma de fogo, auxiliando na criminodinâmica.

Além de servir na etapa de descrição do relatório médico-legal (na qual o perito deve, objetivamente, descrever os achados periciais), tais instrumentos tecnológicos fornecem significativo ganho em termos de detalhes, fazendo com que, desde o primeiro momento, o Delegado de Polícia garanta a qualidade da investigação na busca pela essência do fenômeno criminoso, além de possibilitar um julgamento muito mais aproximado da realidade quando for o momento oportuno em sede judicial.

A tramitação do inquérito policial por meio eletrônico já é uma realidade. Utilizemos como exemplo uma situação específica no âmbito da realidade do Estado do Rio de Janeiro. O plantão judiciário noturno está localizado apenas na capital do Estado e atende a todos os seus municípios. O plantão diurno (destinado para feriados e finais de semana) é regionalizado e muitas vezes concentra uma grande quantidade de municípios, com áreas territoriais extensas, fazendo com que a equipe policial tenha que se deslocar por grandes distâncias, o que afeta de modo substancial o acesso à Justiça, a celeridade e a própria efetividade processual.

Com a sistemática eletrônica, em que pese o ganho em agilidade e com a economia de meios, todavia, ainda esbarramos na própria burocracia, pois mesmo com a segurança no trânsito das informações, ainda há falta de normativas que deem segurança na comunicação de uma prisão em flagrante sem a necessidade de que sejam impressos os autos físicos, ou ainda, na própria tecnologia, já que alguns dos já mencionados meios de investigação não suportam determinados tamanhos ou tipos de arquivo, já que os sistemas enfrentam limitações neste sentido.

A própria falta de cultura diante das possibilidades ainda faz com que essa realidade encontre dificuldades de implementação. Todavia, mediante a proposta de treinamentos, palestras e seminários e a certeza de progressos na agilidade da tramitação cartorária, trarão ainda mais robustez à investigação criminal e farão do inquérito policial um instrumento ainda mais modernizado na condução de uma justiça penal.

Desta forma, podemos falar que a característica da escrita sofreu alterações substanciais no seu conceito, que precisou ser atualizado diante da modernização do processo judicial. Embora fundamentalmente escrito, a percepção fenomenológica alcunhada tanto pela vivência do profissional ao coletar os dados de informação, quanto pela experimentação do destinatário dela, ganha contornos de realidade virtual com os novos recursos tecnológicos à disposição dos investigadores, aproximando o momento da prática do crime do momento do indiciamento e, consequentemente, do julgamento, contribuindo ainda mais para a fidedignidade, celeridade e economia de recursos.

1.2.4. O necessário sigilo das investigações

O art. 93, IX, da CRFB/88[840] consagra o princípio da publicidade como regra para todos os julgamentos dos órgãos do Poder Judiciário, além da necessidade de fundamentação em todas as decisões, sob pena de nulidade. Todavia, em certas circunstâncias a lei pode limitar a presença às próprias partes e a seus advogados, ou somente a estes, em casos nos quais a preservação do direito à intimidade do interessado no sigilo não prejudique o interesse público à informação.

Além disso, não podemos deixar de mencionar a previsão contida na Convenção Americana sobre Direitos Humanos (CADH, também conhecido como Pacto de San José da Costa Rica)[841], mais precisamente no art. 8º, item 5, para o qual o processo penal deve ser público, salvo no que for necessário para preservar os interesses da justiça.

Tais situações, como as elencadas tanto na Constituição, quanto na CADH, refletem uma tripla necessidade: a de se resguardar a intimidade do indivíduo como direito fundamental albergado no art. 5º, X, da CRFB/88, aliado a um acesso à informação, ressalvados os casos cujo sigilo seja imprescindível à segurança da sociedade e do Estado, nos termos do art. 5º, XXXIII, da Carta Magna, além de um suposto interesse social, ou da justiça, conforme apregoa o art. 5º, LX, também da CRFB/88[842].

---

840 Cf. nota 01. Segue a redação: *"Lei complementar, de iniciativa do Supremo Tribunal Federal, disporá sobre o Estatuto da Magistratura, observados os seguintes princípios: todos os julgamentos dos órgãos do Poder Judiciário serão públicos, e fundamentadas todas as decisões, sob pena de nulidade, podendo a lei limitar a presença, em determinados atos, às próprias partes e a seus advogados, ou somente a estes, em casos nos quais a preservação do direito à intimidade do interessado no sigilo não prejudique o interesse público à informação; (Redação dada pela Emenda Constitucional nº 45, de 2004)".*

841 Cf. nota 148.

842 Cf. nota 01. Prevê a literalidade dos dispositivos mencionados, respectivamente, que: *"X – são invioláveis a intimidade, a vida privada, a honra e a imagem das pessoas, assegurado o direito a indenização pelo dano material ou moral decorrente de sua violação"; "XXXIII – todos têm direito a receber dos órgãos públicos informações de seu interesse particular, ou de interesse coletivo ou geral, que serão prestadas no prazo da lei, sob pena de responsabilidade, ressalvadas aquelas cujo sigilo seja imprescindível à segurança da sociedade e do Estado"; "LX – a lei só poderá restringir a publicidade dos atos processuais quando a defesa da intimidade ou o interesse social o exigirem".*

De um modo geral, a própria legislação processual penal[843] prevê, no art. 201, § 6º, que o juiz tomará providências necessárias para a preservação da intimidade, da vida privada, honra e imagem do ofendido, o que inclui a possibilidade de que seja determinado o segredo de justiça em relação aos dados, depoimentos, bem como outras informações a seu respeito que constem nos autos, com o fito de evitar sua exposição aos meios de comunicação. Este dispositivo legal, portanto, está coadunado com os preceitos constitucionais.

Como exemplificação da vedação à divulgação de atos judiciais, policiais e administrativos, podemos mencionar os casos envolvendo crianças e adolescentes nos termos do art. 143 do Estatuto da Criança e do Adolescente (ECA)[844], ou ainda, de modo semelhante, nos termos do art. 234-B do Código Penal[845], para os casos envolvendo crimes contra a dignidade sexual.

Se por um lado vemos uma grande publicidade dos atos referentes ao processo penal como um todo, através da qual são evitados excessos ou até mesmo arbitrariedades no desenrolar da causa, afastando-se processos secretos e trazendo aos cidadãos maior possibilidade de fiscalizar a distribuição da justiça, isto já não é tão latente quando estamos diante da temporalidade da investigação criminal.

De fato, quando estamos diante desta etapa do processo penal, o acesso precisa ser restringido para que o caminho na busca pelas essências não seja comprometido pela inclusão de camadas noéticas distintas, muito menos por indesejadas alterações voluntárias por quem eventualmente não deseja que a essência venha à tona, uma vez que o investigado pode destruir ou comprometer elementos de informação que possivelmente levariam à determinação da materialidade e à comprovação dos indícios mínimos de autoria, necessários à deflagração da ação penal.

Como toda regra, esta da publicidade também comporta exceções. Desta forma, como mitigação ao princípio da publicidade observamos a

---

843 Cf. nota 27.

844 Conforme a redação original do dispositivo: *"E vedada a divulgação de atos judiciais, policiais e administrativos que digam respeito a crianças e adolescentes a que se atribua autoria de ato infracional"*. BRASIL. Lei nº 8.069, de 13 de julho de 1990. Dispõe sobre o Estatuto da Criança e do Adolescente e dá outras providências. *Diário Oficial [da] República Federativa do Brasil*, Brasília, DF, 16 jul.1990. Disponível em: <http://www.planalto.gov.br/ccivil_03/leis/l8069.htm>. Acesso em: 25 abr. 2020.

845 Cf. nota 26. Incluído pela Lei nº 12.015/09, o referido dispositivo legal prevê que: *"Os processos em que se apuram crimes definidos neste Título correrão em segredo de justiça"*.

previsão contida no art. 20 do CPP[846], para o qual (pelo menos no que diz respeito à disciplina atual do inquérito policial), a autoridade assegurará o sigilo necessário à elucidação do fato ou exigido pelo interesse da sociedade (o que, desde logo, não é especificado, assim como nos demais elementos normativos descritos linhas acima).

Este sigilo, todavia, não é absoluto e também encontra limitações. Esta é a razão pela qual doutrinariamente costuma-se subdividir as acepções do sigilo do inquérito policial em sigilo interno e externo. E o supracitado art. 20 do CPP se refere a este último, de modo a fazer com que a investigação tenha sucesso tendo em vista o motivo pelo qual foi proposta. Vale dizer, é assegurar que todos aqueles, externos à investigação criminal (o que exclui o público em geral), não tenham acesso ao seu conteúdo.

Quanto ao sigilo interno, é preciso destacar que antes mesmo das recentes modificações traçadas pela Lei nº 13.245/16[847] no Estatuto da Advocacia (EOAB – Lei nº 8.906/94[848]), as normativas originárias referentes ao exercício desta, bem como ao exercício da defesa preconizado pelo art. 5º, LXIII, da CRFB/88[849], já asseguravam a possibilidade de que o advogado tivesse acesso aos autos do inquérito policial, até para que pudesse manifestar os primeiros atos defensivos no interesse do seu assistido.

Pensar o sigilo interno não significa dizer, por via de regra, que de forma contrária ao sigilo externo, somente as partes interessadas podem ter acesso aos autos da investigação. Em verdade, como explicita Fauzi Hassan Choukr, aquele representa o acesso limitado aos autos do modo como impõe a forma inquisitiva do processo penal e representa uma limitação a que tanto o investigado, quanto seu defensor, possam consultar o conteúdo da investigação[850].

---

846 Cf. nota 27. Vejamos a redação: *"A autoridade assegurará no inquérito o sigilo necessário à elucidação do fato ou exigido pelo interesse da sociedade".*

847 BRASIL. Lei n.º 13.245, de 12 de janeiro de 2016. Altera o art. 7º da Lei nº 8.906, de 4 de julho de 1994 (Estatuto da Ordem dos Advogados do Brasil). *Diário Oficial [da] República Federativa do Brasil*, Brasília, DF, 13 jan. 2016. Disponível em: <http://www.planalto.gov.br/ccivil_03/_Ato2015-2018/2016/Lei/L13245.htm#art1>. Acesso em: 26 abr. 2020.

848 BRASIL. Lei n.º 8.906, de 04 de julho de 1994. Dispõe sobre o Estatuto da Advocacia e a Ordem dos Advogados do Brasil (OAB). *Diário Oficial [da] República Federativa do Brasil*, Brasília, DF, 05 jul. 1994. Disponível em: <http://www.planalto.gov.br/ccivil_03/leis/l8906.htm>. Acesso em: 26 abr. 2020.

849 Cf. nota 01. Dispõe o referido artigo que: *"LXIII – o preso será informado de seus direitos, entre os quais o de permanecer calado, sendo-lhe assegurada a assis*tência da família e de advogado".

850 CHOUKR, Fauzi Hassan. *Código de Processo Penal.* Comentários consolidados e crítica jurisprudencial. 2. ed. Rio de Janeiro: Lumen Iuris, 2007. p. 84.

Toda esta noção sobre o sigilo interno teve significativa alteração por ocasião da modificação no art. 7º, XIV, do EOAB[851]que, dando nova redação a este dispositivo legal, passa a albergar um significativo ganho em termos defensivos, pois amplia a possibilidade de que o advogado tenha acesso aos autos de uma investigação (qualquer que seja o órgão responsável, mesmo sem procuração), aos autos de flagrante e de investigação de qualquer natureza (findos ou em andamento, ainda que estando conclusos à autoridade), podendo inclusive tomar apontamentos ou copiar peças, em meio físico ou digital.

Todavia, isso não representa uma total renovação do conceito jungido à expressão "sigilo interno", uma vez que o próprio art. 7º, porém na previsão contida no parágrafo 10, da mesma lei, faz observação segundo a qual nos autos sujeitos a sigilo, o advogado deve apresentar procuração para o exercício dos direitos de que trata o inciso XIV. Se traçarmos um paralelo com as normativas processuais civis, veremos que a previsão é semelhante àquela encontrada no art. 107, I, do Código de Processo Civil (CPC)[852].

Com isto, resta claro que o sigilo interno ainda tem significado que permite negar acesso àqueles elementos que porventura estejam em fase de diligência que será juntada de modo oportuno à investigação[853]. Da mesma forma, as diligências ainda pendentes de realização não precisam ser previamente comunicadas ao advogado, sob pena de eventualmente serem inviabilizadas diante de eventual ato defensivo tendente a minimizar os efeitos que poderiam ser prejudiciais caso a diligência fosse bem-sucedida. Essa é a noção ao redor do conteúdo da Súmula Vinculante nº 14[854].

---

851 Modificação esta produzida pela entrada em vigor da Lei nº 13.245/16.

852 Conforme os exatos termos deste dispositivo legal mencionado: *"Art. 107. O advogado tem direito a: I – examinar, em cartório de fórum e secretaria de tribunal, mesmo sem procuração, autos de qualquer processo, independentemente da fase de tramitação, assegurados a obtenção de cópias e o registro de anotações, salvo na hipótese de segredo de justiça, nas quais apenas o advogado constituído terá acesso aos autos".* BRASIL. Lei n.º 13.105, de 16 de março de 2015. Código de Processo Civil. *Diário Oficial [da] República Federativa do Brasil*, Brasília, DF, 17 mar. 2015. Disponível em: <http://www.planalto.gov.br/ccivil_03/_ato2015-2018/2015/lei/l13105.htm>. Acesso em: 26 abr. 2020.

853 Cf. nota 848. A *contrario sensu*, o próprio parágrafo 11 do art. 7º do EOAB, incluído pela Lei nº 13.245/16, fez menção neste sentido: *"No caso previsto no inciso XIV, a autoridade competente poderá delimitar o acesso do advogado aos elementos de prova relacionados a diligências em andamento e ainda não documentados nos autos, quando houver risco de comprometimento da eficiência, da eficácia ou da finalidade das diligências".*

854 Segundo o enunciado da Súmula Vinculante nº 14: *"É direito do defensor, no interesse do representado, ter acesso amplo aos elementos de prova que, já documentados em procedimento investigatório realizado por órgão com competência de polícia judiciária, digam respeito ao exercício do direito de defesa".* Disponível em: <http://www.stf.jus.br/portal/jurisprudencia/menuSumario.asp?sumula=1230&termo=>. Acesso em: 27 jun. 2021.

De todo modo, entendemos que a prerrogativa prevista no EOAB não afasta a possibilidade de que o Delegado de Polícia, mesmo ciente de que o ato não requer prévia procuração, atue no sentido de materializar o direito de petição previsto no art. 5º, XXXIV, "a", da CRFB/88[855], registrando-se o peticionamento do advogado manifestando seu interesse em acessar os autos do inquérito policial.

De um lado, isto resguarda que houve efetivo exercício deste direito por parte do advogado e, de outro, resguarda o servidor policial que a ele ofereceu acesso, impedindo qualquer alegação de cerceamento de defesa ou abuso de autoridade, cuja consequência jurídica foi trazida na mesma ocasião em que os direitos foram assegurados, conforme o teor do art. 7º, § 12, do EOAB[856].

Aliás, com as novas previsões legais sobre este tema, que emergiram com a entrada em vigor da Lei nº 13.869/19[857], passa a ser ainda mais importante a documentação sobre o acesso aos autos, uma vez que tanto o art. 28, quanto o art. 32 deste novo diploma legal albergam a questão do sigilo das investigações[858].

No primeiro caso, protegendo o direito à intimidade, bem como a honra[859] ou imagem do acusado ou investigado, evitando-se que o sujeito ativo no caso dos crimes de abuso de autoridade, preconizados no art. 2º

855 Cf. nota 01. O exercício do direito de petição tem albergue constitucional conforme descrito a seguir: *"XXXIV – são a todos assegurados, independentemente do pagamento de taxas: a) o direito de petição aos Poderes Públicos em defesa de direitos ou contra ilegalidade ou abuso de poder".*

856 Cf. nota 848. Pela verificação dos termos deste dispositivo legal, podemos verificar que: *"A inobservância aos direitos estabelecidos no inciso XIV, o fornecimento incompleto de autos ou o fornecimento de autos em que houve a retirada de peças já incluídas no caderno investigativo implicará responsabilização criminal e funcional por abuso de autoridade do responsável que impedir o acesso do advogado com o intuito de prejudicar o exercício da defesa, sem prejuízo do direito subjetivo do advogado de requerer acesso aos autos ao juiz competente".*

857 BRASIL. Lei n.º 13.869, de 05 de setembro de 2019. Dispõe sobre os crimes de abuso de autoridade; altera a Lei nº 7.960, de 21 de dezembro de 1989, a Lei nº 9.296, de 24 de julho de 1996, a Lei nº 8.069, de 13 de julho de 1990, e a Lei nº 8.906, de 4 de julho de 1994; e revoga a Lei nº 4.898, de 9 de dezembro de 1965, e dispositivos do Decreto-Lei nº 2.848, de 7 de dezembro de 1940 (Código Penal). *Diário Oficial [da] República Federativa do Brasil*, Brasília, DF, 27 set. 2019. Disponível em: <http://www.planalto.gov.br/ccivil_03/_ato2015-2018/2015/lei/l13105.htm>. Acesso em: 26 abr. 2020.

858 Cf. nota 857. Versam os dispositivos: *"Art. 28. Divulgar gravação ou trecho de gravação sem relação com a prova que se pretenda produzir, expondo a intimidade ou a vida privada ou ferindo a honra ou a imagem do investigado ou acusado"; "Art. 32. Negar ao interessado, seu defensor ou advogado acesso aos autos de investigação preliminar, ao termo circunstanciado, ao inquérito ou a qualquer outro procedimento investigatório de infração penal, civil ou administrativa, assim como impedir a obtenção de cópias, ressalvado o acesso a peças relativas a diligências em curso, ou que indiquem a realização de diligências futuras, cujo sigilo seja imprescindível".*

859 PORTOCARRERO, Claudia Barros; FERREIRA, Wilson Luiz Palermo, op. cit., nota 101, p. 80.

desta Lei[860], divulgue gravação ou trechos desta que não tenham relação com a prova que se pretenda produzir.

Na segunda hipótese, mais específica quanto ao acesso mencionado por nós no parágrafo anterior, o abuso de autoridade resta caracterizado quando o sujeito ativo nega ao interessado, ao seu defensor ou advogado, acesso aos autos da investigação preliminar, ao termo circunstanciado, ao inquérito policial ou a qualquer outro tipo de procedimento investigatório de infração de cunho penal, civil ou administrativo, ou mesmo impede que aquele interessado obtenha cópias etc.

O próprio dispositivo ressalva, todavia, os casos de diligências em curso, ou peças que indiquem a realização de diligências futuras, cujo sigilo é imprescindível, conforme destacamos oportunamente[861].

Por fim, o cuidado com o sigilo é importante, uma vez que, para a teoria da valoração crimino-fenomenológica, a simples contaminação de uma testemunha, incluindo dado hilético inicialmente inexistente (para que preste termo de declarações de modo diferente do que foi observado), ou uma simples e indevida ciência sobre determinado fato que não constava inicialmente na percepção em evidência, influindo na imaginação, pode comprometer toda identificação de essência, caso o fenomenólogo não esteja atento e não consiga perceber que aquela característica não está de acordo com as demais informações essencial então obtidas, por ocasião do confronto com os demais elementos já obtidos.

Diante das análises aqui refletidas, cumpre destacar que se percebe, notadamente, uma maior aproximação dos sujeitos que, por necessidade de fazerem valer seus direitos, terão maior oportunidade de dialogar com o núcleo da polícia investigativa ou judiciária, responsável pelo procedimento, para que se busquem alternativas através das quais ao mesmo tempo ampliam as capacidades defensivas e de resguardo de direitos, como por via

860 Cf. nota 857. Dispõe o texto do art. 2º: *"É sujeito ativo do crime de abuso de autoridade qualquer agente público, servidor ou não, da administração direta, indireta ou fundacional de qualquer dos Poderes da União, dos Estados, do Distrito Federal, dos Municípios e de Território, compreendendo, mas não se limitando a: I – servidores públicos e militares ou pessoas a eles equiparadas; II – membros do Poder Legislativo; III – membros do Poder Executivo; IV – membros do Poder Judiciário; V – membros do Ministério Público; VI – membros dos tribunais ou conselhos de contas; Parágrafo único. Reputa-se agente público, para os efeitos desta Lei, todo aquele que exerce, ainda que transitoriamente ou sem remuneração, por eleição, nomeação, designação, contratação ou qualquer outra forma de investidura ou vínculo, mandato, cargo, emprego ou função em órgão ou entidade abrangidos pelo caput deste artigo".*

861 PORTOCARRERO, Claudia Barros; FERREIRA, Wilson Luiz Palermo, op. cit., nota 101, p. 85.

transversa impedem o arbítrio de certa parte do efetivo Estatal desagregado dos ideais republicanos e democráticos.

1.2.5. Sobre a inquisitoriedade (mitigada): transição para a participação administrativa

Do próprio nome do instrumento de investigação, ainda vigente, advém uma das suas mais notórias características. Estando as atividades de persecução criminal concentradas nas mãos do Delegado de Polícia, a ele cabe a direção dos trabalhos investigativos com o fito de formalizar os atos que trarão, ao final, um dos seus principais objetivos: a definição dos contornos de todas as circunstâncias que comprovam a materialidade da infração penal e o responsável pela sua prática, vale dizer, o encontro da essência do fenômeno do crime, trazendo elementos para que o titular da ação penal possa promovê-la conforme dispõe a lei.

Por meio da inquisitoriedade, aliada à discricionariedade (com as nuances preconizadas pelas balizas propostas pela lei), o Delegado de Polícia tem maior agilidade[862] na busca pelas informações necessárias, o que traz maior benefício em termos de produtividade e na própria qualidade do resultado da investigação.

Utilizando-se os pilares da teoria da valoração crimino-fenomenológica, cabe àquele profissional traçar os contornos básicos que se circunscreveram à época da prática delituosa, como forma de adequá-la aos preceitos primários da lei penal e processual penal pertinente, o que conduzirá à definição acerca da melhor estratégia a ser empregada nesta concepção. Afinal, ele vivencia toda investigação.

Toda a ideia da inquisitoriedade se traduz, naturalmente, numa certa incompatibilidade com a tradicional prática do contraditório, como habitualmente visto no curso do processo penal propriamente dito. Assim, não há uma efetiva participação do investigado no que diz respeito ao modo de condução da investigação, até por conta da característica de sigilo atribuída a este método de apuração. Contudo, malgrado convivermos com a antiga previsão contida no art. 14 do CPP[863] (marcante em relação à questão da inquisitoriedade, mas que de certa forma permite que o indiciado possa

862 TÁVORA, Nestor; ALENCAR, Rosmar Rodrigues, op. cit., nota 76, p. 160.

863 Cf. nota 27. Pela redação exata do dispositivo: *"O ofendido, ou seu representante legal, e o indiciado poderão requerer qualquer diligência, que será realizada, ou não, a juízo da autoridade".*

requerer qualquer diligência, que será realizada, ou não, a critério da autoridade), o fato é que esse embrião de uma dita participação das partes não consegue se sustentar plenamente diante da discricionariedade inerente à atividade de investigação.

Dito de outra forma, se a previsão insculpida no artigo mencionado no parágrafo anterior não conduz à acepção segundo a qual há necessariamente um contraditório (ainda que diferido), quem dirá se tratar de verdadeiro exercício da ampla defesa em sede de inquérito policial. Aliás, retratando a forma pela qual o contraditório deve ser visto (e com a qual concordamos), Nestor Távora e Rosmar Rodrigues Alencar acentuam que o direito de participar de um procedimento que possa vir a trazer alguma espécie de repercussão jurídica é, de fato, a manifestação do contraditório. Não há necessidade de que tenhamos partes adversas, bastando que haja possibilidade de defesa. Basta exercitar seu direito de participação[864]. E isto teremos no Procedimento Administrativo de Valoração de Investigações Criminais (PAVIC).

Porém, de que adianta elencarmos a possibilidade de que o ofendido ou mesmo o indiciado requeiram a realização de diligências, sem que haja efetivamente a realização desta, já que jogamos com a tradicional noção insculpida na inquisitoriedade/discricionariedade do Delegado de Polícia? A nosso sentir, parece que acaba faltando um arremate pragmático que dê uma conotação de efetividade, vale dizer, só poderíamos falar, de fato, em exercício do contraditório caso houvesse pelo menos uma manifestação por parte do Delegado de Polícia, ainda que seja para motivar a negativa por ocasião da não-realização da diligência perquirida pela parte solicitante, através da sua participação administrativa.

Se com a nova roupagem proposta por esta tese na concepção sobre as nuances que orbitam a verificação, em concreto, dos fatos ocorridos no mundo da vida (*lebenswelt*), para todo o arcabouço normativo positivado, é latente a necessidade de atribuir efetividade a uma noção de contraditório, ainda que diferido, relativizando a característica da inquisitoriedade de acordo com uma visão tradicionalmente apresentada.

Portanto, se o inquérito policial precisa, necessariamente, vestir sua função de filtro analítico, perseverando, ao final, somente as situações que concretamente mereçam a preocupação Estatal (viabilizando o início da ação penal quando haja justa causa para tanto, como também impedindo

864 TÁVORA, Nestor; ALENCAR, Rosmar Rodrigues, op. cit., nota 76, p. 160.

que pessoas nitidamente inocentes não venham a ser processadas)[865], então, é patente a interpretação através da qual a atenuação do contraditório e do direito de defesa (não ampla defesa), não pode vir a significar sua evidente eliminação única e simplesmente por força da inquisitoriedade.

O tema não é novidade no mundo jurídico e sua discussão vem ganhando força diante da necessidade de uma nova roupagem conceitual alinhada aos preceitos constitucionais. Como exemplo, destacamos a doutrina de Marta Saad, para a qual já há possibilidade do exercício de um direito de defesa ainda na fase de investigação. Aduz, portanto, dois tipos de exercício: exógeno e endógeno. Na primeira situação, pode ser observada uma atuação defensiva com vistas a manobrar algum tipo de remédio constitucional, como o *habeas corpus*, para garantir o direito à locomoção do indivíduo, numa espécie de atuação exógena. Por outro lado, o exercício endógeno permite que o advogado ou defensor atuem nos próprios autos da investigação criminal, seja por meio da solicitação de diligências na forma do já mencionado art. 14 do CPP[866], ou ainda fazendo valer o direito de autodefesa, pois embora o art. 5º, LXIII, da CRFB/88[867] lhe assegure o direito ao silêncio, a *contrario sensu*, privilegiando a oportunidade de tecer comentários narrando a realidade dos fatos, o investigado pode decidir falar e trazer sua versão, que será devidamente valorada pelo Delegado de Polícia[868].

Tal atitude permite que haja uma eventual comparação caso surja mais de uma versão, fato este que autoriza que os questionamentos se desdobrem numa acareação ainda em sede de inquérito policial, conforme o teor do art. 6º, VI, parte final, do CPP[869] por exemplo, dando novo fôlego à investigação em virtude de um impulso defensivo.

Esta discussão se tornou ainda mais relevante por ocasião da entrada em vigor da já mencionada Lei nº 13.245/16, que fez importante alteração ao nível do Estatuto da Advocacia. Quando esta lei fez inserir o art. 7º,

---

865 TÁVORA, Nestor; ALENCAR, Rosmar Rodrigues, op. cit., nota 76, p. 160.

866 Cf. nota 863.

867 Cf. nota 01. Nos exatos termos do art. 5º, LXIII, da CRFB/88: *"LXIII – o preso será informado de seus direitos, entre os quais o de permanecer calado, sendo-lhe assegurada a assistência da família e de advogado".*

868 SAAD, Marta. *O direito de defesa no inquérito policial.* São Paulo: Editora Revista dos Tribunais, 2004. p. 221-222.

869 Cf. nota 721. Menciona o art. 6º, VI, do CPP, que logo que tiver conhecimento da prática da infração penal, a autoridade policial deverá, dentre outras diligências: *"proceder a reconhecimento de pessoas e coisas e a acareações".*

XXI, a este indigitado diploma normativo[870], as discussões sobre a perda da característica da inquisitoriedade se insurgiram no meio jurídico, o que acabou levando a posicionamentos a favor e contra esta perspectiva.

Embora assegurado o contraditório e a ampla defesa a nível constitucional para os litigantes em processos judiciais e administrativos, a tradicional concepção do art. 5º, LV, da CRFB/88[871], não alberga as disposições do inquérito policial, embora a expressão "administrativos" possa fazer assim parecer. A própria previsão sobre o asseguramento de advogado ao preso[872] fortalece a indicativa referência de uma possibilidade de contraditório, ainda que não abrangido o real alcance da ampla defesa. Pela simples possibilidade de atuação da defesa técnica, teríamos um contraditório diferido.

Neste sentido, para os defensores de uma espécie de contraditório ainda no inquérito policial (ou na investigação criminal em geral), a conjugação dos dispositivos constitucionais acima mencionados, aliados a uma interpretação progressista do inquérito como sendo um instrumento de garantias individuais e compromissado com a efetiva noção de justiça, permite que, mesmo se mantendo a característica de inquisitoriedade, seja possível que haja uma aproximação da defesa ao contexto da investigação, já que o Estatuto da Advocacia viabiliza o exercício do direito de defesa desde os primeiros momentos da apuração da infração penal, referindo-se tanto à prisão (seja ela de qual natureza for, cautelar ou não), ou mesmo diante de depoimentos ou do respectivo interrogatório do investigado em sede policial.

Robustecendo essa compreensão, a expressão "sob pena de nulidade absoluta" denotaria uma característica de obrigatoriedade, passando a permitir a concepção segundo a qual o ordenamento jurídico reconhece, de forma expressa, o clássico sistema de nulidades (aplicadas então ao processo) na investigação preliminar, o que implicaria uma invalidade do ato que não estivesse de acordo com a preservação dos direitos constitucionais básicos do indivíduo, pensamento este que se encontra em harmonia com uma

870 Cf. nota 848. Versa o dispositivo mencionado que constitui direito do advogado: *"XXI – assistir a seus clientes investigados durante a apuração de infrações, sob pena de nulidade absoluta do respectivo interrogatório ou depoimento e, subsequentemente, de todos os elementos investigatórios e probatórios dele decorrentes ou derivados, direta ou indiretamente, podendo, inclusive, no curso da respectiva apuração: a) apresentar razões e quesitos".*

871 Cf. nota 01. A descrição do referido inciso é: *"LV – aos litigantes, em processo judicial ou administrativo, e aos acusados em geral são assegurados o contraditório e ampla defesa, com os meios e recursos a ela inerentes".*

872 Cf. nota 867.

concepção crescente pela qual há cada vez mais uma jurisdicionalização do processo administrativo, mediante a aplicação de garantias ligadas ao devido processo legal, o que inclui a garantia do contraditório mesmo em sede de investigação criminal e se tratando de uma forma diferida, restrita[873]. Assim, caso não tenha havido participação do advogado, antes que seja verificada ou declarada qualquer nulidade referente ao ato, deve-se perquirir se houve ou não tentativa de cercear o direito do advogado (e obviamente do seu assistido) por ocasião de um interrogatório ou depoimento.

Isto porque entendemos que tal participação não é condição essencial de validade do ato, uma vez que o investigado pode não ter constituído advogado, ou ainda, mesmo tendo constituído, a autoridade policial não está obrigada a invocá-la ou aguardar sua presença, procrastinando ainda mais os trabalhos de polícia judiciária, diante da inexistência de mandamento neste sentido (exceto, obviamente, nos casos de prisão, nos quais o Delegado de Polícia deve comunicar ao preso os seus direitos, bem como comunicar à sua família, ou a pessoa por ele indicada, além da necessidade prevista no art. 306, § 1º, do CPP, de que no prazo de vinte e quatro horas a prisão seja comunicada à Defensoria Pública, caso o preso não tenha informado o nome do seu advogado)[874].

Note-se que nem mesmo no momento da prisão em flagrante é obrigatória a presença de advogado ou defensor, justamente para que, em seu benefício, o ato não possa vir a ser formalizado diante desta ausência (o que poderia consistir em verdadeira estratégia defensiva para impedir a validade da prisão).

Por conseguinte, raciocínio semelhante deve ser acolhido por ocasião de uma situação de interrogatório ou depoimento, mormente quando isso não consista em ato decorrente de prisão, como exposto acima. Se numa situação dita como mais grave ao acusado, a presença do defensor não é obrigatória, com muito mais razão não haveria impedimento para que o ato de inquirição (cuja prisão não estivesse como bastidor) sem defensor transcorresse, sem que a ele tivesse sido destinada a pecha de nulidade absoluta.

Além disso, sabendo-se que o inquérito policial não está submetido à noção de ampla defesa, podemos verificar que até mesmo nas situações em que esta é admitida, como ocorre nos casos de processo administrativo

873 LIMA, Renato Brasileiro de, op. cit., nota 77, p. 120.

874 Cf. nota 27.

disciplinar, o teor da súmula vinculante nº 5 do STF[875] nos permite dizer que se aqui a falta de defesa técnica por advogado não ofende a Constituição, com muito mais razão no inquérito também não ofenderia.

Porém, a situação na qual entendemos haver a incidência da nulidade se refere às hipóteses em que, para a realização do ato, o advogado já se faça presente em sede policial, mas mesmo assim é impedido de participar da oitiva. Assim, entendemos que o Delegado de Polícia não pode iniciar o depoimento ou o interrogatório do investigado sem que este esteja devidamente assistido por aquele. Todavia, não há que se falar em situação ensejadora de nulidade caso estejamos diante de mera oitiva de testemunha (embora a boa praxe requeira uma atenção e prestígio à atividade do advogado ou defensor, mas sem que isso desnature a essência dos atributos inerentes à investigação baseada na teoria da valoração crimino-fenomenológica).

Mas, diante de todo este cenário, o fato é que a previsão de um contraditório diferido e uma possibilidade (ainda que mínima) de apresentação de defesa em sede policial reforça a ideia pela qual uma investigação que possibilita uma "paridade de armas", mediante a formulação de quesitos, proposição de diligências (cuja negativa ou aceitação precisariam estar motivadas, de certa forma), tanto por intermédio da parte acusadora, quanto do investigado, confere um viés de garantia que traz benefícios que podem ser aferidos desde a fase pré-processual.

Esta noção acarreta uma revisão do próprio entendimento sobre o *caput* do art. 155 do CPP[876], que impede que o juiz fundamente sua decisão exclusivamente nos elementos informativos colhidos na investigação criminal, salvo no que diz respeito às provas cautelares, não repetíveis e antecipadas. Com isso, queremos dizer que a permissão de uma espécie de contraditório antecipado pode refletir na maneira pela qual o juiz irá analisar as provas em sede processual, pois poderá ver a correição da atuação das partes desde o início e a respectiva compatibilidade de atuação entre o momento inicial e aquele que antecede a sentença.

---

875 Dispõe o teor do respectivo verbete sumular vinculante: *"A falta de defesa técnica por advogado no processo administrativo disciplinar não ofende a Constituição".* Disponível em: <http://www.stf.jus.br/portal/jurisprudencia/menuSumario.asp?sumula=1199>. Acesso em: 27 jun. 2021.

876 Cf. nota 27. Pela análise do dispositivo mencionado, podemos ver que: *"O juiz formará sua convicção pela livre apreciação da prova produzida em contraditório judicial, não podendo fundamentar sua decisão exclusivamente nos elementos informativos colhidos na investigação, ressalvadas as provas cautelares, não repetíveis e antecipadas".*

Outro ponto que faz com que questionemos a inquisitoriedade pura e simples, tal qual habitualmente conhecida, reside na análise do art. 14-A do CPP, incluído pelo Pacote Anticrime, no final de 2019. Segundo este dispositivo, caso os investigados sejam servidores vinculados às instituições dispostas no art. 144 da CRFB/88, e o objeto da investigação se relacione a fatos ligados ao uso da força letal praticados no exercício profissional (na forma consumada ou tentada, incluindo as situações descritas no art. 23 do Código Penal), o indiciado poderá constituir defensor[877].

Embora a redação seja ruim, visto que a novidade incluída no Código de Processo Penal acaba por mesclar as nomenclaturas de "investigado" e "indiciado", queremos crer que a possibilidade de constituir defensor não exclui o direito já previsto anos antes pelo art. 7º, XXI, do EOAB[878], mas que consistiria em verdadeiro dever do Estado em fornecer assistência judiciária gratuita, uma vez que, tendo atuado no cumprimento da sua missão constitucional, pode ter se visto diante de situação extrema que requereu sua intervenção, ocasionando um fato típico, mas que não necessariamente será considerado um crime em sua visão analítica. Porém, justamente por não afastar a obrigatoriedade de apuração das circunstâncias, e até mesmo para resguardar sua versão dos fatos, acreditamos que a conjugação destes dois dispositivos legais simboliza, pelo menos nestas situações, a obrigatoriedade de participação da defesa no inquérito policial.

A comprovação é obtida mediante a análise da possibilidade de constituir defensor, insculpida no *caput* e no parágrafo primeiro, ambos do art. 14-A do CPP, seguida pela obrigatoriedade de que a autoridade responsável pela investigação intime a instituição a que estava vinculado o investigado à época da ocorrência dos fatos para que esta, observando-se o prazo de 48 (quarenta e oito) horas, indique defensor para a representação daquele, nos termos do parágrafo segundo do mesmo dispositivo[879].

877 Cf. nota 27.

878 Cf. nota 870.

879 Cf. nota 27. Vejamos as referências mencionadas: *"§ 1º Para os casos previstos no caput deste artigo, o investigado deverá ser citado da instauração do procedimento investigatório, podendo constituir defensor no prazo de até 48 (quarenta e oito) horas a contar do recebimento da citação. (Incluído pela Lei nº 13.964, de 2019); § 2º Esgotado o prazo disposto no § 1º deste artigo com ausência de nomeação de defensor pelo investigado, a autoridade responsável pela investigação deverá intimar a instituição a que estava vinculado o investigado à época da ocorrência dos fatos, para que essa, no prazo de 48 (quarenta e oito) horas, indique defensor para a representação do investigado. (Incluído pela Lei nº 13.964, de 2019)".*

Com efeito, por já entender existente o direito à assistência por advogado ainda em sede policial desde 2016 (conforme foi visto na inclusão de dispositivos no EOAB), o que vemos agora é uma vinculação (faculdade inicialmente observada, mas quando não atendida se transmuda em dever), da representação jurídica indicada pelo Estado, para que defenda seu servidor nos atos a que o próprio ente tem interesse, diante da natureza do ofício por aquele desempenhado, seja para garantir a legalidade dos atos referentes ao poder de polícia, ou ainda, para tutelar indivíduos que potencialmente se veem diante de situações nas quais o emprego de força letal pode vir a ser inevitável.

A percepção de uma inquisitoriedade mitigada reflete uma sensível diferença no modo de pensar e de se trabalhar com a investigação criminal, pois a partir de uma compreensão fenomenológica conferida, a justificativa para que trabalhemos com a verdadeira análise de todas as circunstâncias, caminha ao lado da participação dos interessados e nos atores do fenômeno dos fatos em apuração.

Portanto, melhor seria a proposta de uma vinculação ao objeto da lei, numa inquisitoriedade mitigada que se esforça para ser vislumbrada como um modo de estar atrelada à obrigatoriedade que a lei confere ao Delegado no sentido de utilizar os meios legais disponíveis para que os preceitos por ela preconizados sejam fielmente seguidos em busca do deslinde da investigação criminal, dialogando com a discricionariedade (também mitigada), permitindo o exercício mínimo de um contraditório diferido, de modo a contribuir com a busca eidética fenomenológica tal como preconizada pela teoria da valoração crimino-fenomenológica.

1.2.6. A oficialidade como vetor para a autonomia das investigações

Em momento próprio já tivemos oportunidade de tecer comentários sobre a ideia inerente aos principais conceitos relativos aos temas que são objeto desta obra, dentre eles, o de "Delegado de Polícia"[880]. Assim, pelo menos desde o advento da Lei nº 2.033 de 1871[881], conforme o teor do *caput* do art. 9º deste diploma legal não cabe mais aos Delegados o julgamento dos

880 Vide item 1.3 da Parte I desta obra.

881 Cf. nota 67.

crimes[882] de que tratava[883] o art. 12, § 7º, do Código de Processo Criminal do Império de 1832[884] (CPCI).

A atribuição, todavia, passa a ser destacada, inclusive, pelo Decreto nº 4.824, de 22 de novembro de 1871[885], numa clara alusão ao inquérito policial. Embora o art. 10 desse Decreto tenha frisado a redução de algumas atribuições inerentes aos Delegados de Polícia, o artigo seguinte indicava expressamente a utilização do inquérito policial como instrumento destinado a ser utilizado na investigação criminal, ocasião na qual seriam compiladas todas as diligências para o descobrimento dos fatos criminosos e suas circunstâncias, inclusive o corpo de delito[886].

---

882 Cf. nota 67. Vejamos a redação deste dispositivo: *"Art. 9º Fica extincta a jurisdicção dos Chefes de Policia, Delegados e Subdelegados no que respeita ao julgamento dos crimes de que trata o art. 12 § 7º do Codigo do Processo Criminal, assim como quanto ao julgamento das infracções dos termos de bem viver e segurança, e das infracções de posturas municipaes".*

883 Cf. nota 59. *"Art. 12. Aos Juizes de Paz compete: § 7º Julgar: 1º as contravenções ás Posturas das Camaras Municipaes: 2º os crimes, a que não esteja imposta pena maior, que a multa até cem mil réis, prisão, degredo, ou desterro até seis mezes, com multa correspondente á metade deste tempo, ou sem ella, e tres mezes de Casa de Correcção, ou Officinas publicas onde as houver".*

884 Cf. nota 60. Mesmo que o artigo mencionado na nota de rodapé anteior fizesse alusão à figura dos "juízes de paz", dada a redação à época, o fato é que a Lei nº 261, de 03 de dezembro de 1841, reformulando o CPCI, indica, no art. 4º, § 1º, que compete aos Chefes de Polícia, bem como aos seus Delegados a maior parte das atribuições conferidas àqueles, por força do disposto no art. 12 do CPCI. Veja a seguir: *"Art. 4º Aos Chefes de Policia em toda a Provincia e na Côrte, e aos seus Delegados nos respectivos districtos compete: § 1º As attribuições conferidas aos Juizes de Paz pelo art. 12 §§ 1º, 2º, 3º, 4º, 5º e 7º do Codigo do Processo Criminal".*

885 Cf. nota 68.

886 Cf. nota 68. A disciplina completa acerca do inquérito policial é descrita na Seção III do Capítulo III do Decreto nº 4.824/1871, composta de seis artigos. Em que pese não haver conceituação específica, o art. 42 deste diploma legal traz, pelo menos, as balizas pelas quais iria se fundar este instrumento, bem como as diligências cabíveis: *"O inquerito policial consiste em todas as diligencias necessarias para o descobrimento dos factos criminosos, de suas circumstancias e dos seus autores e complices; e deve ser reduzido a instrumento escripto, observando-se nelle o seguinte: 1º Far-se-ha corpo de delicto, uma vez que o crime seja de natureza dos que deixam vestígios; 2º Dirigir-se-ha a autoridade policial com toda a promptidão ao lugar do delicto e ahi, além do exame do facto criminoso e de todas as suas circumstancias e descripção da localidade em que se deu, tratará com cuidado de investigar e colligir os indicies existentes e apprehender os instrumentos do crime e quaesquer objectos encontrados, lavrando-se de tudo auto assignado pela autoridade, peritos e duas testemunhas; 3º Interrogará o delinquente, que fôr preso em flagrante, e tomará logo as declarações juradas das pessoas ou escolta que o conduzirem e das que presenciarem o facto ou deite tiverem conhecimento; 4º Feito o corpo de delicto ou sem elle, quando não possa ter lugar, indagará quaes as testemunhas do crime as fará vir á sua presença, inquirindo-as sob juramento a respeito do facto e suas circumstancias e de seus autores ou complices. Estes depoimentos na mesma occasião serão escriptos resumidamente em um só termo, assignado pela autoridade, testemunhas e delinquente, quando preso em flagrante; 5º Poderá dar busca com as formalidades legaes para apprehensão das armas e instrumentos do crime e de quaesquer objectos á elle referentes; e desta diligencia se lavrará o competente auto; 6º Terminadas as diligencias e autuadas todas as peças, serão conclusas á autoridade que proferirá o seu despacho, no qual, recapitulando o que fôr averiguado, ordenará que o inquerito seja remettido, por intermedio do Juiz Municipal, ao Promotor Publico ou a quem suas vezes fizer; e na mesma occasião indicará as testemunhas mais idoneas, que por ventura ainda não tenham sido inqueridas; Desta remessa dará immediatamente parte circumstanciada ao Juiz de Direito da comarca; Nas comarcas especiaes a remessa será por intermedio do Juiz de Direito que tiver a jurisdicção criminal do districto, sem participação a outra autoridade; 7º Todas as diligencias relativas ao inquerito*

Mesmo após o advento destes diplomas normativos, todo o campo de atribuição dos Delegados de Polícia ficou com uma abrangência infraconstitucional, ainda mais em razão da descentralização processual penal operada pós Constituição de 1891, uma vez que no art. 34, item nº 23[887], desta Carta Magna, não foi expressamente designado como de competência do Congresso Nacional à época legislar sobre Direito Processual Penal. Com isto, os Estados da Federação passaram[888] a ter suas próprias codificações neste sentido[889], sendo a do Estado do Mato Grosso a legislação precursora[890].

Sob o enfoque Constitucional, propriamente dito, não houve qualquer menção às atribuições do Delegado de Polícia até o atual diploma constitucional vigente. Antes, o que havia, eram previsões genéricas sobre o ente responsável por legislar sobre o tema, sem versar sobre as terminologias[891] "polícia judiciária" ou "polícia investigativa", a não ser pela Cons-

---

serão feitas no prazo improrogavel de cinco dias, com assistencia do indiciado delinquente, se estiver preso; podendo impugnar os depoimentos das testemunhas; Poderá tambem impugnal-os nos crimes afiançaveis, se requerer sua admissão aos termos do inquerito: 8º Nos crimes, em que não tem lugar a acção publica, o inquerito feito a requerimento da parte interessada e reduzido a instrumento, ser-lhe-ha entregue para o uso que entender; 9º Para a notificação e comparecimento das testemunhas e mais diligencias do inquerito policial se observarão, no que fôr applicavel, as disposições que regulam o processo da formação da culpa".

887 Versava o art. 34, item nº 23, da Constituição da República dos Estados Unidos do Brasil de 1891: *"Art 34 – Compete privativamente ao Congresso Nacional: 23º) legislar sobre o direito civil, comercial e criminal da República e o processual da Justiça Federal".* BRASIL. Constituição da República dos Estados Unidos do Brasil de 1891. Publicada no Diário Oficial da União de 24 fev. 1891. Disponível em: <http://www.planalto.gov.br/ccivil_03/Constituicao/Constituicao91.htm>. Acesso em: 29 abr. 2020.

888 Cf. nota 887. Nos termos do art. 63 do mesmo diploma legal: *"Cada Estado reger-se-á pela Constituição e pelas leis que adotar respeitados os princípios constitucionais da União".*

889 Cf. nota 27. Corroborando esta afirmação, o primeiro artigo do atual CPP traz expressa menção no sentido de que *"o processo penal reger-se-á, em todo o território brasileiro, por este Código (...)".*

890 De acordo com Danyelle da Silva Galvão, vinte Estados e o Distrito Federal iniciaram a confecção das suas respectivas legislações, logo em seguida à vigência da Constituição de 1891. Mato Grosso foi o primeiro Estado da Federação à época a consolidar as leis sobre processo civil, comercial e criminal, diante da promulgação da Lei Estadual nº 75, de 10 de julho de 1894. GALVÃO, Danyelle da Silva. *E se o Brasil tivesse 27 Códigos de Processo Penal?* Disponível em: <https://canalcienciascriminais.jusbrasil.com.br/artigos/305037045/e-se-o-brasil-tivesse-27-codigos-de-processo-penal>. Acesso em: 29 abr. 2020.

891 Como exemplo, na Constituição de 1891, o art. 60, § 4º, aduzia que: *"As sentenças e ordens da magistratura federal são executadas por officiaes judiciarios da União, aos quaes a policia local é obrigada a prestar auxilio, quando invocado por elles. (Incluído pela Emenda Constitucional de 3 de setembro de 1926)"* (Cf. nota 886); por sua vez, na Constituição seguinte, a de 1934, o artigo 5º, inciso V, dizia que competia privativamente à União: *"organizar a defesa externa, a polícia e segurança das fronteiras e as forças armadas"*; BRASIL. Constituição da República dos Estados Unidos do Brasil de 1934. *Diário Oficial [da] União*, 16 jul. 1934. Disponível em: <http://www.planalto.gov.br/ccivil_03/Constituicao/Constituicao34.htm>. Acesso em: 27 jun. 2021; já na Constituição de 1937, o art. 15, IV, de forma semelhante à Constituição anterior, aduzia que competia privativamente à União: *"organizar a defesa externa, as forças armadas, a polícia e segurança das fronteiras"*; BRASIL. Constituição da República dos Estados Unidos do Brasil de 1937. *Diário Oficial [da] União*, 10 nov. 1937. Disponível em: <http://www.planalto.gov.br/ccivil_03/Constituicao/Constituicao37.htm>. Acesso em: 27 jun. 2021; A Constituição de 1946, no seu art. 5º, VII, previa que competia à União: *"superintender, em todo o território nacional, os serviços de polícia marítima, aérea e de fronteiras"*, não falando especificamente sobre uma polícia judiciária da União, ou dos Estados; BRASIL. Constituição da

tituição de 1967 que trouxe as principais atribuições da Polícia Federal[892]. Com o advento da atual Constituição, a Segurança Pública ganha capítulo próprio dentro do Título V, que versa sobre a defesa do Estado e das instituições democráticas. Nele, especificamente no que diz respeito à Polícia Civil, o art. 144, § 4º, ganha posição de destaque neste cenário, ao prever pela primeira vez, a atribuição básica destes órgãos policiais[893].

Assim, como representante de órgão oficialmente constituído pelo Estado para a apuração de infrações penais, cabe ao Delegado de Polícia, profissional dotado de qualificação jurídica, seja ele civil ou federal, presidir os inquéritos policiais levando-se em consideração as normativas oriundas da atual compilação processual penal vigente desde 1941, assente no Código de Processo Penal.

Com efeito, a dimensão dada pelo atual diploma processual penal vigente deve ser conjugada com as disposições preconizadas pela Lei nº 12.830/13[894], que por sua vez decifram as funções de polícia judiciária e a apuração de infrações penais exercidas pelo Delegado de Polícia como sendo de natureza jurídica, essenciais e entendidas no contexto de um elemento do Estado, não de Governo, na busca pelo fiel cumprimento dos preceitos constitucionais e com compromisso vinculado exclusivamente à verdade dos fatos, da forma como ocorreram. Daí a importância revelada pela teoria da valoração crimino-fenomenológica exercida por quem, vivenciando e materializando o fenômeno do crime e suas circunstâncias, trará o verdadeiro sentido da concepção analítica deste, o que necessariamente acarreta em mais argumentos a favor da autonomia investigativa.

Da oficialidade perquirimos a ainda aparente inexistência de uma autonomia em se tratando de órgãos cuja envergadura e atribuições exacerbam

República dos Estados Unidos do Brasil de 1946. *Diário Oficial [da] União*, 19 set. 1946. Disponível em: <http://www.planalto.gov.br/ccivil_03/Constituicao/Constituicao46.htm>. Acesso em: 27 jun. 2021.

892 A Constituição de 1967 tratou da Polícia Federal, no art. 8º, VII, ditando como suas finalidades: *"a) os serviços de política marítima, aérea e de fronteiras; b) a repressão ao tráfico de entorpecentes; c) a apuração de infrações penais contra a segurança nacional, a ordem política e social, ou em detrimento de bens, serviços e interesses da União, assim como de outras infrações cuja prática tenha repercussão interestadual e exija repressão uniforme, segundo se dispuser em lei; d) a censura de diversões públicas"*. BRASIL. Constituição da República Federativa do Brasil de 1967. *Diário Oficial [da] União*, 24 jan. 1967. Disponível em: <http://www.planalto.gov.br/ccivil_03/Constituicao/Constituicao67.htm>. Acesso em: 27 jun. 2021; tais situações repetidas por ocasião da Emenda Constitucional nº 1, de 17 out. 1969. BRASIL. Emenda Constitucional nº 1, de 17 out. 1969. *Diário Oficial [da] União*, 20 out. 1969. Disponível em: <http://www.planalto.gov.br/ccivil_03/Constituicao/Constituicao67EMC69.htm>. Acesso em: 27 jun. 2021.

893 Cf. nota 01.

894 Cf. nota 02.

a tradicional concepção de vinculação direta a qualquer dos Poderes da União, replicados por via da simetria aos Estados da Federação.

Nesta toada, a autonomia na investigação depende de uma noção jungida à possibilidade de que o órgão responsável pela apuração das infrações criminais, nos termos da Constituição, esteja blindado contra qualquer tipo de interferência tendente a manipular o contexto da verdade, seja com a impossibilidade de realização de diligência determinante, ou mesmo sob a ameaça de remoção do servidor que "desagrade" ou colida com escusos interesses políticos ou de qualquer natureza. Não é outro o motivo de haver previsão legal que impede a remoção injustificada do Delegado de Polícia, conforme pode ser observado através da leitura do art. 2º, § 5º, da Lei nº 12.830/13[895]. Isto reforça a ideia inicial sobre a definitiva subordinação ao princípio do delegado natural, conforme abordado por nós no início desta obra.

Diferentemente do que possa vir a parecer, dada uma leitura muitas vezes equivocada da caraterística da inquisitoriedade, a atividade típica de polícia presente na investigação não se compromete com o titular cujo bem jurídico foi maculado ou com a parte responsável pela respectiva ação penal. Igualmente, o instrumento de investigação não se presta a servir para atender exclusivamente aos interesses defensivos. De toda sorte de possibilidades, é fundamental conceber a função policial judiciária como elemento neutro, imparcial e alheio a vontades políticas ou intrusões de qualquer natureza, por qualquer Poder ou Instituição democraticamente reconhecida, o que depende de um pressuposto de atuação autônomo, dada a característica imposta ao órgão dotado de uma missão constitucional.

A narrativa acima descrita não se constitui numa leitura dissociada dos vetores epistêmicos que subsidiam a escorreita aplicação do direito, numa perspectiva que poderia ensejar arbítrios de qualquer natureza. Aliás, no processo de redemocratização efetuado com a atual Constituição, a oportunidade de ter sido conferida maior autonomia investigativa se viu inviabilizada diante destas máculas que, infelizmente, aconteceram em momento imediatamente anterior. De certa forma, justamente por não haver autonomia e por estar submetida a pressões políticas, houve por bem enfraquecer institucionalmente a polícia judiciária, como uma espécie de

895 Cf. nota 02. Conforme o teor descrito no art. 2º, § 5º, da Lei nº 12.830/13: *"A remoção do delegado de polícia dar-se-á somente por ato fundamentado".*

castigo, conferindo maior controle sobre ela, do que propriamente concebê--la diante da nova realidade democrática.

Paradoxalmente, pagamos o preço de uma polícia enfraquecida e de um sistema sobrecarregado por preconceitos que se referem a momentos anteriores, obviamente. Mas isto não reflete a completa mudança traduzida na sociedade brasileira. As demais instituições se fortaleceram, cresceram, mas a polícia judiciária ainda carece de atenção. Enquanto não a concebermos como a porta de entrada do sistema jurídico-penal e não dermos a devida importância, alinhando-a e integrando-a de forma definitiva como função essencial à Justiça, continuaremos a pagar o preço por uma opção político-jurídica ineficiente.

O necessário controle da atividade policial continuará existindo. Assim, os comentários até aqui construídos não se tratam, obviamente, de uma negativa irrestrita à possibilidade de controle externo da atividade policial, constitucionalmente prevista no art. 129, VII, da CRFB/88, ao Ministério Público, na forma da respectiva lei complementar[896].

Numa República, num Estado Democrático de Direito, as Instituições que detém missões constitucionais devem zelar pelo fiel cumprimento do seu mister e o argumento do sistema de freios e contrapesos se mostra como uma ferramenta que auxilia numa manutenção da transparência, o que automaticamente gera um ganho de credibilidade e retorna em fortalecimento institucional e qualidade na prestação final do que lhe foi confiado.

Tal controle externo por parte do Ministério Público[897], todavia, não se resume à atividade-fim da polícia. Em outras palavras, não se pode atribuir ao *Parquet* a missão constitucional de chancelar o trabalho de investigação, mas tão somente se empenhar para conferir contornos de moralidade diante

896 A título de ilustração, no Estado do Rio de Janeiro, a atribuição do Ministério Público para o controle da atividade policial está prevista no art. 34, XIV, bem como no art. 36, ambos da Lei Complementar nº 106, de 03 de janeiro de 2003. RIO DE JANEIRO (Estado). Lei Complementar nº 106, de 03 de janeiro de 2003. Institui a Lei Orgânica do Ministério Público do Estado do Rio de Janeiro e dá outras providências. Disponível em: <http://alerjln1.alerj.rj.gov.br/CONTLEI.NSF/f25571cac4a61011032564fe0052c-89c/7954a68a437095b983257dcf00599dda?OpenDocument>. Acesso em: 27 jun. 2021.

897 Criado pela Emenda Constitucional nº 45/2004, o Conselho Nacional do Ministério Público é quem atua na fiscalização administrativa, financeira e disciplinar do Ministério Público do Brasil e de seus membros, respeitando a autonomia da instituição. A partir desta criação, inúmeras normativas entraram em vigor, dentre elas, a Resolução nº 20/2007. Tal normativa serviu de base para as demais normativas sobre controle externo da atividade policial a nível dos Ministérios Públicos Estaduais. CONSELHO NACIONAL DO MINISTÉRIO PÚBLICO (Brasil). Resolução nº 20, de 28 de maio de 2007. *Regulamenta o art. 9º da Lei Complementar nº 75, de 20 de maio de 1993 e o art. 80 da Lei nº 8.625, de 12 de fevereiro de 1993, disciplinando, no âmbito do Ministério Público, o controle externo da atividade policial.* Disponível em: <https://www.cnmp.mp.br/portal/images/Resolucoes/Resolu%C3%A7%C3%A3o-0201.pdf>. Acesso em: 01 mai. 2020.

da atividade-meio[898]. Não significa, também, que por haver esta forma de controle constitucionalmente prevista, a polícia seja subordinada ao Ministério Público. Não há relação de hierarquia, seja por não pertencerem ao mesmo ramo, seja por terem missões distintas, ou ainda por não haver previsão legal ou constitucional neste sentido.

Se pelo teor destas normativas editadas em âmbito federal ou estadual não verificamos a possibilidade de ingerência no que diz respeito a critérios inatos à forma de condução da investigação, ou mesmo dos meios e técnicas a serem empregadas com esta finalidade, a lógica nos faz concluir por uma característica de autonomia neste sentido. Todavia, paradoxalmente esta autonomia não revela uma amplitude decisória na satisfação do que o Delegado de Polícia pode vir a julgar como tendo atingido o término das investigações, pois o art. 13, II, do CPP, nos demonstra que o Delegado está incumbido de realizar as diligências requisitadas pelo juiz ou pelo membro do Ministério Público (numa verdadeira interpretação de ordem), quando, em poucas previsões mais adiante, no art. 14 do mesmo código, a autoridade policial pode realizar ou não a diligência requerida pelo ofendido (ou seu representante legal) ou pelo indiciado[899].

Se a concepção que circunda o inquérito policial no Estado Democrático de Direito é a de um instrumento cujo gabarito mostra-se alinhado com uma ideia distante da unidirecionalidade que objetiva o suporte acusatório, mas ao mesmo tempo aproximada da preservação de direitos e da oportunidade de revelar todas as circunstâncias fundantes sob a ótica fenomenológica,

---

898 Mais uma vez citamos o exemplo do Estado do Rio de Janeiro para definir os contornos do controle externo da atividade policial exercido pelo Ministério Público. Em que pese a Lei Complementar mencionada notas atrás definir que haverá tal controle, uma norma interna da instituição é quem disciplina a atuação neste sentido: trata-se da Resolução GPGJ nº 1.524/2009. Nos termos do art. 1º desta Resolução: *"O controle externo da atividade policial pelo Ministério Público tem como objetivo a verificação da regularidade, da eficiência e da adequação dos procedimentos desenvolvidos na realização da atividade de polícia judiciária, bem como a integração das funções do Ministério Público e das polícias, voltada para a persecução penal e para o interesse público".* Ainda no decorrer do parágrafo único deste mesmo artigo: *"Para esse fim, em sua atividade de controle externo, o Ministério Público atentará, especialmente, para: I – o respeito aos direitos fundamentais assegurados na Constituição da República e na legistação infraconstitucional; II – a preservação da ordem pública, da incolumidade das pessoas e do patrimônio público; III – a prevenção da criminalidade; IV – a finalidade, a celeridade, o aperfeiçoamento e a indisponibilidade da persecução penal; V – a prevenção ou a correção de irregularidades, ilegalidades ou abuso de poder relacionados à atividade policial; VI – a busca da superação de falhas na produção da prova, inclusive técnica, para fins de investigação criminal; VII – a probidade administrativa da atividade policial".* RIO DE JANEIRO (Estado). Ministério Público Do Estado Do Rio De Janeiro. Resolução GPGJ nº 1.524, de 08 de julho de 2009. *Disciplina a atuação do Ministério Público do Estado do Rio de Janeiro no controle externo da atividade policial, função constitucional prevista no art. 129, VII, da Constituição da República e no art. 34, XIV, da Lei Complementar Estadual nº 106, de 3 de janeiro de 2003.* Disponível em: <https://www.mprj.mp.br/documents/20184/418886/res1524.pdf>. Acesso em: 01 mai. 2020.

899 Cf. nota 27.

não merece prosperar a visão unilateral da própria legislação processual penal que visa a resguardar interesses disparitários na demonstração de uma verdade única. Este é mais um dos motivos que reforçam a tese que advoga pela autonomia dos critérios investigativos e do inquérito policial/procedimento administrativo de valoração de investigações criminais, com a certeza de sustentar os alicerces para o pleno desenvolvimento da teoria da valoração crimino-fenomenológica como fundamentação paralela.

A ausência de submissão às partes, bem como ausência de subordinação ao Ministério Público ou ao Juiz cristalizam as bases do sistema acusatório, verdadeiro destino do produto final da investigação, auxiliando na certeza que deve ser inerente à urgente desvinculação de qualquer natureza, seja política, ideológica ou institucional.

Aliás, nas palavras de Luigi Ferrajoli[900], a polícia judiciária deveria ter separação rígida em face de outros órgãos de polícia e ser dotada (em relação ao Poder Executivo) das mesmas garantias de independência que são asseguradas ao Poder Judiciário, do qual deveria exclusivamente depender. Obviamente que, malgrado a frase ter sido construída com fundamento no Direito Italiano, traçando um paralelo com base no sistema jurídico-penal deste país, iremos perceber que as funções de polícia judiciária mais dizem respeito ao Poder Judiciário, do que ao Poder Executivo, pois se desenvolvem no contexto do primeiro[901]. Mesmo assim, a assertiva não desnatura a essência da premissa da autonomia.

Se por um lado foram esboçados os principais argumentos que conduzem à noção da autonomia investigativa, num contexto de uma *autonomia funcional*, não podemos nos esquecer que este braço revela direta relação com a necessidade de estabelecimento definitivo das autonomias *orçamentária* e *administrativa*. Em verdade, a liberdade de atuação para indicar quais são as necessidades do órgão repercute sobremaneira no resultado final da investigação. Somente quem detém o conhecimento técnico para gerir uma apuração de infração penal consegue determinar

900 FERRAJOLI, Luigi, op. cit., nota 192, p. 617.

901 Cf. nota 186. Nos termos do art. 56 do Código de Processo Penal Italiano: *"1. Le funzioni di polizia giudiziaria sono svolte alla dipendenza e sotto la direzione dell'autorita' giudiziaria: a) dai servizi di polizia giudiziaria previsti dalla legge; b) dalle sezioni di polizia giudiziaria istituite presso ogni procura della Repubblica e composte con personale dei servizi di polizia giudiziaria; c) dagli ufficiali e dagli agenti di polizia giudiziaria appartenenti agli altri organi cui la legge fa obbligo di compiere indagini a seguito di una notizia di reato".* Em tradução livre: *"As funções da polícia judiciária são exercidas sob a dependência e a direção da autoridade judicial: a) pelos serviços policiais judiciais exigidos por lei; b) pelas seções policiais judiciais criadas em cada promotoria pública e compostas por funcionários dos serviços policiais judiciais; c) por oficiais e agentes de polícia judiciária pertencentes a outros órgãos para os quais a lei exige investigações após denúncia de crime".*

em quais setores deve alocar mais servidores ou mesmo adquirir insumos ou equipamentos específicos para colocar em prática os ensinamentos das Academias de Polícia.

Observados esses contornos e sabendo-se da necessidade de manutenção profunda de investimentos no reaparelhamento da polícia judiciária e valorização do servidor policial, será viável crer em ganhos no que tange à eficiência e qualidade investigativas, celeridade na entrega dos seus resultados e cada vez mais o asseguramento de direitos e garantias fundamentais, preceitos que se coadunam com os fundamentos da teoria da valoração crimino-fenomenológica.

1.2.7. A proposta em face da oficiosidade e da indispensabilidade do procedimento de investigação criminal

1.2.7.1. A oficiosidade como um dos pressupostos para a indispensabilidade

Dizer que o procedimento de investigação criminal é oficioso não se confunde com a característica da *oficialidade*, sobre a qual comentamos no tópico anterior, mesmo que elas estejam intimamente ligadas. Com efeito, após a autoridade policial (a quem, oficialmente, incumbe a presidência do inquérito policial) ter ciência da prática de fato, em tese, rascunhado como criminoso, a legislação processual penal obriga a agir, de ofício, ainda que não haja provocação de qualquer pessoa, mesmo que seja a vítima, nos casos envolvendo suposta ofensa que subentenda aplicação de ação penal pública. O disposto no art. 5º, I, do CPP[902], abre campo para que se dê o início da investigação nestas hipóteses.

Todavia, em se tratando de crimes cuja ação penal seja pública, mas que dependa de representação, o inquérito também é passível de instauração. No entanto, será imperioso constar a representação do ofendido[903]. Portanto, não obstante a pontuação destes detalhes, continua sendo oficiosa a atuação do Delegado de Polícia. Entrementes, é preciso destacar a necessidade de instauração nos casos envolvendo crimes cuja ação penal é

902 Cf. nota 27. Dispõe o inteiro teor do artigo mencionado: *"Art.5º-Nos crimes de ação pública o inquérito policial será iniciado:* I - de ofício".

903 Cf. nota 27. Não é outra a interpretação contida no art. 5º, § 5º, do CPP: *"O inquérito, nos crimes em que a ação pública depender de representação, não poderá sem ela ser iniciado".*

privada. Nestas hipóteses será preciso um requerimento para quem tenha qualidade para intentá-la[904].

Por estes motivos, não se pode negar que, de certa maneira, estes extratos de dispositivos da legislação processual penal brasileira abrem espaço para que falemos num embrião da indispensabilidade do inquérito policial, principalmente diante da ocorrência de situações que ensejam a ação penal pública tradicional, pois para tal hipótese não resta outra opção a não ser a instauração, de ofício, do procedimento cabível.

Por oportuno, mesmo que no contexto da ação penal pública condicionada à representação, ou nos crimes que preveem ação penal privada, tal indispensabilidade permaneça velada, o fato é que basta a constatação de tais condições de procedibilidade para que se desvele o cariz oficioso, que por sua vez faz surgir a característica da indisponibilidade, cujas noções básicas desperta maior interesse para estudos no campo da indispensabilidade do inquérito policial. A partir de agora, cuidaremos disto.

1.2.7.2. A indispensabilidade como antítese epistêmica

A visão monocular sempre conferiu graves problemas de interpretação qualquer que seja o campo de aplicação. Talvez o grande prejuízo doutrinário resida, justamente, nesta concepção. A falta de diálogo com as demais fontes epistemológicas e a ausência de noção sistêmica impedem que haja qualquer tipo de avanço na forma de perceber os fatos circundantes e de aplicá-los categoricamente mediante a necessária interpenetração conglobante do todo. Dotar o procedimento de investigação criminal com uma conotação que o prevê como dispensável, além de menoscabo, nos remete a uma percepção incompatível com a verdadeira noção que possui, em sua dupla face.

Henrique Hoffmann é um dos precursores na interpretação da característica da indispensabilidade do inquérito policial. Com efeito, de fato a maior parte das discussões sobre o tema reflete mais uma manifestação emotiva do que propriamente conhecimentos teóricos ou empíricos sobre a matéria. Ainda nas palavras do autor, não se pode deixar de reconhecer que haja falhas (assim como existe em toda persecução penal), já que elas não são exclusivas da fase de investigação criminal. O processo como um

904 Cf. nota 27. Confira-se a redação do art. 5º, § 4º, do CPP: *"Nos crimes de ação privada, a autoridade policial somente poderá proceder a inquérito a requerimento de quem tenha qualidade para intentá-la".*

todo carece, portanto, de maior efetividade e celeridade. Assim, a necessidade de valorização e melhorias não afasta a noção fundante que este instrumento exerce no sistema jurídico brasileiro, que se pretende ser democrático e garantista[905].

Seja sob um viés constitucionalista, ou mesmo sob o prisma do ramo jurídico-penal, não podemos deixar afastada a contribuição que a teoria da valoração crimino-fenomenológica implica nesta característica processual penal. Na verdade, os benefícios trazidos por esta tese nos remetem ao resgate de valores propositalmente esquecidos ou intencionalmente relegados a segundo plano, fazendo com que o atual inquérito policial seja habitualmente apelidado de "mera peça informativa"[906].

Veja, os argumentos analisados para fazer com que o inquérito tenha a pecha de "dispensável" residem, justamente (e de forma bastante confortável), na análise das exceções. É dizer: a ação penal pode ser intentada sem que haja a necessidade dos elementos colhidos por ocasião da investigação criminal[907]. Por esta razão, doutrinariamente se afirma, rasamente, que se o inquérito é o instrumento destinado à coleta de informações para subsidiar o direito de ação por parte do seu titular, seria forçoso concluir que desde o momento em que este titular esteja municiado com os elementos mínimos que o permitam ingressar em juízo, não haveria outra conclusão que não a da dispensabilidade daquele[908]. Em síntese, esta passagem resume o pensamento monocular que aventamos no início do tópico.

Infelizmente, esta vem sendo a regra aplicada, já que se traduz em verdadeiro equívoco acreditar que o inquérito policial é instrumento destinado a angariar elementos exclusivos para a acusação. Esta compreensão vem sendo corroborada por artigos da lei processual penal brasileira que, sim, servem exatamente para trazer luz ao tradicional pensamento dogmático, mas que se forem relidas com visão binocular, revelam o que há por traz do fino véu do preconceito, sem maiores esforços dogmáticos.

---

905 CASTRO, Henrique Hoffmann Monteiro de. Indispensabilidade do inquérito policial. In: CASTRO, Henrique Hoffmann Monteiro de. et al. (orgs.). *Investigação Criminal Pela Polícia Judiciária*. 2. ed. Rio de Janeiro: Lumen Iuris, 2017. Cap. 03, p. 15-21.

906 Por todos, podemos citar LIMA, Renato Brasileiro de, op. cit., nota 77, p. 114.

907 CASTRO, Henrique Hoffmann Monteiro de, op. cit., nota 905, p. 20.

908 LIMA, Renato Brasileiro de, op. cit., nota 77, p. 105.

Um dos primeiros exemplos neste sentido é a verificação do art. 12 do CPP[909]. Por uma primeira impressão, para os que advogam a tese da dispensabilidade, quando a denúncia ou queixa não tenham por base o inquérito policial, este não acompanhará aquela (aliás, a prática nos permite afirmar que é, sem sombra de dúvidas, a menor parcela das hipóteses). Ou seja, em tese seria dispensável. Porém, vejamos pelo outro lado: caso o inquérito sirva de base para que se promova a respectiva ação penal, acompanhá-la-á e a servirá de base (vale frisar: na exponencial parte das situações).

Como segunda hipótese trazida para a discussão, seguindo-se a ordem crescente dos artigos no CPP, está o de número 27[910]. Inserido no tópico do código que se refere à ação penal, os defensores da dispensabilidade atribuem à literalidade desde artigo a possibilidade de que, qualquer do povo pode levar ao conhecimento do Ministério Público (provocando sua iniciativa nos casos em que seja passível o ingresso com ação penal pública), informações sobre o fato e a autoria, indicando o tempo, lugar e os elementos de convicção. Com isso, não seria necessário o inquérito policial.

Mas, lida de outra forma, a interpretação resultante confere análise no sentido da indispensabilidade, haja vista a mera faculdade atribuída pelo citado artigo para que qualquer pessoa leve ao membro do *Parquet* todos os elementos necessários para formar sua convicção para propor a ação penal e, assim, ter a necessária justa causa para ingressar em juízo com o processo penal propriamente dito.

Não se nega a boa ação do legislador ao prever mais um canal no sentido da promoção da justiça. Porém, esta situação, além de ser de difícil ocorrência, mais uma vez representa exceção e não afasta a já tradicional regra de investigação das infrações penais pela polícia judiciária, com todas as repercussões inerentes a este trabalho, sobretudo diante da necessária valoração por parte do Delegado de Polícia quanto aos elementos do crime.

A própria redação do art. 27 do CPP não conduz, por si só, à dispensabilidade do inquérito policial. Por oportuno, sabe-se que as situações narradas neste dispositivo legal desafiam a constatação da materialidade por

909 Cf. nota 27. Segundo a redação do art. 12 do CPP: *"O inquérito policial acompanhará a denúncia ou queixa, sempre que servir de base a uma ou outra".*

910 Cf. nota 27. Versa a literalidade do dispositivo mencionado: *"Qualquer pessoa do povo poderá provocar a iniciativa do Ministério Público, nos casos em que caiba a ação pública, fornecendo-lhe, por escrito, informações sobre o fato e a autoria e indicando o tempo, o lugar e os elementos de convicção".*

meio do exame de corpo de delito, como preconiza o art. 158 do CPP[911], bem como todas as repercussões inerentes à cadeia de custódia de vestígios.

Assim, nada obsta que, mesmo tendo sido o Ministério Público o primeiro destinatário das informações iniciais, este aja no sentido de requisitar a devida instauração de inquérito policial, nos termos do art. 5º, II, do CPP[912]. Retorna-se, portanto, ao campo da indispensabilidade.

Por derradeiro, o argumento que trabalha com a dispensabilidade do inquérito policial quando a hipótese versar sobre as ações penais públicas condicionadas à representação revela apenas uma opção, que orbita no campo das possibilidades. Pela regra contida no *caput* do art. 39 do CPP[913], o direito de representação poderá ser exercido pessoalmente ou também por procurador com poderes especiais e pode ser dirigida ao juiz, à autoridade policial ou ao órgão do Ministério Público.

Na primeira opção conferida pelo legislador para o exercício do direito de representação, em sendo apresentada ao juiz, o parágrafo quarto do art. 39 do CPP[914] não deixa dúvidas quanto à necessidade de remessa ao Delegado de Polícia, para que este proceda com pertinente inquérito policial.

Da segunda opção, nos remetemos à inteligência do art. 5º, § 4º, do CPP. Nos casos em que depender de representação, o inquérito só poderá ser iniciado com esta[915]. Uma vez instaurado o inquérito policial, desaguamos na sua indisponibilidade e em todos os demais atributos e características até aqui narrados, traduzindo-se, por via de consequência, em indispensabilidade.

---

911 Cf. nota 27. Diante da redação do *caput* do art. 158 do CPP: *"Quando a infração deixar vestígios, será indispensável o exame de corpo de delito, direto ou indireto, não podendo supri-lo a confissão do acusado".*

912 Cf. nota 27. Segue a redação: *"Art. 5º Nos crimes de ação pública o inquérito policial será iniciado: II – mediante requisição da autoridade judiciária ou do Ministério Público, ou a requerimento do ofendido ou de quem tiver qualidade para representá-lo. § 1º O requerimento a que se refere o no II conterá sempre que possível: a) a narração do fato, com todas as circunstâncias; b) a individualização do indiciado ou seus sinais característicos e as razões de convicção ou de presunção de ser ele o autor da infração, ou os motivos de impossibilidade de o fazer; c) a nomeação das testemunhas, com indicação de sua profissão e residência".*

913 Cf. nota 27. Art. 39, *caput*, do CPP: *"O direito de representação poderá ser exercido, pessoalmente ou por procurador com poderes especiais, mediante declaração, escrita ou oral, feita ao juiz, ao órgão do Ministério Público, ou à autoridade policial".*

914 Cf. nota 27. Vejamos o teor da referida norma: *"A representação, quando feita ao juiz ou perante este reduzida a termo, será remetida à autoridade policial para que esta proceda a inquérito".*

915 Cf. nota 27. A disposição é a seguinte: *"O inquérito, nos crimes em que a ação pública depender de representação, não poderá sem ela ser iniciado".*

Assim, no que se refere à terceira hipótese de exercício do direito de representação, nos termos da leitura apressada do art. 39, § 5º, do CPP[916], se com ela forem oferecidos os elementos que habilitem o Ministério Público a promover a ação penal, então, este dispensará o inquérito policial e ajuizará a denúncia no prazo de quinze dias. Nesta ocasião, observando-se a sintaxe, a palavra "se" funciona como conjunção condicional, uma hipótese, portanto, que não conduz ao afastamento da regra: a da indispensabilidade. O próprio complemento lógico a estes argumentos, contido no art. 46, § 1º, também do CPP[917], revela a palavra "quando", devendo ser entendida como uma conjunção adverbial temporal. Sim, mais uma situação hipotética e, por óbvio, situada no campo das possibilidades.

Por fim, como último e principal argumento para a indispensabilidade do procedimento de investigação criminal, denotamos a inversão na perspectiva epistêmica promovida pela teoria da valoração crimino-fenomenológica, construída a partir da análise eidética dos institutos materiais e processuais que circundam o crime enquanto fenômeno. A partir desta ótica, estamos habilitados a compreender que é nesta fase que se encontra a essência dos fatos, permitindo a readequação da *opinio delicti* e, por via de consequência, os motivos pelos quais o Delegado de Polícia está legitimado a atuar de modo exaustivo em todas as etapas analíticas, ressignificando, outrossim, a verdadeira característica de indispensabilidade.

1.2.8. A indisponibilidade como pressuposto integrativo

Uma vez instaurado o inquérito policial, a partir das premissas narradas quando do estudo da oficiosidade, não pode o Delegado de Polícia mandar arquivar os respectivos autos. Pela dicção do art. 17 do CPP[918], se a autoridade identifica a necessidade de investigação dos fatos por vislumbrar eventual incidência para a aplicação do Direito Penal, isso reflete um contexto que remonta, de igual, sorte, sua atribuição constitucionalmente prevista. Entender essa concepção normativa faz com que o intérprete conclua que mesmo uma situação atípica (reconhecida ao

916 Cf. nota 27. Confira-se a redação do dispositivo legal mencionado: *"O órgão do Ministério Público dispensará o inquérito, se com a representação forem oferecidos elementos que o habilitem a promover a ação penal, e, neste caso, oferecerá a denúncia no prazo de quinze dias".*

917 Cf. nota 27. Nos termos do art. 46, § 1º, do CPP: *"Quando o Ministério Público dispensar o inquérito policial, o prazo para o oferecimento da denúncia contar-se-á da data em que tiver recebido as peças de informações ou a representação".*

918 Cf. nota 27. Trazemos à colação: *"A autoridade policial não poderá mandar arquivar autos de inquérito".*

final das diligências investigativas) se presta como fundamento indispensável para integração com as demais personagens da persecução criminal, mormente o respectivo titular da ação penal, com a devida apreciação por parte da autoridade judiciária, até para que se fundamente o arquivamento.

No momento em que se percebe a indisponibilidade como um limite imposto ao decisionismo unilateral do Delegado de Polícia, se fortalece a concepção de uma investigação indispensável, a qual é de interesse para o titular do bem jurídico lesionado, assim como é de extrema relevância que o titular do procedimento esgote os meios que estão ao seu alcance para que se encontrem respostas aos questionamentos propostos, ainda que isso não se refira a achar um culpado ou uma materialidade de fato que pode não se subsumir num preceito primário de um tipo penal.

Em que pese a necessária autonomia para proceder aos atos investigativos, compreender o instrumento de investigação criminal como parte de um todo soa um tanto quanto harmônico no complexo sistema de justiça penal brasileiro, revelando a essencialidade da participação e da aplicação da teoria da valoração crimino-fenomenológica, cujo resultado fará depender a opinião sobre o arquivamento, a proposta de acordo de não-persecução (quando cabível), ou ainda da efetiva instauração do processo penal propriamente dito, por meio do exercício da ação penal pertinente. Ao final, portanto, a característica da indisponibilidade vai figurar como verdadeiro elemento integrativo entre as funções de julgar, acusar, defender e investigar, revelando mais ainda um cariz democrático num sistema interdisciplinar de análise jurídico-penal.

1.2.9. A temporariedade como consectário da duração razoável da investigação criminal

A narrativa contida no art. 10 do CPP[919] ainda esbarra numa triste cultura burocrática no cenário jurídico brasileiro. O inquérito policial tem como característica ser dotado de prazo certo para seu término[920] e essa é

---

919 Cf. nota 27. A regra definida no CPP para o término do inquérito policial pode ser vista a seguir: *"O inquérito deverá terminar no prazo de 10 dias, se o indiciado tiver sido preso em flagrante, ou estiver preso preventivamente, contado o prazo, nesta hipótese, a partir do dia em que se executar a ordem de prisão, ou no prazo de 30 dias, quando estiver solto, mediante fiança ou sem ela".*

920 Note-se que as exceções se fazem presentes no art. 20 do Código de Processo Penal Militar (CPPM – Cf. nota 813), quando prevê prazo de encerramento de vinte dias para o indiciado preso, ou quarenta dias para hipótese de estar solto, podendo ser prorrogado por mais vinte dias); além disso, pode ser citado o art. 66 da Lei nº 5.010/66, prevendo prazo de quinze dias, prorrogável por igual período, quando for o

a razão de existir a regra geral contida neste artigo. Em momento específico deste trabalho, tivemos oportunidade de tecer maiores considerações sobre o princípio da efetividade e sua relação com o princípio da duração razoável do processo, lições que transportamos para a constatação de uma teoria aplicável ao inquérito policial, para onde remetemos o leitor[921]. Por ora, basta considerarmos o importante estabelecimento de um prazo, que na maior parte das vezes não é respeitado.

A vivência prática nos mostra que, quanto mais imediata, célere e estruturada é a investigação criminal, mais eficaz serão seus resultados. Essa também é a lógica utilizada para o processo penal como um todo. Mas o gargalo, de uma forma geral, se encontra localizado justamente na lenta consolidação do sistema de justiça brasileiro, que ainda custa a conceber que, a partir de um início fortalecido, enquadrando a fase pré-processual como a sua porta de entrada, as implicações e desafogamento lógicos estarão cada vez mais ao alcance de todas as personagens jurídico-penais. É dizer: quanto mais crédito se dá à valorização da investigação criminal (através da concepção de que anteveja o problema de morosidade judicial e sobrecarga do sistema de justiça) desaguaremos numa compreensão para encontrar soluções que busquem eficiência sem, contudo, promover troca ou supressão de atribuições ou competências constitucionalmente estabelecidas.

A complexidade que atinge algumas investigações criminais é inegável. Sobretudo aquelas que envolvem a apuração de infrações penais por parte de grandes estruturas criminosas, com numerosos autores e uma densa diversidade delituosa. Nessas situações, de fato, o prazo inicial de trinta dias parece não ser algo suficiente. O que se quer mostrar é que cada caso concreto é peculiar em suas circunstâncias, razão pela qual deve o Delegado de Polícia imediatamente promover a necessária adequação fática em face das normas de direito material e processual, elaborando os expedientes necessários para que as informações sejam obtidas dos órgãos responsáveis.

---

caso de prisão, aplicando-se a regra geral do CPP quando o indiciado estiver solto. BRASIL. Lei nº 5.010, de 30 de maio de 1966. Organiza a Justiça Federal de primeira instância, e dá outras providências. *Diário Oficial [da] República Federativa do Brasil*, Brasília, DF, 01 jun. 1966. Disponível em: <http://www.planalto.gov.br/ccivil_03/leis/l5010.htm>. Acesso em: 29 jul. 2021; na Lei nº 11.343/06, o art. 51 nos mostra que o inquérito deverá ser encerrado no prazo de trinta dias quando o indiciado estiver preso ou noventa dias quando estiver solto. Nas duas últimas situações, pode haver duplicação de prazo. Cf. nota 161; nos crimes contra a economia popular, o art. 10, § 1º, indica como prazo o lapso de dez dias, não importando se o indivíduo esteja preso ou solto. BRASIL. Lei nº 1.521, de 26 de dezembro de 1951. Altera dispositivos da legislação vigente sobre crimes contra a economia popular. *Diário Oficial [da] República Federativa do Brasil*, 27 dez. 1951. Disponível em: <http://www.planalto.gov.br/ccivil_03/leis/l1521.htm>. Acesso em: 29 jul. 2021.

921 Vide item 3 da Parte I desta obra.

Nesse sentido, a teoria da valoração crimino-fenomenológica, ao se basear na vertente da observação do fenômeno e na materialização deste mediante o transporte da vivência fática contemporânea à sua ocorrência, impõe estrita observância da celeridade como forma de trazer ao processo o substancialismo proveniente da mais estrita e regular apreciação dos institutos jurídico-penais inerentes ao contexto do crime.

Capítulo

2

A DEFINIÇÃO GERAL ACERCA DA ATRIBUIÇÃO PARA A FORMALIZAÇÃO DOS ATOS DE POLÍCIA JUDICIÁRIA E A COMPETÊNCIA PARA PROCESSO E JULGAMENTO

2.1. ENSAIO GERAL DIANTE DA TEORIA DA VALORAÇÃO CRIMINO-FENOMENOLÓGICA

A delimitação acerca da atribuição para a formalização dos atos de polícia judiciária revela a necessidade da análise dos dispositivos processuais penais, tangenciada pela observação dos dispositivos sobre organização judiciária[922]. Através destes mecanismos é possível verificar os caminhos pelos quais o operador do direito deverá percorrer para definir o responsável pela primeira opinião jurídica sobre os fatos que chegam todos os dias às Delegacias de Polícia e, consequentemente, o órgão competente para processar e julgar o processo daí advindo. É através destas constatações,

922 Utilizaremos como paradigma alguns aspectos pontuais do Código de Organização Judiciária do Estado do Rio de Janeiro (CODJERJ) como forma de corroborar a interdisciplinaridade entre o sistema processual penal e as leis que complementam a noção de competência. Vide nota 86.

também, que poderemos identificar e abalizar o fenomenólogo responsável pelo manejo da teoria da valoração crimino-fenomenológica.

Ao dissertarmos sobre os fundamentos desta teoria, compreendemos que a percepção do fenômeno possui estreita relação com evidência, com presença, o que naturalmente nos conduz a uma abordagem que perpassa a definição observada como regra geral que norteia o sistema de definição de competências no Código de Processo Penal (qual seja, o critério territorial, previsto no artigo 70 do CPP[923], além da análise do artigo 290 do mesmo diploma legal[924]- que trata do ato de perseguição para que se possa efetuar a prisão). Não obstante, conforme já foi devidamente observado[925], o artigo 4º, também do CPP, menciona que as atividades de polícia judiciária serão exercidas pelas autoridades policiais no território de suas respectivas circunscrições, o que firma a atribuição perante estas localidades.

No entanto, como forma de compreender melhor os ditames do artigo 70 do CPP, e traçar o parâmetro para o artigo 4º do mesmo diploma legal, é preciso mergulhar nos conhecimentos do direito material para entender os preceitos dogmáticos acerca do momento consumativo dos crimes. Com isto, haverá o complemento necessário para o manejo e determinação dos critérios de atribuição e de competência em razão do local da consumação das infrações penais, o que gera reflexos na maneira processual pela qual serão conduzidos.

---

923 Cf. nota 27. A narrativa básica prevista no art. 70 do CPP, já com a inclusão das novas disposições trazidas pela Lei nº 14.155/2021, dispõe que: *"Art. 70. A competência será, de regra, determinada pelo lugar em que se consumar a infração, ou, no caso de tentativa, pelo lugar em que for praticado o último ato de execução; § 1º Se, iniciada a execução no território nacional, a infração se consumar fora dele, a competência será determinada pelo lugar em que tiver sido praticado, no Brasil, o último ato de execução; § 2º Quando o último ato de execução for praticado fora do território nacional, será competente o juiz do lugar em que o crime, embora parcialmente, tenha produzido ou devia produzir seu resultado; § 3º Quando incerto o limite territorial entre duas ou mais jurisdições, ou quando incerta a jurisdição por ter sido a infração consumada ou tentada nas divisas de duas ou mais jurisdições, a competência firmar-se-á pela prevenção;* § 4º Nos crimes previstos no art. 171 do Decreto-Lei nº 2.848, de 7 de dezembro de 1940 (Código Penal), quando praticados mediante depósito, mediante emissão de cheques sem suficiente provisão de fundos em poder do sacado ou com o pagamento frustrado ou mediante transferência de valores, a competência será definida pelo local do domicílio da vítima, e, em caso de pluralidade de vítimas, a competência firmar-se-á pela prevenção".

924 Cf. nota 27. Vejamos a redação do art. 290 do CPP: *"Se o réu, sendo perseguido, passar ao território de outro município ou comarca, o executor poderá efetuar-lhe a prisão no lugar onde o alcançar, apresentando-o imediatamente à autoridade local, que, depois de lavrado, se for o caso, o auto de flagrante, providenciará para a remoção do preso; § 1º Entender-se-á que o executor vai em perseguição do réu, quando: a) tendo-o avistado, for perseguindo-o sem interrupção, embora depois o tenha perdido de vista; b) sabendo, por indícios ou informações fidedignas, que o réu tenha passado, há pouco tempo, em tal ou qual direção, pelo lugar em que o procure, for no seu encalço; § 2º Quando as autoridades locais tiverem fundadas razões para duvidar da legitimidade da pessoa do executor ou da legalidade do mandado que apresentar, poderão pôr em custódia o réu, até que fique esclarecida a dúvida".*

925 Cf. nota 801.

Em que pese poder haver regras e exceções na determinação da competência, como parâmetro para análise da atribuição serão esclarecidas algumas possibilidades fáticas que irão envolver os artigos já mencionados, bem como o artigo 308 do CPP[926]. Além disto, trataremos das nuances das "centrais de flagrante", baseadas nas normativas aplicadas pela Polícia Civil do Estado do Rio de Janeiro (PCERJ), como forma de orientar o intérprete na adoção segura das primeiras manifestações processuais, principalmente pelo Delegado de Polícia.

A atribuição dada à autoridade policial para que conduza a investigação assim o será levando-se em consideração as estritas especificações constitucionais e legais (como já tivemos oportunidade de ressaltar ao longo deste trabalho), mas a partir desta análise precisaremos destacar, num primeiro momento, tanto a natureza da infração penal (vale dizer, qual a matéria de que se trata o conteúdo da investigação, por exemplo, militar, eleitoral, comum etc.), bem como a qual Justiça estará vinculada, a depender da competência destinada em âmbito federal ou estadual. Assim, como regra geral, nos casos de infrações que digam respeito à competência da Justiça Federal, a apuração das infrações penais e as atribuições de polícia judiciária estarão a cargo da Polícia Federal. De outro lado, caso digam respeito à competência da Justiça Comum, Estadual, as atribuições estarão sob a responsabilidade das Polícias Civis. Obviamente que, observando-se o disposto na parte final do art. 144, § 1º, I, da CRFB/88[927], é possível perceber que existem certas situações específicas, como as infrações penais de repercussão interestadual ou internacional que exigem repressão uniforme, a atribuição ficará a cargo da Polícia Federal.

Paralelamente, também são verificadas questões inerentes ao lugar em que a infração penal se consumou, adotando-se a regra geral prevista no art. 69, I, do CPP[928]. Se adotarmos um olhar histórico tal qual fizemos por

926 Cf. nota 27. A seguir, a redação do art. 308 do CPP: *"Art. 308. Não havendo autoridade no lugar em que se tiver efetuado a prisão, o preso será logo apresentado à do lugar mais próximo".*

927 Cf. nota 01. A parte final do dispositivo mencionado assegura à lei o papel de detalhamento das situações ali descritas: *"I – apurar infrações penais contra a ordem política e social ou em detrimento de bens, serviços e interesses da União ou de suas entidades autárquicas e empresas públicas, assim como outras infrações cuja prática tenha repercussão interestadual ou internacional e exija repressão uniforme, segundo se dispuser em lei".* Este artigo é complementado pela Lei nº 10.446/02, que enumera as situações nas quais crimes, cuja investigação a princípio seria da Polícia Civil, diante das particularidades passarão a ser investigados pela Polícia Federal. BRASIL. Lei nº 10.446, de 08 de maio de 2002. Dispõe sobre infrações penais de repercussão interestadual ou internacional que exigem repressão uniforme, para os fins do disposto no inciso I do § 1º do art. 144 da Constituição. *Diário Oficial [da] República Federativa do Brasil*, Brasília, DF, 22 dez. 1989. Disponível em: <http://www.planalto.gov.br/ccivil_03/leis/2002/l10446.htm>. Acesso em: 15 abr. 2020.

928 Cf. nota 27. Segue a redação: *"Art. 69. Determinará a competência jurisdicional: I – o lugar da infração".*

ocasião da demonstração da expressão "polícia judiciária", páginas atrás, mais uma vez iremos perceber a estreita relação na definição entre atribuição policial e competência judiciária. Porém, em outras situações, como aquelas previstas no âmbito dos Juizados Especiais Criminais, estaremos diante da competência jurisdicional em razão do local da prática da infração penal, nos termos do art. 63 da Lei nº 9.099/95[929].

2.2. O MOMENTO CONSUMATIVO DAS INFRAÇÕES PENAIS: A RELAÇÃO FUNDAMENTAL ENTRE OS ARTIGOS 4º, 70, 290, TODOS DO CPP

2.2.1. Introdução

O objetivo primordial deste tópico é analisar a eventual relação que existe entre a aplicação dos artigos 70 e 290, ambos do CPP, levando-se em consideração o vetor descrito no artigo 4º deste mesmo diploma legal[930], sem a pretensão de adentrar na seara do esgotamento do título V deste mesmo diploma legal, que delimita a competência no âmbito da persecução penal.

Da mesma forma, merece destaque o fato de que, apesar de ser travada discussão acerca de artigos que tratam de "competência" e que dizem respeito à estrutura do Poder Judiciário propriamente dita, serão destacados os contornos e a necessária leitura conjugada destes dispositivos para a aplicação no âmbito da atribuição do Delegado de Polícia. Com isso, queremos fornecer lastro suficiente para determinar a delimitação da competência territorial apta a processar e julgar um indivíduo pela prática de alguma infração penal e principalmente, para definir as bases que deverão ser seguidas pelo Delegado de Polícia na definição da atribuição para formalização dos atos de Polícia Judiciária, mediante a adequada ponderação expressada pela teoria da valoração crimino-fenomenológica.

Por ocasião da observação do momento consumativo dos crimes, a legislação processual penal brasileira traz algumas situações específicas que devem ser analisadas em conjunto com o direito material, de modo a buscar

929 Cf. nota 31. A competência, nos Juizados Especiais Criminais, nos termos do art. 63 da Lei nº 9.099/95, é descrita como a seguir: *"Art. 63. A competência do Juizado será determinada pelo lugar em que foi praticada a infração penal".*

930 Vide notas 801, 923 e 924.

os ensinamentos sobre o momento consumativo dos crimes, como forma de estabelecer a competência para processar e julgar determinado indivíduo.

Como regra geral, o *caput* do artigo 70 do CPP preconiza que será competente para apreciar os fatos que ensejaram o processo o lugar em que se consumar a infração penal, ressalvando, nos casos de tentativa, o lugar em que foi praticado o último ato de execução. Em se tratando de polícia judiciária, justamente pelos aspectos históricos tratados na primeira parte desta obra (bem como do posicionamento que o inquérito policial ocupa perante o processo penal), não se pode fugir da ideia que norteia a regra geral do artigo 70 do CPP.

Por outro lado, o intérprete também não deve confundir, aqui, as teorias utilizadas para determinar as leis aplicáveis. Enquanto o artigo 6º do Código Penal[931] prescreve a teoria da ubiquidade, o artigo 70 do CPP, por sua vez, adota a teoria do resultado. E tal adoção no último caso se deve, basicamente, a dois grandes motivos: seja por força do encontro do maior número de testemunhas, uma vez que o crime se consumou nesta localidade, ou mesmo pelo fato de que, processando e punindo o autor do crime neste respectivo local, isto ensejará maiores reflexos no âmbito penal e processual penal, dados os critérios preconizados pela aplicação da pena.

Para a finalidade que buscamos, qual seja, delimitação geral do âmbito territorial para aplicação da prisão em flagrante e demais atos processuais penais no âmbito da Polícia Civil, não cabe entrar em maiores discussões acerca dos parágrafos do artigo 70 do CPP (que tratam propriamente de competência, e não de atribuição). De igual sorte, em que pese não ser o campo da discussão principal, não se pode perder de vista o que preconiza a Lei nº 10.446/02, já abordada em momento oportuno[932]. Todavia, serão postas em discussão as normas referentes ao instituto da prevenção, referente ao modo de determinação da competência face às infrações continuadas ou permanentes, praticadas em território de duas ou mais jurisdições, nos termos do art. 71 do CPP[933].

Se para a remessa dos autos do auto de prisão em flagrante ou outro procedimento cabível de natureza policial é necessário saber previamente

931 Cf. nota 26. O art. 6º do CP trata do lugar do crime: *"Art. 6º – Considera-se praticado o crime no lugar em que ocorreu a ação ou omissão, no todo ou em parte, bem como onde se produziu ou deveria produzir-se o resultado. (Redação dada pela Lei nº 7.209, de 1984)".*

932 Vide nota 927.

933 Cf. nota 27. Conforme o referido dispositivo legal: *"Tratando-se de infração continuada ou permanente, praticada em território de duas ou mais jurisdições, a competência firmar-se-á pela prevenção".*

qual o juízo competente, o raciocínio deve ser igual quando se argumenta sobre a atribuição do Delegado de Polícia para os atos de polícia judiciária. Com essas primeiras linhas já é possível delinear que tal atribuição, como regra geral, incluindo a lavratura do auto de prisão em flagrante e outros atos de polícia judiciária é o local em que houver a consumação do crime, vale dizer, a apuração das infrações penais e da autoria destas ocorridas no âmbito territorial abrangido pela circunscrição na qual detenha atribuição. Sendo assim, são necessárias algumas pontuações referentes a este tópico no direito material.

2.2.2. O momento consumativo dos crimes e sua relação com o manejo da teoria da valoração crimino-fenomenológica

No que diz respeito ao momento consumativo dos crimes, a importância é devida para que se possa estabelecer, por exemplo, o termo *a quo* para a prescrição, bem como para complementar os ditames do artigo 70 do CPP, que prevê, em sua redação, este elemento como item fundamental para que se estabeleça a competência territorial e, desta forma, seja verificada a ligação com a atribuição da polícia judiciária tanto na lavratura do auto de prisão em flagrante, como na investigação penal como um todo. Aliados às balizas da tentativa, concretizam os preceitos oriundos da aplicação da teoria da valoração crimino-fenomenológica.

A artigo 14 do CP trata das disposições inerentes ao crime consumado e ao crime tentado[934]. Sobre esta última situação, sabemos que o instituto da tentativa é compatível com os crimes dolosos praticados por ação[935]. Justamente em razão da sua estrutura, algumas situações particulares não irão admitir a tentativa, haja vista a impossibilidade do fracionamento dos atos de execução, como é o caso dos crimes[936]: culposos; habituais; unissubsistentes; omissivos próprios; preterdolosos; condicionados; de atentado ou

---

934 Cf. nota 26. Confira-se a redação do dispositivo citado: *"Art. 14 – Diz-se o crime: I – consumado, quando nele se reúnem todos os elementos de sua definição legal; (Incluído pela Lei nº 7.209, de 11.7.1984); II – tentado, quando, iniciada a execução, não se consuma por circunstâncias alheias à vontade do agente. (Incluído pela Lei nº 7.209, de 11.7.1984)".* Demais disso, a doutrina costuma fazer distinção entre o crime consumado e o crime exaurido, tendo em vista que neste, o agente, após ter atingido o resultado consumativo, ainda assim continua a agredir o bem jurídico (seja procurando dar uma nova destinação ou ainda, tentando tirar proveito da situação), fazendo com que continuem sendo produzidos efeitos jurídicos mesmo após a realização do que está preconizado no tipo penal. Neste sentido, vide: CAPEZ, Fernando. *Curso de direito penal*. Parte geral. 16. ed. Saraiva: São Paulo: 2012. p. 219-220.

935 SANTOS, Juarez Cirino dos, op. cit., nota 633, p. 394.

936 Sobre o tema, vide: MASSON, Cleber, op. cit., nota 620, p. 364-365; MARTINELLI, João Paulo Orsini; DE BEM, Leonardo Schmitt, op. cit., nota 628, p. 725.

de empreendimento; subordinados a condição objetiva de punibilidade; com o tipo penal composto de condutas amplamente abrangentes e; a situação das contravenções penais, que embora preveja a possibilidade de tentativa, aduz que esta não será punível[937].

Quanto aos crimes consumados, a simples definição trazida pelo artigo 14, I, do CP, não é suficiente face à delimitação doutrinária dos crimes materiais, formais, de mera conduta, habituais e permanentes. Para cada um destes tipos, será considerado como consumação um momento distinto no tempo, que merece ser observado. Assim, estando diante de um crime considerado material, nesta situação a consumação irá ocorrer quando houver a produção do resultado, naturalístico. Vale dizer, nesta hipótese, quando houver o dano ou perigo de dano que for descrito na norma prevista no tipo penal. O exemplo mais emblemático nesta situação é o que ocorre nos crimes de homicídio. Havendo a produção do resultado morte, estará consumado o crime.

Por sua vez, nos crimes culposos, a consumação se dá quando houver resultado naturalístico decorrente da negligência, imprudência ou imperícia do autor oriundas da inobservância do dever objetivo de cuidado e desde que presentes os demais requisitos para a subsistência desta espécie delitiva, haja vista não haver previsão doutrinária ou legal para a tentativa nestes casos.

Quando estamos diante dos crimes formais, o tipo penal descrito prevê uma conduta e um resultado naturalístico, mas este último é dispensável. A consumação, portanto, é antecipada para o momento da conduta, razão pela qual este tipo de crime é chamado de "crime de consumação antecipada". Como situação exemplificativa, pode ser estudado nesta hipótese o crime de extorsão.

Tal situação não é muito diferente daquela observada nos crimes de mera conduta. Nesta hipótese, o próprio tipo penal descreve a conduta necessária para a consumação do crime, sem que, para isso, haja necessidade da ocorrência do resultado naturalístico, que é dispensável. A situação mais comum é observada no crime de violação de domicílio. Consuma-se, portanto, quando houver a ação ou omissão delitiva.

---

937 Trazemos a seguir os exatos termos do artigo mencionado: *"Não é punível a tentativa de contravenção".* BRASIL. Decreto-Lei nº 3.688, de 03 de outubro de 1941. Lei das Contravenções Penais. *Diário Oficial [da] República Federativa do Brasil*, Rio de Janeiro, DF, 03 out. 1941. Disponível em: <http://www.planalto.gov.br/ccivil_03/decreto-lei/Del3688.htm>. Acesso em: 28 jul. 2021.

No que tange aos crimes habituais, a consumação é compreendida com a reiteração dos atos delitivos, tendo em vista que cada um destes, visto de forma isolada, funciona como indiferente penal, não configurando crime.

Quando se fala nos crimes omissivos próprios, também entendidos como delitos de mera conduta omissiva, para que haja consumação basta que o agente se abstenha de realizar o comportamento previsto no tipo penal, já que nesses casos há um dever geral de assistência que obriga a participação ativa do indivíduo. O crime se consuma no momento em que o sujeito se abstém de realizar uma ação que dele era esperada. No entanto, deve ser verificada a capacidade concreta de agir. O exemplo mais comum pode ser observado nos casos de omissão de socorro.

Nos casos de crimes omissivos impróprios a situação é um pouco diferente, já que há um dever específico de assistência que vincula os indivíduos elencados no artigo 13, § 2º, do Código Penal[938], nomeados como garantidores, razão pela qual têm o dever de agir e impedir o resultado que, ocorrendo, a eles será imputado. Ocorrendo, portanto, este resultado naturalístico, considera-se consumado o crime.

Em se tratando de crime caracterizado como complexo, por ser uma espécie delitiva na qual há dois crimes reunidos, o momento consumativo estará determinado quando estes dois delitos estão perfeitamente visualizados. Exemplo comum é o do roubo, que doutrinariamente é considerado como sendo formado pelos elementos contidos no furto e na ameaça.

Os crimes qualificados pelo resultado, por sua vez, têm como momento consumativo aceito quando há a produção do resultado agravador, pois adicionalmente à figura base que compõe o delito, a ela se agrega um resultado que a qualifica. O exemplo mais comum é conhecido como "crime preterdoloso", formado pela figura base dolosa e o resultado qualificador culposo. A sistemática quanto à consumação nesta hipótese é semelhante àquela observada nos crimes complexos.

Por derradeiro, nos casos envolvendo crimes permanentes, justamente pelo fato de a consumação se protrair no tempo, a partir do momento em que são observados os elementos para a configuração do crime, até o momento em que se verifique a cessação do comportamento do agente, em qualquer

938 Cf. nota 26. Tratando da relevância da omissão, assim é descrito o parágrafo mencionado: *"A omissão é penalmente relevante quando o omitente devia e podia agir para evitar o resultado. O dever de agir incumbe a quem: a) tenha por lei obrigação de cuidado, proteção ou vigilância; b) de outra forma, assumiu a responsabilidade de impedir o resultado; c) com seu comportamento anterior, criou o risco da ocorrência do resultado".*

instante deste ínterim considera-se consumado o delito. Para esta situação específica, por abarcar questão peculiar que foge à regra prevista no artigo 70 do CPP, este diploma legal prevê no artigo subsequente sistemática um pouco diferente para a delimitação da competência.

Nestas hipóteses de crime permanente, portanto, praticado em território de duas ou mais jurisdições (assim como nos casos previstos no artigo 70, § 3º, do CPP), não há elementos suficientes para que seja determinada a competência (e guardadas as devidas particularidades, a atribuição para a lavratura do auto de prisão em flagrante), sendo estas determinadas pelo critério da prevenção, no qual a primeira autoridade que tiver antecedido às outras na prática de algum ato do processo ou de medida a este relativa, ainda que anterior ao oferecimento da denúncia ou da queixa, adequando-os aos ditames da lei, se tornará aquela que terá competência para os demais atos, nos termos do artigo 83 do mesmo diploma legal[939]. Em se tratando de situação flagrancial, já que a consumação desta espécie de delito se protrai no tempo, a formalização dos atos de polícia judiciária deve se dar no âmbito territorial no qual a prisão foi efetuada, ainda que haja perseguição e que a situação eventualmente se enquadre no artigo 290 do CPP, como será visto mais à frente.

Edilson Mougenot Bonfim[940] aborda situações específicas, trazidas por leis extravagantes e pela própria jurisprudência, que trazem reflexos quando se estuda a competência. A primeira situação específica é relatada pela Lei nº 11.101/05, cujo artigo 183 afirma ser competente para os crimes falimentares o lugar onde for decretada a falência, concedida a recuperação judicial ou homologado o plano de recuperação extrajudicial, a depender da situação[941].

A competência acerca do estelionato sempre levantou muitos debates acadêmicos e jurisprudenciais. Acreditamos que este seja o motivo pelo qual dois Tribunais Superiores tiveram que "pacificar" o tema, de certo

939 Cf. nota 27. Segundo observamos no art. 83 do CPP: *"Verificar-se-á a competência por prevenção toda vez que, concorrendo dois ou mais juízes igualmente competentes ou com jurisdição cumulativa, um deles tiver antecedido aos outros na prática de algum ato do processo ou de medida a este relativa, ainda que anterior ao oferecimento da denúncia ou da queixa (arts. 70, § 3º, 71, 72, § 2º, e 78, II, c)".*

940 BONFIM, Edilson Mougenot. *Código de Processo Penal anotado*. 4.ed. Saraiva: São Paulo, 2012. p. 207.

941 Vide art. 183 da Lei nº 11.101/05: *"Compete ao juiz criminal da jurisdição onde tenha sido decretada a falência, concedida a recuperação judicial ou homologado o plano de recuperação extrajudicial, conhecer da ação penal pelos crimes previstos nesta Lei".* BRASIL. Lei n.º 11.101, de 09 de fevereiro de 2005. Regula a recuperação judicial, a extrajudicial e a falência do empresário e da sociedade empresária. *Diário Oficial [da] República Federativa do Brasil*, Brasília, DF, 09 fev. 2005. Disponível em: <http://www.planalto.gov.br/ccivil_03/_ato2004-2006/2005/lei/l11101.htm>. Acesso em: 28 abr. 2020.

modo, quando previu a redação dos verbetes sumulares descrito linhas acima. Mas isso não foi o suficiente para que ainda assim a controvérsia se disseminasse. Quanto aos crimes de estelionato praticados mediante a emissão dolosa de cheque sem fundos, conforme o teor das súmulas 521 do Supremo Tribunal Federal (STF)[942] e 244 do Superior Tribunal de Justiça (STJ)[943], será competente o foro do local onde se deu a recusa ao pagamento pelo sacado. No entanto, se o estelionato for praticado mediante falsificação de cheque, nesse sentido há o verbete da súmula 48 do STJ[944], segundo o qual será competente o juízo do local da obtenção da vantagem ilícita.

Com a superveniência da Lei nº 14.155/21[945] (que, ao tratar de matéria penal, aproveitou a oportunidade de retalhar também a legislação processual penal, incluindo o parágrafo quarto ao art. 70 do CPP), houve previsão específica sobre a definição da competência do estelionato praticado mediante depósito através da emissão de cheques sem suficiente provisão de fundos em poder do sacado ou com o pagamento frustrado ou mediante transferência de valores: nestes casos, será definida pelo local do domicílio da vítima e, em caso de pluralidade destas, o critério a ser adotado é o da prevenção.

Bruno Gilaberte e Marcus Montez, ao dissertarem sobre esta temática, refletem que a tradicional sistemática do estelionato, em virtude do seu *iter criminis* (representado pelo emprego da fraude, mais o prejuízo suportado pela vítima, mais a obtenção da vantagem indevida pelo autor), era corroborado pelo teor da Súmula 48 do STJ, cuja sistemática segue a regra processual disposta no art. 70 do CPP (local da consumação do delito). Porém, a hipótese narrada pelas Súmulas 244 do STJ e 521 do STF (estelionato mediante emissão de cheque sem provimento de fundos) foge

---

942 Eis o teor do verbete da súmula 521 do STF: *"O foro competente para o processo e julgamento dos crimes de estelionato, sob a modalidade da emissão dolosa de cheque sem provisão de fundos, é o do local onde se deu a recusa do pagamento pelo sacado".* Disponível em: <http://www.stf.jus.br/portal/jurisprudencia/menuSumarioSumulas.asp?sumula=2725>. Acesso em: 27 jun. 2021.

943 Súmula 244 do STJ: *"Compete ao foro do local da recusa processar e julgar o crime de estelionato mediante cheque sem provisão de fundos".* Disponível em: <https://ww2.stj.jus.br/docs_internet/revista/eletronica/stj-revista-sumulas-2011_18_capSumula244.pdf>. Acesso em: 27 jun. 2021.

944 Conforme os exatos termos da Súmula 48 do STJ: *"Compete ao juízo do local da obtenção da vantagem ilícita processar e julgar crime de estelionato cometido mediante falsificação de cheque".* Disponível em: <http://www.stj.jus.br/docs_internet/VerbetesSTJ_asc.txt>. Acesso em: 27 jun. 2021.

945 BRASIL. Lei n.º 14.155, de 27 de maio de 2021. Altera o Decreto-Lei nº 2.848, de 7 de dezembro de 1940 (Código Penal), para tornar mais graves os crimes de violação de dispositivo informático, furto e estelionato cometidos de forma eletrônica ou pela internet; e o Decreto-Lei nº 3.689, de 3 de outubro de 1941 (Código de Processo Penal), para definir a competência em modalidades de estelionato. *Diário Oficial [da] República Federativa do Brasil*, Brasília, DF, 28 mai. 2021. Disponível em: <http://www.planalto.gov.br/ccivil_03/_ato2019-2022/2021/lei/L14155.htm>. Acesso em: 30 jun. 2021.

naturalmente à regra geral, pois no entendimento dos autores há inversão do *iter criminis* convencional, já que a vítima entrega o bem sem que o prejuízo seja imediatamente suportado por ela, o que se dará somente com a frustração do pagamento quando tentar obter os valores descritos no cheque[946].

Prosseguindo, estes autores nos mostram que as modalidades de prática deste tipo de delito, tais como as praticadas por meio eletrônico, precisavam de um regramento específico que as disciplinassem. Então, a inclusão do art. 70, § 4º, do CPP, cumpre este objetivo face ao estelionato e abarca tanto hipóteses de pagamento frustrado por cheques, como também em virtude de transferência de valores (pela rede mundial de computadores, por exemplo), fazendo com que reste prejudicada a aplicação das Súmulas 244 do STJ e 521 do STF[947].

Porém, pensando em termos de investigação criminal, Gilaberte e Montez acreditam que esta solução proposta não tenha sido a mais eficaz, já que diversos atos da investigação criminal, tais como a oitiva de testemunhas etc., necessariamente se darão em locais diferentes, demandando a utilização de expedientes processuais que acabam trazendo transtorno e prejuízos à duração razoável do processo. Por tal razão, os referidos autores propõem que melhor teria sido a previsão de foros concorrentes entre o lugar da consumação do delito, domicílio do réu, da prática dos atos executórios, ou ainda o do domicílio da vítima. Com isto, acreditam na possibilidade de que a regra do novo art. 70, § 4º, do CPP, possa vir a ser excepcionada, com fundamento no exercício da ampla defesa e na questão inerente à inviabilidade da coleta probatória[948].

Ainda com relação ao tema acerca da competência, mas na legislação extravagante, novamente merece destaque o teor do artigo 63 da Lei nº 9.099/95[949], que prevê ser competente o Juizado do lugar em que foi praticada a infração penal, levando o intérprete a crer na adoção da teoria da atividade, e não a do resultado, para determinar a competência.

946 GILABERTE, Bruno; MONTEZ, Marcus. *A Lei nº 14.155/2021 em análise: invasão de dispositivo informático, furto eletrônico, fraude eletrônica e competência*. Disponível em: <https://profbrunogilaberte.jusbrasil.com.br/artigos/1229253925/a-lei-n-14155-2021-em-analise-invasao-de-dispositivo-informatico-furto-eletronico-fraude-eletronica-e-competencia#_ftn2>. Acesso em: 30 jun. 2021.

947 Cf. nota 946.

948 Cf. nota 946.

949 Cf. nota 929.

Por força desta diversidade de interpretação, Mougenot Bonfim assevera que três podem ser os entendimentos: acerca da prevalência da teoria da atividade como norteadora da definição de competência para os Juizados Especiais; outra corrente doutrinária que afirma a prevalência do CPP, com a teoria do resultado e, por fim, um terceiro posicionamento segundo o qual a Lei dos Juizados Especiais teria previsto a teoria da ubiquidade, de modo a fixar a competência pelo lugar e que teria ocorrido a ação ou omissão, bem como pelo local em que teria sido verificado o resultado. Se porventura houvesse conflito de competência, a situação seria resolvida pelo critério da prevenção. O raciocínio se baseia na ideia da palavra "praticada", contida no artigo 63 da Lei dos Juizados Especiais Cíveis e Criminais, assim como no artigo 6º do Código Penal[950].

2.2.3. Artigo 70 *versus* artigo 290, ambos do Código de Processo Penal: regra e exceção?

Até aqui foram tratados aspectos norteadores da noção de fixação de competência em matéria criminal (com reflexos na determinação da atribuição do Delegado de Polícia, tendo em vista o artigo 4º do CPP) determinando que, ressalvadas as exceções previstas em lei ou pela jurisprudência, a regra geral seja o local da consumação do fato, nos termos do artigo 70 do CPP, leitura que também pode ser feita em relação à atribuição da autoridade policial.

Porém, como forma de acalorar o debate sobre o tema, em que pese estarmos falando neste tópico de artigos componentes de partes distintas do Código de Processo Penal e que por força disto inicialmente não apresentam relação, o artigo 290 do CPP[951] parece ir na "contramão" desta "regra geral", já que autorizaria a lavratura do auto de prisão em flagrante pela autoridade local em que foi efetuada a prisão captura, ainda que estejamos falando de local distinto do qual houve a consumação do crime. Tal artigo está mais adequado à concepção da prisão em flagrante na modalidade imprópria, prevista no artigo 302, III, do CPP[952], trazendo, inclusive, a noção para

950 BONFIM, Edilson Mougenot, op. cit., nota 940, p. 207-208.

951 Cf. nota 924.

952 Cf. nota 27. A ideia da perseguição está nitidamente relacionada ao dispositivo mencionado, conforme pode ser observado a seguir: "*Art. 302. Considera-se em flagrante delito quem: III – é perseguido, logo após, pela autoridade, pelo ofendido ou por qualquer pessoa, em situação que faça presumir ser autor da infração*".

compreensão do ato da perseguição. Isso repercute no fenomenólogo que irá manejar a teoria da valoração crimino-fenomenológica.

Nas hipóteses de crime permanente ou de crimes plurilocais[953] não há maiores óbices para que se efetue a prisão no local onde se der o final da perseguição, já que o próprio artigo 303, também do CPP[954], assevera que o agente de uma infração permanente é considerado em flagrante delito enquanto não cessar a permanência. Além disso o local da consumação nestes casos se confunde com o próprio local em que foi efetuada a prisão. A modalidade de flagrante nesses casos é própria, ainda que aparentemente haja o enquadramento no artigo 290 do CPP.

O referido artigo aborda a "lavratura" da prisão e a "remoção do preso". Por força deste entendimento é válida a concepção segundo a qual está autorizada a lavratura do auto de prisão em flagrante, com a formalização dos atos de polícia judiciária, independentemente de ter sido este o local da consumação da infração.

No entanto, a observação que deve ser feita é sobre a utilização específica deste dispositivo legal para os casos em que o indivíduo perseguido passe ao território de outro município ou comarca. Transportando a situação fática para o estudo perante a organização judiciária de cada Estado da Federação, traçando um paralelo com a definição de competência nos casos em que houver a criação de Varas Regionais (como é a hipótese do Estado do Rio de Janeiro)[955] e o âmbito territorial permanecer adstrito ao

953 Nos casos de crimes plurilocais, ou seja, quando dentro do mesmo país o local da execução e o da consumação são diferentes, aplica-se a teoria do resultado, razão pela qual a competência será do local em que o crime se consuma.

954 Cf. nota 27. É exatamente a ideia extraída da íntegra do dispositivo: *"Art. 303. Nas infrações permanentes, entende-se o agente em flagrante delito enquanto não cessar a permanência".*

955 No que diz respeito ao âmbito do Poder Judiciário do Estado do Rio de Janeiro, complementando a noção acerca da determinação de competência, a Lei Estadual nº 6.956/2015 estabelece as diretrizes para a organização e divisão judiciárias, inclusive territorial. A depender do motivo podem ser criadas varas, juizados e fóruns regionais. Nesse sentido, o artigo 10, parágrafo único, desta lei, dispõe que a competência dos Juízos das Varas Regionais será fixada pelo critério funcional-territorial, sendo de natureza absoluta, portanto, improrrogável. Para efeitos de compreensão do tema, vide o teor do art. 10: *"A criação de Varas, Juizados e Fóruns Regionais será feita: a) por desdobramento, em outros de igual competência, quando o número ou a natureza dos feitos distribuídos anualmente justificar a medida; b) por especialização, quando a justificarem o número de feitos da mesma natureza ou especialidade, a necessidade de maior celeridade de determinados procedimentos, ou o interesse social;c) por descentralização, quando o exigir expressiva concentração populacional em núcleo urbano afastado do centro da sede da Comarca, cuja distância em relação ao fórum local torne onerosa ou dificulte a locomoção dos jurisdicionados; d) por transformação, quando se verificar a necessidade de readequação das competências da Comarca, sendo possível a desinstalação de Varas e Juízos para posterior transformação em novas Varas, Juízos ou Juizados. Parágrafo único A competência dos Juízos das Varas Regionais, fixada pelo critério funcional-territorial, é de natureza absoluta".* Vide nota 86.

mesmo município, não há que se falar na aplicação dos critérios previstos no artigo 290 do CPP para a determinação do auto de prisão em flagrante, ainda que haja perseguição e esta se dê através de vários bairros do mesmo município, pois a situação se resolverá mediante a conjugação dos artigos 4º e 70, ambos do CPP.

Esta análise corrobora a noção acerca da aplicação do critério da teoria do resultado e consequentemente adota as concepções pertinentes sobre a consumação do crime. A ideia central também é aquela determinada pelo estudo histórico e traçada pelos aspectos pontuais doutrinários sobre definição de área territorial de atuação, através da demarcação de circunscrições nas quais o Delegado de Polícia terá atribuição para atuar na confecção das peças de Polícia Judiciária, assim como percebemos na atualidade. Tecidas as devidas considerações gerais, a especificidade aqui deve ser feita principalmente em relação aos crimes permanentes e plurilocais, conforme abordado linhas acima.

Dessas situações podem surgir desdobramentos quanto ao responsável pelo prosseguimento das investigações. Em se tratando de hipótese prevista no artigo 290 do CPP, já que este artigo não tem o condão de determinar a competência do juízo para processar e julgar o Auto de Prisão em Flagrante (APF), após a lavratura deste, a autoridade que presidiu o ato deve observar qual o juízo irá processar e julgar o acusado, de modo a reestabelecer as regras previstas para determinação da competência, haja vista que o referido artigo apenas faz menção quanto à lavratura da prisão. Afinal, o lugar da consumação da infração penal contém inúmeras informações necessárias que podem vir a se tornar provas no processo penal.

Se por outro lado estivermos diante de situação ocorrida no mesmo âmbito territorial, ainda que tenha ocorrido perseguição que transponha o limite entre bairros ou circunscrições dentro de um mesmo município, por exemplo, proceder-se-á, via de regra, conforme os artigos 4º, 70 e 308[956], todos do CPP, observando-se os critérios para a consumação do crime, conforme o caso, como também já foi mencionado.

O artigo 304 do CPP[957] corrobora tais entendimentos, prevendo que o preso (prisão captura) deve ser apresentado à autoridade competente, que

---

956 Cf. nota 926.

957 Cf. nota 27. Art. 304 do CPP: *"Apresentado o preso à autoridade competente, ouvirá esta o condutor e colherá, desde logo, sua assinatura, entregando a este cópia do termo e recibo de entrega do preso. Em seguida, procederá à oitiva das testemunhas que o acompanharem e ao interrogatório do acusado sobre a imputação que lhe é feita, colhendo, após cada oitiva suas respectivas assinaturas, lavrando, a autoridade, afinal, o*

ouvirá o condutor, testemunhas etc. E a determinação desta "competência" deve percorrer os caminhos aqui apresentados. Além disso, fornecendo mais elementos para interpretação, caso a primeira autoridade policial a lavrar o auto de prisão em flagrante não tenha atribuição, o parágrafo primeiro deste artigo prevê a remessa dos autos para a autoridade que o seja[958].

Por mais que o artigo 308 do CPP pareça ir na contramão de alguns dispositivos legais mencionados anteriormente (ao prever que em não havendo autoridade no lugar em que se tiver efetuado a prisão, o preso será logo apresentado à do lugar mais próximo), devemos levar em consideração que este artigo trata de hipótese excepcional, na qual o diploma processual penal traz a solução. Esta deve ser a exegese do artigo 308 do CPP, que apenas faz menção à solução jurídica que se deve dar ao fato de não haver Delegado de Polícia na circunscrição em que ocorreu a prisão, sem adentrar no mérito sobre a essência da atribuição policial quanto à investigação das infrações penais consumadas no âmbito de determinada localidade.

Não se deve considerar regra o fato de uma circunscrição não ter Delegado de Polícia para apreciar determinada ocorrência e autorizar que isto seja feito no lugar mais próximo. Por mais que determinado Estado da Federação passe por dificuldades no preenchimento dos seus quadros, ainda que não haja tal autoridade no lugar em que for feita a prisão (que pode vir a coincidir com o lugar da consumação da infração penal), o que o CPP preconiza é que o fato não fique sem apreciação por um Delegado de Polícia.

Tal artigo do CPP também não parece ir contra às chamadas "centrais de flagrantes", pois estas devem ser consideradas como uma ampliação temporária da circunscrição por critérios administrativos e de organização

auto. (Redação dada pela Lei nº 11.113, de 2005); § 1º Resultando das respostas fundada a suspeita contra o conduzido, a autoridade mandará recolhê-lo à prisão, exceto no caso de livrar-se solto ou de prestar fiança, e prosseguirá nos atos do inquérito ou processo, se para isso for competente; se não o for, enviará os autos à autoridade que o seja; § 2º A falta de testemunhas da infração não impedirá o auto de prisão em flagrante; mas, nesse caso, com o condutor, deverão assiná-lo pelo menos duas pessoas que hajam testemunhado a apresentação do preso à autoridade; § 3º Quando o acusado se recusar a assinar, não souber ou não puder fazê-lo, o auto de prisão em flagrante será assinado por duas testemunhas, que tenham ouvido sua leitura na presença deste. (Redação dada pela Lei nº 11.113, de 2005); § 4º Da lavratura do auto de prisão em flagrante deverá constar a informação sobre a existência de filhos, respectivas idades e se possuem alguma deficiência e o nome e o contato de eventual responsável pelos cuidados dos filhos, indicado pela pessoa presa. (Incluído pela Lei nº 13.257, de 2016)".

958 Cf. nota 59. Raciocínio semelhante também podia ser visualizado por ocasião do artigo 228 do Código de Processo Criminal do Império, de 1832: *"Art. 228. Formada a culpa, o Juiz de Paz nos delictos, cujo conhecimento lhe não compete, fará logo dos processos a competente remessa, estejam ou não, presos os delinquentes, sejam publicos, ou particulares os delictos, por que foram processados".*

de cada Polícia Judiciária, mediante ato normativo do Chefe da respectiva instituição. Ou seja, nada impede que o Chefe de Polícia (no exercício do poder administrativo que lhe compete como gestor da instituição) determine, mediante portaria ou outro ato normativo, que uma Unidade de Polícia Judiciária da circunscrição "W" seja também responsável pela formalização dos atos de polícia judiciária das circunscrições "X", "Y" e "Z".

Nestas hipóteses, pode ser definido que em determinado período de tempo, uma ou outra Unidade de Polícia Judiciária seja responsável pela formalização do auto de prisão em flagrante e demais situações descritas na respectiva portaria de criação, assim como dos atos pertinentes, em virtude da ampliação da atribuição, pois esta central de flagrantes engloba num só Delegado de Polícia a função determinada para os Delegados de circunscrições originalmente definidas. Nesse sentido, a título exemplificativo, o artigo 2º, § 4º, da Portaria da Polícia Civil do Estado do Rio de Janeiro (PCERJ) nº 423, de 04 de maio de 2007, acentua que para efeitos deste documento, considera-se Unidade Policial de origem aquela cuja circunscrição ocorreu o fato criminoso[959], o que está de acordo com o artigo 4º do CPP.

É igualmente necessário fazer menção ao fato de que estas "centrais de flagrantes" podem vir a abranger área territorial de municípios distintos, o que igualmente não lhes retira legitimidade, na medida em que a atribuição acompanha a ampliação do âmbito territorial. Tal concepção não vai de encontro à teoria da valoração crimino-fenomenológica, portanto. Todavia, por mais que seja legítima a lavratura do auto de prisão em flagrante através da interpretação das "centrais de flagrante" e dos artigos 304 e parágrafos e 308, todos do CPP, permanece a necessidade de seja ressaltada a importância da observância dos critérios de consumação da infração penal para definir a atribuição do Delegado de Polícia.

Outrossim, especificamente nos casos envolvendo o âmbito circunscricional do Estado do Rio de Janeiro, notadamente em relação às "centrais de flagrante", o artigo 3º, § 1º, da Portaria da Polícia Civil do Estado do Rio de Janeiro (PCERJ) nº 147, de 01 de novembro de 1996, define que ocorrendo lavratura de auto de prisão em flagrante pelo Delegado de Polícia

959 Norma de acesso ao público interno da instituição. RIO DE JANEIRO (Estado). Secretaria de Estado de Polícia Civil. Portaria nº 423, de 04 de maio de 2007. *Define o funcionamento das Centrais de Flagrantes nas Áreas da Capital, Baixada e Grande Niterói, e dá outras providências.* Disponível em: <https://intrapol.pcivil.rj.gov.br/index.htm>. Acesso em: 28 abr. 2020.

de serviço, os demais atos decorrentes desse procedimento ficarão a cargo da Unidade de Polícia Judiciária onde houver sido lavrado[960].

Cessada a atribuição desta unidade para a lavratura dos autos de prisão em flagrante em virtude da sua extinção, por exemplo, havendo necessidade de complementação das investigações (através da remessa dos autos pelo Ministério Público, para citarmos uma hipótese ilustrativa), entendemos que o procedimento deve ser enviado à Unidade de Polícia Judiciária responsável pelo local no qual houve a consumação da infração penal, já que esta teve os limites da circunscrição reestabelecidos e passa a ser aquela dotada de atribuição para apurar os fatos que ainda estejam pendentes, conforme o artigo 4º do CPP. Quando isto ocorre, naturalmente aquilo que foi ampliado outrora passa a voltar a ser restrito, otimizando ainda mais o aproveitamento fenomenológico.

Estas situações delineadas pelas "centrais de flagrante" são excepcionais e foram definidas por meio de ato legítimo de organização do chefe da polícia judiciária, assim como este pode definir que a atribuição de determinada Delegacia seja guiada em virtude da matéria ou em virtude da pessoa vítima do crime em apuração, como é o caso das Divisões de Homicídios, das Delegacias de Atendimento à Mulher, das que tratam do atendimento às crianças e aos adolescentes etc., no Estado do Rio de Janeiro.

Portanto, tais soluções processuais têm como objetivo possibilitar o adequado início das investigações, bem como o prosseguimento destas, levando-se em consideração os critérios basilares demonstrados ao longo desta explanação. Através destes ensinamentos, denotamos a importância da interdisciplinaridade entre a compreensão do momento consumativo dos crimes com a determinação das questões inerentes à atribuição (e, consequentemente, à competência), permitindo afirmar a estreita ligação do tema com a elasticidade da legitimidade para manejo da teoria da valoração crimino-fenomenológica.

960 Também de âmbito interno. RIO DE JANEIRO (Estado). Secretaria de Estado de Polícia Civil. Portaria nº 147, de 01 de novembro de 1996. *Implanta Centrais de Flagrante no âmbito desta Chefia de Policia Civil, e dá outras providências.* Disponível em: <https://intrapol.pcivil.rj.gov.br/index.htm>. Acesso em: 28 abr. 2020.

Capítulo

3

QUARTA CONCLUSÃO PARCIAL

De nada adiantaria uma teoria recém-criada se não pudéssemos dar concretude às suas propostas. Por tal razão, esta parte da obra nos serviu para compreender o grau de afetação que a parte material impõe à parte substantiva, vale dizer, o modo pelo qual os ramos penal e processual penal estão ligados e quais as repercussões trazidas pela adoção da teoria da valoração crimino-fenomenológica ao regramento atual.

A atual sistemática referente ao tradicional inquérito policial nos indica a necessidade de revisão das suas características e até mesmo a transição para um novo modelo de procedimento, no qual a investigação criminal possa ser valorada de modo que esteja coadunada com as modernas previsões constitucionais e legais, bem como tenha condições de acompanhar as novas tendências dogmáticas, principalmente no que diz respeito às contribuições dadas pela teoria da valoração crimino-fenomenológica.

Daí falarmos numa discricionariedade mitigada, em face do balizamento dado pela Fenomenologia em busca de essências, mormente quanto ao fenômeno do crime. Além disso, a modernização do processo impôs necessária revisão da forma procedimental e dos sistemas do âmbito do sistema de justiça penal, o que de certo modo possibilitou vislumbrarmos uma busca por celeridade e efetividade. Daí, a reboque, a forma de tramitação do inquérito precisou ser revista, acompanhando essa tendência. O ganho de rapidez na representação pelas medidas, bem como seu respectivo deferimento, possibilitou economia de meios, já que não é mais necessário que o Delegado de Polícia desloque uma equipe especialmente para ir até o plantão judiciário noturno, por exemplo, para que o procedimento físico seja entregue ao Poder Judiciário.

Mas a busca pela essência ainda se traduz numa necessária compartimentação das informações a quem deve efetivamente saber delas, pois uma pequena modificação na camada noética é capaz, por sua vez, de comprometer o real significado daquilo que se busca de modo absoluto, que é a essência do fenômeno criminoso. Resguardados todos os direitos de acesso aos autos especificados em leis como o Estatuto da OAB, por exemplo, a teoria da valoração crimino-fenomenológica ainda indica necessidade no sigilo e resguardo das informações coletadas.

Atrelado a esses fundamentos, a tradicional característica de inquisitoriedade vem servindo apenas para justificar a nomenclatura já ultrapassada do tradicional inquérito policial, pois melhor seria a readequação da sua proposta em face dos preceitos legais e constitucionais que buscam uma obrigatoriedade aos seus ditames na proposta de um encontro de essência do fenômeno criminal, dialogando, necessariamente, com uma discricionariedade mitigada que reflita a necessidade de viabilizar um contraditório, ainda que mínimo e adequado aos fundamentos desta modalidade de procedimento administrativo.

As readequações às características do então inquérito policial nos indicam que a oficialidade é fundamental para garantir o pretendido estabelecimento de autonomia, para que o Delegado de Polícia possa exercer suas funções oficiais de modo que não haja qualquer tipo de interferência indevida, o que acabaria comprometendo o devido distanciamento, mediante a inclusão de elementos ou opiniões que também afetam o conteúdo noemático.

Por tudo que foi exposto, percebe-se nitidamente a importância da teoria da valoração crimino-fenomenológica que, aliada à maior autonomia, mais recursos humanos e financeiros para as instituições de polícia judiciária ao redor do país, acaba por revelar que o instrumento de investigação criminal (com amparo na oficiosidade e exercido num prazo razoável), passe a ser considerado indispensável. Aliás, na medida em que foi demonstrado que a referida teoria fundamenta o reposicionamento da *opinio delicti*, com muito mais razão se impõe afirmar que as informações ali contidas não podem vir a ser desconsideradas por ocasião da propositura da ação penal, o que também é reverberado pela característica da indisponibilidade daquele.

A partir da verificação das questões intimamente ligadas à percepção evidente, que naturalmente cercam a investigação da essência do fenômeno criminoso, verificamos como os critérios de distribuição da competência em matéria processual penal delimitam o atuar fenomenológico. Então, num primeiro momento, a legislação processual, pelo menos quando aborda a questão de localização geográfica, parece adequada ao que propõe a teoria da valoração crimino-fenomenológica.

Não há como dissociar o momento consumativo dos crimes com as regras básicas que definem quem irá apurá-lo, bem como quem será o responsável por acusar, julgar etc. Vimos que o regramento primordial está concentrado na legislação processual vigente, mas nada impede que os Estados tenham suas próprias especificações, seja a nível de normativas vigentes para o Poder Judiciário, seja para as definições inerentes à atribuição da Polícia Judiciária.

Quando se fala na questão de determinação da competência pelo critério territorial, levando-se em consideração o local de consumação dos crimes (traçando-se o paralelo com o artigo 4º do CPP e o delineamento da atribuição), é preciso entender que este aspecto do direito material se revela como uma forma de compreender o debate e traçar as devidas distinções entre os artigos 70 e 290, ambos do CPP, com o complemento abarcado pelo artigo 308 do mesmo diploma legal.

Isto se deve ao fato de o primeiro artigo prever, em seu bojo, a noção sobre a consumação dos crimes, e o segundo artigo mencionado englobar noções de perseguição e de territórios de municípios ou comarcas distintas, cuja análise do momento consumativo das infrações penais também demonstra importância, principalmente em relação aos crimes permanentes e plurilocais, mormente pela noção e tipo de flagrante a ser aplicado.

Ficou demonstrado, portanto, que o artigo 70 do CPP conduz a regra geral acerca da determinação da competência e que, consequentemente, até por força da conjugação deste com o artigo 4º do CPP, além da finalidade precípua da Polícia Judiciária e sua relação com o Poder Judiciário, também irá auxiliar a definir os padrões sobre a atribuição para a formalização dos atos de investigação inerentes àquela.

Não obstante tal regra geral, é válido destacar que a aplicação do artigo 290 do CPP cinge-se à lavratura do auto de prisão em flagrante que envolva perseguição e âmbitos territoriais de municípios ou comarcas diversas, ainda que a consumação das infrações penais não tenha se dado no local em que foi efetuada a prisão, ressalvadas as hipóteses de crimes permanentes e plurilocais.

Ademais, tal artigo não se aplica quando, ainda que haja perseguição, estejamos diante de prisão efetuada no mesmo município, hipótese na qual a regra geral referente ao artigo 70 do CPP deve ser aplicada, guardadas as acepções de direito material sobre o momento consumativo dos crimes, tendo em vista a adoção da teoria do resultado. Importante lembrar, também, das peculiaridades referentes à discussão quanto à competência nos crimes abrangidos pela Lei nº 9.099/95.

No que diz respeito aos responsáveis pelos desdobramentos dos atos de polícia judiciária, no caso do artigo 70 do CPP, sua combinação com a leitura do artigo 4º, também do CPP, conduz à regra segundo a qual a própria autoridade policial responsável pela lavratura do auto de prisão em flagrante irá prosseguir em eventuais diligências, quando for o caso.

Demais disso, nas hipóteses abrangidas pelo artigo 290 do CPP, propõe-se que seja observado o critério geral de consumação da infração como forma de observar o juízo competente para apreciação dos fatos, para que a remessa dos autos principais seja feita para este, por força da análise dos artigos 4º, 70 e 304, § 1º, todos do CPP, já que o artigo 290, do mesmo diploma legal, não fixa regra de competência. Vale lembrar que esta conduta não obsta que a comunicação da prisão seja efetuada perante o juízo da comarca na qual se deu a prisão, ou outro responsável indicado (principalmente nos casos de plantão do judiciário).

Por oportuno, foi necessário destacar os contornos das "centrais de flagrantes" no âmbito da Polícia Judiciária, notadamente no Estado do Rio de Janeiro para que, embora constituindo uma situação excepcional, compreendamos sua legitimidade diante da ampliação dos limites circunscricionais destacados mediante portaria ou outro ato normativo da respectiva instituição, nos quais o Delegado de Polícia deterá atribuição para a formalização dos atos de polícia judiciária.

Neste sentido, diante dos dados apresentados, foram postas em discussão, ainda que de forma pontual as principais acepções sobre a verificação quanto à atribuição dos Delegados de Polícia e a competência das autoridades judiciais no que tange à adoção do critério territorial, de modo a possibilitar a adequada leitura dos argumentos históricos, doutrinários e legais que irão trazer reflexos no campo epistemológico, mormente na sistemática processual penal com a aplicação da teoria da valoração crimino-fenomenológica.

CONCLUSÕES FINAIS

1. Para o desenvolvimento da teoria da valoração crimino-fenomenológica, houve a necessidade de recurso a diversas áreas do conhecimento, abrangidas ou não diretamente pelos diversos ramos do direito, mas de todo modo relacionados a ele, haja vista a interdisciplinaridade inerente ao objeto da pesquisa. Isso culminou numa tese com raízes filosóficas, dando ênfase à análise do momento que mais se aproxima da ocorrência fática de um crime, permitindo a relegitimação e racionalização da aplicação do Direito Penal, em face da atual ineficiência deste.

2. Diante da inexistência de doutrina específica sobre o tema e levando-se em consideração as abordagens que o tangenciam, percebemos um enfoque estritamente objetivo sobre o manejo dos institutos inerentes ao conceito do crime. De todo modo, para o início das investigações foi preciso situar historicamente a atividade do Delegado de Polícia no contexto jurídico social, reforçando a verificação da relação entre a efetividade e a duração razoável do processo/procedimento. Arrematando a noção sobre a necessidade de estudos aprofundados sobre o tema, tivemos que compreender o esforço da Criminologia na constatação da deslegitimação do atual modelo e na ideia de reconstrução e racionalização deste.

3. O Direito Penal precisava definir contornos mais precisos sobre sua atuação diante da ocorrência de um delito, principalmente sob o aspecto da polícia judiciária. Atualmente, as personagens das diversas agências estatais estão se desvirtuando das funções originais o que requer um esforço mútuo para compreender que a noção sobre justiça demanda um aprofundamento sistêmico a ser perseguido por todos os operadores do direito. Então, ao darmos novo significado ao conceito de "Delegado de Polícia", passamos a considerar a fa-

ceta subjetiva sob o ponto de vista humanístico como componente fundamental na concepção do crime, levando-se em consideração a importância do resgate da proteção aos direitos e garantias processuais constitucionalmente previstos.

4. Para isso, impõe-se a necessidade de estabelecimento definitivo do princípio do delegado natural, em face de toda gama de institutos jurídicos que já asseveram que as atividades por ele desempenhadas têm natureza essencialmente jurídica, igualando-se aos demais princípios correlatos vigentes para as demais agências estatais, já que há uma relação de cooperação e não de subordinação entre elas, garantindo a independência e imparcialidade.

5. A correlação do princípio do delegado natural encontra baliza constitucional no fundamento do devido processo legal (art. 5º, LIV, da CRFB/88) e, enquanto titular da investigação criminal com atribuição constitucional, passa a dispor de garantias mínimas ao exercício das suas funções, tais como autonomia técnico-jurídica expressada nas fundamentações das suas manifestações, inamovibilidade, etc. Já há, inclusive, documentos de organismos internacionais, como a Comissão Interamericana De Direitos Humanos, estabelecendo diretrizes que englobam as noções básicas equivalentes ao postulado do delegado natural.

6. O princípio da efetividade, jungido no dispositivo constitucional que trata do acesso à justiça, impõe a concepção segundo a qual a prestação pretendida deve ser ofertada de maneira tempestiva e célere; a extensão desta proposta principiológica se aplica à investigação criminal. Ao dissertarmos sobre efetividade, devemos perceber a íntima relação deste postulado com os ganhos no aspecto de economia processual, de garantia de uma decisão justa, do acesso à ampla defesa e ao contraditório (com as suas devidas dimensões aplicadas à nova roupagem que deve ser dada à investigação criminal).

7. Paralelamente à efetividade, a duração razoável do processo (e do procedimento policial) guarda direta relação com o direito constitucional à liberdade. Fica cada vez mais nítida a necessidade de dar maior atenção à questão da duração da investigação criminal. Quanto mais célere é a investigação, maiores são as possibilidades de que o Estado entregue ao particular o resultado de uma prestação justa e efetiva.

8. Como resposta à determinação da "duração razoável", o TEDH já se posicionou pela adoção da teoria dos sete critérios, que levam em conta, dentre outros fatores: a eventual pena aplicável ao caso; a própria dificuldade inerente ao caso; a forma como a investigação foi conduzida e a maneira como as autoridades judiciais atuaram. Todavia, os sete critérios podem ser condensados em apenas três: a complexidade do caso; a atividade processual que o imputado exerceu no caso e, por fim, a conduta das autoridades judiciárias.

9. Como solução penal para o enfrentamento da (de) mora do processo penal, em que pese parte da doutrina propor como solução a extinção do processo, entendemos que há possibilidade de ferramentas mais efetivas que auxiliem o Delegado de Polícia na materialização de todos os atos necessários para a constatação (ou não) do crime enquanto fenômeno. A teoria da valoração crimino-fenomenológica representa a reunião destas ferramentas.

10. Diante da análise dos Tratados Internacionais sobre Direitos Humanos, como o Pacto de São José da Costa Rica, percebemos que o Delegado de Polícia é a autoridade autorizada por lei para exercer funções judiciais, principalmente no que diz respeito à decisão por ocasião da prisão em flagrante. Então, através da adoção da teoria da valoração crimino-fenomenológica, comprova-se a desnecessidade de sustentar a continuidade das audiências de custódia, já que os elementos inerentes à concepção sobre o crime foram aferidos como devem ser e por quem deve ser.

11. A Criminologia possui importante papel interdisciplinar, ao fornecer elementos que denotam o atual estado de deslegitimação do sistema jurídico-penal brasileiro, além de funcionar como um vetor na racionalização do sistema punitivo estatal. A conclusão é a de que ainda é preciso que nos libertemos da perspectiva colonial e deslegitimante, passando à racionalização e à reconstrução do que até agora foi perdido.

12. Os elementos que ajudam a constatar um sistema jurídico-penal como deslegitimado ou falso refletem a própria incapacidade da sociedade na qual esteja inserido, no sentido de repensar um modo de substituição por outro mais adequado e que esteja de acordo com a ideia de proteção de bem jurídico. Neste sentido, a Fenomenologia arremata a análise inicial de relegitimação do sistema jurídico-penal, mediante sua proposta restauradora na análise do

crime (e sua complexidade) enquanto fenômeno, com a riqueza de detalhes que o caso concreto requer, uma vez que deriva da Filosofia: enquanto ciência de bases, auxilia no resgate dos fundamentos, contribuindo para todo desenvolvimento acerca da justa resposta estatal.

13. Edmund Husserl é um dos principais precursores da Fenomenologia. Como braço filosófico para a percepção do fenômeno (que é qualquer tipo de manifestação do qual o indivíduo tenha consciência "de"), a Fenomenologia é uma ciência descritiva com foco no transcendentalismo; algo transcendente deve ser buscado fora da imanência do indivíduo; desta forma, em razão do grau de pureza alcançado, os conhecimentos de essência ali obtidos podem ser compartilhados de modo uniforme, pois isto independe da subjetividade.

14. A Fenomenologia deve cumprir seu papel de rigor metodológico, permitindo que os conhecimentos originários, despidos de preconceitos, sejam aqueles que detenham a capacidade de extrair o verdadeiro significado, revelando a natureza sistemática dos objetos e dos fenômenos em geral. Busca-se explicitar a estrutura eidética deste objeto/fenômeno, não a sua estrutura empírica, já que cada indivíduo pode ter uma percepção, enquanto a essência é sempre única.

15. Sobre a questão da evidência, devemos dar o significado de algo que se apresenta ou se manifesta como tal, diante de nós. Também pode ser descrita como o preenchimento da intenção, vale dizer, teremos evidência quando a intenção da consciência (que por sua vez é dirigida a um objeto ou a um fenômeno), é preenchida, definida e através da qual conseguimos enxergar a coisa ou o fenômeno como eles são.

16. A Fenomenologia quer ser ao mesmo tempo uma ciência e um método que tem como finalidade a busca pelo conhecimento, a busca por elucidação de possibilidades deste conhecimento ou ainda de possibilidades de valoração em face destes. Se são efetivamente possibilidades universalmente postas, então, as investigações travadas no campo da Fenomenologia são investigações universais de essências, de bases.

17. Como atitude crítica ao psicologismo, devemos promover a reflexão proposicional, judicamental ou apofântica e isto só é possível

quando questionamos o que significa, para o mundo natural, aquele fenômeno que observamos. Tal juízo não está pronto no momento em que percebemos a coisa. Justamente por isso é que precisamos mudar de atitude.

18. Para Husserl, existem verdades que não podem ser compreendidas de forma psicológica, pois mesmo dependendo da atitude natural para o início da aplicação do método fenomenológico, não há como se conceber a possibilidade de esgotamento descritivo da realidade mediante a utilização exclusiva das ciências naturais. Daí a necessidade do transcendentalismo.

19. As críticas ao empirismo se iniciam quando os empiristas se dizem isentos e afastados de preconceitos, mas ao mesmo tempo se utilizam de opiniões pretéritas para fundamentar suas experiências. Além disso, o método empírico é incapaz de demonstrar como ocorre a constituição perceptiva daquele objeto. Como método passivo e inerte, o empirismo apenas reage aos estímulos de modo estanque, convertendo a experiência, esquecendo-se que há necessidade de destes estímulos advenha uma reação por parte do indivíduo, sob pena de incorrermos sempre na "hipótese de constância".

20. Para que fujamos desta hipótese, tanto a fenomenologia da percepção, quanto aquela desenvolvida pela teoria da valoração crimino-fenomenológica, indicam a presença de vários verbos, que por sua vez indicam ações por parte do fenomenólogo que observa a situação/fato e a trata de modo substancialmente ativo no desenvolvimento do processo de subsunção do fato à norma penal ou processual penal.

21. A intuição de essências pode ser alcançada através da experiência sensível, ocupando lugar na consciência humana. Esta é a forma pela qual ganha contornos a chamada análise intencional. De acordo com o princípio da intencionalidade: a consciência é sempre consciência "de" alguma coisa. A consciência pura, adotada como objeto de estudo pela Fenomenologia, é inversa à consciência empírica, trazida pelo psicologismo.

22. A intencionalidade é um dos principais pilares sobre os quais se apoia a Fenomenologia. Somente em função da intencionalidade inerente aos indivíduos é que podemos perceber tudo em relação ao

mundo, tudo o que podemos experimentar (ou ter como resultado de uma experiência).

23. Assim, o conceito de intencionalidade que buscamos para o estudo da Fenomenologia não é aquele segundo o qual o indivíduo tem uma motivação que lhe é inerente para que se faça alguma coisa, mas sim, o de estar consciente de algo a ser experimentado; o conceito deve estar aplicado à teoria do conhecimento, não à da ação humana. São intenções mentais, não práticas. Em face destas intenções mentais, é preciso que o fenomenólogo esteja atento ao tipo de estímulo analisado, para que se possa diferenciá-lo dos demais e se chegar à sua essência e ao seu significado próprios.

24. É a partir da análise básica da estrutura intencional da consciência que surgem os conceitos de noese e noema: a primeira é a atividade da consciência na esfera da subjetividade (pensamento voltado para um objeto); já o segundo representa uma unidade de significados atribuídos em face da noese, os correlatos objetivos das intencionalidades às quais se refere ou, simplesmente, o significado do processo mental; por sua vez, a síntese é o resultado deste conteúdo experienciado. Para a descrição do noema, é preciso que sempre se vá adiante para o esclarecimento de todas as suas características e predicados, bem como a forma como ele aparece para o observador. Enfim, é preciso que seja descrita a forma pela qual ele se dá para a consciência ativa num ato intencional.

25. A "referência intencional" é o resultado da relação conjunta entre noese e o noema que lhe é correlato, pois este sempre será o objetivo contraposto à atividade subjetiva exercida pelo indivíduo.

26. Levando-se em consideração as noções acerca de "*cogito*" e "*cogitatum*", para que possamos nos aprofundar mais nas propriedades da Fenomenologia enquanto teoria do conhecimento, é preciso que fujamos do mundo natural, passando a nos orientar pela transcendentalidade.

27. A Fenomenologia é um complemento da atitude natural. Não se despreza a postura diante deste tipo de atitude, afinal, é preciso partir dela para que as propostas sejam validadas. Todavia, a partir da transcendentalidade, conseguimos exercer plenamente a fenomenologia pura. Então, quando falamos de noese e noema, estamos nos referindo a algo que está efetivamente sendo discutido sob o

ambiente fenomenológico, já que são correlatos e formam a dupla face eidética da intencionalidade.

28. O modo de atenção ativo condiciona as noeses, tanto no que diz respeito às suas necessidades, quanto às suas possibilidades. Elas são afetadas diretamente pela maneira através da qual se dirige a atenção. Daí um dos primeiros sinais de que a vivência do fenômeno, em atitude ativa, determina o modo pelo qual o "eu "poderá executar as ações para uma tomada de posição em face daquele fenômeno.

29. A intencionalidade subjetiva é demonstrada através dos estudos acerca da memória, da percepção, da projeção no futuro e da imaginação. Quanto à memória, o tempo exerce efeitos deletérios na qualidade da recordação, afetando em perda de detalhes ou se confundir com estímulos decorrentes da imaginação, afetando a camada noética e, consequentemente, o conteúdo noemático. Neste sentido, quanto mais cedo viermos a usufruir dos benefícios obtidos com o reposicionamento precoce da testemunha perante a percepção originária, maiores são as possibilidades de resgate integral dos valores iniciais, ou pelo menos menor é a chance de mescla com material imaginário ou fantasioso.

30. A "qualidade ou tese do noema" representa o ato de colocar ou mencionar o objeto referido de uma maneira tal, que indica a exata forma como foi percebido, imaginado, fantasiado ou lembrado.

31. Quanto à percepção tradicional, a adumbração assume papel de destaque na identificação de lados, aspectos e perfis. Sempre teremos uma aparição parcial, uma perspectiva mediante a qual deveremos fazer reflexão posterior, de acordo com a junção dos demais elementos aplicados na tábua temporal do fluxo de vividos.

32. À medida que um conglomerado de multiplicidades possíveis de percepções se funde, ocorre uma unidade de percepção. Quanto mais dados obtemos através da verificação de todos os lados, aspectos e perfis possíveis, podemos atingir a essência do fenômeno de modo mais fácil. No campo criminal, isto se torna ainda mais visível quando há a presença da equipe de investigação no local dos fatos.

33. Husserl reconhece a possibilidade de que haja dúvidas quanto à apreciação da percepção transcendente. Neste sentido, sob o enfoque criminal, caso algum lado, aspecto ou perfil apareça após o término das investigações, nada impede que estes sejam analisados e confrontados com os elementos já existentes permitindo a correção eidética.

34. Quando estamos diante de uma reflexão na lembrança ou na expectativa, a confiabilidade nestas situações é relativa, mas quanto mais próximos com o evento original, maiores são as chances de superação de tal relativização, permitindo extrair a plenitude da certeza em face da essência de tal fenômeno.

35. Na intencionalidade decorrente da imaginação (diferentemente do que ocorre na memória, quando vivenciamos ou experienciamos um fenômeno e isto fica armazenado, de algum modo, no nosso cérebro), não há algo vivido em percepção, já que aquela é fluida e está em toda parte do nosso intelecto. Na imaginação, há liberdade criativa que comporta diversas variáveis. A partir daí, pode advir a "explosão do noema" pode ser definida como algo irreal, seja um objeto ou outro fenômeno, cunhado mediante processo imaginário, alucinatório. Isto é típico da intencionalidade que decorre da imaginação;

36. A projeção no futuro pode ser representada como uma forma específica de imaginação, mas que pode vir a se tornar realidade, desde que seja compatível com as modalidades dóxicas do mundo real.

37. As palavras, retratos e símbolos compõem a noção de intencionalidade objetiva. Enquanto as palavras nos dão uma forma de intencionalidade dita como significativa, os retratos ou as imagens nos trazem uma intenção pictorial. A principal diferença entre elas é o direcionamento da informação que elas nos passam: enquanto na primeira a direção é do fenomenólogo para a palavra, na segunda é o oposto.

38. Em face da possibilidade de que a intenção significativa dê azo à imaginação do intérprete, diante da qualidade das informações dali decorrentes é imperioso dar maior atenção à intencionalidade pictorial e à perícia feita por ocasião da presença no local do crime.

39. A intencionalidade simbólica também possui grande relevância por ocasião da investigação criminal, principalmente nos casos em que o crime deixa vestígios. Havendo possibilidade de utilizar os conhecimentos da Medicina Legal, será possível correlacionar a simbologia própria de determinada lesão ou de certo vestígio na indicação da essência do que significa e qual a sua importância para a determinação do fenômeno criminal.

40. As categorias e as regiões são institutos que se complementam e que nos orientam fornecendo rigor metodológico. Da primeira, mais restritiva, deriva a intencionalidade categorial. É a partir dela que iremos categorizar algo, isto é, dizer o que aquilo significa para algo maior, regional. Refere-se aos conceitos que se inserem num complexo sistema axiomático no qual determinaremos a essência lógica dos objetos ou dos fenômenos. Daí advém a intenção categorial, que é o campo das intenções mais complexas, ditas como multirradiais.

41. O processo de constituição se relaciona diretamente com o estabelecimento da relação entre "parte x todo", quando se é possível detalhar ou dizer a verdade sobre o fenômeno observado. Para isso, necessariamente devemos abrir mão do predicamento egocêntrico. Na constituição, se exerce o que a nossa compreensão nos impõe diante da manifestação do fenômeno. Se é feito através da nossa própria experiência em face do fenômeno, chamamos de "constituição genética".

42. Para que finalmente digamos a real constituição do objeto, estaremos falando na intencionalidade predicativa. É a forma mais relevante de atividade categorial. No âmbito criminal, um delito estará jungido a determinadas balizas previamente amparadas pela lei anterior que o defina. É essa lei que o posiciona no âmbito de ontologia regional. Então, para que possamos definir, detalhadamente, o conteúdo deste crime, é preciso que entendamos a qual região ele pertence.

43. Os vividos são episódios nos quais se manifesta a intencionalidade do "eu". Todo vivido perdura na consciência deste "eu". A união infinita dessas retenções contínuas constitui uma continuidade intencional. Daí pensarmos num fluxo de vividos. Um vivido imediatamente considerado acaba por se transformar num "ainda há pouco"

e assim sucessivamente. Daí deriva a noção sobre o triplo horizonte dos vividos: o antes; o simultâneo e o depois.

44. A reflexão é a designação para atos em que o fluxo de vividos é apreensível. Pode ser retratada como o resultado de uma modificação de consciência e promove uma mudança de orientação.

45. O paralelismo entre noese e noema deve exprimir um significado decorrente do sentido vivenciado. A importância destes se revela primordial, pois é a partir daí que se extrairá a verdade mediante a utilização da linguagem e das palavras. São estes que irão conferir concretude à essência do fenômeno.

46. A sintaxe também pode ser compreendida como a adequada ligação entre os elementos que compõem uma sentença que dará sentido para que se extraia a materialização dos significados. Estes, por sua vez, possuem três níveis estruturais, que definem o sentido da expressão "estruturas sincategoremáticas": no primeiro nível, tratamos dos tipos de combinações sintáticas que permitem a existência de proposições significativas; daí, um segundo nível prevê consistência entre tais proposições; por fim, o terceiro nível revela o grau de coerência em face das afirmações que fizemos; são estes três níveis que nos auxiliam na compreensão do raciocínio humano em busca da verdade.

47. Dois são os tipos de verdade: a da exatidão (em que partimos da consideração de uma proposição para posterior comprovação) e a da descoberta (a exibição e a comprovação se dão de modo direto). Ambas são utilizadas pelo Delegado de Polícia durante uma investigação criminal.

48. As três estruturas formais na Fenomenologia podem ser descritas através dos binômios: relação entre "parte x todo"; "identidade x multiplicidade"; "presença x ausência". Aplicadas à atividade do Delegado de Polícia, a primeira estrutura não deve permitir entender que tal função é mero pedaço independente num todo, mas sim, verdadeiro momento no todo, haja vista sua indispensabilidade; no que tange ao binômio da "identidade x multiplicidade", cabe ao Delegado identificar a exata medida do crime, diante do confronto entre os elementos obtidos na investigação criminal e o que a lei preconiza como categorização respectiva.

49. O binômio "presença x ausência" revela uma criação própria da Fenomenologia. É através dela que a teoria da valoração crimino-fenomenológica ganha contornos ainda mais definidos: na situação de presença, o observador está diante do "algo intencionado", representando as intenções cheias; já nas intenções vazias, não estamos diante da vivência perceptiva evidente e instantânea.

50. O caráter posicional conferido pela doação originária evidente faz da posição um verdadeiro instrumento de legitimação. Se o mundo natural é o mundo que nos circunda, é dele que partimos em busca da transcendentalidade e do conhecimento fenomenológico puro. Assim, poderemos dizer que a valoração da atualidade da consciência é expressivamente mais adequada do que algo recordado, esperado ou imaginado.

51. Existe uma dialeticidade entre a imanência e a transcendência: a primeira é o ponto de partida para o conhecimento absoluto, mas é na transcendência que atingiremos a pureza necessária para determinar a essência do fenômeno. Esta significa a passagem da atitude natural para a atitude fenomenológica, mediante um ato de reflexão (não de mera introspecção), aliado a um adequado posicionamento espaço-temporal.

52. Quando, a partir do mundo natural, nos afastamos da atitude que lhe é inerente e passamos a refletir sobre esta e todas as demais intencionalidades, em atitude filosófica pura, então podemos dizer que estamos na atitude fenomenológica. É nesta que buscaremos o teor absoluto do conhecimento, que obviamente culminará em conhecimento de essência. Assim, teremos um predicado com base em teses dóxicas primárias, originárias, através do qual extrairemos a significação eidética do fenômeno visado. Daí derivam as mais diferentes formas de juízos apofânticos, reveladores.

53. Para isso, precisaremos nos socorrer da *epoché*: também conhecida como "redução fenomenológica" (εποχή fenomenológica), nada mais é do que uma forma de suspensão do juízo; porta de entrada para a transcendentalidade; permite alcançar um grau de observação em pureza do indivíduo, desprovido de preconceitos, observando o fenômeno; um autêntico processo de purificação. Neste sentido, deveremos nos afastar de toda intuição contaminada pela atitude natural, principalmente se tiverem sido adicionados novos caracteres noéticos modificando a doxa originária.

54. Através do ato de parentetização, os atos de reflexão são levados a efeito em face das teses iniciais para que se chegue ao campo do conhecimento absoluto determinado pela metodologia fenomenológica, ocasião na qual poderemos ser definitivamente imparciais. O processo de redução faz com que neutralizemos os comportamentos oriundos da atitude natural. Ao colocarmos nossas modalidades dóxicas naturais entre parênteses, em suspensão, teremos uma compreensão mais fidedigna sobre o fenômeno. Por tal razão, o rigor da Fenomenologia reside na análise transcendental feita por uma autorreflexão da consciência.

55. Dois principais estágios de investigação fenomenológica podem ser descritos: o primeiro (também conhecido como "domínio da autoexperiência transcendental") diz respeito à redução fenomenológica; o segundo (compreendido como "a crítica da experiência transcendental") se refere ao momento no qual se opera a redução eidética, promovendo um isolamento da estrutura essencial da experiência e sua consequente reflexão.

56. Durante o processo de redução, para que este possa ser efetuado é fundamental que o "eu puro" permaneça invariável, já que não pode ser atingido pela εποχή fenomenológica de forma alguma, pois a cada representação ele se oferece como uma espécie própria de transcendência, vale dizer, uma transcendência na imanência.

57. Na busca pela essência do fenômeno, a intencionalidade eidética assume relevante papel. Para que a alcancemos, é preciso enfrentarmos três níveis: o da tipicalidade (pois ao nos deparamos com os objetos ou fenômenos, podemos verificar eventuais similitudes entre eles); o do "universal empírico", ocasião na qual uma mesma palavra pode ser usada para fazer significar a mesma característica entre aqueles objetos cuja similitude foi observada); por fim, no terceiro nível, precisamos encontrar uma característica para aquela coisa analisada sem a qual seria impossível sua subsistência. Aqui está a passagem dos universais empíricos para os universais eidéticos.

58. O processo de variação imaginativa revela os passos que o fenomenólogo deve dar para buscar as essências, desconstruindo o objeto ou o fenômeno observado até atingir seu núcleo duro. Isso também é perfeitamente aplicável ao encontro da essência de um crime.

59. Na compreensão da singularidade eidética em concreto, inerente a um crime, podemos compreender os seus detalhes bem como os substratos da categoria lógica "crime em análise" (que se posiciona num patamar supremo). No contraponto com a singularidade eidética, a generalidade eidética permite descrever um juízo de essência universal em oposição a um juízo meramente individual. A partir da generalidade eidética de um crime, quando quisermos esmiuçar sua essência, entraremos na necessidade eidética, cujo valor é absoluto e nos remete a uma consciência apodítica, verdadeira, reveladora.

60. No que tange ao estudo da teoria do delito no ordenamento jurídico brasileiro, até o desenvolvimento da teoria da valoração crimino-fenomenológica não percebemos qualquer menção específica ao Delegado de Polícia como personagem habilitada para manipular os elementos que integram a concepção analítica do crime. Daí a principal relevância da tese. Assim, esta nova teoria surge para desempenhar papel importante acerca do detalhamento pessoal sobre o manejo daquela (ou seja, sobre o aspecto subjetivo da teoria do delito), sem pretender ser uma doutrina que suplante o finalismo, o funcionalismo ou qualquer outra concepção neste sentido.

61. A metodologia inerente à teoria da valoração crimino-fenomenológica tem como principais pilares as três estruturas formais da fenomenologia pura de Edmund Husserl e se baseia nos demais fundamentos deste ramo da Filosofia.

62. A primeira ordem de fundamentos do direito reside na análise intencional e intuitiva da consciência doadora de sentidos ao mundo da vida. A segunda ordem, por sua vez, reside no encontro de fundamentos que dão suporte factual ou normativo sobre o direito. Nesse sentido, cabe à teoria da valoração crimino-fenomenológica o papel de definir a essência do crime, mediante o encontro adequado entre o que realmente ocorreu e o que aquilo significa para o mundo jurídico. Em sendo o Delegado de Polícia o profissional constitucionalmente revelado a proceder com a investigação criminal, cabe a ele tal tarefa, primordialmente.

63. O encontro da essência deve ser de tal ordem que o que vale inicialmente para uma pessoa deve ser reconhecido da mesma forma por qualquer personagem do processo, quando se aplicam os mesmos métodos de constatação eidética transcendental. A perenidade, en-

tão, é uma das características mais marcantes à tese da valoração pelo Delegado de Polícia.

64. Cada crime é único em sua essência. Por tal razão, é papel do fenomenólogo buscar os reais fundamentos que embasam a ocorrência daquele fato no mundo da vida. Deste modo, podemos diferenciar o "tipo ideal de crime" do "tipo real de crime". É quanto a este último que trabalharemos na busca por essências. A forma como tudo é percebido e materializado nos atos de investigação criminal é tarefa da teoria da valoração crimino-fenomenológica.

65. O mero ato de atenção é incondicionado, pois trata todos os objetos e fenômenos de forma indistinta. Porém, a atualidade de atenção demonstra uma vivência intencional original em evidência, já que o indivíduo está com sua atenção efetivamente voltada para o fenômeno.

66. Sobre a questão dos correlatos noemáticos dos dados hiléticos na noese, quando um determinado objeto ou fenômeno aparece para nós, dirigimos nossa atenção para ele. E isso se conecta a um momento de vivência específico, único por cada modo de atenção referente a cada indivíduo. Por tal razão, questões inerentes à clareza e à obscuridade podem surgir, sendo necessário que todas as peças do mosaico sejam apreciadas. A visão de cada testemunha pode até ser diferente (em virtude da carga do conteúdo hilético), porém a essência do fenômeno é invariável, ou seja, o noema não é cambiante: a questão reside em definir a qualidade noética.

67. Para o resgate de informações de essência, a evidência originária (mais especificamente a evidência apodítica) é fundamental, já que ela se liga diretamente à clareza de visão. Evidência tem como significado para a Fenomenologia a realização subjetiva da verdade e é esta que deve ser perpetuada no relatório de investigação criminal. Isso não significa que em todo e qualquer crime deva haver uma testemunha que tenha visto os fatos, sob pena de adicionarmos um elemento analítico não compreendido dogmaticamente para que o crime possa ser constituído.

68. A constituição de um crime é um trabalho detalhado exercido pelo fenomenólogo, através do qual este irá concluir sobre sua essência e sobre a leitura de tudo aquilo que foi apurado em investigação criminal e que contemplará todo o detalhamento das circunstâncias

e particularizações necessárias para o atingimento da sua eidética e da sua subsunção.

69. No processo de constituição de um crime há duas camadas: a primeira (dita como substancial-causal) é vista sob o enfoque perceptivo, correlacionando-se noese e noema (já que a conclusão das percepções noético-noemáticas culmina com a ideia de constituição); a segunda fica posicionada num nível superior e é referida como intersubjetiva, na medida em que o crime deverá ser visto de modo empático, considerando-se especificamente a sua essência. Quando é vislumbrada uma unidade eidética entre os indivíduos, pode-se dizer que houve congruência intersubjetivamente idêntica.

70. Como repercussões do processo de constituição do crime, podem ser descritas a real subsunção, bem como o impedimento que se pense de modo em enquadramento subsidiário. Nesta última hipótese, deve-se perceber que houve equívoco na delimitação, o que permite a revisão do processo para que se encontre e se fundamente a essência do fenômeno criminal.

71. Caso esta essência ainda não tenha sido encontrada, diante da complexidade da situação em apuração, nada impede que seja aplicado o instituto do arquivamento da investigação criminal, quando cabível e indicado na situação fática, até que surjam novos elementos de informação que embasem o encontro eidético.

72. Para que seja possível a adequada subsunção do fato à norma penal e a aplicação inicial dos institutos processuais cabíveis, não há como conceber um manejo coerente dos institutos relacionados ao conceito de crime se não há amplo e irrestrito acesso na origem da percepção fenomenológica. Portanto, o "método de clarificação" requer a observância da "proximidade" e da "distância do dado". Quanto mais clareza, maior é a qualidade da apreensão eidética e vice-versa.

73. Os dois graus fundamentais da teoria da valoração crimino-fenomenológica se baseiam na ideia de evidência: num primeiro momento, seja em evidência imediata ou de forma imediatamente reconstruída (logo após a presença do Delegado de Polícia no local dos fatos, bem como através das diversas perícias e diligências que se façam necessárias, o que inclui a oitiva de todas as testemunhas que agreguem informações nos seus termos de declaração, ou ain-

da, a valoração de todas as informações obtidas durante a investigação criminal); num segundo momento, em atitude transcendental decorrente dos métodos da fenomenologia pura de Husserl, há a reflexão com base em tudo o que foi obtido, alcançando-se a essência do fenômeno do crime, resultando no produto final que é a *opinio delicti* devidamente reposicionada para o momento mais próximo da ocorrência efetiva dos fatos.

74. A *opinio delicti* deve ser entendida, definitivamente, como instituto de direito material, oriunda de fundamentação fenomenológica, tendo como legitimado aquele que detém a atribuição para configurá-la de modo eidético. Deste modo, não pode ser confundida com a titularidade da ação penal.

75. Quando o Delegado de Polícia questiona e extrai o maior número de informações por ocasião de uma investigação criminal, principalmente das testemunhas, ocorre a "atitude proposicional", uma atitude de questionamentos (compreendida como um "esclarecimento da verdade como teoria da correspondência"), mediante a qual sairemos de um mero estado de coisas para um verdadeiro juízo sobre a coisa ou o fenômeno. Porém, isso não desnatura a necessidade da reflexão fenomenológica, transcendental, na qual derrubamos todas as crenças no mundo.

76. A *opinio delicti* representa a dimensão da essência do fenômeno do crime. Nesse sentido, a teoria da valoração crimino-fenomenológica propõe a readequação subjetiva da sua análise, por parte de quem determine a essência do crime (tarefa precipuamente conferida ao Delegado de Polícia por ocasião das investigações criminais, mas que não afasta a legitimidade atribuída constitucionalmente para apurar um fato criminoso, como ocorre com as Comissões Parlamentares de Inquérito ou com autoridades responsáveis pela apuração de infrações penais militares, nos seus respectivos instrumentos de investigação). Isto naturalmente repercute de modo objetivo e temporal, quando reaproxima o momento de análise no qual será feita a percepção dos aspectos da infração penal.

77. O ato de indiciamento, previsto no art. 2º, § 6º, da Lei nº 12.830/13 (privativo do Delegado de Polícia), reforça a oportunidade do reposicionamento da *opinio delicti,* devidamente fundamentada mediante análise técnico-jurídica do fato, indicação da autoria, materialidade e suas circunstâncias. Assim, o relatório final das investi-

gações criminais conduzidas pelo Delegado de Polícia é o momento que reúne todos os elementos que constatam a essência do fenômeno do crime e sua descrição.

78. Os institutos da *emendatio libelli* e da *mutatio libelli* funcionam como excepcionalidades alternativas para que se preserve o princípio da correlação entre a acusação e a sentença, caso a essência do fenômeno se revele posteriormente, em virtude de pontual incoerência revelada somente após o término das investigações criminais.

79. Um dos grandes desafios da Fenomenologia é desvendar a questão da experiência do outro indivíduo na comunidade intermonadológica. É preciso que se alcance a essência da compreensão sobre o que uma terceira pessoa presenciou, para que isto possa vir a ser aproveitado na formulação da *opinio delicti* pelo Delegado de Polícia. E isto será feito levando-se em consideração a mescla entre elementos da heterofenomenologia, da apercepção analógica, do emparelhamento e da introafeição (ou intropatia).

80. De acordo com a heterofenomenologia, o fenômeno é dividido em três partes: na primeira estão posicionadas as experiências do mundo "exterior" (cheiros, o frio etc.); na segunda, podemos observar as "experiências do mundo interior puro" (imagens ou filmes fantasiados e suas respectivas sensações); por último, as experiências de emoção ou afeto (raiva, fome, alegria etc.).

81. Quando se observa o mundo interno na heterofenomenologia, há uma grande possibilidade de constatarmos problemas na recordação, ainda que o intervalo de tempo entre a experiência real e esta seja pequeno. Daí falarmos nos "rascunhos múltiplos da consciência": vários pequenos fragmentos de certa experiência estão em estágios distintos de visualização, podendo conter adição de outras hipóteses vivenciadas, ou mesmo de fatos fantasiados pelo indivíduo. Quanto mais tempo se passa, maior a probabilidade de que a recordação seja incondizente com a realidade vivenciada.

82. Sob o aspecto da experiência externa, a enorme gama de informações recebidas pelo fenomenólogo através da sua visão ressalta a importância da percepção em evidência imediata. A descrição de todos os detalhes da investigação criminal, pelo Delegado de Polícia, confere legitimidade na descoberta da essência do fenômeno.

83. Para que a perspectiva de uma terceira pessoa seja revelada é imperioso que o investigador assuma postura neutra, descrevendo os dados, sem prejulgamentos. Mediante a utilização de elementos da heterofenomenologia, a extração de conhecimentos da terceira pessoa através do uso dos vocábulos, da sintaxe e demais elementos, permitirá que a experiência dela seja decodificada, algo que também é compartilhado pelo investigador da teoria da valoração crimino-fenomenológica.

84. A expertise na condução deste investigador, por ocasião dos termos de declaração, inclusive com sua capacitação na leitura da comunicação não-verbal, irá fazer com que informações que não sejam essenciais ou que não digam respeito aos fatos em apuração sejam filtradas, otimizando-se o contexto de forma global, afinal, deve ser adotada postura intencional para que se enxergue além do mero conglomerado de palavras, pois o "outro" não é mero emitente de sons, mas um agente intencional.

85. Embora tanto a heterofenomenologia, quanto a fenomenologia pura de Husserl, adotem uma postura de neutralidade do observador, na heterofenomenologia de Dennett a proposta é que este alcance a descrição definitiva do mundo conforme os sujeitos, não em atitude pura, transcendental, como propõe Husserl.

86. Na heterofenomenologia existe o que Dennett chama de "mundo heterofenomenológico do sujeito". É formado por aquilo que este vê e percebe. Seria a verdade para ele. Tudo que aparece da forma como ele percebe em sua consciência.

87. A "apercepção analógica" indica que será preciso fazer uma transposição aperceptiva que denota uma ligação entre os "seres do mundo". Assim, reconhecemos que o outro faz parte do mundo da mesma forma que eu e tem a capacidade de perceber o mundo assim como eu faria.

88. É preciso que exerçamos uma modalidade temática no interior da esfera transcendental universal, um novo sentido de "ser" que engloba a possibilidade do reconhecimento do outro (*alter-ego*) num sentido próprio, sob pena de converter o "eu" e o "outro" numa identidade.

89. Um dos grandes problemas que podem surgir, diz respeito à possibilidade de que o "outro" esconda particularidades de modo voluntário em razão da sua resistência ou sua recusa. Porém, isso pode ser mitigado através da utilização da teoria da valoração crimino-fenomenológica, ao se contrapor este elemento posto em dúvida com os demais elementos colhidos no curso da investigação criminal. É através do constante deslocamento entre a minha concepção e a concepção que o outro teve, juntamente com a comprovação através destes elementos de investigação, que será possível se chegar ao esclarecimento definitivo das circunstâncias naquele caso.

90. É no campo da intersubjetividade transcendental que estará limitado o ambiente da experiência introafetiva influenciando a comunidade intermonadológica. Aliás, a intersubjetividade não é contraposta ao idealismo transcendental de Husserl. Ao contrário, permite-se compreendê-lo de uma maneira ainda mais aprimorada, já que a intersubjetividade transcendental é um dos tópicos que melhor descrevem um alargamento da esfera "subjetividade transcendental" (e a descrição desta é justamente tarefa do idealismo Husserliano).

91. A teoria da valoração crimino-fenomenológica afeta diretamente o testemunho prestado em sede judicial, devido às grandes repercussões trazidas pela ação dos efeitos do tempo em relação às recordações. Em face disto, não devemos dar à recordação o mesmo caráter que atribuímos à evidência originária, ainda que esta seja imediatamente obtida. O resgate da evidência originária através da recordação se dá mediante a força existente entre cada uma das recordações, concatenadas. Tal força confere seu caráter legitimante. Entretanto, pode-se afirmar que a evidência originária é dotada como fonte de legitimidade. Tudo a partir dela é derivado. Assim, quanto maior o decurso do tempo, maior a possibilidade de que esta força se perca e, com ela, a resistência da retenção da vivência originária.

92. A Fenomenologia, enquanto ciência de essências, deve sempre buscar um conhecimento único que agregue elementos decorrentes da retenção e da protensão, sob pena de experienciar um eterno presente. Daí a ideia de "presente vivo", que representa um todo temporal num instante determinado no tempo. Então, três elementos precisam ser observados de modo inseparável: a impressão primordial (vivência em evidência); uma retenção (apontando para o passado,

mas com o conteúdo do algo vivido) e, por fim, a protensão (elemento que decorre da impressão primordial). Tudo que se observa no presente é chamado de "fase agora" e representa o lado noemático do objeto (como ele se mostra no presente vivo).

93. O que macula a força original de legitimidade e a qualidade das informações é o modo pelo qual nos portamos diante do presente vivo, bem como a deficiência no alcance retencional deste.

94. Quando algo originário é recordado (reprodução do pensamento originário), não atuamos de modo essencial. Já estamos diante de uma síntese decorrente de uma vivência originária. Tendo sido prestado o termo de declarações em sede policial, caso ele seja novamente prestado em juízo, além do decurso do tempo, estaremos sujeitos à revelação da síntese da síntese, inclusive com a possibilidade de adição de diversas camadas noéticas. Por tal razão, a primeira tese deve ser observada e condiz com o modo mais fidedigno de constatação eidética.

95. Para que seja possível uma maior imersão no conhecimento de todas as circunstâncias que compõem a noção do crime, é preciso que façamos investimentos significativos na capacitação do agente investigador, bem como nos recursos inerentes à investigação criminal como um todo, inclusive com a disponibilização de psicólogos policiais para auxiliar neste processo, contribuindo para o avanço da ciência penal.

96. Os ideais da teoria da valoração crimino-fenomenológica revelam a desnecessidade de repetição dos atos policiais em juízo, principalmente a convocação do corpo policial que trabalhou efetivamente na investigação, como testemunhas, para explicar o que já foi explicado exaustivamente e sobre o qual não haja dúvidas. Da mesma forma, revela-se a desnecessidade de renovação dos termos de declaração das testemunhas em juízo, em virtude da sua contaminação por diversas camadas hiléticas e pelo decurso do tempo, que não remontam mais a informações com qualidades essenciais tal como foi feito por ocasião da investigação criminal.

97. A doutrina processual penal brasileira não dá os devidos créditos de importância ao instrumento de investigação criminal como elemento de materialização dos atos que servirão de suporte para a futura ação penal. Embora em certos momentos se adjetive como

um valioso elo entre a *notitia criminis* e o processo penal, em outras (na maior parte delas) o foco se volta para a desconsideração do seu contexto constitucional e da não aplicação da teoria da valoração crimino-fenomenológica. Tudo isso, associado à inadequação das atuais características atribuídas ao inquérito policial, faz com que sua crise seja evidente.

98. Atualmente o instrumento de investigação possui tanto uma função preservadora, impedindo que ações desprovidas de justa causa sejam interpostas, bem como uma função preparatória, já que o que realmente merece a tutela do Estado-Juiz será levado adiante.

99. A necessária releitura das características do inquérito policial faz com que uma nova roupagem seja dada ao instrumento de investigação. Nesse sentido, é apresentado o Procedimento Administrativo de Valoração de Investigações Criminais (PAVIC), corrigindo as atuais distorções, contendo uma discricionariedade mitigada; a aptidão para abarcar as modernas tendências eletrônicas, sendo virtualmente escrito; sigiloso; administrativamente participativo; dotado de oficialidade (como pressuposto para a autonomia investigatória); oficioso; indispensável e com adequada temporalidade.

100. A teoria da valoração crimino-fenomenológica deve acompanhar as regras gerais para determinação da atribuição previstas pela legislação processual penal em vigor, bem como de organização judiciária de cada Estado da Federação. Por fim, a operacionalização desta teoria se adapta ao regramento em face de peculiaridades regionais, como a criação de centrais de flagrante no âmbito da polícia judiciária, estabelecidas pelo chefe de cada órgão de polícia judiciária por ocasião do exercício dos poderes administrativos e de gestão inerentes. Além disso, tanto o momento de consumação dos crimes, quanto o momento da tentativa, são levados em consideração para fins de aplicação desta nova teoria.

REFERÊNCIAS

ABBAGNANO, Nicola. *Dicionário de Filosofia*. Tradução da 1ª Edição brasileira coordenada e revista por Alfredo Bosi; revisão da tradução e tradução dos novos textos por Ivone Castilho Benedetti. São Paulo: WMF Martins Fontes, 2018.

ARISTÓTELES, apud BITTAR, Eduardo Carlos Bianca; ALMEIDA, Guilherme Assis de. *Curso de Filosofia do Direito*. São Paulo: Atlas, 2001.

BARATTA, Alessandro. *Criminologia crítica e crítica do Direito Penal*: introdução à sociologia do Direito Penal. 6. ed. Rio de Janeiro: Revan, 2011.

BARBOSA, Ruchester Marreiros. Princípio do delegado natural. In: CASTRO, Henrique Hoffmann Monteiro de. et al. (orgs.). *Investigação Criminal Pela Polícia Judiciária*. 2. ed. Rio de Janeiro: Lumen Iuris, 2017. Cap. 4, p. 22-29.

BATISTA, Nilo. *Introdução crítica ao direito penal brasileiro*. 12. ed. rev. atual. Rio de Janeiro: Revan, 2011.

BATISTA, Vera Malaguti. *Introdução crítica à criminologia brasileira*. Rio de Janeiro: Revan, 2011.

BONFIM, Edilson Mougenot. *Código de Processo Penal anotado*. 4.ed. Saraiva: São Paulo, 2012.

BRASIL. Alvará de 10 de maio de 1808. Colecção das Leis do Brazil de 1808. Rio de Janeiro: Imprensa Nacional, 1891. p. 26-27. Disponível em: <http://bd.camara.gov.br/bd/bitstream/handle/bdcamara/18319/colleccao_leis_1808_parte1.pdf?sequence=4>. Acesso em: 10 abr. 2020.

______. Alvará de 27 de junho de 1808. Colecção das Leis do Brazil de 1808. Rio de Janeiro: Imprensa Nacional, 1891. p. 65 – 66. Disponível em: <http://bd.camara.gov.br/bd/

bitstream/handle/bdcamara/18319/colleccao_leis_1808_parte1.pdf?sequence=4>. Acesso em: 10 abr. 2020.

______. Constituição da República dos Estados Unidos do Brasil de 1891. *Diário Oficial [da] União*, 24 fev. 1891. Disponível em: <http://www.planalto.gov.br/ccivil_03/constituicao/constituicao91.htm>. Acesso em: 27 jun. 2021.

______. Constituição da República dos Estados Unidos do Brasil de 1934. *Diário Oficial [da] União*, 16 jul. 1934. Disponível em: <http://www.planalto.gov.br/ccivil_03/Constituicao/Constituicao34.htm>. Acesso em: 27 jun. 2021.

______. Constituição da República dos Estados Unidos do Brasil de 1937. *Diário Oficial [da] União*, 10 nov. 1937. Disponível em: <http://www.planalto.gov.br/ccivil_03/Constituicao/Constituicao37.htm>. Acesso em: 27 jun. 2021.

______. Constituição da República dos Estados Unidos do Brasil de 1946. *Diário Oficial [da] União*, 19 set. 1946. Disponível em: <http://www.planalto.gov.br/ccivil_03/Constituicao/Constituicao46.htm>. Acesso em: 27 jun. 2021.

______. Constituição da República Federativa do Brasil de 1967. *Diário Oficial [da] União*, 24 jan. 1967. Disponível em: <http://www.planalto.gov.br/ccivil_03/Constituicao/Constituicao67.htm>. Acesso em: 27 jun. 2021.

______. Constituição da República Federativa do Brasil de 1988. *Diário Oficial [da] União*, 05 out. 1988. Disponível em: <http://www.planalto.gov.br/ccivil_03/constituicao/constituicaocompilado.htm>. Acesso em: 08 jul. 2021.

______. Decreto nº 4.824 de 22 de novembro de 1871. Regula a execução da Lei nº 2033 de 24 de Setembro do corrente anno, que alterou differentes disposições da Legislação Judiciaria. Palacio do Rio de janeiro, em 22 de Novembro de 1871. Disponível em: <http://www.planalto.gov.br/ccivil_03/decreto/Historicos/DIM/DIM4824.htm>. Acesso em: 28 abr. 2020.

______. Decreto nº 592, de 06 de julho de 1992. Atos Internacionais. Pacto Internacional sobre Direitos Civis e Políticos. Promulgação. *Diário Oficial [da] República Federativa do Brasil*, Brasília, DF, 07 jul. 1992. Disponível em: <http://www.planalto.gov.br/ccivil_03/decreto/1990-1994/d0592.htm>. Acesso em: 28 jan. 2019.

______. Decreto nº 678, de 06 de novembro de 1992. Promulga a Convenção Americana sobre Direitos Humanos (Pacto de São José da Costa Rica), de 22 de novembro de 1969. *Diário Oficial [da] República Federativa do Brasil*, Brasília, DF, 06 nov.

1992. Disponível em: <http://www.planalto.gov.br/ccivil_03/decreto/d0678.htm>. Acesso em: 15 out. 2018.

______. Decreto-Lei nº 1.002, de 21 de outubro de 1969. Código de Processo Penal Militar. *Diário Oficial [da] República Federativa do Brasil*, Brasília, DF, 21 out. 1969. Disponível em: <http://www.planalto.gov.br/ccivil_03/decreto-lei/Del1002.htm>. Acesso em: 14 abr. 2020.

______. Decreto-Lei n.º 2.848, de 07 de dezembro de 1940. Código Penal. *Diário Oficial [da] República Federativa do Brasil*, Rio de Janeiro, DF, 31 dez. 1940. Disponível em: <http://www.planalto.gov.br/ccivil_03/decreto-lei/del2848compilado.htm>. Acesso em: 09 abr. 2020.

______. Decreto-Lei nº 3.688, de 03 de outubro de 1941. Lei das Contravenções Penais. *Diário Oficial [da] República Federativa do Brasil*, Rio de Janeiro, DF, 03 out. 1941. Disponível em: <http://www.planalto.gov.br/ccivil_03/decreto-lei/Del3688.htm>. Acesso em: 28 jul. 2021.

______. Decreto-Lei nº 3.689, de 03 de outubro de 1941. Código de Processo Penal. *Diário Oficial [da] República Federativa do Brasil*, Rio de Janeiro, DF, 13 out. 1941. Disponível em: <http://www.planalto.gov.br/ccivil_03/decreto-lei/del3689.htm>. Acesso em: 28 jul. 2021.

______. Decreto-Lei nº 3.914, de 9 de dezembro de 1941. Lei de introdução do Código Penal (decreto-lei n. 2.848, de 7-12-940) e da Lei das Contravenções Penais (decreto-lei n. 3.688, de 3 outubro de 1941). *Diário Oficial [da] República Federativa do Brasil*, 09 dez. 1941. Disponível em: <http://www.planalto.gov.br/ccivil_03/decreto-lei/del3914.htm>. Acesso em: 13 abr. 2020.

______. Emenda Constitucional nº 1, de 17 out. 1969. *Diário Oficial [da] União*, 20 out. 1969. Disponível em: <http://www.planalto.gov.br/ccivil_03/Constituicao/Constituicao67EMC69.htm>. Acesso em: 27 jun. 2021.

______. Lei Imperial de 29 de novembro de 1832. Promulga o Codigo do Processo Criminal de primeira instancia com disposição provisoria ácerca da administração da Justiça Civil. Registrada na Secretaria de Estado dos Negocios da Justiça em 5 dez. 1832. Disponível em: <http://www.planalto.gov.br/ccivil_03/Leis/LIM/LIM-29-11-1832.htm>. Acesso em: 11 abr. 2020.

______. Lei Imperial 261, de 03 de dezembro de 1841. Reformando o Código de Processo Criminal. Publicada na Secretaria de Estado dos Negocios da Justiça em 11 dez. 1841. Disponível em: <http://www.planalto.gov.br/ccivil_03/leis/LIM/LIM261.htm>. Acesso em: 11 abr. 2020.

______. Lei nº 2.033 de 20 de setembro de 1871. Altera differentes disposições da Legislação Judiciaria. Publicada na Secretaria de Estado dos Negocios da Justiça, em 21 de Novembro de 1871. Disponível em: <http://www.planalto.gov.br/ccivil_03/leis/LIM/LIM2033.htm>. Acesso em: 11 abr. 2020.

______. Lei nº 1.521, de 26 de dezembro de 1951. Altera dispositivos da legislação vigente sobre crimes contra a economia popular. *Diário Oficial [da] República Federativa do Brasil*, 27 dez. 1951. Disponível em: <http://www.planalto.gov.br/ccivil_03/leis/l1521.htm>. Acesso em: 29 jul. 2021.

______. Lei nº 5.010, de 30 de maio de 1966. Organiza a Justiça Federal de primeira instância, e dá outras providências. *Diário Oficial [da] República Federativa do Brasil*, Brasília, DF, 01 jun. 1966. Disponível em: <http://www.planalto.gov.br/ccivil_03/leis/l5010.htm>. Acesso em: 29 jul. 2021.

______. Lei nº 7.960 de 21 de dezembro de 1989. Dispõe sobre prisão temporária. *Diário Oficial [da] República Federativa do Brasil*, Brasília, DF, 22 dez. 1989. Disponível em: <http://www.planalto.gov.br/ccivil_03/LEIS/L7960.htm>. Acesso em: 31 jan. 2019.

______. Lei nº 8.069, de 13 de julho de 1990. Dispõe sobre o Estatuto da Criança e do Adolescente e dá outras providências. *Diário Oficial [da] República Federativa do Brasil*, Brasília, DF, 16 jul.1990. Disponível em: <http://www.planalto.gov.br/ccivil_03/leis/l8069.htm>. Acesso em: 25 abr. 2020.

______. Lei nº 8.072 de 25 de julho de 1990. Dispõe sobre os crimes hediondos, nos termos do art. 5º, inciso XLIII, da Constituição Federal, e determina outras providências. *Diário Oficial [da] República Federativa do Brasil*, Brasília, DF, 26 jul. 1990. Disponível em: <http://www.planalto.gov.br/ccivil_03/LEIS/L8072.htm>. Acesso em: 31 jan. 2019.

______. Lei nº 8.625, de 12 de fevereiro de 1993. Institui a Lei Orgânica Nacional do Ministério Público, dispõe sobre normas gerais para a organização do Ministério Público dos Estados e dá outras providências. *Diário Oficial [da] República Federativa do Brasil*, 15 fev. 1993. Disponível em: <http://www.planalto.gov.br/ccivil_03/leis/l8625.htm>. Acesso em: 26 jun. 2021.

______. Lei nº 8.862, de 28 de março de 1994. Dá nova redação aos artigos 6º, incisos I e II; 159, caput e § 1º; 160, caput e parágrafo único; 164, caput; 169; e 181 caput, do Decreto-Lei nº 3.689, de 3 de outubro de 1941 – Código de Processo Penal. *Diário Oficial [da] República Federativa do Brasil*, Brasília, DF, 29 mar. 1994. Disponível em: <http://www.planalto.gov.br/ccivil_03/LEIS/1989_1994/L8862.htm#art1>. Acesso em: 16 abr. 2020.

______. Lei nº 8.906, de 04 de julho de 1994. Dispõe sobre o Estatuto da Advocacia e a Ordem dos Advogados do Brasil (OAB). *Diário Oficial [da] República Federativa do Brasil*, 05 jul. 1994. Disponível em: <http://www.planalto.gov.br/ccivil_03/leis/l8906.htm>. Acesso em: 26 abr. 2020.

______. Lei nº 8.987, de 13 de fevereiro de 1995. Dispõe sobre o regime de concessão e permissão da prestação de serviços públicos previsto no art. 175 da Constituição Federal, e dá outras providências. *Diário Oficial [da] República Federativa do Brasil*, Brasília, DF, 14 fev. 1995. Disponível em: <http://www.planalto.gov.br/CCivil_03/Leis/L8987compilada.htm>. Acesso em: 11 out. 2018.

______. Lei n.º 9.099, de 26 de setembro de 1995. Dispõe sobre os Juizados Especiais Cíveis e Criminais e dá outras providências. *Diário Oficial [da] República Federativa do Brasil*, Brasília, DF, 27 set. 1995. Disponível em: <http://www.planalto.gov.br/ccivil_03/leis/l9099.htm>. Acesso em: 09 abr. 2020.

______. Lei nº 9.266, de 15 de março de 1996. Reorganiza as classes da Carreira Policial Federal, fixa a remuneração dos cargos que as integram e dá outras providências. *Diário Oficial [da] República Federativa do Brasil*, Brasília, DF, 18 mar. 1996. Disponível em: <http://www.planalto.gov.br/ccivil_03/LEIS/L9266.htm>. Acesso em: 13 abr. 2020.

______. Lei nº 10.446, de 08 de maio de 2002. Dispõe sobre infrações penais de repercussão interestadual ou internacional que exigem repressão uniforme, para os fins do disposto no inciso I do § 1º do art. 144 da Constituição. *Diário Oficial [da] República Federativa do Brasil*, Brasília, DF, 22 dez. 1989. Disponível em: <http://www.planalto.gov.br/ccivil_03/leis/2002/l10446.htm>. Acesso em: 15 abr. 2020.

______. Lei n.º 11.101, de 09 de fevereiro de 2005. Regula a recuperação judicial, a extrajudicial e a falência do empresário e da sociedade empresária. *Diário Oficial [da] República Federativa do Brasil*, Brasília, DF, 09 fev. 2005. Disponível em: <http://www.planalto.gov.br/ccivil_03/_ato2004-2006/2005/lei/l11101.htm>. Acesso em: 28 abr. 2020.

______. Lei nº 11.343, de 23 de agosto de 2006. Institui o Sistema Nacional de Políticas Públicas sobre Drogas – Sisnad; prescreve medidas para prevenção do uso indevido, atenção e reinserção social de usuários e dependentes de drogas; estabelece normas para repressão à produção não autorizada e ao tráfico ilícito de drogas; define crimes e dá outras providências. *Diário Oficial [da] República Federativa do Brasil*, Brasília, DF, 24 ago. 2006. Disponível em: <http://www.planalto.gov.br/ccivil_03/_ato2004-2006/2006/lei/l11343.htm>. Acesso em: 09 fev. 2019.

______. Lei n.º 11.419, de 19 de dezembro de 2006. Dispõe sobre a informatização do processo judicial; altera a Lei nº 5.869, de 11 de janeiro de 1973 – Código de Processo Civil; e dá outras providências. *Diário Oficial [da] República Federativa do Brasil*, Brasília, DF, 17 mar. 2015. Disponível em: <http://www.planalto.gov.br/ccivil_03/_ato2004-2006/2006/lei/l11419.htm>. Acesso em: 24 abr. 2020.

______. Lei nº 12.830, de 20 de junho de 2013. Dispõe sobre a investigação criminal conduzida pelo delegado de polícia. *Diário Oficial [da] República Federativa do Brasil*, Brasília, DF, 21 jun. 2013. Disponível em: <http://www.planalto.gov.br/ccivil_03/_ato2011-2014/2013/lei/l12830.htm>. Acesso em: 08 abr. 2020.

______. Lei n.º 13.105, de 16 de março de 2015. Código de Processo Civil. *Diário Oficial [da] República Federativa do Brasil*, Brasília, DF, 17 mar. 2015. Disponível em: <http://www.planalto.gov.br/ccivil_03/_ato2015-2018/2015/lei/l13105.htm>. Acesso em: 26 abr. 2020.

______. Lei n.º 13.245, de 12 de janeiro de 2016. Altera o art. 7º da Lei nº 8.906, de 4 de julho de 1994 (Estatuto da Ordem dos Advogados do Brasil). *Diário Oficial [da] República Federativa do Brasil*, Brasília, DF, 13 jan. 2016. Disponível em: <http://www.planalto.gov.br/ccivil_03/_Ato2015-2018/2016/Lei/L13245.htm#art1>. Acesso em: 26 abr. 2020.

______. Lei n.º 13.869, de 05 de setembro de 2019. Dispõe sobre os crimes de abuso de autoridade; altera a Lei nº 7.960, de 21 de dezembro de 1989, a Lei nº 9.296, de 24 de julho de 1996, a Lei nº 8.069, de 13 de julho de 1990, e a Lei nº 8.906, de 4 de julho de 1994; e revoga a Lei nº 4.898, de 9 de dezembro de 1965, e dispositivos do Decreto-Lei nº 2.848, de 7 de dezembro de 1940 (Código Penal). *Diário Oficial [da] República Federativa do Brasil*, Brasília, DF, 27 set. 2019. Disponível em: <http://www.planalto.gov.br/ccivil_03/_ato2019-2022/2019/lei/L13869.htm>. Acesso em: 26 abr. 2020.

______. Lei n.º 13.964, de 24 de dezembro de 2019. Aperfeiçoa a legislação penal e processual penal. *Diário Oficial [da] República Federativa do Brasil*, Brasília, DF, 30 abr. 2021. Disponível em: <http://www.planalto.gov.br/ccivil_03/_ato2019-2022/2019/lei/L13964.htm>. Acesso em: 24 abr. 2020.

______. Lei n.º 14.155, de 27 de maio de 2021. Altera o Decreto-Lei nº 2.848, de 7 de dezembro de 1940 (Código Penal), para tornar mais graves os crimes de violação de dispositivo informático, furto e estelionato cometidos de forma eletrônica ou pela internet; e o Decreto-Lei nº 3.689, de 3 de outubro de 1941 (Código de Processo Penal), para definir a competência em modalidades de estelionato. *Diário Oficial [da] República Federativa do Brasil*, Brasília, DF, 28 mai. 2021. Disponível em: <http://www.planalto.gov.br/ccivil_03/_ato2019-2022/2021/lei/L14155.htm>. Acesso em: 30 jun. 2021.

______. Superior Tribunal de Justiça. Sexta Turma. RHC 126.272 / MG - MINAS GERAIS. Recorrente: Carlos René Francisco Hipólito. Advogado: Defensoria Pública do Estado de Minas Gerais. Recorrido: Ministério Público do Estado de Minas Gerais. Relator: Ministro Rogerio Schietti Cruz. Brasília, 1º de junho de 2021. Disponível em: <https://processo.stj.jus.br/processo/revista/documento/mediado/?componente=ATC&sequencial=128346758&num_registro=202000997385&data=20210615&tipo=5&formato=PDF>. Acesso em: 23 jun. 2021.

______. Superior Tribunal de Justiça. Súmula n.º 48. Compete ao juízo do local da obtenção da vantagem ilícita processar e julgar crime de estelionato cometido mediante falsificação de cheque. In: SUPERIOR TRIBUNAL DE JUSTIÇA. *Súmulas*. Disponível em: <http://www.stj.jus.br/docs_internet/VerbetesSTJ_asc.txt>. Acesso em: 27 jun. 2021.

______. Superior Tribunal de Justiça. Súmula n.º 244. Compete ao foro do local da recusa processar e julgar o crime de estelionato mediante cheque sem provisão de fundos. In: SUPERIOR TRIBUNAL DE JUSTIÇA. *Súmulas*. Disponível em: <https://ww2.stj.jus.br/docs_internet/revista/eletronica/stj-revista-sumulas-2011_18_cap-Sumula244.pdf>. Acesso em: 27 jun. 2021.

______. Supremo Tribunal Federal. Primeira Turma. HC 137.637 / DF – Distrito Federal. Paciente: Paulo Octavio Alves Pereira. Impetrante: Cezar Roberto Bitencourt e outro. Coator: Superior Tribunal de Justiça. Relator: Ministro Luiz Fux. Brasília, 06 de março de 2018. Processo Eletrônico DJe-080. Divulgação em 24-04-2018. Publicação em 25-04-2018. Disponível em: <https://redir.stf.jus.br/paginadorpub/paginador.jsp?docTP=TP&docID=14713679>. Acesso em: 03 jul. 2021.

______. Supremo Tribunal Federal. Primeira Turma. HC 158.501 AgR / SP – SÃO PAULO. Agravante: L. R. S. Proc.(a/s)(es) : EDUARDO FERRARI GERALDES E OUTRO (A / S). Agravado: Superior Tribunal De Justiça. Relator: Ministro Alexandre de Moraes. Brasília, 31 de agosto de 2018. Processo Eletrônico DJe-194. Divulgação em 14-09-2018. Publicação em 17-09-2018. Disponível em: <https://

redir.stf.jus.br/paginadorpub/paginador.jsp?docTP=TP&docID=748213609>. Acesso em: 26 jun. 2021.

______. Supremo Tribunal Federal. Primeira Turma. RE 497.170 / SP – São Paulo. RECTE.: Ministério Público Federal. RECDO.: Angelo Covizzi Neto. ADV.: Jurandy Pessuto e outro. RELATOR: Ministro Ricardo Lewandowski. Brasília, 13 de maio de 2008. DJe-102. Divulgação em 05-06-2008. Publicação em 06-06-2008. Disponível em: <https://redir.stf.jus.br/paginadorpub/paginador.jsp?docTP=AC&docID=532165>. Acesso em: 03 jul. 2021.

______. Supremo Tribunal Federal. Súmula n.º 521. O foro competente para o processo e julgamento dos crimes de estelionato, sob a modalidade da emissão dolosa de cheque sem provisão de fundos, é o do local onde se deu a recusa do pagamento pelo sacado. In: SUPREMO TRIBUNAL FEDERAL. *Súmulas*. Disponível em: <http://www.stf.jus.br/portal/jurisprudencia/menuSumarioSumulas.asp?sumula=2725>. Acesso em: 27 jun. 2021.

______. Supremo Tribunal Federal. Súmula Vinculante n.º 5. A falta de defesa técnica por advogado no processo administrativo disciplinar não ofende a Constituição. In: SUPREMO TRIBUNAL FEDERAL. *Súmulas Vinculantes*. Disponível em: <http://www.stf.jus.br/portal/jurisprudencia/menuSumario.asp?sumula=1199>. Acesso em: 27 jun. 2021.

______. Supremo Tribunal Federal. Súmula Vinculante n.º 14. É direito do defensor, no interesse do representado, ter acesso amplo aos elementos de prova que, já documentados em procedimento investigatório realizado por órgão com competência de polícia judiciária, digam respeito ao exercício do direito de defesa. In: SUPREMO TRIBUNAL FEDERAL. *Súmulas Vinculantes*. Disponível em: <http://www.stf.jus.br/portal/jurisprudencia/menuSumario.asp?sumula=1230&termo=>. Acesso em: 27 jun. 2021.

BUENO, Cássio Scarpinella. *Curso Sistematizado de Direito Processual Civil*. São Paulo: Saraiva, 2007.

CÂMARA, Jorge Luis Fortes Pinheiro da. *Os fundamentos e a crise do direito na modernidade* – perspectivas filosóficas dos direitos humanos segundo a fenomenologia. Rio de Janeiro: Câmara Brasileira de Jovens Escritores, 2015.

______. *Para uma eidética do direito penal*. Cadernos da EMARF, Fenomenologia e Direito, Rio de Janeiro, v.6, n.1, p.141-151, abr/set 2012, disponível em <https://sfjp.ifcs.ufrj.br/revista/downloads/para_uma_eidetica_do_direito_penal.pdf>. Acesso em: 23 jul. 2021.

CAPEZ, Fernando. *Curso de direito penal*. Parte geral. 16. ed. Saraiva: São Paulo: 2012.

CARNELUTTI, Francesco. *Como nasce o direito*. Tradução de Roger Vinícius da Silva Costa. São Paulo: Editora Pillares, 2015. p. 35. Título original: Come nasce il diritto.

CASTRO, Henrique Hoffmann Monteiro de. Indispensabilidade do inquérito policial. In: CASTRO, Henrique Hoffmann Monteiro de. et al. (orgs.). *Investigação Criminal Pela Polícia Judiciária*. 2. ed. Rio de Janeiro: Lumen Iuris, 2017. Cap. 03, p. 15-21.

CERBONE, David R. *Fenomenologia*. Tradução de Caesar Souza. 3. ed. Petrópolis: Editora Vozes, 2014. Título original: Understanding phenomenology.

CHOUKR, Fauzi Hassan. *Código de Processo Penal*. Comentários consolidados e crítica jurisprudencial. 2. ed. Rio de Janeiro: Lumen Iuris, 2007.

CONSELHO NACIONAL DE JUSTIÇA (Brasil). Resolução nº 183, de 18 de dezembro de 2013. *Institui o Sistema Processo Judicial Eletrônico – PJe como sistema de processamento de informações e prática de atos processuais e estabelece os parâmetros para sua implementação e funcionamento*. Disponível em: <https://atos.cnj.jus.br/files/resolucao_185_18122013_01042019195928.pdf>. Acesso em: 28 jul. 2021.

CONSELHO NACIONAL DO MINISTÉRIO PÚBLICO (Brasil). Resolução nº 20, de 28 de maio de 2007. *Regulamenta o art. 9º da Lei Complementar nº 75, de 20 de maio de 1993 e o art. 80 da Lei nº 8.625, de 12 de fevereiro de 1993, disciplinando, no âmbito do Ministério Público, o controle externo da atividade policial*. Disponível em: <https://www.cnmp.mp.br/portal/images/Resolucoes/Resolu%C3%A7%C3%A3o-0201.pdf>. Acesso em: 01 mai. 2020.

COMISSÃO INTERAMERICANA DE DIREITOS HUMANOS. *Garantías para la independencia de las y los Operadores de justicia. Hacia el fortalecimiento del acceso a la justicia y el Estado de Derecho en las Américas*. Aprovado em: 5 dez. 2013. Disponível em: <https://www.oas.org/es/cidh/defensores/docs/pdf/operadores-de--justicia-2013.pdf>. Acesso em: 18 mai. 2020.

DARTIGUES, André. *O que é a fenomenologia?* São Paulo: Centauro, 2005.

DA SILVA, José Afonso. *Aplicabilidade das normas constitucionais*. 4. ed. São Paulo: Malheiros, 2000.

DENNETT, Daniel Clement. *Consciousness Explained*. New York: Back Bay Books/ Little, Brown and Company, 1991.

DESCARTES, René. *Discours de la méthode*: pour bien conduire sa raison & chercher la verité dans les sciences. Leyde: Jan Maire, 1637.

______. *Meditationes de prima philosophia, in qva dei existentia animæ immortalitas demonstratvr. Parisiis, apud Michaelem Soly, viâ Iacobeâ, sub signo Phœnicis*, 1641.

______. *Regulæ Ad Directionem Ingenii. Amstelodami: Ex Typographia P. & S. Blaev Protstant apud Janssonio – Waesbergios, Boom & Goethals*, 1701.

DI PIETRO, Maria Sylvia Zanella. *Direito Administrativo*. 21. ed. São Paulo: Atlas, 2008.

DWORKIN, Ronald. *Levando os Direitos a Sério*. 1ª ed. São Paulo: Martins Fontes, 2002.

EUROPA. Convenção para a Proteção dos Direitos do Homem e das Liberdades Fundamentais (Convenção Europeia dos Direitos do Homem). Roma, 04 de novembro de 1950. Disponível em: <https://www.echr.coe.int/documents/convention_por.pdf>. Acesso em: 26 jun. 2021.

______ European Court of Human Rights. Case of Wemhoff v. Germany (Application nº 2122/64). Strasbourg. 26 june 1968. Disponível em: <https://hudoc.echr.coe.int/eng#{%22fulltext%22:[%22wemhoff%22],%22documentcollectionid2%22:[%22GRANDCHAMBER%22,%22CHAMBER%22],%22itemid%22:[%22001-57595%22]}>. Acesso em: 26 jun. 2021.

______. European Court of Human Rights. Case of Fil LLC v. Armenia (Application nº 18526/13). Strasbourg. 30 april 2019. Disponível em: <https://hudoc.echr.coe.int/eng#{%22itemid%22:[%22001-189589%22]}>. Acesso em: 26 jun. 2021.

FEITOZA, Denilson. *Direito Processual Penal*: teoria, crítica e práxis. 7. ed. Niterói: Impetus, 2011.

FERRAJOLI, Luigi. *Direito e Razão. Teoria do Garantismo Penal*. São Paulo: Revista dos Tribunais, 2002.

FERREIRA, Wilson Luiz Palermo. *Medicina Legal*. 8. ed. Salvador: Juspodivm, 2023.

______ *Percepção dos aspectos analíticos do delito na atuação concreta do delegado de polícia*. 2.ed. Salvador: Juspodivm, 2021.

FONSECA, Ricardo Marcelo. *Introdução teórica à história do direito*. Curitiba: Juruá, 2009.

FONTES, André R. C. *Brentano e Trendelenburg: a relação docente que indiretamente influenciou Husserl.* Cadernos da EMARF, Fenomenologia e Direito, Rio de Janeiro, v.11, n.2, p. 1-158, out. 2018/mar. 2019. p. 15-18.

FRANÇA. Código de Processo Penal. *(Códe de Procédure* Pénale). Disponível em:<https://www.legifrance.gouv.fr/affichCode.do?idSectionTA=LEGISCTA000006151877&cidTexte=LEGITEXT000006071154>. Acesso em: 27 jun. 2021.

GALVÃO, Danyelle da Silva. *E se o Brasil tivesse 27 Códigos de Processo Penal?* Disponível em: <https://canalcienciascriminais.jusbrasil.com.br/artigos/305037045/e-se-o--brasil-tivesse-27-codigos-de-processo-penal>. Acesso em: 29 abr. 2020.

GILABERTE, Bruno; MONTEZ, Marcus. *A Lei nº 14.155/2021 em análise: invasão de dispositivo informático, furto eletrônico, fraude eletrônica e competência.* Disponível em: <https://profbrunogilaberte.jusbrasil.com.br/artigos/1229253925/a-lei--n-14155-2021-em-analise-invasao-de-dispositivo-informatico-furto-eletronico--fraude-eletronica-e-competencia#_ftn2>. Acesso em: 30 jun. 2021.

GUIMARÃES, Aquiles Côrtes. *Cinco Lições de Filosofia do Direito.* 2. ed. Rio de Janeiro: Lumen Iuris, 2001.

_______. *Lições de fenomenologia jurídica.* Rio de Janeiro: Forense Universitária, 2013.

GRECO, Rogério. *Curso de direito penal parte geral.* 11 ed. Niterói: Impetus, 2009.

GRIMM, Dieter. *Die Zukunft der Verfassung.* 2. ed. Frankfurt: Suhrkamp, 1994.

HEGEL, Georg Wilhelm Friedrich. *System der Wissenschaft.* Bamberg und Würzburg: Joseph Anton Goebhardt, 1807.

HEIDEGGER, Martin. *Sein und Zeit.* 19. ed. Tübingen: Max Niemeyer Verlag, 2006.

HESPANHA, António Manuel. *A história do direito na história social.* Lisboa: Livros Horizonte, 1978.

HESSE, Konrad. *A Força Normativa da Constituição.* Tradução de Gilmar Ferreira Mendes. Porto Alegre: Sergio Antonio Fabris Editor, 1991. Título original: Die Normative Kraft der Verfassung.

HOLLOWAY, Thomas H. *Polícia no Rio de Janeiro:* repressão e resistência numa cidade do século XIX. Tradução de Francisco de Castro Azevedo. Rio de Janeiro: Editora

Fundação Getúlio Vargas, 1997. Título original: Policing Rio de Janeiro: repression and resistance in a 19th-century city.

HUSSERL, Edmund. *A crise das ciências europeias e a fenomenologia transcendental*: uma introdução à filosofia fenomenológica. Tradução de Diogo Falcão Ferrer. Rio de Janeiro: Forense Universitária, 2012. Título original: Die Krisis der europäischen Wissenschaften und die transzendentale Phänomenologie: Eine Einleitung in die phänomenologische Philosophie.

______. *A ideia da fenomenologia*. Tradução: Artur Morão. Lisboa: Edições 70, 2018. Título original: Die Idee der Phänomenologie (Band II Husserliana).

______. *Ideias para uma fenomenologia pura e para uma filosofia fenomenológica*: introdução geral à fenomenologia pura. 7. ed. Tradução de Márcio Suzuki. São Paulo: Ideias & Letras, 2018. Título original: Ideen zu einer Reinen Phänomenologie und Phänomenologischen Philosophie.

______. *Investigações Lógicas*: segundo volume, parte I: investigações para a fenomenologia e a teoria do conhecimento. Tradução de Pedro M. S. Alves, Carlos Aurélio Morujão. Rio de Janeiro: Forense Universitária, 2015. Título original: Logische Untersuchungen – Zweiter Band. I. Teil: Untersuchungen zur Phänomenologie und Theorie der Erkenntnis.

______. *Meditações cartesianas e conferências de Paris:* de acordo com o texto de Husserliana I/Edmund Husserl; editado por Stephan Strasser. 1. ed. Tradução de Pedro M. S. Alves. Rio de Janeiro: Forense, 2013. Título original: Cartesianische Meditationen und Pariser Vorträge.

ITÁLIA. Código de Processo Penal Italiano (*Codice di Procedura Penale). DECRETO DEL PRESIDENTE DELLA REPUBBLICA 22 settembre 1988, n. 447.* Disponível em <https://www.gazzettaufficiale.it/dettaglio/codici/codiceProceduraPenale>. Acesso em: 26 jun. 2021.

JASPERS, Karl. *Introdução ao pensamento filosófico*. Tradução de Leônidas Hegenberg e Octanny Silveira da Mota. São Paulo: Cultrix, 1971. Título original: Einführung in die Philosophie.

JESCHECK, Hans-Heinrich. *Lehrbuch des Strafrecht. Allgemeiner Teil.* Berlim: Dunker & Humblot. 1988.

JÚNIOR, Aury Lopes; BADARÓ, Gustavo Henrique R. I. *Direito ao Processo Penal no prazo razoável.* Rio de Janeiro: Lumen Iuris, 2006.

______; GLOECKNER, Ricardo Jacobsen. *Investigação Preliminar no Processo Penal.* 6. ed. São Paulo: Saraiva, 2014.

JUNIOR, Delosmar Mendonça. *Princípios da Ampla Defesa e da Efetividade no Processo Civil.* São Paulo: Malheiros, 2000.

JÚNIOR, Mauro Cesar da Silva. *Breve estudo acerca da investigação criminal conduzida pelo Delegado de Polícia (Lei 12.830/13).* Disponível em: <https://maurocesarjr.jusbrasil.com.br/artigos/202219813/breve-estudo-acerca-da-investigacao-criminal--conduzida-pelo-delegado-de-policia-lei-12830-13>. Acesso em: 15 mai. 2020.

KANT, Immanuel. *Critik der reinen Vernunft.* Riga: Johann Friedrich Hartknoch, 1781.

KELSEN, Hans. *Teoria pura do Direito.* 2. ed. Coimbra: Arménio Amado-Editor Sucessor, 1962.

KOSELLECK, Reinhart. *Futuro passado:* contribuição à semântica dos tempos históricos. Tradução do original alemão por Wilma Patrícia Maas e Carlos Almeida Pereira. Rio de Janeiro: Contraponto: Editora PUC-Rio, 2006. Título original: Vergangene Zukunft: zur Semantik geschichtlicher Zeiten.

LANDGREBE, Ludwig. *Husserl, Heidegger, Sartre. Trois aspects de la Phénoménologie.* In: Revenue de Metaphysique et de morale, n. 4. Paris: 1964.

LEIBNIZ, Gottfried Wilhelm. *Essais de Théodicée sur la bonté de Dieu, la liberte de l'homme et l'origine du mal.* Amsterdam: Chez François Changuion, 1734.

LIMA, Renato Brasileiro de. *Manual de Processo Penal.* 6. ed. Salvador: Juspodivm, 2018.

MARTINELLI, João Paulo Orsini; DE BEM, Leonardo Schmitt. *Direito Penal parte geral*: lições fundamentais. 6. ed. Belo Horizonte: D'Plácido, 2021.

MASSON, Cleber. *Direito Penal*: parte geral – vol. 1. 12. ed. São Paulo: Forense, 2018.

MERLEAU-PONTY, Maurice. *Fenomenologia da Percepção.* 5. ed. Tradução de Carlos Alberto Ribeiro de Moura. São Paulo: WMF Martins Fontes, 2018. Título original: Phénoménologie de la perception.

MESSUTI, Ana. *O tempo como pena.* Tradução de Tadeu Antonio Dix Silva e Maria Clara Veronesi de Toledo. São Paulo: Revista dos Tribunais, 2003. Título original: El tiempo como pena.

MORAES, Guilherme Peña de. *Curso de Direito Constitucional.* Rio de Janeiro: Lumen Juris, 2008.

NICOLITT, André Luiz. *Manual de Processo Penal.* 5. ed. São Paulo: Editora Revista dos Tribunais, 2014.

OLIVEIRA, Rafael Carvalho Rezende. *Curso de Direito Administrativo.* 6.ed. Rio de Janeiro: Forense, 2018.

PARÁ (Estado). Tribunal de Justiça. Agravo de Instrumento nº 0015574-43.2016.8.14.0000. Agravante: Estado Do Para. Representante (S): OAB 3569 – Celso Pires Castelo Branco (Procurador) Agravado: Priscila Morgado Sanches Representante (S): OAB 5586 – Paulo Augusto De Azevedo Meira (Advogado). Belém, 24 de fevereiro de 2017. Diário da Justiça do Poder Judiciário do Estado do Pará, edição nº 6155/2017, de 13 de março de 2017. p. 124. Disponível em: <http://dje.tjpa.jus.br/DJEletronico/rest/DJEletronicoService/publicacao/visualizarDiarioPassadoPDF/6155-2017>. Acesso em: 26 jun. 2021.

PINHO, Humberto Dalla Bernardina de. *Direito Processual Civil Contemporâneo.* Teoria Geral do Processo. 8. ed. São Paulo: Saraiva Jur, 2018.

PORTOCARRERO, Claudia Barros; FERREIRA, Wilson Luiz Palermo. *Leis Penais Extravagantes.* 6. ed. Salvador: Juspodivm, 2021.

POSNER, Richard A. *Economic analysis of Law.* 7. ed. New York: Aspen Publishers, 2007.

RANGEL, Carlos Eduardo de Araújo. *Poder Punitivo, Polícia Judiciária e Democracia:* reflexões contemporâneas sobre a atividade de investigação criminal. Rio de Janeiro: Freitas Bastos, 2020.

RANGEL, Paulo. *Direito Processual Penal.* 20. ed. São Paulo: Atlas, 2012.

RIO DE JANEIRO (Estado). Lei Complementar nº 106, de 03 de janeiro de 2003. Institui a Lei Orgânica do Ministério Público do Estado do Rio de Janeiro e dá outras providências. Disponível em: <http://alerjln1.alerj.rj.gov.br/CONTLEI.NSF/f25571cac4a61011032564fe0052c89c/7954a68a437095b983257dcf00599dda?OpenDocument>. Acesso em: 27 jun. 2021.

______. Lei nº 6.956, de 13 de janeiro de 2015. Dispõe sobre a organização e divisão judiciárias do Estado do Rio de Janeiro e dá outras providências. Disponível em: <http://alerjln1.alerj.rj.gov.br/CONTLEI.NSF/f25571cac4a61011032564fe0052c89c/7954a68a437095b983257dcf00599dda?OpenDocument>. Acesso em: 26 jun. 2021.

______. Ministério Público Do Estado Do Rio De Janeiro. Resolução GPGJ nº 1.524, de 08 de julho de 2009. *Disciplina a atuação do Ministério Público do Estado do Rio de Janeiro no controle externo da atividade policial, função constitucional prevista no art. 129, VII, da Constituição da República e no art. 34, XIV, da Lei Complementar Estadual nº 106, de 3 de janeiro de 2003.* Disponível em: <https://www.mprj.mp.br/documents/20184/418886/res1524.pdf>. Acesso em: 01 mai. 2020.

______. Secretaria De Estado de Polícia Civil. *Gerencial Web.* Consulta Mapa de Ocorrências por Delitos. Disponível em: <https://statdp.pcivil.rj.gov.br/>. Acesso em: 09 abr. 2020.

______. Secretaria De Estado de Polícia Civil. Portaria nº 147, de 01 de novembro de 1996. *Implanta Centrais de Flagrante no âmbito desta Chefia de Policia Civil, e dá outras providências.* Disponível em: <https://intrapol.pcivil.rj.gov.br/index.htm>. Acesso em: 28 abr. 2020.

______. Secretaria De Estado de Polícia Civil. Portaria nº 423, de 04 de maio de 2007. *Define o funcionamento das Centrais de Flagrantes nas Áreas da Capital, Baixada e Grande Niterói, e dá outras providências.* Disponível em: <https://intrapol.pcivil.rj.gov.br/index.htm>. Acesso em: 28 abr. 2020.

______. Tribunal De Justiça Do Estado Do Rio De Janeiro. Resolução nº 16, de 30 de novembro de 2009. *Autoriza a implantação do Processo Eletrônico no âmbito do Tribunal de Justiça do Estado do Rio de Janeiro e dá outras providências.* Publicada no DJERJ, ADM, nº 60, p. 8, em 01 de dezembro de 2009. Disponível em: <http://www4.tjrj.jus.br/biblioteca/index.asp?codigo_sophia=140145&integra=1>. Acesso em: 28 jul. 2021.

RODRIGUES, Cristina. *Breve incursão à fenomenologia de Edmund Husserl.* Cadernos da EMARF, Fenomenologia e Direito, Rio de Janeiro, v.9, n.1, p. 1-174, abr./set. 2016.

ROUSSEAU, Jean-Jacques. *Du contrat social*; ou principes du droit politique. Amsterdam: Chez Marc-Michel Rey, 1762.

ROXIN, Claus. *A proteção de bens jurídicos como função do Direito Penal.* 2. ed. Organização e tradução por André Luís Callegari e Nereu José Giacomolli. Porto Alegre: Livraria do Advogado, 2018.

______. *El concepto de bien jurídico como instrumento de crítica legislativa sometido a examen.* Tradução de Manuel Cancio Meliá. Revista Electrónica de Ciencia Penal y Criminología (on line). 2013, núm. 15-01, p. 05. Disponivel em: <http://criminet.ugr.es/recpc/15/recpc15-01.pdf >. Acesso em: 23 jun. 2021.

______. *Estudos de direito penal.* Tradução: Luis Greco. 2ª ed. Rio de Janeiro: Renovar, 2008.

SAAD, Marta. *O direito de defesa no inquérito policial.* São Paulo: Editora Revista dos Tribunais, 2004.

SANTOS, Juarez Cirino dos. *Criminologia radical.* 4. ed. Florianópolis: Tirant lo Blanch, 2018.

______. *Direito Penal:* parte geral. 9. ed. São Paulo: Tirant lo Blanch, 2020.

SARDEIRO, Leandro de Araújo. *A significação da Mathesis Universalis em Descartes.* 2008. 114 f. Dissertação (Mestrado em Filosofia) – Instituto de Filosofia e Ciências Humanas, Universidade Estadual de Campinas. 2008.

SARTRE, Jean-Paul. *La transcendance de l'Ego:* esquisse d'une description phenomenologique. Paris: Vrin, 1992.

SOARES, Ana Carolina Eiras Coelho; DUARTE, Elaine Cristina Ferreira. *Polícia da Corte.* Disponível em: <http://www.historiacolonial.arquivonacional.gov.br/index.php?option=com_content&view=article&id=5218&Itemid=268>. Acesso em: 10 abr. 2020.

SOKOLOWSKI, Robert. *Introdução à fenomenologia.* 4. ed. Tradução de Alfredo de Oliveira Moraes. São Paulo: Edições Loyola, 2014. Título original: Introduction in phenomenology.

SORRENTINO, Giancarlo. *Diritti e partecipazione nell'amministrazione di resultato.* Napoli: Editoriale Scientifica, 2003.

TANGERINO, Davi de Paiva Costa. *Culpabilidade.* 2. ed. São Paulo: Saraiva, 2014.

TAVARES, Juarez Estevam Xavier. *Fundamentos de teoria do delito.* 2. ed. São Paulo: Tirant lo Blanch, 2020.

______. *Teoria do Injusto Penal.* 4. ed. São Paulo: Tirant lo Blanch, 2019.

TÁVORA, Nestor; ALENCAR, Rosmar Rodrigues. *Novo Curso de Processo Penal.* 15. ed. Salvador: Juspodivm, 2020.

THOMÉ, Scheila Cristiane. Intersubjetividade e idealismo transcendental em Husserl. *Revista de Filosofia Aurora*, Curitiba, v. 31, n. 53, p. 520-535, mai/ago. 2019.

WHEWELL. William. *The Philosophy of the Inductive Sciences: founded upon their history*. London: John W. Parker, West Strand, 1847.

XAVIER, Luiz Marcelo da Fontoura. *Constitucionalização da investigação policial*. Rio de Janeiro: Freitas Bastos, 2020.

XIRAU, Joaquín. *Introdução a Husserl*. Tradução de Vera Ribeiro. Rio de Janeiro: Contraponto, 2015. Título original: La filosofia de Husserl: una introducción a la fenomenología.

ZAFFARONI, E. R. et al. *Direito Penal Brasileiro*, segundo volume. Teoria do delito: introdução histórica e metodológica, ação e tipicidade. Rio de Janeiro: Revan, 2010.

ZAFFARONI, Eugenio Raul. *En busca de las penas perdidas*. Deslegitimacion y dogmática jurídico-penal. Buenos Aires: Ediar Sociedad Anonima Editora Comercial, Industrial y Financiera, 1998.

APÊNDICE

1) O art. 2º da Lei nº 12.830, de 20 de junho de 2013, passa a vigorar acrescido dos seguintes parágrafos:

"Art. 2º...

....

§ 1º- A. Cabe ao delegado de polícia o manejo dos institutos da parte geral do Decreto-Lei nº 2.848, de 7 de dezembro de 1940 – Código Penal, assim como outros que sejam necessários para permitir a adequada tipificação legal, bem como a aplicação dos institutos processuais relacionados.

....

§ 3º- A. O delegado de polícia conduzirá a investigação criminal que lhe é atribuída, de acordo com seu livre convencimento técnico-jurídico, por ato fundamentado, com autonomia, isenção e imparcialidade, no âmbito da sua circunscrição administrativa ou legalmente conferida.

2) O art. do Decreto-Lei nº 3.689, de 3 de outubro de 1941 – Código de Processo Penal, passa a vigorar acrescido do seguinte:

"Art. 149...

....

§ 1º- O exame poderá ser ordenado pelo delegado de polícia ainda na fase da investigação criminal". (NR)

ANEXO I

GOVERNO DO ESTADO DO RIO DE JANEIRO
SECRETARIA DE ESTADO DE POLÍCIA CIVIL

GOVERNO DO ESTADO **RIO DE JANEIRO**

Resumo das Ocorrências por Delito (Dias da Semana)

Período de [01/01/2019] à [01/01/2020] - DPA - 001A.: DPA - 001A. - Classe: Títulos Administrativos

Descrição	Segunda	Terça	Quarta	Quinta	Sexta	Sábado	Domingo	Total
Extravio De Documento	1.255	1.284	1.219	1.147	1.258	1.020	1.070	8.253
Fato Atípico	1.114	1.023	1.139	1.042	1.026	679	699	6.722
Recuperação De Veículo Roubado	1.304	643	688	737	643	80	55	4.150
Cumprimento De Mandado De Prisão	607	848	630	607	635	301	273	3.901
Medida Assecuratória De Direito Futuro	469	485	489	391	448	313	263	2.858
Apreensão (Outros)	231	326	311	231	256	174	171	1.700
Apreensão De Adolescente Infrator (Artigo 104 E 107 Da Le	196	233	243	187	220	190	188	1.457
Extravio De Celular	154	196	177	172	200	264	273	1.436
Remoção Para Verificação De Óbito	217	186	181	195	194	185	196	1.354
Proveniente De Prisão Preventiva De Outra Unidade Policial	148	372	87	303	317	16	24	1.267
Morte Sem Assistência Médica	122	111	134	104	107	139	142	859
Encontro De Desaparecido	132	147	118	133	122	94	88	834
Desaparecimento Outros	134	106	110	126	123	117	95	811
Captura De Foragido	109	98	123	122	104	81	62	699
Recuperação De Veículo Furtado	153	109	128	128	106	15	7	646
Extravio De Placa De Veículo	105	90	54	45	89	49	91	523
Extravio De Documento De Veículo	52	58	55	58	59	37	65	384
Proveniente De Prisão Preventiva Da Unidade Policial	39	57	48	57	50	9	1	261
Proveniente De Prisão Cível (Pensão Alimentícia)	33	39	36	44	36	20	12	220
Apreensão De Substância Entorpecente	28	36	35	33	39	20	19	210
Apreensão De Veículo	23	27	31	32	37	13	9	172
Encontro De Documento	32	28	23	21	22	21	25	172
Proveniente De Sentença Judicial Definitiva	30	31	37	17	23	4	5	147
Apreensão De Objeto	33	18	20	22	24	15	12	144
Proveniente De Prisão Temporária Da Unidade Policial	24	52	11	23	17	7	7	141
Suicídio	14	21	14	17	13	15	12	106
Entrega Voluntária De Arma De Fogo (Campanha Do Desai	20	21	15	15	19	5	3	98
Recuperação De Veículo Roubado - Moto	19	11	15	12	11	9	5	82
Sindicância Disciplinar (Outras)	19	15	15	18	7	3	2	79
Recuperação De Veículo Objeto De Apropriação Indébita	11	13	19	10	15		1	69
Morte Por Projeção De Altura	13	13	7	11	10	6	8	68
Sindicância Sumaria (Outras)	13	13	14	14	8	2	4	68
Encontro De Cadáver	7	9	10	12	7	13	10	68
Cumprimento De Alvará De Soltura	5	7	9	12	12	5	9	59
Apreensão De Arma De Fogo	10	4	12	12	10	3	8	59
Encontro De Parte Do Corpo Humano	5	14	8	6	9	4	4	50
Autorização Para Sepultamento De Membro	12	3	7	6	8	10	4	50
Encontro De Desaparecido Morto	5	6	7	3	10	6	4	41
Proveniente De Prisão Temporária De Outra Unidade Policia	5	12	7	5	9	1	1	40
Autorização Para Translado	8	4	1	7	7	6		33
Recuperação (Outros)	2	5	7	4	10	1	3	32
Proveniente De Sentença Judicial Não Definitiva	9	7	5	5	3		1	30
Apreensão De Máquina De Caça Níquel	1	4	9	10	4		1	29
Apreensão De Arma Branca	6	4	3	5	6	3	1	28
Apreensão De Munição E/Ou Componente	5	1	8	4	1	4	2	25
Morte Provocada Por Ingestão De Substância Tóxica	2	5	3	6	3	3	3	25
Recuperação De Veículo Furtado - Moto	6	3	2	5	4	1	3	24
Recuperação De Veículo Objeto De Estelionato	1	3	8	3	5		1	21
Morte Por Colisão Com Ponto Fixo	3	4	3	2	3	2	3	20
Apreensão De Explosivos	1	5	3	4	1	1	2	17
Extravio De Arma De Fogo	2	2	4		3	1	3	15
Recuperação De Carga Roubada	3	3	5		1	2		14
Dano Em Viatura Oficial	3		1	1	2	3	4	14
Morte Por Afogamento	1	1	2	1	3	1	1	10
Apreensão De Balão	1	1				4	4	10
Apreensão De Granada	1	1	2	1		2	1	8

Emitido em: 09/04/2020 às 16:39:24 Página: 1 de 2

GOVERNO DO ESTADO DO RIO DE JANEIRO
SECRETARIA DE ESTADO DE POLÍCIA CIVIL

GOVERNO DO ESTADO RIO DE JANEIRO

Resumo das Ocorrências por Delito (Dias da Semana)

Período de [01/01/2019] à [01/01/2020] - DPA - 001A.: DPA - 001A. - Classe: Títulos Administrativos

Descrição	Segunda	Terça	Quarta	Quinta	Sexta	Sábado	Domingo	Total
Desaparecimento Nas Águas	1	1	1	1		1	3	8
Recambiamento De Preso		1	1		4	2		8
Morte Por Eletroplessão	1	2	1			1		5
Encontro De Ossada			1	2	2			5
Apreensão De Documentos		1	2		1	1		5
Extravio De Carteira E Distintivo Policial	2		1	1	1			5
Pensão Alimentícia	3	1	1					5
Extravio De Carteira Policial		2				1	1	4
Morte Por Queimaduras	2	1				1		4
Morte Por Soterramento Ou Desabamento	1		2	1				4
Encontro De Feto				1	1	1		3
Apreensão De Menor	2				1			3
Apreensão De Criança (Artigo 105 Da Lei 8.069/90)		1					1	2
Extravio De Distintivo Policial	1						1	2
Sindicância Patrimonial	1					1		2
Recuperação De Veículo Objeto De Estelionato - Moto					1			1
Apreensão De Fogos De Artifício		1						1
Apreensão De Animal	1							1
Recuperação De Carga E Veículo Furtados							1	1
Recuperação De Veículo Objeto De Apropriação Indébita - M			1					1
Total :	6972	6829	6363	6194	6370	3988	3967	40683

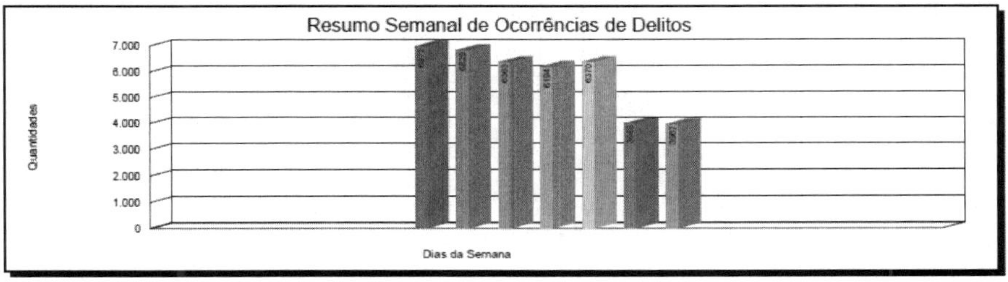

ANEXO II

GOVERNO DO ESTADO DO RIO DE JANEIRO
SECRETARIA DE ESTADO DE POLÍCIA CIVIL

GOVERNO DO ESTADO RIO DE JANEIRO

Resumo das Ocorrências por Delito (Dias da Semana)

Período de [01/01/2019] à [01/01/2020] - DPA - 001A.: DPA - 001A. - Classe: Código Penal

Descrição	Segunda	Terça	Quarta	Quinta	Sexta	Sábado	Domingo	Total
Furto Outros	2.796	3.053	3.020	2.867	3.086	3.106	2.945	20.873
Roubo A Transeunte	2.859	2.732	2.657	2.468	2.536	2.424	2.741	18.417
Estelionato (Outros)	1.845	1.822	1.804	1.929	1.850	917	660	10.827
Furto A Transeunte	1.333	1.640	1.400	1.258	1.402	1.668	1.786	10.487
Furto De Telefone Celular	895	1.013	999	837	957	1.322	1.249	7.272
Roubo Outros	916	999	914	885	976	924	840	6.454
Roubo De Telefone Celular	835	945	835	884	931	870	894	6.194
Roubo De Veículo	599	740	735	829	871	772	700	5.246
Roubo No Interior De Coletivo	748	803	727	852	969	472	209	4.780
Furto No Interior De Coletivo	517	537	557	584	596	280	189	3.260
Furto No Interior De Estabelecimento Comercial	366	407	389	455	502	546	393	3.058
Roubo No Interior De Veículo	336	401	437	427	450	379	413	2.843
Furto No Interior De Veículo	256	287	275	298	319	270	259	1.964
Furto No Interior De Residência	280	278	288	281	287	276	214	1.904
Furto A Estabelecimento Comercial	277	269	275	297	285	261	235	1.899
Furto De Veículo	215	253	254	222	232	218	200	1.594
Roubo De Veículo - Moto	142	196	181	215	220	111	96	1.161
Furto De Bicicleta	162	154	156	163	162	158	163	1.118
Roubo De Carga	126	176	211	219	208	67	9	1.016
Roubo A Estabelecimento Comercial	139	148	160	152	139	134	108	980
Resistência Qualificada	145	145	144	124	154	113	123	948
Receptação	130	154	153	126	136	121	100	920
Estelionato Com Emprego De Cartão De Crédito	105	126	134	107	127	105	86	790
Furto De Veículo - Moto	114	115	101	110	100	76	83	699
Estelionato (Outros) - Tentativa	92	127	113	110	105	54	31	632
Furto De Placa De Veículo	78	84	66	64	82	83	65	522
Roubo No Interior De Estabelecimento Comercial	64	75	82	66	89	56	70	502
Extorsão (Outros)	75	72	80	68	79	44	38	456
Furto No Interior De Condomínio	71	69	53	66	64	70	48	441
Apropriação Indébita (Outros)	69	69	58	58	67	46	24	391
Adulteração De Sinal Identificador De Veículo Automotor	64	58	77	69	52	26	28	374
Roubo No Interior De Táxi	47	41	53	53	38	57	40	329
Associação Criminosa	52	41	61	74	47	24	29	328
Roubo Após Saque Em Instituição Financeira	46	53	63	61	86	9	3	321
Furto No Interior De Estabelecimento De Ensino	54	39	47	47	73	26	24	310
Importunação Sexual	42	48	51	37	48	35	34	295
Injúria Por Preconceito	28	51	52	38	48	38	30	285
Estupro De Vulnerável	32	33	35	49	46	46	36	277
Homicídio Provocado Por Projétil De Arma De Fogo - Tentat	45	44	54	34	41	22	35	275
Furto No Interior De Estabelecimento Financeiro	45	36	41	40	43	42	22	269
Dano Ao Patrimônio Público	28	43	32	29	38	37	36	243
Morte Por Intervenção De Agente Do Estado	42	44	52	33	42	17	11	241
Homicídio Provocado Por Projétil De Arma De Fogo	28	31	42	25	33	41	36	236
Corrupção De Menores	34	34	36	45	20	38	15	222
Falsidade Ideológica	42	41	46	37	37	8	1	212
Uso De Documento Falso	33	39	30	46	28	24	10	210
Furto Outros - Tentativa	26	40	30	24	31	25	33	209
Homicídio (Outros) - Tentativa	25	18	33	32	37	23	26	194
Furto No Interior De Estabelecimento Comercial - Tentativa	26	25	22	24	25	27	32	181
Estupro	24	29	18	21	18	22	33	165
Roubo A Transeunte - Tentativa	20	17	30	14	29	28	21	159
Roubo No Interior De Transporte Alternativo	22	14	19	17	35	19	28	154
Incêndio	14	25	16	24	20	20	16	135
Roubo No Interior De Residência	14	20	21	21	26	21	12	135
Roubo Parcial De Carga	18	23	27	35	18	4	2	127
Denunciação Caluniosa	18	21	22	20	13	16	10	120

Emitido em: 09/04/2020 às 16:34:08 Página: 1 de 5

GOVERNO DO ESTADO DO RIO DE JANEIRO
SECRETARIA DE ESTADO DE POLÍCIA CIVIL

GOVERNO DO ESTADO **RIO DE JANEIRO**

Resumo das Ocorrências por Delito (Dias da Semana)

Período de [01/01/2019] à [01/01/2020] - DPA - 001A.: DPA - 001A. - Classe: Código Penal

Descrição	Segunda	Terça	Quarta	Quinta	Sexta	Sábado	Domingo	Total
Homicídio (Outros)	23	11	18	18	18	10	13	111
Roubo De Bicicleta	9	26	15	12	18	13	16	109
Roubo De Veículo - Tentativa	13	20	12	16	19	11	13	104
Furto De Energia Elétrica	12	27	19	18	15	5	3	99
Supressão De Documento	16	10	14	15	18	13	11	97
Furto De Bagagem	10	9	14	10	12	22	12	89
Furto No Interior De Residência - Tentativa	6	16	15	11	11	12	16	87
Furto De Documento De Veículo	9	9	17	16	16	9	10	86
Seqüestro Ou Cárcere Privado	13	13	11	8	13	13	11	82
Furto No Interior De Transporte Alternativo	14	10	13	9	12	12	6	76
Receptação Qualificada (Outros)	9	18	11	24	6	1	5	74
Roubo Outros - Tentativa	9	8	11	15	8	13	9	73
Falsificação De Documento Público	12	11	11	14	16	4	4	72
Roubo De Veículo Com Carga	9	15	14	13	17	2		70
Furto De Carga	15	17	14	9	12	1	1	69
Roubo De Documento De Veículo	9	9	11	5	8	11	7	60
Roubo De Carga - Tentativa	8	14	12	10	13	1	1	59
Divulgação De Cena De Estupro Ou De Cena De Estupro D	9	5	7	8	9	10	11	59
Coação No Curso Do Processo	7	8	7	14	5	4	12	57
Apropriação Indébita De Veículo	10	9	16	3	8	8	3	57
Falsificação De Documento Particular	9	7	12	13	10	4	1	56
Furto Em Caixa Eletrônico	5	3	7	13	3	11	2	44
Corrupção Ativa	9	7	8	7	2	7	2	42
Estelionato Envolvendo Veículo	11	1	8	6	9	3	2	40
Furto A Transeunte - Tentativa	6	8	10	6	3	4	3	40
Estelionato Por Fraude Na Entrega De Coisa	10	10	7	5	3	2	1	38
Roubo A Estabelecimento Comercial - Tentativa	3	5	4	6	3	11	3	35
Dano Com Violência Ou Grave Ameaça A Pessoa	5	6	3	2	6	2	9	33
Estupro - Tentativa	8	7	3	1	5	1	7	32
Extorsão Mediante Seqüestro	9	3	9	4	3	3	1	32
Furto Após Saque Em Instituição Financeira	2	8	7	5	8	2		32
Peculato	8	4	3	5	5	1	5	31
Furto Parcial De Carga	7	6	7	8	2	1		31
Furto De Telefone Celular - Tentativa	5	5	1	4	4	5	6	30
Furto No Interior De Veículo - Tentativa	4	3	1	4	4	6	7	29
Homicídio Provocado Por Emprego De Arma Branca - Tenta	2	3	7	1	4	6	6	29
Feminicídio - Tentativa	2	3	7	3	1	7	6	29
Furto De Arma De Fogo	5	4	2	7	3	3	4	28
Roubo Com Condução Para Saque Em Instituição Financeir	7	1	4	3	6	5	2	28
Falso Testemunho Ou Falsa Perícia	5	7	2	8	4	1	1	28
Furto A Instituição Financeira - Tentativa	5	4	3	2	3	2	7	26
Corrupção Passiva	8	6	6	4	1	1		26
Furto No Interior De Condomínio - Tentativa	2	1	5	4	5	3	6	26
Furto A Instituição Financeira	6	4	3	5	3	3	2	26
Roubo No Interior De Condomínio	5	4	4	3	3	4	2	25
Roubo Seguido De Morte (Outros) - Tentativa	3	4	4	4	4	1	5	25
Furto De Veículo - Tentativa	5	2	5	5	3		4	24
Contrabando Ou Descaminho	1	10	3	6	3			23
Extorsão (Seqüestro Relâmpago)	6	4	5	4	1	1	1	22
Receptação Qualificada Em Atividade Comercial Ou Industri	5	9	1	4	2	1		22
Estelionato Com Emprego De Cartão De Crédito - Tentativa	3	4	4	4	7			22
Homicídio Provocado Por Emprego De Arma Branca	6	4	4	2		2	3	21
Furto A Estabelecimento Comercial - Tentativa	4	4	2	3	1	3	4	21
Roubo De Telefone Celular - Tentativa	2	2	7	3	2	2	3	21
Homicídio Culposo (Outros)	3	2	3	4	5	2	2	21
Roubo A Instituição Financeira	5	3	1	5	2		3	19

GOVERNO DO ESTADO DO RIO DE JANEIRO
SECRETARIA DE ESTADO DE POLÍCIA CIVIL

GOVERNO DO ESTADO RIO DE JANEIRO

Resumo das Ocorrências por Delito (Dias da Semana)

Período de [01/01/2019] à [01/01/2020] - DPA - 001A.: DPA - 001A. - Classe: Código Penal

Descrição	Segunda	Terça	Quarta	Quinta	Sexta	Sábado	Domingo	Total
Inserção De Dados Falsos Em Sistema De Informação	1	3	2	7	1		5	19
Extravio, Sonegação Ou Inutilização De Livro Ou Document	5	2	4	1	2	3	2	19
Roubo De Arma De Fogo	4	3	1	5	4		1	18
Roubo No Interior De Veículo - Tentativa	3	4	2	4		3	2	18
Abandono Material	3	2	4	3	3	1	1	17
Roubo Seguido De Morte Provocado Por Projétil De Arma D	2	4	2	1	3	2	3	17
Roubo No Interior De Coletivo - Tentativa	2	6		2	3	2	2	17
Furto No Interior De Estabelecimento Industrial	3	2	7	2	3			17
Roubo De Veículo - Moto - Tentativa	4	2	2	1	4	2	1	16
Falsificação, Corrupção, Adult Ou Alt. De Produto Dest. A F	3	6	3	1	2			15
Roubo No Interior De Estabelecimento De Ensino		2	6	2	3	1	1	15
Destruição, Subtração Ou Ocultação De Cadáver	5	3	3	1	1		2	15
Estelionato Por Disposição De Coisa Alheia Como Própria	2	4	1	3	2	1		13
Estelionato Por Fraude Para Recebimento De Indenização (	6	1	1	1	3	1		13
Furto Com Subtração Do Caixa Eletrônico			6	2	2	1	1	12
Feminicídio	1		2		2	2	5	12
Homicídio Decorrente De Intervenção Policial	1		4	6	1			12
Estelionato Envolvendo Veículo - Moto	1		2	2	4	3		12
Homicídio Culposo Provocado Por Atropelamento Ferroviári	1	1	3	2	2		1	10
Estelionato Por Emissão De Cheque Sem Suficiente Provisã	2	1	2	4				9
Estelionato Por Frustração Do Pagamento De Cheque Emiti	1	1	2	1	2	1	1	9
Constrangimento Ilegal Qualificado		4	3	2				9
Roubo No Interior De Táxi - Tentativa	1	3			3	2		9
Roubo Seguido De Morte (Outros)			3	3	1	2		9
Estupro De Menor De 18 (Dezoito) Anos E Maior Do Que 14		2	4		1	1		8
Roubo Seguido De Morte Provocado Por Projétil De Arma D	3		2		1	1	1	8
Morte Por Intervenção De Agente Do Estado - Tentativa	2			3	3			8
Perigo De Desastre Ferroviário			3	2	2		1	8
Furto De Sinais De Comunicação	2	2		4				8
Estupro De Vulnerável - Tentativa	1		2			3	2	8
Roubo De Valores (Féria) Em Veículo De Carga		1	1	2	1	2	1	8
Violação Sexual Mediante Fraude	2	1	1	1	1	1	1	8
Aborto			3	1	1		2	7
Roubo Após Saque Em Instituição Financeira - Tentativa	1	1	2	2	1			7
Dano Com Emprego De Substância Inflamável Ou Explosiva		2	1	2	1		1	7
Lesão Corporal De Natureza Grave (Outros)			2			3	2	7
Furto De Veículo - Moto - Tentativa	1	2	1	1		1	1	7
Concussão	1	1		2	3			7
Furto No Interior De Estabelecimento De Ensino - Tentativa	3			1	1		2	7
Roubo No Interior De Residência - Tentativa	1	1	1	1	1	1		6
Induzimento, Instigação Ou Auxílio A Suicídio	1		1		2	1	1	6
Lesão Corporal De Natureza Grave Provocada Por Projétil D	1			1	2	2		6
Sequestro Ou Cárcere Privado - Tentativa	1	1	2		1	1		6
Lesão Corporal De Natureza Grave Provocada Por Socos, T	1			1	3		1	6
Satisfação Da Lascívia Mediante Presença De Criança Ou A			2	1	1		2	6
Resistência Qualificada - Tentativa	2		1	1	1		1	6
Furto No Interior De Coletivo - Tentativa	1	1		2	1	1		6
Roubo Em Caixa Eletrônico				2	1	2	1	6
Fuga De Pessoa Presa Ou Submetida A Medida De Segurai	1	1		1		2		5
Apropriação Indébita Em Instituição Financeira		1	2		1		1	5
Lesão Corporal De Natureza Grave Provocada Por Empregc		1	1		1	1	1	5
Lesão Corporal Seguida De Morte (Outros)			2				3	5
Outras Substâncias Nocivas À Saúde Pública			1	2			2	5
Apropriação Indébita De Veículo - Moto	2		1	1	1			5
Roubo De Veículo Com Carga - Tentativa				3	1	1		5

Emitido em: 09/04/2020 às 16:34:08 Página: 3 de 5

GOVERNO DO ESTADO DO RIO DE JANEIRO
SECRETARIA DE ESTADO DE POLÍCIA CIVIL

Resumo das Ocorrências por Delito (Dias da Semana)

Período de [01/01/2019] à [01/01/2020] - DPA - 001A.: DPA - 001A. - Classe: Código Penal

GOVERNO DO ESTADO RIO DE JANEIRO

Descrição	Segunda	Terça	Quarta	Quinta	Sexta	Sábado	Domingo	Total
Extorsão Indireta - Tentativa		1			2	2		5
Violação De Sepultura	2	2				1		5
Furto No Interior De Estabelecimento Financeiro - Tentativa	1	1		1	1			4
Estelionato Por Fraude Para Recebimento De Indenização (		1			2		1	4
Interrupção Ou Perturbação De Serviço Telegráfico Ou Tele			1			3		4
Duplicata Simulada	2			1	1			4
Roubo No Interior De Estabelecimento Comercial - Tentativa			1		2	1		4
Desabamento Ou Desmoronamento	1	1		1			1	4
Aborto Provocado Por Terceiros		1	1		2			4
Roubo Seguido De Lesão Corporal Grave		1	1		1	1		4
Roubo Seguido De Lesão Corporal Grave Provocado Por Ar							3	3
Invasão De Estabelecimento Industrial, Comercial Ou Agrícc	2				1			3
Fraude Em Processo Criminal				1	1	1		3
Estelionato Envolvendo Veículo - Tentativa		1		2				3
Homicídio Provocado Por Asfixia			1	1			1	3
Furto A Turista					2		1	3
Roubo Seguido De Morte Provocado Por Arma Branca - Ter			3					3
Estelionato Por Alienação Ou Oneração Fraudulenta De Coi			1		2			3
Homicídio Provocado Por Paulada			1	1		1		3
Lesão Corporal De Natureza Grave Provocada Por Paulada	1			2				3
Atentado Contra A Segurança De Serviço De Utilidade Públi	1	2						3
Estelionato Por Disposição De Coisa Alheia Como Própria -		2			1			3
Vilipêndio A Cadáver	2		1					3
Casa De Prostituição					3			3
Homicídio Provocado Por Paulada - Tentativa		1				1		2
Destruição, Subtração Ou Ocultação De Cadáver - Tentativa	1					1		2
Apropriação Indébita Previdenciária			1	1				2
Abandono De Incapaz Com Resultado Morte				1	1			2
Dano Ao Patrimônio Público - Tentativa				2				2
Roubo A Veículo De Transporte De Valores - Carro Forte	1					1		2
Patrocínio Infiel	2							2
Furto De Carga - Tentativa				2				2
Furto No Interior De Estabelecimento Industrial - Tentativa		1					1	2
Roubo Seguido De Morte Provocado Por Arma Branca			2					2
Coação No Curso Do Processo - Tentativa					1		1	2
Furto De Veículo Com Carga			1	1				2
Medicamento Em Desacordo Com Receita Médica	1			1				2
Estelionato Por Frustração Do Pagamento De Cheque Emiti			1		1			2
Adulteração De Sinal Identificador De Veículo Automotor - T			1	1				2
Falsificação De Selo Ou Sinal Público	1	1						2
Apropriação Indébita De Carga	1							1
Violação De Sigilo Funcional Qualificada					1			1
Incêndio Com Resultado Morte		1						1
Fuga De Pessoa Presa Ou Submetida A Medida De Segurai							1	1
Mediação Para Servir À Lascívia De Outrem						1		1
Incêndio Culposo Com Resultado Lesão Corporal Grave			1					1
Violência Arbitrária					1			1
Subtração Ou Inutilização De Livro Ou Documento						1		1
Desastre Em Outro Meio De Transporte	1							1
Peculato - Tentativa				1				1
Injúria Por Preconceito - Tentativa						1		1
Incêndio - Tentativa				1				1
Induzimento, Instigação Ou Auxílio A Suicídio Com Resultac		1						1
Extorsão Indireta	1							1
Lesão Corporal Seguida De Morte Provocada Por Projétil De							1	1
Rufianismo							1	1

Emitido em: 09/04/2020 às 16:34:08 Página: 4 de 5

GOVERNO DO ESTADO DO RIO DE JANEIRO
SECRETARIA DE ESTADO DE POLÍCIA CIVIL

GOVERNO DO ESTADO RIO DE JANEIRO

Resumo das Ocorrências por Delito (Dias da Semana)

Período de [01/01/2019] à [01/01/2020] - DPA - 001A.: DPA - 001A. - Classe: Código Penal

Descrição	Segunda	Terça	Quarta	Quinta	Sexta	Sábado	Domingo	Total
Contrabando (Art. 334-A Do Cp)	1							1
Furto De Energia Elétrica - Tentativa			1					1
Homicídio Provocado Por Queimadura - Tentativa					1			1
Favorecimento Da Prostituição Ou Outra Forma De Exploraç					1			1
Furto No Interior De Propriedade Rural				1				1
Receptação - Tentativa	1							1
Roubo No Interior De Condomínio - Tentativa						1		1
Favorecimento Da Prostituição Ou Outra Forma De Exploraç							1	1
Tráfico De Influência		1						1
Furto Parcial De Carga - Tentativa			1					1
Inserção De Dados Falsos Em Sistema De Informação - Ter		1						1
Estelionato Por Alienação Ou Oneração Fraudulenta De Coi			1					1
Tráfico Interno De Pessoas Para O Fim Da Exploração Sext		1						1
Denunciação Caluniosa - Tentativa					1			1
Roubo De Carga - Combustível			1					1
Violação De Direito Autoral Qualificada				1				1
Homicídio Culposo Provocado Por Acidente De Trabalho		1						1
Roubo Parcial De Carga - Tentativa				1				1
Entrega De Filho Menor A Pessoa Inidônea Qualificada			1					1
Falsidade Em Prejuízo Da Nacionalização De Sociedade					1			1
Roubo Com Condução Para Saque Em Instituição Financeir				1				1
Roubo De Arma De Fogo - Tentativa						1		1
Favorecimento Da Prostituição Ou Outra Forma De Exploraç							1	1
Lesão Corporal De Natureza Grave Provocada Por Projétil D						1		1
Desastre Em Outro Meio De Transporte Com Resultado Mo	1							1
Perigo De Contágio De Moléstia Grave	1							1
Estelionato Por Fraude Na Entrega De Coisa - Tentativa					1			1
Aborto Provocado Por Terceiros - Tentativa				1				1
Furto Em Caixa Eletrônico - Tentativa						1		1
Uso De Gás Tóxico Ou Asfixiante			1					1
Roubo No Interior De Transporte Alternativo - Tentativa		1						1
Roubo Em Transporte Alternativo							1	1
Patrocínio Simultâneo Ou Tergiversação						1		1
Homicídio Provocado Por Queimaduras				1				1
Concussão - Tentativa					1			1
Total :	17971	19325	18827	18511	19459	16995	15919	127007

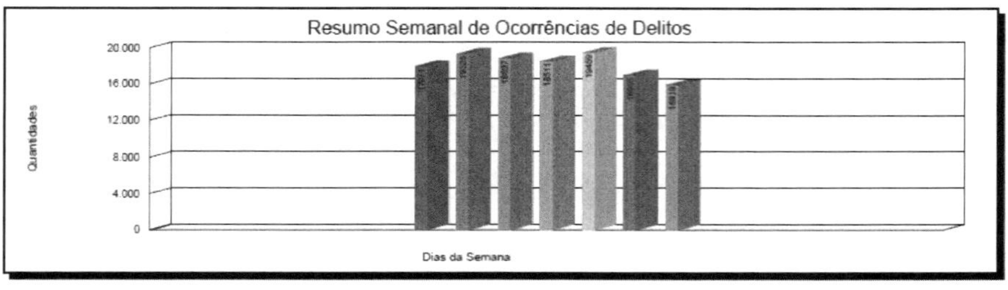

ANOTAÇÕES

EDITORA
JusPODIVM
www.editorajuspodivm.com.br

Impresso por:

Docuprint
CNPJ 01.036.332/0001-99

JUS3008